Schrödinger programmiert Python

Das etwas andere Fachbuch

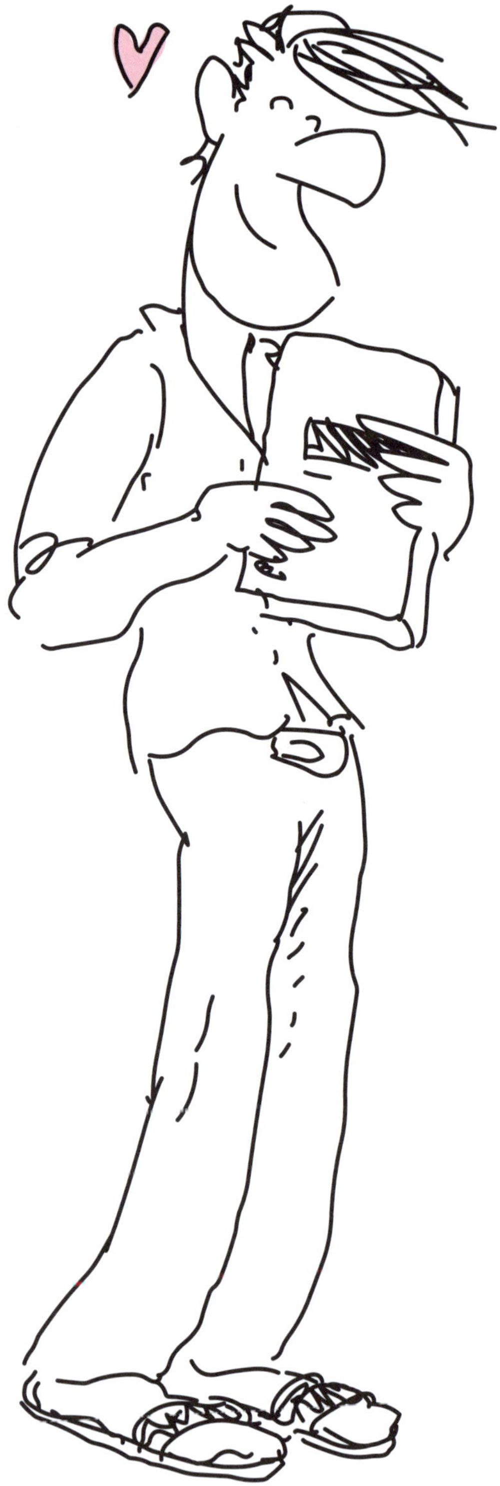

MIT TALENT, KATZEN-PHOBIE UND LÄSSIGEM SCHUHWERK BESTACH SCHRÖDINGER DIE RHEINWERK-JURY. FÜR IHN GEHT JETZT EIN TRAUM IN ERFÜLLUNG.

Liebe Leserin, lieber Leser,

Du hast dir was vorgenommen:

Python!

Da sind wir dabei.
Und wollen gar nicht widersprechen:

Python ist toll.

Ganz besonders dann, wenn man als Neuling das erste Mal mit gezückter Machete in den Programmierdschungel vordringt. Vielleicht steckst du aber auch schon mittendrin, im Urwald der Programmierung, und suchst ein neues Werkzeug, mit dem du den lästigen Lianen und dem penetranten Ungeziefer (naja, den Bugs halt) die Stirn bieten kannst. Auch dann ist Python was für dich.

Aber jetzt schlägst du erstmal dein Lager auf. Denn bevor du dich Hals über Kopf in die Büsche schlägst, wollen wir dir deine Expeditionstruppe vorstellen. Zum einen ist da **Stephan**, unser Autor und dein Expeditionsführer, der den Python-Dschungel wie seine Westentasche kennt. Er zeigt dir alle Trampelpfade, Survival-Tipps und natürlich alle Werkzeuge, die du auf deinem Weg zum Python-Profi benötigst.

Und dann ist da natürlich noch **Schrödinger**. Schrödinger begleitet dich auf deiner Expedition, aber auch wenn er selbst hin und wieder die Machete schwingt, nimmt er dir das Lernen nicht ab. Ehrlich gesagt denkt er nicht einmal daran. Das wäre auch zu schade, denn du würdest fantastische Übungen verpassen und womöglich gar die Illustrationen. Aber Spaß haben wirst du mit Schrödinger bestimmt, und ein paar schlaue Fragen hat er obendrein parat – vielleicht sogar genau die Fragen, die du selbst gerade stellen wolltest.

Diese Expedition wurde von einem Expertenteam möglich gemacht, das dir nicht in den Dschungel folgt, aber viele nützliche Hinweise hinterlassen hat. Code wurde eingefärbt, Pfeile und Wegweiser wurden an Bäume genagelt, und hin und wieder baumeln Lösungen kopfüber in den Lianen, damit du nicht zu früh spinxt.

Na, dann wollen wir dich nicht länger aufhalten. Tritt nicht auf Schlangen und
viel Erfolg im Dschungel!

Schrödingers Büro

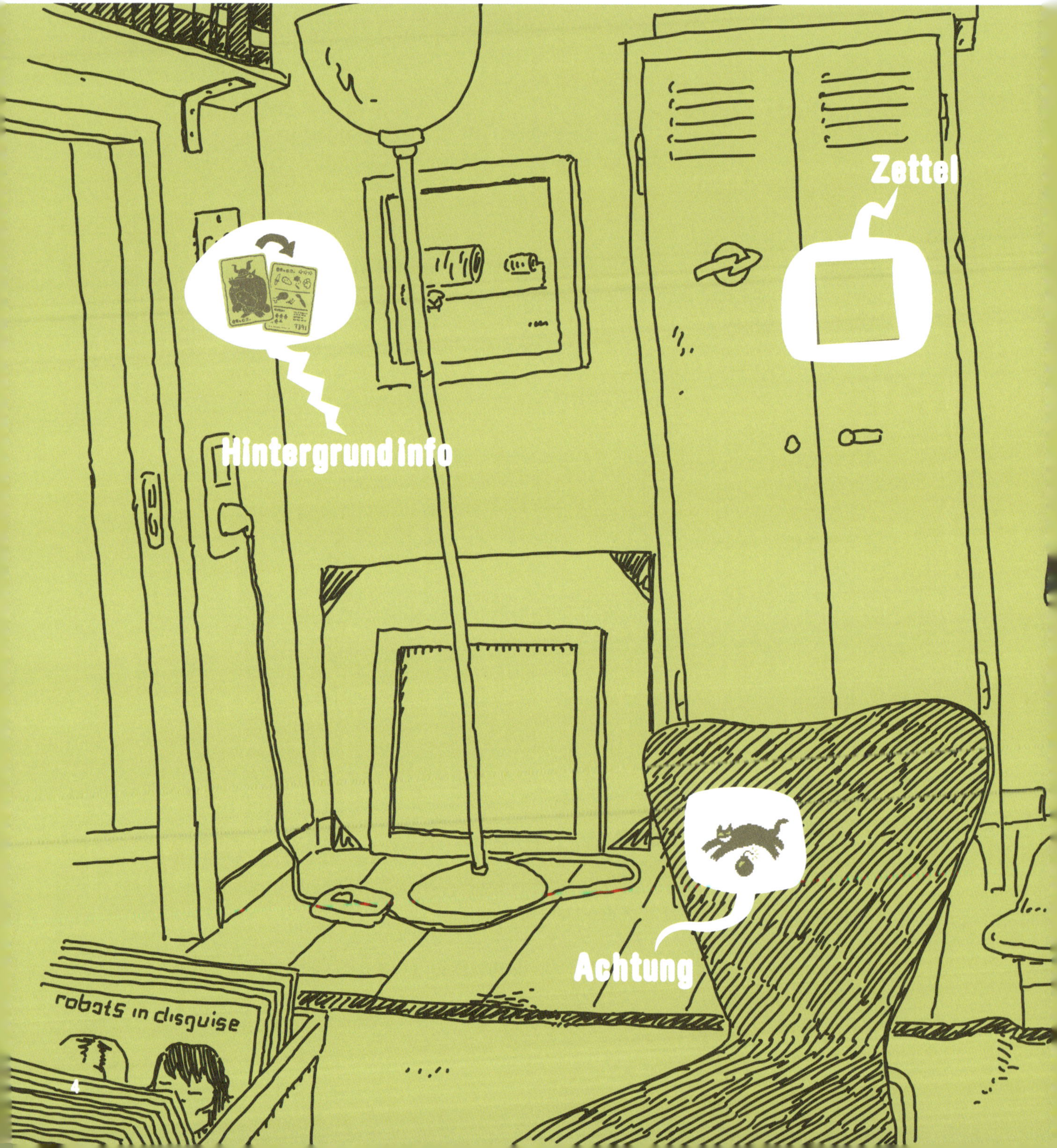

Die nötige Theorie, viele Hinweise und Tipps

Schrödingers Werkstatt

Unmengen von Code, der ergänzt, verbessert und repariert werden will

Schrödingers Wohnzimmer

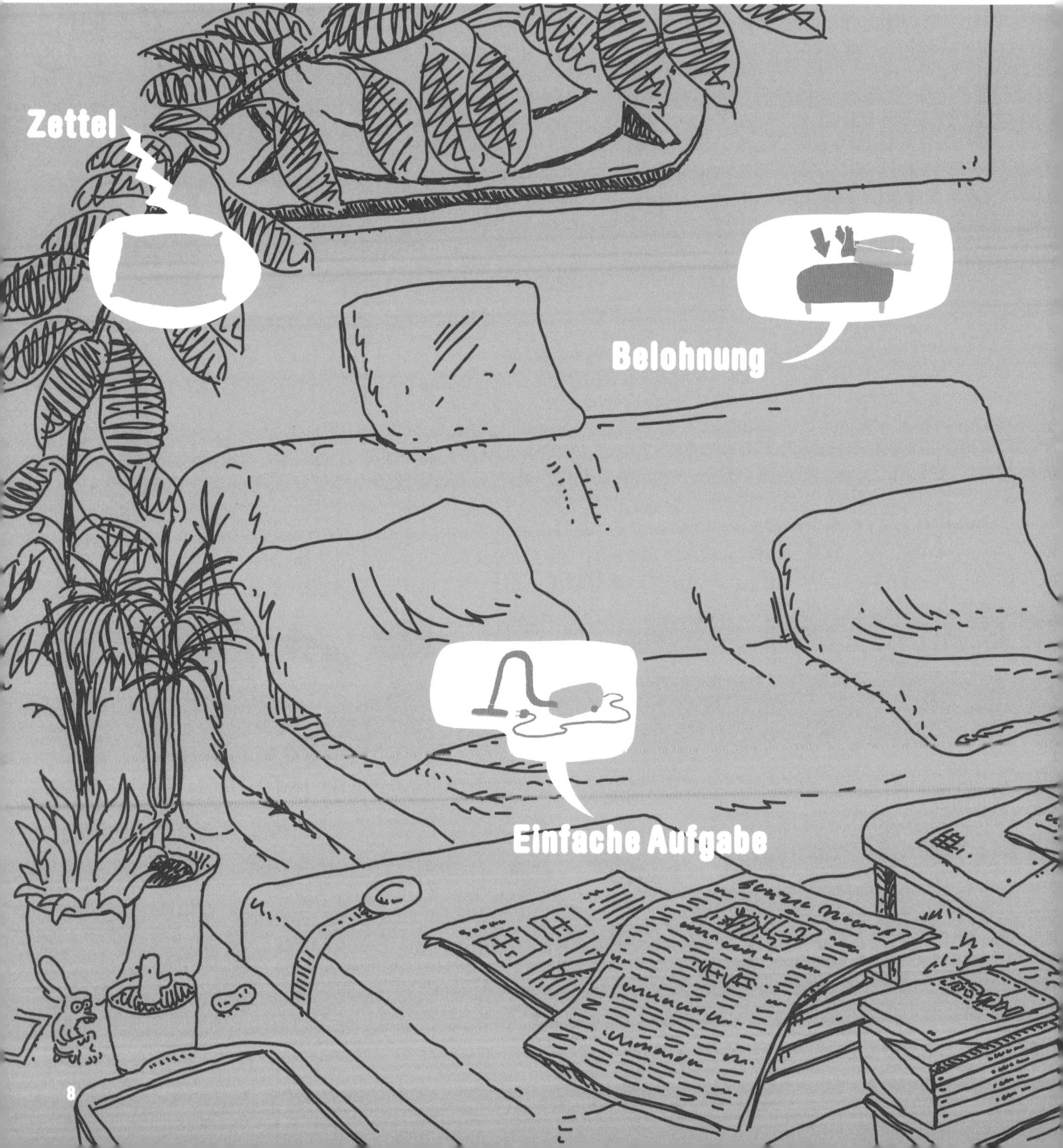

Viel Kaffee, Übungen und die verdienten Pausen

Als Kanutin umschifft Almut Stromschnellen mit notfalls nur einem Paddel. Eine Fähigkeit, die sie zur Fachbuchlektorin prädestiniert.

Almut Poll, LEKTORAT

Lisa hat gleich doppelt so viele Katzen wie Schrödinger und wechselt die Haarfarben wie dieses Buch die Farben der Kapitel. Sie trägt ausschließlich Schwarz, weil auf dunklen Stoffen die Katzenhaare deutlich besser zur Geltung kommen.

Lisa Helmus, LEKTORAT

Okay, die Baumstämme hatten wir schon hingelegt, bevor Markus den Satz des Buches übernahm. Und der Rest war, wie man sieht, ein Kinderspiel, gell?

Markus Miller lebt und arbeitet in München als selbstständiger Setzer, Bildbearbeiter und Reinzeichner und mag auch in seiner Freizeit noch Bücher.

Denis kann man sich als modernen Caspar David Friedrich vorstellen. Draußen bei jedem Wetter, und immer, wenn fotografiert wird, mit dem Rücken zur Kamera, weil er selbst gerade ein Bild macht.

Denis Schaal, HERSTELLUNG

Schon zu Schulzeiten zeichnete Leo am liebsten die Bücher voll, von denen er am wenigsten kapierte.

Seit er weiß, dass man das auch gegen Bezahlung machen kann, kapiert er gar nichts mehr.

Leo Leowald lebt und arbeitet in Köln als freiberuflicher Illustrator. Er veröffentlicht unter anderem in *titanic*, *jungle world* und bei *reprodukt* und zeichnet seit 2004 den Webcomic *www.zwarwald.de*.

Annette ist von Haus aus Archäologin, da ist es nur ein kleiner Schritt bis zum Lektorat, und der Vorteil ist: Bei Schrödinger und Co. findet sie immer was.

Annette Lennartz ist freiberufliche Lektorin in Bonn. Für Schrödinger hat sie immer eine offene Tür. Privat schätzt sie augenzwinkernde und gruselige Geschichten oder bastelt an filigranen Schiffsmodellen.

KORRIGIERT VON: *Annette Lennartz*

Andreas' zweite Leidenschaft neben der Buchgestaltung ist kochen. Wie auch immer: Hauptsache rare – VERY RARE!

Andreas Tetzlaff ist selbstständiger Buchgestalter in Köln. Er arbeitet normalerweise für Kunstbuchverlage – dass ausgerechnet ein IT-Fachbuch ihn vor künstlerische Herausforderungen stellt, hätte er sich vorher nicht träumen lassen …

Felix hat seine Liebe fürs Programmieren in die Wiege gelegt bekommen und sie genutzt, um den Code im Buch von vorne bis hinten durchzutesten.

CODE GETESTET VON: *Felix Elter*

Stephan verbringt gerne Zeit mit seiner Familie am Timmendorfer Strand. Außerdem liebt er analoge Gesellschaftsspiele und seinen Retro-Mops. Zwei Leidenschaften, die sich selten verbinden lassen.

GESCHRIEBEN VON: *Stephan Elter*

Einbandgestaltung:
Andreas Tetzlaff und Leo Leowald
Druck und Bindung: mediaprint solutions, Paderborn
Initiales Design: Andreas Tetzlaff
Fachgutachten: Torsten T. Will

FÜR DIE, DIE ES GENAU WISSEN WOLLEN

Gedruckt wurde dieses Buch auf chlorfrei gebleichtem, PEFC®-zertifiziertem Offsetpapier 100 g/m²).
Gesetzt wurde es aus unzähligen Schriften (u.a. aus der WIMBY von Evert Ypma: Danke, Evert!), Tonnen an Illustrationen und anderen komischen Zeichen, die alle Beteiligten in den Wahnsinn trieben.

Bibliografische Information der Deutschen Nationalbibliothek
Die Deutsche Nationalbibliothek verzeichnet diese Publikation in der Deutschen Nationalbibliografie; detaillierte bibliografische Daten sind im Internet über http://dnb.dnb.de abrufbar.

ISBN 978-3-367-10519-9

2., aktualisierte und erweiterte Auflage 2025

Rheinwerk Verlag GmbH · Rheinwerkallee 4 · 53227 Bonn
service@rheinwerk-verlag.de

INHALTSVERZEICHNIS

Kapitel 3: Arbeitszimmer und Werkbänke

Funktionen und Rückgabewerte

Seite 107

Kapitel 4: Listen, Tupel, Sets und Dictionaries

... alle Daten sind schon da!

Seite 145

Kapitel 5: Text, Strings und Abenteurer

Texte verändern und bearbeiten

Kapitel 6: Von Käfern und anderen Fehlern

Nur kein Fehler ist ein guter Fehler

Kapitel 7: Die Module spielen verrückt

Die Standardbibliothek und noch viel mehr

Kapitel 8: Von Klassen, Objekten und alten Griechen

Objektorientierte Programmierung

Kapitel 9: Höchste Zeit für Datum, Zeit und Zeitangaben

Schrödingers Zeitmaschine

Kapitel 10: Vom wichtigen Umgang mit Daten, Dateien und Ordnern

Endlich in Stein gemeißelt

Kapitel 11: Zufallszahlen, Matrizen und Arrays

Ein klein bisschen Mathematik, die du wirklich gebrauchen kannst

Kapitel 12: Grafische Oberflächen

Buttons, GUI und Layout-Manager

Kapitel 13: Von Daten, Datenbanken und SQL

Das relationale Datenbankmodell

Seite 449

Kapitel 14: Hast du mal einen Chart für mich?

Zahlen und Daten im Überfluss

Seite 507

Kapitel 15: Künstliche Intelligenz & Data Science

Wenn der eigene Kopf schon raucht

Kapitel 16: Datenaustausch mit CSV und JSON

Daten schreiben – Daten lesen

Kapitel 17: Reguläre Ausdrücke

Das Schweizer Messer der Textverarbeitung

Anhang: Die verlorenen Kapitel

Für alles, was (noch) nicht passend ist

Für
Andrea, Alva
und Felix

Vorwort

Hallo Schrödinger! Ich darf dich doch Schrödinger nennen, oder? Ich habe gehört, dass du die Programmiersprache Python lernen möchtest.

Das ist eine tolle Idee!

Python ist nämlich eine ganz besondere Sprache. Sie ist sehr gut für den Einstieg in die Programmierung geeignet. Allein die Syntax ist einfach, aber dennoch sehr mächtig und ausdrucksstark (nennen wir es mal so).

Wenn du möchtest, kann ich dir gerne zeigen, wie du mit Python programmieren kannst – und zwar so richtig programmieren, mit allem Drum und Dran. Ich werde dir nicht alles zeigen (können), was es gibt, denn Python ist tatsächlich sehr umfangreich und bietet auch dem erfahrenen Entwickler noch sehr viel.

Stattdessen werde ich versuchen, dir **das** zu zeigen, was du brauchst, um richtige, echte Programme zu schreiben. Dabei werde ich den Schwerpunkt auf praktische Dinge legen, weniger auf (scheinbar) vollständige Auflistungen von Funktionen und Methoden, die du in der Praxis dann doch nicht brauchst.

Aber vielleicht sollte ich mich kurz vorstellen. Mein Name ist Stephan und ich bin Entwickler. Vor nun (unglaublichen) 40 Jahren habe ich angefangen zu programmieren, als mir mein Onkel einen der ersten programmierbaren Taschenrechner in die Hand gedrückt hat, mit den Worten: »Ja, mach doch mal was damit!« Genauso möchte ich dir Python an die Hand geben, damit du damit die seltsamsten, interessantesten und spannendsten Dinge programmieren kannst.

Ach, ja:

Ich lebe mit meiner Familie – samt unserer Mopsdame – in einem kleinen Städtchen vor den Toren Hamburgs und arbeite als Entwickler bei einem großen Verlag mit dem (aller-)besten Team und mit PHP, Java, JavaScript und natürlich auch mit Python.

Python,
erste schnelle
Schritte

—EINS—

Schrödinger startet durch – mit Python!

Die ersten Schritte in Python sind schnell gemacht, dabei geht es nicht nur um die Syntax – du wirst auch gleich den Zen of Python kennenlernen, in dem (nicht ganz bierernst) ein paar Regeln und Empfehlungen festgelegt sind. Und mit ein paar Variablen und dem Befehl »print« legst du gleich schon so richtig los.

Sag mal, Schrödinger, ...

... war da nicht noch was zu tun?

Hast du nicht deiner Freundin versprochen, ihr bei der Buchhaltung zu helfen? Für den Kohl- und Dinkelversand? Wolltest du ihr nicht ein Kassensystem für den Flohmarkt schreiben? Der Flohmarkt findet nächstes Wochenende statt!

Jep, da war was ...

Und was ist mit deinen Kumpels vom Fußballverein, deren Vereinsdaten auf Vordermann gebracht werden sollten? In ein paar Wochen ist das große Fußballturnier mit dem beliebten Hornberger Elfmeterschießen.
Du wolltest doch ein Auswertungsprogramm schreiben? Mit einer Verwaltung der Schützen und einer aktuellen Bestenliste ...

Da war definitiv was ...

Und sag mal, ... hattest du nicht deinem Bruder versprochen, ihm bei der Aufbereitung der Bilder und Notizen seiner letzten Amazonas-Expedition zu helfen? Du weißt schon, um die Funde zu erfassen und als Katalog aufzubereiten. Wollte er nicht in zwei Wochen wieder hier sein und loslegen?

Okay, okay, ich fang ja schon an!

Ähm, Stephan?

Ja?

Die Programmiersprache ...

Schon gut. Ich zeige dir ...

Die Programmiersprache Python!

```
eingabe = input("Dein Name?")
if eingabe == "Schrödinger":
    print("Schön, dass du da bist! Ich bin Python.")
```

So sieht ein Python-Programm aus – leicht zu schreiben und zu lesen und sehr leistungsfähig.

Es gibt viele Programmiersprachen, gute, ausgereifte Programmiersprachen, die sich seit vielen Jahren und auf vielen Gebieten bewährt haben.

Aber … ich zeige dir mit Python eine Sprache, die du **rasch** erlernen kannst. Sie ist **einfach** zu schreiben und genauso einfach zu lesen, sodass du schon als Anfänger gut lesbare Programme schreibst, die nicht in einem riesigen Tohuwabohu enden. Es ist eine Sprache, in der sich auch Entwickler anderer Sprachen nach kurzer Einarbeitungszeit zurechtfinden, ohne lange die syntaktische Schulbank drücken zu müssen.

Es ist eine Programmiersprache, die **universell** einsetzbar ist und die nicht nur für das Web oder ganz bestimmte Anwendungsfälle gedacht ist – **plattformübergreifend** für Windows, Linux und Mac verfügbar.

Klingt gut.

Objektorientiert und funktional ist Python auch. Und außerdem kommt Python ohne die ganzen Klammern (besonders die geschweiften, die so schlecht zu tippen sind) und ohne Semikolon am Ende jeder Anweisung aus.

Python hat alles Wichtige dabei, also quasi »Batteries included«. Python ist leicht zu **erweitern** – durch Module, die du selbst schreiben kannst, genauso wie durch professionelle Frameworks und fertige Bibliotheken, und das für alle erdenklichen Bereiche wie Bildbearbeitung, numerische Analysen, künstliche Intelligenz oder Datenvisualisierung – eben voll und ganz **wissenschaftlich**.

Mit Python kannst du **schnell** entwickeln – sogar sehr schnell.
Trotzdem ist Python nicht etwa auf kleine, einfache Programme beschränkt.

[Zettel]
Python ist eine Sprache, die auch die **Big Player** verwenden, wie Google, Microsoft oder Amazon. Und Python findet in **Wissenschaft** und **Forschung** Anerkennung.

[Hintergrundinfo]
Python wurde Anfang der 1990er Jahre von dem niederländischen Entwickler **Guido van Rossum** erfunden. Er arbeitete damals an einem Forschungsinstitut für Mathematik und Informatik. Vor Weihnachten hatte er ein paar Tage Zeit und suchte nach einem Nachfolger der dortigen Lehrsprache namens ABC. Diese Programmiersprache war für den Unterricht und fürs Prototyping vorgesehen, hatte aber zahlreiche Einschränkungen und ließ sich kaum erweitern. Da er keine geeignete Sprache fand, schrieb er kurzerhand die erste Version der Programmiersprache Python. Das war der Beginn der steilen Karriere einer bemerkenswerten Programmiersprache.

Das Zen of Python und die Sache mit den PEPs

Was macht Python denn nun so besonders?

Nun, folgende Gründe:

- Python hat das »**Zen of Python**«, 20 fast magische Regeln, die eine große Rolle in Python spielen und den »**Geist« (und den Humor) von Python** widerspiegeln – alles festgehalten im Python Developers Guide, in 20 Regeln namens PEP 20. *PEP was?*

[Hintergrundinfo]

PEP steht für **Python Enhancement Proposals**, also Verbesserungsvorschläge zu Python. Die bekanntesten sind eben **PEP 20**, das Zen of Python, und **PEP 8**, der Styleguide, mit dem dein Code noch besser, stylischer und professioneller wird. Die PEP 20 findest du übrigens in Anhang C dieses Buches aufgelistet.

- Python ist **weitverbreitet** und hat eine große, aktive Community, von der Python weiterentwickelt wird.
- Python ist leicht zu **erlernen**, da es nur wenige Befehle kennt. Aber keine Sorge, du kannst **alles** damit machen, oft sogar schneller, als du es vielleicht mit anderen Sprachen machen könntest.
- Python ist leicht zu **lesen**, da es auf einige Zeichen verzichtet, die »typisch« für Programmiersprachen, aber eigentlich doch unpraktisch sind: Python kennt zum Beispiel für normale Anweisungen keine geschweiften Klammern (für die man sich auf einer deutschen Tastatur die Finger verbiegen muss) und auch kein »schickes« Semikolon am Ende jeder Anweisung.
- Der Python-Code von Anfängern und Profis ist gleichermaßen gut zu lesen, denn Einrückungen von zusammengehörigen Codeteilen sind fester Bestandteil der Sprache – und korrekt eingerückter Code ist immer besser lesbar.
- Bei der Verwendung von Variablen muss kein Typ (Text, Zahl oder was auch immer) angegeben werden. Python nutzt dafür die sogenannte **dynamische Typisierung** und kümmert sich um alles Notwendige. Ganz praktisch: Eine 1 sieht aus wie eine Zahl, also wird es wohl auch eine Zahl sein, und du sparst dir einiges an Schreibarbeit und Festlegungen. Das ist in Python weniger gefährlich als in manchen anderen Sprachen, denn Python passt genau auf, dass die Typen unterschiedlicher Variablen zueinanderpassen – oder ausdrücklich passend gemacht werden.
- Python hat viele interessante Pakete, Erweiterungen und Bibliotheken.
  Für fast alle Bereiche gibt es fertigen Code, den du ganz einfach verwenden kannst.

Und das sind nur ein paar Punkte, die Python ausmachen.

Mehr – und vor allem die oben genannten 19 Punkte des 20 Punkte umfassenden Zen of Python – wirst du in diesem Buch kennenlernen. Jetzt gleich wirst du deine ersten Schritte mit Python machen …

Moment: 19? 20?!!!

Es gibt laut PEP 20 tatsächlich 20 Regeln (bzw. Empfehlungen). Niedergeschrieben sind aber nur 19. Es gibt zahlreiche Diskussionen im Internet, welches wohl der 20. Grundsatz ist und warum er in dieser Auflistung fehlt. Vermutlich ist das dem schrägen Humor geschuldet, der von der namengebenden Komikertruppe Monty Python auf die Programmiersprache abgefärbt hat.

Ich dachte Python heißt so nach dieser riesigen Schlange?

[Hintergrundinfo]
Auch wenn zwei Schlangen das Logo zieren (was ja wirklich sehr gut aussieht), kommt der Name tatsächlich von der legendären britischen Comedy-Truppe Monty Python, die in den 1970er Jahren das Fernsehprogramm und sogar die Kinos mit ihrem unnachahmlichen britischen Humor heimsuchte.

Python, ein erstes »Hallo Welt«

Wie wäre es mit »Hallo Welt«? Das ist der Klassiker, wenn du eine neue Sprache lernst: Du schreibst als Erstes ein Programm, das nichts anderes tut, als den Text **"Hallo Welt"** auszugeben.

Nichts leichter als das:

```
mein_text = "Hallo Welt"
print(mein_text)
```

Natürlich, um es gleich vorwegzunehmen: Ein noch einfacheres

```
print("Hallo Welt")
```

würde genauso funktionieren. Aber ich möchte ja, dass du gleich etwas lernst. Also benutze eine **Variable** namens **`mein_text`** und weise ihr einen Wert zu – natürlich den Text **"Hallo Welt"**. Und diese Variable gibst du dann mit dem Befehl **`print`** aus.

[Achtung]
Python-Code beginnt **ganz links** am Rand. Es sind **keine Leerzeichen** zu Beginn der Zeilen erlaubt! Einrückungen werden **ausschließlich** verwendet, um zusammengehörende Programmteile zu kennzeichnen (indem sie eben gleich eingerückt werden).

Äh, und wie oder wo führe ich das jetzt aus?

Es gibt **zwei Möglichkeiten**, Python-Code auszuführen:

- **Kurzen Code** und sogar einfache **Berechnungen** kannst du direkt auf der **Kommandozeile** bzw. in der **Python-Shell** ausführen. Das ist ganz praktisch, um mal eben schnell etwas auszuprobieren – oder wenn du etwas berechnen möchtest, aber keinen Taschenrechner zur Hand hast.
- **Mehrzeilige Programme** solltest du in einer **Datei speichern** und dann als richtiges Programm ausführen. Das ist die Arbeitsweise, die wir in erster Linie verwenden wollen. Schließlich willst du ja richtige Programme schreiben, die du speichern und verändern kannst.

Du schreibst den Programmcode also in die Kommandozeile oder mit dem **Editor** deiner Wahl und **speicherst** ihn unter einem beliebigen Namen, aber mit der Endung **.py** ab.

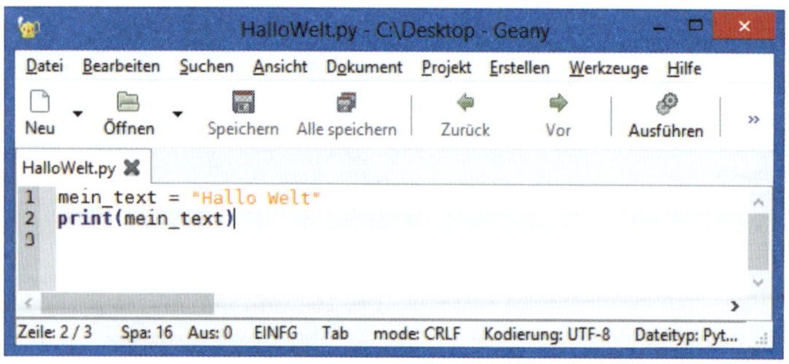

Nur noch schnell in einen Editor eingeben und unter einem fast beliebigen Namen mit der Endung ».py« speichern

Dann noch ein **Doppelklick** auf diese neue Datei, und schon öffnet sich ein Programmfenster, in dem dein Text ausgegeben wird. Wenn du einen speziellen **Editor** wie Thonny oder Mu hast (oder eine Entwicklungsumgebung), kannst du dein Programm auch direkt darüber starten. Bei dem Editor Geany beispielsweise genügt es, auf den Button **Ausführen** zu klicken. Verwendest du IDLE, die Integrated Development and Learning Environment, dann genügt es, die Taste **F5** zu drücken, um dein Programm zu starten.

Aber ich habe noch gar kein Python …

Du hast noch keinen Editor?

Oder hast du kein Python, um die Programmdatei zu starten oder für die Kommandozeile? Dann ist **jetzt** der richtige Zeitpunkt, genau das **in den verlorenen Kapiteln** im **Anhang** nachzulesen. Dort erfährst du mehr darüber, woher du Python bekommst, wie du es installierst und wie du deine Programme schreiben und starten kannst.

Wir sehen uns hier wieder.
Alles klar und bereit? Dann weiter …

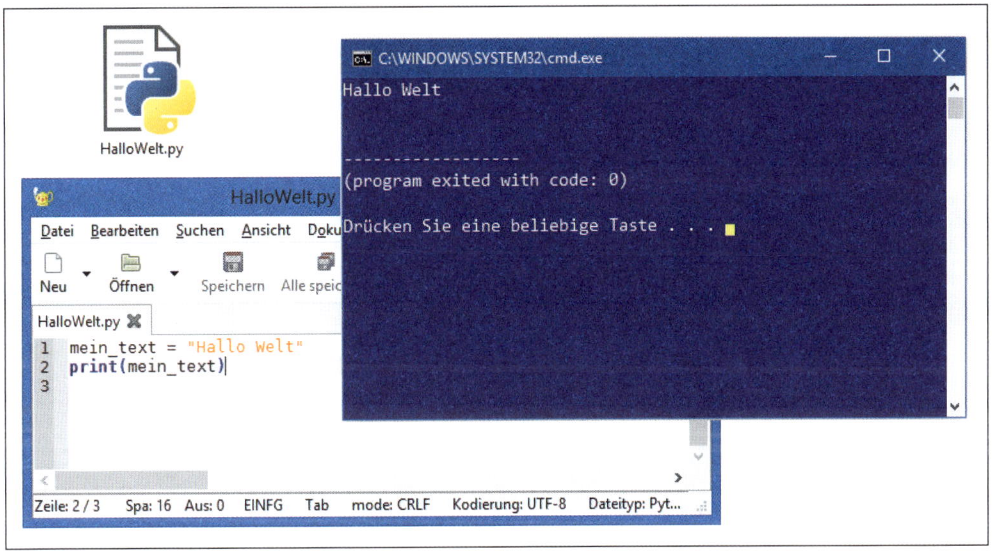

So kann dann das erste »Hallo Welt« aussehen, hier auf der Kommandozeile von Windows. »code: 0« heißt so viel wie »kein Fehler«.

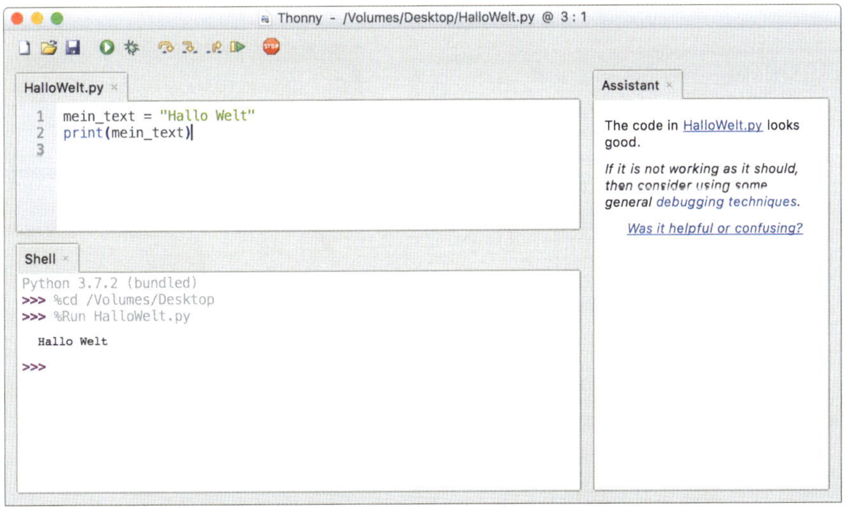

Und so sieht unser »Hallo Welt« mit dem Editor Thonny aus. Auch nicht schlecht …

Schauen wir uns mal genauer an, was da gemacht wurde:

Ein Python-Programm (also geschriebener Quelltext im Editor) **fängt einfach an**. Leerzeilen spielen dabei erst mal überhaupt **keine Rolle**. Du schreibst die Anweisungen und Befehle **Zeile für Zeile** in eine Datei. Es gibt keine Klassen oder andere Konstrukte, die du zuerst als »Rahmen« für das Programm definieren müsstest. Auch der **Name** der Datei, in der du dein Programm speicherst, folgt nur den Regeln des (hoffentlich) gesunden Menschenverstandes. Wichtig ist nur, dass dein Betriebssystem den Dateinamen akzeptiert.

*1 Ein **gültiger Name** einer Variablen beginnt mit einem Buchstaben oder einem Unterstrich. Danach sind Buchstaben, Zahlen und auch wieder Unterstriche erlaubt. Auch Umlaute kannst du problemlos verwenden.

*2 Eine **Zuweisung** geschieht mit einem einfachen **=**. Rechts von dem **=** kann ein **Literal** (also ein echter, fester Wert), eine andere **Variable** mit einem Wert oder eine ganze **Operation** stehen, die einen Wert als Ergebnis erzeugt. Dieser Wert wird dann in der Variablen gespeichert.

```
mein_text*1 =*2 "Hallo Welt"*3*4
```

*3 Das ist ein **Literal**, hier in Form eines Textes, in der Programmierung **String** genannt. Gut zu erkennen ist ein String, da einfache **oder** doppelte Anführungszeichen den Text umschließen.

*4 Das ist das **Ende** dieser Anweisung – natürlich noch nicht das Ende des Programms. In der nächsten Zeile geht es ja weiter. Sicher ist dir aufgefallen, dass hier am Ende **gar nichts** steht, kein Semikolon und kein anderes Zeichen. Python verzichtet auf ein abschließendes Zeichen.

Was ist denn der Unterschied zwischen einfachen und doppelten Anführungszeichen?

Es gibt keinen, beide sind **gleichberechtigt**! Der Vorteil ist, dass du das jeweils andere Anführungszeichen dann ohne Probleme **innerhalb** des Textes verwenden kannst: **`"Hallo 'liebe' Welt"`** oder **`'Hallo "liebe" Welt'`** kannst du so problemlos schreiben.

*1 Das klassische **print** sorgt dafür, dass etwas ausgegeben wird. Was? Das steht nicht in den Sternen, sondern innerhalb der runden Klammern, …

*2 … die du hier siehst. Die Klammern werden geöffnet und (klar) wieder geschlossen.

```
print*1(*2mein_text*3) *4
```

*3 Alles, was in den Klammern steht, wird ausgegeben. Das könnte ein Literal, eine Operation oder wie hier eine Variable sein.

*4 Auch hier wieder am Ende: kein Semikolon, keine End-Anweisung, keine geschweifte Klammer, weder am Ende der Zeile noch in der Zeile darunter.

Fertig! Dein (aller-)erstes Python-Programm

Fingerübungen mit »print«

Machen wir einfach ein paar Übungen dazu. So bekommst du etwas Praxis im Umgang mit Variablen und wirst sehen, wie flexibel der Befehl **`print`** ist.

[Einfache Aufgabe]

Verwende bitte für jedes Wort von **`"Hallo Welt"`** eine eigene Variable und gib sie dann mit **`print`** aus.

Lösung:

```
erstes_wort = "Hallo"
zweites_wort = "Welt"
print(erstes_wort)
print(zweites_wort)
```

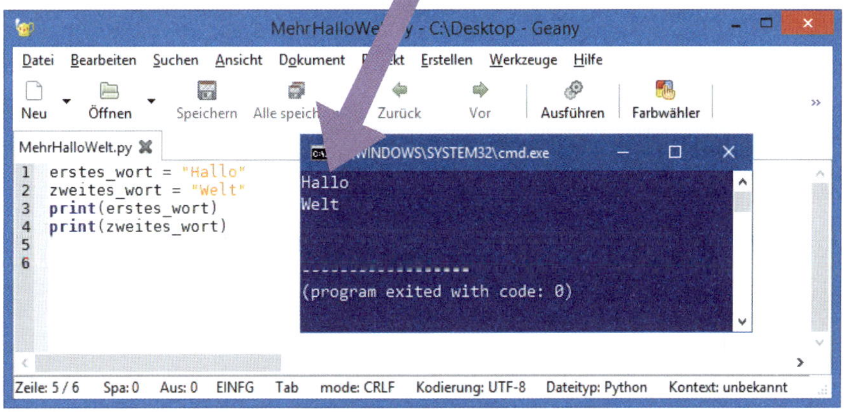

Ausgegeben wird alles – aber gleich in zwei Zeilen!?

Jede Ausgabe steht in einer eigenen Zeile. Das könnten wir natürlich zur gewünschten Lösung erklären, aber so einfach wollen wir es uns doch nicht machen. **Zumal der Befehl print einiges zu bieten hat!**

[Notiz]

Jedes **`print`** schreibt seinen Inhalt in eine neue Zeile.

Hallo Welt in (einzeiligen) Variationen

1. Du fügst die beiden Wörter in einer neuen Variablen zusammen und gibst den Inhalt dieser neuen Variablen dann mit einem **`print`**-Befehl aus:

```
erstes_wort, zweites_wort*1 = "Hallo", "Welt"
ergebnis*2 = erstes_wort +*3 " "*4 + zweites_wort
print(ergebnis)
```

*1 Du kannst **mehrere Zuweisungen** in **einer Zeile** zusammenfassen. Du hast auf der linken Seite des **=** mehrere Variablen und genauso viele Werte auf der rechten Seite. Die Variablen und die Werte sind jeweils durch ein Komma getrennt.

*2 Unsere neue Variable namens **`ergebnis`** gilt für die beiden zusammengefügten Wörter.

*3 Strings werden in Python ganz einfach mit einem **+** aneinandergehängt.

*4 Das **Leerzeichen** solltest du auch einfügen: Ohne Leerzeichen käme **`"HalloWelt"`** heraus.

Python weiß, dass ein **+** zwischen Strings kein mathematisches + ist, sondern Texte zu einem langen Text **zusammenfügt**. Dabei spielt es keine Rolle, ob die Texte als Literale oder Variablen angegeben sind. Wie du in unserem Beispiel siehst, können Variablen und Literale (hier unser einsames Leerzeichen) problemlos miteinander gemischt werden.

2. Wir geben beide Variablen zusammen aus. Gemeinsam im Befehl **`print`** – ohne alles erst in einer Variablen zu speichern. Auch das ist eine durchaus gängige Praxis:

```
erstes_wort, zweites_wort = "Hallo", "Welt"
print(erstes_wort + " " + zweites_wort)
```

3. Oder wir machen es nach Python-Art:
Python ist eine sehr **praktische** Programmiersprache. Die **`print`**-Funktion ist so **flexibel**, dass du es schneller und einfacher machen kannst als mit dem **+**. Eben auf the Python way: Du kannst **`print`** mehrere Werte übergeben, die du einfach durch ein Komma trennst.

```
print(erstes_wort,zweites_wort)
```

Ja, aber hast du nicht das Leerzeichen vergessen?

Nein, **`print`** fügt **automatisch** zwischen alle angegebenen Werte ein Leerzeichen ein. Verantwortlich dafür ist ein **optionaler Parameter** namens **`sep`**. Das steht für **Separator**, also Trennzeichen. Diesem Parameter kannst du einen beliebigen String zuweisen, der dann zwischen alle angegebenen Werte eingefügt wird. Verwendest du **`sep`** nicht (denn dieser Parameter ist ja optional), dann wird automatisch ein Leerzeichen zwischen alle Elemente gesetzt. Probier es mal mit einem * aus:

*1 Leerzeichen in den Anweisungen und **zwischen** den auszugebenden Elementen dienen nur der **Übersichtlichkeit** und haben **keinen** weiteren Einfluss.

```
print(erstes_wort, *1zweites_wort, *1sep='*'*2)
```

*2 Was **`sep`** zugewiesen wurde, wird zwischen jedes Element bzw. jeden Wert geschrieben, den du im **`print`** angegeben hast. Du kannst **`sep`** einen beliebigen (und auch beliebig langen) Text zuweisen, sogar einen leeren String, also **""**.

Die Ausgabe:

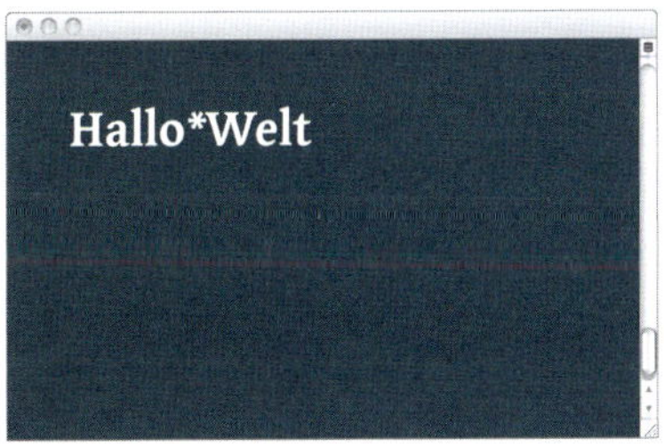

[Code bearbeiten]
Probiere es einfach mal mit verschiedenen Werten anstelle des Sternchens selbst aus. Nun noch alles in einer Python-Datei deiner Wahl **speichern** und **ausführen** lassen.

4. Das ist aber noch gar nicht alles. Die `print`-Funktion kennt noch einen weiteren optionalen **Parameter** namens `end`. Normalerweise schreibst du mit jedem `print` eine neue Zeile. Mithilfe von `end` kannst du das ändern und anstelle des Zeilenumbruchs ein anderes Zeichen angeben:

```
erstes_wort, zweites_wort = "Hallo", "Welt"
print(erstes_wort, end=" ")
print(zweites_wort)
```

*1 Hier wird der Zeilenumbruch »umgebogen« zu einem **Leerzeichen**. Genau das, was wir brauchen.

*2 Hier müssen wir nichts ändern. Der standardmäßige Zeilenumbruch darf hier bleiben. Anders wäre es, wenn wir weitere Worte mit einem eigenen `print` in die gleiche Zeile schreiben wollten.

Die Parameter `sep` und `end` müssen für jedes `print` explizit angegeben werden – zumindest wenn du nicht das normale Verhalten von `print` haben möchtest: Ohne diese Angaben hat das jeweilige `print` nämlich wieder die (unsichtbaren) Standardwerte `sep=' '` und `end='\n'`.

[Notiz]
Das `\n` steht für eine neue Zeile. Auf diese etwas seltsame Art, beginnend mit einem `\`, können sogenannte **Steuerzeichen** geschrieben werden. `\n` steht dabei für **new line**, also für einen Zeilenumbruch. `\t` ist ein Tabulator, `\b` ein Backspace (es geht also wieder eine Stelle nach links).

Puh, viele Möglichkeiten nur für »Hallo Welt«! Und welche soll ich jetzt nehmen?

Nun, alle Möglichkeiten machen Sinn. Meist ergibt es sich aus der konkreten Aufgabe, welche Methode am sinnvollsten ist. Wichtig ist, dass du weißt, dass es (eigentlich immer) unterschiedliche Möglichkeiten gibt, ans Ziel zu kommen. Such dir einfach das Passendste heraus.

Wir müssen reden: Du und deine Variablen

Variablen spielen in der Programmierung – und damit natürlich auch in Python – eine große Rolle. Sie sind so etwas wie Speicher, die einen Wert aufnehmen können. Wie du bereits gesehen hast, ist das Arbeiten mit Variablen recht einfach: Variablen **entstehen**, indem du ihnen einen Wert **zuweist**. Woher dieser Wert kommt – ein Literal (also ein fester Wert wie ein Text oder eine Zahl), eine Berechnung oder irgendeine andere Operation –, spielt erst mal keine Rolle.

```
neue_variable = "Ich bin ein Literal"
andere_variable = 42 * 2 / ( 0.5 * 4 )
```

[Achtung]

Keine Variable kann **ohne Zuweisung** existieren!

Du darfst **keine** Variable verwenden, **ohne** ihr zuvor einen Wert zugewiesen zu haben.

Also, was ist hier richtig, und was ist falsch?

```
spam = eggs*1 * 2   X
```

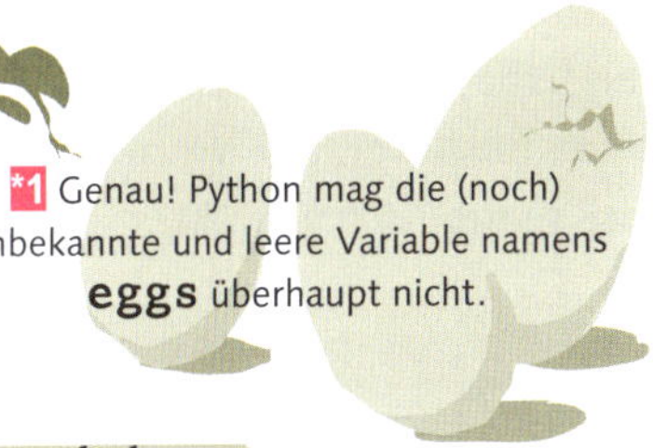

*1 Genau! Python mag die (noch) unbekannte und leere Variable namens **eggs** überhaupt nicht.

In diesem Fall wäre **spam** eine gültige Variable, nur **eggs** ist leider noch unbekannt (und hat auch keinen Wert) und so kommt es zu einem **Fehler**.

```
C:\WINDOWS\SYSTEM32\cmd.exe
Traceback (most recent call last):
  File "meinProgramm.py", line 1, in <module>
    spam = eggs * 2
NameError: name 'eggs' is not defined

------------------
(program exited with code: 1)
```

Die Fehlermeldung mag erst etwas kryptisch erscheinen, gibt aber einen eindeutigen Hinweis, nur leider auf Englisch.

Erst wenn du vorher **eggs** einen Wert zuweist, wird Python dein Programm akzeptieren:

```
eggs = 1
spam = eggs * 2
```

Genauso wenig funktioniert übrigens ein **print** mit einer Variablen, der noch kein Wert zugewiesen wurde:

```
print( eggs*1 ) X
```

Erst **nach** einer Zuweisung eines Wertes funktioniert das:

```
eggs = "So wird das was"
print(eggs)
```

Oder anders gesagt: Bevor eine Variable in einer Funktion wie **print** oder einer Operation wie **eggs * spam** verwendet werden darf, muss sie erst mal einen Wert erhalten haben. Dabei sind auch **0** oder **''** (zwei Anführungszeichen **ohne** Inhalt), also Texte ohne Inhalt, gültige Werte. Es gibt übrigens auch einen speziellen Wert **None**, der für ein voll pythonisch korrektes »**gar nichts**« steht:

```
eggs = None*1
print(eggs)
```

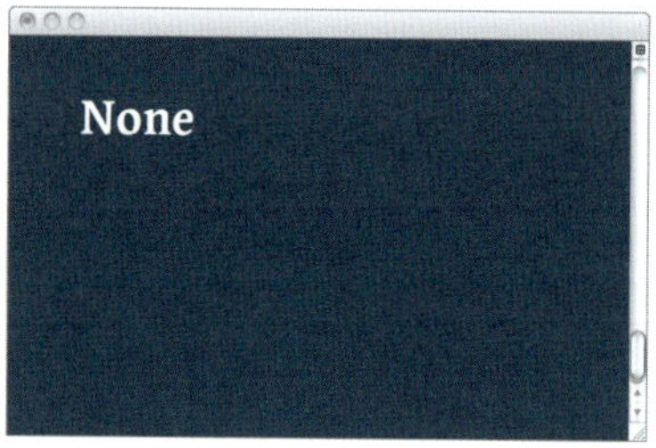

Was hat es eigentlich mit **spam** *und* **eggs** *auf sich?*

[Hintergrundinfo]

In Python ist es guter Ton, **spam** und **eggs** zu verwenden, wenn man für ein **Codebeispiel** beliebige Variablennamen braucht – sogenannte metasyntaktische Variablen.
spam und **eggs** gehen auf einen Sketch der englischen Comedy-Gruppe Monty Python zurück: Darin versucht ein Gast in einem Restaurant ein Gericht ohne Spam zu bestellen. Spam ist salziges Frühstücksfleisch in eckigen Dosen, die sich kaum ohne Verletzung öffnen lassen.
Wie zu erwarten, gibt es nur Gerichte mit Spam – und zufällig anwesende Wikinger (!) singen in dem Sketch regelmäßig einen Lobgesang auf Spam.
Und jetzt rate mal, wo das Wort Spam für unerwünschte Mails herkommt …

[Achtung]

Variablen **entstehen**, indem ihnen ein Wert zugewiesen wird. Solange eine Variable keinen Wert hat, kannst du sie auch nicht verwenden. Das würde einen **Fehler** verursachen.

[Hintergrundinfo]

Durch die erste Zuweisung eines Wertes, die sogenannte **Initialisierung**, wird eine Variable **deklariert** – sie wird vereinfacht ausgedrückt dem System bekannt gemacht. Ab diesem Zeitpunkt kannst du sie verwenden. Die Initialisierung und die Deklaration sind wichtige Konzepte in praktisch allen Programmiersprachen.

Und du hast ja schon gesehen, dass du sogar mehrere Zuweisungen **zusammenfassen** kannst:

```
spam, eggs, brot = "lecker", "gekocht", "geschnitten"
kleine_zahl, grosse_zahl = 100, 1
```

Jede Variable bekommt der Reihenfolge nach einen Wert zugewiesen.
Die Anzahl der Variablen **links** und die Anzahl der zugewiesenen Werte auf der **rechten** Seite müssen natürlich genau passen, sonst gibt es einen Fehler.

Moment, du hast die Werte in der zweiten Zeile vertauscht!

Du hast recht! Aber mit Python sind die Werte zweier Variablen **schnell getauscht**:

```
kleine_zahl, grosse_zahl = 100, 1
kleine_zahl, grosse_zahl = grosse_zahl, kleine_zahl
```

Das geht ganz einfach, denn du kannst einer Variablen problemlos den Wert einer anderen Variablen zuweisen.

In der Programmierung müssen oft die Werte zwischen Variablen getauscht werden, zum Beispiel wenn große und kleine Werte verglichen und dann zum Sortieren getauscht werden müssen. Mit Python geht das schnell und einfach mit einer einzigen Zeile Code!

Übrigens ... Variablennamen werden nach **Groß- und Kleinschreibung** unterschieden, **`mein_Text`** ist also eine ganz andere Variable als **`Mein_text`** oder **`mEiN_tExT`**. **`eggs`** ist eine andere Variable als **`Eggs`**. Wenn du dich beim Schreiben von Variablennamen mal vertippen solltest, wird dich Python bereits beim Programmstart mit einer Fehlermeldung darauf hinweisen, dass da eine unbekannte oder falsch geschriebene Variable im Quelltext sitzt.

[Hintergrundinfo]

Auch wenn Python eher niederländisch-locker ist, es gibt eine Namenskonvention nach PEP 8: Alle Namen von Variablen und Funktionen (die kommen noch) sollten **klein mit Unterstrich(en)** geschrieben werden. Einzelne Worte in den Namen werden dabei zur besseren Lesbarkeit mit Unterstrichen getrennt. Das ist **lower_case_with_underscores**.

[Begriffsdefinition]

Namenskonventionen sind Regeln bzw. Vorschläge, wie du Namen von Variablen oder Funktionen schreiben solltest. Konventionen deshalb, weil es nur Empfehlungen sind. Wenn du dich (vielleicht aus gutem Grund) nicht daran hältst, gibt es keinen Fehler und auch keine Warnung.

Variablen – was geht? Und was ist voll krass korrekt?

Hier sind erst mal ein paar **gültige** Variablennamen. Schau sie dir bitte mal an:

```
_wert = "Hallo"*1
wort1 = "Schrödinger"*2
wörtlich = "wie"*3
wort_drei*1 = "geht's"
```

*1 Der Unterstrich ist das **einzige, erlaubte Sonderzeichen**, egal, ob am Anfang, innerhalb des Namens oder am Ende.

*2 **Zahlen** sind natürlich auch im Namen erlaubt (nur eben nicht an erster Stelle).

*3 **Umlaute** sind auch kein Problem.

[Einfache Aufgabe]

Lass dir diese Variablen mit einem `print` ausgeben, sodass zwischen jedem Wort ein Bindestrich »-« steht. Am Ende soll ein Fragezeichen stehen und trotzdem noch ein Zeilenumbruch gemacht werden. Spicken ist wie immer erlaubt …

Lösung:

Erst mal ganz einfach: die Ausgabe an sich.

```
print(_wert, wort1, wörtlich, wort_drei)
```

Danach »baust« du mit dem Parameter **sep** noch den Bindestrich zwischen den Wörtern ein:

```
print(_wert, wort1, wörtlich, wort_drei, sep="-")
```

Und zum Schluss noch ein passendes **end** dazu, dem du ein **Fragezeichen** mit dem geforderten **Zeilenumbruch** zuweist:

```
print(_wert, wort1, wörtlich, wort_drei, sep="-", end="?\n")
```

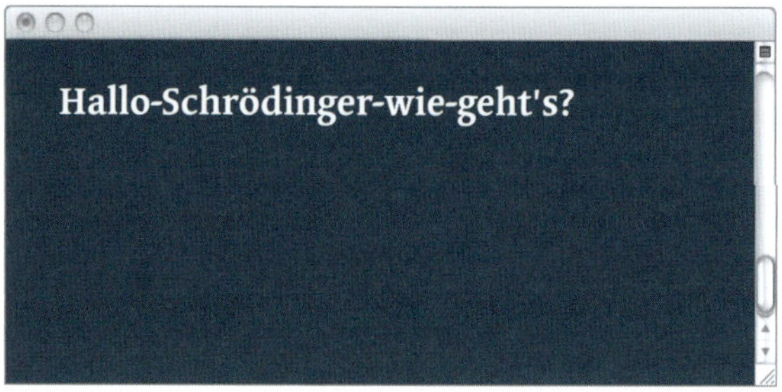

Super, das war doch gar nicht so schwer.

Und hier auf besonderen Wunsch der Käferfraktion ein paar Fehler bzw. Variablennamen, die du **nicht** nehmen darfst, weil sie **falsch** sind!

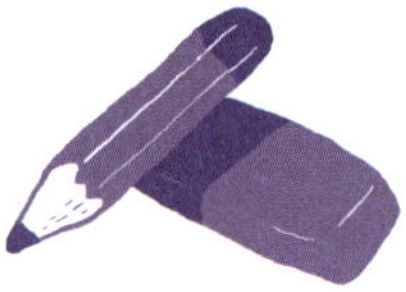

[Notiz]

Fehler werden in der Programmierung gerne als **Bugs** bezeichnet. Ein Bug ist im Englischen ein **Käfer**. Angeblich rührt das von der Zeit der ersten, damals riesigen Computer her. Eine kleine Motte hatte in einem Computer einen Schalter außer Gefecht gesetzt, was zu unerklärlichen Fehlern im Programm führte.

Agent Schrödinger, übernehmen Sie!

```
*1$wort = "Vorsicht" X
*2lwort = "Schrödinger" X
*3wort_zwei "so geht" X
*4Wort-drei = "es NICHT" X
```

*1 Das Dollarzeichen ist ein unerlaubtes Sonderzeichen, und zwar egal, ob am Anfang wie hier oder innerhalb des Namens.

*2 Am Anfang darf keine Zahl stehen.

*3 ...? Moment! Der Name der Variablen ist richtig – nur das **Ist-Zeichen** bei der Zuordnung fehlt!

*4 Der Bindestrich ist ein unerlaubtes Sonderzeichen im Namen. Außerdem entspräche der Name nicht der Namenskonvention alles kleinzuschreiben (was aber kein Fehler wäre).

Schrödinger, schau dir mal folgende Aufgaben an:

[Einfache Aufgabe]

Da der Fehlerteufel in Käferform an vielen Stellen zuschlagen kann: Was ist **richtig**? Was ist **falsch**? Und warum? Jeder Zettel steht übrigens für sich allein.

1.

```
spam = "Irgendwas mit " + egg
```

2.

```
spam = spam + 'Brot'
```

3.

```
spam = 'Ist das "etwa" richtig?'
```

4.

```
egg = "Die Fälschung ist 'echt' falsch"
```

5.

```
egg = 'Ich bin ein Literal"
```

6.

```
egg = "Schrödinger"
spam = 'Hallo' + Egg
```

7.

```
spam = "Ja" * 3
```

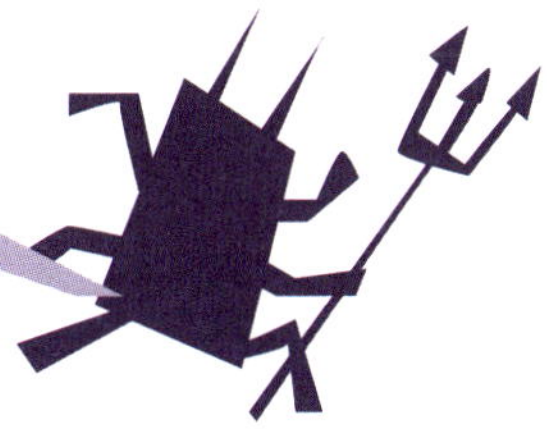

Lösung:

1. Falsch. Die Variable **egg** ist unbekannt, sie hat noch keinen Wert.

2. Falsch. **spam** ist noch unbekannt und darf noch nicht Teil einer Operation (auf der rechten Seite des **=**) sein. Das geht natürlich nicht.

3. Stimmt! Wenn der String durch einfache Anführungszeichen umschlossen ist, kannst du die doppelten Anführungszeichen wie jedes andere Zeichen im String verwenden – übrigens als Zeichen im Text nicht nur paarweise, sondern beliebig oft.

4. Stimmt auch! Der String ist von **doppelten** Anführungszeichen umschlossen. Also kannst du im String die **einfachen** Anführungszeichen verwenden – wieder beliebig oft oder auch nur einmal.

5. Falsch, denn ein String muss immer von der **gleichen Art von Anführungszeichen** umschlossen werden. Hier beginnt der String mit einem einfachen und endet mit einem doppelten Anführungszeichen. Umgekehrt wäre es natürlich genauso falsch.

6. Falsch! **egg** ist eine ganz andere Variable als **Egg** – Python unterscheidet ja zwischen Groß- und Kleinschreibung.

7. Das funktioniert tatsächlich! Das Ergebnis ist dreimal der angegebene String aneinandergefügt: »JaJaJa«. Strings können ja mit einer Integer-Zahl (und **nur** damit) multipliziert werden!

Das war doch gar nicht so schwer!

Ach, Schrödinger. Bevor ich es vergesse, ist hier noch eine wichtige Sache.

Die Sache mit den (Daten-)Typen

Schau dir bitte mal das hier an:

```
print( True + "Schrödinger" )   X
egg = "Die Zahl lautet " + 42   X
```

Wenn es sich nicht ausschließlich um Zahlen handelt, darfst du unterschiedliche Arten von Werten **nicht in Berechnungen bzw. Operationen vermischen**. In der Programmierung werden nämlich Daten nach ihrem **Typ** unterschieden: **Zahlen** und **Strings** kennst du ja schon. Und Zahlen werden sogar noch weiter unterschieden:

- **ganzzahlige Zahlen** wie 1 oder 42 oder 2021, ohne Stellen nach dem Komma
- **Fließkommazahlen** wie 1.9 oder 3.141
- **komplexe Zahlen**, wie du sie vielleicht aus dem Matheunterricht oder dem Studium kennst

Außerdem gibt es noch **boolesche Werte** für wahr, `True`, oder falsch, `False`, in Python. Und dann wirst du noch ein paar andere, gar nicht mal so komische Typen kennenlernen.

[Achtung]

In Python wird, wie in fast allen Programmiersprachen, das **Komma** bei Fließkommazahlen (wie bei 3,14159) als **Punkt** geschrieben: `3.14159`

[Hintergrundinfo]

Nicht umsonst ist eine Fließ**komma**zahl im Englischen eine »floating **point** number«. Und da Englisch die Sprache der Programmierung ist, richten sich Programmiersprachen hier nach ihr.

Für den Computer ist die Frage des Datentyps wichtig: Ein String muss intern anders behandelt und gespeichert werden als ein Wahrheitswert: Ein String kann fast beliebig lang (oder kurz) sein, während ein boolescher Wert nur `True` oder `False` (also wahr oder falsch bzw. intern **0** oder **1**) darstellt.

Dabei können boolesche Werte, Integer (also ganzzahlige Werte) und Fließkommazahlen recht **gut miteinander** in Berechnungen verwendet werden. In Berechnungen mit Zahlen werden `True` zu `1` und `False` zu `0` umgewandelt. Integer wie `1` oder `42` werden in Berechnungen mit Fließkommazahlen wie `3.141` automatisch in Fließkommazahlen `1.0` oder `42.0` umgewandelt. Hier macht Python die Arbeit für dich ganz automatisch – denn hier ist es ziemlich **eindeutig** wie die Werte zu verstehen sind, und es besteht **keine Gefahr**, dass Werte durch eine automatische Umwandlung verändert oder falsch verstanden werden.

Schau dir bitte mal die Berechnung in dem `print` an und sag mir, was dabei herauskommt:

```
print( 42 + 12.0 * False )
```

Also Schrödinger, Python arbeitet nach den normalen Regeln der Mathematik: **Punktrechnung vor Strichrechnung.**

Somit beginnt die Berechnung rechts mit der Multiplikation. Das `False` wird zu einer Fließkommazahl `0.0` umgewandelt, damit es passend zur Fließkommazahl `12.0` ist. Das ergibt `12.0 * 0.0` und als (Teil-)Ergebnis `0.0`. Das Ergebnis **0** bleibt übrigens eine Fließkommazahl als `0.0`.
Dann berechnet Python `42 + 0.0`. Damit es passend wird, macht Python aus der `42` die Fließkommazahl `42.0` und rechnet die beiden Zahlen zusammen.

Das Ergebnis ist 42.0!

Wenn das mit den Zahlen doch so gut funktioniert, warum dürfen dann ein Text und eine Zahl nicht zusammengefügt werden?

Nun, so lange es **eindeutig** ist, wie Werte zu interpretieren (und damit umzuwandeln) sind, so lange übernimmt Python das gerne für dich – ganz **automatisch**. Aus einer `42` wird in einer Operation mit einer Fließkommazahl immer eine `42.0`. Wichtig für Python ist auch, dass keine Informationen dabei verloren gehen. Deshalb findet immer eine automatische Konvertierung zu dem **höherwertigen** Datentyp statt.

Boolean → Integer → Fließkommazahl

Andersherum geht es **nicht**, zumindest nicht automatisch. Denn wie sollte anders (beispielsweise) aus einer 17.7 eine Integer-Zahl werden? Runden? Aufrunden? Abrunden? **Nein, das ist zu unsicher!** Und wie sollte es erst recht funktionieren, wenn Zahlen und Texte miteinander verknüpft werden sollen?

Wie sagt das Zen of Python?

»In the face of ambiguity, refuse the temptation to guess. – Wenn etwas mehrdeutig ist, widerstehe der Versuchung zu raten.«

Es gibt Programmiersprachen, die **versuchen**, selbst zu erkennen, was sinnvoll ist und wohl gemeint sein könnte: Ist also eine `"42"` ein String? Oder ist die Zahl gemeint? Gerade bei einer Addition:

```
text_oder_zahl = "42" + 23X
Das lässt Python gar nicht zu! Es kommt zu einem Fehler!
```

Was würdest du hier als Ergebnis erwarten? Die Zahl **65** als Ergebnis einer Addition oder den zusammengefügten Text **"4223"**? Was ist sinnvoll?

Python hat hier eine ganz eindeutige Antwort: **Das kann niemand wissen – nur der Programmierer, also du!**

Was? Ich?

Schrödinger, das Zen of Python sagt dir: »Explicit is better than implicit. – Explizit ist besser als implizit.«

Also sagt Python, es ist das Beste, **du** legst ausdrücklich (**explizit**) fest, wie die Werte zu verstehen sind. **Du** musst dich darum kümmern, wie dein Programm mit unterschiedlichen Daten bzw. Datentypen umgeht. **Du** musst explizit festlegen, wie die einzelnen Werte in einer Operation zu verstehen sind!

[Begriffsdefinition]

Explizit bedeutet, du musst es **ausdrücklich** angeben, also in Form eines Befehls oder einer Anweisung wirklich schreiben.

Python **passt genau auf**, dass unpassende Datentypen nicht einfach addiert oder mit anderen Operationen einfach »mal so« zu neuen Werten verarbeitet werden – es sei denn, es ist eindeutig und es gehen keine Informationen dabei verloren. Und von einigen, genau festgelegten **Sonderfällen** einmal abgesehen.

Sonderfälle?

Zum Beispiel die Multiplikation von Strings mit Integer-Zahlen:

```
zeichenkette = "-" * 10
print( zeichenkette )
```

Du kannst tatsächlich einen String mit einer Zahl multiplizieren. Der String wird dann **vervielfacht**, das ist durchaus ganz praktisch – **willkommen in der wunderbaren Welt von Python.**

Ansonsten gilt aber: Erst wenn Daten explizit – also auf deine Anweisung hin – zu einem **gleichen Datentyp** umgewandelt sind, kannst du sie gefahrlos vermischen, addieren oder sonst etwas damit machen.

[Achtung]

Für **Berechnungen** musst du die beteiligten Daten zu **einem gleichen Datentyp** umwandeln …

… dafür ist es natürlich wichtig zu wissen, welche (Daten-)Typen es so gibt!

Werfen wir einen raschen Blick auf die (erst mal) **wichtigsten Datentypen**, die du zum Programmieren benötigst.

Diese Datentypen sind für dich da!

- **Strings bzw. Texte**

`'Hallo' "42"`

`'10 Vorne' "Schrödinger"`

Strings kennst du ja. Gekennzeichnet sind sie durch Anführungszeichen am Anfang und am Ende. Wichtig ist, dass eine **Zahl**, die sich **innerhalb** solcher Anführungszeichen befindet, auch ein **String** ist: **`"42"`** ist also etwas ganz anderes als die Zahl **`42`**.

- **Integer-Zahlen**

`42   451   -100   1233457898073278928330420382903`

Integer-Zahlen, also Ganzzahlen, können positiv oder negativ sein, haben aber eben keinen Nachkommateil. Eine **Besonderheit** von Python ist, dass Integer-Zahlen praktisch **beliebig groß** werden können.

- **Fließkommazahlen**

`42.0   -191.0   3.14159   .25   1e2   134.`

Fließkommazahlen werden mit einem Punkt geschrieben. Aber auch Zahlen in der **Exponentialschreibweise** (wie eben **`1e2`**, also **`100.0`**) sind Fließkommazahlen.

- **Boolean, Wahrheitswerte**

`True False`

Ist etwas **wahr** oder **falsch**? Das sagen dir die **booleschen** Werte. **`True`** und **`False`** müssen übrigens exakt so geschrieben werden: Der erste Buchstabe ist **groß**, der Rest wird **kleingeschrieben**. Sie dürfen auch **nicht** in Anführungszeichen geschrieben werden – dann wären sie nämlich normale Strings.

und was mache ich jetzt damit?

Über den richtigen Kamm scheren – Datentypen konvertieren

Python hat Funktionen, mit denen du Werte von **einem Datentyp** in einen **anderen Typ** umwandeln kannst. Vorausgesetzt, das geht von den Werten her überhaupt: Denn man kann nicht jeden Wert sinnvoll in einen anderen Datentyp konvertieren. **Man kann eben nicht aus jeder Mücke einen Elefanten machen.**

Um beispielsweise für eine Berechnung unpassende Werte in **Zahlen** zu verwandeln, kannst du die Funktion `int()` verwenden: Damit wird jeder Wert in einen Integer, also eine ganze Zahl, umgewandelt – zumindest soweit das möglich ist. Aus `"Haus"` könnte eben keine Zahl erzeugt werden. Eine Fließkommazahl würde damit in eine Integer-Zahl verwandelt, indem einfach alles nach dem Komma (bzw. Punkt) abgeschnitten würde.

Willst du eine Fließkommazahl erzeugen, hilft dir dabei die Funktion `float()`. Um etwas in einen String zu verwandeln, gibt es dafür die Funktion `str()`.

[Einfache Aufgabe]
Addiere den String `"42"` als Zahl zu der Zahl 23 und weise das einer Variablen zu.

```
eine_zahl = int("42")*1 + 23
```

*1 Mit der Funktion `int()` wird ein darin angegebener Wert in eine Integer-Zahl umgewandelt, zumindest wenn der Wert in die andere »Form« als Zahl passt.

[Einfache Aufgabe]
Und jetzt füge die gleichen Werten als Strings zusammen und weise das Ergebnis einer Variablen zu.

```
ein_text = "42" + str(23)*2
```

*2 Die Funktion `str()` macht aus dem angegebenen Inhalt einen String. Das Ergebnis ist `"4223"` – zwei Strings wurden zusammengefügt und das Ergebnis dann der Variablen zugewiesen.

So klappt es mit dem Nachbarn, der in diesem Fall eben einen anderen Datentyp hat. Allerdings hat das Grenzen, denn aus `"10 Vorne"` oder `"Hausnummer 13"` kannst du auch mit `int()` keine Zahl machen.

Die Konvertierung der Werte funktioniert natürlich nicht nur mit Literalen (wie oben), sondern genauso mit Variablen oder Werten, die aus Operationen entstehen.

[Einfache Aufgabe]

Was wird hier als Ergebnis von `print` ausgegeben?

*1 Im Gegensatz zum `print`-Befehl musst du beim Zusammenfügen von Strings selbst an notwendige Leerzeichen zwischen den einzelnen Elementen denken.

```
eggs = 20
spam = "Jeder Tag hat *1" + str(4 + eggs) + " *1Stunden"
print(spam)*2
```

*2 `print` zeigt dir dann, was aus deinem `spam` geworden ist.

Richtig:

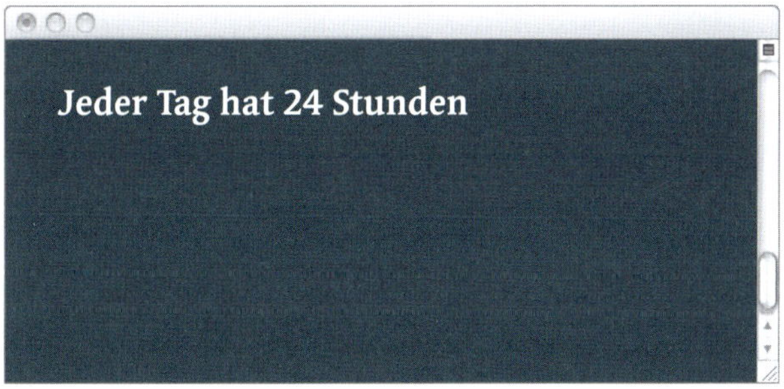

[Achtung]

`str(eggs)` verändert übrigens **NICHT** die Variable `eggs`! Ihr Inhalt bleibt gleich. Der umgewandelte Wert wird von der Funktion `str` zurückgegeben und an dieser Stelle im Programm verwendet.

Natürlich kannst du auch ganze Herden von **Operationen** (also Berechnungen) innerhalb solcher Funktionen wie **`int()`**, **`float()`** oder **`str()`** durchführen.

[Einfache Aufgabe]

Welchen Wert hat die Variable **`spam`** am Ende?

*1 Zuerst wird der Wert innerhalb der Klammern »berechnet«. Somit werden erst die beiden Strings zu dem String **"24"** zusammengefügt. Aus diesem String macht **int** dann die Zahl **24**, die der Variablen **eggs** zugewiesen wird.

```
eggs = int( "2" + "4" *1)
spam = "Jeder Tag hat " + str(eggs + 12*2)*3 + " Stunden"
print( spam )
```

*2 Wieder wird die Operation in der Klammer ausgeführt, bevor konvertiert wird. Die Zahl **24** aus **eggs** wird mit der Zahl **12** zusammengerechnet – zu einer gewagten **36**.

*3 Aus der berechneten Zahl **36** wird ein **String** gemacht, der zusammen mit den beiden anderen Strings zusammengefügt wird.

Das Ergebnis sieht dann so aus:

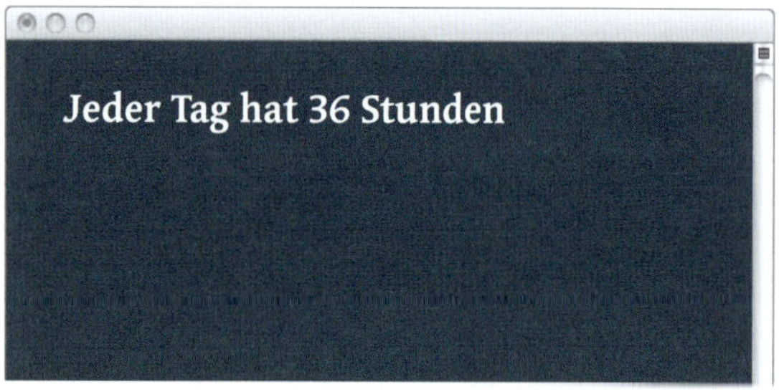

Lustiges Konvertieren – was Python zu was macht

Es ist ganz wichtig, zumindest einmal gesehen zu haben, was Python aus unterschiedlichen Werten bei der Konvertierung macht. Schauen wir uns das mal etwas genauer mit den Funktionen **str()**, **int()** und **float()** an.

Die Funktion »str()« – verwandelt alles in Text

```
str()         →  ''
str(0)        →  '0'
str(1)        →  '1'
str(12.94)    →  '12.94'
str(False)    →  'False'
str(True)     →  'True'
str(None)     →  'None'
str('eins')   →  'eins'
```

Hier kannst du sehen, welche Strings von der Funktion **str()** aus unterschiedlichen Werten »gebastelt« werden. Sogar leere oder gar keine Werte sind erlaubt und erzeugen eben einen **leeren** String.

Eine Variable ist ja auch mit einem leeren String korrekt initialisiert.
Versuchst du, eine Fließkommazahl **mit Komma** zu schreiben, führt das zu einem Fehler:

```
str(3,141) X
```

Das liegt nicht mal an der Funktion **str()**. Python akzeptiert eben **kein Komma** als Dezimalzeichen – nur der im Englischen übliche **Punkt** ist erlaubt.

Die Funktion »int()« – ganze Zahlen

Mithilfe von **`int()`** werden Werte in Ganzzahlen, also Integer, umgewandelt.

```
int()        → 0
int(0)       → 0
int(1)       → 1
int(12.94)   → 12
int("42")    → 42
int(False)   → 0
int(True)    → 1
```

»Leere Werte« sind auch hier erlaubt. Auch aus einem Text **`"42"`** wird korrekt eine Zahl **`42`**. Und Fließkommazahlen werden ja umgewandelt, indem der Teil nach dem Komma einfach **abgeschnitten** wird.

Bei einem **String** wie **`"42.123"`** versucht Python aber erst gar nicht, eine **`42`** zu raten – es ist wieder deine Aufgabe als Programmierer, dich darum zu kümmern. Nur aus direkt passenden Strings wie **`"42"`** erzeugt **`int()`** eine Zahl. Und auch ein Text, der eine Zahl als Wort darstellt, wie **`"one"`** oder **`"eins"`** wird von Python nicht als Zahl zurechtgeraten, sondern mit einem Fehler quittiert – genauso wie der Versuch, **`None`** in eine Zahl zu verwandeln.

```
int("42.123") X
int("one") X
int("eins") X
int(None) X
int("10vorne") X
```

Was bei **`int()`** mit dem String **`"42.123"`** nicht funktioniert, funktioniert natürlich bei **`float()`**, da die Funktion ja Zahlen mit Dezimalpunkt kennt.

Die Funktion »float()« – Fließkomma mit Punkt

Die Funktion **float()** ist der große Bruder von **int()** und für Fließkommazahlen zuständig – nur eben mit dem Punkt als Dezimalzeichen.

```
float()          → 0.0
float(0)         → 0.0
float(1)         → 1.0
float(3.141)     → 3.141
float("42")      → 42.0
float("42.123")  → 42.123
float(True)      → 1.0
float(False)     → 0.0
```

Und auch hier gibt es Werte, die nicht in eine Fließkommazahl umgewandelt werden können:

```
float("eins") X
float(None) X
float(3,141) X
```

Die Funktion »bool()« – Wahrheit oder Pflicht

Die Funktion **bool()** ist von solch schlichter Eleganz und Einfachheit, dass sie mit einem Absatz abgehandelt werden kann: **bool()** macht aus gar keinem Wert, **None**, einem leeren String **''** oder einer **0** (oder **0.0**) ein **False** – alles andere ist **True**. Selbst ein **"False"** oder ein Leerzeichen **' '** als Text wird zu einem ein **True**.

Fehlt jetzt noch was? Klar!

Du musst ja auch feststellen können, von welchem Typ ein bestimmter Wert ist. So lange du **Literale** hast, ist das natürlich banal – du siehst ja direkt, um was für einen Wert es sich handelt. Kniffliger wird es bei **Operationen** oder wenn die Daten eben nicht direkt unter deiner Kontrolle sind, wenn Daten zum Beispiel aus einer Datenbank, dem Internet oder einer Benutzereingabe kommen.

Was ist das denn für ein Typ – »type()«

Mit der Funktion **`type()`** kannst feststellen, um **welchen Datentyp** es sich bei einem Wert handelt. Dabei ist es egal, ob der Wert als Literal oder in Form einer Variablen vorliegt.

Du musst nur den Wert (bzw. die Variable) in die Klammer der Funktion schreiben. **`type()`** überprüft den Typ – todsicher und schnell.

Hier ist einmal vereinfacht das Ergebnis solcher Prüfungen dargestellt. Willst du das Ergebnis sehen bzw. ausgeben, dann gib **`type()`** am einfachsten mit einem **`print()`** aus:

```
print( type(spam) )
```

Und praktisch ausprobiert sieht das so aus:

Code	Ausgabe
`type(42)`	`<class 'int'>`
`type(42.123)`	`<class 'float'>`
`type("Hallo")`	`<class 'str'>`
`type( 10 > 1` *1 `)`	`<class 'bool'>`
`type(False)`	`<class 'bool'>`
`type()` *2	**FEHLER!**

*1 Innerhalb der Klammer einer Funktion – also auch bei **`type()`** – kannst du Operationen bzw. Berechnungen verwenden. Es wird das **Ergebnis** der gesamten Operation untersucht: Da hier 10 unzweifelhaft größer als 1 ist, ergibt dieser Vergleich im Ergebnis wahr, also **`True`**. Und **`type`** stellt somit ganz richtig fest, dass wir einen **booleschen Wert** haben.

*2 Die Funktion **`type()`** verträgt es nicht, wenn sie leer, also **ohne Inhalt**, aufgerufen wird. Dann kommt es zu einem Fehler.

Die Ausgabe in der Form **`<class 'IRGENDWAS'>`** erscheint auf den ersten Blick vielleicht etwas seltsam. Du musst dazu wissen, dass so ziemlich alles in Python als ein **Objekt** angesehen wird. Daher rührt die Angabe **`class`**. Bei diesen Klassen, **`class`**, handelt es sich um so etwas wie **Vorlagen**, was aus der objektorientierten Programmierung kommt. Hinter jedem Datentyp steht also eine entsprechende Klasse. Und genau diese Klasse beschreibt, was die jeweiligen Datentypen ausmacht.

Ui, das sieht aber kompliziert aus!

Keine Sorge: Für einen **Vergleich** in einem Programm, also um zu testen, ob ein bestimmter Typ vorliegt, ist der Aufruf viel leichter. So prüfst du beispielsweise, ob der Wert einer Variablen vom Typ her ein String ist:

*1 Das hier ist ein `if`. Damit kannst du Entscheidungen treffen, die von einem **Vergleich** abhängen. Das `if` wirst du später noch genauer kennenlernen.

*2 Hier fragst du den **Typ** ab, den der Wert der Variablen gerade hat, ...

```
eingabe = "Hallo"
if*1 type(eingabe)*2 == str*3:
    print("Ein String!")*4
```

*3 ... und vergleichst ihn mit dem **Typ String** – der ganz einfach als `str` (ohne Anführungszeichen) geschrieben wird.

*4 Siehe da: Es ist ein String!

Auch auf andere Typen kannst du so testen. `bool` steht für einen Wahrheitswert, `int` für einen Integer und `float` für eine Fließkommazahl.
Alle Typen werden **ohne Anführungszeichen** geschrieben.

Aber im Moment genügt, dass du feststellen kannst, um welchen Datentyp es sich handelt.

Probier's doch mal aus

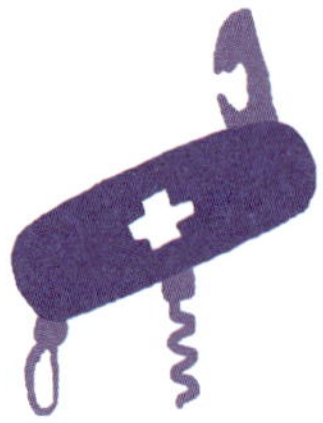

[Einfache Aufgabe]

Finde heraus, um welchen Datentyp es sich jeweils handelt.

```
spam = "10" * 42*1
spam = int("42") > 30*2
egg = 12.0 * 3*3
ergebnis = spam * egg*4
```

*1 Das Ergebnis ist ein ziemlich langer **String** in der Art "1010101010..." (wobei wir uns den Rest des Strings sparen).

*2 Klar, das Ergebnis aus einer **Vergleichsoperation** zweier Zahlen mit **>** ist (in diesem Fall) wahr, also **True**, und damit ein boolescher Wert, also **bool**.

*3 Einmal **float** und einmal **int**? Klar, das Ergebnis ist in dem Fall praktisch immer **float**, hier **36.0**

*4 In einer Berechnung mit einer Zahl wird unser boolescher Wert in **spam** zu **0** oder **1**. Unser **True** wird also zu **1** bzw. in der Operation zu **1.0** und das Ergebnis ist **36.0** – also wieder **float**.

Mit **`print(type(name_der_variable))`** kannst du dir den Typ jeweils ausgeben lassen.

Und was ist noch wichtig?

Eine Variable selbst ist nicht dauerhaft auf eine bestimmte Art von Wert bzw. einen Datentyp festgelegt. Im Gegenteil darf jede Variable lustig ein »Bäumchen wechsel dich« spielen.

```
spam = 42
spam = "Schrödinger"
spam = True
```

Auch wenn Variablen unterschiedliche Datentypen haben und **wiederverwendet** werden können, gilt folgender Hinweis:

[Achtung]

Es ist **keine gute Idee,** Variablen »recyceln« zu wollen. Nimm lieber eine **neue Variable**.

Python kümmert sich um Variablen, die nicht mehr benötigt werden. Es wird also kein Speicher durch alte Variablen belegt. Die Anzahl der Fehler, die durch recycelte Variablen entstanden sind, ist hingegen legendär. Viele Entwickler können davon ein leidvolles Lied singen, und es gibt kaum bessere Möglichkeiten, sich bei Kollegen unbeliebt zu machen.

Schrödinger, das Zen of Python sagt dir: »Readability counts. – Die Lesbarkeit zählt.«

Syntax, Variablen, Datentypen und dynamische Typisierung

Lass uns kurz rekapitulieren …

- Python ist nach einer (nein, **der**) britischen **Komikertruppe Monty Python** benannt. Wichtige Empfehlungen und Regeln sind in den sogenannten PEPs festgelegt.
- Die **Syntax** ist »leichtgewichtig«. Gerade auf die schlecht zu tippenden geschweiften Klammern oder das »schicke« Semikolon wurde weitgehend verzichtet. Jeder Befehl steht in einer eigenen Zeile.
- Ein Python-Programm schreibst du einfach so. Keine Klassenkonstrukte, keine Importe oder andere Vorbereitungen sind nötig: einfach schreiben, speichern, ausführen.
- **Variablen** sind Speicher, die unterschiedlichste Werte aufnehmen können. Du kannst ihnen Literale, also feste Werte, oder die Ergebnisse von Berechnungen und Operationen zuweisen.
- Jeder Variablen musst du vor der Verwendung einen Wert zuweisen. Den Datentyp erkennt Python selbst, dank **dynamischer Typisierung**.
- Unterschiedliche **Datentypen** dürfen nicht ohne Weiteres in Berechnungen vermischt werden. Es ist aber problemlos möglich, den Typ eines Wertes festzustellen und für eine Berechnung passend zu machen.
- Mit `print` kannst du Werte komfortabel ausgeben, getrennt durch ein Komma verstehen sich hier sogar unterschiedliche Datentypen wunderbar.

Zeit für eine Pause …?
… keine Pause!

Syntax, Kommentar und guter Stil

—ZWEI—

Ein Dinkel macht noch keinen Korn

Ein einfaches Kassenprogramm schreiben? Eingaben machen, das Wechselgeld und einen Rabatt berechnen? Mit Python ist das überhaupt kein Problem – das kriegst du schneller hin, als du denkst!

Also, es gilt! Noch drei Tage bis zum Flohmarkt. Ein **einfaches Kassensystem** hattest du versprochen. Was ist also zu tun? Es muss ein Verkaufspreis eingegeben werden und der Betrag, den der Kunde zahlt. Und das Kassensystem berechnet dann das Rückgeld …

… ganz übersichtliche Anforderungen für den Anfang:

1. Wir brauchen eine **Eingabe** für den (Verkaufs-)Preis. Der sollte sinnvollerweise in einer Variablen **gespeichert** werden.
2. Dann muss eine **zweite Eingabe** erfolgen – für das vom Kunden gezahlte Geld. Und auch diese Eingabe sollte in einer Variablen **gespeichert** werden.
3. Schließlich muss aus den Eingaben das **Rückgeld berechnet** und (auf dem Bildschirm) **ausgegeben** werden.

Reicht das denn schon für ein Kassensystem?

Das sind erst einmal die ([aller-]aller-)wichtigsten **Grundfunktionen**. Natürlich macht ein professionelles Kassensystem viel mehr, aber für den ersten Schritt, für einen einfachen Prototyp, reicht das. Zumal du gerade hier einige wichtige Grundlagen von Python kennenlernst: die ersten **Kontrollstrukturen**.

[Begriffsdefinition]

Ein **Prototyp** ist Software, die durchaus erst mal mit der »heißen Nadel« gestrickt wird, um zunächst eine grundlegende Funktionalität zu haben.
Man verwendet Prototypen gerne in der professionellen Entwicklung, um zusammen mit dem Kunden Schritt für Schritt zum fertigen, ausgereiften Programm zu kommen.

[Achtung]

Das heißt **nicht**, dass schlampig oder schlecht programmiert wird. Es wird aus Zeitgründen nur wenig Wert auf Feinheiten und Details gelegt. Die **Funktionalität** steht im Vordergrund.

[Begriffsdefinition]

Kontrollstrukturen sind Elemente in der Programmierung, mit denen der **Ablauf** eines Programms gesteuert werden kann. Ansonsten würde jedes Programm immer gleich linear ablaufen – ohne Unterscheidungen vom Anfang zu einem immer gleichen Ende.

Eingabe, Berechnung und eine Ausgabe

Was du erst mal brauchst, ist die Möglichkeit, einen Wert **einzugeben**. Der Befehl dafür lautet `input()`.

Bei diesem Befehl stoppt das Programm, gibt einen optionalen Text aus und erwartet dann eine Eingabe. Mit der **Return**- bzw. **Enter**-Taste beendest du die Eingabe. Diese **Eingabe** kann einer Variablen zugewiesen werden (was in den meisten Fällen gemacht wird) oder auch direkt in einer Operation verwendet werden. Letzteres wird aber eher selten gemacht, da das doch eher **unübersichtlichen Code** erzeugt.

Denk dran, Schrödinger, das Zen of Python weiß immer Rat:

»Beautiful is better than ugly. – Schön ist besser als hässlich.«

Gut, wie sieht das nun mit dem **input** *richtig aus?*

```
spam*1 = input*2("Ein Hinweistext"*3)
```

*1 Unserer beispielhaften (also ziemlich metasyntaktischen) Variablen **spam** wird die Eingabe zugewiesen – also alles, was du tippst, bis du die **Return**- oder **Enter**-Taste drückst. Mit der Variablen und ihrem neuen Inhalt kannst du dann problemlos im Programm weiterarbeiten.

*2 Der Befehl **input** nimmt einen Wert entgegen und gibt ihn sofort weiter – in unserem Fall direkt an die Variable **spam**.

*3 In der Klammer kannst du einen Hinweis angeben, welche Art von Eingabe erwartet wird. Sinnvoll ist ein kurzer, erklärender Text, aber auch Zahlen oder boolesche Werte wären hier erlaubt.

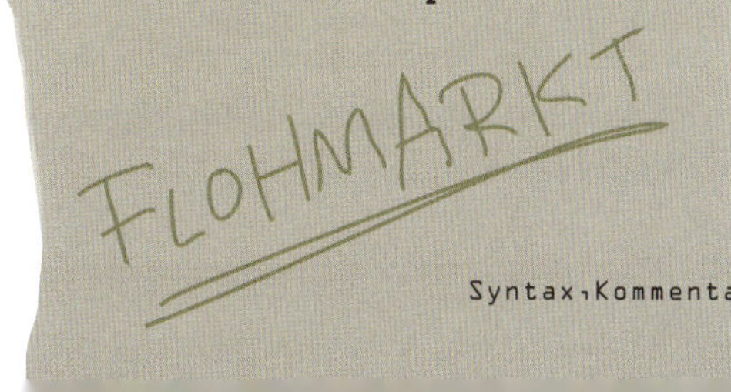

Fangen wir an. Erst einmal unsere Eingabe(n):

*1 Eine Variable namens **preis** bekommt den Wert der Eingabe zugewiesen. Der Name ist beliebig, sollte aber natürlich zur Verwendung passen. **preis** (oder **Preis**) ist in jedem Fall besser als **prsl** oder nur **p**!

*2 Und hier kommt unser **input** mit einem kurzen, erklärenden Text zur erwarteten Eingabe. Natürlich reicht als Text auch **"Preis?"**.

```
preis*1 = input*2('Gib den Preis ein: *3')
zahlung = input("Der Kunde zahlt: ")
```

*3 Sicher hast du das Leerzeichen bemerkt!? Das Leerzeichen sorgt dafür, dass deine Eingabe etwas Abstand zum Hinweistext hat. Das ist nicht notwendig – wirkt aber etwas schicker.

Warum hast du den Text innerhalb der beiden **input()** *einmal mit einfachen und einmal mit doppelten Anführungszeichen geschrieben?*

So siehst du, dass du die unterschiedlichen Anführungszeichen **' '** und **" "** tatsächlich beliebig verwenden kannst. Du musst nur beachten, dass die **zusammengehörigen** Anführungszeichen gleich sind. Mischen ist da nicht erlaubt.

Bevor wir jetzt anfangen zu rechnen, ist es wichtig zu wissen, dass Python jede Eingabe, die über **input** gemacht wird, als **String** bereitstellt.

Als String, also als Text? Auch die eingegebenen Zahlen?

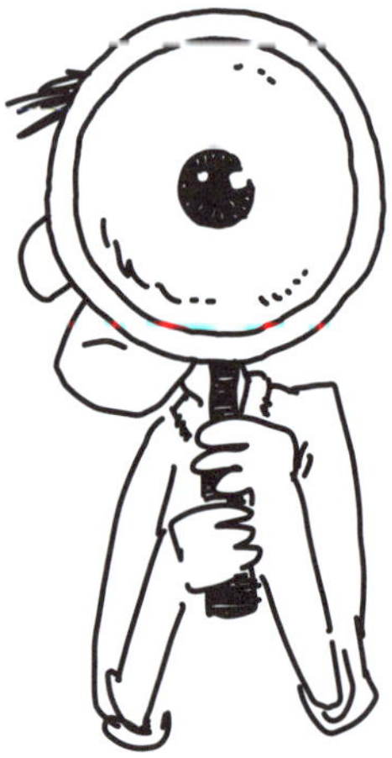

[Achtung]

Jede Eingabe, die mit **input** gemacht wird, behandelt Python als **String**!

Es ist wie bei der Addition von Variablen mit unterschiedlichen Datentypen: Welchen Typ sollen die jeweiligen Werte haben? Ist eine 42 nun eine Zahl 42 oder ein String **"42"**?

Python geht auch hier davon aus, dass **nur du**, der Entwickler, das wissen kannst. Deshalb werden alle Werte als **String** bereitgestellt, String ist schließlich der Datentyp, der erst mal alles problemlos aufnehmen kann. Und nur **du** kannst (und musst) dich dann darum kümmern, dass die Werte passend gemacht werden.

Ach, deshalb vorhin das Ganze mit diesen Datentypen?!

Welchen Datentyp Python für die Eingaben verwendet, könntest du dir natürlich mit **`type()`** ausgeben lassen:

```
print(type(preis))
print(type(zahlung))
```

Das Ergebnis der Typabfrage wäre aber immer gleich und nicht gerade spannend:

Es spielt keine Rolle, was du eingegeben hast – die Eingaben werden in jedem Fall als String in die Variablen geschrieben.

Mit Strings kann man nicht rechnen!

Um mit den Werten rechnen zu können, musst du sie in **Zahlen** umwandeln. Und mit Sicherheit wird nicht nur in ganzen Euro gezahlt. Mit einfachen Integer-Zahlen (Ganzzahlen) kommst du also nicht weit, zumindest nicht weit genug. **`float`** ist der Datentyp unserer Wahl.

Du könntest das **`float`** für die Konvertierung direkt in die bestehende Eingabe schreiben:

```
preis = float(input('Gib den Preis ein: '))
zahlung = float(input("Der Kunde zahlt: "))
```

Schön ist anders! Und was sagt das Zen of Python dazu?

Ist schon klar: Beautiful is better than ugly.

Besser: Du konvertierst den Wert der Variablen in einem **eigenen Schritt** und weist ihn dann den Variablen neu zu:

```
preis = input('Gib den Preis ein: ')
zahlung = input("Der Kunde zahlt: ")
preis = float(preis)
zahlung = float(zahlung)
```

Schon sind die eingegebenen Werte in **Fließpunktzahlen** umgewandelt. Das könntest du natürlich wieder mit **`type`** überprüfen.

Zahlen mit Komma – statt mit dem Punkt

Python arbeitet ja bei Zahlen mit dem englischen **Fließpunkt** anstelle des hier eher üblichen Kommas. Das bedeutet, dass auch die **Eingabe** von Zahlen mit Nachkommastellen mit **Punkt** gemacht werden muss. Bei einem Preis von `7,99` müsstest du also `7.99` eingeben. Für unsere kleinen Beispiele sollte das durchaus gehen. Trotzdem ist es gut zu wissen, dass du Zahleneingaben auch mit dem **Komma** machen kannst. Und zwar, indem du Python mitteilst, dass es lokale Einstellungen verwenden soll – die für Deutschland.

[Hintergrundinfo]
Wir müssen hier etwas vorgreifen, da du ein **Modul** von Python importieren musst. Das ist nicht schwer, aber das lernst du etwas später kennen. Wir wollen ja nicht alles auf einmal machen. Deshalb schauen wir uns das nur mal so im Vorgriff an, quasi im Vorbeigehen.

Du musst also ein **Modul** namens `locale` von Python importieren das mit lokalen Einstellungen umgehen kann. Die eingegebenen Werte wandelst du dann eben nicht mit der Funktion `float` um, sondern mit `locale.atof` aus dem importierten Modul – das kann nämlich Strings in Zahlen umwandeln, die einen Punkt **oder** ein Komma haben!

*1 Hier wird das Modul `locale` importiert, das lernst du später noch genauer kennen.

*2 Hier stellst du alles auf deutsche Angaben ein.

```
import locale*1
locale.setlocale(locale.LC_ALL, 'de_DE')*2
preis = input('Gib den Preis ein: ')
zahlung = input("Der Kunde zahlt: ")
preis = locale.atof(preis)*3
zahlung = locale.atof(zahlung)*3
rueckgeld = zahlung – preis*4
print('Wechselgeld:',
      locale.format_string('%.2f'*6, rueckgeld))*5
```

*3 Und hier kommt jetzt unser `locale.atof` anstelle von `float` zum Einsatz und macht aus dem eingegebenen String mit Punkt **oder** Komma eine Zahl vom Typ `float`!

*4 Für Python sind das jetzt alles passende **Fließpunktzahlen** – eben mit **Punkt**.

*6 Die etwas kryptische Angabe `'%.2f'` steht für eine Ausgabe mit zwei Stellen nach dem Komma.

*5 Sogar die Ausgabe kannst du dir mit `locale.format_string` korrekt für Deutschland ausgeben lassen – automatisch mit Komma.

1,50

Das soll an dieser Stelle genügen.

Wir machen mal ohne die lokalen Einstellungen weiter.
Aber wenn du möchtest, kannst du natürlich direkt damit arbeiten!

Die Zeit der Abrechnung ist gekommen

Zeit zu rechnen! Wir wollen jetzt wissen, wie viel Rückgeld der Kunde erhält. Dazu musst du den **Preis** von dem **gezahlten Geld** abziehen. Das Ergebnis ist das **Rückgeld**, das dem Kunden zurückgegeben werden muss. Das solltest du natürlich nicht nur berechnen, sondern auch mit **`print`** ausgeben:

```
rueckgeld = zahlung - preis*1
print('Gegeben:', zahlung, 'Preis:', preis)*2
print('Wechselgeld:', rueckgeld)*3
```

*1 Wir berechnen zuerst, wie viel Geld an den Kunden zurückgezahlt werden muss: Der Preis wird von der gezahlten Summe abgezogen. Das Ergebnis speichern wir in der Variablen **`rueckgeld`**.

*2 Mit dem ersten **`print`**-Befehl gibst du die eingegebenen Werte noch einmal aus. Das kann für den Benutzer hilfreich sein, um Fehler bei der Eingabe zu erkennen.

*3 Und natürlich brauchen wir das eigentliche Ergebnis: Wie hoch ist das Wechselgeld?

Fertig!

Sind das nicht recht viele Variablen, die wir für unser kurzes Programm benötigen? Könnten wir uns da nicht was sparen?

Natürlich. In unserem jetzigen Programm bräuchten wir die Variable **`rueckgeld`** nicht unbedingt. Das Ergebnis könnten wir direkt im letzten **`print`** berechnen:

```
print('Gegeben:', zahlung, 'Preis:', preis)
print('Wechselgeld:', zahlung - preis)
```

Und was ist besser?

Im Zweifelsfall nimm lieber eine Variable mehr und gib ihr einen sprechenden Namen, den jeder Leser verstehen kann.

Denn das Zen of Python sagt:
**»Readability counts. –
Lesbarkeit zählt.«**

[Hintergrundinfo]

Computer sind heute derart leistungsfähig, dass es keine Rolle spielt, ob du ein paar (oder auch ein paar Dutzend) Variablen mehr oder weniger hast. Viel **wichtiger** ist doch: Machen die zusätzlichen Variablen den Code lesbarer? Und brauchst du die Variablen vielleicht noch (unverändert) an anderer Stelle?

[Zettel]

Der Programmcode und ganz besonders die Variablen sind auch immer ein Teil der Dokumentation.

Egal, ob wir das gegebene Rückgeld noch an anderer Stelle benötigen, die Variable **`rueckgeld`** beschreibt eindeutig den Zweck der Operation **`zahlung - preis`**. Das ist besser als jeder Kommentar oder jede aufwendig geschriebene Dokumentation, die ja doch keiner mehr lesen würde.

Eine Variable mehr, kann dir einiges an Arbeit sparen. Es wird sofort klar, was im Code passiert. Denk dran, deine Programme werden immer umfangreicher und komplizierter!

```
preis = input('Gib den Preis ein: ')
zahlung = input("Der Kunde zahlt: ")

preis = float(preis)
zahlung = float(zahlung)
rueckgeld = zahlung - preis

print('Gegeben:', zahlung, 'Preis:', preis)
print('Wechselgeld:', rueckgeld)
```

Hier unser kleines Programm »am Stück«. Die Leerzeilen sind nicht notwendig, können aber für eine bessere Lesbarkeit sorgen.

Damit kannst du rechnen – die Grundrechenarten

Natürlich kennt Python (nicht nur) die Grundrechenarten:

```
print(30 + 12)
print(50 - 8)
print(21 * 2)
```

Bis hierhin ist das Ergebnis immer genau **42**.

```
print(126 / 3)
```

Hier ist das Ergebnis **42.0**, denn bei einer **Division** geht Python immer davon aus, dass das Ergebnis eine **Fließkommazahl** sein muss, die wie bei praktisch allen Programmiersprachen mit einem englischen Punkt (Floating Point) dargestellt wird.

Schließlich gibt es noch Modulo-Operator **%**, der eine Division durchführt und **nur den Rest**, hier zufälligerweise **42**, zurückgibt:

```
print(142 % 50)
```

Dann gibt es noch eine ganz passende, spezielle Division **//**, die nur das ganzzahlige Ergebnis, ohne den Nachkommateil zurückliefert. So ist das Ergebnis auch hier nicht **42.4**, sondern exakt **42**:

```
print(212 // 5)
```

Und schließlich noch die Potenz mit ******, hier **2 hoch 5**, was **32** ergibt:

```
print(2 ** 5)
```

Huch, nicht 42?

Erschreckt?

Kein Problem! So bekommst du auch hier **42** als Ergebnis:

```
print(2 ** 5 + 10)
```

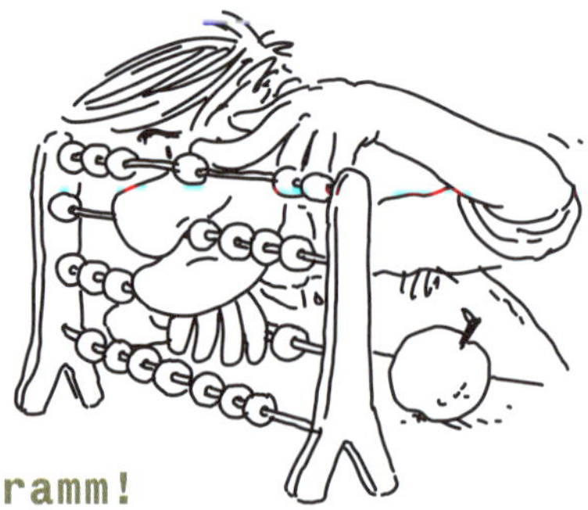

… aber weiter mit dem Kassenprogramm!

Wie wär's mit einem Rabatt?

Sicher kennst du das: Um den Verkauf anzukurbeln, wird mit übergroßen Schildern ein Rabatt gewährt. Sagen wir 7 % auf jeden Artikel. Natürlich könnte man das vor dem Verkauf selbst berechnen, aber wofür sind Computer denn da? Sie sollen die nervigen, immer gleichen Arbeiten übernehmen.

[Schwierige Aufgabe]

Ergänze unser Programm um die Eingabe für den Rabatt in Prozent. Berechne daraus den Rabatt in Euro und den neuen Preis.

Den neuen Preis solltest du natürlich auch ausgeben. Der Kunde soll ja **vor** der Bezahlung wissen, welchen Betrag er nach Abzug des Rabatts bezahlen muss.

Fang einfach an: Frag erst mal (wie bisher) den Preis und (**neu**) den Rabatt ab:

```
preis = input('Gib den Preis ein: ')*1
rabatt_in_prozent = input("Rabatt in %: ")*2
```

*1 Der Preis wird eingegeben wie bisher.

*2 Neu ist die Eingabe des Rabatts, der ja in Prozent angegeben werden soll. Das hat keinen Einfluss auf das **input** oder die Variable, sollte aber als **Information** für den Bediener angegeben werden.

Jetzt rechnest du die eingegebenen Werte, die ja **Strings** sind, in Fließkommazahlen um:

Natürlich könntest du die Umrechnung zu **float** (also die Konvertierung der Werte) auch direkt bei dem **input** machen. So ist es aber übersichtlicher.

```
preis = float(preis)
rabatt_in_prozent = float(rabatt_in_prozent)
```

Und was ist mit unserer Variablen **zahlung***?*

Nun, die kommt gleich.

Bevor der Kunde zahlt, sollte er wissen, wie hoch der aktuelle Preis ist – nach Abzug des Rabatts.

Also kümmerst du dich erst um die Eingabe des Preises und des Rabatts. Dann berechnest du alles und gibst den **neuen Preis** aus.

Und diesen neuen Preis soll der Kunde ja bezahlen.
Erst dann macht es Sinn, die Variable **`zahlung`** abzufragen.

Du berechnest also aus dem (in Prozent) eingegebenen Rabatt den Rabatt in Euro. Damit berechnest du dann den **neuen Preis**. Und das gibst du als Information für den Verkäufer aus:

*2 Den neu berechneten Rabatt (in Euro) ziehen wir von dem originalen Preis ab und speichern das Ergebnis in einer neuen Variablen **`neuer_preis`** – den Luxus gönnen wir uns an dieser Stelle. Eine neue Variable ist immer drin!

*1 Wir berechnen zunächst, wie viel **1 %** des Preises ist. Dieses 1 % nehmen wir **mal** dem angegebenen Rabatt, der ja in Prozent angegeben wurde.

```
rabatt_in_euro = preis/100 * rabatt_in_prozent*1
neuer_preis*2 = preis - rabatt_in_euro
print*3('Preis mit',rabatt_in_prozent,"% Rabatt ist", neuer_preis)
```

*3 Der Verkäufer und damit auch der Käufer müssen ja wissen, wie hoch der aktuelle Preis ist. Das geben wir alles mit dem **`print`** aus.

Der Verkäufer kann jetzt dem Kunden den neuen Preis mitteilen, der daraufhin (hoffentlich) das Portemonnaie zückt und zahlt:

```
zahlung = input("Der Kunde zahlt: ")
zahlung = float(zahlung)
```

Das ist alles unverändert. Jetzt kommt der neue Preis in Spiel:

*1 Du berechnest das Rückgeld aus dem gezahlten Geld und dem neuen Preis.

```
rueckgeld = zahlung - neuer_preis*1
print('Gegeben:', zahlung, 'Preis:', neuer_preis)*2
print('Wechselgeld:', rueckgeld)
```

*2 Und dann gibst du alles aus – fast unverändert, bis auf den neuen Preis in Form der Variablen **`neuer_preis`**.

Natürlich lässt es sich darüber streiten, ob man neue Variablen einführen muss. Aber je größer und komplizierter Programme werden, desto sinnvoller ist es eben, die eine oder andere **Variable mehr** zu verwenden.

Hier noch einmal das fertige Programm am Stück:

*1 Hier werden erst die beiden Eingaben gemacht …

```
preis = input('Gib den Preis ein: ')*1
rabatt_in_prozent = input("Rabatt in %: ")*1
preis = float(preis)*2
rabatt_in_prozent = float(rabatt_in_prozent)*2
rabatt_in_euro = preis/100 * rabatt_in_prozent
neuer_preis = preis - rabatt_in_euro
print('Preis mit',rabatt_in_prozent,"% Rabatt ist", neuer_preis)

zahlung = input("Der Kunde zahlt: ")
zahlung = float(zahlung)
rueckgeld = zahlung - neuer_preis
print('Gegeben:', zahlung, 'Preis:', neuer_preis)
print('Wechselgeld:', rueckgeld)
```

*2 … und erst danach findet die weitere Verarbeitung, hier die Konvertierung, statt.

Natürlich könntest du auch die Arbeitsschritte für die jeweilige Variable zusammenfassen. Das ist ein bisschen eine Frage des Geschmacks:

```
preis = input('Gib den Preis ein: ')
preis = float(preis)
rabatt_in_prozent = input("Rabatt in %: ")
rabatt_in_prozent = float(rabatt_in_prozent)
```

Bei der Berechnung von Fließkommazahlen kann es zu minimalen Abweichungen kommen, sodass anstelle des Wechselgeldes von (beispielsweise) **`7.2`** ein Wert wie **`7.200000000000003`** ausgegeben wird. Das ist kein Fehler in Python, sondern liegt an der Fließkommadarstellung im Binärsystem. Das kann bei praktisch allen Systemen auftreten. Die einfachste Möglichkeit ist in solchen Fällen, das Ergebnis auf die Anzahl der benötigten Stellen zu runden. Dabei hilft dir die Funktion **`round`**, die kaufmännisch auf- bzw. abrundet.

```
spam = round(eggs*2, 2*3)*1
```

*1 Die Funktion **`round`** gibt einen gerundeten Wert zurück, sie verändert also genauso wie **`float`** oder **`int`** nicht die übergebene Variable selbst.

*2 Du musst hier den Wert oder die Variable angeben, die gerundet werden soll.

*3 Hier kannst du **optional** die Anzahl der Stellen nach dem Komma angeben. Ohne Angabe wird nach dem Komma (bzw. dem Punkt) gerundet, hier nach zwei Stellen.

Du und deine Kontrollstruktur

Ja, Schrödinger! Du fragst dich zu Recht, ob da nicht noch etwas fehlt. Und du hast recht: **Zeit für eine Kontrollstruktur!**

Mit den Befehlen und Anweisungen, die du bis jetzt kennengelernt hast, kannst du schon einiges machen: Daten eingeben, Berechnungen durchführen, Ausgaben machen. Die Programme laufen aber nur **linear** ab, vom Anfang bis zum Ende. Es gibt keine **Schleifen**, mit denen deine Anweisungen **mehrfach** ausgeführt werden können. Es gibt auch keine Entscheidungen oder die Möglichkeit, auf unterschiedliche Eingaben zu reagieren.

Momentan muss das Programm für jeden Vorgang neu gestartet werden. Du hast (noch) keine Möglichkeit, wieder an den Anfang zu springen. Und was passiert eigentlich, wenn der Kunde zu wenig Geld zahlt? Dann gibt es keinen Hinweis. Das wollen wir doch mal ändern.

»while« – Schleifen binden leicht gemacht

Fangen wir an mit einer **Schleife**. Unser Programm soll ja nicht nur **einmal** ablaufen, um dann bei jedem Verkauf neu gestartet zu werden.

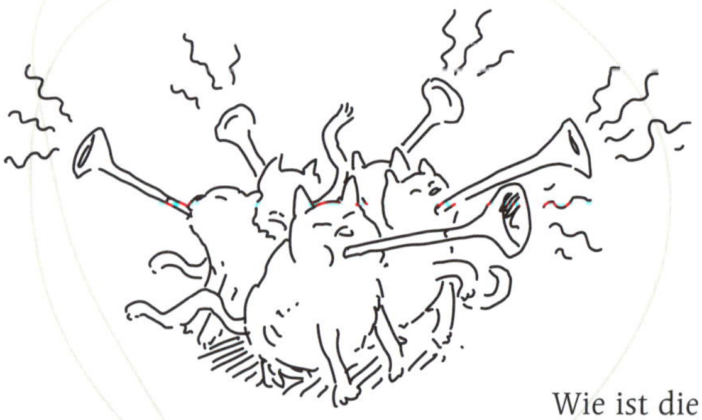

Bühne frei für die while-Schleife!

Für diesen Zweck ist die `while`-Schleife der ungeschlagene Favorit: Sie kommt zum Einsatz, wenn etwas **wiederholt** ausgeführt werden muss. Bekannt ist diese Art der Schleife in vielen Programmiersprachen. In Python ist sie aber sogar noch etwas leistungsfähiger als ihre Kollegen aus anderen Sprachen.

Wie ist die `while`-Schleife grundsätzlich aufgebaut? Statten wir ihr einen ersten, eher offiziellen Besuch ab:

*1 Das ist wichtig, wenn auch wenig überraschend: das **Schlüsselwort** `while`. Kleingeschrieben, geschüttelt, nicht gerührt.

*2 Das ist die **Bedingung**. Ihr Ergebnis entscheidet, ob die Schleife überhaupt (oder noch einmal) durchlaufen wird. Natürlich müssen alle hier verwendeten Variablen **gültig** sein – sonst kommt es zu einem Fehler.

*3 Der Doppelpunkt zeigt an: Alles, was jetzt kommt und gleich **eingerückt** ist, gehört zur `while`-Schleife.

```
while*1 spam > eggs*2:*3
    print("In der Schleife")*4
    #Hier könnte noch viel mehr passieren
print("Hier geht es hinter der Schleife weiter")*5
```

*4 `print` ist eingerückt und gehört damit zur `while`-Schleife.

*5 Hier ist die Schleife schon beendet: Diese Zeile gehört nicht mehr zu unserer Schleife, da sie **nicht mehr eingerückt** ist.

Diese Schleife ist nur ein Beispiel für den Aufbau.
Sie würde tatsächlich nicht mehr verlassen, da die Variablen der Bedingung `spam > eggs` in der Schleife hier gar nicht mehr verändert werden.

[Achtung]
So eine Schleife darf **niemals leer** sein. Sie muss wenigstens eine eingerückte, also zugehörige, Anweisung haben. Auch ein **Kommentar** als einzige »Anweisung« genügt nicht, sondern würde zu einem **Fehler** führen!

Ganz wichtig: Die Bedingung der Schleife

Wichtiger Teil jeder `while`-Schleife (sprichwörtlich **neben** dem Schlüsselwort `while`) ist die **Bedingung**. Zum Beispiel `spam > eggs`. Diese Bedingung muss als Ergebnis **wahr** oder **falsch** sein.

Beispielsweise in einem Programm mit folgenden Werten:

```
spam = 10
eggs = 2
while spam > eggs:
```

Hier ist das Ergebnis der Bedingung `spam > eggs` richtig bzw. wahr oder in Python eben `True`! Die Schleife wird durchlaufen! `while` heißt ja nicht ganz umsonst so viel wie »während« oder »so lange«.

Mit anderen Werten könnte es schon wieder ganz anders aussehen:

```
spam = 5
eggs = 99
while spam > eggs:
```

In diesem Fall ist das Ergebnis von **spam > eggs** falsch (als Wert, nicht als Fehler), in Python ausgedrückt **False**. Damit würde die Schleife gar nicht (oder nicht noch einmal) durchlaufen. Das Programm würde **hinter** der Schleife weitergehen. Der Inhalt der Schleife würde einfach ausgelassen bzw. übersprungen!

[Achtung]
Es ist natürlich auch wichtig, dass **innerhalb** der Schleife etwas passiert, dass die **Werte** der Bedingung ändert. Sonst würde die Schleife ja bis zum Sankt-Nimmerleins-Tag immer wieder durchlaufen. Aber keine Sorge: Davon geht nichts kaputt, du kannst jedes Programm jederzeit beenden.

Ein schneller Blick auf die Vergleiche

Sind zwei Werte gleich? Oder sind sie ungleich? Ist ein Wert größer oder kleiner? Um Vergleiche zwischen zwei Werten durchzuführen, hast du verschiedene Vergleichsoperationen zur Verfügung:

Symbol	Bedeutung	Beispiel	Ergibt im Beispiel
>	größer als	5 > 1	True
<	kleiner als	5 < 6	True
>=	größer oder gleich	5 >= 1	True
<=	kleiner oder gleich	5 <= 6	True
==	gleich	5 == 5	True
!=	nicht gleich	5 != 42	True

Das **!** steht in der Programmierung für **nicht**. **!=** ist damit **nicht gleich**.

Übrigens, Python hat auch ein echtes Nicht, **not**.
Damit kann ein boolescher Ausdruck quasi umgedreht werden.

```
ergebnis = False*1
print(not*2 ergebnis)
```

*1 Das hier wäre natürlich eine echte Bedingung mit einem Vergleich verschiedener Werte, die dann als Ergebnis **True** oder **False** ergibt.

*2 Das **not** dreht einen booleschen Wert praktisch um – aus **False** wird hier **True**.

Also Schrödinger, so lange die Bedingung **wahr** ist, wird die Schleife durchlaufen (bzw. ein weiteres Mal durchlaufen), und zwar bis zum Ende der Schleife. Dann springt das Programm wieder nach oben zum **`while`** und überprüft die Bedingung erneut. Hat sich nichts geändert bzw. ist das Ergebnis der Bedingung immer noch **`True`**, dann wird die Schleife noch einmal durchlaufen. Stimmt die Bedingung jetzt nicht mehr, ist sie also **`False`**, dann geht das Programm sofort hinter der Schleife weiter!

Äh, und wo ist »hinter der Schleife«?

In der ersten Zeile nach dem **`while`**, die nicht mehr eingerückt ist:

```
spam = 5
eggs = 2
while spam > eggs:
    *2print("In der Schleife")
    *2print('Immer noch in der Schleife')
    *2eggs = eggs + 1*3
print("Hier geht es hinter der Schleife weiter")*1
```

*1 Die erste Zeile, die **nicht mehr eingerückt** ist, gehört nicht mehr zur Schleife und beendet sie damit auch.

*2 Alles, was wie hier **eingerückt** ist, gehört zur Schleife.

*3 Hier wird einer der Werte, die in dem Vergleich verwendet werden, tatsächlich **verändert**. Bei jedem Durchlauf wird der Wert von **`eggs`** um 1 größer. Dadurch stimmt die Bedingung **`spam > eggs`** nach einigen Durchläufen nicht mehr und wird verlassen.

[Achtung]

*2 Die Zeilen müssen **gleich weit** eingerückt sein: Alles, was **gleich eingerückt** ist, gehört zur Schleife! Die erste Zeile, die nicht mehr eingerückt ist, zeigt: Die Schleife ist **beendet**.

Okay! Wie sieht das Ganze denn praktisch aus?

Werden wir konkret. Unser Kassensystem soll nicht nur einmal laufen – es soll aber auch nicht bis in alle Ewigkeiten wiederholt werden! Wir wäre es also, wenn du die Wiederholung mit einer **`while`**-Schleife und einer Eingabe steuern könntest?

Du meinst, ich mach eine Eingabe und damit wird entschieden, ob das Programm noch einmal ausgeführt wird?

Genau, in dem Programm erfolgt eine Abfrage, und mit dem eingegebenen Wert wird entschieden, ob das Programm beendet werden soll oder noch einmal läuft.

Probiere es aus: Schreib einen Prototyp der Schleife. Bau dann das bestehende Programm darin ein!

Schleifen binden – der erste eigene Prototyp

Zeit, in die Hände zu spucken und mit der Arbeit zu beginnen!

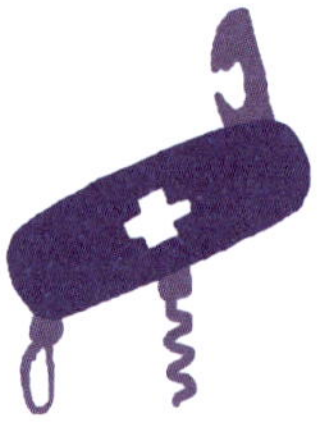

[Einfache Aufgabe]

Du wirst jetzt einen einfachen Prototyp bauen, der immer wieder eine Schleife durchläuft. Und zwar so lange, wie eine passende Eingabe gemacht wird: Das soll ein `"j"`, für ja sein.

- Also, du brauchst eine `while`-Schleife, in der als Bedingung eine Eingabe überprüft wird: Ist die Eingabe `"j"` (für ja), dann soll die Schleife (noch einmal) durchlaufen werden. Bei jeder anderen Eingabe soll die Schleife verlassen werden.
- Mach eine Ausgabe mit `print` (in der Schleife), so kannst du sehen, dass das Programm in der Schleife angekommen ist. Das ist auch gleich der **Platzhalter** für den eigentlichen Programmcode.
- Am Ende, aber noch innerhalb der Schleife, musst du noch eine **Eingabe** schreiben. Hier muss eingegeben werden, ob das Programm noch einmal durchlaufen werden soll.
- Nach (also hinter) der Schleife soll eine weitere Ausgabe (mit einem beliebigen Text) erfolgen: einfach um sehen zu können, dass die Schleife verlassen wurde.

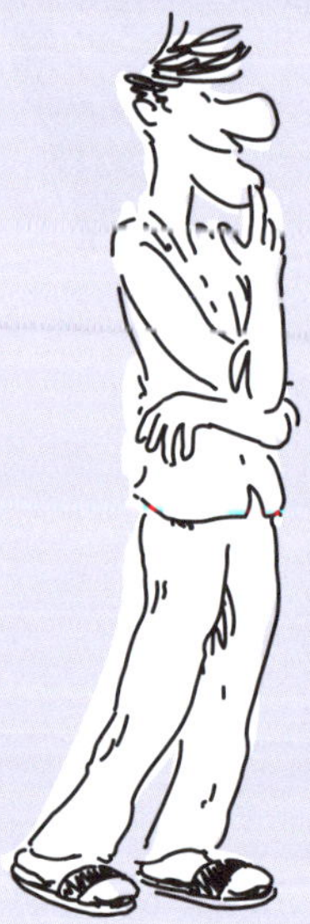

Wie überprüfe ich noch mal, ob ein "j" eingegeben wurde?

Du willst ja überprüfen, ob der eingegebene Wert **gleich** einem `'j'` ist. Das machst du mit einem doppelten Gleichheitszeichen **==**. Damit vergleichst du die Eingabe mit dem Buchstaben.

Warum kein einfaches =?

Das einfache **=** ist ja schon in Verwendung für eine **Zuweisung**. Deshalb ist es (nicht nur in Python) üblich, für einen Vergleich auf **Gleichheit** ein doppeltes **==** zu verwenden.

Um festzustellen, ob zwei Werte gleich sind, schreibst du also **`erster_wert == zweiter_wert`** oder eben auch **`eingabe == "Dinkelschnitzel"`**.

Jetzt also zuerst die **`while`**-*Schleife …*

```
while eingabe == "j":
```
X

Vorsicht, Schrödinger!

Das würde zu einem Fehler führen. Die Variable **`eingabe`** ist an dieser Stelle noch unbekannt. Ein **`==`** ist keine Zuweisung. Und du darfst Variablen erst verwenden, nachdem ihnen ein Wert zugewiesen wurde! Du musst der Variablen **`eingabe`** also vor der Verwendung in der Schleife einen Wert zuweisen, ansonsten würde es einen Fehler geben!

```
eingabe = 'j'
while eingabe == "j":
```

[Notiz]

Wenn einer Variablen erstmals ein Wert zugewiesen wird, nennt man das auch **initialisieren**.

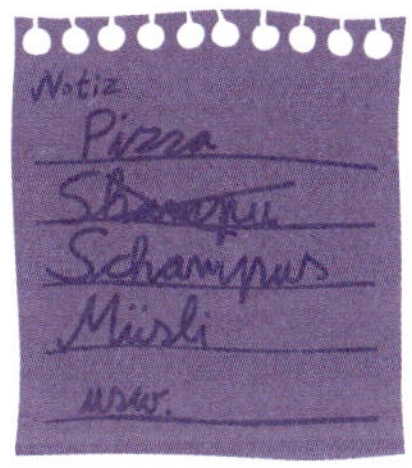

Warum wird **`eingabe`** *ausgerechnet ein* **`'j'`** *zugewiesen? Und warum mit einfachen Anführungszeichen?*

Hätte unsere Variable einen anderen Wert als **`j`**, dann würde die Schleife ja überhaupt nicht ausgeführt werden: Schon der erste Vergleich würde **`False`** ergeben, und die Schleife würde gar nicht erst »betreten«. Ein **`"n"`**, ein großes **`"J"`** oder sogar ein **`'ja'`** wären in unserem Vergleich eben nicht gleich dem angegebenen **`'j'`**.

Es spielt (wie immer) keine Rolle, ob du einfache oder doppelte Anführungszeichen für einen String verwendest. Ein **`'j'`** ist das Gleiche wie ein **`"j"`** und umgekehrt natürlich auch.

Kann ich nicht auch gleich ein **`input`** *machen? Das ist ja auch eine korrekte Zuweisung.*

Das stimmt. Aber dann hättest du gleich beim Programmstart eine Abfrage, ob das Programm laufen soll. Das wäre dann doch etwas störend. Eine »Vorbelegung« einer Variablen mit einem passenden Wert ist durchaus **gängige Praxis** in der Programmierung.

Jetzt noch die Ausgabe:

Richtig, alles, was zur **while**-Schleife gehört, muss eingerückt werden.

```
····print("Hallo Schrödinger, ich bin in der Schleife")
```

Jetzt die Eingabe, ob die Schleife noch einmal durchlaufen werden soll:

Die Eingabe gehört zur **while**-Schleife, sie muss also genauso weit eingerückt werden, wie alle anderen Zeilen, die zur Schleife gehören.

```
····eingabe = input("Noch einmal? Dann gib j ein!")
```

Und zuletzt noch eine Ausgabe **hinter** der Schleife:

```
print("Oh, großer Schrödiger: Die Schleife wurde verlassen")
```

Das sieht gut aus:

```
eingabe = 'j'
while eingabe == "j":
    print("Hallo Schrödinger, ich bin in der Schleife")
    eingabe = input("Noch einmal? Dann gib 'j' ein!")
print("Oh, großer Schrödiger: Die Schleife wurde verlassen")
```

Speicherst du das, beispielsweise unter dem Dateinamen **schleife.py**, und führst es aus, dann sollte es so aussehen:

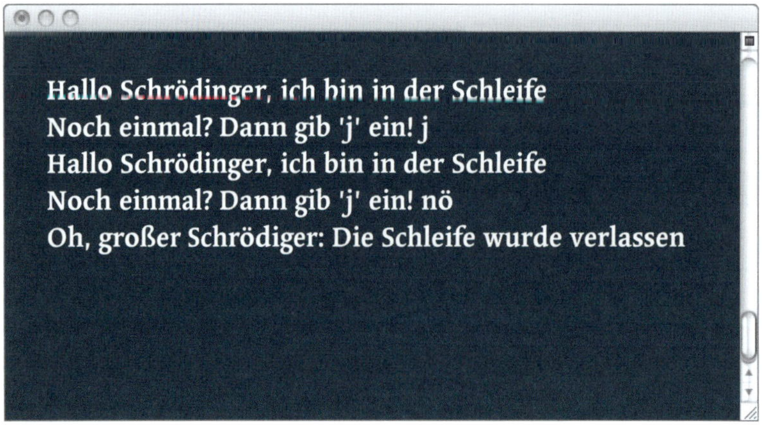

Entrückt – Einrückungen statt Klammern

Schrödinger, merk dir: Programmcode, der zusammengehört, wird in Python immer **gleich weit eingerückt**. Das ist eine absolute Besonderheit. Dadurch ist der Code wesentlich besser lesbar.

Das Zen of Python sagt nämlich:

> **»Readability counts. – Lesbarkeit ist das, was zählt.«**

[Achtung]
Code, der zu einer Kontrollstruktur gehört, zum Beispiel einer Schleife, wird immer **einheitlich** eingerückt.

Das ist in der Welt der Programmiersprachen ziemlich **einmalig**. Besonders für Entwickler, die von anderen Sprachen kommen, ist das Neuland: Programmcode, der über Formatierungen bzw. über **Einrückungen organisiert** wird.

Aber letztendlich hat jede Programmiersprache das Problem, dass eindeutig gekennzeichnet sein muss, welcher Teil des Codes zu einer Kontrollstruktur gehört (zum Beispiel zu einer Schleife). Viele Sprachen machen das mit mehr oder eher weniger schicken geschweiften Klammern. Das könnte dann in einer Sprache mit der C-Syntax (hier JavaScript) so aussehen:

Der JavaScript-Programmcode, der zur `while`-Schleife gehört, wird von **geschweiften Klammern** umschlossen und ist damit eindeutig gekennzeichnet.

```
var eingabe = "j";
while (eingabe == "j"){
    alert("Hallo Schrödinger, ich bin in der Schleife");
    eingabe = prompt("Noch einmal? Dann gib 'j' ein!");
}
alert("Oh, großer Schrödiger: Die Schleife wurde verlassen");
```

Das sieht aber recht ähnlich aus!? Das ist doch auch eingerückt! Genauso wie in Python.

Ja, damit Programmcode **übersichtlich** bleibt, ist es in praktisch jeder Programmiersprache üblich, zusammengehörenden Code gleich weit einzurücken. Im Unterschied zu Python sind die Einrückungen nur **nicht zwingend** vorgeschrieben – zwingend vorgeschrieben sind **nur** die Klammern. Der folgende, unschön formatierte und schlecht lesbare Code würde deshalb in JavaScript genauso funktionieren:

Das würde funktionieren, ist aber selbst bei diesen wenigen Zeilen schwer zu lesen.

```
eingabe = 'j'; while (eingabe == "j"){alert(
"Hallo Schrödinger, ich bin in der Schleife")
; eingabe = prompt("Noch einmal? Dann gib 'j' ein!");} alert(
"Oh, großer Schrödiger: Die Schleife wurde verlassen");
```

Python hat daraus eine Tugend gemacht! Es ist sowieso **sinnvoll und üblich**, Programmcode wegen der besseren Lesbarkeit einzurücken. Gute Entwicklungsumgebungen können Programmcode selbstständig formatieren und Einrückungen vornehmen.

Und das Zen of Python sagt ja:

»Beautiful is better than ugly. – Schön ist besser als hässlich.«

Warum also nicht auf Klammern verzichten und dafür die Einrückungen zwingend verwenden? So, dass jeder Entwickler gleich arbeitet? Man muss sich nicht erst in einem Team auf die Art der Formatierungen im Code einigen. Außerdem ist der Code einfacher zu schreiben (schreib mal ständig geschweifte Klammern auf einer deutschen Tastatur) und in jedem Fall besser lesbar!

Du kannst zur Einrückung Leerzeichen **oder** Tabulatoren verwenden. Üblich sind aber **Leerzeichen**. Du darfst Leerzeichen und Tabulatoren auch nicht gemeinsam in einem zusammengehörenden Bereich verwenden, das würde zu einem Fehler führen.

Du kannst auch weniger oder mehr Leerzeichen verwenden – nur muss das für den Programmteil, der zusammengehört, stets gleich sein, sonst gibt es einen Fehler.

[Zettel]
Es ist üblich, zusammengehörenden Programmcode mit **vier Leerzeichen** einzurücken.

So etwas ist also erlaubt:

*1 Hier sind alle Zeilen, die zur gleichen **while**-Schleife gehören, gleich eingerückt – mit **vier** Leerzeichen.

```
eingabe = 'j'
while eingabe == "j":
····print("In der 1. Schleife") *1
····eingabe = input("Noch einmal? Dann gib 'j' ein!")
print("Die 1. Schleife wurde verlassen")

while eingabe == "n":
·print("In der 2. Schleife") *2
·eingabe = input("Noch einmal die 2. Schleife? Gib hier 'n' ein!")
print("Das normale Programm geht weiter")
```

*2 Hier sind auch wieder alle Zeilen, die zur gleichen **while**-Schleife gehören, gleich eingerückt – nur eben mit **einem** Leerzeichen.

[Zettel]
Die Einrückungen können für jede Schleife (bzw. Kontrollstruktur) anders sein. Innerhalb einer Schleife (oder Kontrollstruktur) müssen die Einrückungen aber gleich sein. Empfohlen werden vier Leerzeichen.

Fehlerschau – nicht alles, was gefällt, ist auch erlaubt

Schau dir bitte mal folgende kleine Programme an und sag mir, was daran falsch ist (oder keinen Sinn macht) und was zu einem Fehler führen würde.
Der Einfachheit halber sind die Zeilen nummeriert.

```
1while input("j/n:") == "j":
2····print("In der Schleife")
3····
4··# Nicht vergessen: Dinkelburger einkaufen
5····print("Die erste Schleife wurde verlassen")
6while eingabe == "j":
7·print("Hallo Schrödinger, ich bin in der Schleife")
8····eingabe = input("Noch einmal? Dann gib 'j' ein!")
9print("Ende")
```

1. Hier ist alles in Ordnung: Tatsächlich darfst du den Befehl **`input`** direkt in der Bedingung verwenden, um einen Wert über eine Eingabe zu erhalten. Vor jedem neuen Durchlauf wird so eine neue Eingabe verlangt.
2. Eingerückt mit vier Leerzeichen, alles in Ordnung.
3. **Leerzeilen** sind überall erlaubt und brauchen **keine Leerzeichen** wie andere Zeilen mit Programmcode. Aber auch beliebig viele Leerzeichen spielen keine Rolle – Leerzeilen werden gar nicht beachtet.
4. Das ist schräg, aber korrekt: **Kommentare** dürfen beliebig eingerückt werden, denn sie werden von Python genauso wenig beachtet wie Leerzeilen.
5. Das **`print`** ist genauso weit eingerückt wie Zeile 2 und gehört deshalb genauso zur **`while`**-Schleife. Die Schleife ist hier also gar nicht beendet, wie es der Text suggeriert. Das ist nicht falsch, der Text ist aber zumindest verwirrend. Tatsächlich ist unsere **`while`**-Schleife erst **nach** dieser Zeile beendet.

9. Hier wurde die Schleife verlassen, alles okay.

8. **FALSCH!** Nicht in Ordnung ist, dass hier eine **andere Einrückung** (vier Leerzeichen) gewählt wurde, ohne dass eine andere Schleife oder Kontrollstruktur zum Einsatz kommt. So handelt es sich um **verschiedene Einrückungen** bei ein und derselben Kontrollstruktur: Das ist **verboten** und führt zu einem Fehler.

7. Die Einrückung wurde mit **einem Leerzeichen** gemacht, das ist in Ordnung.

6. **FALSCH!** Die Variable **eingabe** ist noch gar **nicht initialisiert**. Das gibt einen Fehler! Ihr wurde noch kein Wert zugewiesen. Die ursprüngliche Zuweisung **eingabe = 'j'** gibt es ja hier nicht.

Alles gefunden?
Wichtig ist, dass du verstehst, warum etwas falsch ist.

Und jetzt wirf bitte hier noch einen Blick auf die möglichen Fehler:

```
1 eingabe == 'j'
2 while eingabe = "j"
3 ·······print("In der Schleife")
4 ·······eingabe = input("Noch einmal (j/n)?")
5 print("Ende")
```

3. Etwas sehr weit eingerückt, aber erlaubt. Da auch Zeile 4 genauso weit eingerückt ist, ist das kein Problem.

2. Auch hier hat der Fehlerteufel wieder zugeschlagen. Mit **einem** Gleichheitszeichen handelt es sich um eine **Zuweisung**, die an dieser Stelle keinen Sinn macht und von Python mit einer Fehlermeldung quittiert wird. Erst mit zwei **==** wird ein Schuh, genauer gesagt ein korrekter **Vergleich**, daraus. Und zu allem Überfluss wurde dann auch noch der **Doppelpunkt** nach der Bedingung **vergessen**.

1. **Zwei** Gleichheitszeichen führen hier zu einem Fehler. Das ist **keine Zuweisung**, sondern ein **Vergleich**, der hier an dieser Stelle so gar nicht funktioniert.

Pfft … ist das nicht etwas streng, gerade die Fehler in Zeile 1 und Zeile 2?

Ja, aber das ist gut so. Eine Zuweisung wie in Zeile 2 macht in einem Vergleich – wenn überhaupt – nur in sehr wenigen Fällen Sinn. Meist hat sich der Programmierer oder die Entwicklerin einfach vertan. Es gibt Programmiersprachen, in denen so etwas tatsächlich erlaubt ist. Dort führt es **nicht** zu einer **Fehlermeldung**, dafür aber zu einer **längeren Fehlersuche**.

Weiter im (Kassen-)Programm – jetzt mit Schleife

[Einfache Aufgabe]
Jetzt musst du eigentlich nur dein bisheriges Programm mit seinen Eingaben und Berechnungen in die Schleife einbauen.

Naja, die Beispieltexte solltest du vielleicht auch noch entfernen.

```
eingabe = 'j'
while eingabe == "j":
    *1print("Hallo Schrödinger, ich bin in der Schleife")
    eingabe = input("Noch einmal? Dann gib 'j' ein!")
print(*2"Oh, großer Schrödiger: Die Schleife wurde verlassen")
```

*1 Diese Zeile war ja sowieso nur der Platzhalter für das, was in der Schleife eigentlich passieren soll. Genau hier kannst du das Programm für die Berechnung der Preise einfügen. Korrekt eingerückt natürlich!

*2 Zumindest diesen Text solltest du anpassen, da er zwar schmeichelhaft, für ein Kassensystem aber nicht gerade passend ist.

```
preis = input('Gib den Preis ein: ')
rabatt_in_prozent = input("Rabatt in %: ")
preis = float(preis)
rabatt_in_prozent = float(rabatt_in_prozent)
rabatt_in_euro = preis/100 * rabatt_in_prozent
neuer_preis = preis - rabatt_in_euro
print('Preis mit',rabatt_in_prozent,"% Rabatt ist", neuer_preis)
zahlung = input("Der Kunde zahlt: ")
zahlung = float(zahlung)
rueckgeld = round(zahlung - neuer_preis,2)
print('Gegeben:', zahlung, 'Preis:', neuer_preis)
print('Wechselgeld:', rueckgeld)
```

Und das Programm kann ich jetzt so in die Schleife einfügen?!

Ja, natürlich.

Denk aber dran: Wenn du Programmcode veränderst (oder kopierst), musst du immer aufpassen, ob noch alles passt. Pass **besonders** in Schleifen auf, ob alte Werte (Zahlen oder Texte) in Variablen schlummern und seltsame Ergebnisse liefern – das ist ein »beliebter« Klassiker für alle Entwickler*innen.

In unserem Fall ist alles eindeutig und gefahrlos. Egal, wie oft die Schleife durchlaufen wird: In jedem neuen Durchlauf bekommen unsere Variablen sowieso **neue Werte** zugewiesen: Durch neue Eingaben oder durch Berechnungen, die aufgrund dieser Eingaben gemacht werden.

```
eingabe = 'j'
while eingabe == "j":
    *1#Hier beginnt das eigentliche Programm
    preis = input('Gib den Preis ein: ')
    rabatt_in_prozent = input("Rabatt in %: ")
    preis = float(preis)
    rabatt_in_prozent = float(rabatt_in_prozent)

    rabatt_in_euro = preis/100 * rabatt_in_prozent
    neuer_preis = preis - rabatt_in_euro
    print('Preis mit',rabatt_in_prozent,
          "% Rabatt ist", neuer_preis)

    zahlung = input("Der Kunde zahlt: ")
    zahlung = float(zahlung)

    rueckgeld = round(zahlung - neuer_preis,2)
    print('Gegeben:', zahlung, 'Preis:', neuer_preis)
    print('Wechselgeld:', rueckgeld)

    eingabe = input("Noch einmal? Dann gib 'j' ein!")
print("Das Programm wurde beendet.")
```

*1 Hier haben wir mit einer Raute, #, einen Kommentar eingefügt. Den musst du natürlich nicht übernehmen. Die Leerzeilen **zwischen** den einzelnen Zeilen des Programms musst du natürlich auch nicht schreiben.

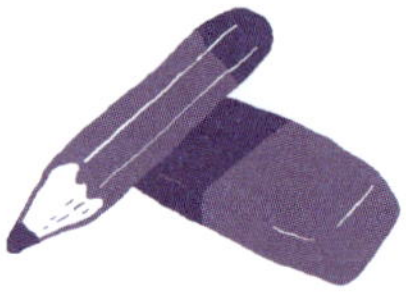

[Notiz]
Bei **Kommentaren** spielt die Einrückung keine Rolle. Python beachtet die Kommentare genauso wenig wie Leerzeilen.

Zeit für einen ersten Probelauf!

```
Gib den Preis ein: 12
Rabatt in %: 25
Preis mit 25.0 % Rabatt ist 9.0
Der Kunde zahlt: 10
Gegeben: 10.0 Preis: 9.0
Wechselgeld: 1.0
Noch einmal? Dann gib 'j' ein!j
Gib den Preis ein: 30
Rabatt in %: 0
Preis mit 0.0 % Rabatt ist 30.0
Der Kunde zahlt: 20
Gegeben: 20.0 Preis: 30.0
Wechselgeld: -10.0
Noch einmal? Dann gib 'j' ein!n
Das Programm wurde beendet.
```

Das Programm läuft!
Super gemacht, Schrödinger.

Ach, übrigens Schrödinger …

... es gibt keine blöden Kommentare!

Du hast es gerade gesehen – es gibt **Kommentare** im Programmcode. Wenn irgendwo eine Raute # steht, dann beachtet Python nicht mehr, was dahintersteht, und zwar bis zum **Ende der Zeile**. Dabei ist egal, ob die Raute am Anfang der Zeile oder in der Zeile hinter dem Code steht:

```
#Ich bin ein ganze Zeile Kommentar
print("Mich kannst du lesen") #<--ab da Kommentar
#print("Ich bin für Python gar nicht da...")
```

Du kannst Kommentare auch sehr gut verwenden, damit einzelne Zeilen nicht mehr berücksichtigt werden. Das ist gerade beim **Ausprobieren** sehr hilfreich und einfacher, als gerade nicht benötigte Teile zu löschen. Man nennt das auch **auskommentieren**.

```
while #*1 einWert < 10:X
```

*1 Das ist aber kein Kommentar – das ist ein Fehler: denn alles ab der Raute ist für Python gar nicht da. Somit fehlt unserem **while** die Bedingung mit dem abschließenden Doppelpunkt. Du kannst sie sehen, aber für Python ist das nur ein Kommentar, der gar nicht beachtet wird.

Brauche ich Kommentare denn wirklich? Ich weiß doch, was ich da gemacht habe.

Programmcode sollte so gut (und ausführlich) geschrieben sein, dass er »für sich selbst spricht« und du also schon beim Lesen verstehen kannst, was sich da tut. Das geht bei sinnvollen Namen für Variablen los und reicht bis zu Kommentaren. Das Zen of Python sagt:

»Readability counts. – Lesbarkeit zählt.«

Je **umfangreicher** Programme werden, desto **schwieriger** wird es, alles zu überblicken. Wenn dein kleines Programm irgendwann mal Hunderte von Zeilen lang geworden ist, spätestens dann wirst du für den einen oder anderen erklärenden Kommentar dankbar sein: Ist eine seltsam erscheinende Stelle im Code vielleicht ein Bugfix gewesen? Musste ein Fehler korrigiert oder ein Sonderfall behandelt werden? Gibt es vielleicht Vorgaben, die eine Änderung im Code notwendig gemacht haben? Sonderwünsche der Freundin? Eine neue Idee des Chefs?

Dann ist es an der Zeit, einen klärenden Kommentar einzufügen.

Und mithilfe von Kommentaren kannst du ja während der Entwicklung Programmteile sprichwörtlich **auskommentieren** und damit Teile des Codes »blind« schalten.

Die »if«-Anweisung – wenn schon, denn schon

Also, gut Schrödinger.

Offenbar sind noch ein paar Dinge gewünscht:

> **[Einfache Aufgabe]**
>
> Es soll ein **Hinweis** ausgegeben werden, wenn das vom Kunden gezahlte Geld zu wenig ist. Dann macht auch keine weitere Ausgabe Sinn, sondern es soll **sofort** eine **neue Eingabe** erfolgen.

Also in Worten ausgedrückt: Wenn `zahlung` kleiner ist als `neuer_preis`, dann soll ein Hinweis ausgegeben werden und **sofort** eine neue Eingabe erfolgen.

Uhh, okaaay.

Und wie treffe ich so eine Entscheidung im Programm?

Du fragst genau zur richtigen Zeit: Das ist der Moment für einen, nein, **den Klassiker** der Kontrollstrukturen:

> Die `if`-Anweisung ist als **Kontrollstruktur** ähnlich aufgebaut wie die `while`-Schleife. Nur ist es eben keine Schleife. Vereinfacht ausgedrückt handelt es sich dabei um ein Wenn-dann-Konstrukt: Wenn eine angegebene Bedingung stimmt, dann wird der zugehörige Code einmalig ausgeführt. Danach geht es unterhalb der `if`-Anweisung weiter. Trifft die Bedingung nicht zu, geht es sofort unterhalb der `if`-Anweisung weiter.

So sieht unsere neue Kontrollstruktur aus:

```
if*1 spam < eggs*2:*3
    print("Die Variable spam ist kleiner als eggs.")*4
print("Unterhalb der Kontrollstruktur.")*5
```

*1 Das Schlüsselwort `if` leitet die Anweisung ein.

*2 Dann kommt (wie bei der `while`-Schleife) eine Bedingung, die als Ergebnis `True` oder `False` liefert (also entweder wahr oder falsch ist).

*3 Unser **Doppelpunkt** darf natürlich auch nicht fehlen. Er schließt die Bedingung ab.

*4 Alle folgenden Zeilen, die zur `if`-Anweisung gehören, werden **gleich** eingerückt. Empfohlen sind (wie immer) vier Leerzeichen.

*5 Diese Zeile ist nicht eingerückt und gehört nicht mehr zur `if`-Anweisung, die damit hier beendet ist. Übrigens: Würde unterhalb dieser (nicht mehr eingerückten) Zeile weiterer eingerückter Code folgen, würde er nicht mehr zu der obigen `if`-Anweisung gehören. Beendet ist beendet.

Der Aufbau (von der Syntax her gesehen) ähnelt unserer **while**-Schleife.
Es ist schon etwas dran an der alten Entwicklerweisheit:

Kennst du eine Kontrollstruktur, dann kennst du alle.

Der Aufbau ähnelt unserer **while**-Schleife:

- Schlüsselwort
- Bedingung
- Doppelpunkt
- gleich eingerückte, zugehörige Zeilen

Der Unterschied: Die **if**-Anweisung wird nur einmal durchlaufen.

Natürlich kann eine **if**-Anweisung auch **Teil** (bzw. **Inhalt**) einer anderen Kontrollstruktur, zum Beispiel einer Schleife, sein. Bei jedem erneuten Durchlauf der Schleife würde die **if**-Anweisung wieder ausgeführt. Die **if**-Anweisung für sich genommen ist aber immer eine **einmalige Sache** – so wie ein **print** oder **input**.

Zeit für Entscheidungen – dein erstes »if«

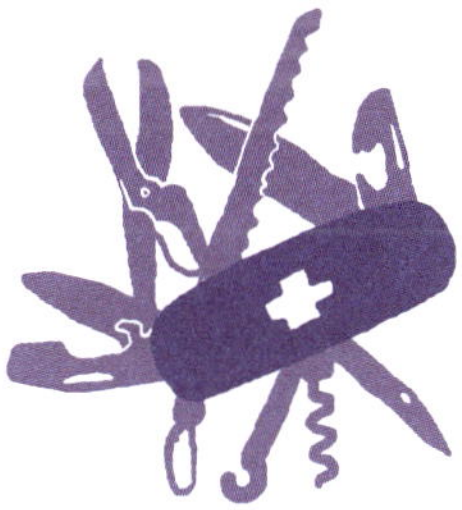

[Schwierige Aufgabe]

Überprüfe, ob der Kunde genug Geld gezahlt hat. Wenn nicht, dann gib einen Hinweis aus, dass das gezahlte Geld nicht ausreicht!

An welcher Stelle im Programm könnte diese Überprüfung stattfinden?

Sinn macht es wohl erst **nach** Eingabe der Zahlung. Und am besten nach der Berechnung des Rückgeldes. Wenn das berechnete Rückgeld **negativ** ist, dann weiß ich ja, dass zu wenig Geld (ein-)gegeben wurde:

*1 Genau hier können wir ein **if** einbauen. Mit der Variablen **rueckgeld** haben wir auch schon einen Wert, den wir als Teil der Bedingung verwenden können.

```
zahlung = input("Der Kunde zahlt: ")
zahlung = float(zahlung)
rueckgeld = round(zahlung - neuer_preis,2)
*1
print('Gegeben:', zahlung, 'Preis:', neuer_preis)
```

Wenn die Variable **rueckgeld** negativ ist, wurde zu wenig gezahlt. Es muss also nur überprüft werden, ob die Variable kleiner als **0** ist. Das geht problemlos mit **rueckgeld < 0** – das ist schon die Bedingung für das **if**:

```
zahlung = input("Der Kunde zahlt: ")
zahlung = float(zahlung)
rueckgeld = round(zahlung - neuer_preis,2)
*1if *2rueckgeld < 0:
    print("Das gezahlte Geld reicht nicht!")
print('Gegeben:', zahlung, 'Preis:', neuer_preis)
print('Wechselgeld:', rueckgeld)
```

*1 Hier beginnt unser **if**.

*2 Hier verwendest du unsere obige Bedingung, um festzustellen, ob zu wenig gezahlt wurde. Sollte das der Fall sein (das Ergebnis ist also **True**), wird in der folgenden Zeile ein entsprechender Hinweis mit **print** ausgegeben. Den Hinweis kannst du natürlich nach Belieben gestalten.

Das war es auch schon fast.

Das Programm stellt jetzt fest, ob der eingegebene Betrag möglicherweise zu gering war und gibt in diesem Fall eine **Warnmeldung** aus.

Aber: Noch läuft das Programm **unverändert** weiter. Wenn zu wenig Geld eingegeben wurde, dann wird das angegeben, aber es wird immer noch unsinnigerweise angegeben, wie viel Wechselgeld zu geben ist. Wäre es nicht besser, wenn sofort eine neue Eingabe erfolgen würde?

Klaro!

Und wie mache ich das?

Wenn, dann und ansonsten?

Die `if`-Anweisung ist lange noch nicht am Ende, Schrödinger.
Bisher hast du nur das **Wenn** und das **Dann** kennengelernt. Tatsächlich gibt es bei unserem `if` auch noch ein **Ansonsten**.

Du kannst also nicht nur etwas ausführen lassen, wenn eine Bedingung `True` ergibt. **Nein!** Du kannst auch festlegen, was **alternativ** passieren soll!

Ich muss also nur noch ...?

... das, was am Ende unserer `while`-Schleife passiert, in den Teil für das **Ansonsten** verschieben. **Genau, Schrödinger!**

Und wie sieht das `if` *mit dem Ansonsten aus?*

Ganz einfach:

```
if spam > eggs: *1
    print("spam ist größer als eggs")*2
else: *3
    print("spam ist nicht größer als eggs")*4
print("Ich gehöre nicht mehr zur Schleife")*5
```

*1 Alles wie gehabt: Schlüsselwort und dann unsere Bedingung, abgeschlossen von unserem Doppelpunkt.

*2 Das hier wird ausgeführt, wenn die Bedingung stimmt, also das Ergebnis `True` ergibt, klaro!

*3 Unser neuer Stern am Himmel: `else`. Hier steht keine weitere Bedingung, nur das Schlüsselwort und der Doppelpunkt.

*4 Dieser Teil wird nur ausgeführt, wenn die Bedingung nicht stimmt, sie als Ergebnis `False` ergeben hat.

*5 Und das hier gehört schon nicht mehr zur Schleife. Hier geht das Programm in jedem Fall weiter – egal, ob die die Bedingung `True` oder `False` ergeben hatte.

Gar nicht so schwer, oder?
Kurz ein paar Übungen dazu?

Klaro!
Immer her damit.

Wenn schon, denn schon und auch noch »else« ...

[Schwierige Aufgabe]

Schreib ein Programm, in dem ein Name, also ein Text, eingegeben werden kann. Wenn die Eingabe **leer** ist, gib einen Warnhinweis aus. Gibt es eine Eingabe, **dann prüfe**, ob der eingegebene Name »Schrödinger« lautet. Falls ja, gib einen Gruß aus, ansonsten einen Hinweis, dass es nicht der richtige Benutzer ist.

Noch ein Hinweis, damit du die Aufgabe besser lösen kannst: Du kannst verschiedene Kontrollstrukturen **ineinander schachteln**, also auch zwei `if` ineinander! Wenn eine Kontrollstruktur in einer anderen steht, musst du sie und ihren Inhalt natürlich **weiter einrücken**.

Also zuerst mache ich eine Eingabe.
Dann prüfe ich, ob die Eingabe leer ist.
Aber wie prüfe ich, ob etwas leer ist?

Kleiner Tipp: Eine leere Eingabe ist als String geschrieben `""` bzw. `''`. Also die einfachen oder doppelten Leerzeichen **ohne etwas dazwischen**. Du könntest auch die **Länge** des eingegebenen Strings überprüfen. Dafür gibt es die Funktion `len()`.

Und denk dran: So, wie du bei einem Vergleich mit `==` auf Gleichheit prüfen kannst, kannst du mit `!=` auf Ungleichheit prüfen.

[Notiz]

Bei einem Vergleich steht `==` für gleich und `!=` für ungleich.

Damit kannst du loslegen, Schrödinger.

```
name = input("Gib deinen Namen ein: ")
if name == '':*1
    print("Warnung: Kein Name eingegeben")
else:*2
    if name == "Schrödinger":*3
        print("Hallo Schrödinger")
    else:*4
        print("Du darfst dieses Programm nicht benutzen!")
```

*1 Das ist das erste `if`. Wenn keine Eingabe erfolgt ist (also nur **Return** gedrückt wurde), dann kommt der Warnhinweis.

*2 Dieses `else` gehört zu dem ersten `if` – super zu erkennen an der gleichen Einrückung (es steht ganz links wie sein zugehöriges `if`). Hier geht es weiter, wenn die **Eingabe** eben **nicht leer** war.

*3 Das ist ein gänzlich neues `if` – gut erkennbar an der Einrückung: Es sitzt **innerhalb** des ersten `if`. Hier wird überprüft, ob der eingegebene Text gleich `"Schrödinger"` ist, dann wird eine Begrüßung ausgegeben.

*4 Das `else` gehört – gut an der Einrückung erkennbar – zu dem zweiten `if`. Hier erfolgt die Ausgabe, wenn der User nicht berechtigt ist.

Du siehst:

Bei Python kannst du ganz einfach durch die Einrückungen erkennen, welche Teile zusammengehören!

Einfachere Bedingungen!

[Belohnung]

Ob ein **Wert** leer (oder nicht leer) ist, kannst du noch leichter prüfen – sogar ohne einen Vergleich! Ist ein Wert (bzw. die Variable) **0** oder leer oder **False**, dann ist das als Bedingung in einem **if** (oder auch in einem **while**) genauso wie ein Vergleich, der **False** ergibt. Andere Werte verhalten sich dagegen wie **True**!

Was kompliziert klingt, ist in der Praxis ganz einfach:

```
name = ''
if name:
    print("Die Bedingung ist True")
else:
    print("Die Bedingung ist False!")
```

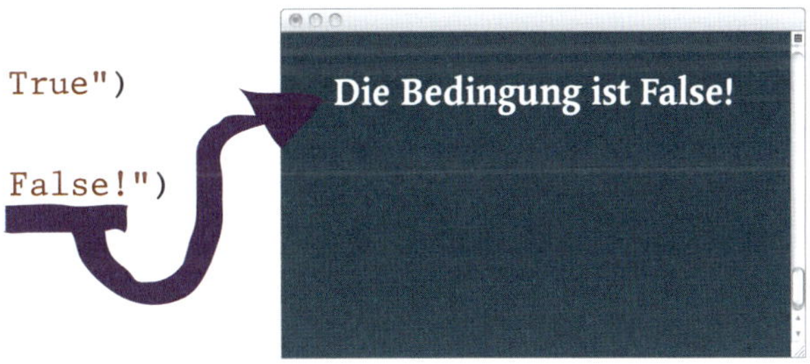

Hier hat **name** beispielhaft den Wert **''**, ist also leer (also auch kein Leerzeichen!). In unserem **if** funktioniert das jetzt – ganz ohne Vergleich, nur mit **name** selbst – wie ein **if name != ''**! Das wäre übrigens auch bei den Werten **0** oder **False** so.

Aber ich hatte doch ein name == '' in der Bedingung!?

Auch das geht – ganz einfach dank der Umkehrung mit **not**!
Ein **if not name:** wäre das Gleiche wie ein **if name == '':**

Und das funktioniert auch für **0** und **False**!

Probiere das ruhig mal aus!

Kürzeres »else if« mit »elif«

Und es geht noch kürzer: In Python kannst du auch Konstrukte mit **else** abkürzen, in denen ein anderes **if** steckt, und zwar mit **elif**. Dieses **elif** kombiniert – wie der Name schon vermuten lässt – das **else** mit einem **if**. Das geht ganz einfach und schnell:

```
name = input("Gib deinen Namen ein: ")
if name == '':
    print("Achtung: Kein Name eingegeben")
elif name == "Schrödinger":
    print("Hallo Schrödinger")
else:
    print("Du darfst dieses Programm nicht benutzen!")
```

Aus den beiden ineinander geschachtelten **if**s wird hier dank **elif** ein **zusammengehöriges** Konstrukt – gut erkennbar an der gleichen Einrückung (bzw. steht alles links am Rand übereinander).

Genial einfach!

Jetzt kannst du sicherlich **unser bisheriges Programm** um ein **else** ergänzen?

[Einfache Aufgabe]

Ändere das **Kassenprogramm**: Es soll **sofort** eine Neueingabe erfolgen, wenn zu wenig Geld gezahlt wurde.

Hier unser bisheriges Programm. Welche Zeilen müssen nicht ausgeführt werden, wenn das gezahlte Geld nicht reicht?

```
eingabe = 'j'
while eingabe == "j":
    preis = input('Gib den Preis ein: ')
    rabatt_in_prozent = input("Rabatt in %: ")
    preis = float(preis)
    rabatt_in_prozent = float(rabatt_in_prozent)
    rabatt_in_euro = preis/100 * rabatt_in_prozent
    neuer_preis = preis - rabatt_in_euro
    print('Preis mit',rabatt_in_prozent,
          "% Rabatt ist", neuer_preis)
    zahlung = input("Der Kunde zahlt: ")
    zahlung = float(zahlung)
    rueckgeld = round(zahlung - neuer_preis,2)
    if rueckgeld < 0:
        print("Das gezahlte Geld reicht nicht!")
    print('Gegeben:', zahlung, 'Preis:', neuer_preis)
    print('Wechselgeld:', rueckgeld)
    eingabe = input("Noch einmal? Dann gib 'j' ein!")
print("Das Programm wurde beendet.")
```

Lass mich kurz überlegen.

Wenn das Geld nicht reicht, dann braucht man die Ausgabe mit den beiden **`print`** nicht. Wenn dann sowieso eine neue Eingabe erfolgen soll, braucht man auch das **`input`** nicht. **Also dieser Teil** muss somit in das **`else`**:

```
print('Gegeben:', zahlung, 'Preis:', neuer_preis)
print('Wechselgeld:', rueckgeld)
eingabe = input("Noch einmal? Dann gib 'j' ein!")
```

Das sieht dann so aus:

```
if rueckgeld < 0:
    print("Das gezahlte Geld reicht nicht!")
else:
    print('Gegeben:', zahlung, 'Preis:', neuer_preis)
    print('Wechselgeld:', rueckgeld)
    eingabe = input("Noch einmal? Dann gib 'j' ein!")
```

Genau, Schrödinger! Mit dem (tieferen) Einrücken werden die drei Zeilen Teil des **`else`**!

Wird jetzt bei dem **`if`** festgestellt, dass das Rückgeld **negativ** ist, gibt es einen Hinweis mit **`print`**. In diesem Fall geht es danach hinter (bzw. unter) dem **`if`** weiter. Und da kommt ja gleich das Ende der **`while`**-Schleife, die noch einmal ausgeführt wird, denn **`eingabe`** ist ja nicht geändert worden und bleibt **`j`** für ja – die Schleife wird also noch einmal durchlaufen.

Ist das Rückgeld **0 oder größer als 0**, wird der Teil mit dem **`else`** durchlaufen: Die normale Ausgabe erfolgt, und es wird gefragt, ob ein weiterer Durchlauf erfolgen soll. Das sieht **vollständig** dann so aus:

```
eingabe = 'j'
while eingabe == "j":
    preis = input('Gib den Preis ein: ')
    rabatt_in_prozent = input("Rabatt in %: ")
    preis = float(preis)
    rabatt_in_prozent = float(rabatt_in_prozent)
    rabatt_in_euro = preis/100 * rabatt_in_prozent
    neuer_preis = preis - rabatt_in_euro
    print('Preis mit',rabatt_in_prozent,
          "% Rabatt ist", neuer_preis)
    zahlung = input("Der Kunde zahlt: ")
    zahlung = float(zahlung)
    rueckgeld = round(zahlung - neuer_preis,2)
    if rueckgeld < 0:
        print("Das gezahlte Geld reicht nicht!")
    else:
        print('Gegeben:', zahlung, 'Preis:', neuer_preis)
        print('Wechselgeld:', rueckgeld)
        eingabe = input("Noch einmal? Dann gib 'j' ein!")
print("Das Programm wurde beendet.")
```

Das ist das Schöne an Python: Du siehst sofort, **was zu was** gehört – und auch Änderungen sind schnell gemacht: Du musst nur die **Einrückungen anpassen**!

Eine Sache noch, Schrödinger …

»while« – The Python-Way mit »break«

In Python werden **while**-Schleifen ganz gerne auf **The Python-Way** geschrieben. Statt extra eine Variable wie **eingabe** für die Bedingung vorher zu definieren und in einer Bedingung abzuprüfen, wird anstelle der Bedingung einfach nur ein **True** gesetzt. Dadurch wird die Schleife auf jeden Fall schon mal durchlaufen.

Moment! Dann wird die Schleife ja ewig laufen!

Ja, deshalb muss **innerhalb** der **while**-Schleife eine **Bedingung** eingebaut werden, die überprüft, ob die Schleife verlassen werden muss, ob das Programm also aus der Schleife springen soll: Das geht nämlich mit dem Befehl **break**.

Schauen wir uns das beispielhaft an:

```
while True*1:
    print("In der Schleife")
    eingabe = input("Noch einmal (j/n)?")
    if eingabe == 'n':*2
        break*3
print("Ende")
```

*1 Das **True** sorgt dafür, dass die Schleife in jedem Fall durchlaufen wird – eigentlich bis zum Sankt Nimmerleins-Tag. Denn **True** wird immer **True** bleiben.

*2 Wenn die Eingabe **"n"** ist, soll die Schleife **verlassen** werden.

*3 **break** ist unsere Anweisung, mit der eine Schleife **sofort verlassen** wird – so, als wäre sie regulär beendet.

[Hintergrundinfo]

Anstelle von **eingabe == 'n'** könntest du auch **eingabe != 'j'** schreiben. Was fast gleich aussieht, macht aber doch einen gewissen Unterschied: Im ersten Fall wird unsere Schleife nur verlassen, wenn genau **n** eingegeben wurde – bei allen anderen Eingaben geht es weiter. Im zweiten Fall wird die Schleife verlassen, wenn irgendetwas außer **j** eingegeben wurde.

Sobald in einer Schleife die Anweisung **break** erreicht wird, springt das Programm **sofort** aus der Schleife. Dabei ist es egal, ob die eigentliche Bedingung der Schleife noch gültig ist oder nicht – **break** ist im Programm wie eine (erlaubte) Notbremsung.

Das ist ja ziemlich cool – warum hast du mir das nicht gleich gezeigt?

Das hat zwei Gründe: Für diese Lösung musst du **while** und **if** kennen. Außerdem kann diese Lösung bei Schleifen mit viel Code unübersichtlich werden, wenn du erst **suchen musst**, wo denn die Bedingung sitzt, die zum Verlassen der Schleife führt.

Die Sache mit dem Walross :=

In Python gibt es seit der Version 3.8 einen neuen Operator – den sogenannten Walross-Operator **:=**. So benannt, weil er von der Seite aussieht wie ein Walross, zumindest mit etwas Fantasie.

Das Walross, genauer gesagt der Walross-Operator, macht eine Zuweisung zu einer angegebenen Variablen und sorgt **gleichzeitig** dafür, dass diese Variable auch sofort in der Bedingung einer Kontrollstruktur verwendet werden kann. Schauen wir uns das mal mit einem **input** an, unsere Kontrollstruktur dazu soll eine **while**-Schleife sein.

Normalerweise, so ganz klassisch, würde es ja so oder ähnlich aussehen:

```
spam = int(input("Wert?"))*1
while spam*2 < 42:
    print(spam , "ist zu klein")
    spam = int(input("Wert?"))*3
print(spam, "ist groß genug!")*4
```

Und jetzt das Gleiche mit dem **Walross-Operator**:

```
while (spam := int(input("Wert?"))) < 42:
    print(spam , "ist zu klein")
print(spam, "ist groß genug!")
```

Normalerweise müssen Variablen, die in einer Bedingung verwendet werden, ja bereits definiert sein und einen Wert haben. Der Walross-Operator vereinfacht das. Er macht eine gültige Zuweisung zu einer Variablen **und** gibt den aktuellen Wert im Moment des Aufrufs zurück.

Und so sieht das im Detail aus:

```
while (*1spam :=*2 int(input("Wert?")))*1 < 42*3:
```

[Achtung]
Bei jedem Aufruf erhält die verwendete Variable den in den Klammern angegebenen Wert vom Walross-Operator neu.

Bei **einer** Eingabe ist es klar – es muss ja bei jedem Durchlauf eine neue Eingabe gemacht werden, und diese neue Eingabe wird dann verwendet.

Im folgenden Fall aber würde die **`while`**-Schleife nie mehr verlassen werden:

```
while (spam := 13) < 42:
    spam = 100
```

Bei jedem Durchlauf erhält **`spam`** erneut den gleichen Wert 13 vom Walross-Operator! Der Walross-Operator wird bei jedem Aufruf oder Durchlauf neu gelesen, und die gleiche Zuweisung wird **erneut** durchgeführt – egal welchen Wert die Variable an anderer Stelle bekommen hat.

Tatsächlich solltest du den Walross-Operator durchaus mit Bedacht einsetzen, denn auch wenn du dir ein paar Zeilen Code sparen kannst, macht der Walross-Operator deinen Programmcode nicht unbedingt besser lesbar.

So Schrödinger, wir sind fast fertig.

Es bleibt uns nur noch eine Sache, genauer gesagt, eine neue Kontrollstruktur, die wir uns ansehen wollen. Und zwar die Sache mit dem …

match – case, wähl mal

Mit **`if`** kannst du ja wunderbar Entscheidungen treffen und mit Hilfe von **`elif`** und **`else`** auch sehr komplexe Entscheidungen. Aber seit Python 3.10 gibt es gerade für solche komplexeren Situationen eine neue Kontrollstruktur: **`match case`**.

Schauen wir uns das wieder an einem ganz konkreten Beispiel an. Erst einmal klassisch mit **`if`** und dann mit dem neuen **`match case`**.

Stell dir vor, du willst bei deinem Kassenprogramm den Rabatt nach dem Wochentag festlegen. So soll der Rabatt am Samstag 5 %, am Sonntag ganze 10 % und montags und dienstags 2 % betragen. An allen anderen Tagen gibt es keinen Rabatt, er liegt dann also bei 0 %.

So könnte es klassisch mit **`if`** aussehen. Da wir hier nicht tagelang warten können, um alle Tage zu testen, gibt es eine Eingabe des Wochentages mit **`input`**.

```
tag = input("Welcher Tag? ")
```

```
if tag == "Samstag":*1
    rabatt = 5
elif tag == "Sonntag":*1
    rabatt = 10
elif tag == "Montag" or tag == "Dienstag":*2
    rabatt = 2
else:*3
    rabatt = 0
print("Rabatt ist heute:", rabatt)
```

*1 Am Samstag gibt es einen Rabatt von 5 (Prozent) und falls es Sonntag ist, sind es sogar 10 (Prozent).

*2 Falls es Montag oder Dienstag ist, wird der Rabatt auf 2 (Prozent) gesetzt.

*3 Trifft keine der Möglichkeiten zu, greift als Allerletztes das **`else`**, und der Rabatt wird auf 0 gesetzt. Quasi als Standardentscheidung.

[Zettel]

Anstelle des letzten **`else`** könntest du natürlich auch **vor** dem **`if`** die Zuweisung **`rabatt = 0`** machen und das so als Standardwert festlegen.

Und wie sieht das jetzt mit match & case aus?

Das schauen wir uns jetzt an:

```
spam = input("Ein Wert?")*1
match spam:*2
    case "1":*3
        print("Eins")*4
    case "41":*3
        print("Einundvierzig")*4
    case _:*5
        print("Etwas anderes")
```

*1 Hier wird ein Wert eingegeben, klaro.

*2 **match** nimmt den hier angegebenen Wert …

*3 … und schaut, zu welchem Wert das bei einem **case** passt!

*4 Alles, was zu dem jeweils passenden **case** gehört, wird dann ausgeführt.

*… und was ist dieses komische Unterstrich, der bei dem *5?*

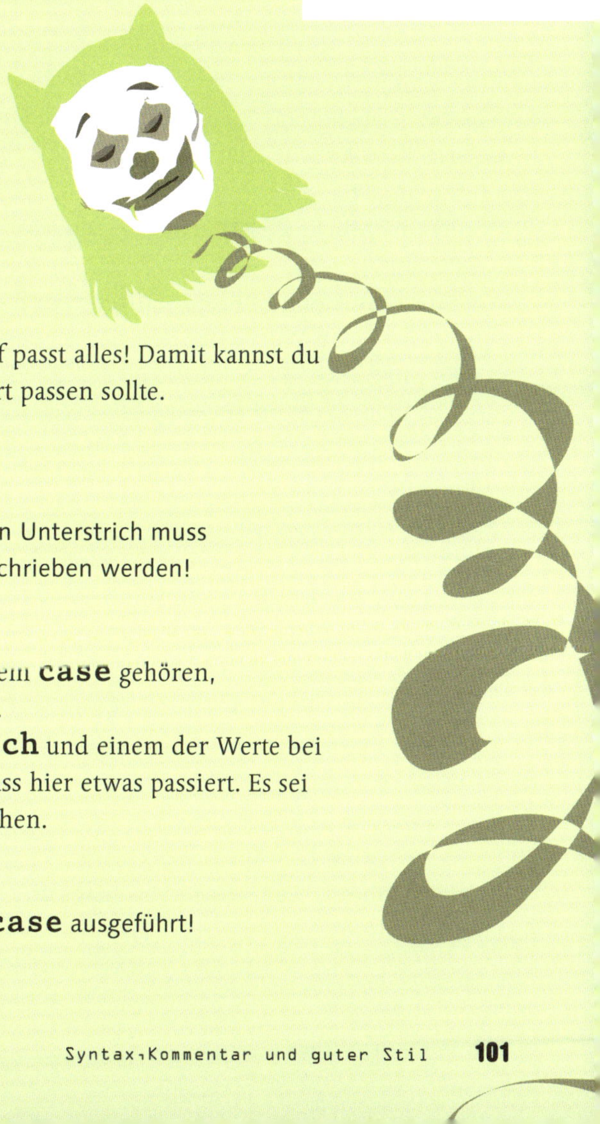

Der Unterstrich bei *5 ist so etwas wie ein **Joker**. Darauf passt alles! Damit kannst du einen Standard-Fall angeben, falls kein angegebener Wert passen sollte.

[Achtung]
Ein **case** mit einem solchen Unterstrich muss immer als letztes **case** geschrieben werden!

Sobald ein **case** zutrifft, werden alle Anweisungen, die zu diesem **case** gehören, ausgeführt, und es geht sofort **nach** dem **match case** weiter.

Gibt es keine Übereinstimmung zwischen dem Wert bei **match** und einem der Werte bei einem **case**, dann wird **match case** verlassen, ohne dass hier etwas passiert. Es sei denn, du hast einen allgemeinen Fall mit **case _:** vorgesehen.

[Achtung]
Es wird also immer nur **ein case** ausgeführt!

Für unseren Rabatt würde das dann so aussehen:

```
tag = input("Welcher Tag?")
match tag:
    case "Samstag":*1
        rabatt = 5
    case "Sonntag":*2
        rabatt = 10
    case "Montag" |*3 "Dienstag":
        rabatt = 2
    case _:*4
        rabatt = 0
print("Rabatt ist heute:", rabatt)
```

*1 Klaro, wenn es Samstag ist, gibt es 5 Prozent Rabatt …

*2 … und am Sonntag satte 10 Prozent.

*3 Ist es »Montag« ODER »Dienstag«, dann gibt es 2 Prozent. Mit dem **|** können nämlich **mehrere** gültige Werte angegeben werden.

*4 Trifft keine der Eingaben zu, dann ist der Rabatt eben 0 Prozent.

Wichtig ist auch hier, dass `case` mit dem **Unterstrich** ganz **am Ende** steht und danach kein anderes `case` mehr folgt.

Wie du bei *3 gesehen hast, kannst du bei jedem **`case` mehrere Werte** angeben. Hier funktioniert aber nicht das `or`. Unterschiedliche mögliche Werte werden bei `case` durch ein **|** getrennt.

Wie du siehst, kannst du ganz einfach verschiedene Möglichkeiten vorsehen. Du könntest zum Beispiel für jeden Wochentag den Namen **oder** die Nummer zulassen. Montag wäre demnach auch »1«, Sonntag auch »7«. Schließlich geht die Eingabe einer Zahl schneller von der Hand als das Ausschreiben des Wochentags:

```
match tag:
    case "Samstag" | "6":
        rabatt = 5
    case "Sonntag" | "7":
        rabatt = 10
    case "Montag" | "Dienstag" | "1" | "2":
        rabatt = 2
    case _:
        rabatt = 0
print("Rabatt ist heute:", rabatt)
```

*Das ist ja nicht schlecht,
aber mit if, elif und else bekomme ich das auch hin.*

Das stimmt. Das **`match case`**-Konstrukt ist so erst mal recht ähnlich zu dem, was du mit **`if`**, **`elif`** und **`else`** machen kannst. Je nach Komplexität der Bedingungen kann es übersichtlicher sein, mit **`match case`** zu arbeiten. Und das ist auch noch nicht alles, was **`match case`** zu bieten hat. Du kannst beispielsweise anstatt mit einfachen Werten sogar mit **Listen** arbeiten.

Da greifen wir ausnahmsweise mal etwas vor. Eine Liste fasst mehrere Daten zusammen – eben wie in einer Liste.

Ah, so wie bei einer Einkaufsliste!

Ja. Alle zusammengehörenden Elemente einer Liste werden in **eckige Klammern** geschrieben und sind mit **Komma** getrennt. Keine Sorge, Listen wirst du später noch genauer kennenlernen.

Jetzt kommt der Superrabatt

Stell dir mal vor, du willst, je nach Tag und Uhrzeit, einen zusätzlichen Rabatt angeben – den Superrabatt. So eine Art Black Hour für die unterschiedlichen Wochentage. Montag um 12 Uhr soll der Superrabatt bei 7 Prozent liegen. Am Mittwoch soll es um 14 Uhr einen Superrabatt von 5 Prozent geben.

```
tag = input("Welcher Tag? ")
stunde = input("Stunde? ")
```

Zuerst brauchen wir die Eingabe des Tages und der Stunde. Wenn das schon an anderer Stelle im Programm abgefragt wurde, kannst du es dir hier natürlich sparen.

```
match [tag, stunde]*1:
    case ['Montag', '12']:*2
        print('Montagmittagsrabatt - 7%')
        super_rabatt = 7
    case ['Mittwoch', '14']:*2
        print('Mittwochnachmittagsrabatt - 5%')
        super_rabatt = 5
    case _:*3
        print('Kein Rabatt!')
        super_rabatt = 0
print("Superrabatt:", super_rabatt)*4
```

*1 Hier werden die beiden Werte, bzw. die beiden Variablen, dem **match** als **Liste** übergeben. Ganz einfach, indem sie in eckige Klammern geschrieben werden, getrennt mit einem Komma.

*2 Genauso hat **case** eine vergleichbare Liste mit Werten, die mit den aktuellen Werten von **match** verglichen werden.

*3 Da _ der allgemeine Standard für »alles andere« ist, brauchst du hier keine Liste.

*4 Hier wird der Superrabatt ausgegeben. Du könntest ihn im Programm dann auch gleich zu dem normalen Rabatt addieren.

Kann ich da auch wieder andere mögliche Werte angeben? Um mir das lange Tippen zu sparen?

Natürlich kannst du als Alternative unterschiedliche Listen angeben. Das würde dann so aussehen:

```
case ['Montag', '12'] |*1 ['1', '12']:*2
    print('Montagmittagsrabatt - 7%')
    super_rabatt = 7
case ['Mittwoch', '14'] |*1 ['3', '14']*2:
    print('Mittwochnachmittagsrabatt - 5%')
    super_rabatt = 5
```

*1 Du hast hier zwei (oder auch mehrere) unterschiedliche Listen, die wieder mit einem | als mögliche Alternativen dargestellt werden.

*2 Das ist die zweite Liste mit alternativen Werten.

Das ist noch nicht alles, was du mit **match case** machen kannst, aber du kannst es so schon ganz gut einsetzen.

Was hast du gelernt? Was haben wir gemacht?

Lass uns kurz rekapitulieren …

Du hast **`input`** kennengelernt, mit dem du Eingaben in deinem Programm machen kannst. Alle Eingaben von **`input`** werden von Python grundsätzlich als **String** weitergegeben – auch wenn Zahlen eingegeben werden. Eingaben kannst du entweder direkt verwenden oder besser und eleganter einer Variablen zuweisen.

Da du mit Strings nicht alles machen kannst – vor allem nicht rechnen –, musst du die notwenigen **Konvertierungen** vornehmen. Mit **`type`** kannst du sehen, welchen Datentyp der Wert einer Variablen gerade hat. Denn auch wenn Python vorgibt, dass nur passende Variablen in Operationen zusammengebracht werden: Variablen selbst sind nicht auf einen Datentyp festgelegt. Eine Variable kann einen String speichern und ein paar Zeilen Code später eine Zahl oder einen booleschen Wert zugewiesen bekommen.

Vergiss nicht die Schleifen, Schrödinger!

Du hast gelernt, dass eine **`while`**-Schleife durchlaufen wird, so lange ihre Bedingung **`True`** ergibt. Eine **`while`**-Schleife kann keinmal, einmal oder beliebig oft durchlaufen werden. Ist die Bedingung von vornherein falsch, wird ihr Inhalt **nie ausgeführt**, ansonsten so oft, bis die Bedingung **`False`** ergibt.

`while` ist eine sogenannte **Kontrollstruktur**. Und Code, der zu einer Kontrollstruktur gehört, wird immer **gleich eingerückt** – idealerweise um vier Zeichen. Sitzt eine Kontrollstruktur innerhalb einer anderen Kontrollstruktur, wird ihr Inhalt einfach noch weiter eingerückt.

Mit **`if`** kannst du **Entscheidungen** treffen, ob etwas ausgeführt werden soll – auch wieder mit einer Bedingung, die **`True`** ergeben muss. Tut sie das nicht, kannst du mit **`else`** eine Alternative angeben. Und dann gibt es noch **`elif`**! Ach ja, im Gegensatz zu **`while`** wird **`if`** nur einmal durchlaufen.

Mit **`True`** als Bedingung und einem **`break`** innerhalb der Schleife kannst du dir eine Schleife The Python-Way bauen. Dann ist da der Walross-Operator, mit dem du Zuweisungen in Kontrollstrukturen vereinfachen kannst. Zuletzt hast du gesehen, wie du mit **`match case`** selbst komplexe Entscheidungen treffen kannst.

Du hast dir jetzt aber wirklich eine Pause verdient!

Funktionen und Rückgabewerte

— DREI —

Arbeitszimmer und Werkbänke

Es ist an der Zeit, dass du Funktionen kennenlernst. Sie helfen dir, deine Programme übersichtlicher und auch sicherer zu machen. Denn damit kannst du Teile des Programms auslagern und dann sogar beliebig oft aufrufen.

Auch das beste Programm ist **niemals fertig**. Oft musst du neue Anforderungen umsetzen, denn an manche Dinge hat man einfach nicht gedacht: Muss das Programm mit Fehleingaben umgehen und sogar korrekt auf Fehler reagieren können? Es kommt immer etwas Neues dazu. Sprich: **Programme wachsen und werden größer.**

Damit kein Chaos entsteht, helfen dir …

Funktionen

Fertige Funktionen hast du schon kennengelernt. Sie sind fester Bestandteil von Python. Du erkennst sie an dem jeweiligen Namen, gefolgt von runden Klammern – so wie `print()` oder `float()`:

*1 Hier steht der Name unserer Funktion, …

*2 … dahinter die runden Klammern, in denen …

```
print*1(*2'Hallo', 'Schrödinger', sep=' - ', end='\n'*3)*2
```

*3 … die **Parameter** stehen.

Die **Parameter**, also die Daten, die in die Funktion übergeben werden, sind natürlich in die jeweiligen Funktionen so einprogrammiert worden. Je nachdem, wie die Funktion programmiert ist, können (oder müssen) hier **kein**, **ein** oder **mehrere** Parameter stehen. Parameter sind also kein Zauberwerk, sondern »einprogrammierter« Bestandteil der jeweiligen Funktion – genauso wie die Fähigkeiten, die so eine Funktion eben ausmachen.

Mit Funktionen, die fest in Python eingebaut sind, arbeitest du ja schon ganz selbstverständlich.

Nur, diese fertigen Funktionen sind – wie soll ich sagen – na eben »fertig«. Du kannst sie **verwenden**, aber **nicht verändern**.

Zum Glück kannst du Funktionen selbst schreiben und sie in deinen Programmen sogar beliebig oft verwenden. Mithilfe solcher Funktionen kannst du dein Programm übersichtlicher und damit einfacher gestalten.

Stell dir das mit den Funktionen und dem Programmcode wie dein **Zimmer** vor oder besser wie ein Regal in deinem Zimmer.

Du kannst alles stapeln, auf **einem großen Haufen**. Das geht schnell und ist ganz einfach. Das Ergebnis kennst du aber – das ist in der Programmierung nicht anders als in der Wohnung: Je mehr rumliegt, desto schlechter findest du dich darin zurecht.

Funktionen helfen dir, **Ordnung** in deine Programme zu bringen – so wie (aufgeräumte) Fächer und Schubladen in Schränken und Kommoden. **Du findest dich schneller zurecht!**

Der Name der Funktion

Du kannst (fast) beliebig Programmteile in eigene Funktionen auslagern. Jeder dieser Teile, jede **Funktion**, bekommt von dir einen **eigenen Namen**. Mit diesem Namen rufst du deine Funktion dann genauso auf, wie eine »feste« Funktion von Python.

Den Namen kannst du dir natürlich selbst ausdenken. Es gibt lediglich ein paar einfache Regeln, die du so schon von **Variablen** her kennst:

- Der Name einer Funktion beginnt immer mit einem Buchstaben **oder** einem Unterstrich.
- Zahlen **im Namen** sind erlaubt.

Für Funktionen gibt es auch noch eine **Empfehlung**, wie sie geschrieben werden sollten:

- Alle Buchstaben sollten **klein**geschrieben werden.
- Einzelne Wörter im Namen sollten mit einem **Unterstrich getrennt** werden.

[Hintergrundinfo]

Das sind **Empfehlungen**, damit du schon über den Namen im Programmcode schneller erkennen kannst, was eine Funktion, eine Variable oder ein Objekt ist. Und tatsächlich passieren so auch weniger Fehler, da du immer weißt, wie Namen geschrieben werden.

Falsche oder richtige Funktionsnamen?

[Einfache Aufgabe]
Schau dir bitte einmal folgende Funktionsnamen an und sag mir, ob sie richtig oder falsch sind. Und bei denen, die **richtig** sind: Entsprechen sie den Empfehlungen für Funktionsnamen?

1 `meine_neue_funktion`
2 `10_mal_ausgeben`
3 `hole_wert`
4 `schrödikator`
5 `WertFlugzeit`
6 `drei+drei`
7 `berechne_3_auf_einen_Streich`
8 `addiere_alle_werte`
9 `berechneRaumumfang`
10 `wert-5`
11 `print`
12 `while`

- Die sind **erlaubt**: 1, 3, 4, 5, 7, 8, 9, 11.
- **Diese** entsprechen aber **nicht den Empfehlungen**, da sie nicht nur aus kleinen Buchstaben bestehen bzw. da Teilwörter nicht durch einen Unterstrich getrennt sind: 5, 7, 9.
- **Falsch**: 2 (beginnt mit einer Zahl), 6 (hat mit einem **+** ein unerlaubtes Zeichen), 10 (ebenfalls, denn auch der Bindestrich ist nicht erlaubt)
- Das ist tatsächlich erlaubt! Du kannst die Namen bestehender Funktionen verwenden: 11.
- Aber 12 geht **nicht**. Denn **`while`** ist keine Funktion, sondern ein Schlüsselwort, das bereits in einer **Kontrollstruktur** verwendet wird.

Was also **gar nicht geht**, sind Schlüsselwörter, die Sprachelemente von Python sind: **`while`**, **`if`** oder **`else`** gehören nicht zu Funktionen, sondern zu Kontrollstrukturen und dürfen als solche gar nicht überschrieben werden.

Du darfst ansonsten tatsächlich die Namen **bestehender Funktionen** verwenden. Du **überschreibst** damit in dem jeweiligen Programm die bestehende Funktion, und zwar **ab der Stelle**, an der deine Funktion definiert wird. Bei dem Aufruf einer Funktion sucht sich Python nämlich immer die Definition heraus, die als Letztes definiert wurde.

[Notiz]
Keine Sorge: Derart überschriebene Funktionen werden natürlich nicht gelöscht. Auch sind andere Programme davon natürlich nicht betroffen.

Du könntest also eine eigene Funktion namens **`print()`** schreiben, müsstest dann aber (ab der Definition) auf die originale Funktion **`print()`** mit der Ausgabe verzichten. Vor der Definition deiner Funktion, funktioniert **`print`** noch wie gewohnt.

Eigene Funktionen – der erste Prototyp

Wie sieht nun so eine Funktion aus?
So als stromlinienförmiger Prototyp?

Vor der Verwendung muss die Funktion erst einmal **definiert** werden. Und das ist wörtlich zu verstehen. Für die **Def**inition verwendest du – ganz passend – das Schlüsselwort **`def`**. Es folgen der **Name** deiner Funktion und **runde Klammern** (die bleiben für deine allererste Funktion noch leer). Zum Abschluss noch ein **Doppelpunkt** am Ende der Zeile. Darunter folgt der eigentliche **Programmcode**: Alles, was **eingerückt** ist, gehört dazu. Ganz einfach – **wie immer bei Python.**

Das sieht dann so aus:

```
def*1 spam*2()*3:
    print("Hallo Schrödinger")*4
```

*1 Das ist das Schlüsselwort, um eine neue Funktion zu definieren.

*2 Das ist der Name, den **du** deiner Funktion gibst und mit dem sie aufgerufen wird.

*3 Die **Klammern** gehören zur Definition und sind in jedem Fall Pflicht, genauso wie der **Doppelpunkt** hinter der Klammer.

*4 Hier folgt Zeile für Zeile alles, was deine Funktion macht. Natürlich entsprechend (und gleich) **eingerückt**.

[Hintergrundinfo]
Vielleicht ist es dir schon aufgefallen? In Python beginnt ein Einrückungsblock immer dann – und zwar genau dann –, wenn ein Doppelpunkt die Zeile vorher beendet hat.

[Zettel]
Wenn du deine Funktion geschrieben hast – dann passiert erst mal gar nichts. Erst mit dem expliziten **Aufruf** der Funktion wird der zugehörige Code ausgeführt. Python »springt« dann zu der Funktion (bildlich gesprochen) und führt den Code aus.

Und ist alles nach so einem Aufruf **abgearbeitet**, dann macht Python auch genau **hinter dem Aufruf** der Funktion weiter.

Und wie sieht der Aufruf aus?
Wie verwende ich meine Funktion?

Du musst nur den **Namen** der Funktion in dein Programm schreiben, die runden Klammern dazu – und schon wird deine Funktion aufgerufen und der zugehörige Programmcode ausgeführt.

So rufst du deine Funktion auf: Schreib einfach den Namen der Funktion – und vergiss dabei die runden Klammern nicht.

```
spam()
```

```
Hallo Schrödinger
```

[Achtung]

Eine Funktion darf erst aufgerufen werden, **nachdem** sie definiert wurde.

Das hier geht also **nicht (überhaupt gar nicht)**:

```
spam()*1 X
def spam():
    print("Hallo Schrödinger")
```

*1 An dieser Stelle kennt Python die Funktion noch gar nicht und quittiert den verfrühten Aufruf mit einem Fehler.

```
Traceback (most recent call last):
  File "D:\Desktop\ersteFunktion.py", line 1, in <module>
    spam()
NameError: name 'spam' is not defined
```

Funktionen dürfen übrigens nicht leer sein, sondern müssen **mindestens eine Zeile** mit einem echten Befehl haben. **Eine Leerzeile oder ein Kommentar reichen nicht aus!**

Speziell dafür gibt es den geradezu genialen Befehl `pass`!

Und was macht der Befehl?

Das ist ja das Brillante, Schrödinger! Er macht **nichts**, rein **gar nichts**. Er ist nur da und wird von Python als gültiger Befehl erkannt.

Er ist nur da und macht gar nichts? Das erinnert mich an jemanden ...

Deine Funktion im Programmablauf

Um sehen zu können, wie Python mit Funktionen umgeht, setzen wir mal Code **davor** und **dahinter** und schauen uns an, was passiert. Wir wollen sehen, wie der **Ablauf** ist:

```
print("Das Programm beginnt")
def spam():
    print("Hallo Schrödinger")
print("...und läuft")
spam()
print("Hier geht es dann weiter.")
spam()
print("Machen wir hier Schluss")
```

Der Programmcode selbst enthält nur Bekanntes. Dafür schauen wir uns genauer an, was passiert, wenn das Programm **abläuft**.

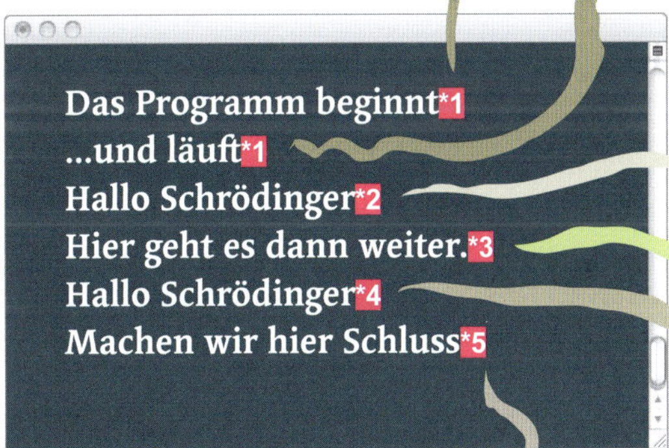

*1 Die ersten beiden `print`-Anweisungen werden ausgeführt: Die Definition der **Funktion dazwischen**, hat keinen Einfluss. Python erkennt die Funktion natürlich, merkt sie sich, macht aber weiter, ohne sie auszuführen.

*2 Erst mit dem ersten **Aufruf** `spam()` »springt« das Programm zur Funktion und führt den dortigen Code aus.

*3 Danach geht es **hinter** (bzw. unter) diesem ersten Funktionsaufruf `spam()` weiter und das folgende `print` wird ausgeführt.

*4 Mit dem nächsten Funktionsaufruf `spam()` wird der Code der Funktion erneut aufgerufen.

*5 Und wie beim ersten Funktionsaufruf geht es **danach** in der Zeile **hinter** (bzw. unter) dem Aufruf weiter zu dem folgenden `print`.

Schrödinger, du siehst: Die **Definition** unserer Funktion selbst hat **keinerlei** Auswirkungen auf den Programmablauf. Außerdem:

- Eine Funktion kann **beliebig oft** aufgerufen werden.
- Nach einem Aufruf, nachdem der Code in der Funktion abgearbeitet wurde, geht es **hinter dem Aufruf** weiter, nicht hinter der aufgerufenen Funktion (wie man vielleicht vermuten könnte).

[Achtung]

Und denk immer daran, die Funktion **vor** dem ersten Aufruf zu definieren.

Deine erste eigene Funktion

Probiere es mal aus! Schreib eine Funktion, die eine festgelegte Ausgabe macht. Schreib sie erst als einfache Funktion, die wir dann immer weiter aufbohren und mit mehr Funktionalität und sogar mit Parametern ausstatten werden.

[Einfache Aufgabe]
Schreib eine Funktion namens **kasten**, die genauso eine Ausgabe macht, wie hier dargestellt.

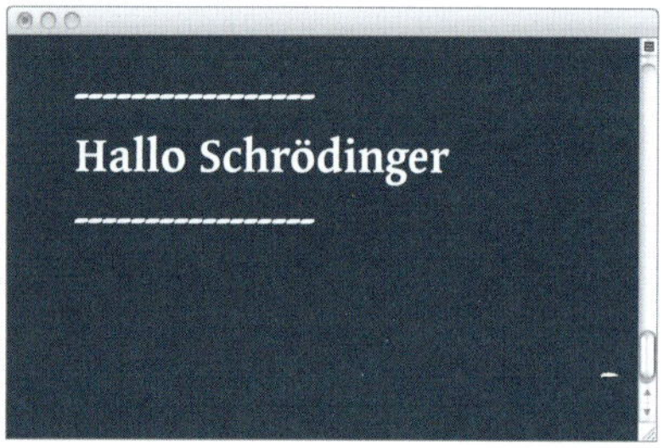

Das ist nicht schwer!

Erst definiert man die Funktion mit **def**, ihrem Namen, runden Klammern und dem Doppelpunkt. Dann werden drei **print** hinterher geschickt, natürlich alle gleich eingerückt.

```
def kasten():
    print("-----------------")
    print("Hallo Schrödinger")
    print("-----------------")
```

Das ist die Funktion.
Fehlt noch der Aufruf, Schrödinger.

Aye, aye, Sir!

Natürlich hinter (unter) der Funktion und nicht mehr eingerückt:

```
kasten()
```

Super, Schrödinger!

Dynamik dank Parameter?

Kann man das nicht auch etwas variabel machen? Ich meine, auch mal den Text ändern? So ist doch alles ziemlich fest?

Klar, machen wir das beispielhaft mit einer einfachen Funktion.

```
def spam(eggs*1):
    print(eggs*2)
spam( "Hallo" )*3
```

*1 Das ist neu: Eine Variable steht in den Klammern der Funktionsdefinition.

*2 Diese Variable wird in der Funktion ganz normal verwendet.

*3 Hier der Aufruf der Funktion. Neu ist nur der Wert, der innerhalb der Klammern übergeben wird, aber das kennst du ja schon von den klassischen Funktionen.

Wie du bei den Funktionsaufrufen sehen kannst, macht es keinen Unterschied, ob die Parameter mit einem (oder sogar mehreren) Leerzeichen in der Klammer etwas »Luft« haben oder ohne Leerzeichen in die Klammern geschrieben werden. Üblicherweise verzichtet man aber auf diese Leerzeichen.

Du siehst: Es ist gar nicht viel zu tun, um Funktionen Werte zu übergeben. Bei der Definition muss **in den Klammern** eine Variable angegeben werden, die den **Wert entgegennimmt**. Und innerhalb der Funktion kannst du mit dieser Variablen dann wie gewohnt arbeiten.

Dabei spielt es keine Rolle, ob du beim Aufruf den Wert als Literal oder in Form einer Variablen übergibst:

```
def spam(eggs):
    print(eggs)
ein_text = "Hallo"
spam(ein_text*1)
```

*1 Anstelle eines festen Wertes kannst du natürlich auch eine Variable verwenden.

[Achtung]

Sind bei der Definition einer Funktion ein oder mehrere Parameter angegeben, müssen beim **Aufruf** der Funktion auch genauso viele Werte übergeben werden. Das kann **direkt als Wert** oder in Form einer **Variablen** geschehen.

Moment ... ein oder mehrere Parameter?
Ich kann auch mit mehreren Parametern arbeiten?

Klar! Das geht ganz einfach. Du musst nur bei der **Definition** deiner Funktion **mehrere Variablen** angeben, **getrennt durch ein Komma**.

Genauso einfach funktioniert es dann beim **Aufruf** der Funktion: Du gibst die geforderten Werte wie gewohnt als Literale (also als Werte) oder in Form von Variablen an – jeweils **getrennt durch ein Komma**! Die im Aufruf verwendeten Variablen müssen natürlich gültig sein, ihnen müssen also bereits Werte zugewiesen worden sein – aber das sollte wohl inzwischen klar sein.

Mit mehreren Parametern kann das dann so aussehen:

*1 **Drei Variablen** bedeuten, dass auch **drei Werte** beim Aufruf der Funktion angegeben werden müssen.

```
def spam(eggs, zutat, kaese*1):
    # hier passiert alles Mögliche und Unmögliche
    print(eggs, zutat, kaese)*3
spam("Keine Eier", "Salami", "Mozzarella"*2)
```

*2 Beim Aufruf der Funktion gibst du hier die benötigten **drei** Werte an.

*3 Hier lassen wir die drei übergebenen Werte einfach mal mit einem `print` ausgeben.

```
Keine Eier Salami Mozzarella
```

[Zettel]
In der **Definition** gibst du so viele Variablen an, wie du benötigst – jeweils getrennt durch ein Komma. Beim **Aufruf** musst du nur darauf achten, dass genügend Werte übergeben werden, auch wieder durch ein Komma getrennt.

[Hintergrundinfo]
Nach so einem Komma wird üblicherweise ein Leerzeichen gesetzt! Nachlesen kannst du das in PEP 8. Dort findest du Empfehlungen, wie du deinen Code am besten formatierst.

Zeit zum Ausprobieren! Einmal »lecker Funktion« mit extra Parametern!

[Einfache Aufgabe]
Schreib die Funktion **kasten()** so um, dass ein Parameter übergeben werden muss, der den Text durch **"Hallo Schrödinger"** ersetzt.

... eine meiner leichtesten Übungen!

```
def kasten(text):
    print("-----------------")
    print(text)
    print("-----------------")
kasten("Hallo Schrödinger")
```

Super! Ich wusste, das ist für dich kein Problem. Und jetzt legst du noch einen drauf, genauer gesagt zwei. Ergänze deine Funktion um zwei weitere Parameter.

[Schwierige Aufgabe]
Füge noch einen Parameter hinzu, der das **Zeichen** der Linien festlegt und einen **weiteren** Parameter, der festlegt, wie lang die beiden Linien sind.

*1 Drei Variablen sollen es sein. Wichtig ist auch eine sinnvolle Benennung.

*2 Hier wird das gewünschte Zeichen mit der Anzahl für die Darstellung multipliziert. Das Ergebnis ist eine entsprechend lange Reihe von Zeichen.

```
def kasten(text, zeichen, wieviele*1):
    print(zeichen*wieviele*2)
    print(text)
    print(zeichen*wieviele)
kasten("Hallo Schrödinger", "*", 17*3)
```

*3 Hier übergibst du alles, was benötigt wird. Da **"Hallo Schrödinger"** 17 Zeichen lang ist, macht es Sinn, auch **17** für die Länge der oberen und unteren Reihe anzugeben.

[Achtung]
Ein Name wie **wieviele** wirkt auf den ersten Blick ganz gut. Wenn deine Programme aber immer größer werden oder mehrere Programmierer Funktionen beisteuern, kann das schon verwirrend sein: Wie viele von was mögen gemeint sein? Verständlicher wären Namen wie **anzahl_zeichen** oder **wieviele_zeichen**.

Richtig, Schrödinger!

Das sind aber schon eine Menge Werte. Und die muss ich jedes Mal übergeben?

Ja, aber du hast die Möglichkeit, mit Standardwerten zu arbeiten.

Mehr Freiheit dank der Standardwerte

Standardwerte?
Was denn für Standardwerte?

Du kannst **jedem Parameter** einer Funktion einen **Standardwert** zuweisen. Das machst du direkt in der **Funktionsdefinition**. Für die jeweilige Variable muss dann beim Aufruf nicht mehr zwingend ein Wert übergeben werden: Übergibst du nämlich keinen Wert, wird der angegebene **Standardwert** verwendet.

Wie du einen Standardwert setzt? In der Definition der Funktion musst du der Variablen (in den runden Klammern) einen festen Wert, also ein Literal, zuweisen. Das kann dann so aussehen:

*1 Hier wurde kein Standardwert vorgegeben. Für `text` muss also nach wie vor ein Wert übergeben werden.

```
def kasten(text*1, zeichen="*"*2, wieviele=10*2):
```

*2 Hier werden Standardwerte zugewiesen. Das funktioniert wie bei der Zuweisung bei einer ganz normalen Variablen.

Bei dieser Funktion muss nur noch der Wert für die Variable `text` zwingend übergeben werden. Die beiden Werte für `zeichen` und `wieviele` sind jetzt optional. Übergibst du keine Werte, hat `zeichen` eben den Wert * und `wieviele` den Wert `10`.

Ganz einfach.

[Achtung]

Variablen **ohne Standardwerte** stehen übrigens **immer** vor Variablen mit Standardwerten.

Standardwerte – Probieren geht über Studieren

Hier ist unsere bisherige Funktion, erweitert um Standardwerte:

```
def kasten(text, zeichen ="*", wieviele=10):
    print(zeichen*wieviele)
    print(text)
    print(zeichen*wieviele)
```

[Einfache Aufgabe]
Ruf die Funktion bitte einmal mit folgenden Werten auf.

```
kasten("1. Hallo")
kasten("2. Hallo", '-/')
kasten("3. Hallo", '#', 5)
kasten("4. Hallo", 7)
```

Dann solltest du diese Ausgaben bekommen:

```
**********
1. Hallo
**********
-/-/-/-/-/-/-/-/-/-/
2. Hallo
-/-/-/-/-/-/-/-/-/-/
#####
3. Hallo
#####
70
4. Hallo
70
```

Warum wird beim letzten Aufruf eine 70 ausgegeben? Die 7 ist doch eine Zahl und steht für die Anzahl der Stellen?

Python nimmt die übergebenen Werte und ordnet sie **der Reihe nach** zu. Wenn du einen optionalen **Parameter auslässt**, versucht Python erst gar nicht das irgendwie nach den Werten oder den verwendeten Typen zuzuordnen: Lücken bei den Wertangaben?

Das geht gar nicht.

»Explicit is better than implicit. – Explizit ist besser als implizit.«

[Achtung]

Wie immer überlässt Python nichts dem Zufall und vermeidet es zu raten. Es ist **deine** Aufgabe als Programmierer dafür zu sorgen, dass alles richtig läuft.

Ich kann also keinen optionalen Parameter auslassen??

Doch, das geht, junger Schrödinger! Nutze die Macht der …

Schlüssel-Wert-Paare – alles richtig zugeordnet

Schlüssel was???

Ja ja, du hast ja recht. Das klingt jetzt nicht gerade sophisticated, cool oder was auch immer. Aber zum Glück ist es wie bei vielen Fachbegriffen: Sie klingen kompliziert, sind aber beim genauen Hinsehen einfacher, als man denkt.

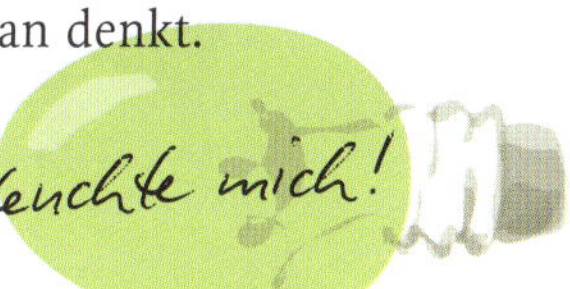

Na, gut. Ich höre. Erleuchte mich!

Es geht um **Schlüssel-Wert**-Paare, auch bekannt als **Key Value**.

Och nö, das klingt mir zu kompliziert. Einfacher?!

Klaro, du gibst beim Aufruf nicht nur Werte an. Nein, du kannst zu dem Wert auch den **Namen** der zugehörigen **Variablen** angeben – verbunden mit einem **=**-Zeichen.

Python erkennt, dass damit keine normale Zuweisung gemeint ist, sondern eine **Schlüssel-Wert-Kombination**. Mithilfe des Schlüssels kann Python dann den Wert direkt der passenden Variablen in der Signatur der Funktion zuordnen.

[Begriffsdefinition]
Die Signatur stellt den Namen und die beim Aufruf erwarteten Werte einer Funktion dar.

[Hintergrundinfo]
Der **Schlüssel** ist der **Name** (der Variablen), und der **Wert** ist eben der Wert. Solche Schlüssel-Wert-Paare werden dir noch öfter begegnen. Sie stellen in der Programmierung ein sehr leistungsfähiges Werkzeug dar.

Das kann dann so aussehen:

```
spam*1(eggs*2="Ich bin einWert")
```

*1 Das ist unser Funktionsaufruf. Irgendwo gibt es also eine Funktion namens **spam** (die jetzt aber mal nicht so wichtig ist).

*2 Hier hast du im Aufruf so eine Schlüssel-Wert-Kombination. Der Schlüssel ist **eggs**. In der Definition der Funktion **spam** muss es also eine Variable namens **eggs** geben, die auf einen Wert wartet.

Hier wird also nicht nur der Wert selbst übergeben, sondern auch die Information, **zu welcher Variablen** der Funktion er gehört, genauer gesagt zu welcher Variablen **in der Signatur**. Denn nur für diese Variable macht die Angabe Sinn (auf andere Variablen der Funktion kann von außen nämlich gar nicht zugegriffen werden).

Wie könnte so eine Funktion »spam« aussehen?

Sicherlich ist ein bisschen Raten dabei, aber ...

[Einfache Aufgabe]
... überleg mal, wie eine Funktion **spam** bzw. ihre Signatur aussehen könnte, wenn der Aufruf so aussieht wie in unserem Beispiel.

Es muss ja eine Funktion mit einer Variablen **eggs** in der Signatur sein:

```
def spam(eggs):
    # hier passiert dann wohl auch etwas
    pass
spam(eggs="Ich bin ein Wert")
```

Richtig!

Könnte die Signatur der Funktion auch anders aussehen?

Natürlich könnten noch andere Variablen in der Signatur stehen, und zwar Variablen, die irgendwelche Standardwerte haben und damit optional sind. Zum Beispiel so:

```
def spam(dinkel_brot="lecker", eggs="irgendwas", saft="süß"):
    pass
```

Auch so könnte es stimmen! Es könnten beliebig viele Variablen in der Signatur sein, so lange sie einen Standardwert haben, denn die müssen ja beim Aufruf der Funktion im Gegensatz zu anderen Variablen nicht angegeben werden.

Natürlich müssten auch hier die Variablen ohne Standardwerte **vor** den Variablen mit Standardwerten stehen.

[Einfache Aufgabe]

Würden folgende Funktionen mit dem jeweiligen Aufruf funktionieren?

Nummer 1:

```
def spam(irgendwas):
    pass
spam(42, egg="Ich bin ein Wert")
```

Nummer 1 **geht nicht!** Es dürfen nur so viele Parameter übergeben werden, wie in der Signatur vorhanden sind, **mehr ist nicht erlaubt!** Und für jeden angegebenen Key (Schlüssel) muss es auch ein passendes Gegenstück in der Signatur der Funktion geben.

Und Nummer 2:

```
def spam(hinz, kunz):
    pass
spam(egg="Ich bin ein Wert", test=42)
```

Denk daran: **`pass`** macht tatsächlich gar nichts. Der Befehl ist einfach nur da, damit ein Befehl dasteht, hat aber keine tatsächliche Funktion. Hast du echten Code in deiner Funktion, kannst du **`pass`** also entfernen.

Nummer 2 **geht auch nicht!** Zwar stimmt die Anzahl der Parameter, doch die beim Funktionsaufruf angegebenen Variablen müssen auch wirklich in der Funktion existieren. Das muss schon passen!

[Notiz]

Funktionen – genauso wie Kontrollstrukturen – **müssen** mindestens eine Zeile mit eingerückten Code haben. Da genügt auch kein Kommentar! Wohl aber unser gar nichts machendes **`pass`**.

Besser als jede Doku – Docstrings

Das kann ja ganz schön knifflig werden mit den Funktionen, den ganzen Parametern und so!

So eine Funktion kann tatsächlich schon etwas **komplexer** werden. Deshalb gibt es bei Funktionen auch die Möglichkeit, mit sogenannten **Docstrings** schnell eine kurze Erläuterung zu schreiben. Diese Docstrings kannst du ganz leicht auslesen.

Um so einen Docstring zu schreiben, schreibst du einen String, besser sogar einen mehrzeiligen String, und zwar direkt an den Anfang der Funktion.

Docstring? Mehrzeilige Strings?

Python kennt auch mehrzeilige Strings. Sie werden einfach mit **drei Anführungszeichen** eingeleitet und können dann über beliebig viele Zeilen geschrieben werden, ebenso aber auch über nur eine Zeile. Das wirst du im Kapitel über Strings noch genauer erfahren.

Steht so ein String direkt am Anfang einer Funktion, wird er automatisch zu einem **Docstring**, der für die Dokumentation steht und besonders einfach ausgelesen werden kann.

Ich zeig's dir an einem einfachen Beispiel:

```
def spam(eggs):
    """*1
    Diese Funktion hat einen Parameter, gibt
    keinen keinen Wert zurück. Sie ist nur zum Üben da.*2
    """*1
    pass*3
```

*1 Das sind **drei Anführungszeichen**, einfache oder doppelte.

*2 Das hier ist ein mehrzeiliger String, in dem du deine Funktion beschreibst. Der String könnte natürlich auch direkt nach den drei Anführungszeichen bei *1 beginnen.

*3 Unser obligatorisches `pass` ist hier genau genommen nicht notwendig. Dein mehrzeiliger String ist tatsächlich gültiger Code. Der Docstring muss als Erstes in der Funktion stehen. Keine andere Anweisung, auch kein `pass` darf vor dem Docstring stehen – sonst ist es eben kein Docstring mehr, sondern nur ein mehrzeiliger Text.

Es handelt sich nicht um einen Kommentar, wie er beispielsweise mit der Raute # geschrieben wird. Du hast hier einen **mehrzeiligen String**, der hier nur eben keiner Variablen zugewiesen und auch nicht mit `print` ausgegeben wird (was natürlich möglich wäre). So aber handelt es sich am Anfang der Funktion eben um einen **Docstring**.

Stehen in so einem mehrzeiligen Docstring Leerzeichen am Anfang der Zeilen, hast du diese dann natürlich auch in deinem Text, wenn du den Docstring ausgibst. Das kannst du ganz einfach ausprobieren. Du weist einer Variablen einen mehrzeiligen Text zu und gibst die Variable dann mit **`print`** aus:

[Zettel]
In der Funktion müssen die **Anführungszeichen** genauso wie der restliche Code **eingerückt** sein. Die zugehörigen **Textzeilen** (wenn der Text mehrzeilig ist) können hingegen beliebig eingerückt (oder auch gar nicht eingerückt) sein – denn das alles gehört ja zum Text.

```
meinText = """Hallo Schrödinger, das ist ein mehrzeiliger
   Text, der nur als Beispiel für einen mehrzeiligen Text
     dienen soll."""
print(meinText)
```

```
Hallo Schrödinger, das ist ein mehrzeiliger
   Text, der nur als Beispiel für einen mehrzeiligen Text
     dienen soll.
```

Und diese Docstrings kann ich mir dann im Quellcode ansehen?

Viel besser!

Du kannst dir von jeder Funktion in Python diesen Text mit der Funktion **`help`** ausgeben lassen:

```
help(spam)
```

```
Help on function spam in module __main__:

spam(eggs)
    Diese Funktion hat einen Parameter, gibt
    keinen Wert zurück. Sie ist nur zum Üben da.
```

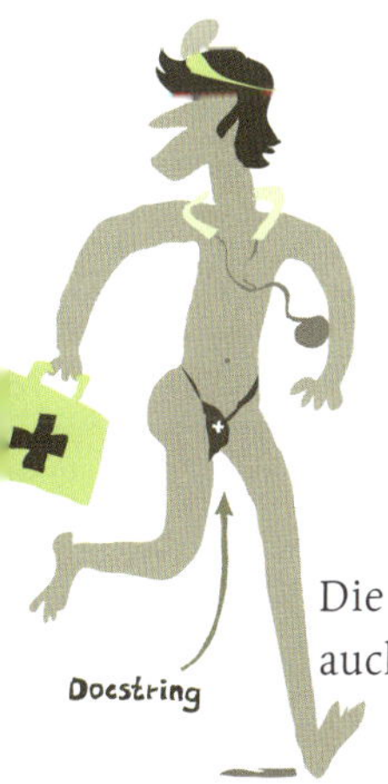

Die Funktion gibt dir nicht nur den Text aus, der in dem Blockkommentar steht, sondern auch den Namen der Funktion mit der Signatur, also allen zu übergebenden Variablen.

Das geht übrigens mit **jeder Funktion**:

```
help(print)
```

```
Help on built-in function print in module builtins:

print(...)
 print(value, ..., sep=' ', end='\n', file=sys.stdout, flush=False)
 Prints the values to a stream, or to sys.stdout by default.
```

Etwas gekürzt für die Funktion **`print`** und leider nur auf Englisch. Das kannst du gerne selbst ausprobieren.

Du kannst dir auch **ausschließlich** den Docstring einer Funktion ausgeben lassen, ohne weitere Informationen. Dazu musst du an den Namen der Funktion einfach **`.__doc__`** anhängen, also einen **Punkt** und das englische Wort **`doc`** umschlossen von jeweils **zwei Unterstrichen**.

```
print(print.__doc__)
print(kasten.__doc__)
```

So wird dir nur der Docstring ausgegeben.

Weiter mit der Funktion in Kastenform

Kommen wir zurück zu unserer Funktion **`kasten`** – mit Keys und Values.

```
def kasten(text, zeichen="*", wieviele=10):
    '''Ein Kasten mit Text wird ausgegeben'''*1
    print(zeichen*wieviele)
    print(text)
    print(zeichen*wieviele)
```

*1 jetzt sogar mit **Docstring**

So könnten hier Aufrufe mit Key Value (Schlüssel-Wert) aussehen:

```
kasten(text="1. Hallo")
kasten(text="2. Hallo", wieviele=7)
kasten(zeichen="~", wieviele=5, text="3. Hallo")
```

Die **Reihenfolge** der Parameter spielt übrigens keine Rolle, wenn die **Schlüssel** mit angegeben sind. Wichtig ist dann nur, dass alle geforderten Parameter übergeben werden – egal, an welcher Stelle. Die optionalen Parameter bleiben optional.

Du darfst auch gerne mischen ...

Du kannst Parameter natürlich auch nach wie vor **ohne zugehörigen Schlüssel** angeben, musst dich dann aber an die Reihenfolge halten.

Klar, das scheint logisch.

Du kannst sogar einige Parameter **ohne** und einige **mit** Schlüssel angeben. Ab der ersten Verwendung eines Schlüssels (in einem Aufruf) muss die Reihenfolge nicht mehr eingehalten werden. Dafür müssen aber ab diesem Parameter alle folgenden Angaben zwingend als Schlüssel-Wert-Angabe gemacht werden.

*1 Der erste Parameter hat keinen Schlüssel, steht aber auch in der richtigen Reihenfolge. Der nächste Parameter hat einen Schlüssel, steht aber nicht in der richtigen Reihenfolge, was durch den Schlüssel keine Rolle mehr spielt. Dafür müssen auch alle danach folgenden Parameter **mit Schlüssel** übergeben werden.

*2 Auch hier steht der erste Parameter ohne Schlüssel, aber an der richtigen, nämlich der ersten Stelle. Der zweite Parameter hier ist in der Funktion an der dritten Stelle – dank Schlüssel ist das kein Problem. Der dritte, fehlende Wert ist kein Problem, da er optional ist und in der Funktion einen Standardwert hat.

```
kasten("1. Hallo", wieviele=5, zeichen='#')*1
kasten('2. Hallo', zeichen='+')*2
kasten("4. Hallo", '#', wieviele=8)*3
```

*3 Die ersten beiden Werte stehen an der richtigen Stelle, was sie auch müssen, da keine Schlüssel angegeben sind. Der letzte Wert hat (s)einen Schlüssel, wäre aber sowieso in der richtigen Reihenfolge.

[Achtung]

Wenn du eine Schlüssel-Wert-Angabe machst, müssen **ab dieser Stelle** alle Parameter zwingend mit ihrem Schlüssel angegeben werden. Die Reihenfolge spielt ab da aber keine Rolle mehr.

Das hier würde also **nicht** funktionieren:

```
kasten(text="1. Hallo", "-", 9)
```

Der erste Parameter ist mit Schlüssel angegeben. Deshalb **müssen** auch alle folgenden Parameter mit Schlüssel angegeben werden. Es spielt keine Rolle, dass die Parameter in der korrekten Reihenfolge stehen.

```
kasten("2. Hallo", text="+", 7)
```

Der zweite Parameter hat einen Schlüssel – und damit kommt es beim dritten Parameter ohne Schlüssel zu einem Fehler – selbst wenn die Parameter auch hier in der richtigen Reihenfolge stehen.

Funktionen – die Super-Fehlervermeider

Schrödinger, da ist noch die Sache mit der Sichtbarkeit von Variablen.

Sichtbarkeit? What?

Funktionen sind nicht nur einfach praktisch (bzw. einfach **und** praktisch). Sie haben auch noch einen eingebauten **Airbag**, der dich vor ziemlich üblen **Fehlern schützt**.

Fehler in Programmen sind nicht nur nervig, sondern vor allem zeitaufwendig. Eine »beliebte« (oder eher berüchtigte) **Fehlerquelle** sind **namensgleiche Variablen**, die sich ins Gehege kommen. Einfachstes und (scheinbar) dümmstes Beispiel dafür: zwei ineinander geschachtelte Zählschleifen, die Zählvariablen mit dem gleichen Namen verwenden:

Konstruierte Dramatik pur: Zwei ineinander geschachtelte Schleifen kommen sich ins Gehege, weil die verwendeten Zählvariablen den gleichen Namen **zaehler** tragen.

```
zaehler = 0*1
while zaehler < 10:
    zaehler = zaehler + 1*2
    print(zaehler)
    zaehler = 0*3
    while zaehler < 5:
        zaehler = zaehler + 1
        print(zaehler)
```

*1 Hier wird die Zählvariable zum ersten Mal initialisiert und erhält den Wert 0.

*2 Danach sollte sie in jedem Durchlauf um den Wert 1 hochgezählt werden, …

*3 … was aber nicht passiert, da hier die gleiche Zählvariable wie für die innere **while**-Schleife verwendet wird, die bei jedem Durchlauf wieder auf 0 gesetzt wird.

Bei jedem Durchlauf der **äußeren Schleife** wird die Zählvariable **`zaehler`** zwar korrekt um eins hochgezählt, aber dann vor der **inneren Schleife** auf **0** gesetzt und in der inneren Schleife bis **5** hochgezählt. Ein wohl eher unerwünschter Effekt. Dadurch »funktioniert« die äußere Schleife natürlich nicht mehr so, wie sie sollte:

Das Programm erzeugt eine Zahlenreihe, die sich wegen der doppelten Verwendung der Zählvariablen bis zum Sankt-Nimmerleins-Tag wiederholt. Die Zeilenumbrüche bei der Ausgabe wurden übrigens aus Platzgründen durch Kommas ersetzt.

```
1,1,2,3,4,5,6,1,2,3,4,5,6,1,2,3,4,5,6,1,2,3,4,5,6
```

Du schmunzelst? Dank Copy & Paste ist so ein Schnitzer gar nicht so abwegig. Je umfangreicher Programme werden, desto wahrscheinlicher ist es, dass es zu so einem Fehler kommt, den du erst mal gar **nicht bemerkst**.

Moment …

kann das auch bei Funktionen passieren?
Muss ich jetzt in jeder Funktion schauen,
ob namensgleiche Variablen verwendet werden???

Im Gegenteil! Denn hier kommt der versprochene **Airbag**, den dir Funktionen zur Verfügung stellen. Funktionen sind **der Lebensretter** gegen Namenskonflikte.

Jede Funktion ist so etwas wie ein geschützter, in sich **geschlossener Raum**. Die Variablen, die **innerhalb** einer Funktion definiert werden, sind **vollkommen unabhängig** von dem eigentlichen Hauptprogramm oder von anderen Funktionen.

Haben Variablen im **Hauptprogramm** oder **anderen Funktionen** den gleichen Namen, existieren sie vollkommen unabhängig voneinander – ganz so, als hätten sie unterschiedliche Namen oder als wären sie in unterschiedlichen Räumen.

[Begriffsdefinition]

Mit Hauptprogramm ist das eigentliche Programm ohne Funktionen gemeint.

Und das bedeutet?

Du brauchst dir keine Gedanken zu machen, dass sich Variablen aus deinen Funktionen mit Variablen aus dem restlichen Programm in die Quere kommen könnten.

Schauen wir uns das an: Wir nehmen eine Variable **eggs**, die wir im Hauptprogramm **und** in einer Funktion namens **spam** verwenden – natürlich jeweils mit anderen Werten.

```
eggs = 42
print(eggs)*1
def spam(eggs):*2
    eggs = eggs*2
    print(eggs)*3
spam(eggs)*4
print(eggs)*5
```

*1 Wir initialisieren **eggs** und lassen den zugewiesenen Wert ausgeben.

*2 Die Definition unserer Funktion **spam**. Es muss ein Wert übergeben werden. Ganz »zufällig« heißt auch die hier verwendete Variable **eggs**.

*3 Der übergebene Wert wird verdoppelt und dann ausgegeben.

*4 Der Aufruf der Funktion: Übergeben wird der ursprüngliche Wert 42.

*5 Hier lassen wir **eggs** noch einmal ausgeben.

Das Programm bietet wenig Überraschendes, umso interessanter ist die Ausgabe:

```
42*1
84*2
42*3
```

*1 Die erste Ausgabe ist erwartungsgemäß 42.

*2 **In der Funktion** haben wir den Wert unserer Variablen **eggs** verdoppelt und erhalten den Wert 84.

*3 Nach dem Verlassen der Funktion geben wir die Variable **eggs** außerhalb der Funktion erneut aus: **eggs** hat hier ihren ursprünglichen Wert. Die Änderungen **innerhalb der Funktion** sind verschwunden!

Schrödinger, auch wenn beim Funktionsaufruf und in der Signatur scheinbar **eine** gleiche Variable namens **eggs** verwendet wurde – es handelt sich um **zwei** verschiedene Variablen, die rein gar nichts miteinander zu tun haben. Tatsächlich wird nur der **Wert übergeben** – die Variablen selbst sind außen vor und haben nur die Aufgabe, einen Wert zur Verfügung zu stellen bzw. einen Wert aufzunehmen.

Wichtig ist für dich: Variablen, die **in** Funktionen initialisiert werden (also einen Wert bekommen), existieren **nur** innerhalb der Funktion und **nur** im Moment des Aufrufes. Wird die Funktion verlassen, **verschwinden alle Variablen** der Funktion samt den zugehörigen Werten im Daten-Nirwana.

Das hat einen großen Vorteil: Auch wenn eine Funktion **mehrfach hintereinander** aufgerufen wird: Jedes Mal sind **alle Variablen wie neu**, sie haben **keine alten Werte** mehr. Eine Funktion ist wie ein abgeschlossener Raum und hat auch kein Gedächtnis.

Schrödinger, das ist so wie bei dir mit den ganzen Geburtstagsterminen.

Stimmt, die kommen auch jedes Jahr wieder ganz überraschend!

Also merk dir:

Selbst bei mehrfachen Aufrufen der Funktion sind keine **alten Werte** in den Variablen vorhanden. Funktionen sind immer wie neu, und das bei jedem Aufruf.

[Zettel]
Das alles gilt übrigens für **sämtliche Funktionen**, die du verwendest – also auch für fremde Funktionen aus Bibliotheken, Frameworks und natürlich für die Python-eigenen Funktionen.

Cool!

... aber wie bekomme ich dann Werte aus der Funktion heraus?

Gut, dass du fragst, Schrödinger!

The return of the living values

Ja, eigentlich gehen alle Variablen beim Verlassen einer Funktion ins Daten-Nirwana ein – samt allen zugehörigen Daten.

Es gibt aber eine Möglichkeit, **Werte** aus der Funktion **zurückzugeben**. **Das kennst du ja schon.**

Natürlich! Bei den Funktionen, die Python dir zur Verfügung stellt, hast du das verwendet. Erinnere dich an dein Kassenprogramm:

```
zahlung = input("Der Kunde zahlt: ")
zahlung = float(zahlung)
```

Hier wurden zwei Funktionen verwendet, die jeweils einen Wert zurückliefern, mit dem du weiterarbeiten kannst.

Zuerst **input**: Ja, das ist tatsächlich eine Funktion. Innerhalb der Funktion **input** kannst du einen Wert eingeben. **Zurückgeliefert** wird ein **String**, der deine Eingabe enthält. Und natürlich muss mit diesem zurückgelieferten Wert etwas gemacht werden, sonst würde er einfach verschwinden: Hier wird er der **Variablen zahlung** zugewiesen. Genauso könntest du eine Ausgabe mit **print** machen oder den Wert in einer Berechnung verwenden.

In der **zweiten Zeile** wird ein Wert in die Funktion **float** übergeben, die uns daraus eine Fließkommazahl bastelt und diesen Wert **zurückgeliefert**. Dieser neue Wert wird dann in der Variablen **zahlung** gespeichert.

Du siehst, du hast die ganze Zeit schon mit **Rückgabewerten** von Funktionen gearbeitet.

Und wie gebe ich so einen Wert selbst aus meinen Funktionen zurück?

Dafür gibt es den Befehl **return**. Das ist so etwas wie der göttliche Bote für **Rückgabewerte** aus Funktionen. **Und nicht nur das:** Bei einem **return** wird die Funktion **sofort verlassen**. Da es mehrere **return** in jeder Funktion geben kann, ist das gleichzeitig eine geniale Möglichkeit, den Programmablauf (und damit die zurückgegebenen Werte) zu beeinflussen.

Zu jedem **return** kannst du einen oder mehrere Werte angeben. Dabei kann es sich (wie fast immer) um Literale, Variablen oder sogar Berechnungen handeln. Diese **Werte** werden dann über den Funktionsaufruf zurückgeliefert. Gibst du mehrere **Werte** an, trennst du sie jeweils durch ein Komma. Natürlich kannst du **return** auch **ohne Werte** verwenden. Dann gibt die Funktion den Werte **None** zurück, der ja bekannterweise für »gar nichts« steht.

Das kann dann so aussehen, wenn du **keinen Wert** zurücklieferst:

```
def spam():
    return
    print("Ich werde niemals ausgegeben")
```

Hier wird **kein Wert** von der Funktion zurückgegeben.

Das Beispiel mag auf den ersten Blick etwas unsinnig erscheinen, macht aber Sinn, weil **return** hier zur **Steuerung** der Funktion verwendet werden kann. Der **print**-Befehl wird beispielsweise gar nicht ausgeführt, da vorher die Funktion durch das **return** verlassen wird. So etwas macht natürlich mehr Sinn, wenn das mit einem **if** und einer Bedingung gesteuert würde.

So gibst du einen Wert aus der Funktion zurück:

```
def spam():
    return 42
    print("Ich werde niemals ausgegeben")
```

Hier wird der Wert 42 von der Funktion zurückgegeben. Das **print** wird auch hier niemals ausgeführt.

Ja, aber dann brauche ich das **print** *doch gar nicht erst hinzuschreiben?*

Stimmt Schrödinger, das ist auch nur ein (sehr) einfaches Beispiel für die Mächtigkeit von **return**. Stellen wir dir dazu eine Aufgabe, bei der du unterschiedliche Werte zurückgibst **und** das **return** verwendest, um das Programm zu steuern.

Der »Wertekorrigierer« – Steuerung mit »return«

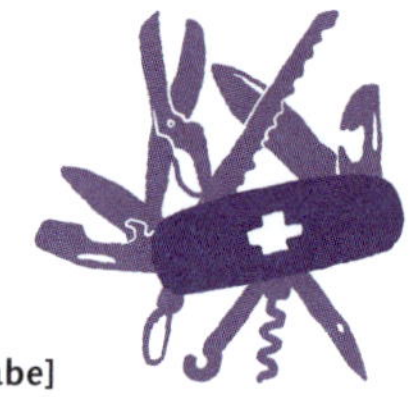

Stell dir vor, du willst eine eingegebene oder vorhandene Zahl **korrigieren** und sicherstellen, dass sie innerhalb eines bestimmten **Wertebereichs** liegt. Dann kannst du das wunderbar mit einer selbst geschriebenen Funktion und dem Befehl **`return`** machen.

[Schwierige Aufgabe]
Schreib eine Funktion, der eine Zahl übergeben wird. Ist die Zahl kleiner als 0, soll der Wert 0 zurückgegeben werden, ist die Zahl größer als 10, dann soll 10 zurückgegeben werden. Und liegt die Zahl zwischen 0 und 10, dann wird der originale Wert zurückgegeben.

Erst mal braucht's die Funktionsdefinition, die einen Wert entgegennimmt. Unsere Variable dafür nennen wir einfach mal **`zahl`**:

```
def werte_korrigierer(zahl):
    if zahl < 0:
        return 0*1
    if zahl > 10:
        return 10*2
```

*1 Ist der übergebene Wert **kleiner** als 0, dann gibst du mit **`return`** den Wert 0 zurück.

*2 Ist er **größer** als 10, dann gibst du mit einem anderen **`return`** 10 zurück.

Was mache ich, wenn der Wert zwischen 0 und 10 liegt?

Dann brauchst du nur den ursprünglichen Wert zurückzugeben. Alles andere ist ja schon ausgeschlossen bzw. die Funktion wurde ja ansonsten schon vorher verlassen:

```
    return zahl
```

So wird der ursprüngliche Wert zurückgegeben, wenn die beiden obigen Bedingungen nicht zutreffen sollten.

Und ja, Schrödinger: Natürlich könntest du in der Funktion auch noch weitere Kontrollen machen. Du könntest zum Beispiel überprüfen ob es sich bei dem Wert überhaupt um eine Zahl handelt und im Programm entsprechend mit einem Hinweis oder einer Warnmeldung reagieren. Ruf die Funktion jetzt bitte mit unterschiedlichen Werten auf:

```
print(werte_korrigierer(-17)) # 0
print(werte_korrigierer(7))   # 7
print(werte_korrigierer(123)) # 10
```

So rufst du die Funktion auf und lässt dir das Ergebnis gleich mit **`print`** ausgeben. Die Ausgabe ist hier als Kommentar neben dem Aufruf angegeben.

- Wird der Befehl **`return`** angetroffen, wird die Funktion an genau dieser Stelle **sofort verlassen**. Dabei ist es egal, ob noch weiterer Code in der Funktion folgt oder gerade eine Schleife durchlaufen wird.
- Es darf mehr als nur einen **`return`**-Befehl in einer Funktion geben, eigentlich sogar **beliebig viele**. Ausgeführt werden kann natürlich immer nur einer – danach ist die Funktion ja schon verlassen.

Mehrere Werte mit »return« zurückgeben

Bleibt noch die Sache mit **mehreren Werten**, die zurückgegeben werden können. Das sieht dann so aus:

```
def spam():
    wert = 42
    noch_ein_wert = wert * 2
    return wert, noch_ein_wert
```

Hier werden mit dem **return** mehrere Werte zurückgegeben, und zwar über zwei Variablen, jeweils sauber und ordentlich getrennt durch ein **Komma**.

[Hintergrundinfo]
Genau genommen handelt es sich bei mehreren zurückgegebenen Werten um ein sogenanntes **Tupel** – das ist eine recht flexible Listenart, die mehrere Werte haben kann. Das wirst du aber noch kennenlernen.

Und sogar Berechnungen kannst du verwenden, um einen oder mehrere Werte zurückzuliefern. Literale gehen natürlich auch:

```
def spam():
    wert = 42
    return wert*2, wert/2, "Auch ich werde zurückgegeben"
```

Und wie kann ich diese Werte verwenden?

Du kannst **jeden Wert** einer **eigenen Variablen** zuordnen lassen:

```
gross, klein, text = spam()
```

Jeder Variablen wird hier **ein Wert** zugewiesen. Die Anzahl der Variablen und der zurückgegebenen Werte muss dabei natürlich immer gleich sein.

Oder du weist alle Werte einer **einzigen Variablen** zu. Diese Variable erhält dann alle Werte in Form eines **Tupels**, einer speziellen Listenart.

```
werte = spam()
print(werte)
```

Die Variable **werte** bekommt alle zurückgegebenen Werte in Form eines Tupels.

```
(84, 21.0, 'Auch ich werde zurückgegeben')
```

[Hintergrundinfo]
Übrigens, selbst wenn von einer Funktion kein Wert explizit zurückgegeben wird, wird implizit (also ohne dein Zutun) der Wert **None**, von der Klasse **'NoneType'** zurückgegeben. Das ist kein Text, sondern ein ganz spezieller, eigener Wert. Diesen leeren Rückgabewert musst du aber nicht beachten.

Ganz schön cool, die Sache mit dem **return**!

Du und deine Funktion – ein paar Beispiele

Hast du mal ein paar Beispiele für mich?

Klaro, fangen wir doch mal damit an:

[Einfache Aufgabe]

Probiere mal diesen Code aus und sag mir, was hier passiert.

```
def spam(name*3):
    if name == "Schrödinger":
        return "Hi " + name + "!"*4
    return "Ich kenne dich nicht"*5

eingabe = input('Name?')*1
print(spam(eingabe)*2)
```

*1 Zuerst wird nach einem Namen gefragt.

*2 Der Wert dieser Variablen wird in die Funktion **spam** übergeben. Das Ergebnis von **spam**, also der Rückgabewert, wird mit **print** ausgegeben.

*3 Der übergebene Wert wird innerhalb der Funktion in der Variablen **name** gespeichert.

*4 Wenn der Wert gleich **"Schrödinger"** ist, wird der Text **"Hi Schrödinger!"** mit **return** zurückgegeben. An dieser Stelle wird dann auch die Funktion verlassen.

*5 Wenn der Wert nicht gleich **"Schrödinger"** ist, geht es weiter in der Funktion zum nächsten **return**, und das gibt den Text **"Ich kenne dich nicht"** zurück, der von **print** ausgegeben wird.

Gut gemacht, Schrödinger!

Noch eine Aufgabe.
Schau dir diese Funktion an:

```
def zahlenVerdreher(zahl):
    if zahl > 5:
        zahl = zahl - 1
        zahl = zahlenVerdreher(zahl)
        return zahl
    return zahl
```

[Einfache Aufgabe]

Sag mir bitte, was herauskommt, wenn die Funktion jeweils mit den Werten 0, 2, 10, 42 und 100 aufgerufen wird.

Bei allen Zahlen, die kleiner oder gleich 5 sind, wird nichts weiter gemacht, nur der Wert selbst wird zurückgegeben. Bei 0 oder 2 gibt die Funktion also 0 bzw. 2 zurück. Genauso wird bei 5 auch 5 zurückgegeben.

Ganz anders, wenn die Zahl größer als 5 ist: Dann wird 1 von der Zahl abgezogen. **Jetzt wird es interessant:** In diesem Fall wird die Funktion **selbst** mit dem neuen Wert aufgerufen – und zwar von der Funktion selbst. **Das ist eine Rekursion!**

Spiel's noch mal Sam – die Rekursion!

Rekursion!? Ist das so etwas wie eine temporale Anomalie? Oder ein intergalaktisches Wurmloch?

Besser! Eine Funktion kann nicht nur **beliebig oft** und von anderen Funktionen, sondern sogar **von sich selbst** aufgerufen werden – nahezu beliebig oft!

Eine Funktion hat ja kein Gedächtnis: Bei jedem Aufruf ist sie ja wie neu. Bei jedem Aufruf handelt es sich – wenn du so möchtest – um eine ganz neue, »blanke« Funktion.

Was genau passiert da also? Unsere Funktion nimmt einen Wert entgegen. Ist er größer als 5, wird 1 abgezogen und mit diesem neuen (kleineren) Wert die Funktion selbst erneut aufgerufen – aber eben eine **»neue« Version** davon!

Und jetzt passiert das **Spannende**: Die aktuelle Version der Funktion wird »eingefroren«, also die Version, die den **Aufruf macht**. Sie wartet geduldig, bis sie einen Rückgabewert bekommt. In der Zwischenzeit wird die »neue« Version der Funktion abgearbeitet. Sie arbeitet mit dem **übergebenen Wert** weiter, und wenn der Wert immer noch über 5 ist, wird erneut 1 abgezogen. Und dieser neue Wert wird wiederum an eine **neue Instanz** unserer Funktion übergeben.

Und das geht **so lange**, bis die Zahl 5 ist und somit keine neue Version der Funktion mehr aufgerufen werden muss.

Und dann geht Python zurück:
von aufgerufener Version zu aufgerufener Version der Funktion.

Das Programm läuft also quasi in der umgekehrten Reihenfolge zurück – durch alle »eingefrorenen« Instanzen der Funktion. Und mit jedem `return` wird ja der berechnete Wert zurückgegeben – **bis zurück zum ersten Aufruf.**

Dadurch wird das Ergebnis in jedem Fall 5 – zumindest, wenn die ursprüngliche Zahl größer als 5 war. Die Funktion ruft sich so lange immer wieder selbst auf (rekursiv), bis der letzte übergebene Wert nicht mehr zu einem erneuten Aufruf führt.

[Hintergrundinfo]
Rekursionen sind eine sehr mächtige Funktionalität, die nur am Anfang etwas verwirrend erscheinen. Später wirst du mehr davon sehen und selber damit arbeiten.

Die dunkle Seite der Funktionen – »local« und »global«

Schrödinger! Eine dunkle Seite der Funktionen es gibt. Schnell und verführerisch sie ist. Zu bösen Fehlern sie kann führen dich!

Auch wenn alles sauber getrennt und eindeutig zuzuordnen ist, gibt es eine **Hintertür**: Funktionen können **lesend** auf alle Variablen zugreifen, die im **Hauptprogramm** im Moment des Funktionsaufrufes vorhanden sind. Das liegt daran, dass Variablen des Hauptprogramms grundsätzlich **global** verfügbar sind.

[Begriffsdefinition]
Global bedeutet so viel wie überall im Programm verfügbar.

Ist eine globale Variable erst **nach** dem Funktionsaufruf definiert, dann kann die Funktion natürlich **nicht** darauf zugreifen. **Eine Funktion ist schließlich kein Hellseher.** Aber keine Sorge: Auf die Variablen von anderen Funktionen kann **grundsätzlich nicht** zugegriffen werden. Diese existieren ja nur im Moment des Aufrufes und sind vor Zugriffen geschützt.

Sehen wir uns das an:

```
def spam():
    print(eggs)*2
eggs = 10*1
spam()
```

*1 Die Variable **eggs** wird zwar erst **hinter** (bzw. unterhalb) der Funktionsdefinition von **spam** definiert, aber noch **vor** dem Funktionsaufruf (und der ist entscheidend).

*2 Die globale Variable **eggs** kann in der Funktion **lesend** verwendet werden. Die Ausgabe wäre hier **10**, ohne dass die Variable in der Funktion einen Wert erhalten hätte.

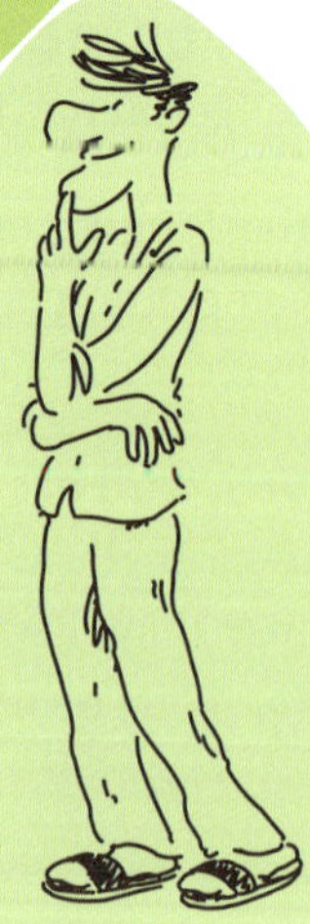

Es hat sicherlich einen Grund, dass du »lesend« betonst?

Stimmt!

Lokal vs. global – was geht?

Es gibt nun eine kleine Änderung bei unserem Programm:

```
def spam():
    print(eggs)
    eggs = 42
eggs = 10
spam()
```

[Schwierige Aufgabe]
Sag mir bitte, welche Änderung es gibt, und probiere bitte selbst einmal aus, ob das so funktioniert.

Die Zuweisung **eggs = 42** ist neu, und es kommt in der zweiten Zeile der Funktion zu einem Fehler:

```
local variable 'eggs' referenced before assignment
```

Frei übersetzt: Die lokale Variable **eggs** wird referenziert (bzw. verwendet), bevor es eine Zuweisung (und damit eine Initialisierung) gibt. Das bedeutet, du hast versucht, mit einer Variablen zu arbeiten, die noch gar keinen Wert hat.

Aber die **eggs** *ist doch eine globale Variable, die ich vorher problemlos lesend verwenden konnte!?*

Sobald du innerhalb einer Funktion einer globalen Variablen einen Wert zuweist, ist für Python klar: Du willst mit einer **neuen, lokalen** Variablen arbeiten. Und das gilt dann für die **gesamte Funktion**, von der ersten Zeile an! Denn aus Sicherheitsgründen lässt es Python nicht zu, dass du in einer Funktion »mal eben« eine globale Variable änderst.

Entscheiden du dich musst – global oder lokal sie nur sein kann!

Du musst grundsätzlich **vorsichtig** bei der Verwendung globaler Variablen sein. Denn was machst du, wenn du Variablen im Hauptprogramm umbenennen musst? Wenn **egg** plötzlich nicht mehr **egg** heißt, sondern **bereinigte_zahlung** oder **waffe_des_jedi**? Du musst alle Änderungen im Hauptprogramm machen und jede Funktion durchsuchen. So könnte **jede Änderung** in einem Programm zu lästigen (und gefährlichen) Fehlern führen.

Zur dunklen Seite dieser Weg dich führt, Schrödinger.

»global« – die dunkle Seite der Macht

Aber tatsächlich gibt es sogar einen **Befehl**, mit dem du **globale Variablen** explizit in einer Funktion verwenden kannst, und zwar so, als gäbe es keine Trennung zwischen Hauptprogramm und Funktionen:

```
global name_der_variable
```

Dieser Befehl muss **innerhalb** der jeweiligen Funktion **vor** der ersten Verwendung der Variablen angegeben werden – natürlich mit dem Namen der jeweiligen Variablen:

```
def spam():
    global egg
```

Damit wird die Trennung zwischen Hauptprogramm und Funktion für die jeweilige Variable vollständig aufgehoben. Du arbeitest dann **in dieser Funktion** mit der **originalen Variablen** aus dem **Hauptprogramm**. Jede Änderung wirkt sich dauerhaft auf die Variable aus.

Aber ich denke, das ist böse?

Grundsätzlich solltest du globale Variablen **vermeiden** und Werte auf dem normalen Weg **als Parameter** in die Funktion übergeben bzw. mit **`return`** zurückgeben. Es kann aber immer besondere Fälle geben, in denen die Verwendung globaler Variablen Sinn macht.

Eigentlich sagt uns das Zen von Python: »Special cases aren't special enough to break the rules. – Sonderfälle sind nicht besonders genug, um von (sinnvollen) Regeln abzuweichen.«

Aber das Zen von Python sagt auch:
»Although practicality beats purity. – Dennoch ist das Praktische wichtiger als die reine Lehre!«

Große Aufgabe dank Funktionen ganz klein – Kassenprogramm reloaded

Stell dir mal ein ganz einfaches Programm vor:

```
eingabe = 'j'
while eingabe == "j":
    preis = input('Gib den Preis ein: ')
    preis = float(preis)
    zahlung = input("Der Kunde zahlt: ")
    zahlung = float(zahlung)
    rueckgeld = zahlung - preis
    print('Gegeben:', zahlung, 'Preis:', preis)
    print('Wechselgeld:', rueckgeld)
    eingabe = input("Noch einmal? Dann gib 'j' ein!")
print("Das Programm wurde beendet.")
```

Das kommt mir doch bekannt vor?

Klar, das ist eine etwas abgespeckte Version deines Kassenprogramms. Zwei Werte werden eingegeben, in Fließkommazahlen umgewandelt, das Rückgeld wird berechnet und ausgegeben. In der Schleife wird das beliebig oft wiederholt.

Das Programm ist etwas gekürzt gegenüber dem Original, aber stell dir vor, hier sollten jetzt noch ein halbes Dutzend Verbesserungen und zusätzliche Funktionalitäten eingebaut werden: Je mehr Code dazu kommt, desto unübersichtlicher wird dein Programm. Mithilfe von **Funktionen** kannst du jetzt schon mal etwas aufräumen.

Wie wäre es beispielsweise, wenn du den gesamten Umsatz zusammengerechnet am Ende des Programms ausgeben müsstest?

So könnte das mithilfe von Funktionen aussehen:

Der Programmcode ist in einer Funktion verschwunden. Das Hauptprogramm ist kurz und übersichtlich.

```
eingabe = 'j'
umsatz = 0
while eingabe == "j":
    umsatz*1 = umsatz + kassenvorgang()
    eingabe = input("Noch einmal? Dann gib 'j' ein!")
print("Der Umsatz beträgt:", umsatz)
print("Das Programm wurde beendet.")
```

*1 Neu ist die Variable **umsatz**, die mit **0** initialisiert wurde. Bei jedem Kassenvorgang soll darin der Umsatz aus der Funktion aufaddiert und am Ende ausgegeben werden.

Ui! Wo ist das alles hin?

Der Programmcode kann sich natürlich nicht in Luft auflösen. Er befindet sich jetzt innerhalb einer Funktion, der du den Namen **kassenvorgang** gegeben hast!

Ich?

Und wo finde ich diese Funktion jetzt?

[Einfache Aufgabe]

Schreibe die Funktion **`kassenvorgang`** und übernimm den fehlenden Code. Gib mit **`return`** den Umsatz zurück – das, was der Kunde zahlen musste.

```
def kassenvorgang():*1
    preis = input('Gib den Preis ein: ')*2
    preis = float(preis)
    zahlung = input("Der Kunde zahlt: ")
    zahlung = float(zahlung)
    rueckgeld = zahlung - preis
    print('Gegeben:', zahlung, 'Preis:', preis)
    print('Wechselgeld:', rueckgeld)*2
    return preis*3
```

*1 Eine klassische Funktionsdefinition. Es müssen hier keine Werte in die Funktion übergeben werden.

*2 Hier ist der Code, der vorher genauso in dem Hauptprogramm war. Es gibt – bis auf die Einrückung – keine Änderungen.

*3 Nur den Wert von **`preis`** gibst du mit **`return`** aus der Funktion zurück.

Sieht deine Lösung so oder ähnlich aus? Dann herzlichen Glückwunsch!

Falls nicht, dann vergleiche deine Lösung mit der hier gezeigten. Natürlich gibt es auch immer Variationen. So lange dein Programm das richtige Ergebnis liefert, ist alles in Ordnung.

Was hast du gelernt? Was haben wir gemacht?

Lass uns kurz rekapitulieren …

Du hast Funktionen kennengelernt. Sie helfen dir dabei, deine Programme **übersichtlicher** und sicherer zu machen, indem du Teile des Programms in eigene Bereiche, in Funktionen, **auslagern** kannst. Eine Funktion kannst du **von jeder Stelle** im Programm aus aufrufen – und das **beliebig oft**.

Funktionen haben **kein Gedächtnis**. Bei jedem Aufruf sind alle Variablen und Werte in einer Funktion wieder auf den Anfangszustand gesetzt. Wird eine Funktion verlassen, dann verschwinden auch alle Variablen und Werte. Das ist ein hilfreicher Airbag beim Programmieren, da keine alten Werte übrig bleiben und Ergebnisse verfälschen können. Genauso wenig können sich Variablen aus deinem Hauptprogramm und den Funktionen gegenseitig in die Quere kommen. Jeder Bereich steht für sich, und abgesehen von den globalen Variablen gibt es keine Überschneidungen.

Du kannst Funktionen so programmieren, dass du Ihnen beim Aufruf **Werte übergeben** und auch genauso über den Aufruf Werte aus den Funktionen **zurückerhalten** kannst. Nicht nur einen Wert, sondern (fast) beliebig viele.

Und du hast globale und lokale Variablen kennengelernt. Wenn du globale Variablen verwendest, solltest du aber immer vorsichtig sein – denn bei allen Änderungen musst du höllisch aufpassen: Wenn du globale Variablen änderst, musst du alle Stellen berücksichtigen an denen diese Variable verwendet wird.

… alle Daten sind schon da!

—VIER—

Listen, Tupel, Sets und Dictionaries

Listen, Tupel und Sets sind etwas ganz Besonderes. Damit kannst du ganze Horden von Werten verwalten. Und damit nicht genug: Python stellt dir auch noch zahlreiche Funktionen zur Verfügung, mit denen du alles mögliche mit diesen Werten machen kannst.

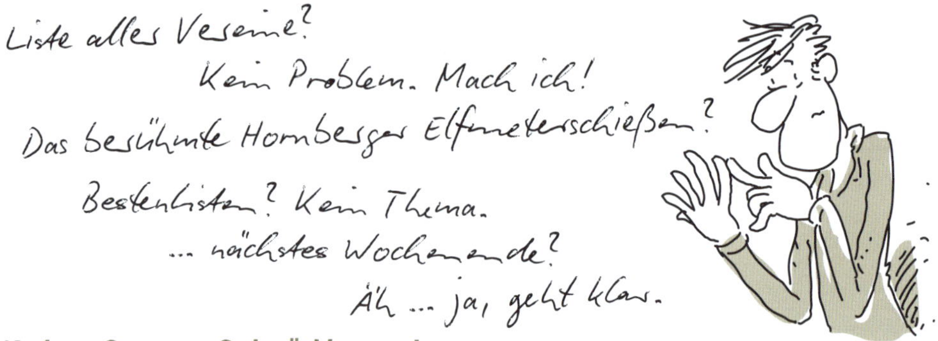

Keine Sorge, Schrödinger!
Du hast doch Python und das Zen of Python!

Daten? Daten in Form von Listen? Geordnet oder ungeordnet? Alles kein Problem für Python. Bisher hast du Variablen kennengelernt, die genau **einen Wert** aufnehmen bzw. speichern können. Das ist schon mal nicht schlecht – das ist so wie bei **Individualsportarten:** mit einem Sportler. Jetzt stell dir **Mannschaftssportarten** mit **mehreren** Sportlern vor, Spielern, die zusammengehören. Da reicht eine normale Variable, mit nur einem Wert nicht aus. Genau dafür gibt es **Listen**, **Tupel**, **Sets** und **Dictionaries**. Das sind besondere Arten, die nicht nur einen, sondern viele, fast beliebig viele Werte aufnehmen können. Und da es die unterschiedlichsten Anforderungen und Einsatzmöglichkeiten gibt, hat Python für alle Fälle eine passenden Listenart in petto. Aber keine Sorge:

Kennst du eine Listenart, kennst du alle.

Du und deine Liste

Fangen wir mit der Liste an. Die wird tatsächlich einfach als **Liste** bezeichnet. Der Typ (den du wie gewohnt mit der Funktion `type` abfragen kannst) ist `list`. Sie ist sehr flexibel und kann die unterschiedlichsten Werte aufnehmen.

Du brauchst dafür eine **Variable** (mit einem gültigen Namen nach den bekannten Konventionen) und weist ihr dann verschiedene, durch **Komma getrennte Werte** zu. Diese Werteliste muss bei der Zuweisung **in eckigen Klammern** stehen. Diese eckigen Klammern sind so etwas wie das Markenzeichen einer Liste.

Leerzeichen zwischen den Werten (und den Kommas) spielen – wie so oft – keine Rolle. Meist schreibst du einen Wert, direkt dahinter das Komma und dann ein Leerzeichen vor dem nächsten Wert.

Du kannst die Liste auch mit einem Komma abschließen, ohne dass ein weiterer Wert folgt. Das wird **nicht** als zusätzlicher leerer Wert interpretiert. Das macht man manchmal ganz gerne, wenn die Listen oft erweitert werden; das Komma ist dann schon da.

Nur **zwei Kommas** ohne Wert dazwischen sind nicht erlaubt, und es kommt es zu einem **Fehler**.

```
spam = [42, 12, ,]
```
X

Zweimal hintereinander Komma ohne Wert? Geht mal **gar nicht!**

Wie du in unserem Beispiel siehst, kann eine Liste fast **beliebige Werte** aufnehmen. Strings, Zahlen, boolesche Werte – alle vertragen sich großartig in so einer Liste.

So eine Liste als Ganzes kannst du (am einfachsten) mit `print` ausgeben. Du kannst aber auch auf jedes enthaltene Element **einzeln zugreifen**. Dazu schreibst du einfach den Variablennamen der Liste und dazu den **Index** in eckige Klammern.

Was für'n Index? Wo kommt der denn plötzlich her?

Jedem Element einer Liste wird automatisch eine **fortlaufende Nummer** zugeordnet – der **Index**. Der Index **beginnt immer bei 0** mit dem ersten Element und zählt dann fortlaufend ohne Lücken. Mit diesem **Index** kannst du jedes Element auslesen.

```
spam = [42, 'Hallo', 13, True]
print(spam)*1
print(spam[0])*2
print(spam[1])*3
print(spam[-1])*4
print(spam[-3])*4
```

*1 Hier wird die gesamte Liste ausgegeben.

*2 Hier wird ein **einzelnes Element** der Liste ausgegeben – mit Index 0 der erste Wert in der Liste.

*3 Zeit für ein freundliches Hallo: Wir gönnen uns den Luxus, mit dem Index 1 das zweite Element der Liste auszugeben.

*4 Gibst du einen **negativen Index** an, dann wird der entsprechende Wert **von rechts** gelesen. Dabei stellt **–1** den ersten Wert von rechts dar (denn es gibt ja keine –0, und die 0 steht ja schon für den ersten Wert von links).

```
[42, 'Hallo', 13, True]*1
42*2
Hallo*3
True*4
Hallo*4
```

So, wie du **lesend** auf ein Element einer Liste zugreifen kannst, kannst du auch einzelne Elemente deiner Liste **verändern** – genauer gesagt kannst du **einen neuen Wert** an eine Stelle in der Liste schreiben. Der alte Wert wird dadurch überschrieben.

```
spam[1] = "Moin Schrödinger"*5
print(spam)*6
```

*5 Hier wird ein neuer Wert an die zweite Stelle mit dem Index 1 geschrieben.

*6 Hier wird noch einmal die ganze, aktuelle Liste ausgegeben.

[Achtung]

Du kannst über den Index nur Stellen in der Liste lesen (oder mit neuen Werten füllen), die bereits vorhanden sind. Gibt es einen Indexwert (noch) nicht, kommt es zu einem Fehler.

```
[42, 'Moin Schrödinger', 13, True]*6
```

Dafür muss ich doch wissen, wie lang eine Liste ist. Muss ich jetzt immer die Anzahl der Werte in meiner Liste abzählen?

Keine Sorge, mit der Funktion **len** kannst du dir jederzeit anzeigen lassen, wie viele Elemente deine Liste gerade hat. In unserem Fall:

```
print(len(spam))
```

```
4
```

len zählt alle vorhandenen Elemente ab (es geht ja um die Anzahl der Elemente). Der Index hingegen fängt ja bei Position **0** an. Deshalb ist **len** immer um 1 größer als der größte Index der Liste.

Ach, ja. Natürlich kannst du mit Elementen deiner Liste auch Operationen bzw. **Berechnungen durchführen** oder die Werte anderen Variablen zuweisen, um damit weiterzuarbeiten:

```
zwischenwert = spam[2]*1
ergebnis = spam[0] * zwischenwert*2
print(ergebnis)
```

*1 Hier wird ein Listenelement einer neuen Variablen **zwischenwert** zugewiesen.

*2 Ein anderes Element unserer Liste wird in einer Berechnung verwendet – wie eine ganz normale Variable. Das Ergebnis entspricht durchaus den Erwartungen einer Multiplikation von **42** und **13**.

```
546
```

Der 1. FC Dinkel und andere Mannschaften

So Schrödinger, los geht's!

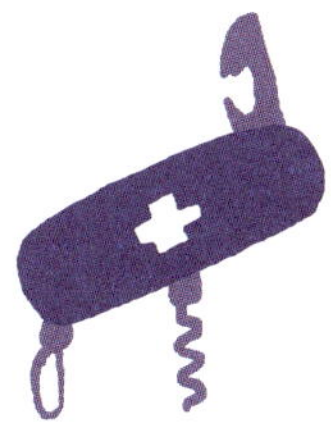

[Einfache Aufgabe]

Schreib bitte eine Liste, in der alle Vereine aufgeführt werden, die beim Hornberger Elfmeterschießen teilnehmen.

Die Vereine:
1. FC Dinkel, SpVgg Hornberg, 1. FC Übern Berg

Erst eine Variable, ein **=** für die Zuweisung, eckige Klammern und dann in den Klammern alle Vereine durch Komma getrennt:

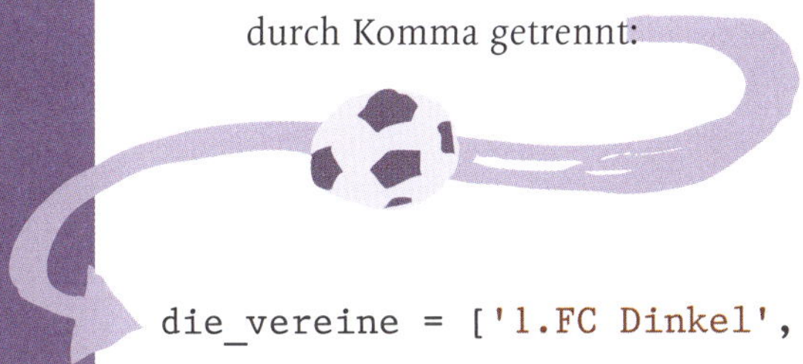

```
die_vereine = ['1.FC Dinkel', 'SpVgg Hornberg', '1.FC Übern Berg']
```

Das war nicht schwer. Interessant wird es, wenn du noch mehr Vereine hast. Also wirklich **viele Vereine**. Dann wird die Zeile immer länger und länger – und das wird unübersichtlich.

Was sagt uns das Zen of Python? »Beautiful is better than ugly. – Schön ist besser als hässlich.«

Deshalb darfst du **nach der eckigen Klammer** (wie auch nach anderen Klammern) fast beliebig formatiert schreiben. Die einzelnen Elemente der Liste kannst du sogar in eigene Zeilen schreiben und auch beliebig einrücken.
Das kann dann so aussehen:

```
die_vereine = [*1
     '1.FC Dinkel',*2
'SpVgg Hornberg',*3
     '2.FC Für die Katz' ,
        '1.FC Übern Berg','SpVgg Hanebüchen'
]
```

*1 Die **erste eckige Klammer** muss zwingend in der **Zeile der Zuweisung** stehen, sonst gibt es einen Fehler.

*2 Die folgenden Zeilen, also den **Inhalt** der eckigen Klammern, kannst du hingegen **beliebig** formatieren.

*3 Unglaublich, aber wahr: Sogar **unterschiedliche** Einrückungen sind von Zeile zu Zeile erlaubt – auch wenn sie in dieser Form weder schön noch empfehlenswert sind.

Natürlich muss jedes Element korrekt geschrieben werden (also etwa Texte korrekt in Anführungszeichen), auch das Komma zwischen den Elementen muss da sein. Aber ansonsten kannst du praktisch beliebig Einrückungen, Leerzeichen und Leerzeilen innerhalb der Klammern von Listen verwenden. Aber denk auch daran, was dir das Zen of Python sagt:

»Readability counts. – Lesbarkeit zählt.«

Eine weitere Aufgabe. Es gibt folgende Liste mit Ergebnissen vom Trainingsschießen. Aus dieser Liste sollen die **Anzahl der Versuche**, das **beste** und das **schlechteste** Ergebnis ausgegeben werden.

```
tore = [5, 7, 1, 3, 9, 11, 0]
# hier soll der Code hin, der die folgenden Variablen
# mit den richtigen Werten füllt.
print(versuche, bestes_ergebnis, schlechtestes_ergebnis)
```

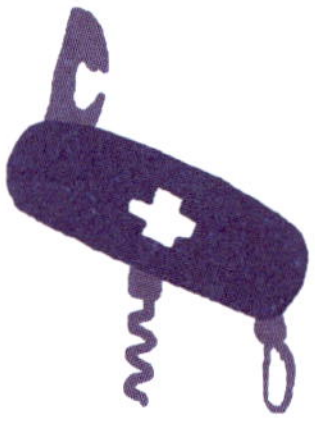

[Einfache Aufgabe]
Fülle die angegebenen Variablen mit den richtigen Werten.

Als Tipp: Die **Anzahl** der Elemente kannst du mit der Funktion **len** feststellen, das kennst du ja schon. Für das größte Element der Liste gibt es die Funktion **max** und (du wirst es schon erraten haben) für das kleinste Element die Funktion **min**.

```
tore = [5, 7, 1, 3, 9, 11, 0]
versuche = len(tore)
bestes_ergebnis = max(tore)
schlechtestes_ergebnis = min(tore)
print(versuche, bestes_ergebnis, schlechtestes_ergebnis)
```

[Achtung]
Um mit den Funktionen **max** und **min** arbeiten zu können, müssen die Werte in der Liste vergleichbar sein: mit **größer** und **kleiner** (also **>** und **<**). Das geht nur, wenn alle Werte der Liste vom gleichen Typ sind: **nur** Zahlen (da gehen auch Integer und Fließkommazahlen gemischt) oder **nur** Texte.

Teile und herrsche – Teile von Listen

Du kannst übrigens nicht nur mit einzelnen Werten von Listen arbeiten. Du kannst dir auch **Teile** von Listen zurückgeben lassen: Du gibst dazu einen Index für den **Start** (das erste Element) und – getrennt durch einen **Doppelpunkt** – einen **zweiten Index** für das **Ende** an.

Alles vom **ersten** bis **vor** (!) den zweiten angegebenen Index wird dann zurückgegeben. Das bedeutet: Der **zweite** angegebene Index selbst wird nicht mehr genommen.

```
spam = [1, 2, 3, 4, 5, 6, 7, 8, 9]
teil_liste = spam[2*1:5*2]
print(teil_liste)
print(spam[-5:-2])*3
```

*1 Der Wert bei **Index 2** ist die **3**. Denk immer daran, dass Python bei 0 anfängt zu zählen, Index 2 ist also die dritte Stelle – die hier auch zufällig den Wert **3** hat.

*2 Der Wert mit **Index 5** ist die Zahl **6** in unserer Liste. Da aber der zweite angegebene Index **exklusiv** ist (also nicht mehr dazugehört), kriegen wir alles bis zum Wert 5, also bis zum Index 4.

*3 Das geht natürlich auch von rechts, indem du negative Werte nimmst: Die werden dann wieder (bei –1 beginnend) von rechts gelesen. Ausgegeben wird nur bis zur Zahl **7**, da nur bis **vor** den letzten Index ausgegeben wird, also der Index **–2** (eben die Zahl 8), nicht mehr.

```
[3, 4, 5]
[5, 6, 7]
```

Du kannst bei dem Doppelpunkt sogar einen Indexwert leer lassen. Dann wird alles ab dem ersten Element bzw. bis zum letzten Element genommen:

*1 Hier ist kein zweiter Index angegeben. Also gibt Python dir alles bis zum **Ende**, also bis zum letzten Element, zurück.

```
spam = [1, 2, 3, 4, 5, 6, 7, 8, 9]
print(spam[4:])*1
print(spam[:7])*2
```

*2 Hier fehlt der erste Index. Python gibt dir deshalb alles ab dem **Anfang** bis vor den zweiten angegebenen Index zurück.

```
[5, 6, 7, 8, 9]
[1, 2, 3, 4, 5, 6, 7]
```

Und ja, du könntest auch gar keinen Index angeben – dann wird dir die Liste als Ganzes zurückgegeben.

Der neue Star auf dem Feld – die »for«-Schleife

Du hast jetzt auf einzelne Elemente oder Teile deiner Listen zugegriffen. Das ist ganz gut, aber es kann ja auch notwendig sein, so eine Liste vollständig und automatisch zu **durchlaufen**. Und noch besser wäre es, wenn du dann bei jedem Durchlauf mit dem jeweiligen Element deiner Liste beliebig arbeiten könntest. Und natürlich hat Python da etwas Passendes im Angebot:

Die for-Schleife. Sie durchläuft eine Liste vom **ersten** bis zum **letzten Element** und stellt dir in jedem Durchlauf das jeweilige Element zur Verfügung – und zwar in einer eigenen Variablen. In der Schleife kannst du dann mit diesem Element bzw. der Variablen arbeiten. Der Aufbau der `for`-Schleife ist einfach:

```
meine_liste = [17, 3, 42]*1
for*2 element*3 in*4 meine_liste*5:
    print(element)*6
```

*1 Wir brauchen natürlich eine beliebige Liste als Anschauungsobjekt.

*2 Das ist das Schlüsselwort `for`.

*3 Hier schreibst du eine beliebige Variable hin. Sie erhält in jedem Schleifendurchlauf den jeweils aktuellen Wert. Sie muss nicht vorher initialisiert werden, kann und sollte also neu sein.

*4 Das Schlüsselwort `in` gehört zur `for`-Schleife wie die Luft zum Atmen oder der Doppelpunkt zu jeder Kontrollstruktur. Und rechts von dem `in` steht die verwendete Liste, …

*5 … die du hier siehst und die gleich von der `for`-Schleife durchlaufen wird.

*6 Hier sind wir **innerhalb der Schleife** und du kannst mit dem aktuellen Wert alles machen, was dir einfällt. Hier geben wir in jedem Durchlauf den aktuellen Wert mit `print` aus.

Das Ergebnis ist wie erwartet, alle Werte werden nach und nach ausgegeben:

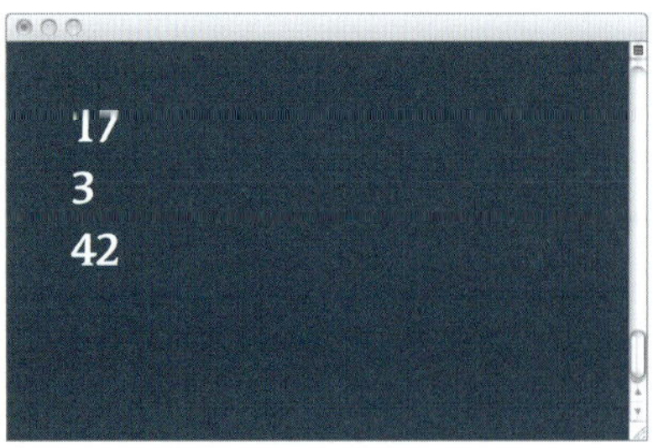

Natürlich kannst du in der `for`-Schleife auch mit `continue` und `break` arbeiten, um entweder mit `continue` vorzeitig in den nächsten Durchlauf der Schleife zu springen oder mit `break` die Schleife ganz zu verlassen.

Das ist aber noch nicht alles! Die for-Schleife kann noch mehr:

Wie für »for« gemacht – »range«

Du wirst in Programmen oft eine **bestimmte Anzahl von Durchläufen** benötigen, zum Beispiel wenn es drei Versuche für eine Eingabe geben soll. Natürlich könntest du dir das mit `while` basteln oder sogar extra eine Liste für eine passende `for`-Schleife erstellen.

Aber das Zen of Python sagt:
»Simple is better than complex. –
Einfach ist besser als komplex (oder umständlich).«

Genau für solche Fälle gibt es in Python die Anweisung **`range`**. Damit hast du so etwas wie eine variable Liste zur Verfügung, mit der du deine `for`-Schleife steuern und sogar bestimmte **Wertfolgen** erzeugen kannst, zum Beispiel alle geraden Zahlen von 0 bis 10.

Im einfachsten Fall gibst du **einen Wert** mit **`range`** an. Python erzeugt damit in der `for`-Schleife eine Liste von **0** bis zu dem angegebenen Wert – der aber selbst **ausschließlich** ist.

*1 Mit **`range(3)`** werden **drei** Durchläufe gemacht – beginnend bei **0** bis **vor** den angegebenen Wert – die **3** selbst wird also nicht verwendet. Du hast aber immer genau so viele Durchläufe wie als Parameter angegeben!

```
for spam in range(3)*1:
    print(spam)*2
```

*2 Hier geben wir die aktuellen Werte aus. Natürlich musst du in der Schleife **`spam`** nicht verwenden. Wenn du zum Beispiel drei Eingabeversuche machen lässt, interessiert es dich gar nicht, welchen Wert **`spam`** gerade hat.

Du könntest auch sagen, mit **`range(3)`** hast du eine Schleife, die **dreimal** durchlaufen wird.

Dreimal? Das klingt einfacher.

Warum so kompliziert mit »ausschließlich« und »nicht verwendet«?

Weil das noch nicht alles ist: Du kannst auch **zwei Werte** bei **`range`** angeben. Einen **Anfang** und wieder den Wert, bis zu dem hochgezählt wird, der aber **selbst nicht erreicht** wird. Wert für Wert wird dann von **`range`** erzeugt und der angegebenen Variablen zugewiesen, hier eben unserer Variablen **`spam`**.

Welche Ausgabe macht wohl diese Schleife?

```
for spam in range(3, 6):
    print(spam)
```

Moment, das ist einfach: 3, 4 und die 5 – die 6 wird ja nicht erreicht?

Das ist richtig!

```
3
4
5
```

Der erste Wert 3 wird verwendet, und die Schleife läuft durch bis zur angegebenen 6 – **ausschließlich**.

Du schon wieder mit deinem »ausschließlich«!

Und das ist auch noch nicht alles: Du kannst einen **dritten Parameter** angeben, der eine **Schrittweite** festlegt. Du hast also einen Anfang, ein Ende (das selbst nicht erreicht wird) und eine Angabe, wie in jedem Schritt der **Wert erhöht** werden soll. Du brauchst alle geraden Zahlen von 2 bis 8? Kein Problem mehr dank `for` und `range`:

```
for spam in range(2, 9, 2):
    print(spam)
```

```
2
4
6
8
```

Die Schleife beginnt bei 2, läuft bis zum Wert 8 und in jedem Durchlauf wird der Wert um 2 erhöht – nicht um 1 wie sonst. So kannst du dir fast beliebige Wertelisten erstellen!

[Belohnung/Lösung]

Übrigens gibt es eine praktische Funktion namens `list`, mit deren Hilfe du aus `range` eine **echte Liste** generieren kannst, mit der du dann beliebig weiterarbeiten kannst!

```
eine_liste = list(range(2, 9, 2))
print(eine_liste)
```

```
[2, 4, 6, 8]
```

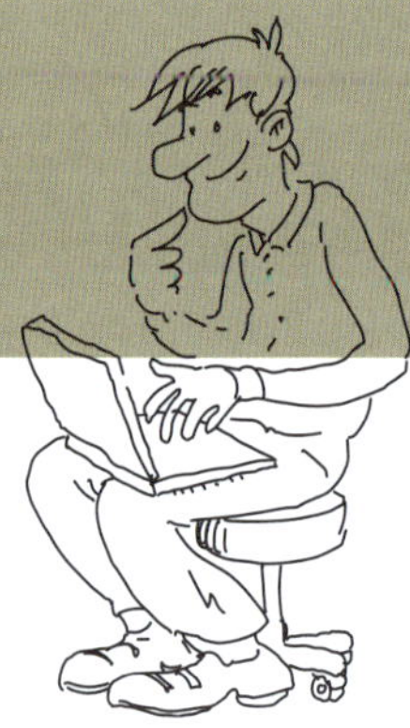

So kannst du die geradezu schon legendäre Flexibilität von `range` nutzen, um beliebige **Listen** zu generieren. Aber das geht nicht nur mit Listen so, sondern auch mit Sets und Tupeln, die du noch kennenlernst. Die Funktionen dafür heißen passenderweise `set` und `tuple`.

Das Hornberger Elfmeterschießen – erst mit »for« und dann mit »range«

Bei dem beliebten Hornberger Elfmeterschießen treten die Spieler immer paarweise an. Aus der Liste aller Spieler sollen dafür immer zwei Spieler ausgegeben werden, die dann paarweise als Gegner beim Hornberger Schießen teilnehmen.

[Einfache Aufgabe]
Im ersten Schritt gib bitte alle teilnehmenden Spieler mit einer **`for`**-Schleife nacheinander aus.

Die teilnehmenden Spieler sind:
Hansi, Bernd, Diego, Basti, Riccardo und John.

*1 Mit **`for`** wird die Liste **`spieler`** durchlaufen. Das **`in`** darfst du natürlich nicht vergessen.

```
spieler = ['Hansi', 'Bernd', 'Diego', 'Basti', 'Riccardo', 'John']
for ein_spieler*2 in spieler*1:
    print(ein_spieler)*3
```

*2 In jedem Durchlauf wird damit ein Spieler aus der Liste an die Variable **`ein_spieler`** übergeben

*3 Und hier wird ein Spieler nach dem anderen ausgegeben.

```
Hansi
Bernd
Diego
Basti
Riccardo
John
```

[Schwierige Aufgabe]

Gib jetzt alle Spieler der obigen Liste paarweise aus.

Hast du mal einen Tipp für mich, wie ich anfangen soll?

Du kannst auf die Spieler auch über den **Index** zugreifen. Und mit **`range`** kannst du dir eine passende Zahlenfolge erstellen lassen!

*1 In dieser Variablen wird der jeweilige Index gespeichert.

*2 Der Index wird mit den Werten von **`range`** erstellt: Beginnend bei **0**, dem ersten Element, bis ausschließlich **6**, damit werden alle sechs Spieler (Index 0 bis 5) berücksichtigt. Und die Schrittweite ist **2**, da nur jeder zweite Index gebraucht wird, …

```
for der_index*1 in range(0, 6, 2)*2:
    print(spieler[der_index]*3, spieler[der_index+1]*3)
```

*3 … denn hier bei der Ausgabe mit **`print`** werden immer **zwei Spieler** paarweise ausgeben: Ein Spieler über den Index **`der_index`** und ein **zweiter Spieler** einfach mit dem nächsten Index **`der_index+1`**.

Noch besser ist es, mit dynamischen Angaben zu arbeiten: Die Anzahl der Spieler kannst du mit der Funktion **`len`** angeben. So musst du bei einer Änderung der Liste nicht mehr an die Änderung in der **`for`**-Schleife denken.

```
for i in range(0, len(spieler)*1, 2):
    print(spieler[i:i+2]*2)
```

*1 Mit **`len`** hast du immer die richtige Länge bzw. die aktuelle Zahl der Spieler als zweiten Wert.

*2 Und du könntest dir die Spielerpaare auch als **Liste** zurückgeben lassen indem du die **Notation mit dem Doppelpunkt** verwendest: Hier wird der Index **von:bis** angegeben (**bis** ist wieder ausschließlich, deshalb **+2**). Natürlich müssen genügend Spieler (also eine gerade Anzahl) in der Liste sein, damit jeder einen Partner bekommen kann!

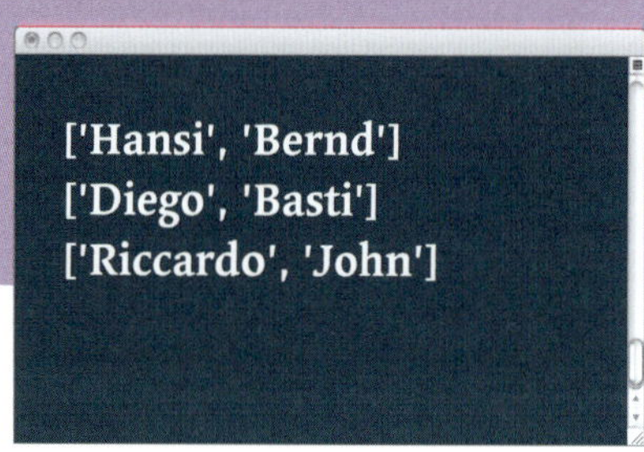

Index und Wert ausgeben mit »enumerate«

Und weil es gerade passt, hier noch ein **Tipp**, wie du dir den Index **und** den zugehörigen Wert ganz einfach ausgeben lassen kannst. Das Zauberwort bzw. die Methode heißt **`enumerate`**.

```
spieler = ['Hansi', 'Bernd', 'Diego']*1
for ein_spieler in enumerate(spieler):*2
    print(ein_spieler)
```

*1 Du hast wieder eine (aus Platzgründen gekürzte) Liste.

*2 Diese Liste **`spieler`** durchläufst du wieder mit einer Variablen **`ein_spieler`** und nutzt dazu die Methode **`enumerate`**.

```
(0, 'Hansi')
(1, 'Bernd')
(2, 'Diego')*3
```

*3 In jedem Durchlauf erhältst du ein Tupel mit dem Index und dem zugehörigen Wert.

[Zettel]
Tupel sind so etwas wie feste Listen, leicht erkennbar an den runden Klammern. Etwas später werfen wir noch einen genaueren Blick darauf.

Natürlich kannst du in der Schleife auch eine eigene Variable für den Index und den Wert, also den Spieler, angeben. Dann hast du **beide Werte** gleich in (einfachen) Variablen vorliegen. Damit kannst du sehr flexibel arbeiten, beispielsweise eine bessere Ausgabe machen:

```
for nummer, ein_spieler in enumerate(spieler):
    print(ein_spieler, "hat Nummer", nummer)
```

```
Hansi hat Nummer 0
Bernd hat Nummer 1
Diego hat Nummer 2
```

Wenn Besuch kommt – eine Mannschaft mehr

Natürlich kann sich immer etwas ändern. Spieler fallen aus, zusätzliche Mannschaften melden sich an. Deshalb sind einmal definierte Listen nicht in Stein gemeißelt, sondern können verändert werden.

Es gibt mehrere **Methoden**, mit denen neue Elemente einer Liste angefügt werden können. Erst mal hängen wir ein **neues Element** an unsere Liste mit der Methode **append**:

```
die_vereine = ['1.FC Dinkel', 'SpVgg Hornberg', '1.FC Übern Berg']
die_vereine.append('2.FC Für die Katz')*1
print(die_vereine)*2
```

*1 Hier stehen der Name der Liste bzw. die Variablen mit der Liste. Und mit der Methode **append** wird ein neues Element an die Liste übergeben und der Liste angehängt.

*2 Wie du sehen kannst, ist unsere Liste um einen Verein gewachsen.

```
['1.FC Dinkel', 'SpVgg Hornberg', '1.FC Übern Berg', '2.FC Für die Katz']
```
*2

Super!

Und was hat es mit dieser »Methode« auf sich? Dieses **die_vereine.append()**?

Lass mich das kurz erklären.

Die Sache mit den Methoden

In Python gibt es zahlreiche »klassische Funktionen« – die kennst du ja schon. Was du noch nicht kennst (in aller Kürze), sind **Klassen** und **Objekte**. Klassen sind so etwas wie **Vorlagen** (oder Baupläne), nach denen du neue Elemente (die nennt man dann **Objekte**) erschaffen kannst.

Jede **Liste** ist in Python nicht nur einfach eine Liste, sondern eben auch ein **Objekt**, das aus einer **Klasse** namens **`list`** geschaffen wurde.

Und das heißt? Abgesehen von der Theorie – ich meine, was habe ich davon, außer, dass es kompliziert wird?

Das ist einfacher, als es dir erscheinen mag! So eine **Klasse** hat viele **Fähigkeiten eingebaut**. Und jedes daraus erschaffene Objekt hat diese Fähigkeiten gleich dabei – quasi per Geburt. All diese Fähigkeiten kannst du nutzen wie fertige Funktionen. Nur sind es eben keine Funktionen, sondern etwas ganz Ähnliches: sogenannte **Methoden**. Die arbeiten **wie Funktionen**, werden nur etwas anders aufgerufen.

Zettel]
Aufruf von Methoden: Dem **Namen der Variablen** (das ist übrigens das Objekt) folgt ein **Punkt** und dahinter die **Methode** mit den **Klammern**.

*1 der Name der Variablen

*2 der Punkt

```
spam*1.*2append("Ein Wert")*3
```

*3 Die Methode. Vergiss nicht die **runden** Klammern! Natürlich sind – je nach Methode – Parameter möglich. Also, du schreibst einfach den **Namen der Variablen** (die deine Liste enthält) hin, setzt dahinter einen **Punkt** und dann den **Namen der Methode**, die etwas macht. In unserem Fall erhält die Methode einen Wert, der als Parameter in den runden Klammern übergeben wird.

Methoden sind eigentlich den Funktionen (zum Beispiel **`print`**, **`int`** oder **`len`**) recht ähnlich: Irgendjemand hat das (natürlich) mal so programmiert und die ganzen Funktionalitäten damit erst möglich gemacht. Da eine Klasse eine **Vielzahl** von Methoden haben kann, ist es nicht so ganz leicht, den **Überblick** zu behalten. Hier kannst du im Zweifelsfall in der offiziellen Dokumentation nachsehen oder im Internet suchen. Einige Entwicklungsumgebungen zeigen dir automatisch an, welche **passenden Methoden** es zu einem **Objekt** gibt. Das ist auch einer der Vorteile von Methoden: Sie sind speziell auf das jeweilige Objekt zugeschnitten, und jede Klasse hat ihre ganz eigenen Methoden – du kommst also gar nicht in Versuchung, sie falsch zu verwenden. Bei einer Funktion ist das anders: Darfst du beispielsweise **`len`** für Werte wie **`True`** oder **`False`** verwenden? (Die Antwort lautet: nein!) Wäre es eine Methode, könnte dir eine gute Entwicklungsumgebung hilfreich unter die Arme greifen, und so würde **`len`**, das du in dem Fall nicht benutzen darfst, als Option auch gar nicht erst angezeigt.

Und was gibt es da noch so an Methoden?

Also, jede Klasse hat ihre eigenen Methoden, die sie an ihre eigenen Objekte vererbt. Ich zeige dir mal ein paar interessante **Methoden** für **Listen**.

Eine ganze Liste anhängen mit »extend«

Mit der Methode **`extend`** kannst du eine zweite **komplette Liste** deiner bestehenden Liste **anhängen**. Die angehängte Liste selbst bleibt dabei übrigens unverändert – es wird also nur eine Kopie angehängt.

*1 Das ist deine Liste mit beliebigen Werten.

*2 Hier kommt eine zweite Liste, die hinter der ersten Liste **angehängt** werden soll.

```
spam = [1, 2, 7]*1
egg = ["Hi", 42, 1]*2
spam.extend(egg)*3
print(spam)
```

*3 Mit der Methode **`extend`** wird die übergebene Liste **`egg`** deiner ursprünglichen Liste **`spam`** angehängt. Die Elemente werden dabei **nicht sortiert**, sondern so, wie sie sind, **angehängt**. Doppelte oder mehrfach vorhandene Elemente sind erlaubt und bleiben auch exakt so in der Liste stehen.

```
[1, 2, 7, "Hi", 42, 1]
```

Und natürlich kannst du auch **direkt** eine Liste als Parameter übergeben (ohne den Umweg über eine Variable):

```
spam.extend([12, 3])
```

Einzelne Werte einfügen mit »insert«

Mit der Methode **`insert`** kannst du ein einzelnes Element deiner Liste einfügen. Dazu gibst du **zwei Parameter** an: den **Index**, vor dem das angegebene Element eingefügt werden soll, und eben **das einzufügende Element.**

```
spam = ["Hier" , "Da", "Dort"]
spam.insert(0, "Erster")*1
spam.insert(2, "Auch dabei")*2
print(spam)
```

```
['Erster', 'Hier', 'Auch dabei', 'Da', 'Dort']
```

*1 Das erste Element gibt an, **vor welchem Index** das neue Element eingefügt werden soll. Da Index **0** das erste Element darstellt, wird das neue Element **davor** – also ganz an den Anfang gesetzt.

*2 Hier kommt die nächste Änderung, und zwar vor dem Index **2**. Das wird also das dritte Element unserer bereits veränderten Liste. Vorher kommen ja der Index **0** und der Index **1**.

Auf diese Art kannst du immer nur jeweils **ein Element** einfügen. Dabei spielt es keine Rolle, was für ein Element das ist. Fügst du **eine andere Liste** mit **`insert`** ein, dann werden **nicht** etwa die einzelnen Elemente der Liste eingefügt. Nein, die **Liste selbst** wird als einzufügendes Element eingefügt und bleibt als Liste bestehen, also eine Liste in der Liste:

```
spam = ["Hier", "Da", "Dort"]
eggs = ["Links", "Rechts"]
spam.insert(1, eggs)*1
print(spam)
```

```
['Hier', ['Links', 'Rechts']*2, 'Da', 'Dort']
```

*1 Hier wird die zweite Liste **`eggs`** als ein Element (also so, wie sie ist) in die Liste **`spam`** eingefügt.

*2 Das Ergebnis kannst du hier (mehr oder weniger) bewundern: **eine Liste in der Liste**

[Achtung]

Der Index einer Liste wird bei jeder **Veränderung neu aufgebaut!** Wird ein Wert **vor** dem Index 0 eingefügt, bekommt dieses neue Element dann den Index 0. Und die folgenden Indexwerte werden entsprechend **neu aufgebaut**. Ein Indexwert ist also kein dauerhaftes Merkmal eines Wertes.

Alles wieder andersrum – mit »reverse«

Mit **reverse** wird die jeweilige Liste ganz einfach umgedreht – und zwar so, wie sie gerade ist, und natürlich ohne irgendeine Sortierung. Auch hier wird der Index natürlich neu aufgebaut.

```
meine_liste = [1, 2, 3]
meine_liste.reverse()
print(meine_liste)
```

```
[3, 2, 1]
```

Geordnet und wohlsortiert, dank »sort«

sort macht aus einer ungeordneten Liste eine **sortierte Liste** – aufsteigend, absteigend und auf Wunsch sogar nach deinen eigenen Regeln. Das Sortieren der Listenelemente funktioniert über einen **Vergleich** der Werte nach **größer oder kleiner**. Und auch hier noch einmal der Hinweis: Die Werte bekommen natürlich bei der Sortierung einen neuen Indexwert.

```
spam = [42, 1, 90, 17]
spam.sort()*1
print(spam)*2
spam.sort(reverse=True)*3
print(spam)
```

*1 Mit der Methode **sort** wird die Liste von den kleinsten zu den größten Werten hin sortiert.

*2 Die Liste ist dauerhaft (von der Reihenfolge) verändert, deshalb kannst du die Liste nach dem Sortieren auch so, wie sie ist, ausgeben – sie **ist sortiert** und bleibt es auch.

*3 Mit dem optionalem Parameter **reverse=True** kannst du deine Liste **absteigend** sortieren lassen: Die größten Werte stehen nach der Sortierung links, die kleinsten rechts.

```
[1, 17, 42, 90]
[90, 42, 17, 1]
```

[Achtung]

Durch den Aufruf der Methode **sort** wird die Liste dauerhaft **verändert**. Du musst also keine Zuweisung mehr machen – **sort** (egal, mit welchen Parametern) verändert die Anordnung der Listenelemente (und damit die Variable) dauerhaft.

Damit das Sortieren klappt, müssen die Werte aber natürlich auch **vergleichbar** sein. Das geht wunderbar mit Werten, die den gleichen Typ haben: Zahlen untereinander oder Strings untereinander. **Vorsichtig** musst du sein, wenn du versuchst, eine Liste mit Werten zu sortieren, die **unterschiedliche Typen** haben. Dann kommt es in den meisten Fällen zu einem Fehler, weil die Elemente unterschiedlichen Typs eben nicht nach größer und kleiner vergleichbar sind.

Denn schließlich sagt ja das Zen of Python: »Explicit is better than implicit. – Explizit ist besser als implizit.«

Willst du, dass Werte unterschiedlichen Typs miteinander verglichen und sortiert werden – dann musst **du** dich als Entwickler **explizit** darum kümmern: Du musst sicherstellen, dass so ein Vergleich nach festzulegenden Regeln abläuft.

Und wie geht das Sortieren nach eigenen Regeln?

Das ist Python-typisch recht einfach. Du musst nur eine **Funktion** schreiben, die für jeden (Listen-)Wert einen von dir festgelegten **Wert zurückliefert** – quasi als Stellvertreter für die Sortierung. Mit diesem zurückgelieferten Wert werden die Elemente in deiner Liste dann der Größe nach sortiert.

```
def eggs(wert):*1
    # hier passiert etwas*2
    return wert_zum_vergleichen*3
spam = [3, 12, 1]
spam.sort(eggs)*4
```

*1 Hier steht eine ganz normale Funktion, die einen Wert – das jeweilige Listenelement – entgegennimmt.

*2 In der Funktion muss natürlich etwas Sinnvolles passieren.

*3 Irgendein Wert muss als Ergebnis zurückgeliefert werden. Und **dieser Wert** wird dann verwendet, um das jeweilige Element der Liste mit den anderen Listenelementen zu vergleichen und es einsortieren zu können.

*4 Unserer Methode **sort** wird der Parameter **key** mit dem **Namen der Funktion** als zugewiesenem Wert übergeben – sonst nichts (also auch keine Klammern zur Funktion). Um den Rest kümmert sich Python.

Damit kannst du dann sogar Werte unterschiedlichen Typs nach **deinen eigenen Kriterien** sortieren lassen.

Sortieren nach Schrödingers Gnaden

Eine Liste soll sortiert werden. Die Listenelemente sind entweder positive Zahlen oder Strings (das Beispiel soll ja kurz und überschaubar bleiben). Ohne weitere Angaben würde das mit **`sort`** zu einem Fehler führen, da Zahlen und Texte ja nicht mit größer oder kleiner verglichen werden können.

Die gewünschte Sortierung soll auch noch eine **Besonderheit** haben:

- Die Zahl **42** (so sie denn in der zu sortierenden Liste auftaucht) steht immer am **Anfang** der Liste.
- Alle anderen Zahlen werden nach ihrem **Zahlenwert** sortiert.
- Bei **Strings** soll die **Länge des Strings** als Zahl für die Sortierung verwendet werden – **`"Schrödinger"`** hat elf Buchstaben, würde also wie eine 11 sortiert.

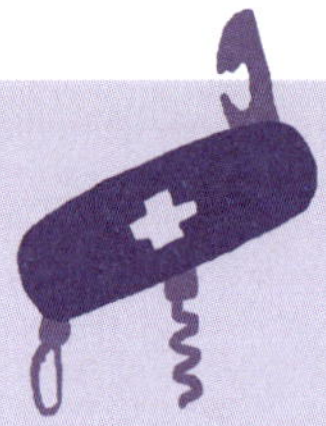

[Einfache Aufgabe]

Schreib bitte eine Funktion mit dem Namen **`magische42`**, die diese Regeln umsetzt.

Nimm einfach diese Liste dafür:

```
spam = [7, "hallo", 3, 42]
```

```
def magische42(listen_wert):
```

Erst die Definition der Funktion. Die Variable, die das jeweilige Element aus der Liste entgegennimmt, heißt passend **`listen_wert`**.

```
if listen_wert == 42:
    return -1
```

Ist der übergebene Wert **42**, wird mit **return** gleich **-1** zurückgegeben. Damit ist die **42** immer am Anfang der Liste bei positiven Zahlen. **0** wäre zu unsicher, schließlich könnte ja auch eine **0** in der Liste sein.

```
if type(listen_wert) == int:
    return listen_wert
```

Ist der übergebene Wert eine Integer-Zahl, dann wird der übergebene Wert exakt so zurückgegeben.

```
if type(listen_wert) == str:
    return len(listen_wert)
```

Ist der Wert ein String, dann wird einfach die Länge des Strings als Wert zurückgegeben.

Jetzt noch den Aufruf der Funktion und die Ausgabe!

```
spam.sort(key=magische42*1)
print(spam)
```

*1 So ist es richtig: Dem Parameter **key** wird der Name der Funktion zugewiesen – ohne weitere Parameter im Funktionsaufruf. Nicht einmal die runden Klammern werden hier angegeben.

```
[42, 3, 'hallo', 7]
```

Mit der einfachen Möglichkeit, eine Sortierung nach deinen eigenen Vorgaben zu machen, hast du ein sehr mächtiges Werkzeug an der Hand. Auch typübergreifend kannst du jetzt sortieren!

Ein Element aus der Liste holen und entfernen – »pop«

Mit **pop** holst du ein Element aus der Liste. Dieses Element wird damit dauerhaft aus der Liste **entfernt**. Ohne weitere Angabe wird das **letzte Element** der Liste entfernt. Du kannst aber auch einen Index angeben, der dann entfernt wird.

```
meine_liste = [1, 2, 3, 4, 5, 6]
meine_liste.pop()*1 # ohne Parameter
print(meine_liste)
meine_liste.pop(1)*2 # ein Index als Parameter
print(meine_liste)
entfernt = meine_liste.pop()*3 # ohne Parameter
print(entfernt)
print(meine_liste)
```

*1 Verwendest du die Methode **pop** ohne Parameter, wird das letzte Element der Liste entfernt – hier verschwindet die **6**.

*2 Gibst du beim Aufruf der Methode **pop** eine **Zahl** als Parameter an (etwas anderes ist als Parameter auch nicht erlaubt), dann wird diese Zahl als **Index** verstanden, und das Element **mit diesem Index** wird entfernt.

*3 Der jeweilige Wert verschwindet nicht einfach. Er wird als **Rückgabewert** zur Verfügung gestellt, den du einer Variablen zuweisen kannst oder wie hier zum Beispiel auch mit **print** vor dem Verschwinden ausgeben könntest.

[Zettel]
Der Index beginnt immer bei 0 und wird ohne Lücke hochgezählt. Verändert sich eine Liste, wird der Index **sofort** neu aufgebaut – wieder beginnend bei 0.

```
[1, 2, 3, 4, 5]*1
[1, 3, 4, 5]*2
5*3
[1, 3, 4]
```

Ja, wo is' er denn – »index«

Falls du wissen möchtest, **wo** sich ein Element befindet, kannst du dir mit der Methode **`index`** ausgeben lassen, an welcher Stelle bzw. hinter welchem Indexwert sich das Element versteckt.

```
spam = ["Bert", "Klaus", "John", "Pjotr"]
print(spam.index("John"))
```

Wo ist **John**? Nichts leichter als das: Es befindet sich bei Index **2**, also an der dritten Stelle.

Einfach nur löschen – »remove«

Natürlich kannst du Elemente auch ganz einfach **entfernen**. Mit der Methode **`remove`** gibst du einen **Wert** an, der dann aus der Liste entfernt wird.

```
spam = ["Hier", "Da", "Dort", "Da"]
spam.remove("Da")
print(spam)
spam.remove("Da")
print(spam)
```

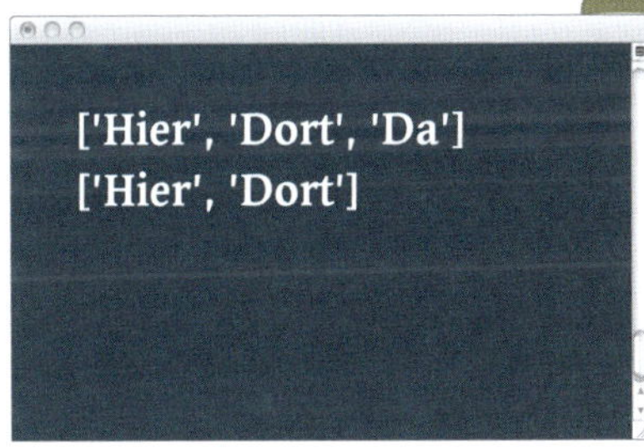

Ist ein Wert **mehrfach** in der Liste vorhanden, wird der **erste** gefundene **Wert** entfernt. Möchtest du, dass ein weiterer, gleicher Wert genauso entfernt wird, dann musst du ihn explizit mit einem weiteren **`remove`** entfernen. Im Unterschied zu **`pop`** gehst du hier über den **Wert** als Parameter und nicht über den Index. Versuchst du einen Wert zu entfernen, der gar nicht in der Liste vorhanden ist, kommt es zu einem **Fehler**. Das gleiche Problem hast du übrigens, wenn du mit **`index`** nach einem Wert suchst, der nicht in der Liste vorhanden ist.

Und was mache ich dann?

Du kannst eine Fehlerbehandlung einbauen, das kommt in **Kapitel 6**. Oder aber du **prüfst vorher**, ob der Wert in der Liste vorhanden ist.

Okay! Dann wähle ich die Prüfung – erst mal.

Alle Werte sind schon da – »count« und »in«

Die Methode **`count`** benötigt als Parameter einen **Wert**, der in der Liste vermutet wird. Dann wird überprüft (bzw. gezählt) **wie oft** dieser Wert in der Liste vorhanden ist. Die **Anzahl der Treffer** wird dir dann zurückgegeben.

```
spam = ["Hier", "Da", "Dort", "Da"]
print(spam.count("Da")*1)
print(spam.count("Irgendwo")*2)
```

*1 Hier übergibst du der Methode **`count`** den Wert **`"Da"`** und bekommst als (natürlich korrektes) Ergebnis, den Wert **2** zurück, denn genauso oft ist der gesuchte String in der Liste zu finden.

*2 Ist der gesuchte Wert in der Liste nicht vorhanden, bekommst du entsprechend den Wert **0** zurückgeliefert.

Ah, keiner zu Hause!

Es gibt noch eine **weitere Möglichkeit**, um zu überprüfen, ob ein Element in einer Liste enthalten ist, und zwar mit dem Schlüsselwort **`in`**. Das ist übrigens **keine Methode**, sondern ein **Operator** für das Arbeiten mit Listen.

```
spam = ["Links" , "Rechts", "Oben"]
print("Unten" in spam)
print("Oben" in spam)
```

Mit **`in`** fragst du ab, **ob** ein bestimmter Wert in der Liste vorhanden ist. Ist der Wert vorhanden (egal, wie oft), wird **`True`** zurückgegeben. Ansonsten – du wirst es schon erraten haben – wird **`False`** zurückgegeben.

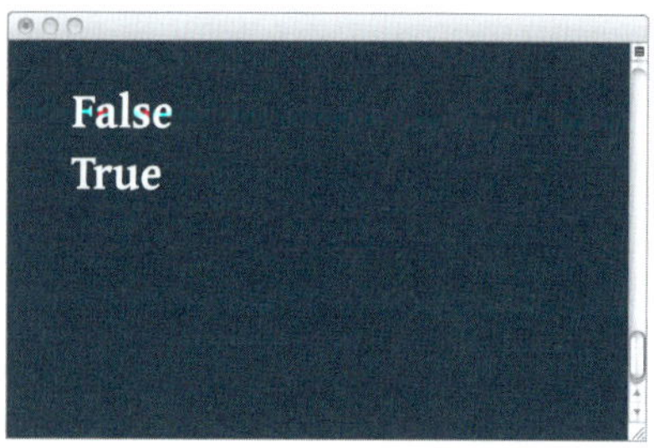

Das funktioniert wunderbar zusammen mit **`if`**, beispielsweise um eine Kontrolle zu machen, bevor du ein Listenelement löschst:

```
spam = ["Links" , "Rechts", "Oben"]
if "Unten" in spam:*1
    spam.remove("Unten")*2
if "Oben" in spam:*1
    spam.remove("Oben")*2
print(spam)
```

*1 Ist der jeweilige Wert in der Liste **vorhanden**, gibt die Bedingung **`True`** zurück, und das Element …

*2 … kann mit der Methode **`remove`** gefahrlos und vor allem ohne Fehlermeldung (und Programmabbruch) gelöscht werden.

```
['Links', 'Rechts']
```

Damit kennst du schon eine ganze Menge wichtiger Methoden für den Umgang mit Listen.

Du, die Liste und deine Vereine

Bereit, das Hornberger Elfmeterschießen vorzubereiten?!

Immer her damit! Ich und Python werden das Kind schon schaukeln!

Beim beliebten Hornberger Elfmeterschießen werden sich zahlreiche Spieler anmelden. **Deine Aufgabe** ist es, eine Möglichkeit zu schaffen, dass Vereine sich anmelden können und dann in einer Liste aufgenommen werden. Schreib einen Prototyp, der Folgendes kann:

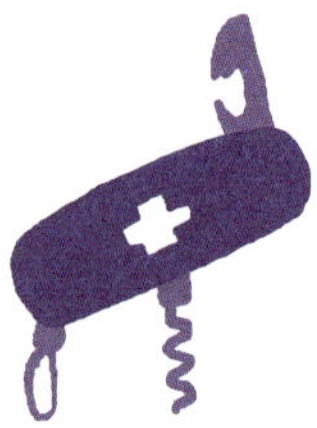

[Einfache Aufgabe]

Schreib eine **Schleife**, in der alle teilnehmenden **Vereine** eingegeben werden können. Wenn die Eingabe weniger als drei Buchstaben hat, soll das als **Ende** angesehen und die Schleife verlassen werden.

Das hier ist deine Liste. Sie hat hier noch keine Werte, muss aber vor der ersten Verwendung initialisiert werden – wenn auch als leere Liste.

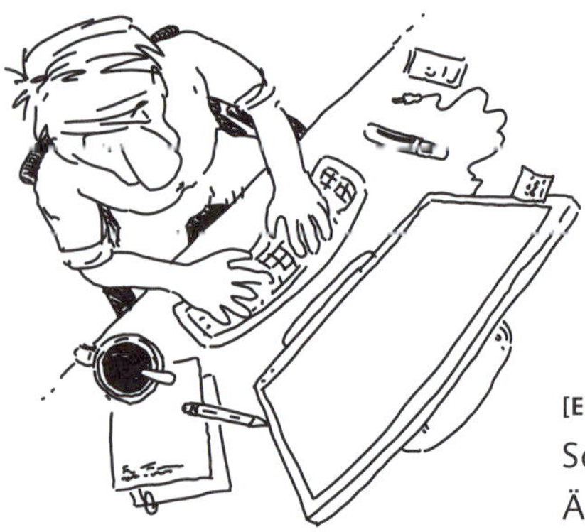

```
vereine = []
```

Du kannst auch gleich (besser zuerst) eine **ausgebende Funktion** dazuschreiben, die in deiner Schleife verwendet werden kann:

[Einfache Aufgabe]

Schreib dazu eine **Funktion**, die bei jeder Änderung aufgerufen werden kann und alle aktuell angemeldeten Vereine mit einem Index auflistet (also durchzählt). Vor der Ausgabe soll die Liste jedes Mal sortiert werden.

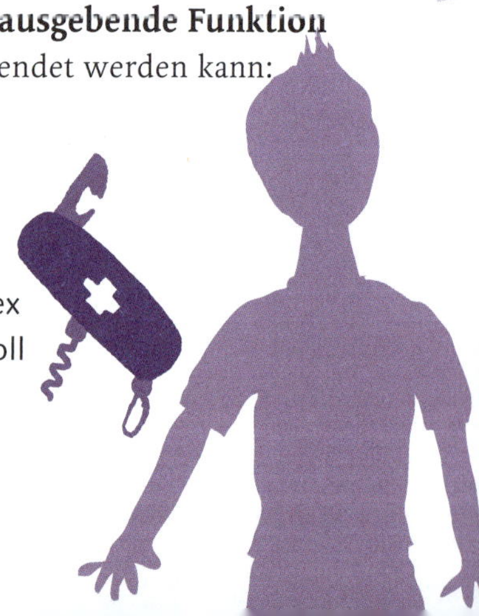

Zuerst die Funktion

```
def sortierte_liste(liste*1):
    liste.sort()*2
    zaehler = 0*3
    for element in liste:*4
        print(str(zaehler) + ": " + element)*5
        zaehler += 1*6
```

*1 Die Funktion benötigt die Liste als zu übergebenden Parameter.

*2 Hier wird die Liste sortiert. Da die Liste mit der Methode `sort` direkt verändert wird, wird **keine** Zuweisung in der Art `liste=liste.sort()` benötigt.

*3 Für die Ausgabe des Index wird hier ein Zähler definiert.

*4 In dieser Schleife wird die Liste durchlaufen. In jedem Durchlauf bekommt die Variable `element` den nächsten Wert aus der Liste.

*5 Hier wird alles zusammen ausgegeben – mit dem selbst gebauten Index bzw. mit meinem Zähler.

*6 Zum Schluss muss der Zähler noch um 1 erhöht werden.

Übrigens ...

[Belohnung]

Bei `variable += ein_wert` handelt es sich um einen sogenannten **Shorthand Operator**, der eine praktische Abkürzung von `variable = variable + ein_wert` darstellt. Das geht für alle wichtigen Rechenarten in der Form `+=`, `-=`, `*=`, `/=`, `//=`, `%=`, `**=`.

So, und jetzt noch die Schleife, in der die neu gemeldeten Vereine eingegeben werden können.

Erst schreibe ich eine `while`-Schleife mit `True` als Bedingung.

```
while True:
```

Dann folgt die Eingabe, die in einer Variablen gespeichert wird. Da von `input` immer ein String kommt, passt das – die Vereinsnamen sind ja sowieso Strings.

```
    neuer_verein = input("Neuer Verein?")
```

Wenn die Eingabe **weniger als drei Buchstaben** hat, soll die Eingabe beendet werden. Dann wird die Schleife mit einem `break` verlassen.

```
    if len(neuer_verein) < 3:
        break
```

Ansonsten geht es weiter, und der eingegebene Verein wird der Liste angehängt.

```
    vereine.append(neuer_verein)
```

Schließlich rufe ich meine obige Funktion auf – mit der aktuellen Liste als Parameter.

```
sortierte_liste(vereine)
```

Fertig!

Bin echt stolz, Schrödinger!

Weiter geht's, wie wäre es noch mit einer zweiten, ähnlichen Schleife, in der falsch eingegebene Vereine wieder gelöscht werden können?

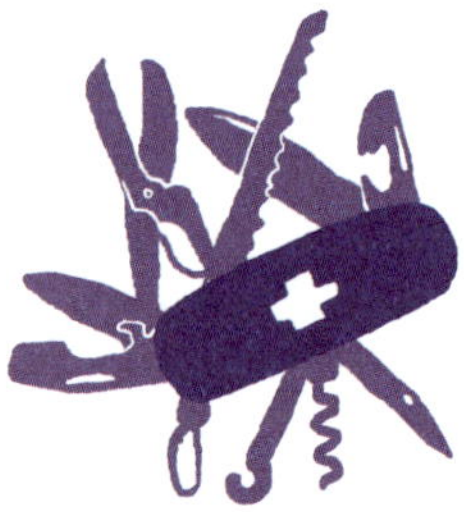

[Schwierige Aufgabe]

Schreib eine weitere Schleife, in der ein **Index** eingegeben werden kann. Ist der Index vorhanden, soll das Element gelöscht werden. Ist er es nicht, soll die Schleife verlassen werden.

Geht klar!

```
while True:
    sortierte_liste(vereine)
```

Gleicher Anfang mit einer Schleife. Erst wird die aktuelle Liste der Vereine ausgegeben – man muss ja sehen können, was man da löscht.

```
    loeschen = input("Welchen Verein löschen?")
    loeschen = int(loeschen)
```

Dann folgt die Eingabe des Index, der gelöscht werden soll. Aus dem String, der von dem **`input`** geliefert wird, wird eine Zahl gemacht.

```
    if  loeschen < len(vereine):
        vereine.pop(loeschen)
    else:
        break
```

Hier wird ganz einfach geprüft, ob es den eingegebenen Index gibt: Der größtmögliche Index ist ja immer um eins kleiner ist als die Länge der Liste – das wird im **`if`** geprüft und dann das Element gelöscht! Wenn der eingegebene Index zu groß ist, wird die Schleife verlassen.

```
sortierte_liste(vereine)
```

Und hier wird die aktuelle Liste ausgegeben.

Du siehst, Listen sind ganz schön **leistungsfähig**. Aber egal, welche Anforderungen noch kommen sollten – Python hat noch den einen oder anderen Trumpf im Ärmel.

Stell dir vor, du musst sicherstellen, dass sich jeder Verein oder jeder Spieler nur einmal als Teilnehmer eintragen kann. Du könntest das bei der Eingabe mit **`count`** oder **`in`** überprüfen, aber Python hat da etwas Besseres.

Ziemlich einmalig – das Set

Ein Set ist einer Liste sehr ähnlich – mit dem Unterschied, dass jedes Element in einem Set **einzigartig** ist. Definiert wird das Set mit **geschweiften Klammern**.

Hattest du nicht versprochen, dass Python so'n Quatsch wie geschweifte Klammern nicht braucht?

```
spam = {13, 42, 13, 7, 42}
print(spam)
```

```
{42, 13, 7}
```

Ohne dass du dich darum kümmern müsstest, verschwinden alle doppelten Elemente stillschweigend. Jeder Wert ist nur **ein einziges Mal** vorhanden, egal, wie oft du ihn wieder einfügst. Wird ein neues Element mit der Methode **`add`** hinzugefügt, ändert sich das Set also nur, wenn der übergebene Wert noch nicht vorhanden ist.

Das Set verändert sich nicht, da der Wert `42` bereits enthalten ist.

```
spam = {42, 13, 7}
spam.add(42)
```

Du bekommst übrigens keine Rückmeldung, ob ein Element schon vorhanden ist. Natürlich könntest du das mit **`in`** selbst überprüfen:

```
spam = { 42, 13, 7 }
neuer_wert = "Hallo"
if neuer_wert in*1 spam:
    print("Wert bereits vorhanden")
else:*2
    spam.add(neuer_wert)
print(spam)
```

*1 **`in`** funktioniert genauso wie bei Listen allein oder in Verbindung mit einem **`if`**.

```
{'Hallo', 42, 13, 7}
```

*2 Genau genommen bräuchtest du kein **`else`**. Du könntest das Element **in jedem Fall** noch einmal hinzufügen: das Ergebnis wäre das gleiche. In einem Set werden neue Elemente mit **`add`** nicht unbedingt am Ende angefügt, sondern irgendwo ins Set eingefügt!

Natürlich ist ein Set (genauso wie eine Liste) keine Einbahnstraße. Hast du bereits eine **Liste**, kannst du problemlos mit diesen Werten ein Set erstellen lassen.

Eine Liste. Hansi und Bernd haben es durch Schummelei geschafft, mehrfach auf die Liste zu kommen.

```
spieler = ['Hansi', 'Bernd', 'Diego', 'Hansi', 'Riccardo', 'Bernd']
```

Mit der **Funktion `set`** wird ein neues Set mit den Werten deiner Liste **zurückgegeben**. Dieses Set wird in einer Variablen gespeichert.

```
spieler_bereinigt = set(spieler)
```

Schon sind alle doppelten Werte verschwunden: Jeder Spieler ist nur noch einmal vorhanden.

```
print(spieler_bereinigt)
```

```
{'Diego', 'Riccardo', 'Bernd', 'Hansi'}
```

Die ursprüngliche Liste **`spieler`** bleibt dabei **unverändert**! Es wurde nur mit den Werten dieser Liste gearbeitet. Es spricht aber nichts dagegen, aus einem Set wieder eine Liste zu machen:

```
spieler = list(spieler_bereinigt)
print(spieler)
```

```
['Diego', 'Riccardo', 'Bernd', 'Hansi']
```

Ein Set ist übrigens immer **unsortiert**. Es gibt auch **keine Möglichkeit**, ein Set sortieren zu lassen. Was du allerdings machen kannst, ist, dir mit der Funktion **`sorted`** eine **sortierte Liste** mit den Werten deines Sets zurückgeben zu lassen. Das Set selbst bleibt dabei aber unverändert.

Tupel – in Stein gemeißelte Listen

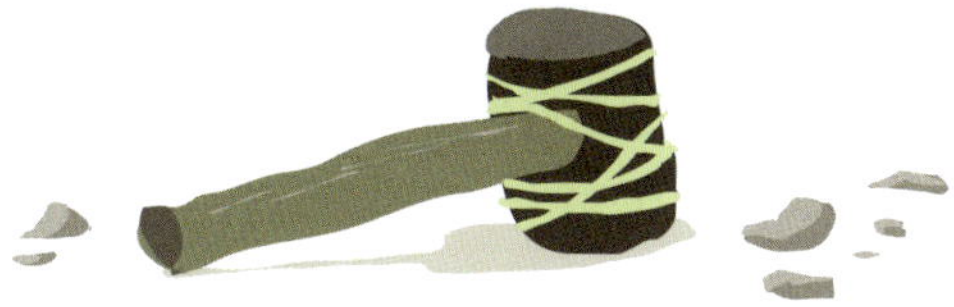

Tupel bzw. `tuple` sind so etwas wie die direkten Verwandten von Listen. Sie sehen etwas anders aus, sie haben nämlich bei der Initialisierung entweder **keine** oder **runde Klammern**. Und sie verhalten sich auch etwas anders – sie sind nämlich **unveränderlich**, was in der Programmierung als **immutable** bezeichnet wird. Nachdem du also ein Tupel angelegt hast, zum Beispiel so …

```
ein_tupel = (2, 4, 8, 13)
noch_ein_tupel = "Eins", "Zwei", "Sieben"
```

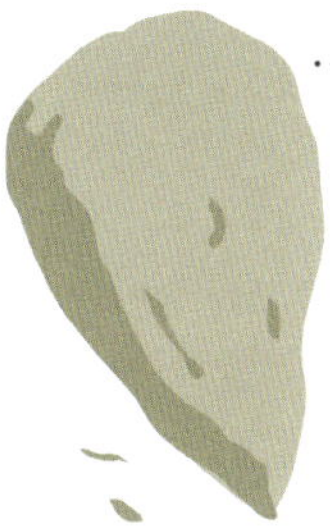

…, kannst du problemlos **lesend** auf diese beiden Tupel zugreifen:

```
print(ein_tupel)
print(ein_tupel[0])
print(ein_tupel[1:3])
print(noch_ein_tupel)
```

```
(2, 4, 8, 13)
2
(4, 8)
('Eins', 'Zwei', 'Sieben')
```

Auch die **Länge**, das größte (oder kleinste) Element kannst du auslesen (wenn die enthaltenen Elemente vergleichbar sind). Und genauso kannst du **prüfen**, ob ein bestimmtes Element enthalten ist, und alle Daten **durchlaufen**:

```
print(len(ein_tupel))
print(max(ein_tupel))
print(42 in ein_tupel)
for element in ein_tupel:
    print("Ein Element:", element)
```

```
4
13
False
Ein Element: 2
Ein Element: 4
Ein Element: 8
Ein Element: 13
```

Nur das **Schreiben** funktioniert nicht (genauso wenig wie das **Sortieren**) und wird mit einer Fehlermeldung quittiert:

```
ein_tupel[1] = 42
```

X

```
Traceback (most recent call last):
File "/Desktop/duUndDeinTuple.py", line 11, in <module>
  ein_tupel[1] = 42
TypeError: 'tuple' object does not support item assignment
```

Das klingt mal nicht so besonders vorteilhaft!?

Weil es unveränderlich ist, kann Python wesentlich effizienter und **schneller** mit so einem **Tupel** arbeiten als mit einer **variablen Liste**. Wenn es also um **Performance** geht, kann ein Tupel eine gute Wahl sein. Und in vielen Fällen ist es auch gar nicht notwendig (oder **erwünscht**), dass Daten veränderlich sind. Die Zustände einer Ampel sind ziemlich eindeutig und sollten und müssen gar nicht mehr verändert werden:

```
ampel = 'rot', 'gelb', 'grün'
```

Hieran wird sich in absehbarer Zeit wohl kaum etwas ändern …

Aber da kann ich doch auch selbst darauf achten?!

Natürlich, aber du glaubst gar nicht, wie schnell es in umfangreichen Programmen passiert, dass du an so etwas nicht denkst. So ein Tupel **dokumentiert** in jedem Programm (und bei jedem Schreibversuch) ganz laut: **Finger weg! Nicht verändern!**

Bei **Funktionen** hast du sogar schon mit dem **Tupel** gearbeitet: Gibst du mit **`return`** aus einer Funktion **mehrere Werte** zurück, handelt es sich (für Python) gar nicht um mehrere, einzelne Werte, sondern um ein **Tupel**.

```
def spam(wert):
    return wert, wert*2, wert*3
a, b, c = spam(10)*1
print(spam(42))*2
```

*1 Das hattest du ja schon kennengelernt: Mehrere Rückgabewerte (also ein Tupel!) einer Funktion kannst du direkt einer **entsprechenden Anzahl** von Variablen zuordnen.

*2 Gibst du so »einen« Rückgabewert direkt aus oder weist ihn einer Variablen zu, siehst du, dass Python hier mit einem **Tupel** arbeitet, gut zu erkennen an den **runden Klammern**.

```
(42, 84, 126)*2
```

Moment mal, wie war das mit »immutable«?

```
ein_tupel = (2, 4, 8, 16)
print(ein_tupel)
ein_tupel = ("Ich", "bin", "Schrödinger")
print(ein_tupel)
```

```
(2, 4, 8, 16)
('Ich', 'bin', 'Schrödinger')
```

Ganz einfach, Schrödinger. Du kannst einer **Variablen** jederzeit einen ganz anderen Wert zuweisen: Ein anderes Tupel, eine Zahl oder einen String (oder sonst etwas).

Das Tupel selbst kann aber **nicht verändert** werden. Bei einer **Liste** kannst du Werte anhängen, entfernen oder alles sortieren. Das Tupel ist gegen solche Veränderungen **immun** und quittiert entsprechende Versuche mit einer **Fehlermeldung**. Natürlich kannst du mit einem Tupel (oder Teilen davon) wieder ein neues Tupel »bauen« und einer Variablen zuweisen – das Tupel selbst kann (nach der Initialisierung) aber nicht mehr verändert werden.

Du und deine Tore – gut gespeichert im Dictionary

Python wäre nicht Python, wenn es dir nicht

noch ausgefeiltere Möglichkeiten

bieten würde, Daten zu speichern. Stell dir einmal vor, du willst alle **Spieler** in einer Liste speichern **und dazu** jeweils auch ihr **Ergebnis** beim Elfmeterschießen.

Das wär schon ganz cool!

Das ist der Moment, in dem das **Dictionary** ins Spiel kommt. Grundsätzlich ist es einer Liste ähnlich. Du speicherst darin aber nicht nur Werte, sondern **Schlüssel und Werte –** immer als festes Paar!

Es gibt also **keinen** automatisch generierten und rein numerischen **Index**, der sich bei der Bearbeitung der Liste ändern kann. Anstelle des Index gibt es zu jedem Wert einen Schlüssel. Dieser Schlüssel ist **eindeutig** und vor allem auch **einmalig** im Dictionary. Diesen Schlüssel legst du selbst fest. Diesen Schlüssel gibst du immer an, wenn du einen Wert lesen oder verändern willst.

In unserem Fall, um die Spieler und ihre Treffer zu speichern, würden sich als **Schlüssel** die **Namen der Spieler** anbieten. Die jeweils zugehörigen **Werte** wären dann die Anzahl der **Tore**, die jeder Spieler geschossen hat.

In einer Liste könntest du dir alle Ergebnisse speichern, aber du hättest nur einen numerischen Index, doch keine Information darüber, zu welchem Spieler das jeweilige Ergebnis gehört. Ganz anders beim Dictionary, wo du immer einen **eindeutigen Schlüssel** zu jedem Wert hast.

Liste mit Index	Dictionary mit Schlussel
0 → 3	John → 3
1 → 0	Schrödinger → 0

Das kann so aussehen:

```
ergebnis_11_meter*1 = {*2 "John": 3*3,*4 "Schrödinger": 0 }*2
```

*1 Natürlich brauchen wir eine Variable, die unser Dictionary aufnimmt.

*2 Die **geschweiften Klammern** sind das »Markenzeichen« unseres Dictionarys.

*3 Die Schlüssel-Wert-Paare sind immer zwei (beliebige) Werte, die mit einem **Doppelpunkt** verbunden sind.

*4 Die Paare sind ganz klassisch durch ein Komma voneinander getrennt.

Das mit den fertigen Ergebnissen im Quellcode ist natürlich nur ein **Beispiel**. In einem richtigen Programm würde es nicht unbedingt Sinn machen, solche veränderlichen Ergebnisse fest einzuprogrammieren. Du würdest mit einem **leeren Dictionary** beginnen:

*1 Hier initialisieren wir ein **leeres** Dictionary mit genauso leeren, **geschweiften** Klammern.

```
spam = {}*1
schluessel = input("Gib den Schlüssel ein: ")*2
wert = input("Zugehöriger Wert: ")*2
spam[schluessel]*3 = wert*4
print(spam)
```

*2 Wir geben zwei Werte mithilfe von `input` ein, die wir als **Schlüssel** und **Wert** verwenden werden.

*3 Für die Zuweisung wird der **Schlüssel** in eckigen Klammern bei dem Variablennamen (des Dictionarys) angegeben.

*4 Der Wert wird dann wie gewohnt zugewiesen.

Das kann dann so aussehen:

```
Gib den Schlüssel ein: John
Zugehöriger Wert: 3
{'John': '3'}
```

Und welche Methoden gibt es für so ein Dictionary?

Werte auslesen mit »get«

Erst mal das **Lesen**. Dafür gibt es zwei Möglichkeiten, entweder direkt mit Angabe des Schlüssels in **eckigen Klammern** oder mit der Methode `get`. Bei der Methode `get` gibst du den Schlüssel in runden Klammern an – so wie bei Methoden und Funktionen üblich.

*1 Das ist die – sagen wir – direkte Möglichkeit, auf Werte zuzugreifen.

```
spam = ergebnis_11_meter['John']*1
eggs = ergebnis_11_meter.get('Schrödinger')*2
print(spam, eggs)
```

*2 Genauso gut geht es mit der Methode `get`. Du musst immer darauf achten, dass die Schlüssel (wenn sie Strings sind) auch wie Strings in den Klammern geschrieben werden – mit Anführungszeichen.

```
3 0
```

Ist es egal, wie ich die Elemente auslese?

Die Methode `get` hat einen Vorteil: Gibt es den entsprechenden Schlüssel nicht, dann wird als Ergebnis `None` zurückgegeben, und das Programm läuft ohne Fehler weiter. Beim direkten Aufruf (ohne `get`) kommt es hingegen zu einem Fehler (genauer gesagt zu einem `KeyError`), wenn der angegebene Schlüssel **nicht vorhanden** ist.

Zeigt her eure Werte – alle Werte eines Dictionarys ausgeben

Natürlich kannst du in einem Programm gar nicht wissen, welche Schlüssel es einmal geben wird. Deshalb kannst du dein Dictionary mit der `for`-Schleife durchlaufen, und es werden dir nacheinander alle **Schlüssel** ausgegeben:

```
ergebnis_11_meter = { "John": 3, "Schrödinger": 0 }
for schluessel in ergebnis_11_meter:
    print(schluessel)
```

```
John
Schrödinger
```

Und wie bekomme ich dazu noch die zugehörigen Werte?

Ganz einfach, indem du über den Schlüssel auf den Wert zugreifst. Etwas weiter vorne hatten wir das ja gemacht.

[Einfache Aufgabe]

Erweitere die Schleife so, dass der zugehörige Wert ausgegeben wird.

Okay, das kriege ich hin!

```
for schluessel in ergebnis_11_meter:
    print(schluessel*1, ergebnis_11_meter[schluessel]*2)
```

Die Schleife bleibt unverändert. Nur innerhalb der Schleife muss gleich über den Schlüssel auf den Wert zugegriffen werden.

*1 Zu der Ausgabe des Schlüssels (hier der Spieler), kommt noch die Ausgabe des zugehörigen Wertes hinzu, …

*2 … indem über die Liste **`ergebnis_11_meter`** über den Schlüssel auf den Wert zugegriffen wird.

So werden die beiden Angaben, Schlüssel und Wert bzw. Spieler und Tore, mit **`print`** ausgegeben:

```
John 3
Schrödinger 0
```

Gut, das kannst du sicher noch etwas aufpeppen!

[Einfache Aufgabe]

Gib noch etwas erklärenden Text in `print` aus und formatiere den Code so, dass er übersichtlich bleibt.

```
for schluessel in ergebnis_11_meter:
    print("Spieler"*1, schluessel,*2
          "hat", ergebnis_11_meter[schluessel],*2
          "Tore geschossen."
          )
```

*1 Zwischen jedem Element wird von `print` standardmäßig ein Leereichen gesetzt. Es müssen also nur die Texte zusammengefügt werden.

*2 Innerhalb von runden Klammern kannst du zwischen den Kommas fast beliebige Umbrüche machen. Etwas einheitlich soll es aber schon sein.

```
Spieler John hat 3 Tore geschossen.
Spieler Schrödinger hat 0 Tore geschossen.
```

Zu guter Letzt: Es gibt noch eine weitere Möglichkeit, auf die Eintragungen im Dictionary zuzugreifen.

Die Methode `items` liefert dir mit der `for`-Schleife ein Tupel zurück, das die beiden zusammengehörenden Elemente Schlüssel und Wert zur Verfügung stellt. Mit dem Tupel kannst du entweder direkt arbeiten oder du teilst es passend auf zwei Variablen auf:

```
for ein_tupel in ergebnis_11_meter.items():
    print(ein_tupel)
```

```
('John', 3)
('Schrödinger', 0)
```

Die Methode `items` liefert dir in jedem Durchlauf ein **Tupel** zurück, das hier in einer Variablen gespeichert und wieder als Tupel ausgegeben wird.

```
for spieler, ergebnis*1 in ergebnis_11_meter.items():
    print(spieler, ergebnis*1)
```

```
John 3
Schrödinger 0
```

*1 Das geht natürlich auch. Du teilst das zurückgelieferte Tupel passend in **zwei Variablen** auf und arbeitest mit diesen Variablen weiter.

Was hast du gelernt? Was haben wir gemacht?

Lass uns kurz rekapitulieren …

Du hast **Listen** kennengelernt, Listen, mit denen du ganze Horden zusammengehöriger Werte verwalten kannst. Du greifst auf die einzelnen Elemente über den **Index** zu.

Zum Glück ist die Formatierung bzw. die Einrückung innerhalb der Klammern einer Liste weitgehend dir selbst überlassen.

Du hast Funktionen wie **`len`**, **`max`** oder **`min`** kennengelernt, die dir Informationen über die enthaltenen Daten liefern. Und du hast **Methoden** kennengelernt. Bei Methoden handelt es sich um eine besondere Art von Funktionen: Methoden kommen aus der Welt der **Klassen** und **Objekte**. Und da eigentlich fast alles in Python aus **Objekten** besteht, ist es nur normal, auch mit Methoden zu arbeiten.

Du hast die **`for`**-Schleife kennengelernt, mit der du über Listen **iterieren** kannst, sie also durchläufst und auf die einzelnen Werte zugreifst. Mit **`range`** kannst du dir auch sogenannte Zählschleifen mit unterschiedlichen Schrittweisen bauen.

Listen sind aber noch nicht alles – mit **Sets** stellst du sicher, dass kein Wert doppelt vorhanden ist. **Tupel** hingegen sind quasi in Stein gemeißelt und lassen keine Änderungen nach der Initialisierung zu. Ein Dictionary wiederum arbeitet mit **Schlüssel-Wert**-Paaren.

Texte verändern und bearbeiten

— FÜNF —

Text, Strings und Abenteurer

Strings, also Texte, hast du ja schon kennengelernt. Aber tatsächlich kannst du damit wesentlich mehr machen als du bisher gesehen hast. Egal ob es sich um ein- oder mehrzeilige Texte handelt – mit Hilfe sogenannter Methoden kannst du suchen, Texte teilen, verknüpfen oder überprüfen.

Schrödinger, wach auf.
Da ist Post gekommen. Von deinem Bruder, dem Archäologen.

Lieber Bruder,

… also, da müssen Ordner und Dateien umbenannt werden. Du weißt ja, das uralte Computersystem des Museums, ein DeepThought, Modell 42, kann nur Datei- und Ordnernamen mit 8 Zeichen und ohne Sonderzeichen verarbeiten.
Dazu müssen dringend die Bezeichnungen der Bilder und Dateien der Ausgrabungsstücke umformatiert werden. Sie müssen neu generiert werden, sodass die wichtigsten Daten in den Namen erhalten bleiben, sie aber in die 8-Zeichen-Beschränkung passen …

Wie soll ich das nur machen? Er kommt schon in der nächsten Woche!

Aber Schrödinger, mit Python ist das kein Problem!

Wir beschäftigen uns in diesem Kapitel mit Texten, also mit Strings. Damit bekommst du in kürzester Zeit das Wissen, um alles korrekt umbenennen zu können und Texte be- und verarbeiten zu können. Du wirst damit der Indiana Jones der Textoperationen. Das ist die ideale Vorbereitung, bevor wir uns um Dateioperationen kümmern. Lass uns anfangen!

[Zettel]
Die Begriffe String und Text werden hier weitgehend synonym verwendet. String ist im Gegensatz zu Text eine vielleicht etwas technischere Bezeichnung für Texte.

Wir rekapitulieren kurz und erweitern dein bisheriges Wissen auch gleich etwas. **Texte**, also **Strings**, sind ein oder mehrere Zeichen, die (jeweils einheitlich) von einfachen oder doppelten **Anführungszeichen** umschlossen werden:

```
'Hallo Welt'
"Ich bin auch ein String"
```

Meist werden solche Texte mit **`print`** ausgegeben oder einer Variablen zugewiesen. Es ist auch möglich, Strings »einfach so« in den Quelltext zu schreiben – ganz ohne **`print`** oder Zuweisung. Das kannst du dir zunutze machen, um beispielsweise Kommentare zu schreiben.

Einen **mehrzeiligen Text** kannst du schreiben, indem du **dreifache** Anführungszeichen am Anfang und am Ende des Strings schreibst:

```
ein_satz = '''Hallo
Welt, hallo
Schrödinger!'''
print(ein_satz)
```

Du kannst den Text über beliebig viele Zeilen schreiben. Die Zeilenumbrüche bleiben genauso erhalten, wie sie im Text geschrieben wurden.

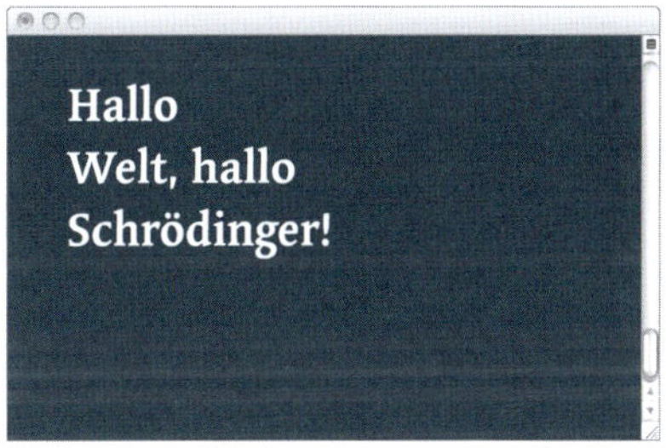

Dreifache Anführungszeichen hast du ja auch schon kennengelernt, um **Blockkommentare** in Funktionen zu schreiben, die du mit **`help()`** auslesen kannst. So kannst du auch komfortabel längere Kommentare an beliebige Stellen in deinen Programmen schreiben. Natürlich musst du darauf achten, dass zumindest der Anfang deines Strings **so eingerückt** ist, wie der andere, zugehörige Code.

```
if spam > eggs:
    '''Ich bin nur*1
 ein Beispiel'''*2
    print("Auch nur ein Beispiel")
```

*1 Der Anfang des mehrzeiligen Strings muss genauso weit eingerückt sein wie die anderen zugehörigen Zeilen.

*2 Die folgenden Zeilen des Strings sind (eben als Text) nicht an die Einrückungen gebunden.

Die dreifachen Anführungszeichen sind auch sehr hilfreich, um mehrzeilige Codepassagen »mal eben« **auszukommentieren** – gerade beim Ausprobieren und Testen ist das eine super Sache.

```
eingabe = input("Zahl?")*3
"""*2
eingabe = int(eingabe)*1
for i in range(eingabe):
    print(i)
"""*2
print("Die Eingabe war", eingabe)*3
```

*1 Dieser Programmteil wird gerade nicht benötigt? Er stört vielleicht beim Ausprobieren oder beim schnellen Testen?

*2 Dann musst du nur vor und am Ende des »störenden« Teils die dreifachen Anführungszeichen schreiben. Schon ist dieser Teil irgendein beliebiger Text, der nicht weiter beachtet wird.

*3 Nur noch diese Teile werden ausgeführt.

Die (mehrzeiligen) Strings werden bei der Verwendung als Kommentare und zum Auskommentieren von Programmcode natürlich ein klein wenig »zweckentfremdet«, aber wie sagt das Zen of Python so schön:

»Special cases aren't special enough to break the rules. – Spezialfälle sind nicht speziell genug, um die Regeln zu brechen.«

Aber das Zen of Python sagt ja auch: »Although practicality beats purity. – Wobei das Praktische über die reine Lehre siegt.«

Hilfreich wie eine Machete im Dschungel – der Backslash »\«

Du kannst einen mehrzeiligen Text auch schreiben, indem du am Ende jeder Textzeile einen Backslash \ schreibst. In dieser Zeile darf dahinter aber **kein anderes Zeichen** mehr stehen also kein Anführungszeichen, **kein Leerzeichen**, nicht einmal ein Kommentar ist dahinter erlaubt. Das sieht dann so aus:

```
'Hallo \*1
Welt'
"Ich bin auch\*1
 ein String"
```

*1 Der Zeilenumbruch wird im Gegensatz zu Texten mit drei Anführungszeichen **nicht** in den Text übernommen. Auch der Backslash am Ende der Zeile ist im fertigen Text auch nicht mehr vorhanden.

[Zettel]
Einen Zeilenumbruch, der in den Text übernommen werden soll, kannst du immer mit **\n** an jede beliebige Stelle schreiben. Der Backslash **** mit dem **n** steht für **newline**, also neue Zeile. Falls du innerhalb eines Strings tatsächlich einen Backslash schreiben willst, der natürlich nicht mit einem Zeilenumbruch verwechselt werden darf, machst du das mit einem doppelten Backslash ****. Das sind sogenannte **Escape-Sequenzen**.

In der **Zeile** nach einem einfachen Backslash spielt es keine Rolle, wie weit diese **eingerückt** ist. Denn für Python ist das so, als wäre alles in **einer gemeinsamen Zeile**.

```
while True:
    print("Hallo \
Welt")
    break
```

*1 Python tut so, als wäre hier gar kein Zeilenende.

Aber denk dran: Rückst du den Text nach der ersten Zeile ein, damit der Quellcode etwas ordentlicher aussieht, hast du auch die entsprechenden Leerzeichen im Text!

[Hintergrundinfo]
Das **Geheimnis** des einfachen Backslashs **als letztes Zeichen einer Zeile** liegt darin, dass Python so tut, als wäre da gar **kein Zeilenumbruch**. Für Python steht alles in einer Zeile!

Moment ...!
Geht das nur bei Texten oder funktioniert das auch sonst?

Pst, Schrödinger … Tatsächlich funktioniert das wirklich **überall** im Quellcode. Das solltest du aber mit **Vorsicht** einsetzen, da man damit auch so etwas machen könnte:

```
if \
        25>1:
     print\
("hallo")
```

Nicht alles, was möglich ist, ist auch sinnvoll!

Texte zusammenfügen

Texte können fast beliebig zu einem neuen, großen Text zusammengefügt und dann ausgegeben oder einer Variablen zugewiesen werden. Das geht entweder mit dem **+**-Zeichen oder direkt zwischen Literalen sogar ohne.

```
spam = "Hallo " + "Schrödinger"*1
eggs = "Wie " 'geht ' "es so?"*2
print(spam)
print(eggs)
```

*1 Hier werden **zwei Strings** mit einem **+** verkettet. Das Ergebnis wird der Variablen **spam** zugewiesen.

*2 Hier passiert fast das Gleiche – nur haben wir uns das **+** gespart. Die unterschiedlichen Anführungszeichen sind nur zur besseren Ansicht verwendet worden.

Das Ergebnis sieht dann so aus:

```
Hallo Schrödinger
Wie geht es so?
```

Du kannst auf das **+** als Verkettungszeichen nur direkt zwischen **String-Literalen** (also echten Zeichenketten) verzichten.

Das hier geht also nicht:

```
spam = "Hallo "
eggs = spam "Schrödinger"X
```

Zwischen einer Variablen und einem Literal muss ein **+**-Zeichen stehen!

So geht es aber wieder:

```
spam = "Hallo "
eggs = spam + "Schrödinger" "!"
```

Zwischen der Variablen und dem Literal steht ein notwendiges **+**-Zeichen. In der gleichen Operation kannst du aber zwischen den beiden **Literalen** auf das **+**-Zeichen **verzichten**.

Mit einem **Backslash am Zeilenende** geht dann auch so etwas:

So kannst du Texte **übersichtlich formatiert** über mehrere Zeilen schreiben, ohne überflüssige Leerzeichen zu haben.

```
eggs = "Wie "\
       "geht "\
       "es so?"
print(eggs)
```

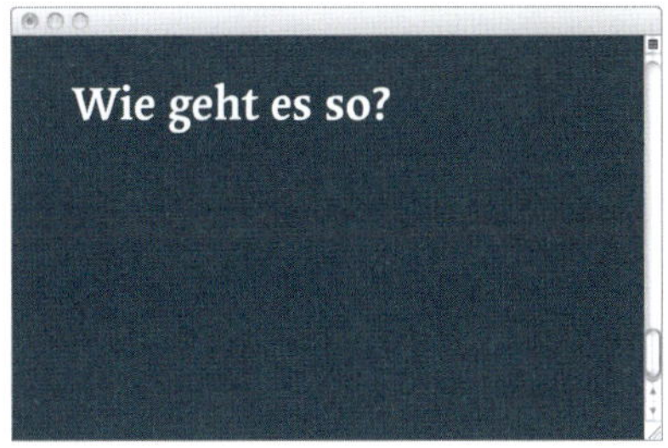

Aber wofür ist das denn gut?

In der Programmierung kommt es beispielsweise recht häufig vor, dass längere SQL-Abfragen (eine Abfragesprache für Datenbanken) als Text angegeben werden müssen. Diese Abfragen können lang und komplex sein. So aber kannst du auch solche Abfragen **im Quellcode lesbar** halten.

So kann eine einfache SQL-Abfrage aussehen. Dank des Backslashs am Zeilenende und der hier erlaubten Einrückung bleibt alles gut lesbar.

```
abfrage = "SELECT id, phase *1"\
          "FROM 'dateien' *1"\
          "WHERE geprueft = '1';"
```

*1 Hier musst du selbst auf notwendige Leerzeichen achten, damit dir die einzelnen Textteile nicht Wort an Wort zusammenkleben.

[Zettel]
Denk immer daran, dass du dich beim **Zusammenfügen** von Texten selbst um vielleicht **notwendige Leerzeichen** kümmern musst.

Und zu guter Letzt kannst du **Texte** nicht nur zusammenfügen, sondern auch (wie du schon gesehen hast) **multiplizieren**. Der so verwendete Text wird dann entsprechend oft wiederholt. Das kann dann mit `print` ausgegeben, in einer beliebigen Operation verwendet oder einer Variablen zugewiesen werden. Strings dürfen dabei nur mit **Integer-Werten** multipliziert werden. Dabei spielt es natürlich keine Rolle, ob der Wert als Literal, zum Beispiel `42`, oder als Variable verwendet wird.

Übung macht den Meister

[Einfache Aufgabe]

Schau dir die folgenden Variablen an. Streich bitte alles, was einen Fehler hat. Aus den anderen Variablen bilde bitte den Satz **`"Hallo Schrödinger"`**.

- `t = " "`
- `s = "Ha"`
- `f = "Schrödinger'`
- `i = "o"`
- `l = 3`
- `z = "Schrö"`
- `d = 2`
- `a = "Ha" "l" * 2 "o"`
- `b = "Schrö"`
  `"dinger"`
- `p = "l" * d`
- `v = "Ha" "l" * 2 + "o"`
- `e = "dinger"`
- `d = "Ha" + zeichen`

Die Lösung ist

```
print(s + p + i + t + z + e)
```

a ist falsch, weil ein **+** zwischen der Zahl und dem **o** fehlt.

b ist auch falsch, es müsste ein Backslash am Ende der ersten Zeile stehen. Und auch **d** ist falsch, weil es die Variable **zeichen** gar nicht gibt. Auch **f** ist falsch, weil dort unterschiedliche Anführungszeichen verwendet werden.

v passt übrigens nicht in die Lösung. Probiere es ruhig aus.

Die erste Aufgabe – Umbenennen von Dateinamen

Fangen wir an Schrödinger, es wartet Arbeit auf dich!

Was ist zu tun, um die Dateinamen so umzubenennen, wie es dein Bruder braucht?

- Alle Dateinamen bestehen aus unterschiedlich vielen Buchstaben am Anfang, irgendwo im Namen stehen zwei Ziffern zwischen Bindestrichen und dann weitere Buchstaben. Dann kommt ein Punkt und mit drei Buchstaben die Dateiendung.
- Die Dateinamen sind in den meisten Fällen zu lang. Alle Dateinamen, die länger als 8 Zeichen sind (ohne die Dateiendung), müssen gekürzt werden auf 8 Zeichen.
- Jeder Dateiname hat eine zweistellige Zahl mitten im Namen. Diese Zahl soll in den neuen Dateinamen übernommen werden.
- Alle Dateinamen müssen kleingeschrieben sein.

Drei Beispiele:

- Aus **Grabung-42-Ebene1.JPG** soll demnach **grabun42.jpg** werden.
- Aus **Grabung-92-Höhle92.pdf** soll **grabun92.pdf** werden.
- Aus **Dschungel-42-Gebäude17.Jpg** soll **dschun42.jpg** werden.

Dateien?

Länge von Dateinamen?

Teile von Texten, Zahlen, große und kleine Buchstaben?!

Wie soll ich das alles machen?

Kein Problem, Schrödinger.

In diesem Kapitel wirst du alles über Texte und die Bearbeitung von Texten lernen. Und das Beste ist: Das meiste, das wir brauchen, kennst du schon!

Verwechselst du mich mit jemandem?

Erinnerst du dich noch an das Kapitel mit den **Listen**? Da ging es doch auch um **Tupel**, um unveränderliche, listenartige Sammlungen von Elementen. Ein String ist genau genommen nur eine spezielle Art eines Tupels! Praktisch alles, was du mit einem Tupel machen kannst, funktioniert auch mit einem String!

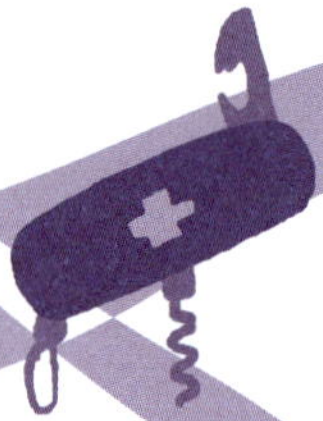

[Einfache Aufgabe]
Wie lang ist demnach dieser String bzw. Dateiname: **Grabung-42-Ebene1.JPG**?

Kleiner Tipp:

Versuch's mal mit der Funktion `len`, die du von Listen her kennst.

```
datei_name = "Grabung-42-Ebene1.JPG"
print(len(datei_name))
```

Du kannst es abzählen, Python gibt hier korrekt 21 aus.

Du siehst, die Funktion `len` funktioniert bei einem **String** genauso wie bei einer Liste bzw. wie bei einem **Tupel**. So könntest du schon einmal feststellen, ob ein Dateiname zu lang ist.

Wenn ein Dateiname zu lang ist, musst du die ersten 6 Buchstaben nehmen und die beiden mittleren Ziffern. Zudem brauchst du den Punkt und die Dateiendung.

[Einfache Aufgabe]
Nimm die ersten 6 Zeichen und speichere sie in einer Variablen `anfang`.

Auch hier funktioniert alles wie bei den Listen und Tupeln:

Du lässt dir alles vom Indexwert 0 bis ausschließlich des Indexwertes 6 zurückgeben. Da es mit dem Indexwert 0 losgeht, haben wir ja bereits mit Indexwert 5 alle gewünschten 6 Zeichen zusammen.

```
anfang = datei_name[0:6]
print(anfang)
```

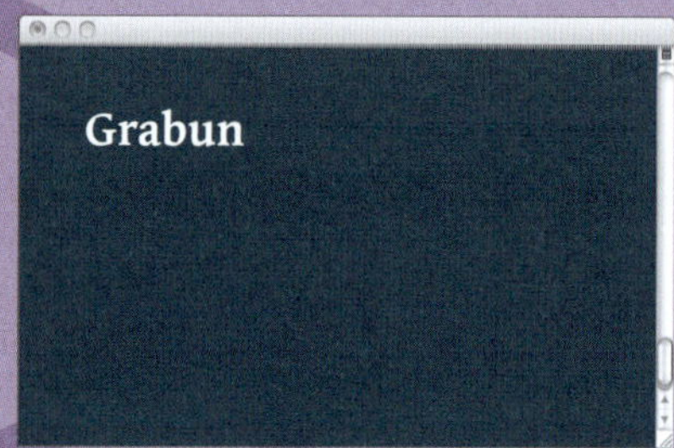

Wie bei Listen und Tupeln gibt dir diese Anweisung die ersten **6 Zeichen** zurück. Ist der String kürzer als 6 Zeichen, gibt es übrigens keinen Fehler.

[Einfache Aufgabe]

Lass dir jetzt die letzten 3 Zeichen, die Dateiendung, zurückgeben und speichere sie in der Variablen **ende**.

```
ende = datei_name[-3:]*1
print(ende)
```

*1 Mit **-3** lässt du dir vom drittletzten Zeichen von links bis zum Ende (da hinter dem Doppelpunkt nichts angegeben ist) alles zurückgeben – schon hast du die Dateiendung.

Jetzt hast du den Anfang des neuen Namens und dazu die Dateiendung. Den Punkt kannst du selbst in den neuen Namen schreiben. Was du jetzt noch brauchst, sind die **Zahlen** innerhalb des Namens.

Und wie kann ich die rauskriegen?

Mit der Methode **index** lässt du dir ausgeben, wo sich der (erste) Bindestrich befindet – und dann nimmst du einfach die beiden folgenden Zeichen, bei denen es sich ja um die Ziffern handelt!

```
trenner = datei_name.index('-')
```

Die Methode gibt den Index zurück, hinter dem sich der erste Bindestrich befindet. In unserem Fall ist das der Index **7**.

Dann musst du dir nur noch die beiden folgenden Zeichen über den Index zurückgeben lassen.

```
zahlen = datei_name[trenner+1*1:trenner+3*2]
print(zahlen)
```

*1 Du willst ja nicht den Bindestrich, sondern das folgende Zeichen, also nimmst du den gefundenen Index **+1**.

*2 Die zweite angegebene Stelle nach dem Doppelpunkt ist ja immer **exklusiv**, also holst du dir alles bis zur nächsten Ziffer mit dem Index **+3**.

Das sieht gut aus!

Damit hast du alles, was du brauchst. Moment, vielleicht eine Sache noch …

Die richtige Ausrüstung für den Textdschungel – hilfreiche Methoden

... eine **Handvoll Methoden**, die dir Python zur Verfügung stellt und die dir durch den Dschungel der Textbearbeitung helfen.

Fangen wir an mit der **Groß- und Kleinschreibung**. Es ist ein Leichtes, die Großschreibung (oder Kleinschreibung) eines Strings zu ändern und den String groß oder klein zu machen.

Wobei: Genauer gesagt werden die Strings gar nicht verändert! Es wird immer ein veränderter String zurückgegeben.

[Hintergrundinfo]

Strings sind wie Tupel unveränderlich, **immutable**. Du kannst dir aber einen veränderten String zurückgeben lassen und mit diesem veränderten String weiterarbeiten bzw. ihn auch der ursprünglichen Variablen zuweisen.

Es genügt also nicht, die Methode aufzurufen, du musst den zurückgegebenen Wert entweder direkt verwenden (zum Beispiel in einer Operation) oder ihn in einer Variablen speichern. Speicherst du den zurückgegebenen String in der gleichen Variablen, ist es letztendlich so, als hättest du den String tatsächlich verändert.

Sehen wir uns das Ganze an ein paar Methoden an, die den **Case**, also die Groß- und Kleinschreibung, ändern.

Du musst einen String so verändern, dass alle Buchstaben kleingeschrieben sind? K(l)ein Problem dank **lower**.

*2 Diesen veränderten String speicherst du in der Variablen **eggs**.

```
spam = "Schrödinger, der Held des Dschungels."
eggs =*2 spam.lower()*1
print(eggs, spam*3, sep='\n')*4
```

*1 Bei deiner Variablen **spam** wird die Methode **lower** aufgerufen. Die Methode nimmt den gespeicherten String, verändert ihn, indem sie alle Zeichen kleinschreibt, und gibt den veränderten String zurück.

*3 Gibst du beide Strings aus, siehst du, dass der ursprüngliche Wert in **spam** unverändert ist.

*4 Wir geben hier beide Variablen mit einem **print** aus, als Trennzeichen **sep** nehmen wir aber einen Zeilenumbruch **\n**. So sparen wir uns eine ganze Zeile mit einem **print**.

```
schrödinger, der held des dschungels.
Schrödinger, der Held des Dschungels.
```

Anstelle von **lower** kannst du auch die etwas rabiatere Methode **casefold** verwenden. Damit wird zum Beispiel auch das (eigentlich kleine) **ß** in ein **ss** umgewandelt. Diese Methode wird empfohlen, wenn du damit Strings inhaltlich miteinander vergleichen willst und der Case keine Rolle spielen soll.

Du brauchst einen String nur in großen Buchstaben? Oder vielleicht nur den ersten Buchstaben groß? Kein Problem mit **upper** und **capitalize**:

```
spam = "schrödinger ist da!"
print(spam.upper()*1)
print(spam.capitalize()*2)
print(spam*3)
```

*1 Hier wird der gesamte String in Großbuchstaben zurückgegeben.

*2 Und hier wird nur das erste (das allererste) Zeichen des Strings großgeschrieben, die restlichen Zeichen bleiben unverändert – selbst wenn in dem String neue Wörter beginnen.

*3 Und hier noch einmal der fast schon wissenschaftliche Beweis: Der ursprüngliche String in der Variablen **spam** bleibt unverändert, solange du keine neue Zuweisung machst.

```
SCHRÖDINGER IST DA!*1
Schrödinger ist da!*2
schrödinger ist da!*3
```

Aber vielleicht willst auch die Groß- und Kleinschreibung eines Strings einfach vertauschen? Alles, was kleingeschrieben ist, soll großgeschrieben werden und umgekehrt. Mit der Methode **swapcase** ist auch das ein Leichtes:

```
spam = "Schrödinger! Vorsicht Spinne!"
print(spam.swapcase())
```

Mit **swapcase** werden alle großen Buchstaben klein und alle kleinen Buchstaben groß gesetzt.

```
sCHRÖDINGER! vORSICHT sPINNE!
```

So, Schrödinger, schon hast du alles, was du brauchst, um die Dateinamen wie gewünscht umzubenennen. Das war doch gar nicht so schwer!

Alle Funktionalitäten in einer Funktion

Jetzt gilt es, alles zusammenzufassen, idealerweise in einer **Funktion**, die du dann direkt für deine Dateioperationen verwenden kannst.

```
len(datei_name)
anfang = datei_name[0:6]
ende = datei_name[-3:]
trenner = datei_name.index('-')
zahlen = datei_name[trenner+1:trenner+3]
```

Hier zusammengefasst: Das sind alle Codezeilen, mit denen du die notwendigen Teile aus dem Dateinamen geholt hast.

Diese einzelnen Teile musst du nur noch zu einem neuen Dateinamen zusammenbringen. Und vergiss nicht, dass der Dateiname kleingeschrieben werden soll.

Damit du später überall damit arbeiten kannst, solltest du alles in eine **Funktion** schreiben. In diese Funktion wird der **Name der Datei** als Parameter übergeben. Der **neue Name** soll dann von der Funktion **zurückgegeben** werden. Für die Funktion gehen wir mal davon aus, dass alle Dateinamen zu lang sind und **gekürzt** werden müssen.

[Einfache Aufgabe]
Schreib eine Funktion **kurzer_dateiname**, die einen String entgegennimmt und den neuen Dateinamen mit **`return`** zurückgibt.

Das wird mein Meisterstück!

```
def kurzer_dateiname(datei_name):
```

Erst die Definition meiner Funktion. Als Name für den Parameter ist **`datei_name`** ganz passend. So muss kaum etwas geändert werden.

```
    anfang = datei_name[0:6]
    ende = datei_name[-3:]
    trenner = datei_name.index('-')
    zahlen = datei_name[trenner+1:trenner+3]
```

Der bisherige Code kann hier 1:1 übernommen werden. Nur die Länge wird eigentlich nicht benötigt.

```
neuer_name = anfang + zahlen + '.' + ende
```

Hier wird der neue Name zusammengesetzt. Der Punkt wird noch mit eingebaut.

```
neuer_name = neuer_name.lower()
return neuer_name
```

Jetzt muss nur noch der fast fertige Name in **Kleinschreibung** umgewandelt werden. Der veränderte Name wird in der gleichen Variablen gespeichert und mit `return` zurückgegeben.

So kann es aussehen, Schrödinger!

Sag mal, wäre es nicht sinnvoll, das Ergebnis in der Funktion auch gleich mit **`print`** *auszugeben?*

Das könntest du natürlich machen, aber du solltest in Funktionen nur die **Funktionalitäten** einbauen, die dort unbedingt Sinn machen. Wenn eine Ausgabe gebraucht wird, kannst du die immer noch problemlos nach dem Aufruf der Funktion mit dem **zurückgegebenen Wert** nachreichen. Eine Ausgabe innerhalb der Funktion könnte dagegen ganz schön **stören**, wenn zum Beispiel sowieso nach dem Aufruf der Funktion eine schön formatierte Ausgabe mit dem Rückgabewert erfolgt.

Aber weiter, probiere deine Funktion doch gleich mal aus. Erinnere dich an die Beispiele:

- Aus **Grabung-42-Ebene1.JPG** soll demnach **grabun42.jpg** werden.
- Aus **Grabung-92-Höhle92.pdf** soll **grabun92.pdf** werden.
- Aus **Dschungel-42-Gebäude17.Jpg** soll **dschun42.jpg** werden.

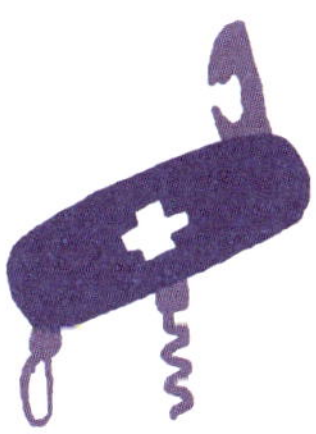

[Einfache Aufgabe]

Schreib die Namen in ein Tupel, das dann mit einer Schleife durchlaufen werden soll. In jedem Durchlauf soll ein Name in die Funktion übergeben und der Rückgabewert ausgegeben werden.

Den originalen Namen gibst du dann zusammen mit dem Ergebnis formatiert mit **`print`** aus.

```
namen = ('Grabung-42-Ebene1.JPG',
         'Grabung-92-Höhle92.pdf',
         'Dschungel-42-Gebäude17.Jpg')
```

Über mehrere Zeilen verteilt ist das Tupel etwas schicker und besser lesbar.

Denk dran,

du kannst so ein Tupel nur über mehrere Zeilen schreiben, wenn du es in Klammern schreibst! Sonst gibt es einen Fehler.

```
for name in namen:
    ergebnis =*2 kurzer_dateiname(name)*1
    print(name, ergebnis)*3
```

Hier ist die Schleife, die durch das Tupel **namen** läuft und in jedem Durchlauf das aktuelle Element in der Variablen **name** zur Verfügung stellt.

*1 Dann wird die Funktion aufgerufen und der aktuelle Name in die Funktion übergeben.

*2 Der zurückgegebene Wert wird der Variablen **ergebnis** zugewiesen.

*3 Zuletzt werden der originale und der veränderte Name zusammen ausgegeben.

```
Grabung-42-Ebene1.JPG grabun42.jpg
Grabung-92-Höhle92.pdf grabun92.pdf
Dschungel-42-Gebäude17.Jpg dschun42.jpg
```

Schrödinger!

Schön formatiert sieht das nur wirklich nicht aus. Da solltest du etwas mehr machen.

Strings schöner ausgeben – mehr als nur Kosmetik

Eine Ausgabe von Strings darf ruhig etwas schöner und gerne auch mal etwas aufwendiger sein.

Du meinst, das Auge isst schließlich mit?

Texte zusammenfügen ist etwas, das du immer wieder machen musst. In den meisten Fällen hast du **statischen Text**, der **mit dynamischen Inhalten** vermischt werden muss. Dabei sollte auch noch alles so formatiert werden, dass auch längere Texte gut lesbar sind.

Und Python wäre nicht Python, wenn es dir nicht alles Notwendige zur Verfügung stellen würde!

Wie sieht es normalerweise aus? Du hast als dynamischen Teil mehrere Variablen, die in einen statischen String eingebaut werden. Und dieser neue String wird dann entweder in einer Variablen gespeichert oder direkt ausgegeben.

```
name = 'Schrödinger'*1
laenge = len(name)*2
spam = "Der Name " + name + " hat " \*5
       + str(laenge)*4 + " Zeichen."*3
print(spam)
```

*1 Wir haben einen String …

*2 … und eine (echte) Zahl, die dynamisch aus der Länge des Strings berechnet wird.

*3 Abwechselnd werden jetzt feste Strings, also Literale, und Variablen mit **+** zu einem neuen String zusammengefügt.

*4 Dabei kannst du nur Werte mit **+** zusammenfügen, die vom Typ **String** sind. **Andere Datentypen** wie Zahlen musst du erst zum Typ String **konvertieren**.

*5 Das alles muss dann auch noch in eine Zeile geschrieben werden, es sei denn, du arbeitest (wie hier) mit dem **** Backslash, um alles in mehrere Zeilen schreiben zu können.

```
Der Name Schrödinger hat 11 Zeichen.
```

Was sagt das Zen of Python? »Beautiful is better than ugly. – Schön ist besser als hässlich.«

Nun, schön ist diese Lösung bestimmt nicht. Deshalb bietet dir Python eine wesentlich schönere Lösung, bei der du deine Variablen fast direkt in den Text einbauen kannst. Schau dir das mal mit den gleichen Variablen an:

*1 Das `f` direkt vor dem String ist die **Kennzeichnung**, dass jetzt formatierter Text mit eingebauten Variablen folgt.

*2 Um eine Variable in den String einzufügen, schreibst du sie einfach in geschweifte Klammern – und damit direkt in den String.

```
eggs = f*1"Der Name {name}*2 hat {laenge}*3 Zeichen."
print(eggs)
```

*3 Der Datentyp der Variablen spielt hier keine Rolle – alles wird direkt in den bestehenden Text eingebaut. Selbst eine Liste oder ein Tupel kannst auf diesem Weg in den Text einbauen!

```
Der Name Schrödinger hat 11 Zeichen.
```

So kommst du wesentlich leichter und eleganter zu dem gleichen Ergebnis. Du kannst damit auch **mehrzeilige Strings** bearbeiten bzw. zusammenstellen lassen:

*1 Um deinen (vielleicht langen) Text mehrzeilig schreiben zu können, musst du alles **zusammen** in runde Klammern schreiben.

*3 Am Zeilenende wird **kein Komma, kein +** geschrieben, die Zeile ist einfach zu Ende.

```
eggs = (*1 f*2"Der Name {name} "*3
           f*2"hat {laenge} Zeichen.")*1
```

*2 In **jeder Zeile** schreibst du vor dem String ein `f`, um den formatierten Text zu kennzeichnen.

So kannst du beliebig viele Zeilen mit vielem Text schreiben …

Das ist nicht die einzige Möglichkeit, das »Zusammenbasteln« von Texten etwas komfortabler zu gestalten. Ganz ähnlich funktioniert die Arbeit mit der Methode **format**:

```
eggs = "Der Name {}*1 hat {}*1 Zeichen.".format(name, laenge)*2
```

*1 Um Variablen in den Text zu bringen, schreibst du **leere geschweifte Klammern**.

*2 Zu dem String rufst du die Methode **format** auf und übergibst für jede geschweifte Klammer **einen Parameter** mit einem Wert. Diese Werte werden dann der Reihe nach in die geschweiften Klammern eingefügt.

Und was ist besser?

Das ist schwer zu sagen. Die Arbeit mit der Methode **format** hat einen Vorteil: Du kannst **erst** den Text mit den geschweiften Klammern definieren und einer Variablen zuweisen. Die Methoden mit den Parametern kannst du dann später, getrennt davon aufrufen:

```
spam = "Der Name {} hat {} Zeichen."*1
eggs = spam.format(name, laenge)*2
```

*1 Du definierst zuerst den Text mit den geschweiften Klammern.

*2 Später rufst bei dem String die Methode **format** auf und übergibst die notwendigen Parameter.

Das kann natürlich von Vorteil sein, wenn du längere Texte hast. Die Methode **format** ist vielleicht ein klein wenig mehr oldschool, aber beide Möglichkeiten sind sehr mächtig. Und natürlich kannst du auch bei der Methode **format** mit mehrzeiligen Texten arbeiten:

```
spam = '''Der
Name {}
hat {} Zeichen.'''*1
eggs = spam.format(name, laenge)*2
print(eggs)*3
```

*1 Hier haben wir einen mehrzeiligen Text mit den drei Anführungszeichen eingefasst.

*2 Der Aufruf der Methode erfolgt wie bisher.

*3 Natürlich bleiben die Zeilenumbrüche erhalten. Das liegt aber ja nicht an der Methode **format**, sondern ist eine bekannte Eigenart der mehrzeiligen Texte mit dreifachen Anführungszeichen.

```
Der*3
Name Schrödinger*3
hat 11 Zeichen.
```

Variable im Text – praktisch und einfach mit »{ }«

Probiere das doch mal aus. Die Ausgabe soll so aussehen:

```
'Grabung-42-Ebene1.JPG' mit 21 Zeichen. Neuer Name: 'grabun42.jpg'
```

So oder ähnlich hätte dein Programm bisher mit einer etwas besseren Ausgabe ausgesehen:

```
namen = ('Grabung-42-Ebene1.JPG',
         'Grabung-92-Höhle92.pdf',
         'Dschungel-42-Gebäude17.Jpg')
for name in namen:
    laenge = len(name)
    ergebnis = kurzer_dateiname(name)
    print("'" + name + "' mit " + str(laenge) + " Zeichen. " +
          "Neuer Name: '" + ergebnis + "'")*1
```

*1 Im **print** wird der neue String für die Ausgabe zusammengebaut. Das funktioniert ohne Probleme, ist aber bereits jetzt nicht besonders gut lesbar.

Die unveränderte Funktion ist hier übrigens aus Platzgründen nicht aufgeführt.

Jetzt bist du an der Reihe!

[Einfache Aufgabe]
Schreib die gleiche Ausgabe in der **f**-Schreibweise mit den geschweiften Klammern.

```
print(*1
  f"'{name}' mit {laenge} Zeichen. Neuer Name: '{ergebnis}'"
)*1
```

*1 Innerhalb der runden Klammern bist du recht frei, was Einrückungen und Zeilenumbrüche angeht. Der Inhalt innerhalb der Klammern muss natürlich nach wie vor korrekt geschrieben werden.

So oder ähnlich kannst du es natürlich über mehrere Zeilen schreiben:

```
print(
  f"'{name}' mit {laenge} Zeichen. "*1
  f"Neuer Name: '{ergebnis}'"*1
)
```

*1 Jede Zeile wird mit einem **f** eingeleitet, und am Zeilenende steht kein weiteres Zeichen – weder ein Komma noch ein **+**. Die Zeilenumbrüche werden hier nicht berücksichtigt – es wird also wie bei den anderen Lösungen alles in eine Zeile geschrieben:

```
'Grabung-42-Ebene1.JPG' mit 21 Zeichen. Neuer Name: 'grabun42.jpg'
```

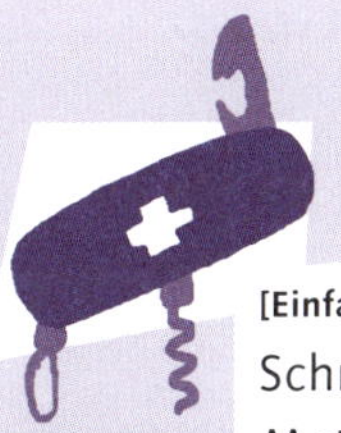

[Einfache Aufgabe]

Schreib jetzt die Ausgabe mit der Methode **format**. Nutze für den Text eine eigene Variable, und ruf die Methode dann mit dieser Variablen auf.

*1 Hier wird der Text definiert, der gleich die Variablen (bzw. deren Werte) aufnehmen wird. Wie du diese Variablen nennst, ist dir natürlich selbst überlassen, deiner Fantasie sind keine Grenzen gesetzt.

```
text = "'{}' mit {} Zeichen. Neuer Name: '{}'"*1
print(text.format(name, laenge, ergebnis)*2)
```

*2 Hier wird im **print** der Text mit der Methode **format** aufgerufen. Die Parameter sind die benötigten Werte, die du natürlich in der **richtigen Reihenfolge** angeben musst.

Python ist recht praktisch, wenn es um die Ausgabe von Texten geht! Und nicht nur da …

Der Vollständigkeit halber – formatiert mit »%«

Tatsächlich gibt es noch eine weitere Möglichkeit, Texte zu formatieren. Als **Platzhalter** in einem String wird ein Prozentzeichen `%` mit der Art der gewünschten Formatierung angegeben: **`%s`** steht für String, **`%d`** für Dezimal.

Das sieht bei unserem Beispiel dann so aus:

```
"'%s' mit %d Zeichen. Neuer Name: '%s'" % (name, laenge, ergebnis)
```

Du hast **also zuerst** einen String mit **Platzhaltern** in der oben genannten Form **`%s`** bzw. **`%d`**:

```
"'%s' mit %d Zeichen. Neuer Name: '%s'"
```

Und **direkt dahinter** steht, quasi als Kennung, ein `%`, gefolgt von den Werten in runden Klammern (als passendes Tupel):

```
% (name, laenge, ergebnis)
```

Diese Art, formatierte Texte zu schreiben, ist nicht unbedingt veraltet, empfohlen sind aber in jedem Fall die **neueren Schreibweisen** mit **`f`** bzw. mit der Methode **`format`**. Es ist dennoch wichtig, dass du alle Schreibweisen zumindest grob kennst, denn im Internet wirst du auf der Suche nach Lösungen und Beispielen auch alle Schreibweisen finden. So bist du in der Lage, alles zu lesen und zu verstehen.

Auch bei Strings gibt es eine Menge Methoden, die dir bei den unterschiedlichsten Aufgaben helfen können. Ein paar davon wollen wir uns jetzt ansehen.

Alle Wörter großgeschrieben – »title«

Mit der Methode **`title`** werden alle Anfangsbuchstaben des verwendeten Textes **großgeschrieben**. Alle anderen Zeichen werden dafür **kleingeschrieben**. Auch hier wird der String selbst nicht verändert, es wird eine entsprechend bearbeitete Version zurückgegeben.

```
spam = "hallo schrödinger! dAS ist ein tiTel!"
print(spam.title())
```

Das erste Zeichen jedes Wortes ist großgeschrieben und alle jeweils folgenden Zeichen werden kleingeschrieben.

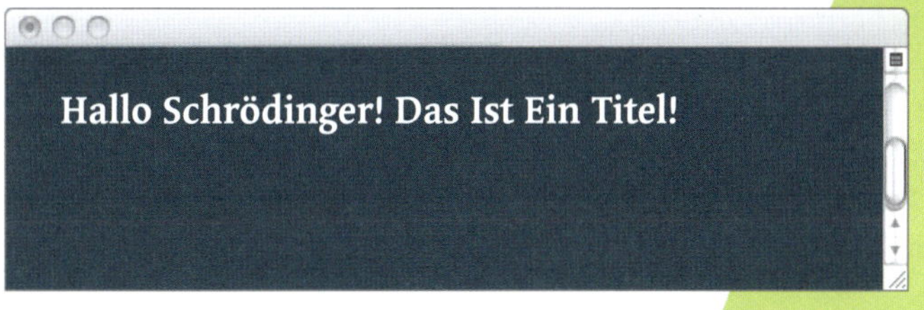

Wie oft ist das noch da – »count«

Mit der Methode **`count`** kannst du feststellen, wie oft sich ein String in einem anderen String befindet. Ist der Text nicht enthalten, ist das Ergebnis (erwartungsgemäß) die Zahl 0. Dabei spielt es keine Rolle, ob der Text alleine steht oder Teil eines Wortes ist.

```
spam = "Hallo Schrödinger, in dieser Höhle ist ein Schatz."*1
print(spam.count("in"))
print(spam.count("Katze"))
print(spam.count("in", 10, 20)*2)
print(spam[10:20])*3
```

*1 In diesem String ist der Text **`in`** tatsächlich dreimal zu finden. Nur eine **`Katze`** ist nicht da.

*2 **`count`** hat noch zwei **optionale Parameter**, mit denen du einen **Anfang** und ein **Ende** der Positionen festlegen kannst, in denen nach dem Text gesucht wird. Du kannst damit die Suche auf **Teile des Strings** beschränken. Gibst du nur den ersten optionalen Parameter an, wird ab dieser Stelle bis zum Ende gesucht.

*3 Die beiden Parameter für den Anfang und das Ende funktionieren genauso wie bei der Ausgabe von Teilstrings mit eckigen Klammern und Doppelpunkt. So kannst du genau sehen, welchen Teil des Strings du mit **`count`** durchsuchst.

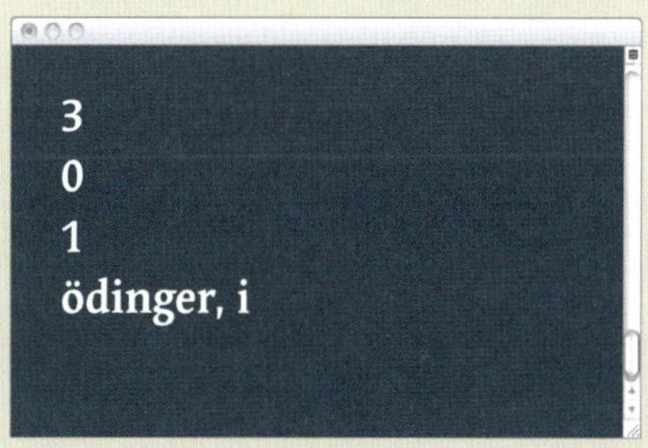

Wo ist der Schatz – suchen mit »find« und »rfind«

Oft musst du wissen, an **welcher Stelle** sich ein gesuchter Text in einem anderen Text befindet. Mit **find** und **rfind** hast du genau die richtigen Methoden dafür. **find** arbeitet sich von **links** durch den String, während **rstring** (du wirst es schon erraten haben) von **rechts** sucht – also das letzte Vorkommen meldet. Die gefundene Position wird dann als Indexwert zurückgegeben – so wie du es schon bei den Listen gesehen hast.

```
spam = "Hallo Schrödinger, in dieser Höhle ist ein Schatz."
print(spam.find("Hallo"))*1
print(spam.find("in"))*2
print(spam.rfind("in"))*3
```

*1 Befindet sich der Wert direkt am Anfang, ist das Ergebnis natürlich **0** – denn die erste Stelle hat ja bekanntlich den Indexwert 0.

*2 Das erste **in** steht bei dem Index **12**, und zwar im Wort **Schrödinger**.

*3 **rfind** sucht von **rechts**, gibt aber auch den normalen Indexwert des Wortanfangs als Ergebnis zurück. Gefunden wird es in dem Wort **ein**. Kann der String nicht gefunden werden, ist das Ergebnis **-1**.

```
0
12
40
```

Auch hier gibt es die optionalen Parameter für den **Anfang** und das **Ende** der Suche in dem String:

```
print(spam.find("Hallo", 10)*1)
print(spam.find("in", 15, 30)*2)
print(spam.rfind("in", 15, 30)*2)
print(spam[15:30]*3)
```

*1 Suchst du **Hallo** erst ab Index 10, kannst du es in unserem Text natürlich nicht mehr finden.

*2 Da sich **in** nur einmal in dem angegebenen Teilstring befindet, kommen **find** und **rfind** natürlich auf das gleiche Ergebnis.

*3 Hier wird noch einmal der Teilstring ausgegeben, der in unserem Beispiel durchsucht wird. Auch wenn nur ein Teilstring durchsucht wird, werden natürlich die Indexwerte des Gesamt-Strings angegeben.

```
-1
19
19
er, in dieser H
```

Tatsächlich ist **`find`** neben **`count`** eine der Methoden, die du wahrscheinlich am häufigsten verwenden wirst.

Übrigens, falls du nur wissen willst, ob ein bestimmtes Wort überhaupt in einem String enthalten ist, kannst du das auch mit **`in`** überprüfen:

```
spam = "Hallo Schrödinger, in dieser Höhle ist ein Schatz."
print("Hallo" in spam)
print("in" in spam)
```

```
True
True
```

Wird der Text innerhalb des Strings gefunden, ist das Ergebnis **`True`**, sonst (natürlich) **`False`**.

So machst du aus Listen Texte – »join«

Stell dir vor, du hast eine Liste, die du als Text ausgeben (oder als Text bearbeiten) musst. Du könntest natürlich die einzelnen Elemente der Liste mit einer Schleife zu einem Text zusammenbauen. Aber dank Python kannst du das ohne Schleife in einer Zeile Code machen – mit **`join`**.

Alles, was du brauchst, ist eine Liste oder etwas in der Art, auch ein Tupel ist zum Beispiel gern gesehen. Dazu brauchst du noch einen weiteren Text, der als »Kleber« dient und zwischen jedes Element geschrieben wird. Das kann ein Leerzeichen oder ein beliebig langer Text sein.

```
spam = ['Hans', 'Klaus', 'Susanne', 'John']
eggs = ' und '
print(eggs.join*1(spam*2))
```

*2 Die Liste wird als Parameter in die Methode übergeben.

*1 Die Methode **`join`** wird zu dem »Klebertext« aufgerufen.

Der Rückgabewert ist ein echter String, mit dem du beliebig weiterarbeiten kannst.

[Achtung]
Bei allen Elementen der Liste muss es sich um **Strings** handeln. Zahlen oder boolesche Werte führen bei **`join`** zu einem Fehler.

```
Hans und Klaus und Susanne und John
```

Ist das eigentlich 'ne Zahl – »isnumeric«

Vor diesem Problem steht jeder irgendwann: Du musst feststellen, ob ein Text in Wirklichkeit aus Ziffern und Zeichen **oder nur aus Ziffern besteht**. Jede Eingabe mit `input` wird von Python als Text zurückgegeben und muss im Zweifelsfall explizit umgewandelt werden. `isnumeric` ist so eine Art »Sag mal, ist alles numerisch?«. Damit kannst du feststellen, ob ein User eine Zahl oder irgendetwas anderes (dazu) eingegeben hat.

```
spam = "128 Haus 42"*1
eggs = "42"*2
print(spam.isnumeric())
print(eggs.isnumeric())
```

*1 Klar, da sind noch andere Zeichen dabei – nicht nur die Ziffern von 0 bis 9. Das Ergebnis ist `False`.

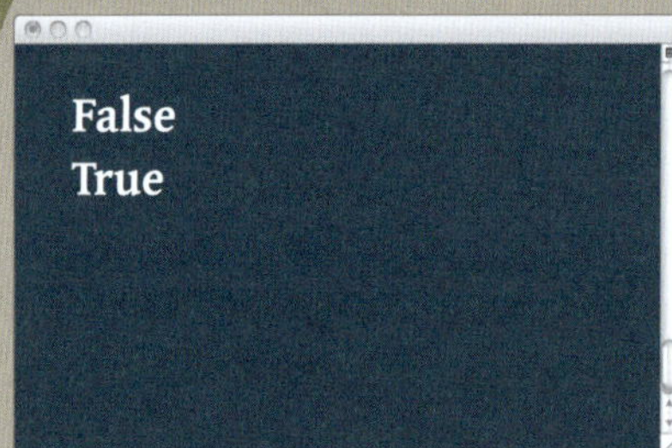

*2 Das Ergebnis ist `True`, hier handelt es sich ausschließlich um Ziffern. Du könntest diesen String also **gefahrlos** in eine Zahl umwandeln und als Zahl in einer Schleife oder einer Berechnung verwenden.

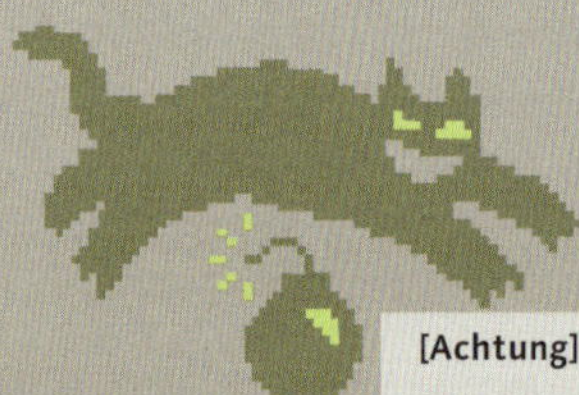

[Achtung]
Die Methode `isnumeric` liefert auch dann `False` zurück, wenn sich (zusätzlich zu Ziffern) ein Punkt, ein Komma oder ein Leerzeichen im String befindet.

Gibt ein User also in gutem Glauben eine Fließkommazahl (mit einem Punkt oder Komma) bei einem `input` ein, liefert dir `isnumeric` ein `False`.

Es gibt noch zwei weitere Methoden, die ganz ähnlich sind: `isdigit` und `isdecimal`. Die Methode `isdigit` akzeptiert zusätzlich zu normalen Zahlen auch hochgestellte Ziffern wie 2^{42}. Und die Methode `isdecimal` geht noch etwas weiter und akzeptiert sogar geschriebene Brüche wie ½ oder ¼.

Buchstaben und Zahlen – »isalnum«

Besteht der untersuchte Text ausschließlich aus Buchstaben und Ziffern? Um das herauszufinden, ist **isalnum** (is alphanumeric) die Methode deiner Wahl. Bereits ein Leerzeichen, ein Punkt, ein Komma oder ein Bindestrich genügen, um **False** zurückzuliefern.

```
spam = "Haus 42"*1
eggs = "Haus42"*2
print(spam.isalnum())
print(eggs.isalnum())
```

*1 Da hat sich doch ein Leerzeichen zwischen die Buchstaben und Ziffern geschmuggelt. Das reicht, um **False** zu liefern.

*2 Klar ist das **True** – hier stehen wirklich nur Buchstaben und Zahlen.

```
False
True
```

Sind da nur Buchstaben – »isalpha«

Ähnlich (streng) arbeitet die Methode **isalpha**. Damit kannst du überprüfen, ob ein String ausschließlich aus **Buchstaben** besteht. Jedes Leerzeichen, jeder Punkt oder jedes Komma und auch jede Zahl sorgen dafür, dass **False** zurückgeliefert wird.

```
spam = "Schrödinger"
eggs = "Hallo Schrödinger"
print(spam.isalpha()*1)
print(eggs.isalpha())
```

*1 Das ist eindeutig – nur bei einem String ohne Leerzeichen, Zahlen oder Satzzeichen gibt **isalpha** ein **True** zurück.

```
True
False
```

Von der grauen Theorie zum praktischen Nutzen

Wie immer ist alle Theorie ziemlich grau.

Und vielleicht fragst du dich auch, wo du denn so gezielt diese ganzen Methoden überhaupt einsetzen kannst? Wann hat man denn zum Beispiel derart spezielle Fälle, dass Texte nur aus Zahlen oder nur aus Buchstaben bestehen?

Ja, jetzt wo du's sagst, schon ...

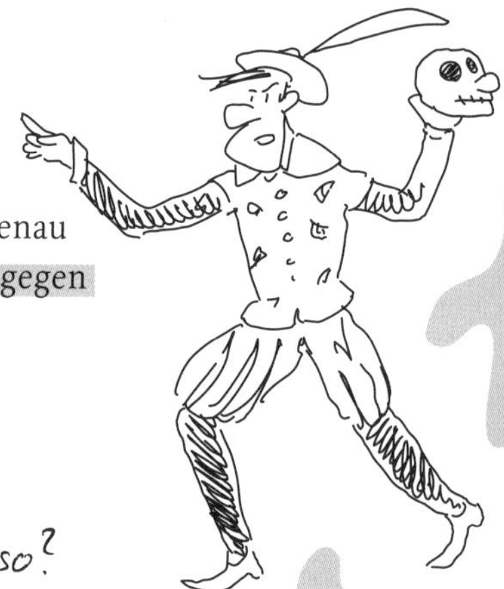

Nun, bereits in unserer kleinen Funktion können uns diese Methoden ziemlich viel Ärger ersparen. Bisher sind wir davon ausgegangen, dass alle originalen Dateinamen genau den genannten Kriterien entsprechen. Die Realität kann dagegen grausam sein, Schrödinger.

Unsere Funktion **`kurzer_dateiname`** arbeitet ja **eigentlich** genauso, wie sie soll.

Wieso betonst du »eigentlich« so?

Weil wir stillschweigend davon ausgehen, dass die übergebenen Dateinamen auch immer dem besprochenen Muster entsprechen. Was passiert aber, wenn Dateinamen dabei sind, die eben nicht dem Muster entsprechen? Zum Beispiel Dateinamen wie **Grabung-Ebene19.JPG**?

What?
Keine Zahl nach dem ersten Bindestrich?
Aber ... aber was soll ich denn jetzt machen???

Was sagt das Zen of Python?

»In the face of ambiguity, refuse the temptation to guess. – Wenn etwas nicht eindeutig ist, widerstehe der Versuchung zu raten.«

Wenn etwas nicht passt oder Fehler in den Dateinamen sind, dann rate nicht – gib für diesen Dateinamen einfach eine passende Fehlermeldung zurück. Darum muss sich dann an anderer Stelle gekümmert werden.

[Einfache Aufgabe]
Bau bitte eine Fehlerkontrolle ein, die im Fehlerfall keinen (sowieso falschen) Dateinamen zurückgibt, sondern einfach **False**.

Hier noch einmal unsere Funktion:

```
def kurzer_dateiname(datei_name):
    anfang = datei_name[0:6]
    ende = datei_name[-3:]
    trenner = datei_name.index('-')
    zahlen = datei_name[trenner+1: trenner+3]
    neuer_name = anfang + zahlen + '.' + ende
    neuer_name = neuer_name.lower()
    return neuer_name
```

Hast du einen Tipp, wie eine einfache Fehlerkontrolle aussehen könnte?

Das ist gar nicht schwer, die Werte in **anfang** und **ende** müssen als Ergebnis ja rein aus **Buchstaben** bestehen. Und bei dem Wert von **zahlen** muss es sich ja um **Ziffern** handeln. Damit kannst du bereits eine einfache Überprüfung machen!

So sollten dann die Bedingungen aussehen:

```
anfang.isalpha() == True
ende.isalpha() == True
zahlen.isnumeric == True
```

Diese Bedingungen müssen jetzt noch mit **and** verknüpft werden, da **alle** Bedingungen wahr sein müssen.

```
anfang.isalpha() == True and ende.isalpha() == True \
and zahlen.isnumeric == True
```

Nur wenn alle drei Ausdrücke **True** sind, dann ist das Gesamtergebnis auch **True**.

Übrigens Schrödinger, die Überprüfung mit **== True** kannst du hier weglassen: Der Vergleich **anfang.isalpha() == True** liefert als Vergleich **True**, wenn **anfang.isalpha()** den Wert **True** hat (und **nur** dann). Du kannst genauso direkt mit dem Ergebnis der Methode arbeiten und dir den Vergleich mit **True** sparen – das ist nämlich wie doppelt gemoppelt (schadet aber auch nicht).

```
anfang.isalpha() and ende.isalpha() and zahlen.isnumeric
```

Das alles ergibt auch (nur dann) **True**, wenn alles **True** ist.

Der Rest ist leicht!

Mit einem **if** wird das in die Funktion geschrieben. Falls der gesamte Ausdruck nicht richtig ist, wird nicht der Name, sondern **False** zurückgegeben.

```
def kurzer_dateiname(datei_name):
   anfang = datei_name[0:6]
   ende = datei_name[-3:]
   trenner = datei_name.index('-')
   zahlen = datei_name[trenner+1:trenner+3]
   if anfang.isalpha() and ende.isalpha() and zahlen.isnumeric():*1
      neuer_name = anfang + zahlen + '.' + ende
      neuer_name = neuer_name.lower()
      return neuer_name
   else:*2
      return None
```

*1 Hier werden die Bedingungen abgeprüft. Sind alle drei Ergebnisse **True**, wird ein neuer Name erstellt und mit **return** zurückgegeben.

*2 Ist eine der drei Bedingungen falsch, dann stimmt etwas nicht. Es wird kein neuer Dateiname erzeugt, sondern mit einem eigenen **return** wird **None** zurückgegeben – das ist so wie **False**.

Genau genommen wäre das **else** nicht notwendig: War alles in Ordnung, wird die Funktion mit **return neuer_name** verlassen. Wird eine Funktion hingegen ohne explizites **return** verlassen, dann gibt die Funktion sowieso **None** zurück!

Aber: Das **else** dokumentiert ganz gut, was hier passiert.

Fertig!!!

[Notiz]

Du konntest die Aufgabe so schnell und einfach lösen, weil alle erzeugten Werte **explitzit** in den Variablen **anfang**, **ende** und **zahlen** abgelegt waren. So konntest du gleich damit weiterarbeiten.

Schrödinger, merk dir: Spare nie an Variablen …

Method Chaining – Methoden in Reihe

Du hast jetzt zahlreiche Methoden kennengelernt.
Methoden stehen aber nicht (nur) für sich allein!

In Python kannst du mehrere Methoden hintereinander, also quasi »in Reihe« anwenden.

Wie das geht? Stell dir vor, du suchst nach einem Text. Der zu durchsuchende Text ist großgeschrieben, soll für die Suche aber als kleingeschrieben behandelt werden. Klassisch würde das so aussehen:

```
text = "SCHRÖDINGER"*1
suche = "in"*2
textKlein = text.lower()*3
print(textKlein.find(suche)*4)
```

```
6
```

*1 Dieser Text soll durchsucht werden. Er ist aber noch großgeschrieben.

*2 Nach diesem Text wird gesucht.

*3 Erst setzt du den Text klein und speicherst ihn so verändert in einer neuen Variablen.

*4 Hier suchst du nach dem Text und lässt das Ergebnis gleich ausgeben.

Und das geht dank **Method Chaining** noch kürzer, wenn du die beiden Methoden »in Reihe schaltest«:

Hier machst du alles hintereinander – in einem Rutsch! Und auch das Ergebnis stimmt.

```
text = "SCHRÖDINGER"
suche = "in"
print(text.lower()*1.find(suche)*2)
```

```
6
```

*1 Erst wird der Text mit der Methode **lower** klein gesetzt. Damit ist aber noch nicht Schluss, …

*2 … denn hier wird gleich eine weitere Methode aufgerufen, getrennt durch einen Punkt.

Erst wird die Methode `lower` mit der Variablen `text` aufgerufen. Das Ergebnis, der klein gesetzte Text `schrödinger`, wird aber nicht direkt als Ergebnis zurückgegeben, sondern an die nächste, verkettete Methode weitergereicht. Die folgende, verkettete Funktion `find` arbeitet jetzt direkt mit dem Wert `schrödinger` weiter und durchsucht ihn.

Das geht schnell und einfach! Und es funktioniert nicht nur mit Strings und deren Methoden, sondern mit allen Objekten und deren Methoden!

Was hast du gelernt? Was haben wir gemacht?

Lass uns kurz rekapitulieren …

Strings sind natürlich nichts wirklich Neues für dich. Neben der Verwendung als schon geradezu schnöde Texte in einer oder mehreren Zeilen hast du gesehen, wie du mehrzeilige Strings als **Kommentare** verwenden kannst. Und sogar ganze Codepassagen können mal eben mithilfe von Strings **auskommentiert** werden.

Du hast Texte Stück für Stück auseinandergenommen. Du hast zielgenau auf jede einzelne Stelle deiner Strings und auf Bereiche zugegriffen. Denn so ein String hat verdammt viele Ähnlichkeiten mit einem **Tupel**. Und so kannst du dir fast alles zunutze machen, was du über Tupel gelernt hast. Sogar **immutable** sind Strings genauso wie ihre großen Vorbilder, die Tupel.

Das Zusammenfügen zu neuen Texten war dabei eine deiner leichtesten Übungen.

Und du hast **Methoden** kennengelernt, Methoden, die zu dem Objekt String gehören und dir eine Vielzahl an Möglichkeiten geben, deine Texte zu analysieren und zu verändern.

Aber auch die Ausgabe will gelernt sein, und so hast du gelernt, wie du Texte besser formatieren und Variablen mithilfe von geschweiften Klammern direkt in Strings platzieren kannst.

Nur kein Fehler ist ein guter Fehler

—SECHS—

Von Käfern und anderen Fehlern

Fehler sind schon so eine Sache: keiner will sie, aber manchmal lassen sie sich einfach nicht vermeiden. Und eigentlich sind Fehler auch gar nicht so schlimm – zumindest in deinen Programmen. Denn Python bietet dir alles Mögliche, um sinnvoll mit auftretenden Fehlern umzugehen. Und auch das Debuggen, das »Entwanzen« ist mit der richtigen Entwicklungsumgebung kein Problem.

Es gibt die verschiedensten Arten von **Fehlern**, zum Beispiel **Syntaxfehler**. Die bemerkst du ja ziemlich schnell, weil dein Programm dann meistens gar nicht läuft.

Dann gibt es **logische Fehler**, wenn etwas im Ablauf deines Programms nicht stimmt. Ein Paradebeispiel dafür sind fehlerhafte Bedingungen in Kontrollstrukturen oder falsche Berechnungen. Vielleicht hast du ein paar Klammern vergessen oder ein **+** statt eines * geschrieben?

Das ist übel!

Zu solchen **logischen Fehlern** werden wir im zweiten Teil des Kapitels kommen, wenn wir uns mit dem **Debugger** beschäftigen. Jetzt wollen wir uns um ganz andere Fehler kümmern. Solche Fehler wie …

- unmögliche Berechnungen, wie eine Division durch 0
- falsche Eingaben, zum Beispiel Texte statt Zahlen
- Dateioperationen mit fehlenden oder gesperrten Dateien

- und, und, und ...

[Begriffsdefinition]
Solche Fehler, die sich erst bemerkbar machen, wenn das Programm läuft, und die meist nur unter bestimmten Bedingungen auftreten, werden in der Programmierung **Ausnahmen**, »**Exceptions**«, genannt.

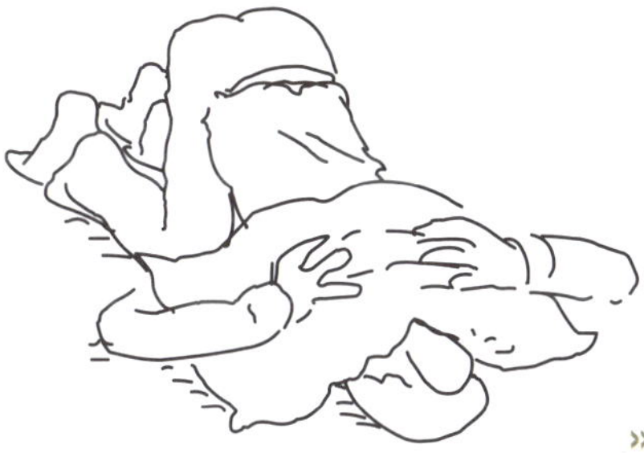

Die Liste ist lang, Schrödinger!

Das sind Fehler, die meist zu einem **Abbruch** deines Programms führen oder – noch schlimmer – **unbemerkt** das ganze Programm durcheinanderbringen!

Das Zen of Python sagt nämlich:
»Errors should never pass silently. –
Fehler sollten niemals unbemerkt durchgehen.«

Aber natürlich hat Python da etwas für dich!

Denn das Zen of Python sagt weiter zu auftretenden Fehlern:
»Unless explicitly silenced. –
Außer sie werden bewusst zum Schweigen gebracht.«

Die Lösung ist:

Fehlerbehandlung mit »try« und »except«

Manche Fehler lassen sich einfach **nicht vermeiden**, zum Beispiel, wenn ein User partout ein **Wort** statt einer **Zahl** eintippt, obwohl ein numerischer Wert benötigt wird! So etwas wird immer wieder passieren, und du wirst niemals alle möglichen (und unmöglichen Fehler) vermeiden können.

Wenn sich schon nicht alle Fehler vermeiden lassen, dann ist es wichtig, mit Fehlern vernünftig umzugehen. Und das macht Python mit **`try`** und **`except`**. Das **`try`** steht für »versuchen«, und **`except`** bedeutet so viel wie »außer« oder »ausgenommen«:

*1 Hast du eine »verdächtige« Stelle in deinem Code, bei der du vermutest, dass es zu einem Fehler kommen kann, schreibst du diesen Teil in einen **`try`**-Block.

```
try:
    # "verdaechtiger" Code, ein Fehlerkandidat*1
    pass
except:
    # mach etwas im Fehlerfall*2
    pass
```

*2 Geht es schief im **`try`**-Block? Dann springt dein Programm hierhin.

Kommt es zu einem **Fehler** im **`try`**-Block, dann beendet Python das Programm **nicht** wie sonst (mit einer dieser etwas unschönen Fehlermeldungen). Dein Programm springt stattdessen in den **`except`**-Block und führt den Code aus, der dort steht. Und dann geht es ganz normal im Programm weiter!

Cool!
Hast du mal ein so einen Fall für mich?

Natürlich, ein Klassiker ist doch die Eingabe von Werten.

Bombensichere Eingaben dank »try« und »except«

Nehmen wir die Eingabe einer **Zahl** mit **`input`**.
Im Programm sieht das ja so oder ähnlich aus:

```
eingabe = input("Zahl:")
zahl = int(eingabe)
print(zahl)
```

Das funktioniert ganz gut – bis jemand auf die Idee kommt, als Zahl **`eins`** einzugeben, oder sich ganz einfach vertippt und sich ein Buchstabe oder ein unpassendes Sonderzeichen zu der eingegebenen Zahl schmuggelt. Dann kommt es ziemlich unschön zu einem **Fehler**, und dein Programm wird abrupt beendet:

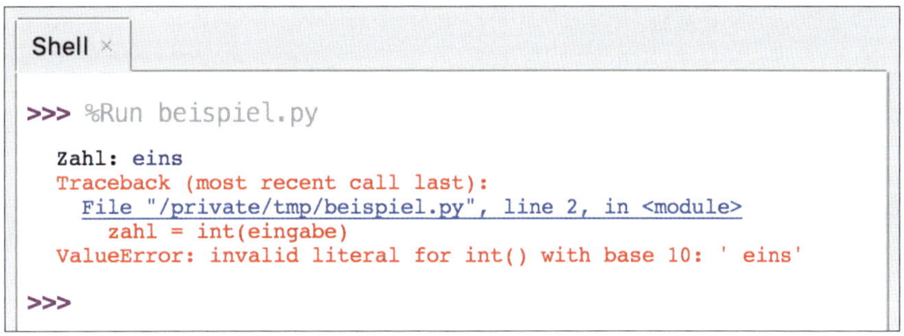

```
Shell

>>> %Run beispiel.py

  Zahl: eins
  Traceback (most recent call last):
    File "/private/tmp/beispiel.py", line 2, in <module>
      zahl = int(eingabe)
  ValueError: invalid literal for int() with base 10: ' eins'

>>>
```

Das ziemlich unrühmliche Ende eines Programms

[Achtung]

So eine Fehlermeldung ist gar nicht so **die** Katastrophe, wie du vielleicht vermuten könntest! Schlimmer als so ein eindeutiger Programmabbruch ist ein Fehler, bei dem das Programm weiterläuft, aber unbemerkt zu falschen Ergebnissen führt! Deshalb geht es auch gar nicht darum, Fehler zu unterdrücken und einfach »zum Schweigen« zu bringen, sondern dafür zu sorgen, dass das Programm **sinnvoll** damit umgeht!

Jetzt bist du an der Reihe, Schrödinger.
Du musst den Programmabbruch verhindern.

Schrödinger, übernimm du!

[Einfache Aufgabe]

Verändere die Eingabe mithilfe von **`try`** so, dass im Fehlerfall ein Warnhinweis ausgegeben wird und das Programm dann weiterläuft.

Zuerst werden die Eingabe und Konvertierung in das **`try`** geschoben und entsprechend eingerückt.

```
try:
    eingabe = input("Zahl:")
    zahl = int(eingabe)
```

Wobei die Zeile mit dem **`input`** wohl auch **vor** dem **`try`** bleiben könnte – denn von der Eingabe selbst ist ja kein kritischer Fehler zu erwarten.

So, im Fehlerfall wird unter dem **`except`** eine Ausgabe gemacht, die erklärt, dass die Eingabe ungültig ist:

```
except:
    print("Achtung: Eingabe ist ungültig")
```

Vorsicht, Schrödinger! Jetzt darfst du aber die Variable **`zahl`** im Bereich **`except`** nicht vergessen! Kommt es oben im **`try`** zu einem Fehler, dann ist die Variable **`zahl`** noch nicht initialisiert! Der **`try`**-Block wird nämlich bei einem Fehler **sofort verlassen** – das wäre bei der Funktion **`int`** und damit noch vor der Initialisierung von **`zahl`**!

Du musst die Variable also für den Fehlerfall hier im **`except`**-Block noch initialisieren: Du könntest ihr den Wert **0** oder auch **None** geben. Wir nehmen mal die **0**.

```
    zahl = 0
print(zahl)
```

Fertig!

So sieht das schon mal gut aus!

Merk dir: Bei der Fehlerbehandlung sind **drei** Dinge wichtig:

1. Du willst im Fehlerfall einen **ungeordneten Programmabbruch verhindern**. Das ist im Normalfall nämlich unschön. Wobei ein Abbruch dennoch besser sein kann, als das »Totschweigen« eines Fehlerzustandes!
2. Weise also auf **Fehler hin**. Läuft das Programm nämlich still weiter, kann man als Benutzer gar nicht auf die Fehler reagieren und wundert sich über unerwartete Ergebnisse.
3. Du musst dir immer überlegen, was **nach der Fehlerbehandlung** geschehen soll. Soll das Programm beendet werden (geordnet natürlich)? Soll ein bestimmter Standardwert gesetzt werden, und das Programm läuft weiter? Soll die Eingabe erneut durchlaufen werden?

Weiter geht es, Schrödinger!

[Schwierige Aufgabe]

Schreib das Programm so um, dass bei einer fehlerhaften Eingabe der User (nach einem Hinweis) die Eingabe erneut machen muss.

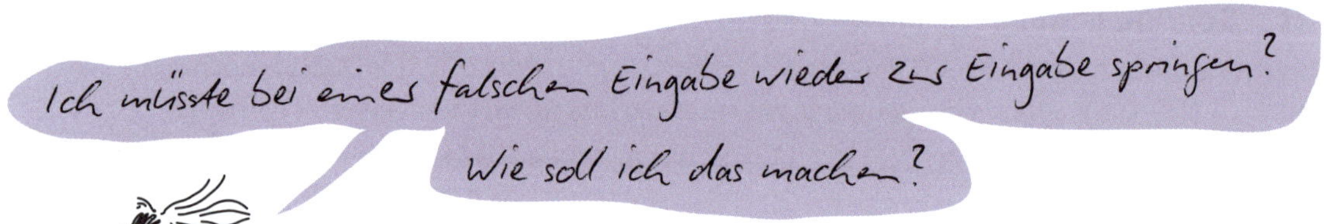

In solchen Fällen ist es sinnvoll, eine Schleife zu bauen, die nur dann verlassen wird, wenn die Eingabe **korrekt** ist und alles geklappt hat!

```
while True:
    eingabe = input("Zahl:")
```

Hier ist sie, eine klassische Schleife im Python-Style mit **`True`** als Bedingung …

```
    try:
        zahl = int(eingabe)
```

… und darin der Block mit dem **`try`**. Was zum **`try`** gehört, muss natürlich noch weiter eingerückt sein.

```
        break
```

Konnte die Eingabe mit **`int`** fehlerfrei konvertiert werden, ist es an der Zeit, die Schleife zu verlassen: Hallo **`break`**!

Der Rest ist unverändert – bis auf die tiefere Einrückung, weil das alles in der Schleife sitzt:

```
    except:
        print("Eingabe ist ungültig")
        zahl = 0
print(zahl)
```

So ist es richtig! Einzig die Zuweisung **`zahl = 0`** im Fehlerfall könntest du dir **hier** sparen. Im Fehlerfall wird ja alles noch einmal durchlaufen, so lange, bis es geklappt hat – und dann wird **`zahl`** ja sowieso initialisiert.

Du siehst: Fehlerbehandlung mit **`try`** und **`except`** bedeutet nicht nur, dass du irgendwelche Zeilen verschiebst, es bedeutet oft, dass du dein Programm auch etwas anders schreibst und es damit **robuster** machst.

Kenne deine Gegner – unterschiedliche Fehlerarten

Python unterscheidet **diverse Fehlerarten**. Damit kannst du auf verschiedene Fehlerarten jeweils anders reagieren. Du kannst mehrere `except`-Blöcke anlegen, die jeweils für bestimmte Fehler »zuständig« sind.

Und woher weiß ich, welche Fehlerarten es gibt oder welche ich jetzt brauche?

In den (bisher) kryptisch anmutenden **Fehlermeldungen** von Python wird dir angezeigt, um welche Art von Fehler es sich handelt:

```
Zahl:eins
Traceback (most recent call last):
  File "/desktop/tryExcept.py", line 2, in <module>
    zahl = int(eingabe)
ValueError*1: invalid literal for int() with base 10: 'eins'
```

*1 In der **letzten Zeile** jeder Fehlermeldung ist angegeben, um was für eine **Art von Fehler** es sich handelt.

In unserem Fall kann der eingegebene Wert nicht mit der Funktion `int` in eine Zahl umgewandelt werden. Damit handelt es sich um einen `ValueError`. Die Fehlermeldungen können sehr **hilfreich** sein, um die Art des Fehlers für deine Fehlerbehandlung **festzustellen**.

Aber warum muss ich überhaupt wissen, um was für eine Art von Fehler es sich handelt? Fehlerbehandlung ist doch Fehlerbehandlung, oder nicht?

Du kannst damit auf **unterschiedliche Ausnahmen** bzw. Fehler besser reagieren. Nehmen wir wieder ein einfaches Programm mit einer Eingabe **und** einer einfachen Berechnung:

*1 Die Eingabe erwartet offenbar wieder eine `Zahl`.

```
eingabe = input("Zahl:")*1
ergebnis = 100 / float(eingabe)*2
print(ergebnis)*3
```

*2 Der eingegebene Wert wird in eine Zahl konvertiert (diesmal in eine Fließkommazahl) und direkt in einer Berechnung verwendet.

*3 Das Ergebnis wird ausgegeben.

Was kann schiefgehen?

- Die Eingabe könnte sich nicht in eine Fließkommazahl konvertieren lassen. So etwas hatten wir ja gerade.
- Genauso könnte es aber sein, dass eine 0 oder 0.0 eingegeben wird. Eine **Division durch 0** ist nicht erlaubt und führt auch zu einem **Fehler**.

Jetzt kommt **`except`** wieder ins Spiel. Es ist möglich, mehr als nur einen **`except`**-Block zu haben. Du kannst für jede mögliche **Fehlerart** einen **eigenen Block** erstellen. Du musst nur angeben, welche Fehlerart in dem Block behandelt werden soll:

*1 Mindestens ein **`pass`** muss in jedem Block stehen, solange es keine anderen Befehle gibt. Eine Leerzeile oder nur ein Kommentar reichen ja bekanntlich nicht.

```
try:
    pass*1
except FEHLERART:*2
    pass
except ANDEREFEHLERART:*2
    pass
except:*3
    pass
```

*2 Jeder Block steht für einen speziellen Fehler. Und es wird immer nur ein Block angesprungen – ganz exklusiv.

*3 Ein **`except`** ohne Angabe einer Fehlerart gilt für alle Fehler, die nicht von einem anderen **`except`** »gefangen« werden.

Es wird jeweils nur ein **`except`**-Block angesprungen und durchlaufen. Der **erste** im **`try`**-Block auftretende Fehler bestimmt, zu welchem **`except`** gesprungen wird – zumindest falls mehrere **`except`**-Blöcke vorhanden sind. Python geht dabei die **`except`**-Blöcke in der angegebenen Reihenfolge durch und springt in den **ersten passenden Block**. Ist dieser **`except`**-Block abgearbeitet, geht es hinter (bzw. unter) dem **`try`**-und-**`except`**-Block ganz normal weiter.

Ist gar **kein passender** Block (oder auch **kein allgemeiner** Block) vorhanden, dann kommt es nach wie vor zu einem Fehler, der das Programm »lautstark« beendet.

Ist das denn sinnvoll?

Das Zen of Python sagt:

»Errors should never pass silently. – Fehler sollten niemals unbemerkt durchgehen.«

[Achtung]

Eine allgemeine Fehlerbehandlung, **`except:`**, also ohne explizite Angabe einer Fehlerart, musst du immer als letzten **`except`**-Block aufführen – sonst kommt es hier selbst zu einem Fehler.

Fehlerbehandlungen im Eigenbau

Das probieren wir jetzt.

Schreib für unsere Eingabe, genauer gesagt für die Konvertierung in eine Zahl und für die Berechnung, eine Fehlerbehandlung. Die Fälle einer ungültigen Eingabe und einer Division durch 0 sollen behandelt werden. Auch allgemeinere Fehler sollen mit einem Hinweis abgefangen werden.

Zuerst die Eingabe, die bleibt so, wie sie ist:

```
eingabe = input("Zahl:")
```

Dann der `try`-Block mit der Konvertierung der Eingabe und der Berechnung, natürlich eingerückt. Die Ausgabe mit `print` kann auch hier gemacht werden.

```
try:
    ergebnis = 100 / float(eingabe)
    print(ergebnis)
```

Jetzt noch die Fehlerbehandlung, falls eine **0** eingegeben wurde. Und dann die Fehlerbehandlung bei einer ungültigen Eingabe.

```
except ZeroDivisionError:
    print("Durch 0 geteilt!")
except ValueError:
    print("Du hast keine gültige Zahl eingegeben")
```

Und zum Schluss noch eine allgemeine Fehlerbehandlung:

```
except:
    print("Irgendein Fehler ist aufgetreten")
```

Genauso kann es aussehen!

Mit deinem Fehler auf du und du

Tatsächlich gibt es eine stattliche Anzahl von **Fehlerarten**, die in Python jeweils sehr **spezifisch** behandelt werden können. Würden wir alle Fehlerarten hier aufführen, wäre das Kapitel damit gefüllt. Wir beschränken uns lieber auf ein paar gängige und »beliebte« Fehlerarten – so eine Art **Best-of**. In der offiziellen Python-Dokumentation kannst du weitere Fehler bzw. Fehlerarten nachschlagen. In den meisten Fällen genügt aber ein Blick in die **Fehlermeldung**, um den Namen des Fehlers festzustellen und dann eine passende Fehlerbehandlung zu schreiben.

Denn, kennst du einen Fehler, kennst du alle – irgendwie.

In Python sind Fehlerarten sogar **hierarchisch** geordnet:

- **`Exception`**: Das ist quasi die Mutter aller Fehler. Jeder Fehler in Python basiert auf dieser Fehlerart. Im Gegensatz zur **allgemeinen Fehlerbehandlung** (also **`except`** ohne eine weitere Angabe), darf ein **`except Exception`**-Block überall, also nicht nur am Ende, stehen. Er fängt dann aber alles, was ihn erreicht – auch wenn passendere Blöcke folgen sollten.
- **`ArithmeticError`**: Das ist eine übergeordnete Klasse und hat diese spezielleren Fehlerklassen unter sich: **`OverflowError`**, **`ZeroDivisionError`** oder den **`FloatingPointError`**.
  Um beispielsweise eine Division durch **0** abzufangen, kannst du die allgemeine Klasse **`ArithmeticError`** verwenden. Damit werden dann aber auch alle anderen Fehler gleich mit abgefangen.

Reicht nicht eine allgemeine Klasse?
Ist das nicht besser als die ganzen Sonderfälle einzeln behandeln zu müssen?

In einigen Fällen sicherlich. Aber mit den **spezielleren Fehlerarten** kannst du auch gezielter auf die jeweiligen Fehler reagieren und **genauere Hinweise** ausgeben. So kannst du dem User einen Hinweis geben, ob es eine Division durch null war oder es zu einem Überlauf, einem **`OverflowError`**, gekommen ist – einfach, weil die Zahlen zu groß waren. Das kann besser sein, als nur ein allgemeiner Hinweis, dass es zu (irgend)einem Fehler gekommen ist.

- **`ImportError`**: Der Import eines Moduls funktioniert nicht? Dann ist diese Fehlerart der richtige Ansprechpartner.
  - **`ModuleNotFoundError`**: Das ist eine Unterklasse des **`ImportError`**. Kann das gewünschte Modul nämlich schlicht und ergreifend nicht gefunden werden, dann kann das hiermit abgefangen werden. Vielleicht ist kurzzeitig eine Netzwerkverbindung nicht verfügbar, oder es muss im Fehlerfall eine alternative Verbindung zu einem anderen Speicherort aufgebaut werden? Hier ist die Gelegenheit dazu.

```
import that
```
X

Richtig wäre **`import this`**, aber mit der richtigen Fehlerbehandlung sind solche Probleme gar nicht mehr so schlimm. Sowohl das allgemeinere **`ImportError`** als auch das speziellere **`ModuleNotFoundError`** kannst du hier verwenden, um den Fehler korrekt zu behandeln.

Ist das mit diesen übergeordneten Klassen dann nicht alles irgendwie doppelt gemoppelt?

- **`ModuleNotFoundError`**: Natürlich kannst du (beispielsweise) anstelle des spezielleren **`ModuleNotFoundError`** in einfachen Fällen auf das allgemeinere **`ImportError`** zurückgreifen. Kann das gewünschte Modul nicht gefunden werden, dann greift **`ImportError`** ganz genauso. Und oft genügt es, die allgemeinere Fehlerklasse zu verwenden. Aber mit unterschiedlichen Fehlerarten kann dein Programm besser auf die Fehler reagieren. Klappt nur »**irgendetwas**« mit einem benötigten Modul nicht? Oder könntest du vielleicht einen genaueren Hinweis geben:

```
ACHTUNG: Modul nicht gefunden. Schrödinger, hast du die externe Festplatte angeschlossen?
```

Hier noch ein paar beliebte Fehlerarten:

- **`IndexError`**: Greifst du auf eine **Liste** zu, dann machst du das über den **Index**. Liegst du daneben und der angegebene Wert für den Index liegt außerhalb des gültigen Bereichs, dann hilft dir diese Fehlerart weiter.

```
hallo = "Wortlos"
print(hallo[99])
```
X

Richtig wäre es, bis **`hallo[6]`**, mit **99** hingegen liegt der Index ganz weit daneben.

- **MemoryError**: Der verfügbare Speicher ist knapp? Viel zu knapp? Vielleicht hilft es in diesem Fall, ein paar Objekte vorzeitig zu entfernen? Oder reicht ein einfacher Hinweis für den User?
  - **OverflowError**: Wer mit großen (oder sehr großen) Zahlen jongliert, der kann auch schon mal den gültigen Zahlenbereich verlassen. Mit dieser Fehlerart findet sich bestimmt eine passende Lösung.

```
a = 9.9
b = 999
ergebnis = pow(a, b)
```

Bei Operationen mit Fließkommazahlen kann es schon mal dazu kommen, dass das Ergebnis einfach zu groß ist. Bei Integer-Zahlen ist Python hingegen wesentlich robuster.

  - **RecursionError**: Rekursionen sind eine praktische Sache. Dennoch kann es passieren, dass sich eine Funktion zu oft aufruft. Mit dieser Fehlerart kannst du vielleicht einen passenden Workaround schreiben.

```
def spam(wert):
    wert = wert + 1
    print(wert)
    spam(wert)
spam(1)
```

Diese Funktion ruft sich immer wieder selbst auf, bis es zu einem (in diesem Fall) unvermeidlichen **RecursionError** kommt.

- **NameError**: Da wird etwas Unbekanntes verwendet? Vielleicht eine Variable, die unbekannt, weil noch gar nicht initialisiert ist? Das ist der Moment für den **NameError**.

```
print(Schrödinger)
```

Einfache Ursache mit großer Wirkung – das ist ein bekannter Fehler.

- **SyntaxError**: Tatsächlich könnten sogar Syntaxfehler abgefangen werden. Das macht wenig Sinn für eigene Fehler im Programmcode, die solltest du auf jeden Fall selbst korrigieren. Syntaxfehler können aber auch in Funktionen wie **eval** oder **exec** auftreten, die versuchen, Strings in Code umzuwandeln. Da macht es dann auch Sinn, Syntaxfehler abzufangen.

```
eval("print(42?2)")
```

Der Befehl **eval** setzt einen übergebenen Text in Python-Code um und führt den Code aus. Ist darin ein Fehler (hier die falsche Zahl **42?2**), kommt es natürlich zu einem Syntaxfehler.

- **`IndentationError`**: Das ist eine Unterklasse von **`SyntaxError`**, und sie bezieht sich auf Code, der falsch eingerückt ist.
- **`TabError`**: Das ist eine Unterklasse von **`IndentationError`** (der ja selbst eine Unterklasse von **`SyntaxError`** ist). Er tritt auf, wenn Leerzeichen und Tabulatoren **gemischt** innerhalb einer Kontrollstruktur auftreten.
- **`TypeError`**: Werden unterschiedliche Datentypen zusammengebracht ohne explizite Konvertierung, dann ist es Zeit für diesen Fehlertyp.

```
wert = 25 + "eins"X
```

Das geht natürlich nicht: Aus einer Zahl und einem Text kannst du ohne Konvertierung keinen neuen Wert generieren.

- **`ZeroDivisionError`**: Keine Zahl darf durch 0 geteilt werden. Falls doch, kannst du mit dieser Fehlerart reagieren.
- **`FileExistsError`**: Willst du eine Datei oder einen Ordner anlegen, kommt es zu einem Fehler, wenn ein Element mit diesem Namen **bereits vorhanden** ist. Gut, dass du angeben kannst, was jetzt passieren soll.
- **`FileNotFoundError`**: Versuchst du auf eine Datei oder einen Ordner zuzugreifen, der gar **nicht existiert**, hast du hier alles für die korrekte Fehlerbehandlung.
- **`IsADirectoryError`**: Wenn du eine Dateioperation vornehmen willst, die nur für eine Datei erlaubt (oder möglich) ist, aber das ausgewählte Element ist in Wirklichkeit ein Ordner, hilft dir dieser Fehler weiter bei der Behandlung des Problems.
- **`NotADirectoryError`**: Hier der umgekehrte Fall: Du verwendest einen Befehl, der nur für Ordner zulässig ist, doch bei dem Objekt handelt es sich eben nicht um einen Ordner.

Schönere Fehlerbehandlung mit »else« und »finally«

Nun, ob die Fehlerbehandlung wirklich schöner werden kann, sei mal dahingestellt. Aber wir sind bei der Fehlerbehandlung noch nicht am Ende angekommen. Du hast nämlich noch zwei weitere Möglichkeiten, wie du deine Fehlerbehandlung noch flexibler gestalten kannst.

Du kannst an das Ende deines **`try`**-**`except`**-Blocks einen weiteren Block mit einem **`else`** hängen.

```
eingabe = input("Zahl:")
try:
    ergebnis = 100 / float(eingabe)
except ZeroDivisionError:
    print("Durch 0 geteilt!")
except ValueError:
    print("Du hast keine gültige Zahl eingeben")
else:
    print(ergebnis)
```

In dem **`else`**-Block steht jetzt unsere Ausgabe mit **`print`**, die vorher in dem **`try`**-Block stand. Der **`else`**-Block wird immer dann durchlaufen, wenn im **`try`**-Block kein Fehler aufgetreten ist – also nur, wenn kein **`except`**-Block durchlaufen wurde.

Und welchen Sinn hat das? Das ist doch jetzt übertriebenes Kleinkram!

Steht **`print`** innerhalb des **`try`**-Blocks, wird es nur ausgeführt, wenn es zu **keinem Fehler** kommt – das ist ja auch so beabsichtigt. Aber was passiert, wenn es in **diesem Code** zu einem Fehler kommt? Dann löst **dieser Fehler** die Fehlerbehandlung aus, und du wunderst dich, woher der Fehler kommt! **Zugegeben:** Nur alleine in dem **`print`** wird wohl nicht allzu viel passieren, aber denk daran: Irgendwann wird jedes Programm länger und komplexer.

Und was sagt uns das Zen of Python?

Fehler sollten niemals unbemerkt durchgehen?!

Genau, Schrödinger!

Aber genau das könnte passieren. Ein Fehler in diesem Teil könnte unbemerkt bleiben, weil er einfach einen der **`except`**-Blöcke auslöst – ganz so, als hätte der eigentlich fehlerverdächtige Teil des Codes einen Fehler! Beispiel gefällig?

Fehler geschüttelt, nicht gerührt

So zum Beispiel:

```
eingabe = input("Zahl:")
try:
    ergebnis = 100 / int(eingabe)
    print(ergednis)
except ZeroDivisionError:
    print("Durch 0 geteilt!")
except:
    print("Fehler in der Berechnung")
```

Das sieht auf den ersten Blick alles ganz gut aus: Eine Eingabe wird in eine Zahl umgewandelt und eine Berechnung damit durchgeführt. Das Ergebnis wird mit **`print`** ausgegeben.

Ist die Eingabe **0**, kommt es zu einem **`ZeroDivisionError`**.
Bei anderen Fehlern in der Berechnung greift die allgemeine Fehlerbehandlung, zum Beispiel wenn der User keine Zahl, sondern ein Wort eingibt.
So kann das aussehen, wenn **0** eingegeben wurde:

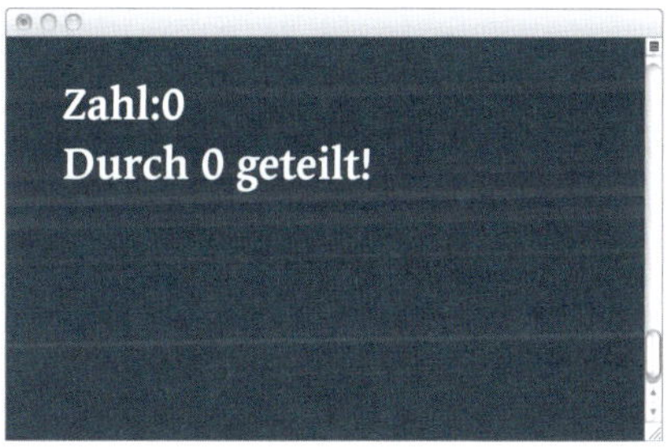

Und so sieht es aus, wenn eine normale Zahl eingegeben wurde:

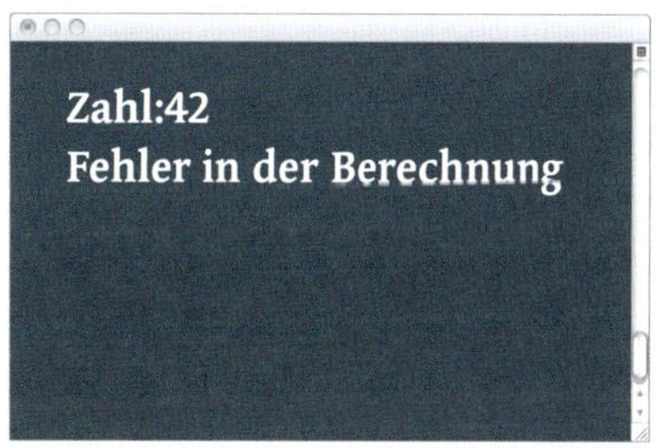

Moment …!
Das sollte doch gar keinen Fehler verursachen.
42 ist doch eine gültige Zahl!

Stimmt!

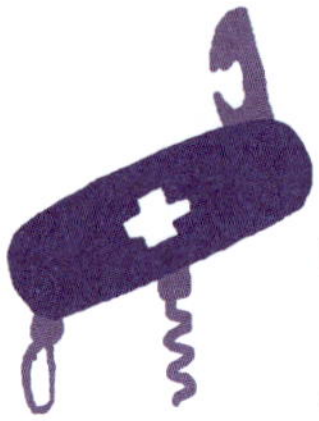

[Einfache Aufgabe]
Finde heraus, was hier passiert ist, und ändere das Programm so, dass es korrekt läuft.

Also, offenbar kommt es auch bei normalen Zahlen zu einem Fehler, der von der allgemeinen Fehlerbehandlung übernommen wird.

Ich hab's!!!

Da ist ein Schreibfehler innerhalb des Print-Befehls!

Die Variable heißt **`ergebnis`** – im **`print`**-Befehl steht aber **ergednis**. Das ist wie eine neue Variable, die nicht initialisiert ist. Da sich der **`print`**-Befehl mit dieser Variablen innerhalb des **`try`**-Blocks befindet, löst er das passende **`except`** aus – was du gar nicht vorgesehen hattest.

[Achtung]
Die Fehlerbehandlung mit **`try`** und **`except`** musst du immer gezielt einsetzen. Du solltest vorsichtig sein und nicht ganze Bereiche pauschal in einen **`try`**-Block schreiben.

Also, Schrödinger,

schreibst du diesen Teil in einen **`else`**-Block, dann kann dir so etwas gar nicht passieren.

Zu guter Letzt – »finally«

Die Fehlerbehandlung hat noch einen weiteren Kniff, und zwar **`finally`**. Damit kannst du einen Block schreiben, der in **jedem Fall** ausgeführt wird.

```
try:
    pass
except:
    pass
```

Ha! Dafür brauche ich doch nur den Code hinter mein **`try`** *und* **`except`** *zu schreiben!*

Das ist tatsächlich nicht ganz das Gleiche.

Der **`finally`**-Block wird in jedem Fall ausgeführt – selbst wenn du in dem **`except`**-Block das Programm beenden solltest!

Das sieht dann so aus:

```
import sys*1
eingabe = input("Zahl:")
try:
    ergebnis = 1 / int(eingabe)
except:
    print("Fehler, Feierabend!")*2
    sys.exit()*3
    print("Ich werde gar nicht mehr ausgeführt!")*4
finally:
    print("Ich räume hier noch schnell auf")*5
print("Programm geht weiter.")*6
```

*1 Wir importieren das Modul **`sys`**, um weiter unten **`sys.exit()`** verwenden zu können.

*2 Im Fehlerfall erfolgt diese Ausgabe.

*3 Und mit dieser Anweisung wird das Programm beendet.

*4 und *6 werden damit nicht mehr ausgeführt!

*5 Aber egal, wie der Ablauf des Programms ist: Das hier wird noch ausgeführt!

Was hier passiert, ist schnell zu sehen, wenn du mit einer falschen Eingabe einen Fehler provozierst:

```
Zahl:Zwölf
Fehler, Feierabend!
Ich räume hier noch schnell
auf
```

Du siehst, das **`print`** nach dem **`sys.exit`** wird schon gar nicht mehr ausgeführt. Auch das **`print`** am Ende des Programms kommt nicht mehr zum Einsatz. Doch der **`finally`**-Block wird tapfer ausgeführt.

So etwas ist sehr hilfreich, um Verbindungen korrekt zu schließen, beispielsweise zu einer Datenbank oder einem anderen System.

Übrigens, Schrödinger …

[Zettel]
Du kannst natürlich auch innerhalb von **`try-except`**-Blöcken wiederum eigenständige **`try-except`**-Blöcke schreiben.

```
try:
    pass
except ZeroDivisionError, ValueError:
    pass
except FileNotFoundError:
    pass
```

[Zettel]
Durch Komma getrennt kann ein **`except`**-Block auch für mehrere Fehlerarten zuständig sein.

Eine Sache vielleicht noch:
Du kannst dir den Fehler von dem jeweiligen **`except`** auch mit **`as`** in eine beliebige Variable, hier **`e`**, übergeben lassen und dann damit weiterarbeiten – im einfachsten Fall, um den Fehler ausgeben zu lassen.

```
except ZeroDivisionError as e:
    print("Durch 0 geteilt:", e)
```

```
Durch 0 geteilt: division by zero
```

Das alles geht ohne Probleme.

… Schrödinger?

Debuggen (nicht nur) mit Thonny

Das Debuggen mit Thonny ist einfacher, als du vielleicht denkst (oder befürchtest). Dabei ist das, was ich dir über das Debuggen jetzt zeige, gar nicht auf Thonny beschränkt. Thonny orientiert sich beim Debuggen an den üblichen Techniken und der üblichen Art der Bedienung. Wenn du also weißt, wie du mit Thonny dein Programm debuggen kannst, wirst du bei anderen Entwicklungsumgebungen auch keine Probleme haben.

Was Debuggen ist und was ein Debugger ist, weißt du ja?

Also, äh vielleicht, wenn du es noch einmal kurz erläuterst? Nur so, um wirklich ganz sicherzugehen, dass ich es verstanden habe?

Kein Problem. **Debuggen** heißt erst mal, dass du Fehler (also **Bugs**) in deinem Programm suchst und nach Möglichkeit natürlich auch entfernst. Auf Syntaxfehler weist dich eine gute Entwicklungsumgebung ja schon gleich hin – oder es gibt eben eine Fehlermeldung beim Start.

Schwerer wird es aber bei **logischen Fehlern**: Es kommen einfach nicht die Werte heraus, die du erwarten würdest? Was läuft da in deinem Programm **falsch**? Wird irgendwo etwas falsch berechnet, oder wird vielleicht eine Schleife wegen einer bestimmten Bedingung gar nicht durchlaufen oder zu früh verlassen?

Die einfachste Art des Debuggens ist die **Ausgabe** von Werten mit dem Befehl `print`. Das ist einfach, wird aber recht schnell unübersichtlich und kostet viel Zeit: Du musst an unterschiedlichen Stellen die betroffenen (oder verdächtigen) Variablen ausgeben und schreibst dazu vielleicht Dutzende `print`-Anweisungen. Hast du den Fehler gefunden, musst du alle unnötigen Ausgaben natürlich **wieder entfernen**.

Der Debugger, dein Freund und Helfer

Der **Debugger** ist meist Teil einer Entwicklungsumgebung und hilft dir bei der Fehlersuche. Entweder ist er schon »eingebaut« oder kann zusätzlich installiert werden.

Der Debugger kann deine Programme **schrittweise ausführen** und dir dabei auch gleich die jeweiligen Werte deiner Variablen **anzeigen**. Genauso kann er dir anzeigen, was von einer Funktion als Ergebnis zurückgeliefert wird. Du kannst also **nachverfolgen**, wie dein **Programm abläuft**, und siehst, ob vielleicht Teile ausgelassen werden oder falsch angesprungen werden.

Da Programme sehr lang sein können, wäre es auch mit dem Debugger etwas mühsam, sich immer von Zeile zu Zeile hangeln zu müssen. Stell dir vor, du müsstest zusehen, wie jede Zeile eines Programms mit mehreren hundert oder tausend Zeilen durchlaufen würde.

Deshalb kannst du mithilfe des Debuggers auch sogenannte Haltepunkte oder **Breakpoints** setzen. Dann kannst du das Programm ganz normal laufen lassen und hältst nur bei den Breakpoints an. Erst auf Knopfdruck (oder mit einer Tastenkombination) wird das Programm weiter ausgeführt, bis zum nächsten Breakpoint.

Probieren wir das mit dem Debuggen doch einfach mal aus …

Du, der Debugger und die Breakpoints

Um ein bisschen mit dem Debugger spielen zu können, brauchen wir ein kleines Programm, idealerweise ein Programm mit einer Kontrollstruktur (wir nehmen dafür mal eine **for**-Schleife). Damit haben wir alles, um mal so richtig zu debuggen. So kann unser Programm aussehen:

```
print("Hier geht es los!")
max = 5
for i in range(max):
    i = pow(i,2)
print(i)
```

Das Programm hat natürlich einen kleinen **Pferdefuß** und arbeitet nicht unbedingt so, wie man es erwarten würde.

Die **for**-Schleife wird von **0** hochgezählt bis **4** (der angegebene höchste Wert 5 wird in **range** ja grundsätzlich nicht verwendet bzw. erreicht). In jedem Durchlauf wird in der Schleife die Variable **i** mit der Funktion **pow** hoch **2** genommen.

Um ein Programm zu debuggen, startest du es mit einem Klick auf den kleinen grünen Käfer oben in der Icon-Leiste von Thonny.

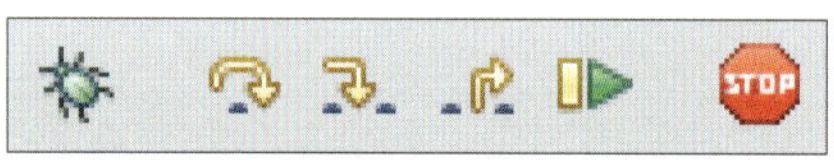

Der kleine grüne Käfer, ganz links, startet das Programm im Debug-Modus.

Du siehst, dass das erste Element im Editor markiert ist – die Käferjagd hat begonnen!

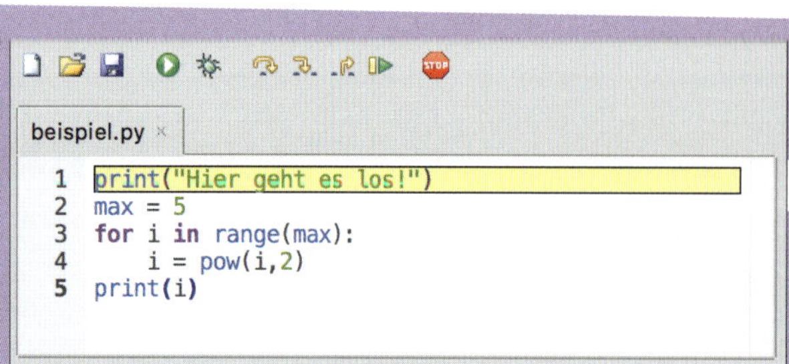

Das erste Element ist im Blick des Debuggers

Äh?
Und jetzt? Da tut sich ja gar nichts weiter!?

Natürlich nicht, der Debugger arbeitet das Programm Schritt für Schritt ab – dazu musst **du** ihm sagen, was er jetzt als Nächstes machen soll. Dafür sind die fünf Icons neben dem Käfer da:

- **Das Stop-Zeichen:** Fangen wir mit dem auffälligsten Button **ganz rechts** an: Mit dem Stop-Zeichen beendest du den Debugger und das laufende Programm sofort. Das ist hilfreich, wenn du den Fehler gefunden hast oder wenn du erst mal einen Dinkelkaffee trinken möchtest.

Und die anderen vier Symbole in der Mitte?

Damit sagst du dem Debugger, er soll jeweils einen Schritt weitergehen.

- **Step over:** Klickst du für den nächsten Schritt auf **Step over**, dann springt der Debugger auf der **jeweiligen Ebene** weiter zu dem nächsten Schritt.

Das verstehe ich nicht.
Welche »jeweilige Ebene«?

Programme sind meist recht **umfangreich**. Würdest du immer von (jeder) Zeile zu (wirklich jeder) Zeile springen – inklusive aller Kontrollstrukturen, aller verwendeten Funktionen und der **wiederum darin** aufgerufenen Funktionen –, dann wäre das Debuggen durch die Menge an Code, durch den du dich klicken müsstest, zeitaufwendiger, als gezielt mit `print` zu arbeiten. Deshalb haben die Debugger eine pfiffige Vorgehensweise. **Alles** auf der **gleichen Ebene** wird mit **Step over** zeilenweise durchlaufen. Alles, was jeweils tiefer liegt (aufgerufene Funktionen, die Inhalte von Kontrollstrukturen), wird als ganzer Block angezeigt, der mit Step over nicht genauer dargestellt wird. Natürlich werden alle Teile durchlaufen – nur der Debugger zeigt eben nichts Genaueres an. Willst du es doch genauer wissen, gibt es dafür den Befehl **Step into**.

- **Step into:** Dieser Befehl geht den Dingen auf den Grund, und zwar so was von gründlich! Damit versucht der Debugger, **jeder** Zeile und **jeder** Funktion auf den Grund zu gehen – egal, wie tief (und immer tiefer) es auch gehen mag. Hier zeigt dir der Debugger **alle** möglichen Informationen, zum Beispiel der wievielte Durchlauf einer Schleife gemacht wird, welchen Wert eine Funktion zurückgibt und sogar jede Variable in einem Funktionsaufruf wird mit ihrem aktuellen Wert dargestellt.

Du kannst bei jedem Schritt zwischen **Step into** und **Step over** wechseln. Damit kannst du unwichtige (oder unkritische) Bereiche und Funktionen schnell überspringen und gehst nur bei Bedarf in die Tiefe.

- **Step out:** Bist du mit **Step into** in eine Funktion (oder in eine Kontrollstruktur) hineingesprungen, genügt ein Klick auf **Step out**, um diese wieder zu verlassen und wieder eine Ebene höher zurückzukommen.

So sieht das bei unserem kleinen Programm aus:

```
print("Hier geht es los!")
max = 5
for i in range(max):
    i = pow(i,2)
print(i)
```

Aus Sicht des Debuggers liegt unsere **Kontrollstruktur** (also ihr Inhalt) eine **Ebene tiefer** als der Rest des Programms und wird mit **Step over** nicht genauer im Debugger dargestellt. Deshalb wird unsere Kontrollstruktur beim Durchlauf mit **Step over** auch als ganzer Block markiert:

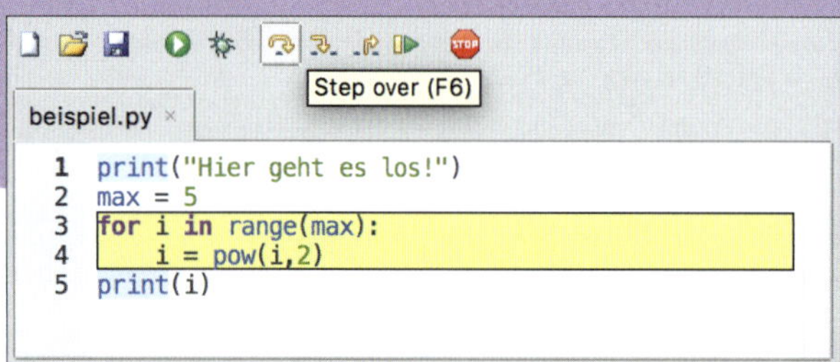

Für **Step over** ist diese Schleife ein ganzer Block, der nicht im Detail dargestellt wird. Es sei denn, du klickst jetzt auf **Step into**.

Ist so ein Block markiert, kannst du mit **Step into** in diesen Block hineinspringen. Bist du dann innerhalb der Schleife, genügt es, mit **Step over** normal weiterzugehen. Der Debugger durchläuft die Schleife zeilenweise **so oft**, bis sie regulär beendet ist.

Wenn du mit **Step into** weitermachst, zeigt dir der Debugger wirklich jede Kleinigkeit: Er zählt mit, der **wievielte Durchlauf** gerade gemacht wird, er löst den Funktionsaufruf `pow` weiter auf und zeigt dir, **welchen Wert** die Variable `i` innerhalb dieses Funktionsaufrufes hat. Sogar der von der Funktion zurückgegebene Wert fehlt nicht.

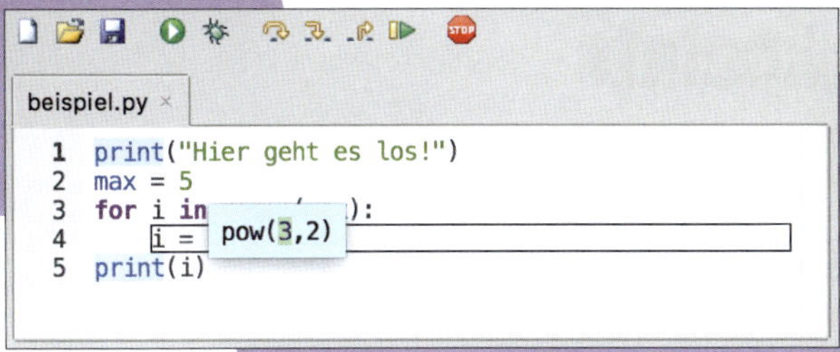

Mit **Step into** »gräbt« sich der Debugger sogar tiefer in den Funktionsaufruf **pow**! Hier zeigt er, welchen Wert die verwendete Variable **i** hat, nämlich **3** in diesem Moment.

Reicht dir nach dem x-ten Durchlauf einer Kontrollstruktur, was du bis dahin gesehen hast, kannst du mit dem Button **Step out** wieder aus der Kontrollstruktur springen, und es geht eine Ebene höher weiter – zumindest, wenn da noch Code kommt, der für den Debugger von Interesse ist. Kommentare zum Beispiel interessieren den Debugger überhaupt nicht.

Mach doch mal die Fenster auf!

Beim Debuggen ist es immer hilfreich, ein Fenster mit den aktuellen Variablen geöffnet zu haben. Da es anfangs tatsächlich noch nicht in Thonny geöffnet ist, kannst du es ganz einfach über die Menüleiste **Ansicht**, **Variablen** öffnen. Bei jedem Schritt zeigt dir Thonny dann die verwendeten Variablen mit ihren aktuellen Werten an. Komfortabler geht es kaum!

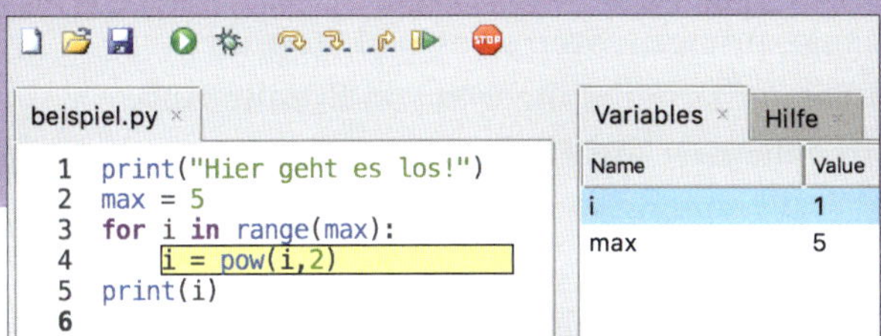

Ein kühner Blick auf alle Variablen, auch wenn es hier nur ganze zwei Stück sind

Also, Schrödinger, mit **Step over** springst du von Befehl zu Befehl auf der gleichen Ebene. Mit **Step into** springst du tiefer in Bereiche, die sonst großzügig außer Acht gelassen werden. Mit **Step out** verlässt du tiefere Bereiche und gehst etwas zügiger weiter.

Ach ja: Mit dem letzten Icon, **Resume,** beendest du jederzeit das Debuggen und lässt das Programm ganz normal weiterlaufen.

Gezielte Fehlerjagd mit Breakpoints

Aber das ist noch nicht alles. Wenn du möchtest, kannst du sogar noch gezielter Teile in deinem Programm anspringen. Das Zauberwort heißt: **Breakpoints**!

Mit einem **Klick auf die Zeilennummer** links vom Programmcode kannst du jederzeit einen Breakpoint bzw. einen Haltepunkt setzen.

[Achtung]

Falls du im Editor keine Zeilennummern sehen kannst, musst du sie über die **Einstellungen** von Thonny aktivieren: Auf der Menüleiste klickst du nacheinander auf **Thonny**, **Preferences** und dort auf der Karteikarte **Editor** ganz unten auf **Zeilennummern anzeigen**.

Wenn du Breakpoints verwendest, werden diese direkt angesprungen. **Step over** und **Step into** funktionieren ganz normal. Mit **Step out** und mit **Resume** springst du hingegen von **Breakpoint zu Breakpoint**, dabei spielt es keine Rolle, auf welcher Ebene oder innerhalb welcher Funktion ein Breakpoint sitzt – er wird in jedem Fall vom Debugger angesprungen, zumindest, wenn der entsprechende Code im jeweiligen Programmablauf erreicht wird.

Ist der Code aber in einem Bereich, der im (aktuellen) Programmablauf nicht erreicht wird (weil eine Bedingung eben nicht passt), dann nützen auch die schönsten Breakpoints nichts – außer, dass du explizit sehen kannst, dass ein bestimmter Bereich eben **nicht erreicht** wird:

```
eingabe = input("Name?")
if eingabe == 'Schrödinger':
    auszahlung = 1000
else:
    auszahlung = 0
```

Bei diesem kurzen Programm könntest du beispielsweise überall einen Breakpoint setzen: Wenn die aktuelle Eingabe `"Schrödinger"` ist, wird das `else` nicht erreicht. Unabhängig davon, ob dort ein Breakpoint sitzt oder nicht. Umgekehrt gilt das natürlich genauso.

Aber weiter mit unserer Schleife …

Schau dir bitte mithilfe des Debuggers einmal an, welche Werte die Variable **i** hat – während des Programmablaufs und am Ende.

Das ist, glaube ich, gar nicht so schwer. Nur brauche ich dazu Breakpoints?

Nun, die genauesten Informationen erhältst du grundsätzlich mit **Step into**. Mit Breakpoints bist du schneller bei den wichtigen Stellen und sparst dir eine unnötige Klickerei durch alle Zeilen. Aber erst mit **Step into** gehst du schrittweise in **die Tiefe**, um nacheinander alle Werte von **i** sehen zu können. Und die sind (hier extra aufgeführt) durchaus bemerkenswert:

Selbst mit einem **print** könntest du nicht so exakt sehen, welche Werte **i** nacheinander hat!

Was da passiert? Seltsam!? Aber doch ganz logisch:

In der **for**-Schleife bekommt **i** bei jedem Durchlauf einen neuen Wert von **0** bis hin zur **4** beim letzten Durchlauf. Dabei spielt es für die Schleife bzw. unsere Laufvariable **i** keine Rolle, ob sie zwischendurch irgendeinen anderen Wert bekommt! Python holt sich (schon fast stur) einen Wert aus der Liste, die von **range** erzeugt wurde, und weist **i** einen Wert nach dem anderen zu. Damit ist die Schleife unheimlich robust gegen Veränderungen der Laufvariablen. Andererseits weißt du jetzt, dass du die Schleife nicht »überlisten« kannst, indem du **i** selbst veränderst. Genau das passiert nämlich in der Zeile

```
i = pow(i,2)
```

Dort bekommt **i** nacheinander (also Durchlauf nach Durchlauf) die Werte **0, 1, 4, 9, 16** – eben jeweils die Schleifenwerte **0, 1, 2, 3, 4 zum Quadrat**. Für die beiden ersten Werte 0 und 1 fällt das nicht einmal auf, da für 0 und 1 das Quadrat 0 bzw. 1 ist.

Beim nächsten Durchlauf wird im **for** dieser Wert von Python stur überschrieben, und die Veränderung von **i** hat **keinen Einfluss**. Nur im letzten Schritt wird der Wert **16** nicht mehr überschrieben, da die **for**-Schleife schon verlassen wird.

Ohne den Debugger wäre es ziemlich schwer, so ein Verhalten zu erkennen!

Was hast du gelernt? Was haben wir gemacht?

Lass uns kurz rekapitulieren …

Du hast gelernt, dass Fehler auftreten können – und es auch gnadenlos tun. Und nicht in allen Fällen ist es möglich, das zu verhindern. Dafür stellt dir Python **`try`** und **`except`** zur Verfügung. Kommt es bei dem Programmcode, den du in den **`try`**-Block schreibst, zu einem Fehler, dann wird das Programm nicht abgebrochen. Python springt dann in den (oder in einen) der **`except`**-Blöcke. Dort kannst du Programmcode schreiben, der mit dem Fehler umgehen kann. Dabei kennt Python mehrere Fehlerarten, die du bei der Fehlerbehandlung angeben kannst. Nur wenn eine passende Fehlerart gefunden wird, springt Python in den ersten passenden Block.

Schließlich gibt es auch noch **`else`** und **`finally`**. Damit kannst du noch flexibler auf Fehler reagieren. Denn ein **`else`**-Block wird als Alternative zu den **`except`**-Blöcken nur durchlaufen, wenn **kein Fehler** aufgetreten ist. Der genauso optionale **`finally`**-Block wird immer durchlaufen – egal, ob ein Fehler aufgetreten ist oder nicht. Selbst wenn für den auftretenden Fehler kein passender **`except`**-Block gefunden werden konnte und es doch zu einem Programmabbruch kommen sollte: Der **`finally`**-Block wird noch ausgeführt.

Und dann war da noch die Sache mit dem Debugger, Schrödinger!

Gute Entwicklungsumgebungen bieten dir einen Debugger an. Am Beispiel von Thonny hast du gesehen, was ein Debugger ist und wie du damit arbeiten kannst. Startest du dein Programm über den Debugger, dann wird es schrittweise durchlaufen und du kannst dir alle aktuellen Variablen und Werte anzeigen lassen. Und mithilfe von Breakpoints kannst du Stellen markieren, um dir noch gezielter kritische Stellen anzeigen zu lassen.

Zeit für eine fehlerfreie Pause!

Die Standard-
bibliothek
und noch viel
mehr

—SIEBEN—

Die Module spielen verrückt

Deinen Programmcode kannst du mit Hilfe von Modulen ganz einfach wiederverwenden. Und weil das so einfach geht, gibt es auch zahllose fertige Module. Was genau Module sind und warum sie so eine coole Sache sind? Das erfährst du hier!

Du, sag mal,

wie ist das eigentlich,
wenn ich meine Funktionen später
noch einmal verwenden möchte?

Du meinst zum Beispiel die Funktion `kurzer_dateiname`, mit der du in **Kapitel 5** über die **Strings** Dateinamen umbenannt hast?

Genau!
Wo speichere ich alles ab,
bis ich es wieder brauche?
Copy & Paste ja auch nicht das Gelbe vom Ei?

Du hast recht. Es ist viel besser, das als Modul in Python zu schreiben.

Modul?

Ja, genau. Die einfache und sinnvolle **Wiederverwendung** von Code stellt eine große Herausforderung dar. Du glaubst gar nicht, wie viele tausend Zeilen Programm neu geschrieben werden, obwohl es bereits passenden Code gäbe. Leider sitzt dieser Code meist etwas versteckt in längeren Programmen. Und kaum jemand macht sich die Mühe, nach solch passendem Code zu suchen, ihn zu kopieren, gegebenenfalls etwas anzupassen, um ihn dann neu zu verwenden.

In Python ist das ganz anders gelöst – hier ist es **üblich**, Programmcode aus dem Programmcode zu lösen und damit ein allgemein verwendbares **Modul** zu schreiben.

Ein **Modul**, das ist beliebig langer (oder kurzer) Programmcode, der in eine **eigene Datei** geschrieben wird, natürlich ein bisschen angepasst, sodass er besser an anderer Stelle verwendet werden kann. Dadurch ist es ein Leichtes, Code beliebig oft wiederzuverwenden. Und das klappt sogar!

Und wie mache ich jetzt so ein Modul?

Wie immer in Python: ganz einfach! Du nimmst deinen Programmcode und speicherst ihn in einer **eigenen Datei** ab. Diese Datei kannst du dann fast beliebig in andere Python-Programme **importieren** und dort verwenden.

Stell dir vor, du hast eine eigene Funktion geschrieben:

```
def mal10(wert):
    ergebnis = wert * 10
    return ergebnis
```

Das ist natürlich nur ein sehr einfaches Beispiel und steht für eine wesentlich komplexere Funktion.

[Zettel]
Du wirst das gleich mit deiner Funktion **`kurzer_dateiname`** aus **Kapitel 5 über Strings** machen. Da ein Modul eine ganze Menge an Fähigkeiten haben kann, sehen wir uns das erst mit einem einfachen Beispiel an.

Du speicherst diese Datei unter dem Namen **spam.py** ab. Fertig ist dein Modul **`spam`**!

Das ist alles?
Und wie findet Python jetzt mein Modul?

Möchtest du dieses Modul in einem deiner Programme verwenden, dann musst du das Modul mit der Anweisung **`import`** in das jeweilige Programm **importieren**. So weiß Python, welches Modul oder welche Module verwendet werden sollen:

```
import spam
```

Du gibst zu **`import`** nur den Namen der Datei selbst an – ohne die Dateiendung.

[Zettel]
Üblicherweise werden alle **`import`**-Anweisungen (du kannst beliebig viele Module importieren) an den Anfang deines Programms geschrieben.

Wir gehen erst mal davon aus, dass sich alle Dateien im **gleichen Ordner** befinden. Wie du auf Module zugreifst, die sich ganz woanders befinden, schauen wir uns gleich an, wenn du deine Funktion **`kurzer_dateiname`** als Modul schreibst. Du wirst ja nicht alles in einem einzigen Ordner speichern, sondern verwendest sicherlich passende Ordner, die irgendwo liegen können (oder sollten).

Nach dem Import kannst du auf alles zugreifen, was sich in dem Modul befindet – auf jede Funktion und auf jede globale Variable. Wie sonst auch, kannst du auf Variablen innerhalb von Funktionen nicht zugreifen, da sie nach dem Verlassen der Funktion ins Nichts verschwinden.

Aus Sicherheitsgründen und damit nichts durcheinandergeht, musst du bei der Verwendung von **Funktionen** und **Variablen** des Moduls auch den **Modulnamen** mit angeben:

*1 Erst gibst du den Namen des importierten Moduls an (denn ohne vorherigen Import geht gar nichts) …

```
ergebnis = spam*1.mal10(1)*2
print(spam.mal10(42))*3
```

*2 … und getrennt durch einen Punkt schreibst du ganz normal den Funktionsaufruf – so wie du es auch sonst machst.

*3 Dabei ist es egal, wie du deine Funktion im Programm verwendest, ob du den Rückgabewert einer Variablen zuweist oder die Funktion wie hier direkt in einem **`print`** verwendest.

[Achtung]
Natürlich musst du wie immer auf die richtige Schreibweise achten: **`Spam`** wäre ein ganz anderes Modul als **`spAm`** oder eben **`spam`**.

Aber was sollte denn da durcheinandergehen? Ich verwende doch keinen Namen bei meinen Sachen doppelt?

Manche Namen sind einfach zu verführerisch, um sie nicht zu benutzen: Allgemeine Namen wie **`info`**, **`ergebnis`** oder **`berechnung`** könnten sehr wohl gleichermaßen in einem Modul wie auch in deinem Programm auftauchen. Außerdem wirst du irgendwann **viele Module** haben und nicht mehr an jeden bereits verwendeten Namen denken! Und dann gibt es ja noch die ganzen anderen Module, die standardmäßig zu Python gehören, von sonst verfügbaren Modulen ganz zu schweigen.

Deshalb befindet sich jedes Modul in seinem eigenen **Namensraum**!

Namensraum?

Je umfangreicher Programme wurden (und immer noch werden), desto größer wurde das Problem, dass sich Variablen- oder Funktionsnamen zufällig überschnitten und damit mehrfach vorkamen. Deshalb wurden in vielen Sprachen sogenannte Namensräume, **Namespaces**, eingeführt.

Stell dir das vor wie bei Straßennamen: In vielen Städten gibt es eine Bahnhofstraße, eine Dorfstraße oder eine Schillerstraße. Dennoch kommen Briefe und Pakete richtig an, kein Problem! Schließlich ist bei der Adresse noch **der Ort** in Form von Postleitzahl und Ortsname angegeben. Das ist ein **Namensraum**! Und jede Straße in einer Stadt gehört zu diesem Namensraum. Auch wenn es tatsächlich fast 5.000 (!) Straßen mit dem Namen Bahnhofstraße gibt: Durch den eindeutigen **Namensraum**, also durch die **Ortsbezeichnung**, weiß jeder, wohin er muss, um die richtige Straße zu erreichen.

Namensräume können sogar beliebig weit unterteilt sein. Bei unserem Beispiel der Adresse gibt es ja auch noch die Möglichkeit, das Land anzugeben. Deine Adresse ist also tatsächlich wie ein Namensraum:

Deutschland – Hamburg – Bahnhofstraße – Hausnummer 42

So kann dich – dank Namensraum – jeder finden, Schrödinger!

In unserem Beispiel ist der Namensraum bzw. Namespace also schlicht und ergreifend: **spam**.

Die Funktion **mal10** befindet sich somit im Namespace **spam** und kann wie eine Postadresse mit dem Namespace eindeutig angesprochen werden:

*1 Das hier wäre also der Ort ...

```
spam*1.mal10*2(x)
```

*2 ... und das hier die Straße.

Nicht umsonst sagt das **Zen of Python**:

»Namespaces are one honking great idea – let's do more of those! –

Namespaces sind eine großartige Idee – lasst uns mehr davon machen!«

Schnelle Infos dank Docstring und »help«

Das ist noch lange nicht alles! Einfach nur eine Funktion in ein Modul zu schreiben, wäre zu einfach – Python hat dir da noch **viel mehr** zu bieten.

Du kannst zum Beispiel – ähnlich wie bei einer Funktion – am Anfang des Moduls einen **Docstring** schreiben, mit dem du das Modul beschreibst. Dabei kannst du dich getrost kurzfassen und musst nicht jede Variable und Funktion erklären. Das macht schon der Befehl **help** für dich!

Mit **help(spam)** bekommst du nämlich ganz automatisch umfassende Informationen geliefert: Alle globalen Variablen und Funktionen werden angegeben, die Funktionen sogar mit allen Parametern.

Bohren wir unser Modul kurz um zwei **Docstrings** auf, einen für das **Modul** und einen weiteren für die **Funktion**. Ach ja, eine beliebige Variable fügen wir auch noch hinzu:

```
"""Dies ist ein Modul zum Ausprobieren."""*1
irgendein_interner_wert = 42*2
def mal10(wert):
    '''Diese Funktion nimmt einen Wert mal 10.'''*3
    ergebnis = wert * 10
    return ergebnis
```

*1 Hier haben wir den Docstring für unser **Modul**. Er steht ganz am Anfang des Programms.

*2 Diese globale Variable wird im Modul nicht weiterverwendet, wir wollen nur sehen, wie sie von **help** beschrieben wird. Du könntest auch diese Variable weiter dokumentieren, aber das würde von **help** nicht berücksichtigt.

*3 Unserer Funktion gönnen wir einen eigenen Docstring. Auch hier liegt die Würze in der Kürze.

Natürlich musst du das alles wieder in der Datei **spam.py** speichern, damit dein Modul auf dem neuesten Stand ist.

Sehen wir uns an, was **nach dem Speichern** in deinem Programm, das das Modul **spam** importiert, ausgegeben wird:

```
import spam
help(spam)
```

```
Help on module spam:
NAME
    spam*1 - Dies ist ein Modul zum Ausprobieren.
FUNCTIONS
    mal10(wert)*2
        Diese Funktion nimmt einen Wert mal 10
DATA
    irgendein_interner_wert = 42*3
FILE
    /Users/schroedinger/Desktop/spam.py
```

*1 Der **Name des Moduls** wird automatisch zusammen mit deinem Docstring ausgegeben, du musst ihn im Docstring also gar nicht angeben.

*2 Jede Funktion wird mit ihrer Signatur und dem zugehörigen Docstring ausgegeben.

*3 Und auch jede globale Variable wird mit dem Wert ausgegeben, mit dem sie initialisiert wird.

Du siehst: Ohne eine große Dokumentation schreiben zu müssen, bekommst du mit **help** eine gute Übersicht, was ein Modul zu bieten hat, getrennt nach Namen, Funktionen, Daten und Angaben zur Datei.

[Achtung]

Hier wird noch einmal deutlich, **warum Docstrings** und auch **aussagekräftige Namen** für Variablen, Funktionen und Funktionsparameter so derart wichtig sind!

Ein Modul namens »dateiname«

So, Schrödinger.

Jetzt bist du an der Reihe, dein erstes Modul zu schreiben.

[Einfache Aufgabe]

Nimm die Funktion **`kurzer_dateiname`** und schreib damit ein Modul. Nutze bitte Docstrings für das Modul **und** für die Funktion.

Also, schnell die Funktion herausgesucht und zwei passende Docstrings geschrieben.

Das geht schnell!

```
'''Modul, um Dateinamen umzubenennen'''*1
def kurzer_dateiname(datei_name):
   '''Der übergebene Dateiname wird gekürzt, ein
   neuer Dateiname zurückgegeben. Entspricht der
   Name nicht dem Muster, wird False zurückgegeben.'''*2
   anfang = datei_name[0:6]
   ende = datei_name[-3:]
   trenner = datei_name.index('-')
   zahlen = datei_name[trenner+1: trenner+3]
   if anfang.isalpha() and ende.isalpha() and zahlen.isnumeric():
      neuer_name = anfang + zahlen + '.' + ende
      neuer_name = neuer_name.lower()
      return neuer_name
   else:
      return False
```

*1 Hier der erste Docstring für das Modul, ganz am Anfang.

*2 Und hier etwas länger der Docstring für die Funktion.

[Erledigt!]

Das wird jetzt noch abgespeichert in einer Datei mit dem Namen **dateiname.py**, und fertig ist das Modul **`dateiname`**!

Das kannst du gleich ausprobieren, indem du in einer anderen Datei das Modul importierst, dir mit **help** alle Informationen ausgibst und testweise einen Namen mit der Funktion kürzen lässt.

```
import dateiname
help(dateiname)
testName = 'Grabung-42-Ebene1.JPG'
print(dateiname.kurzer_dateiname(testName))
```

Die Ausgabe von **help** kann ziemlich lang werden. Da kann die Ausgabe des neu generierten Dateinamens am Ende schon fast untergehen.

```
Help on module dateiname:
NAME
    dateiname - Modul, um Dateinamen umzubenennen
FUNCTIONS
    kurzer_dateiname(datei_name)
        Der übergebene Da teiname wird gekürzt, ein
        neuer Dateiname zurückgegeben. Entspricht der
        Name nicht dem Muster, wird False zurückgegeben.
FILE
    /Desktop/dateiname.py
grabun42.jpg
```

Wenn dein Ergebnis so (oder ähnlich aussieht), dann herzlichen Glückwunsch zu **deinem ersten Modul!**

Natürlich kannst du das Modul auch jederzeit **erweitern**. Stell dir vor, es gäbe verschiedene Funktionen für unterschiedliche Dateitypen oder unterschiedliche Regeln, wenn die Dateinamen bestimmte Zeichen haben. Du kannst dich in dem Modul austoben, und es bleibt trotzdem alles übersichtlich und sauber getrennt in **deinem eigenen Modul**!

Modul und trotzdem Programm

Ein Modul muss nicht zwingend von einem anderen Programm mit **`import`** eingebunden werden. Es ist nach wie vor ein **echtes Python-Programm** und kann auch direkt aufgerufen werden.

Und wozu ist das gut?

So kannst du dein Modul so schreiben, dass du es einerseits **direkt** aufrufen kannst und (beispielsweise) mit einem **`input`** einen Dateinamen zur Prüfung eingeben kannst. Andererseits kannst du es weiterhin **als Modul** verwenden und damit die Funktion in anderen Programmen nutzen.

[Zettel]
Ein Modul kann so programmiert werden, dass es je nach **Art des Aufrufes** unterschiedlich reagiert – direkt als Programm oder als Modul.

Das klingt interessant! Wie mache ich das?

Python hat eine besondere **Systemvariable** namens **`__name__`** (geschrieben mit jeweils zwei Unterstrichen auf jeder Seite). Wird das Modul **extern**, also eben **als Modul**, eingebunden, dann hat diese Variable als Wert den **Namen des Moduls**, also in unsere Fall **`dateiname`** oder jetzt gleich im Beispiel den Namen **`spam`**. Wird das Modul direkt als Python-Programm aufgerufen, dann hat diese Systemvariable den Wert **`__main__`**. So kannst du ganz leicht eine Steuerung bauen, die darauf reagiert, wie dein Programm bzw. Modul aufgerufen wurde.

Für unser Modul **`spam`** könnte das so aussehen:

```
def mal10(wert):*1
    ergebnis = wert * 10
    return ergebnis

if __name__ == '__main__':*2
    print("Ich wurde direkt aufgerufen")
    zu_pruefen = input("Zahl?")
    print(mal10(int(zu_pruefen)))*3
else:
    print(f"Ich wurde als Modul {__name__} eingebunden")*4
```

*1 Zuerst die Definition unserer Funktion. Docstrings sparen wir uns hier aus Platzgründen.

*2 Hier wird der Wert der **Systemvariablen** überprüft. Ist der Wert **`'__main__'`**, dann läuft dieses Programm als **Hauptprogramm** – eben **main**. Bei einem Aufruf als Modul hätte es als Wert den **Modulnamen**.

*3 Hier machen wir eine Eingabe, konvertieren den Wert noch schnell zu **`int`**, rufen damit die eigene Funktion auf und geben den Wert aus – fertig.

*4 Beim Aufruf als Modul machen wir noch eine Ausgabe mit **`print`** – einfach zum Zeigen.

Rufst du das Programm direkt auf, sieht die Ausgabe so aus:

```
Ich wurde direkt aufgerufen
Zahl?42
420
```

Erst erfolgt die Ausgabe, dann wird eine Eingabe erwartet. Das Ergebnis wird ausgegeben.

Hier rufen wir das Programm als **Modul** von einem (beliebigen) anderen Programm auf:

```
import spam*1
ergebnis = spam.mal10(42)*3
print(ergebnis)
```

*1 Natürlich brauchen wir ein **import**, damit wir in der nächsten Zeile die Funktion in dem Modul aufrufen können.

```
Ich wurde als Modul spam eingebunden*2
420*3
```

*2 Hier erfolgt unsere Ausgabe in unserem **else** – direkt aus dem Modul heraus!

*3 Erst danach erfolgt die Berechnung und unsere Ausgabe mit **print**.

Sicher fällt dir dabei etwas auf, Schrödinger?

Ja, äh, natürlich! Was genau meinst du?

Beim **Import** wird der Code in unserem Modul **sofort ausgeführt**!

Alles, was sich im Hauptteil (also auf **der obersten Ebene**, nicht in einer der Funktionen) des Programms bzw. des **Moduls** befindet, wird **direkt** beim Import des Moduls **ausgeführt**! Sind nur Funktionen in einem Modul, fällt das natürlich gar nicht auf – denn Funktionen müssen ja sowieso erst explizit aufgerufen werden.

Ja, ja. Das habe ich auch sofort bemerkt!

Schauen wir uns den Ablauf einmal an. Dazu ändern wir kurz unser Programm bzw. Modul **spam** und rufen es wieder auf – einmal direkt und einmal als Modul von einem anderen Programm:

```
def mal10(wert):
    ergebnis = wert * 10
    return ergebnis
print(f"{__name__} gestartet...")
if __name__ == '__main__':
    print("...als eigenständiges Programm")
else:
    print("...als Modul.")
print(f"{__name__} ist beendet!")
```

Und so sieht die Ausgabe aus, wenn das Programm direkt gestartet wird:

```
__main__ gestartet...
...als eigenständiges Programm
__main__ ist beendet!
```

Erwartungsgemäß wird das Programm von oben nach unten bis zum Ende durchlaufen. Die Funktion **mal10** wird hier nicht aufgerufen, was aber auch problemlos möglich wäre.

Interessant wird es beim **Aufruf als Modul** durch ein anderes Programm: Wir bauen in dem **aufrufenden Programm** eine Ausgabe **vor** und eine Ausgabe **nach** dem Import ein. Zudem rufen wir auch noch die Funktion **mal10** auf – natürlich **nach** dem Import:

Klar, vor dem Import ist die Funktion ja noch nicht da ...

```
print("Vor dem Import des Moduls")*1
import spam*2
*3print("Nach dem Import des Moduls")
print(spam.mal10(42))*4
```

*1 Hier sind wir in dem aufrufenden Programm. Das Modul ist noch kein Thema an dieser Stelle.

*2 Hier wird das Modul importiert. Die Kontrolle geht an das Modul über. Alles, was sich im Hauptteil des Moduls befindet, wird jetzt ausgeführt – gut zu erkennen an den Ausgaben.

*3 Jetzt ist der Aufruf des Moduls beendet.

```
Vor dem Import des Moduls*1
*2spam gestartet...
...als Modul.
spam ist beendet!*2
*3Nach dem Import des Moduls
420*4
```

*4 Zu guter Letzt noch ein ganz normaler Aufruf der Funktion **mal10** aus unserem Modul.

Natürlich muss das Programm auch hier wieder (wie immer) gespeichert werden, damit die Änderungen wirksam werden.

Der Import kümmert sich also nicht nur darum, dass Funktionen des Moduls in deinen Programmen verwendet werden können. Tatsächlich wird das Modul an der Stelle des Imports quasi **eingefügt** und sein Programmcode wird an genau dieser Stelle ausgeführt!

Jetzt bist du an der Reihe, Schrödinger.

Das doppelt gemoppelte Modul für den direkten Test

[Einfache Aufgabe]

Schreib dein Modul jetzt so um, dass das bestehende Modul **`dateiname`** auch direkt (also als unabhängiges Programm) aufgerufen werden kann. Es soll eine Eingabe erfolgen, und der eingegebene Dateiname soll die Funktion durchlaufen. Die Funktionalität als Modul soll aber **unverändert** bleiben.

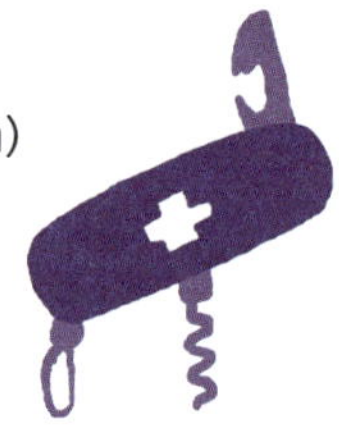

Das kriege ich hin! Das bisherige Modul muss doch nur um eine `if`*-Abfrage erweitert werden.*

Wenn das Modul direkt aufgerufen wird, soll eine Eingabe erfolgen, und mit dem eingegebenen Wert wird dann die Funktion aufgerufen. Das Ergebnis wird ausgegeben.

```
'''Modul, um Dateinamen umzubenennen'''
def kurzer_dateiname(datei_name):*1
    '''Der übergebene Dateiname wird gekürzt, ein
    neuer Dateiname zurückgegeben. Entspricht der
    Name nicht dem Muster, wird False zurückgegeben.'''
    anfang = datei_name[0:6]
    ende = datei_name[-3:]
    trenner = datei_name.index('-')
    zahlen = datei_name[trenner+1: trenner+3]
    if anfang.isalpha() and ende.isalpha() and zahlen.isnumeric():
        neuer_name = anfang + zahlen + '.' + ende
        neuer_name = neuer_name.lower()
        return neuer_name
    else:
        return False

if __name__ == '__main__':*2
    zu_testender_name = input("Zu testender Dateiname: ")
    print(kurzer_dateiname(zu_testender_name))*3
```

*1 Die Funktion und der Docstring bleiben unverändert.

*2 Neu ist nur die **`if`**-Abfrage. Wird das Programm direkt aufgerufen, …

*3 … wird ein Dateiname abgefragt, und der eingegebene Name wird an die Funktion übergeben. Das Ergebnis wird dann ausgegeben:

So kann eine Lösung mit einer Testeingabe aussehen. Du kannst dein Programm bzw. Modul jetzt auch **direkt** starten und mit einem Dateinamen testen. Der Aufruf **als Modul** über eine andere Datei bleibt vollkommen **unverändert**.

Probiere es einfach aus!

Mächtig vielseitig – globale Variablen (nicht nur) in Modulen

Du hast gesehen, wie einfach es ist, ein Modul zu schreiben und **Funktionen** darin aufzurufen. Das funktioniert natürlich genauso mit den globalen **Variablen**, die in einem Modul vorhanden sind.

Wie war das noch mal mit den globalen Variablen?

Das ist ganz einfach, Schrödinger:

Variablen, die auf der obersten Ebene (also nicht innerhalb einer Funktion) deklariert bzw. initialisiert werden, sind **globale Variablen**. Auf diese Variablen kannst du überall **lesend** zugreifen – sogar innerhalb von Funktionen.

Weist du aber einer globalen Variablen **in einer Funktion** einen neuen Wert zu, dann erzeugt Python eine **neue Variable**, die genauso heißt, wie die globale Variable, aber als unabhängige Variable nur **innerhalb** der Funktion existiert. Mit dem Verlassen der Funktion verschwindet diese **neue Variable**, und die gleichnamige globale Variable hat immer noch ihren ursprünglichen Wert.

Das ist ein **Sicherheitsmechanismus**, der verhindert, dass globale Variablen aus Versehen in den Tiefen irgendwelcher Funktionen (durch Namensgleichheit) überschrieben werden. Trotzdem hast du so den Komfort, globale Variablen in Funktionen **lesend** (und ohne Gefahr) verwenden zu können.

Willst du die globale Variable in einer Funktion tatsächlich verändern, musst du die Variable **innerhalb der jeweiligen Funktion** als globale Variable kennzeichnen – **explizit** mit der Anweisung `global`.

Kommen wir zu den Variablen in unseren Modulen:

Natürlich kannst du von außen auch auf **die globalen Variablen** in **Modulen** zugreifen – das kann sogar eine sehr sinnvolle Sache sein, besonders da du damit auch das Verhalten der Module steuern kannst.

Das wollen wir uns ansehen: Wir schreiben ein **neues Modul**, in dem auch diese (globalen) Variablen eine Rolle bekommen. Das neue Modul soll den wohlklingenden Namen `eggs` erhalten.

Wir schauen uns mit diesem Modul an, wie du auf globale Variablen in Modulen zugreifst und (vor allem) wie du damit in das Modul und die dortigen Berechnungen **eingreifen** kannst.

[Achtung]

Auf die Variablen innerhalb von Funktionen kann (wie sonst auch) natürlich **nicht zugegriffen** werden – sie existieren ja nur in dem kurzen Moment des Funktionsaufrufes.

Zentrales Element unseres Moduls soll eine neue Funktion **wert_mal_faktor** sein.
Ein **übergebener Wert** wird mit einem festgelegten **Faktor** multipliziert, ähnlich, wie in unserem Modul **spam**. Nur haben wir hier bei der Multiplikation nicht den festen Wert **10**, sondern eine Variable innerhalb des Moduls.

Das Ergebnis der Multiplikation wird von der Funktion zurückgegeben und soll **zusätzlich** in einer Variablen **letztes_ergebnis** gespeichert werden. Dabei handelt es sich um eine globale Variable innerhalb des Moduls. **Der Vorteil?** Diese Variable kann jederzeit und beliebig auch außerhalb des Moduls aufgerufen werden und stellt immer das letzte Ergebnis zur Verfügung, ohne dass du die Funktion erneut aufrufen musst.

Und das könnte so aussehen:

```
faktor = 10*1
letztes_ergebnis = None*2
def wert_mal_faktor(wert):*3
    global letztes_ergebnis*4
    letztes_ergebnis = wert * faktor*5
    return letztes_ergebnis
```

*1 Wir definieren eine Variable, die den **Faktor** darstellt, und initialisieren sie mit dem Wert 10. Diese Variable kann außerhalb des Moduls gelesen und verändert werden.

*4 Damit innerhalb der Funktion die Variable **letztes_ergebnis** auch **verändert** werden kann, legen wir mit **global** fest, dass hier mit der globalen Variablen gearbeitet werden soll. Ohne **global** würde durch die Zuweisung eine neue, sehr kurzlebige Variable entstehen, die beim Verlassen der Funktion wieder verschwindet.

*2 Auch wollen wir das jeweils **letzte Ergebnis** vorhalten und initialisieren dafür eine weitere Variable, der wir erst mal den Wert **None** (für gar nichts) geben.

*3 Die Funktion nimmt einen Wert entgegen.

*5 Wir multiplizieren den übergebenen Wert mit der Variablen **faktor** und speichern das Ergebnis in **letztes_ergebnis** – eben in der globalen Variablen.

Die Variable **faktor** muss in der Funktion **nicht** als global deklariert werden, da nur **lesend** darauf zugegriffen wird.

Der Wert **faktor**, der in der Funktion zur Berechnung verwendet wird, kann beliebig außerhalb des Moduls verändert werden. Und mit der Variablen **letztes_ergebnis** kann auch das letzte Ergebnis der Funktion komfortabel immer wieder abgefragt werden.

[Zettel]
»Dauerhaft« bezieht sich auf den aktuellen Programmlauf. Nach einem Neustart sind alle Variablen natürlich wieder im ursprünglichen Zustand, so wie es im Programm geschrieben ist.

[Achtung]
Vergiss nicht, dein neues Modul unter dem angegebenen Namen **eggs.py** zu speichern.

Schauen wir uns das mal in der beispielhaften Praxis an. Der Name des **aufrufenden Programms** spielt dabei keine Rolle, den kannst du beliebig wählen.

```
import eggs*1
print(eggs.wert_mal_faktor(7))*2
print(eggs.faktor)*3
eggs.faktor = 20*4
print(eggs.wert_mal_faktor(7))*5
print(eggs.letztes_ergebnis)*6
```

*1 Der Import – klar, den brauchen wir natürlich.

*2 Mit der Funktion **`wert_mal_faktor`** wird die übergebene Zahl, hier **7**, mit dem Wert **`eggs.faktor`** multipliziert.

*3 Natürlich kannst du dir den Faktor auch ausgeben lassen, immer mit der gleichen Syntax in der Form **Modulname.Variablenname**.

*4 Und genauso kannst du der Variablen des Moduls einen neuen Wert zuweisen – hier den Wert 20, …

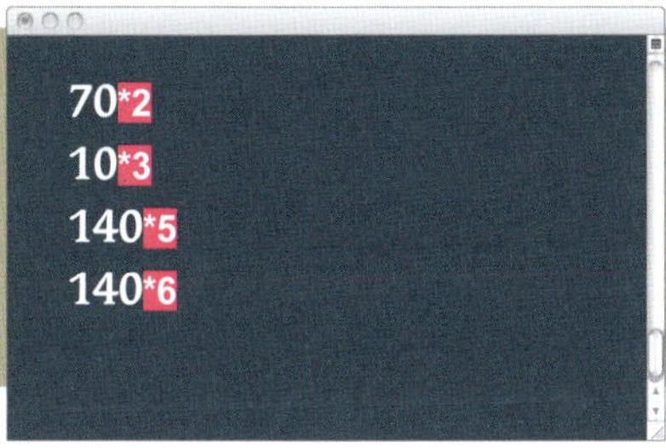

*5 … was sich natürlich auf die Funktion auswirkt – wie man am Ergebnis für einen neuen Aufruf sehr gut sehen kann.

*6 Durch den Zugriff auf die Modulvariable **`eggs.letztes_ergebnis`** kannst du dir das Ergebnis der Berechnung problemlos jederzeit ohne weitere Berechnung ausgeben lassen.

Du siehst, mithilfe von Variablen innerhalb der Module kannst du noch viel flexiblere Module schreiben. Du bist nicht nur darauf beschränkt, Funktionen aufzurufen und Parameter zu übergeben.

[Achtung]

Vertippst du dich und schreibst aus Versehen **`eggs.traktor = 20`**, dann gibt es **keine Fehlermeldung**. Python geht dann davon aus, dass du eine neue Variable in dem gültigen Namensraum **`eggs`** anlegen willst.

Natürlich musst du immer **aufpassen**, was du da machst, wenn du direkt auf so eine Variable zugreifst. Weist du der Variablen einen unpassenden Wert zu (zum Beispiel einen String anstelle einer Zahl), dann kommt es gnadenlos zu einem Fehler.

Und was kann ich da machen?

Du kannst in dem Modul eine eigene Funktion schreiben, über die der Wert geändert werden kann. In so einer Funktion kannst du problemlos eine Überprüfung unterbringen und kontrollieren, ob ein gültiger Wert eingegeben wurde!

Jetzt bist du an der Reihe:

Die Methode »dateiname« – nur noch flexibler

Schrödinger, das Modul **`dateiname`** benötigt eine dringende Änderung!

[Einfache Aufgabe]

Es gibt Dateinamen, die ein anderes Zeichen als den Bindestrich **-** vor der Zahl haben. Du musst eine Möglichkeit schaffen, dass die Funktion auf ein anderes Zeichen »umgeschaltet« werden kann. Wichtig: es ist immer nur **ein** festgelegtes **Zeichen gültig**! Und das kannst du über eine eigene Funktion machen.

Also, mal überlegen ...

Es wird eine globale Variable benötigt, die von außen geändert werden kann. Und sie muss bereits mit dem üblichen Trennzeichen vorbelegt sein:

```
trennzeichen = "-"
```

Dazu muss eigentlich nur der fest einprogrammierte Bindestrich durch die Variable ersetzt werden!

```
def kurzer_dateiname(datei_name):
   anfang = datei_name[0:6]
   ende = datei_name[-3:]
   trenner = datei_name.index(trennzeichen)*1
   zahlen = datei_name[trenner+1: trenner+3]
   if anfang.isalpha() and ende.isalpha() and zahlen.isnumeric():
      neuer_name = anfang + zahlen + '.' + ende
      neuer_name = neuer_name.lower()
      return neuer_name
   else:
      return False
```

*1 Das ist die einzige, notwendige Änderung in der Funktion.

Die Kommentare bzw. die Docstrings sind nur aus Platzgründen hier nicht noch einmal wiederholt worden.

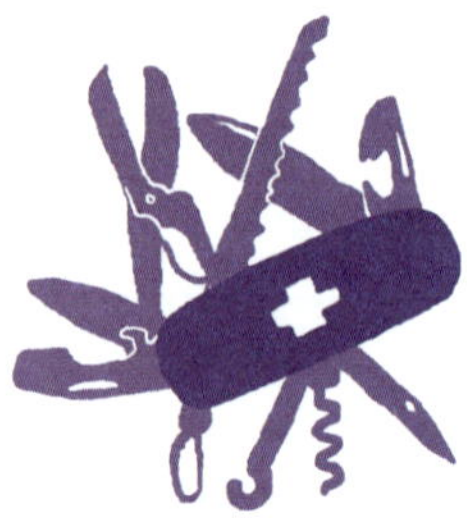

[Schwierige Aufgabe]

Und jetzt noch eine neue Funktion **`set_trennzeichen`** in diesem Modul, über die der Wert von **`trennzeichen`** geändert werden kann! Erlaubt ist aber nur maximal ein Zeichen als Trenner!

```
def set_trennzeichen(neues_zeichen):
    if len(neues_zeichen) == 1:*1
        global trennzeichen*2
        trennzeichen = neues_zeichen*3
    else:
        print("Nicht geändert! Falsche Zeichenzahl!")*4
```

*1 Hier wird überprüft, ob das übergebene neue Trennzeichen auch wirklich genau **ein Zeichen lang** ist.

*2 Wenn ja, dann wird zum Ändern die Variable **trennzeichen** als **global** definiert – sonst hätten wir gleich nur eine ziemlich kurzlebige neue Variable innerhalb der Funktion, …

*3 … so aber wird die globale Variable geändert.

*4 Und falls etwas nicht stimmt, wird hier der Einfachheit halber eine Warnmeldung ausgegeben.

Das war doch gar nicht so schwer!

Jetzt zum letzten Teil.

Probiere mal aus, ob dein Modul richtig reagiert.

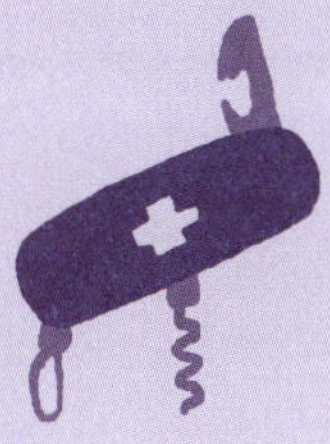

[Einfache Aufgabe]

Importiere das Modul und **teste** die Funktion mit dem Dateinamen **Tempelpalast-12.jpg**. Dann ändere das Trennzeichen über die neue Funktion zu einem Unterstrich und teste den Namen **Schatz_71-sw.jpg**.

```
import dateiname
print(dateiname.kurzer_dateiname('Tempelpalast-12.jpg'))*1
dateiname.set_trennzeichen('_')*2
print(dateiname.kurzer_dateiname('Schatz_71-sw.jpg'))*3
```

*1 Das ist der »klassische« Aufruf. Noch ist der Bindestrich das Trennzeichen vor der Zahl.

*2 Hier wird das Trennzeichen über die neue Funktion geändert zu einem Unterstrich.

*3 Schon funktioniert unsere Funktion mit einem anderen Trennzeichen und damit nach geänderten Regeln!

[Notiz]

Es ist übrigens üblich, Funktionen, über die Werte geändert werden, mit dem Wort **set** zu beginnen und dann den Namen der zu ändernden Variablen zu schreiben, eben wie **set_trennzeichen**. So erkennt man, dass diese Funktion die Variable **trennzeichen** ändert. Das ist ein sogenannter **Setter**.

Gut, aber, sag mal …
Das Ganze kann doch eine ganze Menge Tipperei werden?
So mit den Namen beim Aufruf der Methoden und Variablen.

Du hast recht, die Schreibweise **Modulname.Funktion** kann auf die Dauer doch etwas ermüdend sein. Aber keine Sorgen, Python bietet dir die Möglichkeit, das enorm zu **verkürzen**.

Es gibt tatsächlich **zwei Möglichkeiten**, sich die Tipparbeit zu verkürzen.

Schrecklich lange Modulnamen – »as«

Modulnamen können lang und selbsterklärend sein. Das heißt aber nicht, dass es angenehm oder sinnvoll ist, lange Namen ständig tippen zu müssen. (Theoretische) Modulnamen wie **doppelt_genaue_berechnung** oder **wahrscheinlichkeit_grabungserfolg** sind textliche Monster. Vom vielen Tippen einmal abgesehen, damit sieht kein Code mehr schön aus, und auch die Lesbarkeit leidet:

```
import doppelt_genaue_berechnung
import wahrscheinlichkeit_grabungserfolg
ergebnis = doppelt_genaue_berechnung.division(a,b,c)
```

So aussagekräftig solche Modulnamen auch sein mögen, im Quelltext können sie schnell zu einem Alptraum werden.

Abhilfe schafft die **Umbenennung** mit **as**! Beim **Import** kannst du jedem Modul ganz einfach einen anderen Namen zuweisen – mit **as**, gefolgt von einem selbst gewählten Namen:

```
import doppelt_genaue_berechnung as genau
import wahrscheinlichkeit_grabungserfolg as erfolg
ergebnis = genau.division(a,b,c)
```

Über die im Beispiel vergebenen Namen lässt sich sicherlich streiten, kürzer und übersichtlicher wird es auf jeden Fall dank **as**.

[Achtung]

Benennst du in deinem Programm ein Modul mit **as** um, kannst du das Modul in diesem Programm auch nur noch mit dem neuen Namen ansprechen. Der ursprüngliche Name wird nicht erkannt.

Das Modul einer Variablen zuweisen

Eine andere Möglichkeit ist es, **nach dem Import** das Modul einfach einer beliebigen Variablen zuzuweisen:

*1 Der Import erfolgt genauso wie sonst auch.

```
import doppelt_genaue_berechnung*1
genau = doppelt_genaue_berechnung*2
import wahrscheinlichkeit_grabungserfolg*1
erfolg = wahrscheinlichkeit_grabungserfolg*2
ergebnis = genau.division(a,b,c)*3
anderes_ergebnis = doppelt_genaue_berechnung.division(a,b,c)*4
```

*2 Nach dem Import wird das Modul einer Variablen zugewiesen, das muss nicht direkt nach dem Import gemacht werden.

*3 Nach der Zuweisung kann anstelle des Modulnamens der (wohl) kürzere Name der Variablen verwendet werden.

*4 Der tatsächliche Modulname kann nach wie vor genauso verwendet werden.

[Zettel]
Bei dieser Art der Zuweisung des Moduls zu einer Variablen wird nur eine **zusätzliche** Benennung geschaffen. Ganz im Gegensatz zu `as`, direkt beim Import, wo **ausschließlich** der neu vergebene Name verwendet werden kann.

[Hintergrundinfo]
So etwas nennt man **syntaktischen Zucker**: Vereinfachungen, die meistens alternativ sind, aber tatsächlich nichts an der eigentlichen Funktionalität ändern.

Und diese tolle Vereinfachung funktioniert sogar wunderbar mit den **Funktionen** in den importierten Modulen:

*1 Nach dem Import wird eine Funktion **samt Modulbezeichnung** einer Variablen zugewiesen.

```
import doppelt_genaue_berechnung*1
ausgerechnet = doppelt_genaue_berechnung.division*1
ergebnis = ausgerechnet(a,b,c)*2
```

*2 Danach kann der Name der Variablen stellvertretend für die Funktion verwendet werden!

So eine Zuweisung funktioniert auch mit **Variablen**, die sich in den Modulen befinden, allerdings mit einer Einschränkung: Bei diesen Modulvariablen, die einfache Werte haben, funktioniert **nur das Lesen** – **nicht das Schreiben**. Du kannst eine solche Variable also lesen, aber nicht den enthaltenen Wert verändern.

Äh, ja?

Klar!

Glaube ich zumindest.

Oder?

Dazu ein kleines Beispiel. Wir schreiben ein wirklich einfaches Modul namens `variable`, das eben eine Variable enthält. Wir speichern es (sinnvollerweise) unter dem Namen: **variable.py**.

```
zahl = 42
```

Nicht gerade viel Code, aber alles, was wir zum Ausprobieren benötigen.

Jetzt noch ein (nahezu beliebiges) Programm, in dem wir das Modul importieren.

```
import variable
wert = variable.zahl*1
print(wert)
wert = 13*2
print(wert)*2
print(variable.zahl)*3
```

*1 Hier weisen wir der Variablen **wert** unsere Variable aus dem Modul zu. Die Ausgabe mit **print** beweist: Die Zuweisung hat geklappt.

*2 Jetzt ändern wir den Wert der Variablen **wert**. Das hat aber nur Einfluss auf diese Variable, …

*3 … denn hier sehen wir, die echte Modulvariable ist unverändert geblieben!

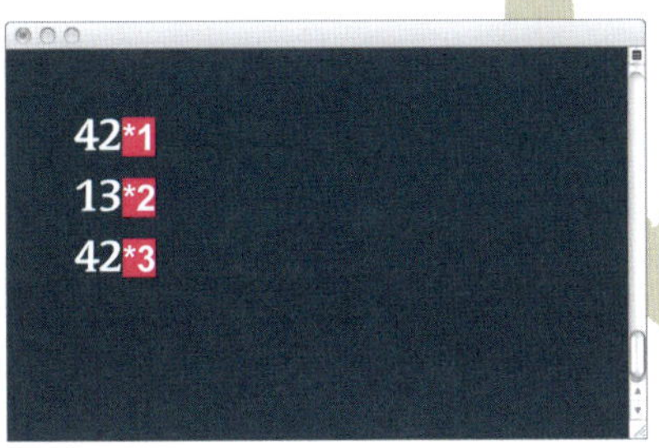

Aber wieso klappt das bei Funktionen, nur bei Variablen geht das nicht so?

Das mag auf den ersten (und vielleicht sogar auf den zweiten) Blick seltsam erscheinen, aber: Wenn in Python einer Variablen etwas zugewiesen oder etwas übergeben wird (zum Beispiel **ein Parameter** beim Aufruf einer Funktion), dann wird eigentlich immer ein Wert übergeben. Das ist diese Sache mit **Call by Object Reference**.

Handelt es sich um einfache Werte wie Zahlen, Strings oder Tupel, die ja alle **immutable** sind, dann wird eben dieser Wert als solcher übergeben (also die Zahl, der String oder das Tupel) – nicht aber die Variable.

Werden komplexere Elemente übergeben (die auch mutable sind), wie hier Funktionen aus Modulen oder Objekte (zu denen kommen wir noch), dann wird zwar auch ein Wert übergeben, doch handelt es sich bei diesem Wert tatsächlich um eine **Objektreferenz** – um einen **Wert**, der auf das tatsächliche Element **zeigt**. Ein gutes Beispiel dafür sind Listen – weist du eine Liste einer anderen Variablen zu oder übergibst die Liste als Parameter in eine Funktion, dann wird immer (also auch innerhalb der Funktion) die **originale Liste** verwendet und gegebenenfalls verändert.

```
import variable
eine_zahl = variable.zahl*1
funktion = variable.irgendeine_funktion*2
```

*1 Hier wird »nur« der **Wert** der Variablen aus dem Modul übergeben.

*2 Hier wird ein Objekt bzw. genauer gesagt eine **Objektreferenz** übergeben. Diese Objektreferenz »zeigt« für Python immer auf das ursprüngliche Element.

Bei unseren Modulen wird also bei **Funktionen** die Objektreferenz übergeben. Und diese Objektreferenz zeigt eben auf das echte, ursprüngliche Objekt (bzw. auf unsere Funktion).

Module wie du und ich – Python Standard Library

Mit der Anweisung **`import`** bist du ja schon ganz gut vertraut. Zeit und Gelegenheit, sich auch mal Module anzusehen, die Python mit im Gepäck hat. Python hat nämlich einige Module im Angebot, die dir das Programmieren extrem erleichtern können. Die Quelle dafür ist die **Python Standard Library**. Module aus dieser (sehr umfangreichen) Bibliothek kannst du **direkt importieren**, ohne dir Gedanken machen zu müssen, wo sie liegen. Sie sind ein Teil von Python. In den folgenden Kapiteln wirst du einige dieser Module kennenlernen und damit arbeiten. Sehen wir uns einen der bekanntesten Vertreter an: das Modul **`math`**.

Dieses Modul stellt dir Funktionen zur Verfügung, mit denen auch komplizierteste Berechnungen und Operationen ganz einfach werden. Zum Beispiel hat es Methoden, mit denen du Zahlen auf- oder abrunden kannst:

```
import math*1
aufgerundet = math.ceil*2
abgerundet = math.floor*2
print(aufgerundet(41.01)*3)
print(math.floor(42.94)*4)
```

*1 Der Import des Moduls. Da es sich um ein Modul aus der Python Standard Library handelt, musst du dir keine Gedanken machen, wo sich das Modul befindet.

*2 Die benötigten Methoden kannst du natürlich einer Variablen zuweisen …

*3 … und dann damit arbeiten.

*4 Natürlich kannst du trotzdem mit der Methode wie gewohnt arbeiten.

*5 Schon fast etwas magisch, dass als Ergebnis immer die gleiche Zahl berechnet wird …

Natürlich kannst du mit **`math`** auch eher alltägliche Dinge machen, zum Beispiel den Sinus oder Cosinus berechnen:

```
a = 90
b = 180
print(math.sin(90))
print(math.cos(180))
```

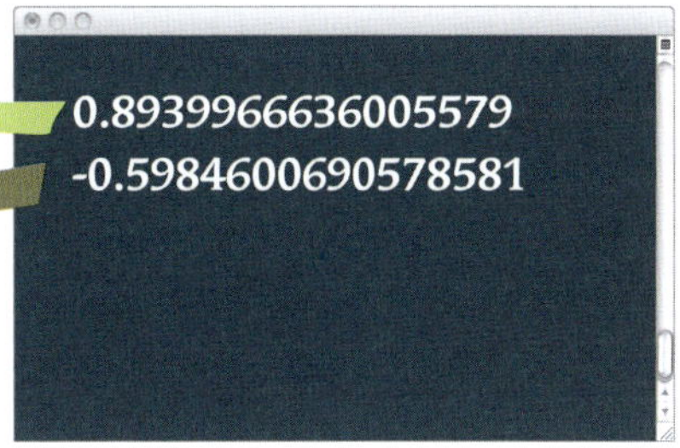

Äh, Moment!

Da stimmt was nicht so ganz mit den Ergebnissen.

Du hast recht. Das liegt daran, dass Python die Berechnungen nicht in Grad, sondern in Rad durchführt. Das ist so wie die Sache mit dem Punkt in Fließkommazahlen – einfach eine andere Handhabung.

Um das erwartete Ergebnis zu bekommen, musst du für die Berechnung die Werte von Grad in Rad umwandeln. Das geht mit der Methode **`radians`**.

```
a = math.radians(90)*1
b = math.radians(180)*1
print(math.sin(a))
print(math.cos(b))
```

*1 Du musst die Werte mit der Methode **`radians`** umrechnen.

*2 Und schon sind die Werte, wie du sie erwarten kannst.

Was für ein Zufall – »random«

random ist ein Modul, mit dem endlich auch Zufallszahlen ins Spiel kommen. Du weißt ja, gerade für Spiele oder auch Simulationen sind Zufallszahlen immens wichtig.

Im einfachsten Fall importierst du das Modul und rufst die (tatsächlich gleichnamige) Methode **random** auf. Damit wird eine Zufallszahl zwischen **0** und **1** erzeugt:

```
import random
zufallszahl = random.random()
print(zufallszahl)
```

In den meisten Fällen werden ganzzahlige Zufallszahlen in einem bestimmten Bereich, also von einem unteren bis zu einem oberen Wert, benötigt. Das könntest du dir aus der obigen Zufallszahl selbst mit einer Multiplikation und einer Addition berechnen und das Ergebnis runden. Wesentlich einfacher geht es aber mit der wunderbar passenden Methode **randint**, die dir das Modul sowieso zur Verfügung stellt:

```
import random
zufallszahl = random.randint(1,5)
print(zufallszahl)
```

Bei jedem Aufruf wird eine ganzzahlige Zufallszahl erzeugt, die im Bereich der angegebenen Parameter liegt, und zwar einschließlich. Hier werden also tatsächlich Zufallszahlen von 1 bis 5 erzeugt.

Das Gleiche für Fließkommazahlen erhältst du mit der Methode **uniform**:

```
zufallszahl = random.uniform(1,5)
```

Auch hier wird ein zufälliger Wert erzeugt, der von den angegebenen Parametern eingegrenzt wird, auch wieder einschließlich.

Wo liegt der Unterschied?

So, hier eine kleine Aufgabe für dich:

```
import random
mein_zufall = random.uniform
zufallszahl = random.uniform(1,5)
```

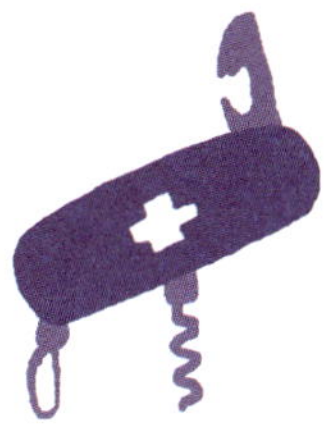

[Einfache Aufgabe]

Welche Variable, **`mein_zufall`** oder **`zufallszahl`**, erzeugt größere Zufallszahlen?

Das ist doch eine Falle!

Stimmt! Bei **`mein_zufall`** handelt es sich gar **nicht** um die Zuweisung eines Wertes aus der Methode. Die Methode selbst wird an die Variable übergeben. Danach kann die Variable anstelle des Methodenaufrufes verwendet werden: So, wie du es schon gesehen hast, um nicht immer den Modulnamen und die Methode schreiben zu müssen!

Lässt du dir beide Variablen mit **`print`** ausgeben, bekommst du deshalb so ein Ergebnis:

```
<bound method Random.uniform of <random.Random object at 0x7fe6b292e220>>*1
1.2710679558524243*2
```

*2 Das hier ist eine echte, aus der Methode zurückgegebene Zufallszahl.

*1 Das hier ist kein Zufall, sondern ein Hinweis, dass die Methode **`random.uniform`** zur weiteren Verwendung an unsere Variable »gebunden« wurde.

Import mit »from«, »import« und »as« – gezielt und direkt

Je mehr du programmierst, desto mehr Module wirst du einsetzen, klar. Das ist ja tatsächlich »Programm« in Python. Du selbst wirst große und kleine Module schreiben, um deinen Code besser wiederverwenden zu können.

Bei so vielen (potenziellen) Modulen ist es wichtig, **komfortabel** auf die einzelnen Elemente zugreifen zu können. Dafür bietet dir Python die Möglichkeit, häufig verwendete Funktionen bzw. Methoden ganz **gezielt und direkt** zu importieren – und zwar so, dass du den Namensraum nicht mehr angeben musst!

Stell dir vor, du würdest in einem Programm **`random.uniform`** und **`random.randint`** häufiger benötigen. Du könntest nach dem Import des Moduls die Funktionen natürlich auch Variablen zuweisen. Aber das geht viel einfacher mit **`from`** und **`import`**:

*1 Zusammen mit **`from`** gibst du das gewünschte Modul an, aus dem der folgende (gezielte) Import dann stattfinden soll.

*2 Mit **`import`** gibst du die gewünschten Funktionen bzw. Methoden an. Du kannst beliebig viele angeben, jeweils durch ein Komma getrennt.

```
from random*1 import uniform, randint*2
zufallszahl = uniform(1,10)*3
print(randint(1,42)*3)
```

*3 Im Programm verwendest du diese Funktionen dann immer **ohne Angabe** des Namespaces.

Bei dieser Art des Imports stehen dir **nur** die Funktionen zur Verfügung, die du explizit importiert hast. Alternativ könntest du ansonsten einen normalen Import machen, um mit Angabe des Namespaces auf alle enthaltenen Funktionen zugreifen zu können.

Das ist aber noch nicht alles. Du kannst mit **as** andere, beliebige Namen angeben, die dann anstelle der normalen Bezeichnungen verwendet werden (müssen). So wie du das schon für den normalen Import gesehen hast.

*1 Du kannst **optional** bei Funktionen mit **as** einen anderen Namen angeben.

```
from random import uniform as mit_komma*1, randint
zufallszahl = mit_komma(1,10)*2
print(randint(1,10)*3)
```

*2 Im Programm verwendest du dann ausschließlich den **neuen Namen**. Der originale Name kann dann nicht mehr verwendet werden.

*3 Gibst du keinen neuen Namen mit **as** an, bleibt alles beim Alten.

Die Verwendung von **as** ist tatsächlich optional und muss nicht für alle importierten Funktionen verwendet werden. Damit kannst du auch **Namenskonflikte** elegant umgehen.

Es ist übrigens auch möglich, **wenn auch nicht gerne gesehen**, alle Funktionen eines Moduls auf diese Art zu importieren. Dann stehen dir alle Funktionen des Moduls zur Verfügung, ohne dass du den Namensraum angeben musst:

```
from random import *
```

Warum wird das nicht gerne gesehen?

Natürlich kann es gute **Gründe geben**, so etwas zu machen, schließlich lässt Python es ja auch zu. Dein Code kann dadurch aber **schlechter lesbar** werden. Du kannst nicht mehr sehen, **woher** eine Funktion denn nun stammt. Wenn dann noch **mehrere Module** so eingebunden werden, ist das **Chaos** womöglich perfekt. Außerdem besteht immer die Gefahr, dass gleichnamige Funktionen miteinander in Konflikt geraten. Nutze das also nur, wenn du einen guten Grund dafür hast –

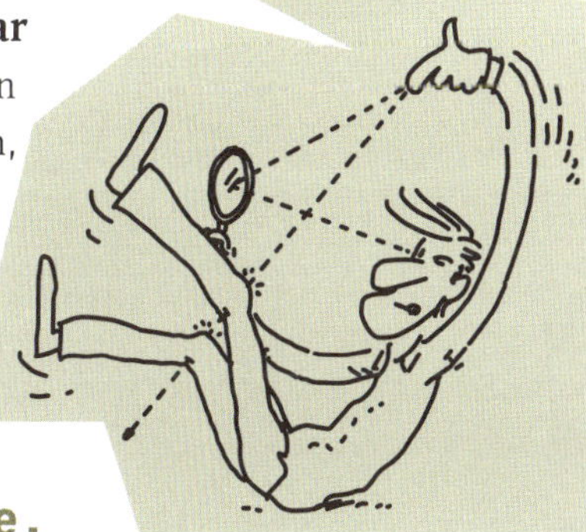

wobei Bequemlichkeit kein Grund sein sollte.

Wie viel Zufall steckt in Zufallszahlen?

Noch ein Wort zu Zufallszahlen und ihrer **Zufälligkeit**. Spricht man in der Programmierung von Zufallszahlen, wird häufig von **Pseudo-Zufallszahlen** gesprochen. Warum?

Nun, so wirklich richtig echt ist der Zufall bei Zufallszahlen gar nicht. Zufallszahlen werden gar nicht so zufällig berechnet, sondern haben immer eine Basis, von der aus sie berechnet werden. Und ist diese Basis gleich, dann sind auch die errechneten Zufallszahlen gleich.

Und was bedeutet das?

Jedes Mal, wenn ein Programm gestartet wird und Zufallszahlen berechnet werden, wird ein **Basiswert** zugrunde gelegt, auf dessen Grundlage die Zufallszahlen berechnet werden. Ist diese **Basis gleich** – dann sind auch die erzeugten **Zufallszahlen gleich**.

Ohne weitere Angaben wird die jeweils aktuelle Systemzeit als Basis für die Zufallszahlen genommen. Du kannst aber jederzeit einen eigenen Wert als Basis festlegen.

Und wofür ist das jetzt gut?

Ganz einfach: Du kannst die Zufallszahlen reproduzieren – mit der **gleichen Basis**, sind auch die von **random** erzeugten **Zufallszahlen gleich**. Startest du dein Programm zweimal hintereinander, sind auch die Zufallszahlen unterschiedlich. Legst du eine gemeinsame Basis fest, dann bekommst du bei jedem Programmdurchlauf immer die gleichen Zufallszahlen. Das ist Gold wert, wenn du etwas unter gleichen Bedingungen testen möchtest!

Mit **random.seed** kannst du einen Wert als Basis festlegen.

```
import random
random.seed(42)*1
print(random.randint(1,10))
print(random.random())
```

*1 So lange der **random.seed** übergebene Parameter gleich ist, werden auch die erzeugten Zufallszahlen gleich sein – egal, wie oft du das Programm startest.

```
2
0.025010755222666936
```

Du kannst das Programm sogar auf einem anderen Computer starten – die Zufallszahlen werden genauso aussehen.

Mehr als nur ein Import – zwei Importe

Du kannst natürlich beliebig viele Module in dein Programm importieren, keine Frage. Du kannst aber auch **mehr als einen Import** aus einem Modul machen.

Schreib bitte das letzte Beispielprogramm um, sodass ein allgemeiner Import des Moduls erfolgt, und mach einen weiteren Import für die Funktionen **`randint`** und **`random`**, die dann unter den Namen **`zufall`** und **`nullBisEins`** verwendet werden können.

*1 Das ist der erste Import des gesamten Moduls, damit machst du alle Funktionen verfügbar – sodass sie in der klassischen Form **`Modulname.Funktion`** angesprochen werden können.

```
import random*1
from random import randint as zufall, random as null_bis_eins*2
random.seed(42)*3
print(zufall(1,10))
print(null_bis_eins())*4
print(random.randint(1,10))
print(random.random())
```

*2 Hier erfolgt ein weiterer Import für die Funktionen **`randint`** und **`random`** aus dem **gleichen Modul**, sodass die Funktionen direkt verwendet werden können – jeweils mit den angegebenen Namen.

*3 Hier wird auf die Funktion **`seed`** zugegriffen. Da du diese Funktion (vermutlich) nur einmal im Programm benötigst, lohnt sich ein spezieller Import wie unter *2 nicht.

*4 Für Funktionen, die du häufiger benötigst, lohnt sich der spezielle Import und oft sogar die Vergabe eines eigenen Namens.

Das geht ja wirklich – zwei Importe für ein und dasselbe Modul!

Du siehst, es ist ganz leicht, mehrere Importe durchzuführen und zu unterscheiden, welche Module bzw. Funktionen du häufiger benötigst!

Was hast du gelernt? Was haben wir gemacht?

Lass uns kurz rekapitulieren …

Module sind eigentlich nichts anderes als Python-Programme, die du in andere Programme **importieren** kannst. Damit kannst du Code besonders gut **wiederverwenden** und auch anderen Entwicklern zur Verfügung stellen.

Der Programmcode in Modulen befindet sich in einem eigenen **Namensraum** bzw. **Namespace**. Das ist so etwas wie ein klar definierter Bereich, und so gibt es keine Überschneidungen zwischen deinem Code und importierten Modulen, die sich in einem eigenen Namensraum befinden. Alles ist sauber getrennt.

Mit **Docstrings** kannst du mit wenigen Zeilen eine wirklich hilfreiche Dokumentation erstellen, die du mit der Funktion **`help()`** aufrufen kannst.

Dabei kann ein Modul nicht nur in andere Programme importiert werden, sondern auch als eigenständiges Programm lauffähig sein und sogar unterschiedlich reagieren.

Du hast mit globalen Variablen gearbeitet, die du allerdings mit etwas Umsicht verwenden solltest, schließlich willst du ja nichts durcheinanderbringen.

Mit **`as`** kannst du unpassenden Elementen deines importierten Moduls einen neuen Namen geben. Oder du weist Elemente deines Moduls einfach einer Variablen zu. Es gibt genug Möglichkeiten, um das Arbeiten mit Modulen zu vereinfachen.

Du hast aber nicht nur deine eigenen Module, die **Python Standard Library** bietet dir eine Vielzahl an fertigen Modulen für fast jeden Zweck. Egal, ob es um mathematische Berechnungen oder Zufallszahlen (oder sonst etwas) geht – Python hat immer das Passende für dich!

Objektorientierte Programmierung

—ACHT—

Von Klassen, Objekten und alten Griechen

Python ist nicht nur klasse, Python kann auch wunderbar mit Klassen und Objekten umgehen! Du lernst in diesem Kapitel nicht nur, was es damit auf sich hat und wie du schneller und noch fehlerfreier programmieren kannst. Du erfährst auch noch, was die alten Griechen damit zu tun haben. Und dabei ist OOP nicht mal halb so schwer, wie es die ganzen Fachbegriffe vermuten lassen.

Die gute, alte Softwarekrise

Es ist noch gar nicht sooo lange her, da gab es in der Entwicklung von Programmen eine sogenannte **Softwarekrise**: Die Programme wurden immer umfangreicher und mächtiger. Immer mehr Entwickler arbeiteten gleichzeitig an einem Programm. Es gab immer mehr Änderungswünsche noch während der Entwicklungsphase. Das führte dazu, dass es immer mehr Fehler und Probleme in den Programmen gab und Projekte dadurch immer häufiger aus dem Ruder liefen.

Und irgendwie ist das bis zum heutigen Tag so geblieben, zumindest ungefähr.

In Python ausgedrückt:

```
software_krise = umfang_code * anzahl_entwickler * aenderungen
```

Vielleicht kennst du das ja schon selbst: Die erste Idee zu einem neuen Programm ist schnell umgesetzt – mit **wenig Code und sehr stabil**. Aber je ausgefeilter das Programm wird, desto **mehr Sonderfälle** und Eventualitäten kommen dazu, desto **mehr Code** entsteht dadurch und desto **mehr Fehler** schleichen sich ein.

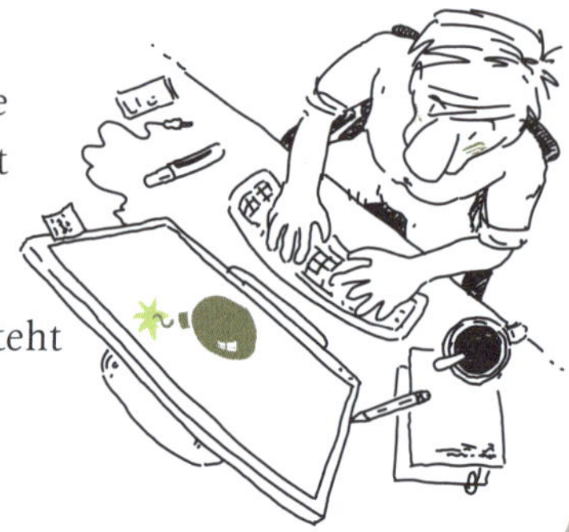

Retter gesucht? Retter gefunden: OOP!

Eine neue Art zu programmieren, eine neue **Technik** bzw. Herangehensweise musste her: die **o**bjekt**o**rientierte **P**rogrammierung, kurz **OOP**!

Und was ist das?

In der OOP unterteilst du deine Programme in **kleinere Einheiten** – das sind in Python und den meisten objektorientierten Sprachen **Klassen** und **Objekte** (die aus genau diesen Klassen erzeugt werden). Diese kleineren Einheiten sind ...

- … naturgemäß leichter zu überblicken als ein riesiges, zusammenhängendes Programm mit Hunderten (oder Tausenden) von Zeilen, das nur von einigen Funktionen unterbrochen wird.
- … unabhängig voneinander und vom restlichen Programm. Du selbst kannst festlegen, auf welche Teile von außen (also dem Rest des Programms und auch von **anderen Klassen**) zugegriffen werden darf.
- … dadurch auch wesentlich robuster gegenüber Änderungen, die irgendwo im Programm gemacht werden.

Das klingt ein bisschen nach Funktionen?

Funktionen sind gar nicht so weit entfernt von **Klassen** und **Objekten**: Sie stehen für sich selbst und existieren getrennt von anderen Elementen in einem eigenen Bereich. Eine Funktion ist zunächst eine abstrakte Sache: Nur durch die **Definition** einer Funktion tut sich erst mal noch gar nichts. Erst durch den **Funktionsaufruf** wird eine Funktion mit Leben gefüllt bzw. tritt in Erscheinung.

Mit Klassen und Objekten ist das durchaus ähnlich. Eine Klasse selbst ist zunächst einmal nur die **Definition** – eine Vorlage oder ein **Bauplan**: etwas Programmcode, einige Variablen und das ist es auch schon. Erst wenn aus einer Klasse **ein Objekt** erstellt wird (man sagt auch **instanziiert** wird), kommt Leben in die Sache – so wie beim **Funktionsaufruf** einer Funktion.

Stell dir das so vor wie beim Plätzchenbacken: Du hast die ganzen Ausstechformen, die festlegen, wie so ein Plätzchen grundsätzlich aussehen kann – das ist die Klasse. Und mithilfe dieser Ausstechformen (aka Klassen) machst du dann konkrete Plätzchen, die jeweils die gleiche Form haben – das sind die Objekte. Und nur die Plätzchen (aka die Objekte) werden tatsächlich gegessen bzw. verwendet.

Lecker! Aber wo sind jetzt die Vorteile von diesen Klassen und Objekten gegenüber Funktionen?

Eine Funktion wird aufgerufen, arbeitet ihren Code ab und liefert vielleicht Werte zurück. Danach **verschwindet** alles im Daten-Nirwana. Ein **Objekt** hingegen (mit allem, was dazugehört) »lebt« so lange, wie das Programm läuft, und behält alle seine Werte während seiner »Lebenszeit«.

[Zettel]
Objekte leben länger, und zwar im Gegensatz zu kurzlebigen Funktionen so lange, wie das Programm läuft!

Eine Funktion ist **eine** Funktion – fertig.

Ja, klingt ja auch logisch ...

Eine **Klasse**, aus der dann die **konkreten Objekte** erzeugt werden, kann hingegen nahezu **beliebig viele**, unterschiedliche, sogenannte **Methoden** haben. So eine Methode selbst ist einer Funktion ziemlich ähnlich, nur gehört sie eben zu einer Klasse.

[Zettel]
Eine Klasse (und damit ein Objekt) kann beliebig viele **Methoden** haben.

Eine Funktion kann eigene Variablen haben. Auch können einer Funktion Werte übergeben werden und sie kann Werte zurückliefern. Nach dem Aufruf der Funktion »verschwinden« diese Variablen aber – samt ihren Werten.

Klassen können dagegen ganz **besondere Variablen** haben: sogenannte **Attribute**. Das sind Variablen, auf die sogar von außen zugegriffen werden kann und die **so lange existieren**, wie das Programm läuft, und die nicht schon nach einem Aufruf wieder Geschichte sind und alle Werte verlieren.

[Zettel]
Ein Objekt kann **Attribute** haben, die über den Aufruf hinaus verfügbar sind und ihre **Werte behalten** – zumindest bis zum Programmende.

Der objektorientierten Programmierung liegt ein ganz bestimmtes **Konzept** zugrunde: **Klassen** und **Objekte**. Der Gedanke dabei ist ganz einfach und stammt von den alten griechischen Philosophen.

[Hintergrundinfo]

Alles lässt sich in **Klassen** einteilen. Sie beschreiben, wie etwas **aussieht** und wie es sich **verhalten** kann. Eine Klasse ist eine Art Bauplan oder eine Schablone, mit der alle **Eigenschaften** und **Fähigkeiten** festgelegt werden. Klassen sind abstrakt – eben nur der Plan. Aus diesem Bauplan muss erst ein **konkretes Etwas**, ein **Objekt**, erzeugt werden.

Ganz konkret – die Sache mit Klassen und Objekten

Wie sieht denn jetzt so eine Klasse mit so einem Objekt aus?

Das hier ist eine grundlegende **Klasse**:

```
class Spam:
    pass
```

Eine wirklich ganz **einfache** Klasse. Sie hat keine Fähigkeiten, keine Merkmale und auch keine Attribute. Und von einem zugehörigen Objekt ist hier erst mal noch nichts zu sehen.

Diese Klasse kann noch nichts machen, ist aber immerhin schon mal eine echte Klasse. Es ist übrigens **üblich**, den Namen einer Klasse in **CamelCase** großzuschreiben.

Geben wir unserer Klasse noch eine einfache **Methode**, die etwas mit `print` ausgibt:

```
class Spam:
    def eine_methode(self*2):*1
        print(42)
```

*1 Deine erste Methode. Und ja, eigentlich ist sie wie eine Funktion aufgebaut.

*2 Das ist etwas Neues: ein besonderer Parameter, den **jede** Methode einer Klasse benötigt.

Das **`pass`** brauchen wir jetzt natürlich nicht mehr.

Was hat es denn mit diesem `self` *auf sich?*

Eine **Methode** ist einer Funktion ja recht ähnlich, bis auf die Tatsache, dass sie eben zu einer Klasse (bzw. einem konkreten Objekt) gehört. Bei jedem Aufruf einer solchen Methode werden **intern** Informationen über das Objekt an die Methode übergeben. Und damit das auch klappt, muss der Parameter **`self`** angegeben werden.

[Hintergrundinfo]

Der Name **`self`** als interner Parameter ist übrigens nicht fest vorgegeben. Es ist lediglich eine **Konvention**. Oftmals wird anstelle von **`self`** auch **`this`** geschrieben. Du könntest aber auch beliebige Namen verwenden.

Von der ersten Klasse zum ersten Objekt

Bis jetzt hast du nur die (doch eher abstrakte) **Klasse** erstellt. Und selbst wenn du alles speicherst und als Programm ausführst, passiert erst mal gar nichts – genauso wie bei einer Funktion.

Du musst jetzt aus der Klasse – quasi als Vorlage – ein konkretes **Objekt erschaffen,** das nennt man **instanziieren**. Dazu weist du die Klasse einer Variablen zu. Das geschieht natürlich außerhalb der Klasse und – genauso wie bei einer Funktion – **nach** der Definition der Klasse.

```
eggs = Spam()
```

Eine klassische Zuweisung. Nur wird hier der Variablen kein einfacher Wert, sondern die **Klasse `Spam`** zugwiesen. Und damit entsteht ein neues **Objekt**.

Jetzt kannst du mit diesem Objekt **`eggs`** arbeiten und **alle Fähigkeiten der Klasse** nutzen. **Wichtig:** Für den Zugriff von außen im Programm musst du immer den **Namen des Objekts** und den **Namen des gewünschten Elements** schreiben, getrennt durch einen **Punkt** – und bei einer Methode natürlich mit runden Klammern. So sieht das dann bei unserem Objekt **`eggs`** für den Aufruf der Methode **`eine_methode`** aus:

```
eggs.eine_methode()
```

[Achtung]
Ähnlich wie bei einer Funktion muss die Klasse bereits definiert sein, **bevor** daraus ein Objekt instanziiert werden kann

Alles auf Anfang – die Methode »__init__«

Das ist aber natürlich noch nicht alles! Klassen können **besondere Methoden** haben, die schon fast magische Fähigkeiten haben. Eine dieser besonderen Methoden ist `__init__`, die immer dann aufgerufen wird, wenn ein neues Objekt aus einer Klasse erstellt wird:

```
class Spam:
    def __init__*1(self*2):
        print("Hallo in der Welt der OOP!")
    def eine_methode(self):
        print(42)
```

*1 Wie der Name `__init__` schon ein wenig vermuten lässt, ist das hier eine besondere Methode: Sie wird **einmalig** aufgerufen, wenn ein **neues Objekt** aus einer Klasse erstellt wird.

*2 Und auch diese besondere Methode benötigt zwingend den Parameter `self`.

```
eggs = Spam()
```

```
Hallo in der Welt der OOP!*1
```

*1 Bereits hier, bei der **Erschaffung** des Objekts, tut sich schon etwas – die Methode `__init__` wird abgearbeitet!

```
eggs.eine_methode()
```

```
42
```

Jedes Mal, wenn aus einer Klasse ein **neues Objekt** erstellt wird, wird **einmalig** die Methode **`__init__`** aufgerufen, und zwar automatisch und als **Allerersten**!

[Hintergrundinfo]

In der Methode **`__init__`** kann alles gemacht werden, was (für ein Objekt) in einem Programm **beim Start** von Bedeutung sein könnte, zum Beispiel die Initialisierung von Attributen, die Eingabe wichtiger Parameter oder auch der Aufbau einer Datenbankverbindung. Dabei müssen all diese Funktionalitäten gar nicht in **`__init__`** selbst sitzen. Es macht mehr Sinn, das in eigene Methoden zu schreiben und diese dann von **`__init__`** aufrufen zu lassen. In anderen Programmiersprachen kennt man so etwas als **Konstruktor**.

Cool!

Dein erstes Attribut

Jetzt definieren wir zum ersten Mal auch noch ein echtes **Attribut**, und zwar beim Erstellen eines Objekts in der Methode **`__init__`**, das ist schließlich ein idealer Ort für so etwas. In unserer Methode **`eine_methode`** greifen wir dann auf dieses Attribut zu:

*1 Hier haben wir jetzt auch noch einen Docstring hinzugefügt. Auch das kennst du ja von Funktionen.

```
class Spam:
    '''Eine Klasse, nur als einfaches Beispiel'''*1
    def __init__(self):
        self.ein_attribut = 42*2
        print("Hallo in der Welt der OOP!")
    def eine_methode(self):
        print(self.ein_attribut*3)
```

*2 Das ist ein **Attribut**: also eine Variable, die **zum Objekt** gehört, und eben nicht nur Teil einer Methode ist. Das erkennst du an dem **`self`** vor dem Namen. Wir weisen unserem Attribut einen beliebigen Wert zu. Wir nehmen mal die **42**.

*3 Hier greifst du in **einer anderen Methode** auf das Attribut zu. Auch hier mit der Angabe von **`self`** als **`self.ein_attribut`**.

[Zettel]
Willst du auf ein Element **des eigenen Objekts** zugreifen, brauchst du den Bezug dazu in Form der Angabe `self`. Also `self.ein_attribut` oder `self.eine_methode()`.

Genauso wie auf eine Methode kannst du **von außen** auf das **Attribut zugreifen**! Das funktioniert, weil so ein Attribut nach seiner Initialisierung eben nicht nur beim Aufruf einer Methode existiert, sondern solange das Objekt existiert.

Das kann dann so aussehen:

```
eggs = Spam()
eggs.eine_methode()
print(eggs.ein_attribut*1)
```

*1 Hier greifst du direkt auf das **Attribut** zu.

```
Hallo in der Welt der OOP!
42
42*1
```

Es ist dir bestimmt schon aufgefallen:

Innerhalb der Klasse greifst du auf (eigene) Elemente mit `self.attribut` bzw. `self.methode()` zu. **Außerhalb** machst du das mit dem Namen des Objekts und dem Namen des Attributs bzw. der Methode: `name_des_objekts.attribut` bzw. `name_des_objekts.methode()`.

Übrigens: Jedes Objekt, das du erschaffst (also **instanziierst**), besitzt **alle** Attribute, Werte und Methoden, die auch die zugrunde liegende Klasse hat. Die Klasse ist tatsächlich der exakte Bauplan, nach dem das Objekt dann genauso erschaffen wird!

Es gibt auch ganz schnöde Variablen

Innerhalb von Methoden kann es auch ganz normale, **kurzlebige** Variablen geben, die nach dem Aufruf der Methode im Daten-Nirwana verschwinden – ganz so, wie das auch bei Funktionen der Fall ist.

Ohne `self` vor einer Variablen geht Python davon aus, dass es sich um eine ganz normale Variable der Methode handelt:

```
class Eggs:*1
    def __init__(self):
        self.ein_attribut = 42
    def eine_methode(self):
        verdoppelt*2 = self.ein_attribut * 2
        print(self.ein_attribut)
        print(verdoppelt)*3
mein_objekt = Eggs()
mein_objekt.eine_methode()
print(mein_objekt.verdoppelt)*4 X
```

*1 Es muss ja nicht immer **`Spam`** sein!

*2 Das hier ist kein **Attribut**, sondern eine ganz **normale Variable**, gut zu erkennen an dem fehlenden **`self`** vor dem Namen.

*3 Nur **innerhalb** dieser Methode kannst du mit dieser (normalen) Variablen, **`verdoppelt`**, arbeiten.

*4 Das **geht gar nicht**! Es gibt nämlich kein Attribut **`mein_objekt.verdoppelt`**!

[Achtung]

Auf die Variable **`verdoppelt`** könntest du **von außen nicht** zugreifen, da sie ja nur im kurzen Moment des Aufrufes der Methode existiert und danach im Daten-Nirwana verschwindet, so, wie du das von den Variablen in Funktionen her kennst.

Mehr Infos dank Docstring

Du kannst dir auch den **Docstring** deines Objekts ausgeben lassen und sogar die **Hilfe** mit **`help()`** aufrufen, die dir noch mehr Informationen ausgibt. Dabei spielt es keine Rolle, ob du dazu das Objekt **oder** seine Klasse angibst:

```
print(eggs.__doc__) # print(Spam.__doc__)
```

```
Eine Klasse, nur als einfaches Beispiel
```

```
help(eggs) # genauso geht es mit der Klasse: help(Spam)
```

Durch den Aufruf von **`help`** werden dir der **Docstring** und weitere Informationen, wie zum Beispiel alle Methoden, ausgegeben. Aus Platzgründen ist die Ausgabe von **`help`** hier etwas gekürzt.

```
Help on spam in module __main__ object:
class Spam(builtins.object)
 | Eine Klasse, nur als einfaches Beispiel
 | Methods defined here:
 | __init__(self)
 |   Initialize self. See help(type(self)) for accurate signature.
 | eine_methode(self) | eine_methode(self)
```

[Zettel]
Denk daran, du arbeitest hier nicht mit der Klasse. Sie wird nur als eine Art **Vorlage** verwendet, mit der ein (konkretes) Objekt erschaffen bzw. **instanziiert** wird.

Aber weiter, Schrödinger:

Und noch etwas, du bist auch **nicht** darauf **beschränkt**, nur ein Objekt einer Klasse zu haben. Du kannst dir **beliebig viele** Objekte aus einer Klasse erschaffen:

```
noch_ein_objekt = Spam()
leckeres_essen = Spam()
```

Jedes Objekt der gleichen Klasse hat die **gleichen** Attribute und Methoden. Damit sind auch alle einprogrammierten **Werte** für alle Objekte einer Klasse erst mal gleich. **Nach** der Instanziierung (also der Erschaffung) sind diese Objekte aber vollkommen **unabhängig** voneinander, und Änderungen an einem Objekt wirken sich nicht auf die anderen Objekte aus.

Das machen wir mal ganz schnell:

```
noch_ein_objekt.ein_attribut = 13
leckeres_essen.ein_attribut = 7
```

Hier wurde bei jedem Objekt das Attribut **ein_attribut** geändert.

Der Aufruf der Methoden erfolgt ja genauso mit dem jeweiligen Objektnamen und dem jeweiligen Element bzw. der jeweiligen Methode. Natürlich könntest du auch das Attribut wieder direkt abfragen.

```
noch_ein_objekt.eine_methode()
leckeres_essen.eine_methode()
```

```
13
7
```

Du siehst, beide Objekte geben über ihre Methode **eine_methode** unterschiedliche Werte aus – kein Wunder, denn ein paar Zeilen weiter oben haben wir ja den **Attributen** jeweils unterschiedliche Werte zugewiesen!

Das Orakel von Delphi

Es wird Zeit für dich, deine **erste Klasse** zu programmieren. Und da das **Konzept** der Klassen und Objekte von den alten Griechen kommt, was liegt da näher, als etwas klassisch Griechisches zu programmieren:

Das Orakel von Delphi!

Das Orakel von Delphi machte in der Antike Weissagungen, entweder verklausuliert, in etwas kryptischer Art oder einfach als »ja« oder »nein«. Von überall her kamen Menschen zu dem Tempel des Gottes Apoll, wo die Weissagungen gemacht wurden.

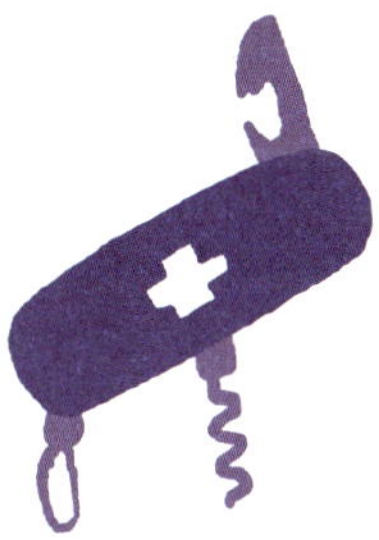

[Einfache Aufgabe]

Deine Aufgabe ist es, ein Orakel zu schreiben, das als Weissagung `"Ja"`, `"Nein"` oder `"Vielleicht"` spricht bzw. als Wert zurückgibt, …

… und zwar so richtig als Klasse mit **Attributen**, **Methoden** und dann natürlich mit einem **Objekt**.

Es gibt aber noch eine **Besonderheit** bei der **Aufgabe** zu berücksichtigen:

[Schwierige Aufgabe]

Es darf niemals die gleiche Antwort zweimal hintereinander gegeben werden!

Was brauchst du dazu:

- erst einmal eine **Klasse**
- dann ein **Attribut**, in dem du als Liste oder als Tupel die möglichen Antworten speicherst
- und noch ein **weiteres Attribut**, in dem du die letzte gegebene Antwort speicherst, denn du musst ja verhindern, dass die Antwort sofort wiederholt wird
- und dann natürlich eine **Methode**, in der eine neue Antwort gesucht wird, die nicht direkt zuvor schon gegeben wurde

Schrödinger, übernehmen Sie!

Noch ein Tipp: Mit **`random.choice(eine_liste)`** kannst du dir ein zufälliges Element aus einer Liste oder einem Tupel zurückgeben lassen.

Übrigens, wundere dich nicht: Auch ein Objekt kann sich Daten nur merken, solange das Programm läuft. Beim nächsten Programmstart ist alles wieder auf Anfang gesetzt.

Für den Zufall bei der Weissagung wird das Modul **`random`** benötigt, also wird es importiert.

```
import random
```

Dann folgt die Klasse, wir nennen sie mal **`Orakel`**:

```
class Orakel:
```

Als Nächstes kommen die **beiden Variablen**, genauer gesagt die beiden **Attribute**, die in **`__init__`** angelegt werden:

```
def __init__(self):
    self.antworten = 'Ja', 'Nein', 'Vielleicht'
    self.alte_antwort = None
```

Das erste Attribut ist ein Tupel mit den **möglichen Antworten**, in dem zweiten Attribut wird die **alte Antwort** gespeichert, jetzt ist es erst noch leer. Anstelle von **None** würde auch **''** als leerer String gehen.

Danach folgt die Methode für die Weissagung, natürlich mit dem Parameter **self**:

```
def weissagt(self):
```

Hier kommt die Logik, mit der ein zufälliger Wert aus dem Tupel **self.antworten** geholt wird. Aber erst wenn dieser Wert ungleich der vorherigen Antwort ist, wird die **while**-Schleife verlassen und das gültige Ergebnis zurückgegeben:

```
while True:
  auswahl = random.choice(self.antworten)
  if auswahl != self.alte_antwort:
    self.alte_antwort = auswahl
    break
return auswahl
```

Erst wenn die Auswahl **ungleich** der alten Antwort ist, wird die Schleife verlassen. Zuvor wird noch schnell die aktuell gewählte Antwort in dem Attribut **alte_antwort** gespeichert.

Das war jetzt schon etwas tricky!

Die **while**-Schleife wird erst wieder verlassen, wenn die alte Antwort **ungleich** der neuen Antwort bzw. Auswahl ist. Sind beide hingegen noch **gleich**, dann wird die **while**-Schleife **gleich noch mal** durchlaufen. Und zwar so lange, bis ein neuer Wert gefunden wurde, der in der Runde davor noch nicht verwendet wurde!

Genau!

Zum Schluss wird das neue Ergebnis, der Spruch des Orakels, mit **return** zurückgegeben – **fertig!**

Die erste Klasse am Stück – gleich mal etwas reloaded

Hier noch einmal alles am Stück, gleich mit ein paar kleinen **Verbesserungen**, nachdem du jetzt sicher schon etwas sattelfester bist:

```
import random
class Orakel:
    '''Das Orakel gibt dir Antworten auf deine Fragen'''*1
    def __init__(self):
        self.antworten = 'Ja', 'Nein', 'Vielleicht'
        self.alte_antwort = None
    def weissagt(self):
        while True:
          auswahl = random.choice(self.antworten)
          if auswahl != self.alte_antwort:
            self.alte_antwort = auswahl
            return auswahl*2
```

*1 Ein Docstring ist besser als jede Dokumentation, die ja doch nie geschrieben wird. Und wenn es komplizierter wird, kannst (und solltest) du hier mehr zu deiner Klasse schreiben.

*2 Anstelle des **break** kannst du auch gleich **return auswahl** schreiben und auf diesem Weg die Schleife und auch gleich die Methode verlassen.

Es ist übrigens immer besser, eine Klasse möglichst **allgemein** zu halten (genauso wie eine gute Funktion). Eine Klasse sollte so geschrieben werden, dass sie nur die Aufgaben übernimmt, die in der Klasse auch wirklich **Sinn machen**.

Stell dir mal vor, du hättest die **Ausgabe** bereits in der Klasse gemacht! Was wäre dann, wenn der Orakelspruch **als Teil** eines anderen Textes ausgegeben werden sollte oder wenn mehrere Ergebnisse in eine Zeile geschrieben werden sollen? Programmierst du die **Ausgabe** bereits **in der Klasse**, müsstest du jedes Mal deine Klasse umschreiben – und dann würde sie möglicherweise für die bisherigen Aufrufe **nicht mehr passen**.

Ein wichtiger und zentraler Punkt der OOP ist die **Wiederverwendbarkeit** von Code. Und da ist eine Klasse wesentlich besser, wenn sie sich auf das Wesentliche beschränkt und **nur das macht**, was von ihr eigentlich zu erwarten ist.

In unserer Klasse ist das eine Antwort in Form eines Rückgabewertes – und eben nicht (unbedingt) eine feste, formatierte Ausgabe mit **print**! **Zumindest nicht als einzige Variante!** Denn eine Klasse kann ja sehr wohl verschiedene Methoden haben.

Also weiter, deine nächste Aufgabe wartet!

Das erste eigene Objekt

Du musst noch aus der Klasse ein **Objekt** erschaffen und eine Ausgabe machen. Am besten lässt du gleich mehrmals das Orakel sprechen, um zu sehen, ob auch alles so funktioniert, wie erwartet.

[Einfache Aufgabe]
Erschaffe, also **instanziiere**, ein Objekt aus der Klasse **`Orakel`** und lass dir zehn Weissagungen machen, die in einer Zeile ausgegeben werden sollen.

*1 Das Objekt heißt **`mein_orakel`**.

*2 Die Klasse wird einfach der Variablen zugewiesen, so entsteht ein Objekt daraus.

```
mein_orakel*1 = Orakel()*2
for i in range(10):*3
    print(mein_orakel.weissagt()*4, end = " "*5)
```

*3 Hier beginnt eine Schleife, …

*4 … ruft zehnmal die Methode auf und gibt den Rückgabewert, die Antwort des Orakels, aus.

*5 So wird alles in eine Zeile geschrieben – was natürlich jedes Mal anders aussieht, die Antworten werden ja zufällig ausgewählt.

```
Vielleicht Ja Nein Vielleicht Nein Vielleicht Ja Nein Vielleicht Ja
```

Aber mal ehrlich, ich fände es schon ganz praktisch, die Weissagungen auch gleich ausgeben zu können.

Das ist kein Problem.
Du kannst einfach eine **weitere Methode** schreiben, die auch eine Ausgabe macht.

Echt jetzt? Das geht?

Klar, du schreibst einfach **eine weitere Methode**, die eben eine schön formatierte Ausgabe mit **print** macht! Schließlich kannst du nicht nur von außen auf die Methoden der Klasse zugreifen. Du kannst weitere Methoden schreiben, die auf die bestehenden Methoden und Attribute **zugreifen** können. Du kannst also eine Methode für die Ausgabe schreiben, die sich eine Weissagung von der Methode **weissagt** erstellen lässt!

Cooool!

[Schwierige Aufgabe]

Schreib eine Methode **ausgabe**, die eine Weissagung ansprechend formatiert mit **print** ausgibt.

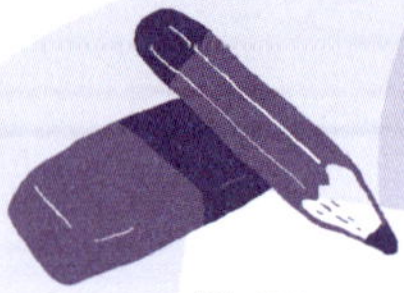

[Notiz]

Es spielt übrigens **keine Rolle**, in welcher Reihenfolge die Methoden und Attribute innerhalb der Klasse geschrieben sind. **Üblich** ist es, die Attribute an den Anfang zu stellen und die Methoden darunter. Die Methode **__init__** ist dabei sinnvollerweise die erste Methode.

Dann mach ich das mal!

Also erst die **Definition**, als Parameter muss wieder **self** angegeben werden:

```
def ausgabe(self):
```

Dann eine schicke Linie:

```
    print('+' * 30)
```

Und hier kommt die Ausgabe der Weissagung. Mit **f** vor dem Text können Variablen und Funktionsaufrufe mit geschweiften Klammern direkt in den Text geschrieben werden. Das funktioniert natürlich genauso mit Methoden bzw. deren Rückgabewerten.

```
print(f"Das Orakel spricht '{self.weissagt()}'")
```

Dann noch eine weitere Linie:

Über den angegebenen Parameter **`self`** greifst du auf eigene Methoden der Klasse zu. Da eine Methode wie eine Funktion ist, darfst du die runden Klammern nicht vergessen.

```
print('+' * 30)
```

Übrigens, Schrödinger, du könntest natürlich auch zuerst die Zeile mit der Weissagung erzeugen, in einer Variablen speichern und dann daraus die Länge der Zeilen dynamisch generieren.

Coole Idee!
So in etwa?

```
def ausgabe(this):
    text = f"Das Orakel spricht '{this.weissagt()}'"
    print('+' * len(text))
    print(text)
    print('+' * len(text))
```

Mit dem Aufruf sieht es dann fertig so aus:

```
mein_orakel = Orakel()
mein_orakel.ausgabe()
```

[Notiz]

Die bisherige Methode **`weissagt`** funktioniert nach wie vor und kann wie bisher aufgerufen werden. Die **Erweiterung** in Form einer zusätzlichen Methode hatte hier **keinen Einfluss** auf die bestehenden Elemente der Klasse!

Eine der größten Gefahren (unglaublich, aber wahr) in der Programmierung ist die **Veränderung** von bestehendem Code. Dabei kann es genügen, ein paar neue Zeilen in den Programmfluss einzufügen – aus Versehen wird eine bestehende Variable beeinflusst oder Bedingungen werden verändert, und schon kommt es zu unvorhergesehenen Fehlern. **Willkommen in der Softwarekrise …**

Bei Klassen hingegen ist es fast **gefahrlos**, neue Methoden **hinzuzufügen**. Denn die anderen Methoden werden dadurch ja nicht verändert. Klassen mit ihren unterschiedlichen Methoden sind hier klar im Vorteil! **Mehr Code – weniger Fehler.**

Vorsichtig musst du natürlich sein, wenn du in neuen Methoden **die Werte** bestehender Attribute änderst. Das kann dann natürlich Einfluss auf das bestehende Programm haben!

[Notiz]

Den Parameter `self` brauchst du zwingend in jeder Methode. Wie du ihn tatsächlich benennst, ist dagegen vollkommen dir überlassen. Du **könntest** (nein, bitte tue es nicht!) ihn sogar in jeder Methode unterschiedlich benennen: in einer Methode zum Beispiel `this`, in einer anderen Methode eben `self`. Natürlich solltest du das **einheitlich** machen, und `self` ist eine gute Wahl, aber so musst du dich zumindest nicht wundern, woher plötzlich »irgendwelche ganz anderen« Parameter in fremden Klassen kommen. Das ist meist `self` – nur anders benannt.

Eine Frage habe ich aber noch!

Warum kann ich in meiner Klasse nicht anstelle von `self` (oder `this`) einfach den Namen des Objekts, zum Beispiel `mein_orakel` verwenden?

Das macht wenig Sinn. Also rein von der Syntax her würde das sogar gehen, denn es wäre dann nur ein anderer Name als `self` und hätte trotz des gleichen Namens keinen weiteren Bezug zu deinem späteren Objekt. Sinnvoll wäre das also nicht – außerdem weißt du ja beim Schreiben einer Klasse sowieso noch gar nicht, wie ein entsprechendes Objekt später heißt. Und da du mehrere Objekte haben kannst, macht so etwas noch weniger Sinn. Die Namensgleichheit hätte **keinerlei Vorteil** gegenüber einer klassischen, abstrakten Bezeichnung wie `self` oder `this`.

Orakel reloaded – das Attribut ändern

Momentan ist deine Klasse `Orakel` noch recht **statisch**. Es wäre doch toll, wenn das Orakel je nach Verwendung auch **andere Antworten** geben könnte.

Eine Möglichkeit, mehr (oder andere) Antworten bereitzustellen, ist der **Zugriff** auf das Attribut **`antworten`**.

So, wie du auf eine Methode zugreifen kannst, kannst du ja auch auf ein **Attribut zugreifen**, um es zu lesen, und genauso, um es zu **verändern**, und zwar zur **gesamten Laufzeit** des Programms (also solange das Programm läuft). So wie du ein Attribut mit

- dem **Namen** deines Objekts
- plus einem **Punkt**
- plus dem **Namen** des Attributs

lesen kannst, kannst du genauso schreibend darauf zugreifen, also dem Attribut einen neuen Wert zuweisen – natürlich erst, nachdem du ein entsprechendes Objekt erstellt hast:

```
mein_orakel.antworten = ("Tu es, Schrödinger!", "Lass es sein",
                         "Überleg dir das noch einmal",
                         "Frag doch lieber deine Freundin")
```

Schon hast du ab dem Moment der Zuweisung **ganz andere** Antworten. Das kannst du dann gleich ausprobieren:

*1 Vorher hieß dein Objekt **`mein_orakel`**. Hier geben wir dem Objekt einfach mal einen ganz **anderen Namen**: Der Name des Objekts muss dem Namen der Klasse nicht einmal ähnlich sein.

```
weissagung*1 = Orakel()
weissagung.ausgabe()*2
weissagung.antworten*3 = ("Tu es, Schrödinger!", "Lass es sein",
"Überleg dir das noch einmal", "Frag doch lieber deine Freundin")
weissagung.ausgabe()*4
```

```
+++++++++++++++++++
Das Orakel spricht 'Ja'
+++++++++++++++++++*2
++++++++++++++++++++++++++++
Das Orakel spricht 'Lass es sein'
++++++++++++++++++++++++++++*4
```

*2 Hier sind noch die »alten« Antworten hinterlegt.

*3 Hier weist du während der Laufzeit (also während das Programm läuft) dem Attribut ein ganz neues Tupel mit Antworten zu.

*4 Ab dem Moment der Zuweisung werden die neuen Antworten ausgegeben. Das Objekt funktioniert aber ansonsten unverändert.

Trotz der Änderung läuft das Programm ohne Probleme weiter!

Vorsicht beim Zugriff auf Attribute!

Der direkte Zugriff auf Attribute ist ja einfach – geradezu **verführerisch** einfach. Das ist aber auch so etwas wie die **dunkle Seite** der OOP. In unserer Klasse wird erwartet, dass das Attribut **`antworten`** ein **Tupel** enthält. Du könntest dem Attribut aber auch einen String oder (noch schlimmer) eine Zahl zuweisen, was zu komischen Effekten bzw. zu einem **Fehler** führen würde! Auch benötigt das Programm bei einem Tupel mindestens zwei Elemente – sonst kann es keine neuen Antworten finden und verfängt sich in einer **Endlosschleife**!

Wenn du **Attribute** direkt veränderst und unvorsichtig bist, kann es immer passieren, dass das Programm mit den so geänderten Daten nicht mehr korrekt arbeiten kann.

Ach, was soll denn da schon passieren?

Das gleich sehen du wirst, junger Schrödinger!

[Einfache Aufgabe]

Probiere bitte einmal folgenden Code mit der ursprünglichen Klasse aus.

```
dunkles_objekt = Orakel()
dunkles_objekt.antworten = "Tu's nicht, Schrödinger!"
for i in range(9):
    print(dunkles_objekt.weissagt(), end=" ")
```

Das mach ich ganz schnell!

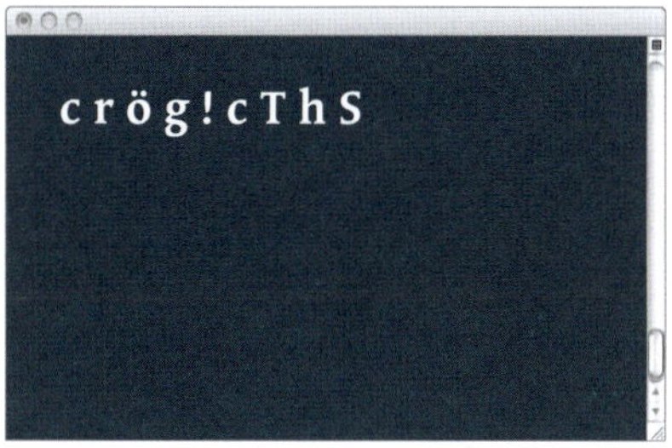

Das Programm geht davon aus, dass sich im Attribut **`antworten`** ein Tupel befindet. Weist du dem Attribut (beispielsweise) einen String zu, betrachtet das Programm den String als Tupel – jeder Buchstabe ist dabei ein einzelnes Element. Weist du dem Attribut eine einzelne Zahl zu, kommt es zu einem **Fehler**, da unter anderem die verwendete Funktion **`len`** nicht mit einer Zahl arbeiten kann. Und übergibst du ein Tupel in der Form **`('Ja',)`**, also mit nur **einem Element**, kommt es zu einer Endlosschleife!

[Achtung]

Natürlich kannst du Attribute direkt verändern, du solltest aber wissen (oder zumindest ausreichend testen), was du da mit deiner Zuweisung bewirkst!

Es kann eben problematisch sein, wenn **Daten direkt**, ohne die Möglichkeit einer Prüfung, an ein Programm bzw. dein Objekt übergeben werden. Aber zum Glück, gibt es ja noch andere Möglichkeiten, Daten zu übergeben!

Na, dann mal los mit den anderen Möglichkeiten!

Die Sache mit den Parametern

Die einfachste Möglichkeit ist die Übergabe von **Parametern** in eine der Methoden. Das funktioniert ganz ähnlich wie bei Funktionen:

```
class Spam:
    def verdopple_wert(self, wert)*1:
        wert = wert * 2
        return wert
egg = Spam()
print(egg.verdopple_wert(42)*2)
```

*1 Auch wenn du eigene Parameter verwendest, **self** muss nach wie vor angegeben werden.

*2 Beim **Aufruf** von außen wird der Parameter **self** **nicht berücksichtigt**, darum kümmert sich Python.

[Achtung]
Beim Aufruf außerhalb der Klasse spielt der Parameter **self** keine Rolle, er wird quasi intern beim Aufruf von Python ergänzt.

Dabei bist du natürlich **nicht** auf **einen** Parameter beschränkt, sondern kannst losprogrammieren und mit den verschiedensten Parametern arbeiten.

Das könnte beispielhaft so aussehen:

```
def berechne_etwas(self, wert, multiplikator=2, trenner="-"):
```

Das ist natürlich nur ein Beispiel für die Signatur einer Methode irgendeiner Klasse.

Die möglichen Aufrufe für eine solche Methode wären dann auch wie gewohnt:

```
irgendein_objekt.berechne_etwas(42, 3, "-/-")
```

Oder etwa so:

```
irgendein_objekt.berechne_etwas(12)
```

Aber sag mal, hier könnte ich ja auch unkontrolliert Werte eingeben?

Das stimmt – noch.
Aber schließlich kannst **du** die Daten jetzt direkt nach der Übergabe überprüfen.

Vertrauen ist gut, Kontrolle besser

Du kannst jetzt **innerhalb** der Methode übergebene Werte direkt **nach der Übergabe** überprüfen und auch gleich eine Rückmeldung geben, etwa mit einer warnenden Ausgabe oder indem du **None** zurückgibst, wenn der Parameter **wert** keine Zahl ist:

```
class Spam:
  def verdopple_wert(self, wert, multiplikator=2):
      if(type(wert) != int and type(wert) != float):*1
          return None*2
      wert = wert * multiplikator
      return wert
```

*1 Hier wird der Typ der Variablen überprüft. Wenn der Wert nicht vom Typ **Integer** oder **Float** ist, dann wird es wohl keine Zahl sein …

*2 … und dann kannst du die Funktion auch gleich mit **return** wieder verlassen. Als »Fehlerhinweis« ist es durchaus üblich, **None** zurückzugeben.

Falls ein in die Methode übergebener Wert nicht korrekt ist, könntest du einen Warnhinweis ausgeben oder wie hier besser **None** (bzw. einen anderen aussagekräftigen Wert) **zurückliefern**. Dann kann **nach dem Aufruf** überprüft werden, ob die Methode korrekt abgearbeitet wurde:

```
egg = Spam()
ergebnis = egg.verdopple_wert(12.2)*1
if ergebnis is None:*2
    print("Eingabe ungültig!")
else:*2
    print(ergebnis)
```

*1 Ganz klassisch übergibst du hier den Rückgabewert, das Ergebnis der Methode, an eine Variable.

*2 Und hier reagierst du entsprechend auf den Rückgabewert.

[Zettel]
In Python kannst du »wasserdicht« prüfen, ob ein Wert auch wirklich **`None`** ist – denn **`None`** wird bei einem Vergleich wie **`wert is None`** sogar von Werten wie **`0`**, **`''`** oder **`False`** unterschieden!

Aber wenn ich jeden Parameter überprüfen will, dann wird meine Methode doch immer länger und länger?

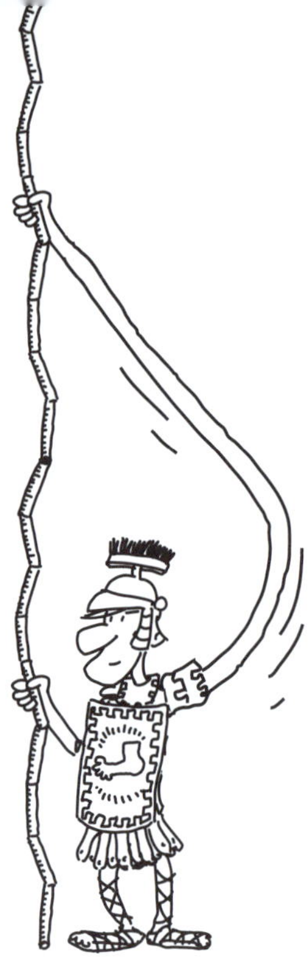

Das stimmt. Zumindest immer dann, wenn du dich nicht **blind** auf die übergebenen Werte verlassen kannst. Dieses Problem kennst du ja schon von Funktionen.

Übergebene Werte sind gefährlich!

Die Werte müssen in der jeweiligen Methode korrekt verarbeitet werden. Und das geht natürlich nur, wenn sie den korrekten Typ haben und auch in einem passenden Bereich liegen.

Klassiker für solche Fehler gibt es genug:
Strings anstelle von Zahlen, eine unerwartete Division durch null usw.

Aber zum Glück ist das bei Klassen kein wirkliches Problem. Du kannst die Datenübergabe **und** die Kontrolle der Daten in **eigene Methoden** innerhalb der gleichen Klasse auslagern – alles wird schön und »mundgerecht« in kleine, übersichtliche Einheiten (eben Methoden) aufgeteilt – und trotzdem bleibt alles schön zusammen!

Aber dann muss ich ja alles wieder ändern!?

Natürlich nicht, Schrödinger. Denn du hast ja Python!

Das ist die Stunde der Methode »property«!

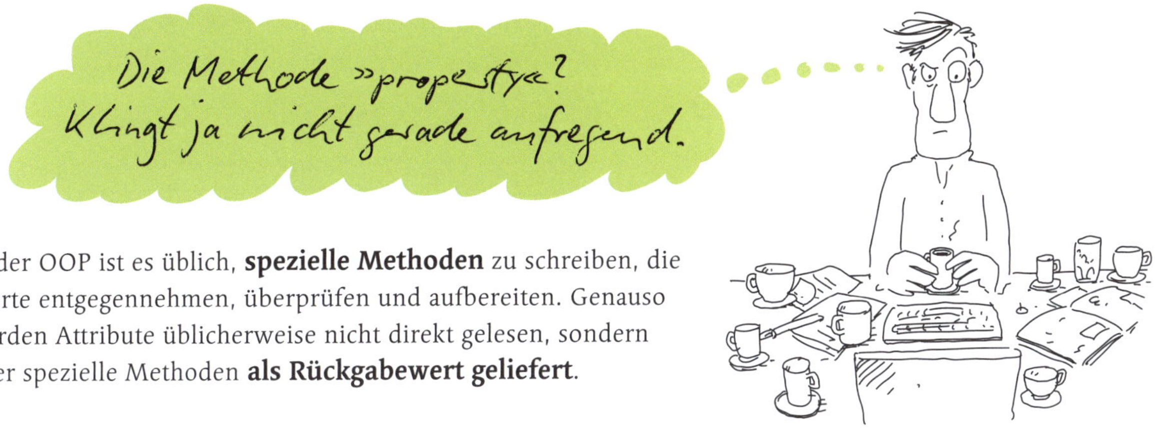

In der OOP ist es üblich, **spezielle Methoden** zu schreiben, die Werte entgegennehmen, überprüfen und aufbereiten. Genauso werden Attribute üblicherweise nicht direkt gelesen, sondern über spezielle Methoden **als Rückgabewert geliefert**.

Diese speziellen Methoden nennt man Setter und Getter.

Getter und **Setter** sind keine Sache der Syntax oder der jeweiligen Programmiersprache. Sie sind eine **Konvention:**

Soll ein Attribut **verändert** werden, wird das nicht direkt über das Attribut gemacht, sondern über eine spezielle Methode. Diese Methode nimmt einen Wert entgegen, der noch einmal überprüft und möglicherweise sogar angepasst wird. Erst wenn alles in Ordnung ist, wird der neue Wert in das Attribut geschrieben. Diese Methode ist der **Setter**. Der tatsächliche Name so einer Methode setzt sich meist aus **`set`** und dem Namen des Attributs zusammen, zum Beispiel **`set_temperatur`**, wenn das Attribut **`temperatur`** heißt.

Auch das **Auslesen** von Werten kann über eine spezielle Methode gemacht werden. Diese Methode kann beispielsweise dafür sorgen, dass wichtige Berechnungen durchgeführt werden oder Umrechnungen stattfinden. Vielleicht ist ein Wert mit einer Temperatur **intern** in Fahrenheit gespeichert, er soll aber in Grad zurückgegeben werden? So etwas ist die Aufgabe eines **Getters**, einer Methode, die weitere Umrechnungen oder Formatierungen vornimmt und dann einen Wert zurückliefert. Der Name eines solchen Getters setzt sich aus **`get`** und dem Namen des Attributs zusammen, zum Beispiel **`get_temperatur`**, wenn das Attribut **`temperatur`** heißt.

In Python ist das natürlich auch möglich. Oder besser gesagt es **wäre auch möglich** so zu arbeiten, aber …

… schreibst du eigene Methoden, also Setter und Getter, dann arbeitest du ja nicht mehr mit dem ursprünglichen Attribut. Der **Aufruf ändert sich** dadurch natürlich.

Vor allem: Fügst du diese Setter und Getter erst **später** hinzu, musst du auch alle bestehenden Aufrufe **ändern**, um die Vorteile der Setter und Getter nutzen zu können.

Python ist da cooler.

Python hat die **property**-Methode.

Die **property**-Methode stellt ein sogenanntes Interface dar, mit dem du alle Zugriffe auf die Attribute auf Methoden »**umleitest**«, und zwar **(und das ist das Geniale!)** nach außen hin **unsichtbar!** Nach außen sieht es nach wir vor so aus, als würdest du direkt **mit dem Attribut** arbeiten!

Ein Beispiel?

Klar! So sah der **Aufruf** des Attributs **anworten** aus der Klasse **Orakel** (für das Objekt **mein_objekt**) aus, um ein neues Tupel zu setzen:

```
mein_objekt.antworten = ("Tu es, Schrödinger!", "Lass es bloß sein",
                         "Überleg dir das noch einmal",
                         "Frag doch lieber deine Freundin")
```

Und jetzt der neue Aufruf!

Fügst du mithilfe der **`property`**-Methode **eigene Methoden** hinzu, um die Eingaben (und gegebenenfalls Ausgaben) zu **kontrollieren** und vielleicht **aufzubereiten**, dann sieht der Aufruf danach so aus:

```
mein_objekt.antworten = ("Tu es, Schrödinger!", "Lass es bloß sein",
                         "Überleg dir das noch einmal",
                         "Frag doch lieber deine Freundin")
```

Hey!
Cooool!
Da ändert sich ja gar nichts!

Hinter dem (bisherigen) Aufruf des Attributs liegt **jetzt** (hier noch nicht zu sehen) eine **eigene Methode**, in der du die neuen Daten entgegennimmst und auch überprüfen kannst!

Schauen wir uns das an einem einfachen Beispiel an, bevor du das selbst bei dem Orakel umsetzt.

Besser als nur Setter und Getter

Wir haben eine Klasse **`Spam`**. Sie speichert einen Wert in einem Attribut **`nummer`**.

```
class Spam:
    def __init__(self):
        self.nummer = 0
```

So könnte das erst mal aussehen. **Aber es geht ja noch weiter:**

Aus Sicherheitsgründen darf der Wert **nie negativ** werden und muss **ganzzahlig** sein. **Intern** soll er aber wegen der Genauigkeit als Fließkommazahl berechnet werden.

Das **könnte** mit klassischen Gettern und Settern so aussehen, natürlich umgesetzt in Python, das geht ja auch, nur ist das so eben **nicht typisch für Python**:

```
class Spam:
    def __init__(self):
        self.__nummer = 0*1
    def set_nummer(self, wert):*2
        self.__nummer = abs(wert)*3
    def get_nummer(self):*4
        return int(self.__nummer)*5
```

*1 Hier initialisieren wir das Attribut, um das es geht. Die eigenartigen beiden Unterstriche stehen für **privat** – das bedeutet, der Zugriff von außen ist unerwünscht und gesperrt.

*2 Das ist ein klassischer **Setter**. Diese Methode soll verwendet werden, wenn der Wert der Variablen `nummer` geändert werden soll.

*3 Hier finden die notwendigen **Prüfungen** statt und der überprüfte bzw. modifizierte Wert wird dem Attribut zugewiesen. Mit `abs`, dem **Absolutwert** (oder Betrag), wird jeder übergebene Wert positiv.

*4 Das ist der **Getter**, der den gewünschten Wert zurückgibt – auf Wunsch auch modifiziert, …

*5 … denn das Attribut (bzw. sein Wert) kann eine **Fließkommazahl** sein – und soll es dann auch bleiben. Wird der Wert aber benötigt, soll ein **Integer** zurückgeliefert werden – was einfach im Getter mit der Funktion `int` gemacht wird.

Im Programm kann der Aufruf dann so aussehen:

```
egg = Spam()
egg.set_nummer(-15.5) *1  # __nummer wird im Objekt zu 15.5
print(egg.get_nummer())*2
```

*1 Hier wird (und muss) explizit der **Setter** aufgerufen werden. Das eigentliche Attribut ist ja auf privat gesetzt (gleich mehr dazu), und der direkte Zugriff darauf würde zu einem Fehler führen.

*2 Da auch das **Lesen** einer privaten Variablen **nicht funktioniert** (und auch **nicht erwünscht** ist), muss der **Getter** verwendet werden und liefert wie gefordert einen ganzzahligen Wert. Intern (im Objekt) ist der Wert aber nach wie vor eine genauere Fließkommazahl.

```
15
```

[Hintergrundinfo]

Getter und **Setter** funktionieren auch in Python. Es gilt aber als **un-pythonisch** so zu arbeiten. Denn Python hat hier ja mit der `property`-Methode etwas viel Cooleres zu bieten!

So, und wie mache ich das jetzt auf »The Python Way«?

Dafür gibt es die **`property`**-Methode, die du mit dem jeweiligen Attribut verknüpfst (vereinfacht ausgedrückt). So zum Beispiel:

```
class Spam:*1
    def __init__(self):
        self.__nummer = 0
    def set_nummer(self, wert):
        self.__nummer = abs(wert)
    def get_nummer(self):
        return int(self.__nummer)
    nummer = property(get_nummer, set_nummer)*2
```

*1 Die Klasse bleibt gegenüber der **obigen Klasse** mit dem Setter und Getter **fast unverändert**.

*2 Hier findet die eigentliche **Magie** statt. Du weist dem gewünschten Attribut **`nummer`** die Methode **`property`** zu. Als Parameter übergibst du eine Methode zum **Lesen** und eine Methode zum **Schreiben**.

Der Aufruf mit **`property`** kann übrigens erst **nach** der Definition der verwendeten Methoden erfolgen.

Damit sieht alles (nach wie vor) von außen so aus, als würdest du **direkt** auf das **Attribut zugreifen**. An dem Ergebnis des Aufrufes siehst du aber, dass die Werte in deinen Methoden **`set_nummer`** und **`get_nummer`** verändert wurden:

```
egg = Spam()
egg.nummer = -17.6 # intern wird __nummer zu 17.6
print(egg.nummer)
```

```
17
```

Du rufst also nicht irgendwelche Setter, Getter oder sonst was auf, sondern arbeitest mit ganz **normalen Zuweisungen** und liest das Attribut wie … ja eben wie … ein Attribut.

[Hintergrundinfo]
In Wirklichkeit macht Python die ganze Arbeit im Hintergrund und »biegt« die Zuweisung (oder den lesenden Zugriff auf das Attribut) auf die in **`property`** angegebenen Methoden um!

Wichtig:

Genau genommen handelt es sich bei **`nummer`** und **`__nummer`** um zwei **vollkommen unterschiedliche** Attribute! Das ist ein geschickter Kunstgriff, den Python da macht. Der Zugriff auf das Attribut wird mit der Zuweisung der **`property`**-Methode »**umgebogen**«.

Wichtig: Würde es sich nicht um **zwei unterschiedliche Attribute** handeln, würde das Umbiegen bei einem Zugriff ewig weitergehen:

```
Zugriff auf nummer: Umbiegen auf nummer: nummer umbiegen auf nummer:
nummer umbiegen auf
```

… to be continued.

Tatsächlich ist **ein** Attribut mit der **`property`**-Methode verbunden, während ein (genau genommen) **vollkommen anderes** Attribut für den tatsächlichen Wert genommen wird.

Das kannst du leicht ausprobieren: Verwende einmal den **gleichen Namen** für beide Attribute, und du erhältst einen **Fehler**:

```
RecursionError: maximum recursion depth exceeded while calling a Python object
```

Du könntest beiden Attributen, **`nummer`** und **`__nummer`**, auch vollkommen unterschiedliche Namen geben. **Probiere es ruhig aus:** Lass der Einfachheit halber den Namen **`nummer`** unverändert, aber benenne **`__nummer`** beliebig um, egal, ob in **`zahl`**, **`schrödingers_nummer`** oder **`für_die_katz`**, es wird fehlerfrei funktionieren!

Mit Python hast du den **entscheidenden Vorteil**, dass du auch **nachträglich** den Zugriff auf Attribute **über Methoden** steuern kannst – ohne auch nur einen einzigen bestehenden Aufruf ändern zu müssen! Denn nach außen sieht es tatsächlich so aus, als würdest du nach wie vor direkt mit dem Attribut arbeiten!

»property« und Orakel – das passt!

Zeit, das Erlernte in die Praxis umzusetzen. Gegeben ist diese, leicht veränderte und noch **unvollständige** Klasse **`Orakel`**:

*1 Das Attribut **`antworten`** ist umbenannt in die mehr private Variante **`__antworten`**.

```
import random
class Orakel:
    def __init__(self):
        self.__antworten*1 = 'Ja', 'Nein', 'Vielleicht'
        self.alte_antwort = ''

    def weissagt(self):
        while True:
            auswahl = random.choice(self.__antworten*1)
            if auswahl != self.alte_antwort:
                self.alte_antwort = auswahl
                return auswahl

    antworten = property(lies_antworten, neue_antworten)*2
#...in dieser Klasse ist noch was zu tun!
```

*2 Dem ursprünglichen Attribut **`antworten`** wird jetzt die Funktion **`property`** mit einem Getter und einem Setter zugewiesen.

Der Funktion **`property`** werden hier zwei Methoden als Parameter übergeben, eine **zum Lesen** des Attributs **`antworten`** und eine, um **neue Antworten** zuzuweisen.

Und das ist jetzt **deine Aufgabe:**

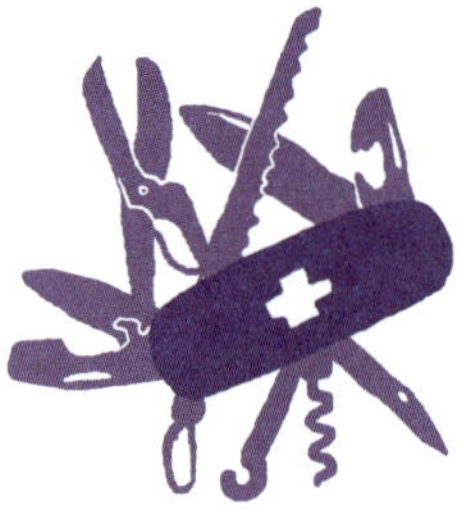

[Schwierige Aufgabe]
Schreib bitte die fehlenden Methoden **lies_antworten** und **neue_antworten**, also eine Methode, mit der das enthaltene Tupel ausgegeben wird, und eine Methode, die neue Antworten entgegennimmt. Nur wenn es sich dabei um ein Tupel oder eine Liste handelt, soll dies als neuer Wert in das Attribut **__antworten** geschrieben werden. Diese Methoden musst du natürlich **vor dem Aufruf** von **property** einsetzen.

Hier ist meine Lösung!

Hier kommt die Methode, um das Attribut **auszulesen**. Hier wird das (eigentlich andere) Attribut **__antworten** mit dem Tupel zurückgegeben:

```
def lies_antworten(self):
    return self.__antworten
```

Hier gibt es keinen weiteren Code oder Anpassungen – es wird einfach das Tupel mit allen Antworten geliefert.

Und das ist die Methode, mit der **neue Antworten** gesetzt werden können:

```
def neue_antworten(self, neue_antworten*1):
    if isinstance(neue_antworten, (tuple, list)):*2
        self.__antworten = neue_antworten*3
```

*1 Hier wird neben dem **self** ein weiterer, ein echter Parameter erwartet: ein Tupel oder eine Liste mit Antworten.

*2 Hier wird geprüft, ob es sich bei dem übergebenen Wert um ein **Tupel** oder eine **Liste** handelt (was ja genauso funktioniert).

*3 Jetzt noch schnell die neuen Antworten dem Attribut **__antworten** zuweisen!

Du könntest übrigens noch mehr prüfen, zum Beispiel, ob es mindestens zwei oder noch besser mindestens drei Antworten in dem Tupel gibt!

[Achtung]
Die beiden benötigten Methoden musst du natürlich in der Klasse **vor** die **`property`**-Funktion schreiben und auch auf die korrekte Einrückung innerhalb der Klasse achten.

[Einfache Aufgabe]
Instanziiere bitte ein Objekt und befrage das Orakel. Danach vergib neue Antworten und befrage erneut das Orakel

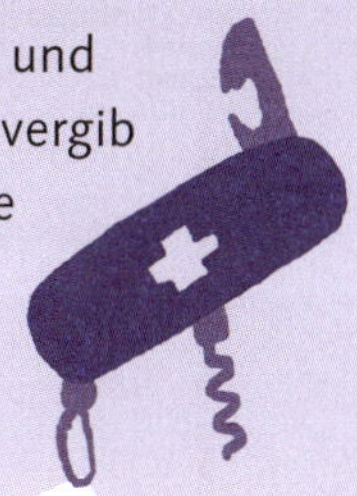

```
ratgeber = Orakel()
print(ratgeber.weissagt())
ratgeber.antworten = ("Jo", "Nö", "Was weiss denn ich?")
print(ratgeber.weissagt())
```

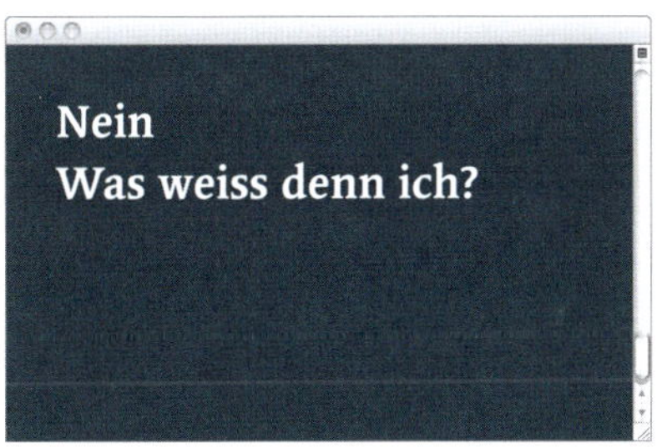

So schnell lassen sich die Antworten ändern, und zwar mit einer **echten Kontrolle** der neuen Antworten!

Ganz schön coole Sache, um neue Antworten ins Spiel zu bringen. Aber Python wäre nicht Python, wenn es hier nicht sogar noch einmal nachlegen würde.

Darf ich vorstellen, …

... der durchaus seltsame klingende, aber ziemlich coole »@property«-Dekorator

Was ich dir jetzt zeige, ist eigentlich das Gleiche, wie das, was wir gerade gemacht haben, nur mit einer anderen, vielleicht sogar noch cooleren Syntax. Du kannst einen sogenannten **@property**-Dekorator verwenden. Anstatt viele Worte zu verlieren, schauen wir uns dazu ein einfaches Beispiel an. Da wir unser Orakel nicht zu sehr strapazieren wollen, nehmen wir uns noch einmal die Klasse **Spam** vor und versehen sie mit dem **@property**-Dekorator.

```
class Spam:
    def __init__(self):
        self.__nummer = 0
    @property
    def nummer(self):
        '''Die Property für nummer'''
    @nummer.setter
    def nummer(self, wert):
        self.__nummer = abs(wert)
    @nummer.getter
    def nummer(self):
        return int(self.__nummer)
```

[Zettel]
Eines fällt dir sicher sofort auf: Es gibt **dreimal** eine Methode mit dem gleichen Namen **nummer**. Dafür hat jede dieser »gleichen« Methoden einen anderen **Dekorator** – erkennbar an dem **@**. Aber auch hier taucht zwingend immer der gleiche, zugehörige Name auf: In diesem Fall ist es **nummer**.

Was passiert hier?

Das Geheimnis der drei **gleichnamigen Methoden** liegt in dem jeweiligen **Dekorator**, das ist jeweils die Zeile mit dem **@** direkt über der Methodendefinition.

Von diesem Dekorator haben wir hier **drei Varianten**:

`@property`

Das ist die Basisanweisung. Das ist **in etwa** vergleichbar mit dem **Aufruf** der normalen **`property`**-Funktion. Dabei muss hier die zugehörige Methode selbst gar nichts mehr machen, sie muss nur da sein und legt den Namen fest: **`def nummer(self)`**

`@nummer.setter`

Das ist der Dekorator, der den **Setter** festlegt bzw. die Methode dazu – ganz einfach.

`@nummer.getter`

Und du wirst es schon erraten haben, dieser Dekorator legt fest, welche Methode der **Getter** ist.

Und es geht sogar noch einfacher: Legst du **keinen Getter** fest, dann wird die Methode mit dem Dekorator **`@property`** quasi stellvertretend zum Getter hochgelevelt. Natürlich muss diese Methode dann auch etwas mit **`return`** zurückliefern:

```
class Spam:
    def __init__(self):
        self.__nummer = 0
    @property
    def nummer(self):
        return int(self.__nummer)
    @nummer.setter
    def nummer(self, wert):
        self.__nummer = abs(wert)
```

Das ist ja nicht nur cool, sondern auch noch kürzer!

Und das funktioniert auch wie bisher???

Klaro:

```
egg = Spam()
egg.nummer = -42.8 # __nummer wird hier 42.8
print(egg.nummer)
```

Trotz veränderten Programmcodes funktioniert alles nach außen hin wie gehabt!

»private« und »protected« – aber gar nicht so ganz

In der OOP gibt es das Konzept der **Kapselung**. Damit ist gemeint, dass eben nicht jede Methode oder jedes Attribut **außerhalb** der eigenen Klasse bekannt sein muss (**oder darf!**). Besonders der Zugriff (von außen) kann eingeschränkt sein.

[Hintergrundinfo]

Wenn du ein Buchhaltungsprogramm hast, dann möchtest du bestimmt **nicht**, dass jemand einfach den Steuersatz ändert, der allen Berechnungen zugrunde liegt, oder?

In Python ist das nicht ganz so streng umgesetzt wie in manchen anderen Programmiersprachen. Du hast aber die Möglichkeit, den Zugriff mit **einem oder zwei Unterstrichen** vor dem Namen zu **steuern** oder zumindest einen **Hinweis** zu geben, etwas nicht zu verwenden.

[Zettel]
Ist nichts anderes angegeben, dann sind alle Elemente in Python erst mal **`public`** – auf sie kann problemlos von außerhalb zugegriffen werden. Das muss (und wird) nicht extra angegeben.

Hat ein Attribut oder eine Methode **einen Unterstrich** am Anfang des Namens, dann gilt es oder sie als **`protected`**. Innerhalb der Klasse selbst (oder auch von abgeleiteten Klassen) kann **problemlos** auf das entsprechende Element zugegriffen werden.

Die Sache mit dem »protected«:

Von **außen**, wenn du über ein Objekt zugreifen willst, sieht das anders aus. Zwar **kannst** du sowohl lesend als auch schreibend (bei Attributen) auf ein entsprechendes Element zugreifen, aber das gilt als **unerwünscht**. Der Assistent der Entwicklungsumgebung **Thonny** würde dich sogar mit einer Warnmeldung darauf hinweisen.

Du hast also die **Möglichkeit**, auf so ein Element zuzugreifen.
Per Definition eines Namens mit führendem Unterstrich solltest du aber wissen:

1. Das ist **nicht empfohlen**.
2. Und vor allem solltest du wissen, was du da tust.

[Achtung]
In anderen Programmiersprachen hat **`protected`** eine etwas andere Bedeutung: Dort können nur die Klasse selbst und abgeleitete Klassen auf Elemente zugreifen, die **`protected`** sind.

Die Sache mit dem »private«:

Hat eine Methode oder ein Attribut **zwei Unterstriche** vor dem Namen, dann ist dieses Element **`private`**. Du kannst **innerhalb** der Klasse darauf zugreifen, aber nicht von außen – also auch nicht über ein Objekt.

Schauen wir uns das an!

```
class Spam:
    def __init__(self):
        self._steuersatz = 7*1
    def __berechne(self, preis):*2
        return preis + preis/100*self._steuersatz*3
    def wert(self, wert):*4
        ergebnis = int(self.__berechne(wert)*5)
        print(ergebnis)
```

*1 Hier haben wir einen Wert, der von außen nicht gelesen und auch nicht verändert werden **sollte**. Er ist `protected`. Möglich ist es aber dennoch.

*2 Diese Methode ist `private`. Sie kann nur **innerhalb** der Klasse aufgerufen werden. Das klappt auch gut – zu sehen bei *5.

*3 Hier wird das Attribut `_steuersatz` als Teil der Berechnung verwendet. Das Attribut ist `protected` – also geht das natürlich ohne Probleme.

*4 Die Methode `wert` ist `public`, also überall verfügbar. Sie wird verwendet, um stellvertretend auf die Methoden und Attribute zuzugreifen, die `private` oder `protected` sind.

*5 Hier siehst du, dass innerhalb der Klasse selbst auf Elemente zugegriffen werden kann, die `private` sind.

Das Programm ist recht einfach. Zu einem Wert wird in der Methode `__berechne` ein festgelegter Prozentsatz hinzugerechnet. Gesteuert wird alles über das einzige Element, dass `public` ist und als einziges Element von außen problemlos aufgerufen werden kann: die Methode `wert`.

[Zettel]

Alles, was **nicht** einen oder zwei **Unterstriche** vor dem Namen hat, ist immer `public`, also öffentlich, und damit überall zugänglich.

Fehlt uns nur noch ein passendes Objekt und der **Aufruf**:

```
egg = Spam()*1
egg.wert(42)*2
egg._steuersatz = 8*3
egg.wert(42)*4
Xegg.__berechne(12)*5
```

*1 Das Objekt ist schnell erstellt!

*2 Der Aufruf der Methode **wert** ist natürlich problemlos.

*3 Der Zugriff auf das Attribut **_steuersatz** funktioniert – sollte aber nicht gemacht werden.

*4 Der Steuersatz wurde tatsächlich geändert: Du erhältst einen anderen Wert als zuvor.

*5 Na, das geht eben **nicht**, die Methode ist **private**!

```
44*2
45*4
Traceback (most recent call last):*5
  File "/Desktop/spam.py", line 17, in <module>
    egg.__berechne(12)
AttributeError: 'Spam' object has no attribute '__berechne'
```

Warum sagt mir Python eigentlich, es gäbe die Methode **__berechne** *nicht?*

[Achtung]
Python benutzt einen **Trick**, um private Methoden vor dem Zugriff zu schützen: Es benennt private Elemente intern einfach um.

Lässt du dir dein Objekt **egg** mit der Funktion **dir()** (über **print**) ausgeben, dann siehst du unter den vorhandenen Elementen etwas Verdächtiges:

Du findest keine private Methode **__berechne**! Dafür aber eine Methode **_Spam__berechne**, die **protected** ist. Aus der privaten Methode **__berechne()** wird intern eine Methode namens **_Spam__berechne()** gemacht! Und auf diese Methode wiederum **könntest** du sogar zugreifen. Das solltest du aber **nun wirklich nicht** tun. Python ist eine offene Sprache, die viel Verantwortung in die Hände des Programmierers legt.

Übrigens! Attribute (und auch normale Variablen), die jeweils **public**, **protected** oder **private** sind, sind auch bei (sonstiger) Namensgleichheit immer vollkommen **unterschiedliche** Elemente. Sie haben genau genommen **keine Gemeinsamkeiten**:

```
katze = "wilde Katze"
_katze = "Hauskatze"
__katze = "Gefährlich, nicht rauslassen"
print(katze, _katze, __katze, sep=" - ")
```

Jedes der Attribute steht für sich allein als eigenständiges Element!

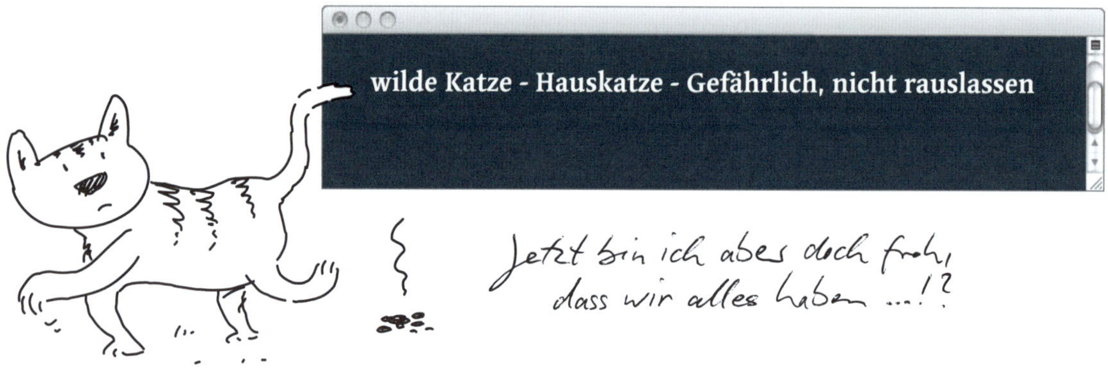

Na ja, ehrlich gesagt gibt es noch etwas: die Vererbung!

Wiederverwendbarkeit und Vererbung

Kriege ich Geld vererbt?

Ein Haus?

Einen tollen Wagen?

Um was es geht? Eine wichtige Sache in der OOP ist die **Wiederverwendbarkeit** von Code. Es ist immer hilfreich, wenn Code und insbesondere Klassen nicht nur einmal verwendet werden können. Je **abstrakter** eine Klasse gehalten ist, desto leichter kann so eine Klasse noch einmal an anderer Stelle verwendet werden. In ähnlicher Form hast du das ja bereits bei Funktionen und bei Modulen gesehen.

Unsere Klasse **Orakel** ist ganz praktisch und könnte für alles Mögliche verwendet werden – stell dir zum Beispiel einen sechsseitigen Würfel vor, bei dem niemals die gleiche Zahl zweimal hintereinanderkommt! Es gäbe für so eine Auswahl bestimmt zahlreiche Verwendungsmöglichkeiten.

Je **allgemeiner** eine Klasse ist, desto besser kannst du sie an ganz anderer Stelle verwenden. So könnte eine allgemeine Klasse nach dem Vorbild der Klasse **Orakel** aussehen:

```
import random
class EinmaligeAntwort():*1
  def __init__(self, eingabe):
    self.alte_antwort = ''
    if isinstance(eingabe, (tuple, list)*2):
      self.antworten = eingabe*3
  def waehle (self):*4
    while True:
      auswahl = random.choice(self.antworten)
      if auswahl != self.alte_antwort:
        self.alte_antwort = auswahl
        return auswahl
```

*1 Mit dem Namen fängt es an: Er ist etwas allgemeiner gehalten und beschreibt eher die **eigentliche Funktion der Klasse**.

*2 Geprüft wird auf ein Tupel oder eine Liste, die gleichermaßen gültig sein können.

*3 Was hier (aus Platzgründen) fehlt, ist ein `else`. Denn was soll passieren, wenn keine gültigen Daten übergeben wurden? Du kannst dir noch etwas Passendes überlegen: Soll ein Tupel mit Standardwerten verwendet oder ein Fehler erzeugt werden?

*4 Auch der Name der Methode ist etwas allgemeiner, ansonsten bleibt hier alles gleich.

[Hintergrundinfo]

Es gibt übrigens kaum etwas Schwierigeres, als **passende Namen** zu finden. Ein guter Name ist nicht nur **aussagekräftig**, er klingt auch **nicht zu konstruiert**. Das ist oft schwerer, als den Programmcode selbst zu schreiben.

So ist die Klasse etwas abstrakter und kann sicherlich vielfältiger verwendet werden:

- Die Benennung beschreibt eher die tatsächliche Aufgabe der Klasse und passt eben nicht nur auf ein Orakel.
- Die Antworten sind nicht mehr fest einprogrammiert – du erinnerst dich sicher an die ersten Versionen des Orakels.

Aber wenn eine Klasse so allgemein ist, nutzt sie mir in speziellen Fällen auch nicht allzu viel?!

Das ist richtig. Eine allgemein gehaltene Klasse deckt meist nur grundsätzliche Funktionalitäten ab. Im konkreten Fall fehlt dann oft etwas: Eine bestimmte Methode, die eine weitere Berechnung durchführt oder eine weitere Ausgabe macht, von den Attributen einmal ganz zu schweigen.

Dafür gibt es ja die Vererbung!

Damit kannst du aus einer **bestehenden Klasse** eine **neue Klasse** erschaffen. Und dabei kannst du alles **unverändert lassen**, was du gebrauchen kannst. Was nicht passt, kannst du durch neue Methoden gleichen Namens **überschreiben** und vor allem kannst du auch neue Attribute und Methoden **hinzufügen**.

Besser als recyceln – neue Klasse aus alter Klasse

Stell dir vor, du hättest ein **fertiges Programm**, das aus einer bestehenden Liste Musik spielt. Dieses Programm, dieser Player, ist schon fertig und benötigt nur **eine Nummer nach der anderen**, um einen Titel nach dem anderen zu spielen. Benötigt wird dazu der numerische **Index** des nächsten Titels.

Du bräuchtest also eine Klasse, der du die **Anzahl der Titel übergibst.** Die Klasse muss dann **einen Index nach dem anderen** liefern – wobei auch hier nicht zweimal hintereinander ein gleiches Ergebnis geliefert werden darf. Das klingt doch irgendwie nach unserem Orakel? Zumindest ist es doch recht ähnlich.

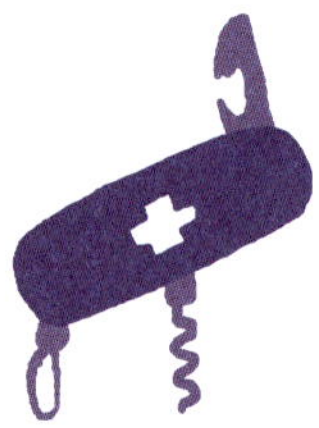

[Einfache Aufgabe]
Überleg dir, was von unserer Klasse `EinmaligeAuswahl` verwendet werden könnte und was nicht passt.

Also, kurz überlegt!

- `__init__` passt so nicht. Jetzt soll ja eine **einzelne Zahl** übergeben werden und kein fertiges Tupel (oder fertige Liste). Aus der übergebenen Zahl müsste erst ein entsprechendes Tupel generiert und in dem Attribut `antworten` abgelegt werden.
- Die Methode `waehle` könnte dann wie bisher mit dem Attribut `antworten` arbeiten und müsste nicht verändert werden.

Super!

Normalerweise würdest du jetzt mit **Copy & Paste** arbeiten bzw. alles neu schreiben. **Aber:** Jedes Mal, wenn Programmcode neu geschrieben werden muss, muss er ausprobiert, getestet und oft auch überarbeitet werden.

Hast du hingegen Code, der funktioniert und sich schon bewährt hat, geht es leichter! Und Dank der **Vererbung** in der objektorientierten Programmierung kannst du bestehenden Code verwenden, ihn aber problemlos **erweitern** und unpassende Methoden einfach **überschreiben**.

Dazu schreibst du eine **neue Klasse** und übergibst quasi **als Parameter**, die Klasse, die als Vorlage verwendet werden soll. Wenn deine neue Klasse beispielsweise **`TitelAuswahl`** heißen soll, dann würde das im einfachsten Fall so aussehen:

```
class TitelAuswahl*1(EinmaligeAntwort*2):
    pass*3
```

*2 Hier übergibst du als Parameter die Klasse, die als Vorlage verwendet werden soll.

*1 Das ist erst mal eine ganz normale Klassendefinition. Der Name wird sicherlich keinen Preis gewinnen, aber vielleicht findest du ja einen besseren.

*3 Das **`pass`** wird hier nur benötigt, um der Syntax gerecht zu werden, weil noch kein weiterer Code vorhanden ist.

[Notiz]
Damit hat die Klasse **`TitelAuswahl`** als **abgeleitete Klasse** alle Fähigkeiten, also alle Attribute und Methoden, zur Verfügung, die die übergebene und zugrunde liegende Klasse (**die Basisklasse**) im Original hat.

Probiere es aus und versuche, die neue Klasse genauso zu verwenden, wie die alte:

```
song = TitelAuswahl((1,2,3))*1
print(song.waehle()*2)
```

*1 Obwohl die Klasse **`TitelAuswahl`** (noch) keinen eigenen Code hat, kannst du sie genauso verwenden wie ihre Basisklasse **`EinmaligeAntwort`**. Noch wird bei der Instanziierung ein Tupel oder eine Liste erwartet.

*2 Auch der Aufruf der Methode **`waehle`** funktioniert so, als wäre die originale Klasse verwendet worden!

[Notiz]
Du siehst, die **abgeleitete Klasse** hat alle Elemente der Basisklasse und funktioniert auch ganz genauso wie die Basisklasse – und das praktisch ohne eigenen Code.

Was ist jetzt zu tun?

[Schwierige Aufgabe]
Du musst eine neue Methode **`__init__`** für die Klasse **`TitelAuswahl`** schreiben, die einen einzelnen Wert als Parameter entgegennimmt und daraus ein Tupel generiert.

So ungefähr?

```
class TitelAuswahl(EinmaligeAntwort):*1
    def __init__(self, eingabe):*2
        self.alte_antwort = ''
        self.antworten =*4 tuple(range(eingabe))*3
```

*1 Für die Vererbung muss in der Klassendefinition ja die Basisklasse übergeben werden, damit die neue Klasse alles erben kann.

*2 Hier ist die neue Methode `__init__` mit dem Code, der **hier in dieser Klasse** benötigt wird.

*3 Mit **`range`** wird aus dem übergebenen Parameter ein Zahlenbereich erzeugt und mit der Methode **`tuple`** daraus ein echtes Tupel generiert, ...

*4 ... das jetzt dem Attribut **`self.antworten`** zugewiesen werden kann.

So ist die **gleiche Situation** hergestellt, als wäre ein **Tupel** übergeben worden. Die Methode **`waehle`** wird nach wie vor **unverändert** aus der Basisklasse geerbt und verwendet.

Die Methode **`__init__`** der Basisklasse wird hier von einer eigenen, spezialisierten Methode **`__init__`** vollständig überschrieben. Der Rest der (Basis-)Klasse kann hier ohne Anpassungen weiter benutzt werden und funktioniert auch wie gewohnt.

[Einfache Aufgabe]

Instanziiere jetzt bitte ein Objekt **`song_liste`** und lass dir aus 99 Titeln zehn Songs heraussuchen.

```
song_liste = TitelAuswahl(99)*1
for i in range(10):*2
    print(song_liste.waehle(), end=" ")
```

*1 Also, zuerst wird ein Objekt instanziiert und die Anzahl der Titel (hier **99**) übergeben.

*2 Dann wird die Methode **`waehle`** mit der Schleife zehnmal aufgerufen und der Index des jeweils gewählten Titels ausgegeben.

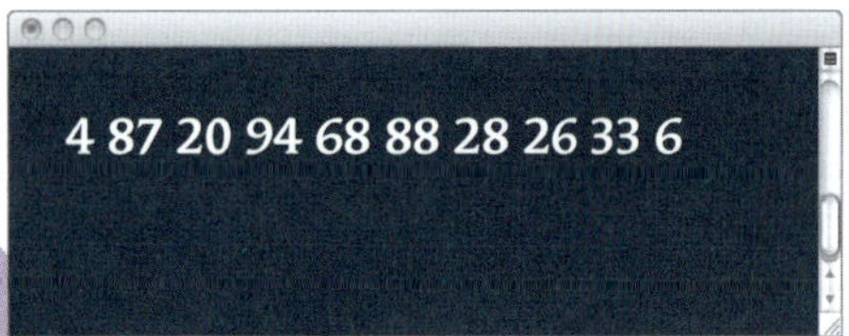

[Achtung]

Eine Basisklasse ist von den Änderungen in abgeleiteten Klassen überhaupt **nicht betroffen**. Umgekehrt musst du natürlich aufpassen, dass eine als Basisklasse verwendete Klasse nicht mehr **verändert** werden sollte, ohne zu überprüfen, **welche Auswirkungen** das auf abgeleitete Klassen haben kann. **Erweitern** kannst du die Basisklasse aber nach wie vor ohne Probleme!

Super Sache dieses »super«

Jede Klasse kann ja eine Methode `__init__` haben, die aufgerufen wird, wenn ein neues Objekt instanziiert wird.

So weit sollte ja alles klar sein.

Klar!

Es kann aber bei abgeleiteten Klassen sein, dass **nicht nur** die eigene Methode `__init__` benötigt wird, sondern auch die Methode `__init__` der abgeleiteten (also ursprünglichen) Klasse!

Schauen wir uns das einmal in der (etwas einfacheren) Theorie an:

```
class Original:*1
    def __init__(self):
        print("Schrödinger!")
class Abgeleitet(Original):*2
    def __init__(self):
        print("Der Täter war:")
lösung_des_falls = Abgeleitet()
```

*1 Das ist die originale Klasse.

*2 Von der Klasse **Original** wird die Klasse **Abgeleitet** ... ja, was schon, sie wird abgeleitet.

```
Der Täter war:*3
```

*3 Hier wird ersichtlich: Da fehlt noch was! Und es wäre doch gut, wenn man hier auch noch (zusätzlich) auf die Methode `__init__` der ursprünglichen Klasse zugreifen könnte.

Bis hierhin ist alles klar. Es wird nur die Methode `__init__` der **neuen Klasse** verwendet.

Um den Fall zu lösen, ist es aber notwendig, auch die Methode `__init__` der zugrunde liegenden Klasse aufzurufen. Und das geht tatsächlich ganz einfach mit **`super`**:

*1 Hier wird mit **`super`** zusätzlich die Methode `__init__` der ursprünglichen Klasse aufgerufen! Die Parameter sind der **Name der eigenen Klasse** und natürlich auch unser **`self`**.

```
class Original:
    def __init__(self):
        print("Schrödinger!")
class Abgeleitet(Original):
    def __init__(self):
        print("Der Täter war:")
        super(Abgeleitet, self).__init__()*1
lösung_des_falls = Abgeleitet()
```

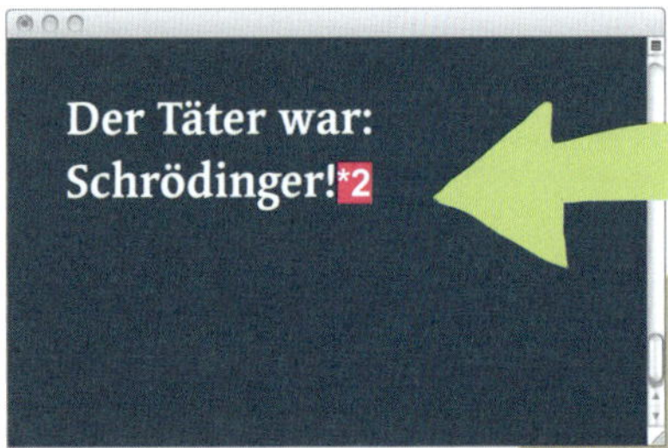

*2 Der Fall ist gelöst: Beide `__init__`-Methoden wurden aufgerufen, und der Täter steht fest!

[Zettel]
Auch wenn du **`super`** in der ersten Zeit nicht selbst benötigen solltest – es handelt sich um ein relativ wichtiges Konstrukt, das dir in zahlreichen Beispielen und Fällen begegnen wird!

Statische Attribute und Methoden

Normalerweise benötigst du ja ein (oder mehrere) Objekte, um mit einer Klasse arbeiten zu können. Es gibt aber auch **statische** Attribute und Methoden, die funktionieren, ohne dass ein Objekt instanziiert wurde. Das sind sogenannte **Klassenattribute** (manchmal auch Klassenvariablen genannt) und **Klassenmethoden**.

Der Name rührt daher, dass sie tatsächlich **zur Klasse** und nicht zu einem Objekt gehören. Dementsprechend werden »normale« Attribute (mit denen du bisher gearbeitet hast) und Methoden von Objekten als **Instanzattribute** (manchmal auch Instanzvariablen genannt) und **Instanzmethoden** bezeichnet.

Und wofür ist das jetzt gut?

Am besten lässt sich das an den Klassenattributen zeigen.

Jedes Objekt steht ja für sich **allein** und ist von allen anderen Objekten der gleichen Klasse vollkommen **unabhängig**. Das führt aber leider dazu, dass die Objekte wirklich rein gar **nichts voneinander wissen**.

Stell dir einmal Folgendes vor: Von unserem Orakel gibt es mehrere Objekte und du willst wissen, wie viele Antworten **insgesamt** von **allen Objekten** gegeben wurden. Dazu müsste jedes Objekt die Anzahl der eigenen Antworten speichern, und du müsstest dann alle Objekte »abklappern« und die Anzahl abfragen.

Wäre es nicht **einfacher**, es gäbe einen Zähler, auf den alle Objekte zugreifen können und der auch von außen abgefragt werden kann?

Und genau das geht mit einem **Klassenattribut**. Darauf hat **jedes Objekt** dieser Klasse Zugriff. Es kann den Wert lesen und auch verändern. Diese Veränderung wird dann auch wieder für **alle sichtbar**.

Ein Klassenattribut zu verwenden ist denkbar einfach: Du benötigst ein Attribut, das ganz normal im **direkten Klassenkontext** initialisiert wird (also eben nicht innerhalb einer Methode, also auch nicht `__init__`).

Und:

In diesem Fall wird bei der Initialisierung kein `self` vor den Namen geschrieben!

Auf dieses Attribut kannst du von **überall her** mit dem **Klassennamen** und dem Namen des Attributs zugreifen – natürlich wieder getrennt durch einen Punkt: **`Klasse.attribut`**

Das sieht so aus:

*1 Eine ganz normale Klasse, so wie du und ich.

```
class MachWas:*1
    zaehler = 0*2
    XMachWas.andererZaehler = 0*3
```

*2 Hier hast du ein **Klassenattribut**, dem ein beliebiger Wert zugewiesen wird.

*3 Das geht **nicht**: Auch wenn der **Zugriff** später über den Namen der Klasse erfolgt – bei der Initialisierung hat der Klassenname noch **nichts zu suchen** und führt zu einem **Fehler**!

Jetzt noch eine **Methode**, in der unser Zähler auch tatsächlich verwendet bzw. hochgezählt wird:

*1 Hier ist der Name Programm: Irgendetwas Sinnvolles wird hier wohl passieren.

```
def aufruf(self):
    print("Ich tu mal irgendwas...")*1
    MachWas.zaehler*3 += 1*2
```

*3 Beim Zugriff muss der **Name der Klasse** mit angegeben werden. Nur so weiß Python, dass die Klassenvariable gemeint ist.

*2 Der Wert der Klassenvariablen **`MachWas.zaehler`** wird bei jedem Aufruf dieser Methode um **eins** erhöht – egal, von welchem Objekt! Und bei allen Objekten ist der **Wert gleich**.

Und so funktioniert der Aufruf mit unterschiedlichen Objekten:

```
print(MachWas.zaehler)*4
ein_objekt = MachWas()*1
ein_objekt.aufruf()*2
anderes_objekt = MachWas()*1
anderes_objekt.aufruf()*2
print(MachWas.zaehler)*3
```

*1 Du hast hier **zwei Objekte**, die aus der gleichen Klasse instanziiert werden.

*2 Von jedem Objekt wird einmal die Methode **`aufruf`** verwendet. Das könntest du natürlich beliebig oft machen.

*3 Hier wird der Wert des Klassenattributs ausgegeben – und tatsächlich ist der **Wert 2**!

```
0*4
Ich tu mal irgendwas...
Ich tu mal irgendwas...
2*3
```

*4 Und jetzt hier einmal **genauer hinsehen**: Eine Klassenvariable existiert und kann verwendet werden, bevor überhaupt ein Objekt instanziiert wurde!

[Hintergrundinfo]

Tatsächlich existiert neben dem Klassenattribut **`MachWas.zaehler`** auch automatisch ein Instanzattribut **`self.zaehler`**, auf das du zugreifen kannst. Python »legt« beides an! Und so lange du dem Instanzattribut selbst keinen neuen Wert zuweist (was problemlos geht), hat es immer den gleichen Wert wie das Klassenattribut.

Keine Sorge, Schrödinger! Du hast jetzt das Rüstzeug, um so richtig mit der OOP in Python loszulegen. Natürlich gibt es noch die eine oder die andere Sache, die du im Laufe der Zeit noch kennenlernen wirst.

Vielleicht sollten hier in aller Kürze noch die statischen Methoden erwähnt werden. So wie es Klassenattribute gibt, die eben zur Klasse gehören, gibt es genauso Methoden, die ohne ein Objekt verwendet werden können. Das sind **statische Methoden**. Du kannst sie verwenden, ohne dass ein Objekt instanziiert wurde. Die einfachste Möglichkeit ist es, dafür den Dekorator **`@staticmethod`** zu verwenden. Damit wird eine folgende Methode zu einer statischen Methode erklärt.

```
class Spam:
    @staticmethod*1
    def ausgabe(*3wert):*2
        print(wert)
Spam.ausgabe("Hallo Schrödinger")*4
```

*1 Der Dekorator verwandelt die folgende Methode in eine **Klassenmethode**.

*2 Deine erste Klassenmethode, hier ist sie!

*3 Und weil eine Klassenmethode **unabhängig von Objekten** ist, wird auch der Parameter **`self`** nicht benötigt!

*4 So rufst du dann die Klassenmethode auf und übergibst einen String.

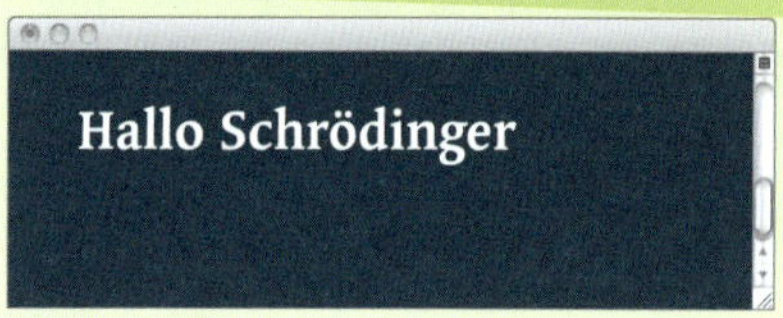

Alternativ kann **`staticmethod`** auch als Funktion aufgerufen werden:

```
class Spam:
    def ausgabe(wert):*1
        print(wert)
    ausgabe = staticmethod(ausgabe)*2
```

*1 Hier fehlt (natürlich) der Dekorator. Und auch hier kann (und darf) **`self`** nicht verwendet werden – es fehlt ja schließlich der Objektbezug.

*2 Anstelle des Dekorators wird hier **`staticmethod`** als Funktion verwendet und damit die Methode zu einer statischen Methode deklariert.

Üblich ist es allerdings, mit dem Dekorator zu arbeiten.

Also Schrödinger, eine statische Methode ist so etwas wie eine bequeme Abkürzung, um »mal eben schnell« die eine oder andere Methode einer Klasse direkt zu verwenden, ohne erst ein Objekt anlegen zu müssen. Vermutlich wirst du aber häufiger mit Klassenattributen als mit Klassenmethoden arbeiten.

Was hast du gelernt? Was haben wir gemacht?

Lass uns kurz rekapitulieren …

Objektorientierte Programmierung ist mehr als nur eine neue Syntax. OOP beinhaltet verschiedene hilfreiche Konzepte.

Du hast **Klassen**, die unterschiedliche (und beliebig viele) **Attribute** und **Methoden** haben können. Diese Klassen sind Vorlagen (oder Baupläne) für konkrete **Objekte**. Aus jeder Klasse können unterschiedliche (und beliebig viele) Objekte erschaffen, also **instanziiert**, werden.

Und auch wenn Objekte dieselbe Klasse als Vorlage haben – sie sind vollkommen **unabhängig** voneinander. Jede hat ihre eigenen Werte, ihre eigenen Attribute, die vollkommen andere Daten beinhalten können. Änderst du ein Objekt einer Klasse X, dann hat das keinen Einfluss auf andere Objekte, die aus der gleichen Klasse instanziiert wurden.

Die Attribute eines Objekts sind **persistent** – sie existieren nicht nur kurz beim Aufruf einer Methode, sondern so lange, wie das Objekt existiert, also (meist) von der Instanziierung bis zum Ende des Programms.

Du kannst auf die Attribute eines Objekts zugreifen. Besser und sicherer geht das mit **Gettern** und **Settern**, Methoden, mit denen der Zugriff kontrolliert werden kann. Und noch viel besser und mehr »pythonisch« geht es mit der **`property`**-Methode. So greifst du über Methoden kontrolliert auf Attribute zu, ohne etwas von dem Umweg über die Methoden zu bemerken!

Jede Klasse hat eine besondere Methode `__init__`, die einmalig bei der Instanziierung aufgerufen wird. So kannst du direkt bei der Erstellung eines Objekts wichtige Aufgaben (oder andere Methoden) ausführen lassen.

Ach, und Parameter kannst du praktisch in jede Methode übergeben. Auch sonst ist das Arbeiten mit Parametern wie gewohnt. Dann gibt es noch die **Kapselung**: Attribute und Methoden können auf `protected` oder `private` gesetzt werden. Damit kannst du den Zugriff auf diese Elemente steuern.

Dann ist da noch die Sache mit der Vererbung. Du kannst Klassen nicht nur als Vorlage für Objekte verwenden, sondern auch andere Klassen von ihnen »erben« lassen. Dazu kannst du neue Methoden (und Attribute) schreiben und ganz genauso bereits vorhandene Elemente überschreiben – sie also durch gleichnamige Elemente in der neuen Klasse ersetzen.

Und nicht zu vergessen sind **statische** Attribute und Methoden, die sogar ohne Objekte verwendet werden können.

Ist das alles zu OOP?

Das ist schon eine ganze Menge,

aber über die objektorientierte Programmierung sind ganze Bücher geschrieben worden. Es ist eines der größten Felder in der Programmierung, und du wirst noch einiges kennenlernen. Aber damit hast du schon ziemlich fundierte Grundlagen!

—NEUN—

Schrödingers Zeitmaschine

Höchste Zeit für Datum, Zeit und Zeitangaben

Unixtime, Datums- und Zeitberechnungen – auch wenn du weißt, was die Uhr geschlagen hat, in Programmen ist das doch irgendwie ganz anders. Python kann nicht nur geschriebene Programme ausführen, sondern bietet dir mit der Python-Shell eine ganz besonders praktische Möglichkeit an, Code auch mal auf die Schnelle ausführen zu können. Vor allem aber, was ist Unixtime eigentlich und warum ist sie so hilfreich im Kampf gegen die Zeit?

Du und deine Zeitmaschine

Um richtig mit Datum, Datumsangaben und den verschiedensten Zeitangaben umgehen zu können, brauchst du natürlich eine geeignete Zeitmaschine. Python stellt dir dafür das Modul **`datetime`** zur Verfügung.

Und weil die Sache mit der Zeit doch manchmal etwas verzwickter sein kann, befinden sich in diesem Modul verschiedene Klassen mit jeweils ganz anderen Aufgaben:

- **`date`** bietet dir alles, um mit unterschiedlichen Datumsangaben arbeiten zu können.
- **`time`** stellt dir alles zur Verfügung, um mit Zeitangaben, also Zeit in Stunden, Minuten und Sekunden, zu arbeiten.
- **`datetime`** brauchst du, wenn du Datums- und Zeitangaben zusammen verarbeiten willst.
- **`timedelta`** ist ein ganz besonderer Teil unserer Zeitmaschine – damit kann die Zeit zwischen zwei Zeitangaben berechnet werden.

Welcher Tag ist heute? Welches Jahr!? – »date«

Das ist sicherlich eine der klassischen Fragen, die jeder Zeitreisende stellen würde. Die Antwort findest du ganz einfach mit **`date`**!

```
from datetime import date*1
print(date.today()*2)
```

*1 Wie immer solltest du nur das importieren, was du wirklich benötigst. Hier genügt uns **`date`** aus dem Modul **`datetime`**.

*2 Mit der Methode **`today`** weißt du immer, welches Jahr und welchen Tag wir haben.

Natürlich wird das bei dir ausgegebene Datum ein anderes sein, und zwar das aktuelle bzw. das Datum deines Computers.

```
2020-07-19
```

Das Datum wird standardmäßig in einem festgelegten Format ISO 8601 ausgegeben. Das sind das **Jahr**, der **Monat** und der **Tag**, getrennt durch einen **Bindestrich**.

Keine Sorge! Natürlich kannst du dir mit Python das Datum so ausgeben, wie es dir besser gefällt und wie es besser lesbar ist.

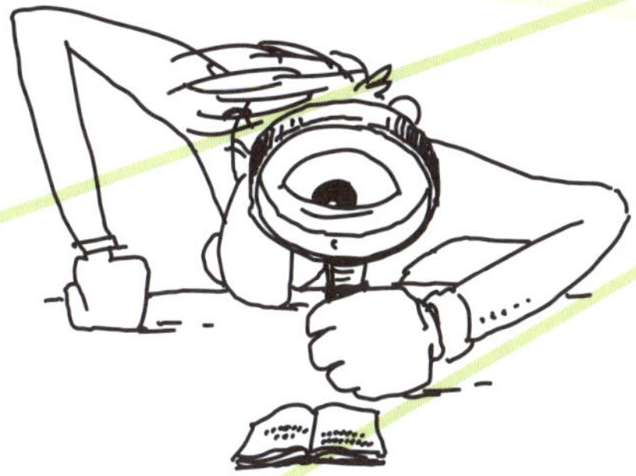

Wenn du ein beliebiges **Datumsobjekt** hast, kannst du mit **`strftime`** das Datum so umformen, wie du es brauchst. Der Methodenname steht für »**str**ing **f**rom **time**«, also »Text aus einem Datum«.

Das kann für unser **`date.today()`** dann so aussehen:

*1 Als Erstes wird ein **Datumsobjekt** benötigt, hier unser **`date.today()`** für den heutigen Tag.

```
print(date.today()*1.strftime*2('%d.%m.%Y')*3)
```

*3 Hier wird als Parameter ein String angegeben, in den das Datum dann eingepasst wird.

*2 **Method Chaining** sei Dank, kann die Methode **`strftime`** einfach dem Datumsobjekt angehängt werden und übernimmt das Datum für die weitere Bearbeitung.

```
19.07.2020
```

Was hier mit **`%d`**, **`%m`** und **`%Y`** etwas kryptisch anmutet (und auch durchaus ist), sind Abkürzungen, mit denen die bestimmten Teile (also Tag, Monat oder Jahr) für die **Ausgabe** formatiert werden.

Ein **`%Y`** erzeugt also immer aus dem Datum des Datumsobjekts das **Jahr als vierstellige Zahl**. Das **`%d`** steht für den **Tag des Monats als Zahl**, genauso wie **`%m`** den **Monat als Zahl** darstellt.

Diese Platzhalter kannst du **beliebig** in einem String verwenden, den du als Parameter an **`strftime`** übergibst:

```
print(date.today().strftime('Wir schreiben das Jahr %Y...'))
```

```
Wir schreiben das Jahr 2020...
```

Bastel mal ein schickes Datum

Das wirst du gleich einmal ausprobieren. Und zwar wird folgende Ausgabe benötigt, natürlich mit deinem **aktuellen Datum**:

```
Im 7. Monat des Jahres 2020 verschwand der Zeitreisende
Schrödinger. Es geschah am 19. Tag des Monats.
```

Schreib bitte eine Funktion **ausgabe_zeitreise**, die diesen Text mit aktuellen Datumsangaben zurückgibt.

*1 Aus dem Modul **datetime** wird **date** importiert und kann so in der Funktion und im Hauptprogramm verwendet werden.

```
from datetime import date*1

def ausgabe_zeitreise(datumsObjekt):*2
    textMuster = "Im %m. Monat des Jahres %Y verschwand "\*4
                 "der Zeitreisende Schrödinger. "\
                 "Es geschah am %d. Tag des Monats."*3
    ergebnis = datumsObjekt.strftime(textMuster)*5
    return ergebnis*6

text = ausgabe_zeitreise(date.today())*7
print(text)
```

*2 Hier wird die Funktion definiert und erwartet einen Parameter.

*3 Der Text mit den **Platzhaltern** wird einer Variablen zugewiesen. Das ist etwas übersichtlicher, …

*4 … und deshalb wird auch der String über mehrere Zeilen »zusammengebaut«.

*5 Hier wird bei dem übergebenen Datumsobjekt die Methode **strftime** aufgerufen und unser zusammengebauter Text als Parameter übergeben.

*6 Das Ergebnis wird hier zurückgegeben.

*7 Und der Aufruf darf natürlich nicht vergessen werden.

Natürlich könntest du dir die Variable **ergebnis** sparen und den Methodenaufruf direkt zum **return** schreiben, aber eine Variable mehr tut nicht weh, und die Funktion ist so etwas übersichtlicher.

Gibt es eigentlich noch andere Möglichkeiten, das Datum ausgeben zu lassen?

Klar! Es gibt eine ganze Reihe an Platzhaltern.

Tag, Monat, Jahr mit Platzhaltern in Form bringen

Alle folgenden Platzhalter können **direkt** im String verwendet werden, der unserer Methode **`strftime`** übergeben wird. Benötigt wird lediglich ein gültiges Datumsobjekt.

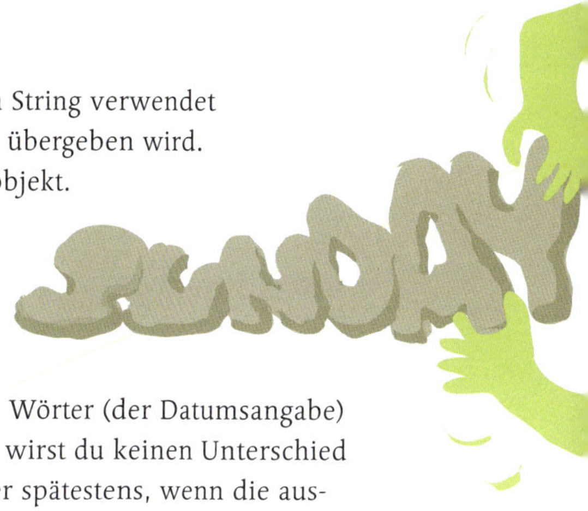

Apropos, in Form bringen:

Python schreibt mit **`strftime`** erzeugte Wörter (der Datumsangabe) auf **Englisch**. Bei den meisten Platzhaltern wirst du keinen Unterschied merken, da es sich um Zahlen handelt. Aber spätestens, wenn die ausgegebenen Wochentage **Sunday** oder **Monday** sind, wirst es Zeit, die **Spracheinstellungen** zu ändern:

Dafür brauchst du das Modul **`locale`** und die Methode **`setlocale`**: Damit kannst du Python mitteilen, mit welchen Landeseinstellungen du arbeiten möchtest. Für Deutsch gibst du **`'de_DE'`** an:

```
import locale
locale.setlocale(locale.LC_ALL, 'de_DE')
```

Sobald diese Einstellung gesetzt wird, arbeitet Python mit den deutschen Entsprechungen bei der Ausgabe!

Cool!

Und welche Kürzel gibt es jetzt für Datumsangaben?

Ich habe dir die wichtigsten **Kürzel** hier in einer Tabelle aufgeschrieben. Dabei spielen die Reihenfolge und auch die Anzahl der verwendeten Kürzel in deinem String keine Rolle. Und auch der Text, den du als Parameter übergibst, kann eigentlich beliebig lang (oder kurz) sein.

In der Tabelle findest du links das **Kürzel**, dazu eine kurze **Beschreibung** und rechts ein **Beispiel** für das (zufällig gewählte) Datum 19.07.2020.

Kürzel	Beschreibung	Beispiel
%a	Wochentag als Wort, in Kurzform	So
%A	Wochentag als Wort, ausgeschrieben	Sonntag
%b	Monat als Wort, in Kurzform	Jul
%B	Monat als Wort, ausgeschrieben	Juli
&u	Tag der Woche als Zahl, beginnend mit Montag als 1 und Sonntag als 7	7
%w	Tag der Woche als Zahl, beginnend sonntags bei 0 bis Samstag mit 6	0
%d	Tag des Monats als Zahl mit einer führenden Null bei den Tagen 1 bis 9	19
%-d	Tag des Monats als Zahl ohne führende Null bei den Tagen 1 bis 9	19
%m	Monat des Jahres als Zahl mit einer führenden Null bei den Monaten 1 bis 9	07
%-m	Monat des Jahres als Zahl ohne führende Null bei den Monaten 1 bis 9	7
%y	Jahr als zweistellige Zahl	20
%Y	Jahr als vierstellige Zahl	2020
%j	Tag des Jahres als fortlaufende dreistellige Zahl mit führenden Nullen	201
%-j	Tag des Jahres als fortlaufende dreistellige Zahl ohne führende Nullen	201
%V	Zahl der Woche im Jahr, beginnend montags mit der ersten Woche, die mindestens vier Tage im aktuellen Jahr hat.	29
%W	Zahl der Woche im Jahr, beginnend bei Montag als Wochenanfang. Mit 00 wird die erste Restwoche ohne Montag im Jahr nummeriert.	28
%U	Wie %W, Wochenanfang ist aber der Sonntag.	29
%x	Datum in lokaler Form	19.07.2020
%%	Das ist nur ein % im Text.	%

Einmal Datum, geschüttelt – nicht gerührt

Reproduziere bitte folgende Ausgaben mit deinem aktuellen Datum. Hier bleiben wir für unsere Darstellung bei dem mysteriösen (und doch beliebig gewählten) 19.07.2020.

[Einfache Aufgabe]

Schau dir die folgenden Ausgaben an und lass sie mit deinem aktuellen Datum ausgeben.

```
%19.07.2020%
Jul ist die Kurzform von Juli!
Der 19.07.2020 war der 201. Tag dieses Jahres.
```

Mal schauen, das sollte nicht schwer sein!

```
from datetime import date
datumsObjekt = date.today()*1
import locale
locale.setlocale(locale.LC_ALL, 'de_DE')*2
```

*1 Dieser Teil ist dir ja nicht neu. Zuerst wird **date** importiert und das heutige Datum als Datumsobjekt zugewiesen.

*2 Und hier wird alles auf Deutsch umgestellt.

```
datumsObjekt.strftime("%%%x%%")
datumsObjekt.strftime("%b ist die Kurzform von %B!")
datumsObjekt.strftime("Der %x war der %j. Tag dieses Jahres.")
```

Fertig! Kein Zauberwerk, aber auch nicht ganz banal! Auf die Anweisung **print** wurde hier aus Platzgründen verzichtet.

Aber **date** kann noch mehr, denn es hat auch noch ein paar ganz **hilfreiche Methoden**.

Du brauchst nur den Tag, den Monat oder das Jahr? Mit den Attributen **day**, **month** und **year** kannst du gezielt auf einzelne Angaben eines Datums(-Objekts) zugreifen. Probiere es mal aus:

```
heute = date.today()
print(heute.day)
print(heute.month)
print(heute.year)
```

```
19
7
2020
```

Zurückgeliefert werden dir jeweils **Integer-Werte**, mit denen du sogar problemlos rechnen könntest.

Aber es gibt noch mehr. Natürlich kannst du dir das Datumsobjekt auch **direkt** ausgeben lassen, genauso wie den **Wochentag** als Zahl, einmal beginnend mit Montag als 0 bei **weekday** und bei **isoweekday** mit Montag als 1 und Sonntag als 7:

```
print(heute)
print(heute.weekday())
print(heute.isoweekday())
```

```
2020-07-19
6
7
```

Und mit der Methode **isocalendar** erhältst du aus einem Datumsobjekt ein **Tupel** mit dem **Jahr**, der **Woche des Jahres** und dem **Tag des Monats**:

```
print(heute.isocalendar())
```

```
(2020, 29*1, 7)
```

Ein schickes Tupel mit drei Integer-Werten: Jahr, Woche und Tag.

*1 Bei dieser Zahl handelt es sich um die **fortlaufende Woche** des Jahres, was dir vielleicht schon in ähnlicher Form als Kalenderwoche oder KW begegnet ist.

Es wird Zeit, die Zeit zu ändern ...

... oder zumindest ein Datumsobjekt. Und auch das geht mithilfe einiger Methoden ziemlich einfach. Reisen wir etwas durch die Zeit.

Basteln wir uns erst einmal ein Datum, genauer gesagt ein passendes Datumsobjekt. Nehmen wir ein beliebiges Datum, zum Beispiel den 24.12.2042.

24.12.?

Da war doch was?

Klaro, Weihnachten!

Das geht ganz einfach, indem du `date` das **Jahr**, den **Monat** und den gewünschten **Tag** als **Zahlen** übergibst, getrennt durch ein Komma.

```
weihnacht = date(2042, 12, 24)
print(weihnacht)
```

... und schon ist Weihnachten (zumindest als Datumsobjekt)!

Es wird dir sicher öfter mal passieren, dass du ein **Datum als String** im sogenannten (und bei Computern häufig verwendeten) **Iso-Format** hast. Auch das kannst du ganz einfach in ein Datumsobjekt umwandeln:

```
weihnacht = date.fromisoformat('2042-12-24')
print(weihnacht)
```

Und schon ist wieder Weihnachten – wenn das mal kein Zufall ist.

Dabei kannst du mit dem Modul **datetime** leider nicht beliebig in die Vergangenheit oder die Zukunft reisen. Es gibt eine Unter- und eine Obergrenze, die du mit den Attributen **min** und **max** abfragen kannst:

```
print(date.min)
print(date.max)
```

```
0001-01-01
9999-12-31
```

Und wie ändere ich nun die Zeit?

Du meinst dein Datumsobjekt?

Dafür gibt es die Methode **replace**, der du **ein bis drei Parameter** übergeben kannst: das Jahr, den Monat und den Tag. Das könnte so aussehen:

```
alte_weihnacht = weihnacht.replace(1999, 12, 24)
```

Schon befinden wir uns im Jahr 1999, am 24.12.

Die Methode **replace** verändert dabei **nicht** das Datumsobjekt, sondern liefert ein **neues Datumsobjekt** zurück. Das kannst du natürlich auch wieder deiner ursprünglichen (oder wie hier einer neuen) Variablen zuweisen. Und da es auch nicht unbedingt viel Sinn macht, immer alle drei Parameter zu übergeben, kannst du auch nur das Jahr und den Monat, nur das Jahr oder beliebige Parameter mithilfe der Schlüssel **year**, **month** und **day** angeben:

```
keine_weihnacht = weihnacht.replace(year=1999, month=12, day=31)
```

Ganz schön praktisch, das mit den Schlüsseln, auch wenn das sicher kein Weihnachten mehr ist.

Das kennst du ja: Sobald du mit **Key-Values**, bzw Schlüssel-Wert-Paaren bei Parametern arbeitest, spielt es keine Rolle mehr, in welcher Reihenfolge du die Parameter schreibst und wie viele du übergibst.

[Einfache Aufgabe]

Ändere das Jahr für Weihnachten auf das Jahr 2021, und erzeuge daraus für das gleiche Jahr das Datum für Silvester.

Eine meiner leichtesten Übungen!

*1 Hier muss ja nur das Jahr geändert werden, das würde auch ohne den Schlüssel **year** gehen.

```
weihnacht = weihnacht.replace(year=2021)*1
silvester = weihnacht.replace(day=31)*2
```

*2 Gleiches Jahr, gleicher Monat, nur der Tag muss hier ersetzt werden.

Was von der ganzen Zeit noch übrig bleibt

Du kannst sogar zwei Datumsobjekte voneinander **abziehen,** um festzustellen, wie viel Zeit dazwischenliegt. Das geht denkbar einfach.

[Einfache Aufgabe]

Rechne einfach mit den vorhandenen Werten weiter und ziehe **weihnacht** von **silvester** ab (ganz klassisch mit einem Minuszeichen). Weise das Ergebnis einer Variablen zu, die du dann ausgibst.

Da bin ich mal gespannt!

```
tage_dazwischen = silvester - weihnacht
print(tage_dazwischen)
```

Schon hast du den zeitlichen Abstand zwischen den beiden Datumsobjekten, leider nur in einer englischen Angabe – selbst wenn du **setlocale** nutzt.

```
7 days, 0:00:00
```

Aber sag mal, liegen nicht sechs Tage zwischen dem 24. und Silvester?

Das stimmt. Genau genommen sind das nicht die Tage **zwischen** diesen beiden Tagen, sondern die Zeit zwischen zwei gleichen Zeitpunkten (00:00 Uhr) an den beiden Tagen – und so kommst du auf **sieben Tage**.

Das Ergebnis ist übrigens ein **anderes Objekt** aus dem Modul **datetime**, und zwar ein **timedelta**, eben so etwas wie ein Zeitabstand oder besser die Differenz zwischen zwei Datums- oder Zeitangaben. Und mit dem Ergebnis kannst du sogar weiterrechnen. Du kannst den Wert in **tage_dazwischen**, das Zeitdelta, zu einem Zeitpunkt dazurechnen oder davon abziehen:

```
print(silvester - tage_dazwischen)
print(weihnacht + tage_dazwischen)
print(date(2020, 7, 19) + tage_dazwischen)
```

```
2021-12-24
2021-12-31
2020-07-26
```

So schnell kann sich die Zeit ändern …

Damit du so ein Zeitdelta (den Abstand zwischen zwei Zeitangaben) ermitteln kannst, musst du ein Zeitobjekt von einem anderen Zeitobjekt **subtrahieren**. Das Delta, die Differenz, kann dann als Ergebnis positiv oder negativ sein. Probiere es einfach mal mit unseren Werten **silvester** und **weihnachten** in unterschiedlicher Reihenfolge aus:

```
print(silvester - weihnacht)
print(weihnacht - silvester)
```

```
7 days, 0:00:00
-7 days, 0:00:00
```

Klar! Wenn ein späteres (größeres) Datum von einem früheren (kleineren) Datum abgezogen wird, dann ist die Differenz negativ.

[Achtung]
Was du aber **nicht** machen kannst, ist, zwei Zeitobjekte zu **addieren** – denn das würde kein Delta, keine Differenz erzeugen!

So weit alles supi – aber fehlt da nicht was?

Klar! Bis jetzt haben wir nur das reine Datum. Mit Stunden, Minuten und Sekunden haben wir noch gar nicht gearbeitet.

Stunden, Minuten und Sekunden mit »time«

Im Modul **`datetime`** gibt es natürlich eine dafür passende Klasse **`time`**. Diese Klasse stellt dir alles zur Verfügung, was du brauchst, um auch stunden- und minutengenau arbeiten zu können.

Und das Gute: Mit **`time`** arbeitest du ähnlich wie mit **`date`**.

Mit **`time`** hast du alles zur Verfügung, um einen **beliebigen Tag** mit seinen 24 Stunden und all seinen Minuten, Sekunden und sogar den Mikrosekunden darstellen zu können. Dieser Tag ist dabei **unabhängig** von einem Datum.

[Hintergrundinfo]

So wie **`date`** also tatsächlich nur eine Datumsangabe ohne Zeitangabe ist, so ist **`time`** ausschließlich die Zeit ohne ein zugehöriges Datum!

Es ist ein Einfaches, dir eine **beliebige Zeit** zu erschaffen:

```
from datetime import time*1
jetzt = time(hour=12, minute=35, second=42, microsecond=123456)*2
print(jetzt)
```

*1 Hier findet der notwendige Import statt, der natürlich auch für die **folgenden Beispiele** benötigt wird.

*2 Hier wird ein neues Zeitobjekt erschaffen. Alle Angaben, also Stunden, Minuten, Sekunden und Millisekunden, können dazu **optional** angegeben werden.

```
12:35:42.123456
```

[Zettel]

Sind Zeitangaben für Stunden, Minuten oder Sekunden jeweils kleiner als 10, kannst du sie auch ohne führende Null schreiben.

Die Parameter kannst du natürlich auch **ohne Schlüssel** angeben:

```
jetzt = time(12, 35, 42, 123456)
print(jetzt)
```

Und jede Angabe bei der Zeit (Stunden, Minuten, Sekunden oder Millisekunden) ist **optional** – die Reihenfolge muss natürlich stimmen, wenn du keine Schlüssel zu den Werten verwendest. Machst du keine Angabe, ist das jeweilige Element dieser Zeitangabe **0**.

Das sieht im Extremfall ohne irgendeine Zeitangabe dann so aus:

```
null_zeit = time()
print(null_zeit)
```

Von nichts kommt nun mal nicht viel. Mehr als 00:00:00 ist eben ohne Angaben nicht drin. Immerhin wurde zumindest unser Zeitobjekt namens **null_zeit** erschaffen.

[Zettel]
Die Parameter können dabei von **0** bis **23** für die Stunden und **0** bis **59** für die Minuten und Sekunden angegeben werden. Es gibt **keine** Stundenangabe 24 und **keine** 60 bei den Minuten und Sekunden. Die Mikrosekunde ist maximal sechsstellig, also höchstens **999999**.

Du kannst eine Zeit auch erschaffen, indem du mit der Methode **`fromisoformat`** arbeitest. Als Parameter übergibst du einen String im Format **`'00:00:00'`** oder **`'00:00:00.000000'`**, wenn du die Mikrosekunden angeben möchtest:

```
time.fromisoformat('12:35:42')
time.fromisoformat('12:35:42.123456')
```

Damit wird ein Zeitobjekt erstellt, das du im einfachsten Fall ausgibst oder vermutlich eher einer Variablen zuweist, um damit weiterzuarbeiten.

[Achtung]
Du musst **alle** Teile der Zeitangabe bei **`fromisoformat`** zweistellig schreiben (bis auf die Mikrosekunden natürlich), sonst kommt es zu einem Fehler.

Ist noch Zeit für einen Dinkelkaffee?

Hast du ein Zeitobjekt, dann kannst du über die Attribute **`hour`**, **`minute`**, **`second`** und **`microsecond`** auf die jeweiligen Werte zugreifen. Bei den jeweiligen Werten handelt es sich um Integer-Werte, mit denen du dann auch beliebig rechnen könntest. Das ist ganz ähnlich wie bei **`date`**:

```
print(jetzt.hour, jetzt.minute, jetzt.second, jetzt.microsecond)
```

```
12 35 42 123456
```

Du kannst die Attribute **nur lesen**, ein direktes Schreiben, um die Zeit zu manipulieren, ist so nicht vorgesehen. Dafür hast du die altbekannte Methode **`replace`**, die du ja schon bei **`date`** kennengelernt hast.

```
jetzt.replace(hour=7, second=9)
```

So ersetzt du die Stundenangabe und die Sekunden.

Du hast es ja schon gesehen: **replace** ändert nicht das jeweilige Zeitobjekt, sondern gibt ein **neues Zeitobjekt zurück**. Das kannst du ausgeben, einer neuen Variablen zuweisen – oder eben dem bestehenden Objekt **jetzt** als aktualisierte Zeit zuweisen.

```
jetzt = jetzt.replace(hour=7, second=9)
print(jetzt)
```

So, endlich wieder genug Zeit – es ist wieder früher Morgen an irgendeinem unbestimmten Tag.

Natürlich kannst du auch hier wieder mit der altbekannten Methode **strftime** und verschiedenen **Kürzeln** arbeiten, um die Zeit formatiert auszugeben:

Kürzel	Beschreibung	Beispiel
%H	Stunde von 00 bis 23 mit führender Null bei 0 bis 9	14
%-H	Stunde von 00 bis 23 ohne führende Null bei 0 bis 9	14
%I	Stunde von 00 bis 12 mit führender Null bei 0 bis 9	02
%-I	Stunde von 00 bis 12 ohne führende Null bei 0 bis 9	2
%p	Angabe Vor- oder Nachmittag	pm
%M	Minute, zweistellig geschrieben	42
%-M	Minute, ohne führende Null geschrieben	42
%S	Sekunde, zweistellig geschrieben	07
%-S	Sekunde, ohne führende Null geschrieben	7
%f	Mikrosekunde, sechsstellig	000000
%X	Das große X steht für die aktuelle Zeit im lokalen Format.	14:42:07

Es ist an der Zeit, die Zeit zu formatieren!

Genauso wie für die Datumsangaben, gibt es passende Kürzel, um die Uhrzeit darzustellen. **Beispielhaft** sieht das so aus:

```
spam.strftime("Das ist ein Text für die Uhrzeit %H:%M.")
```

spam ist natürlich ein Zeitobjekt, das aus **time** generiert wurde.

[Einfache Aufgabe]

Erzeuge bitte mithilfe von **strftime** die folgenden Ausgaben.

```
Es ist jetzt 17 Uhr 03.
Um 23 Uhr und 55 Minuten betrat der große Schrödinger den Raum.
```

Ich würde das so machen:

```
from datetime import time
print(time(17,3).strftime("Es ist jetzt %H Uhr %M."))
print(time(23,55).strftime('Um %H Uhr und %M Minuten \
betrat der große Schrödinger den Raum.'))
```

Das war nicht besonders schwer!

Deshalb noch eine andere Aufgabe, die etwas **anspruchsvoller** ist: Schreib ein kleines Programm, das die aktuelle Zeit ausgibt und dann je nach Tageszeit eine andere Ausgabe macht. Je nachdem, ob es morgens, abends oder nachts ist, soll jeweils eine andere Ausgabe erfolgen:

[Schwierige Aufgabe]

Von 22 Uhr bis morgens 7 Uhr 30 ist es nachts und du kannst noch schlafen. Von 7 Uhr 30 bis 17 Uhr ist es an der Zeit, etwas zu machen, und nach 17 Uhr hast du Feierabend.

Können wir den Feierabend nicht etwas früher legen?

Dafür brauche ich doch die aktuelle Uhrzeit?

Stimmt! **time** selbst bietet dir keine direkte Möglichkeit, die aktuelle Zeit abzufragen. Dafür hilft dir die Methode **now** von **datetime** aus dem Modul **datetime**:

```
from datetime import datetime
print(datetime.now())
```

Dazu gibt es eine weitere Methode namens **time**, mit der du die reine Uhrzeit ohne Datum erhalten kannst:

```
print(datetime.now().time())
```

So oder ähnlich könnte eine **Lösung** für die Aufgabe aussehen:

```
from datetime import datetime, time*1

jetzt = datetime.now().time()*2
morgens = time(7,30)
abends = time(17)
nachts = time(22)*3

print(jetzt.strftime("Es ist jetzt %H Uhr %M.")*4)
if jetzt >= nachts or jetzt < morgens:*5
    print('Du kannst noch schlafen')
elif jetzt >= abends:*6
    print('Feierabend')
else:*7
    print('Tu was, Schrödinger')
```

*1 Aus dem Modul **`datetime`** werden die beiden Klassen **`datetime`** und **`time`** benötigt.

*2 Das ist unser Objekt für die aktuelle Zeit.

*3 Hier werden die Uhrzeiten definiert, um den Tag unterteilen zu können.

*4 Dann folgt eine elegante Ausgabe der aktuellen Zeit.

*5 Liegt die aktuelle Zeit zwischen dem Beginn der Nacht und dem Morgen, gibt es eine Empfehlung für die Nacht(ruhe).

*7 Hier könnte auch geprüft werden, ob **`jetzt > morgens`** ist – da an dieser Stelle sowieso nichts mehr anderes möglich wäre, reicht ein **`else`** ohne die Bedingung.

*6 Ansonsten wird geprüft, ob der (Feier-)Abend schon erreicht ist, und eine entsprechende Empfehlung abgegeben.

```
Es ist jetzt 04 Uhr 37.
Du kannst noch schlafen
```

So könnte das Ergebnis für unterschiedliche Zeiten aussehen:

```
Es ist jetzt 12 Uhr 45.
Tu was, Schrödinger
```

Oder so:

```
Es ist jetzt 21 Uhr 05.
Feierabend
```

Zum Ausprobieren kannst du natürlich auch eine beliebige Zeit manuell festlegen:
`jetzt = time(21,5)`

Damit haben wir uns ausgiebig mit **`date`** und **`time`** aus dem Modul **`datetime`** auseinandergesetzt. Denn dieses Modul hat noch einiges zu bieten. Auch wenn die Namensgebung durchaus etwas unglücklich erscheint, die Klasse **`datetime`** aus dem Modul **`datetime`** (ja, die beiden haben tatsächlich den gleichen Namen ...) bietet dir eine Kombination von Datum und Zeit.

Gestatten, »datetime«, aus dem Hause »datetime«

Zugegeben, der Name ist nicht wirklich originell – er beschreibt aber ziemlich genau, um was es geht: die Darstellung von Datumsangaben inklusive der zugehörigen Zeit.

Das hast du ja schon gesehen, als du die aktuelle Zeit aus der Klasse **datetime** generiert hast:

```
print(datetime.now())
```

Du erhältst das aktuelle Datum **zusammen** mit der jeweiligen Uhrzeit. Natürlich ist diese Ausgabe bei dir ganz anders (eben aktuell).

[Hintergrundinfo]
Während es in der Praxis viele Anwendungsfälle gibt, bei denen du entweder nur mit der Zeit oder nur mit dem Datum arbeitest – und das mit **date** und **time** schnell und sehr einfach erledigen kannst –, ist **datetime** der zeittechnische Rundumschlag wenn du alles brauchst, was Zeit und Datum zu bieten haben.

Deshalb kannst du bei der Verwendung von **`datetime`** und der Methode **`strftime`** auch **sämtliche Kürzel** verwenden, die es für Datums- und Zeitangaben überhaupt gibt:

*1 Klar, der Import von **`datetime`** aus dem Modul **`datetime`** wird benötigt.

*2 Und da im Gegensatz zu reinen Zeitangaben auch ausgeschriebene Datumsangaben gemacht werden können, ist es sinnvoll, das Modul **`locale`** zu aktivieren und auf Deutsch zu stellen.

```
from datetime import datetime*1
import locale*2
locale.setlocale(locale.LC_ALL, 'DE_de')
wann = datetime.now()*3
print(wann.strftime('Am %A, den %d. um %H Uhr und %M Minuten '+
'betrat der große Schrödinger den Raum.')*4)
```

*3 Hier wird ein Objekt aus **`datetime`** mit der aktuellen Zeit erstellt …

*4 … und hier die Zeit inklusive der Datumsangaben mit **`strftime`** ausgegeben.

```
Am Sonntag, den 19. um 18 Uhr und 45 Minuten betrat der große Schrödinger den Raum.
```

Aber das ist noch nicht alles!

Besser als jedes Orakel – Zeit lesen mit »strptime«

Python wäre nicht Python, wenn es neben **`strftime`** nicht auch eine bequeme Möglichkeit gäbe, um **umgekehrt** Zeitangaben aus Strings zu lesen und in ein passendes Zeitobjekt zu transferieren. Die Geheimwaffe dafür hat den (eher wenig) wohlklingenden Namen **`strptime`** und gehört zu **`datetime`** aus dem Modul **`datetime`**.

So wie **`strftime`** aus einem Zeitobjekt einen String erzeugt, so kann **`strptime`** umgekehrt aus genau definierten Strings mit von dir angegebenen Kürzeln die Zeit auslesen. Beide Methoden nutzen dazu Strings mit Kürzeln wie **`%d`** oder **`%w`** als eine Art Muster oder Vorlage.

Das sieht im einfachsten Fall so aus:

```
from datetime import datetime
spam = "19.7.2020"*1
eggs = "%d.%m.%Y"*2
zeit*4 = datetime.strptime(spam, eggs)*3
print(zeit)
```

*1 Das ist der (also irgendein) Text, der nach einem festen Muster eine Zeit- oder Datumsangabe enthält.

*2 Hier wird das Muster mit den Kürzeln festgelegt. Natürlich könnte der String auch direkt in die Methode **`strptime`** übergeben werden.

*3 Die Methode erhält den zu durchsuchenden Text und das Muster als Parameter und liefert …

*4 … ein neues Zeitobjekt zurück, das hier einer Variablen zugewiesen wird.

```
2020-07-19 00:00:00
```

[Achtung]
Der Text mit der Zeitangabe muss **exakt** mit deinem Muster der Kürzel übereinstimmen, sonst kommt es zu einem **`ValueError`**. Natürlich kannst du dafür eine ganz normale Fehlerbehandlung schreiben.

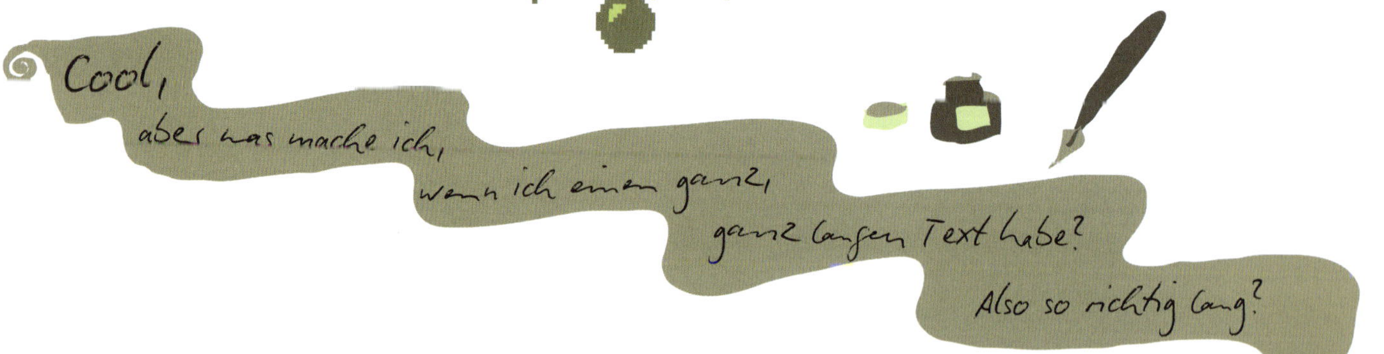

Dann könntest du den entsprechenden Textteil mit der Zeitangabe aus dem Text vorher herausschneiden und nur mit dem relevanten Textteil arbeiten.

Probieren wir das doch einmal aus!

Datum und Zeit finden – so ganz in der Praxis

Du hast unterschiedliche Texte, die alle eine gleich aufgebaute Zeitangabe enthalten. Diese Angabe (natürlich mit unterschiedlichen Zeiten) sieht immer so aus:

```
"Geschrieben Dezember 2021, 24. um 20 Uhr."
```

So könnte ein solcher Text aussehen, aus dem du das Datum holen sollst:

```
text = '''Ein weiterer Tag im Dschungel!
Geschrieben Juli 2020, 19. um 10 Uhr. Die Hitze war mörderisch. Meine
letzte Dinkelcola war getrunken, alle Eiswürfel waren verbraucht.'''
```

Der Teil mit Datum und Zeit ist hier fett gekennzeichnet.

So etwas kannst du wunderbar mit sogenannten regulären Ausdrücken mit dem Modul **re** aus dem gesamten Text herausschneiden. Reguläre Ausdrücke sind variable **Suchmuster**, die du noch in Kapitel 17 genauer kennenlernen wirst.

```
import re
suche = "Geschrieben.*?Uhr."*1
treffer = re.search(suche, text)*2
print(treffer[0]*3)
```

*1 Das ist ein **Suchmuster**, mit dem Textteile gefunden werden, die mit dem Wort **Geschrieben** anfangen und mit **Uhr.** enden. Der Teil **.*?** steht dabei für beliebige, aber möglichst wenige Zeichen.

*2 Das Suchmuster und der zu durchsuchende Text werden mit **re.search** bearbeitet.

*3 Das Suchergebnis findest du in **treffer[0]**.

```
Geschrieben Juli 2020, 19. um 10 Uhr.
```

[Einfache Aufgabe]
Hole aus dem Treffer jetzt die korrekte Zeit und das Datum heraus.

Dann wollen wir mal ...

```
from datetime import datetime
import locale
locale.setlocale(locale.LC_ALL, 'DE_de')*1
zeitMuster = "Geschrieben %B %Y, %d. um %H Uhr."*2
zeitObjekt = datetime.strptime(treffer[0], zeitMuster)*3
print(zeitObjekt)*4
```

*1 **datetime** muss importiert werden, und alles muss auf Deutsch gestellt werden.

*2 Hier wird das Muster einer Variablen zugewiesen, das ist kein Muss, aber sehr viel übersichtlicher.

*3 Der Methode **strptime** werden unser Ergebnis von dem regulären Ausdruck und das Muster für die Zeit übergeben.

*4 Und schon ist das Ergebnis da: ein Zeitobjekt, mit dem wir weiterarbeiten können!

Und natürlich kann **datetime** praktisch alles machen, was **date** und **time** können – nur eben für Datum und Zeit gemeinsam!

Ganz großes Kino – Unixtime und The Epoch

Im Modul **datetime** dreht sich ja alles um Datums- bzw. Zeitobjekte und deren Darstellung. Du hast ja gesehen, dass so ein Datum auf die unterschiedlichsten Arten dargestellt werden kann. Es gibt aber eine Darstellung, die noch etwas extravaganter ist als das, was du bisher gesehen hast:

die Unixzeit!

Die **Unixzeit**, auch als Unixtime oder als »seconds since the epoch« (Sekunden seit der Epoche) bezeichnet, stellt die Zeit **in Sekunden** dar, und zwar als die Sekunden, die seit »**The Epoch**« vergangen sind.

Und was ist »The Epoch«?

Als Epoch wird bei Computern ein festgelegter (relevanter) Zeitpunkt benannt, ab dem eine Zählung für einen Zeitabschnitt oder eine Zeitrechnung beginnt. Für unsere **Unixzeit** ist dieser Zeitpunkt der **1. Januar 1970** um exakt 00:00:00 Uhr. Computersysteme können auch eine eigene Zählung ab einem anderen Zeitpunkt haben – für die Unixzeit ist dieser Zeitpunkt aber verbindlich festgelegt. Die Unixzeit ist also auf **allen Rechnern gleich**!

Coole Sache!
Und auch auf Windows-Rechnern?

Klar! Die Unixzeit gibt es auf allen Rechnern. Während das Rechnen mit »normalen« Zeitangaben wie 24.12.2022 oder 31. Dezember 2021 nicht unbedingt banal ist (zumindest, wenn man kein Python hat), ist das Rechnen mit der Unixzeit denkbar einfach. Du willst wissen, wie alt eine Datei ist? Dafür brauchst du nur den Zeitstempel der Datei und die aktuelle Zeit – jeweils in Unixzeit. Der Rest ist dann nur noch eine simple Subtraktion, und du weißt sekundengenau, wie alt die Datei ist! Es werden einfach die Sekunden gezählt.

Jeder Tag hat für die Unixzeit 24 Stunden. Umgerechnet in Sekunden sind das **24 Stunden * 60 Minuten * 60 Sekunden**. Das sind (idealisiert, da es keine Abweichungen davon gibt) exakt **86400** Sekunden für **jeden** Tag.

Und wie komme ich an diese Unixzeit?

Du brauchst ein Zeitobjekt und erzeugst daraus mit der Methode **`timestamp`** die jeweilige Unixtime. Das sieht für die aktuelle Zeit, die du ja mit **`datetime.now()`** erhältst, zum Beispiel so aus:

*1 Per Method Chaining hängst du die Methode **`timestamp`** an dein Zeitobjekt.

```
from datetime import datetime
aktuelleUnixtime = int*2(datetime.now().timestamp()*1)
print(datetime.now(), aktuelleUnixtime)*3
```

*2 Python gibt mit **`timestamp`** nicht nur die Sekunden, sondern auch die Mikrosekunden zurück, die wir aber gar nicht benötigen. Mit **`int`** lassen wir sie einfach unter den Tisch fallen …

*3 … und lassen uns die aktuelle Zeit auf (relativ) normale Art und dazu als Unixtime ausgeben. Natürlich könnte die Unixzeit auch allein ausgegeben werden.

```
2020-07-19 14:42:07.125660 1595162527
```

Dein Datum und auch deine Unixzeit werden natürlich ganz andere (aktuelle) Werte haben.

Der Vorteil liegt klar auf der Hand – die Unixzeit ist eine ganz elegante Präsentation der Zeit, mit der auch ganz einfach gerechnet werden kann.

Wann war die letzte Änderung?

Mithilfe der Unixzeit kannst du beispielsweise feststellen, **wann** eine Datei zum letzten Mal geändert wurde, und damit kannst du berechnen, **wie lange** diese Änderung her ist. So etwas kann sehr hilfreich sein, um alte Dateien in Sicherungsordner zu verschieben oder um alte Protokolldateien zu löschen.

Und wie komme ich an diese Änderungszeit?

Und welche Datei soll ich nehmen?

Um die **Änderungszeit** einer Datei auszulesen, helfen dir das Modul **`os`** und die beiden Methoden **`path`** und **`getmtime`**. Das Einfachste, um das auszuprobieren, ist deine (oder eine) Python-Datei, mit der du gerade arbeitest. Dann sparst du dir die Pfadangabe und brauchst nur den Dateinamen selbst anzugeben. Befinden sich Dateien im gleichen Ordner, wie die (eine) aktuell ausgeführte Python-Datei, dann genügt nämlich die Angabe des Dateinamens ohne Pfad. Heißt dein (ein) Programm beispielsweise **`berechneZeit.py`**, kannst du so auf das Änderungsdatum zugreifen:

```
import os
geaendert = int(os.path.getmtime("berechneZeit.py"))
print(geaendert)
```

Auch hier interessieren uns eventuelle Mikrosekunden nicht, die wir deshalb mit **`int`** entfernen.

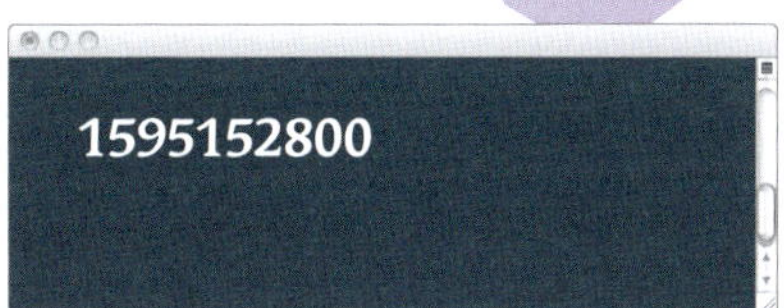

Natürlich kannst du jede Unixzeit wiederum problemlos in eine **normale Zeit** überführen. Dabei hilft dir die Methode **`fromtimestamp`**:

```
lesbar = datetime.fromtimestamp(geaendert)
print(lesbar)*1
```

*1 Natürlich könntest du die Ausgabe wesentlich besser formatieren. Hier soll es aber nur um die Umwandlung gehen.

Du hast jetzt alles, um ohne Umwege berechnen zu können, wie alt in Sekunden deine Datei ist oder genauer gesagt wann die letzte Änderung war. Wir geben uns aber nicht nur mit der schnöden Anzahl der Sekunden zufrieden, sondern lassen uns mithilfe von **`timedelta`** auch alles schön formatiert ausgeben:

```
import os
from datetime import datetime, timedelta*1
aktuelle_unixtime = int(datetime.now().timestamp())*2
geaendert = int(os.path.getmtime("berechneZeit.py"))*3
sekunden = aktuelle_unixtime - geaendert*4
print(sekunden, timedelta(seconds=sekunden))*5
```

*1 Dafür brauchen wir neben dem Modul **`os`** natürlich auch **`datetime`** und **`timedelta`** aus unserem Modul **`datetime`**.

*2 Zuerst lassen wir uns die aktuelle Zeit als Unixzeit geben.

*3 Und holen uns dann die Änderungszeit (einer) unserer Datei.

*4 Aus der schlichten Differenz der beiden Unixzeiten berechnen wir das Alter, …

*5 … das wir uns direkt ausgeben lassen – zusammen mit einer besser formatierten Ausgabe mithilfe von **`timedelta`**. Immerhin vor 40 Minuten und 34 Sekunden war die letzte Änderung!

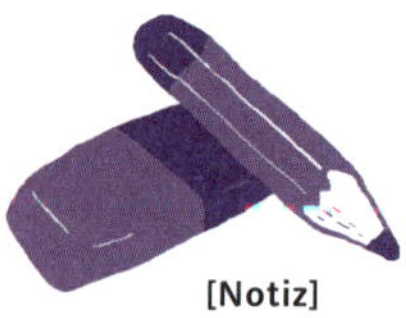

[Notiz]
Die Zeiten werden bei dir natürlich unterschiedlich sein. Und benutzt du die Datei aktuell und machst Änderungen, dann dürften die Differenz und die berechnete Zeitdauer auch ziemlich kurz sein.

Noch ein Wort zu »timedelta« – rechne mit der Zeit

Mit **timedelta** kannst du wunderbar mit Zeiten rechnen und von Zeitobjekten beliebige Zeitspannen abziehen oder dazurechnen.

Du hast ja schon gesehen, dass ein solches **timedelta** entsteht, wenn du zwei (oder mehr) Zeitobjekte voneinander abziehst. Du kannst aber jederzeit selbst einen solchen Zeitabstand (bzw. einen solchen Zeitraum) definieren. Dafür kannst du als Parameter Zeiteinheiten in Wochen, Tagen, Stunden, Minuten und in Sekunden, Mikrosekunden und Millisekunden angeben (**weeks**, **days**, **hours**, **minutes**, **seconds**, **microseconds** und **milliseconds**).

Das geht so:

*1 Klar, wir brauchen den richtigen Import von **timedelta** aus dem Modul **datetime**.

```
from datetime import timedelta*1
spam = timedelta(
    weeks=1, days=1, hours=1, minutes=1,
    seconds=1, microseconds=1, milliseconds=1*3)*2
print(spam*4)
```

*2 Und dann erzeugst du ein Objekt.

*3 Als jeweils optionale Parameter übergibst du eine Zeitspanne, die aus allen von dir übergebenen Parametern zusammengerechnet wird.

*4 Hier summiert sich alles auf stattliche acht Tage, 1 Stunde, 1 Minute und 1 Sekunde – den Rest sparen wir uns einmal.

```
8 days, 1:01:01.001001
```

Natürlich können die Werte der übergebenen Parameter auch negativ sein. Python verrechnet das alles automatisch.

Probier's doch mal aus und ...

… rette Weihnachten mit »timedelta«

Wir haben hier eine ganz normale Zeitangabe, und zwar Weihnachten:

```
from datetime import datetime, timedelta
falsche_weihnacht = datetime(2020, 11, 7, 20, 25, 5)
print(falsche_weihnacht)
```

Da stimmt was nicht mit der Zeitangabe von Weihnachten …

Da ist ganz schön was schiefgegangen!

[Schwierige Aufgabe]

Korrigiere das falsche Weihnachtsdatum mithilfe von **`timedelta`**, sodass der Termin korrekt auf den 24.12. fällt und die Uhrzeit auf 18:30 gesetzt wird.

```
mein_delta = timedelta(
    weeks=6,*1
    days=5,*2
    hours=-2,*3
    minutes=5,*4
    seconds=-5*5
    )
```

*1 Es fehlen ganze sechs Wochen …

*2 … und fünf Tage bis zum 24.12.

*3 Dafür sind es 2 Stunden zu viel.

*4 5 Minuten brauchen wir bis zur halben Stunde, …

*5 … und die 5 Sekunden brauchen wir auch nicht und rechnen sie einfach raus!

```
weihnacht = falsche_weihnacht + mein_delta
print(weihnacht)
```

```
2020-12-24 18:30:00
```

Jetzt muss nur noch unser Zeitdelta zu der falschen Weihnacht hinzugerechnet werden und …

… Weihnachten ist gerettet!

Super!

Du kannst dir natürlich auch das **`timedelta`** und die einzelnen Werte in Tagen, Stunden und Mikrosekunden über die Attribute **`day`**, **`seconds`** und **`microseconds`** ausgeben lassen:

```
print(mein_delta)
print(mein_delta.days, mein_delta.seconds, mein_delta.microseconds)
```

```
46 days, 22:04:55
46 79495 0
```

Es mag verwunderlich erscheinen, dass es keine Wochen, Stunden oder Minuten als abfragbare Attribute gibt, aber es lässt sich eben alles in Tagen, Sekunden und Mikrosekunden abbilden.

Du brauchst mehr Zeit? Dann kannst jedes Objekt vom Typ **`timedelta`** sogar multiplizieren, …

```
print(mein_delta*2)
```

```
93 days, 20:09:50
```

… schon hast du mehr als genug Zeit!

Was hast du gelernt? Was haben wir gemacht?

Lass uns kurz rekapitulieren …

Du hast die Zeit kennengelernt – zumindest die Zeit, wie du sie in Python verwenden kannst, um Datums- und Zeitangaben machen zu können.

Das Modul unserer Wahl ist **`datetime`**. Während du dich mit **`date`** ausschließlich auf das Datum und mit **`time`** ausschließlich auf die Zeit konzentrierst, ist **`datetime`** (als Teil des Moduls **`datetime`**) für die Zeit plus Datum zuständig.

Du kannst Zeitobjekte mithilfe von Kürzeln in beliebige Strings verwandeln und genauso Zeitangaben aus Strings herauslesen.

Die Unixzeit hast du kennengelernt, mit der alles in Sekunden dargestellt wird und mit der du auch sehr gut rechnen kannst.

Natürlich kannst du auch mit den anderen Zeitobjekten rechnen und die Zeitabstände zwischen zwei Zeitobjekten damit messen. Abgebildet wird das mit **`timedelta`**, das du von Zeitobjekten abziehen oder dazurechnen kannst. Hast du so ein Zeitdelta, kannst du es sogar mit beliebigen Werten vervielfachen.

— ZEHN —

Endlich in Stein gemeißelt

Vom wichtigen Umgang mit Daten, Dateien und Ordnern

Bisher waren alle Daten nach Programmende verloren. Aber zum Glück ist es ganz einfach, alle benötigten Daten dauerhaft zu speichern. Eine der einfachsten Möglichkeiten besteht darin, alles in Textdateien zu speichern. Und noch einfacher ist es, Daten zu serialisieren. Und weil wir schon beim Thema sind, beschäftigen wir uns gleich mit Dateien, Ordnern und Dateioperationen.

Wohin mit all den Daten?

Die Sache ist klar: Entweder musst du notwendige Daten fest einprogrammieren oder du musst sie zur Laufzeit eingeben. Das kann natürlich etwas ermüdend sein – vor allem, weil du diese Daten dann jedes Mal erneut eingeben musst.

Stell dir vor, du willst bei einem Kassenprogramm alle vorhandenen Artikel speichern, vielleicht auch gleich mit dem Preis. Das könntest du fest im Programm hinterlegen. Aber was machst du, wenn sich die Preise ändern oder neue Artikel dazukommen? Du müsstest jedes Mal das Programm ändern!

Und was nützt dir das schönste Fußball-Verwaltungsprogramm, wenn der Computer abstürzt und dann alle bis dahin gemachte Eingaben verloren sind?

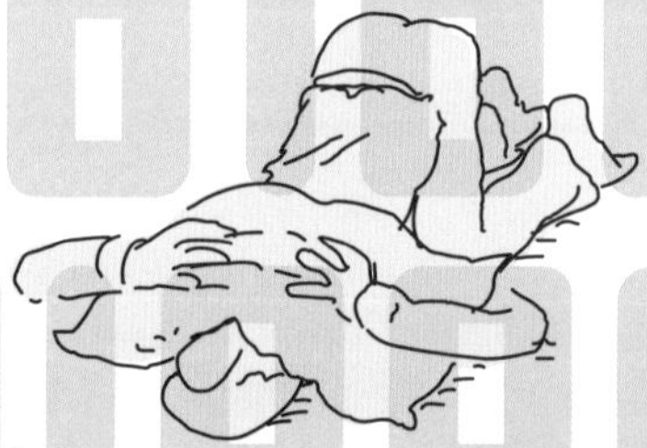

Kein Problem dank Serialisierung!

Um Daten dauerhaft speichern zu können, ist es sinnvoll, diese Daten in eigenen **Dateien** zu speichern, zum Beispiel in Textdateien.

Willst du aber lediglich Variablen und ihre Werte speichern und wieder einlesen können, dann gibt es sogar noch einen einfacheren (und bequemeren) Weg: die **Serialisierung** von Daten.

Was sich (wieder einmal) ziemlich schräg und kompliziert anhört, ist ein Verfahren, das dir praktisch die gesamte Arbeit abnimmt, wenn du deine Daten sichern und wieder zurückholen möchtest. **Serialisierung** bedeutet, dass du Variablen und ganze Objekte ganz einfach sichern und wieder auslesen kannst – du musst dich nicht einmal darum kümmern, **wie** deine Daten in einer Datei **gespeichert** oder wieder **ausgelesen** werden. Python speichert die Variable (oder das jeweilige Objekt) in eine spezielle Datei, und du kannst diese Variable jederzeit auslesen, verändern und erneut speichern.

Das klingt cool – erzähl mir mehr von dieser Serialisierung!

Das Regal auf der Gurke

Dafür gibt es das Modul **shelve**. Mithilfe dieses Moduls kannst du beliebige Werte mit einem Schlüssel, einem Key, in einer Datei speichern. Die Sache mit den Key Values, also Schlüssel-Wert-Paaren, hast du ja schon kennengelernt. Damit arbeitest du hier auch.

Ein Beispiel?

Stell dir vor, bei einem Wettbewerb stünden die Namen der drei besten Spieler fest. Am nächsten Tag sollen diese Spieler gegeneinander antreten:

```
spieler_endrunde = ['Heinz', 'Schrödinger', 'Bill']
```

Natürlich entstehen solche Werte normalerweise durch irgendwelche Eingaben und Berechnungen, sie sind nicht fest einprogrammiert wie hier im Beispiel. Diese Liste soll jedenfalls dauerhaft gespeichert werden.

*1 Das benötigte Modul für die Serialisierung (und Speicherung) von Werten heißt **shelve**, was so viel wie Regal bedeutet.

*2 Für die Serialisierung wird eine Datei benötigt, die du **ohne Dateiendung** angibst. Die Methode **open** bereitet alles Weitere zum Lesen und Schreiben vor.

```
import shelve*1
speicher*3 = shelve.open('meineDaten'*2)
speicher['imFinale']*4 = spieler_endrunde
speicher.close()*5
```

*3 Du brauchst natürlich eine Variable und somit ein Objekt, über das du auf die Funktionalität und die angegebene Datei zugreifst.

*4 Um einen Wert zu speichern, schreibst du zu dem Objekt **speicher** einen Schlüssel in eckige Klammern und weist einen Wert zu. Diese Schreibweise kennst du von Dictionaries!

*5 Und es gehört wie immer zum guten Ton, die Verbindung zu der verwendeten Datei mit der Methode **close** wieder zu schließen, wenn du fertig bist.

Damit ist schon alles Notwendige erledigt. Das Modul **`shelve`** überprüft, ob es bereits eine entsprechende Datei gibt – ansonsten wird diese Datei **ohne Nachfrage** angelegt.

Machst du keine weiteren Angaben, wird die neue Datei übrigens in dem Ordner gespeichert (und gesucht), in dem sich dein Python-Programm gerade befindet.

[Zettel]
Es muss sich bei dem **Schlüssel** immer um einen **String** handeln – egal, ob er (wie hier) als Literal oder in einer Variablen angegeben wird.

Bei dieser Datei, in der die serialisierten Daten abgelegt werden, handelt es sich **nicht** um eine direkt lesbare Textdatei. Die Daten werden im **Binärformat** abgelegt und können nur von bestimmten Editoren und natürlich von Python geöffnet und beschrieben werden. Diese Dateien haben immer die Endung **.db**, die du im Programm **nicht** angeben musst. Sie wird in **jedem Fall** an den angegebenen Namen angehängt – selbst wenn du diese Endung schon angegeben hast.

[Hintergrundinfo]
Das Modul **`shelve`**, »Regal«, basiert auf einem anderen Modul namens **`pickle`**, »Essiggurke« oder »einmachen«. Das Modul **`pickle`** bietet die Grundfunktionen für die Serialisierung. **`shelve`** setzt quasi auf diesem Modul auf und legt alles etwas geordneter als **Schlüssel-Wert-**Kombinationen ab, so wie du es schon bei der Listenart Dictionary kennengelernt hast.

Zeit zum Lesen

Das Lesen von serialisierten Daten ist genauso leicht wie das Schreiben:

*1 Natürlich muss das Modul **shelve** wieder importiert werden – zumindest, wenn es sich um ein eigenes Programm handelt und der Import noch nicht an anderer Stelle stattgefunden hat.

*2 Mit der Methode **open** und dem entsprechenden Dateinamen als Parameter öffnest du eine Verbindung.

*3 Und auch hier benötigst du eine Variable, um ein entsprechendes Objekt für den weiteren Zugriff zu haben.

```
import shelve*1
mein_speicher*3 = shelve.open('meineDaten')*2
print(mein_speicher['imFinale'])*4
spieler = mein_speicher['imFinale']*5
for name in spieler:
    print(name)*6
mein_speicher.close()
```

*6 Du siehst – alles ist wieder da!

*4 Du kannst das entsprechende Element **'imFinale'** direkt ausgeben …

*5 … oder natürlich einer anderen Variablen zuweisen, um dann damit weiterarbeiten zu können.

Wie das neue Objekt (hier **mein_speicher**) heißt, spielt dabei **keine Rolle**, es muss (anders als beim Dateinamen) **nicht** mit den Angaben beim Schreiben übereinstimmen.

```
['Heinz', 'Schrödinger', 'Bill']*4
Heinz
Schrödinger
Bill*6
```

In einer solchen **.db**-Datei können übrigens nahezu beliebig viele Variablen und auch Objekte gespeichert werden – sogar von **unterschiedlichen Programmen**. Die Werte bleiben dort, bis sie überschrieben werden oder die Datei gelöscht wird. Diese Daten sind natürlich nicht gegen Zugriff geschützt. Kritische Daten wie Kennwörter oder die Codes deiner Schweizer Nummernkonten solltest du dort also nicht speichern.

Zeit für ein bisschen Serialisierung

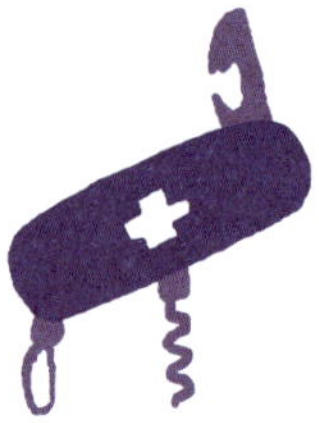

[Einfache Aufgabe]
Schreib bitte ein Programm, das eine Eingabe in die **.db**-Datei **`meineDaten`** speichert und auch gleich wieder ausliest.

Zuerst muss natürlich der Import organisiert werden:

```
import shelve
```

Dann wird eine Verbindung zur bereits bestehenden **.db**-Datei **`meineDaten`** hergestellt und das so entstandene Objekt einer Variablen zugewiesen:

```
speicher = shelve.open('meineDaten')
```

Dann folgt eine Eingabe, und der so eingegebene Wert wird unter einem Schlüssel namens **`'eingegeben'`** gespeichert – der könnte natürlich auch ganz anders heißen.

```
eingabe = input("Eine Eingabe bitte:")
speicher['eingegeben'] = eingabe
```

Und hier wird der Wert noch einmal so ausgegeben, wie er gespeichert wird:

```
print(speicher['eingegeben'])
speicher.close()
```

Und hier ist alles zu Ende, und das Programm kann gestartet werden.

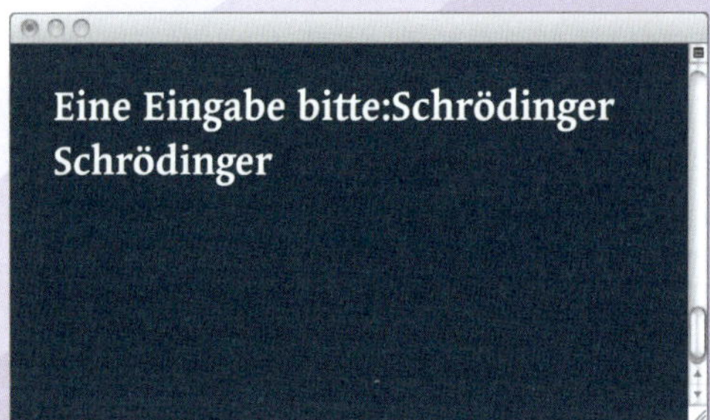

Das sieht doch gut aus!

Du und dein Regal – ein paar hilfreiche Informationen

So eine **.db**-Datei kann für verschiedene Aufgaben benutzt werden. Da ist es ganz hilfreich, wenn du einen Blick auf den Inhalt solch einer Datei werfen kannst, nicht mit einem Editor, sondern viel zuverlässiger mit den geeigneten Methoden von Python. Dazu musst du eine (deine aktuelle) **.db**-Datei öffnen, um so einen Blick unter die Haube zu werfen:

```
import shelve
info = shelve.open('meineDaten')
```

Bis hier ist alles bekannt. Der im Programm verwendete Name deines Objekts spielt übrigens keine wesentliche Rolle. Wichtig ist nur der richtige Dateiname.

```
print(list(info.keys())*1)
print(list(info.values())*2)
print(len(info)*3)
```

*1 Mit der Methode **keys** kannst du alle in der Datei vorhandenen Schlüssel ausgeben. Damit diese Informationen auch wirklich lesbar sind, musst du sie dir als Liste ausgeben lassen.

*2 Das Gleiche gilt für die vorhandenen Werte, die du mit der Methode **values** auslesen kannst. Auch hier würdest du nur kryptische Objektinformationen erhalten. Mit der Funktion **list** wird das Ganze schon viel übersichtlicher.

*3 Und sogar die Anzahl der vorhandenen Elemente (bzw. die Anzahl der Schlüssel) kannst du dir mit **len** ausgeben lassen.

```
['imFinale', 'eingegeben']*1
[['Heinz', 'Schrödinger', 'Bill'], 'Schrödinger']*2
2*3
```

[Achtung]

Du siehst, es sind **alle** bisher geschriebenen Schlüssel und Werte vorhanden. Und du kannst alle in der Datei vorhandenen Werte auslesen und auch verändern. Die Daten sind nicht geschützt!

Und du kannst sogar gleichzeitig mit mehreren Objekten auf eine **.db**-Datei zugreifen und die unterschiedlichsten Werte lesen und schreiben.

Und wenn ich irgendwelche Werte nicht mehr benötige?

Dann kannst du einen (oder mehrere) Schlüssel, samt der zugehörigen Werte, mit **del** löschen:

```
del info['imFinale']*1
print(list(info.keys()), list(info.values()))
```

*1 Mit **del** kannst du jederzeit einen vorhandenen Schlüssel dauerhaft entfernen.

In der Ausgabe siehst du, dass der betroffene Schlüssel samt Wert verschwunden ist.

```
['eingegeben'] ['Schrödinger']
```

Mit Netz und doppeltem Boden

Mithilfe einer solchen Datei kannst du Daten **dauerhaft** speichern – das heißt aber **nicht**, dass damit deine Daten auch wirklich **sicher** sind. So eine Datei könnte **gelöscht** oder verschoben werden. Vielleicht ist einfach ein externes Laufwerk momentan nicht erreichbar oder die Speicherkarte herausgezogen? Und auch die Schlüssel können jederzeit aus der Datei entfernt werden.

[Achtung]
Es ist wichtig, deine Programme so zu schreiben, dass sie mit solchen Problemen auch umgehen können. Das gilt nicht nur für die Arbeit mit dem Modul **shelve**, sondern grundsätzlich für praktisch **alle Dateioperationen**.

Und was kann ich da machen?

Nun, die Fehlerbehandlung mit **try** und **except** ist eine sehr gute Möglichkeit, um sauber auf alle Eventualitäten reagieren zu können.

Dazu musst du noch wissen, dass du beim Öffnen einer **.db**-Datei als zweiten Parameter angeben kannst, **wie** die Datei geöffnet werden soll. Dieser Parameter kann als Literal oder mit dem Key **`flag`** angegeben werden:

```
ergebnisse = shelve.open('meineDaten', 'w'*1)
```

*1 Mit dem zweiten Parameter kannst du angeben, **wie** die Datei geöffnet werden soll. Anstelle von »nur« **`w`** kannst du hier auch **`flag='w'`** schreiben.

Diese Möglichkeiten hast du:

- **`'r'`** öffnet die Datei ausschließlich **zum Lesen**. Gibt es die Datei noch nicht, wird sie **nicht angelegt**, und es kommt zu einem **Fehler**.
- **`'w'`** öffnet eine **existierende** Datei zum Lesen und zum Schreiben. Gibt es die Datei nicht, wird sie **nicht angelegt**, sondern es kommt zu einem **Fehler**.
- **`'c'`** öffnet eine Datei zum Lesen und zum Schreiben. Gibt es die Datei nicht, wird sie in jedem Fall **angelegt** – auch wenn kein Schreibvorgang stattfindet. Das ist übrigens der normale Zustand bei **`shelve`**, wenn kein Parameter angegeben wurde.
- **`'n'`** öffnet immer eine **neue Datei** zum Lesen und Schreiben. Existiert bereits eine Datei mit diesem Namen, wird sie mit einer leeren, neuen Datei überschrieben.

Aber was ist denn gut daran, wenn es einen Fehler gibt?

Ein Fehler bedeutet ja zum Glück **nicht**, dass es einen Programmabbruch mit einer kryptischen Fehlermeldung gibt – im Gegenteil kannst du ja mit **`try`** und **`except`** wunderbar auf solche Fehler reagieren und das Programm in die richtigen Bahnen lenken!

So kann das mit **`try`** und **`except`** aussehen, wenn du **nur Werte auslesen** willst:

```
import shelve
try:
    info = shelve.open('meineDaten',flag='r')
```

In dem **`try`**-Block wird lediglich versucht, über **`shelve`** die angegebene Datei **zum Lesen** zu öffnen.

```
except:
    print("Datei konnte nicht geöffnet werden.")
```

Kommt es zu einem Fehler (weil die Datei **nicht** oder **nicht mehr** vorhanden ist), wird hier ein Hinweis mit ausgegeben. Genauso gut könnte hier eine Funktion aufgerufen werden, mit der eine Datei angelegt und über Eingaben mit Werten gefüllt wird.

Erst wenn die Datei über das Modul **shelve** geöffnet werden konnte, erfolgt hier eine weitere Verarbeitung.

```
else:
    if "eingegeben" in*1 info.keys():
        print("Es kann gearbeitet werden.")
    else:*2
        print("Schlüssel noch nicht vorhanden.")
```

*1 Wie bei einem Dictionary kannst du prüfen, ob es einen bestimmten Schlüssel gibt, dafür brauchst du nicht einmal eine Fehlerbehandlung.

*2 Gibt es den Schlüssel **nicht** und damit auch noch keinen Wert, könntest du hier eine andere Funktion aufrufen, die diesen Fall behandelt und zum Beispiel eine Eingabe erwartet und verarbeitet.

Ist es nicht besser,

die auftretenden Fehler mit einem genaueren **except** *abzufangen?*

Du meinst zum Beispiel mit **except FileNotFoundError** oder **except IOError** anstelle des doch recht allgemeinen **except** ohne Angabe eines Fehlers?

Leider ist in diesem Fall die Fehlermeldung, die von dem Modul **shelve** zurückgeliefert wird, etwas ungenau, sodass so eine allgemeine Fehlerbehandlung hier Sinn macht. Solange du aber sowieso nur die eine Zeile mit **open** in dem **try**-Block hast, ist das unproblematisch.

Du und deine Textdatei – schreiben und lesen

In vielen Fällen ist auch das Arbeiten mit **einfachen Textdateien** wichtig, gerade wenn du viele Daten schreiben musst, die nicht unbedingt einer einzelnen Variablen zugeordnet werden können. Eine Logdatei ist ein sehr gutes Beispiel dafür.

Also, ich finde das mit **shelve** *schon ganz schön cool.*

Reicht das nicht?

Mit dem Modul **shelve** kannst du eine **ganze Menge** machen. Aber genauso wichtig ist es, **Textdateien** lesen und schreiben zu können. Textdateien werden auch heutzutage noch oft für die Bereitstellung und Übertragung von Daten verwendet. Und nichts ist einfacher, als mit Textdateien Logdateien (oder andere Protokolldateien) zu erstellen. Mit Python ist es dann ein Klacks, solche Textdateien (oder Logdateien) zu durchsuchen und Inhalte daraus zu lesen.

Und **nicht (ganz) zuletzt**: Textdateien können jederzeit mit einem einfachen Editor geöffnet und gelesen werden.

Also gut. Ist das schwer?

Nein, im Gegenteil!

Fangen wir damit an, eine Textdatei zu öffnen und etwas in die Textdatei zu schreiben:

*1 Der Befehl lautet **open**, du benötigst **keinen** Import dafür.

*2 Wie bei **shelve** gibst du einen Dateinamen an – hier mit der gewünschten Dateiendung (die nicht **.txt** sein muss).

```
datei*4 = open*1("Textdatei.txt"*2,"a"*3)
datei.write("Hallo Schrödinger.")*5
datei.close()*6
```

*3 Auch hier gibt es einen zweiten Parameter, der festlegt, wie die Datei geöffnet wird. **'a'** steht für append – anfügen. Dazu gleich mehr.

*4 Und natürlich brauchst du wieder eine Variable, über die du den Zugriff steuerst – dein neues Objekt für den Dateizugriff.

*5 Mit der Methode **write** übergibst du (zwingend) einen **String**, der zum Schreiben in die Datei vorgesehen wird.

Vorgesehen wird?

Ja, vorgesehen, …

*6 … denn erst wenn die Methode **close** aufgerufen wird, wird alles in die Textdatei geschrieben.

[Zettel]
Mit **open** wird die Textdatei **sofort** erstellt. Aber erst mit Aufruf von **close** werden alle Inhalte in die Datei geschrieben. Vergisst du also, die Methode **close** aufzurufen, hast du eine leere Datei!

Und es geht noch kürzer – mit »with«!

Es gibt sogar eine Möglichkeit, das Ganze **noch** kürzer zu schreiben, und zwar mit `with`. Genau genommen machst du mit `with` das Gleiche wie gerade eben – nur etwas schicker und einfacher. Das nennt man »syntaktischen Zucker«:

*1 Mit `with` arbeitest du ähnlich wie mit einer Kontrollstruktur und schließt sogar die Anweisung mit einem Doppelpunkt ab.

*2 Dein Objekt für den Zugriff wird mit `as` definiert.

```
with*1 open('Textdatei.txt', 'w') as inhalt*2:
    *3inhalt.write('Hallo Schrödinger!')
```

*3 Alles, was dazugehört, wird eingerückt – so wie du es bei einer Kontrollstruktur nach einem Doppelpunkt kennst.

Arbeitest du mit `with`, dann benötigst du kein `close`! Wenn die Einrückung beendet ist, wird alles automatisch wieder geschlossen.

Einfacher geht es kaum!

Warum hast du mir das nicht gleich gesagt!?

Du wirst sehr viele Beispiele im Internet finden, die die klassische Art ohne `with` nutzen. So kannst du die Beispiele im Netz verstehen und weißt jetzt gleich, was du besser machen kannst!

[Achtung]

Die Methode `write` macht selbst **keinen Zeilenumbruch** (im Gegensatz zu `print`). Den Zeilenumbruch musst du selbst mit `"\n"` schreiben.

Machen wir weiter – ab jetzt mit »with«

Du und deine Textdatei

Du hast jetzt gesehen, wie einfach es ist, Texte, also Strings, in eine (Text-)Datei zu schreiben.

[Einfache Aufgabe]
Schreib ein Programm, das Texteingaben zusammen mit der aktuellen Unixzeit speichert. Bei einer leeren Eingabe soll das Programm beendet werden.

Ein Tipp für die **Unixzeit**: Du musst das Modul `time` importieren und kannst dann mit der Methode `time` auf die aktuelle Sekundenangabe zugreifen. Da Python dabei auch die »Xtel«-Sekunden **nach dem Punkt** angibt, kannst du diese Angabe mit `int` auf ganze Sekunden kürzen.

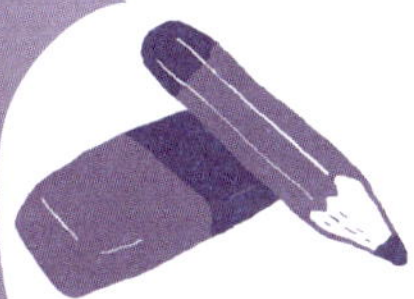

[Notiz]
Bei der Unixzeit handelt es sich um die Sekunden, die seit dem 1. Januar 1970, 00:00 Uhr vergangen sind. Damit lassen sich Zeitangaben einfach darstellen und prima (ohne Umrechnungen) sortieren.

Erst erfolgt der Import von `time` für die benötigte Unixzeit:

```
import time
```

Dann folgt die Anweisung `open` für den Dateizugriff und ein (eigentlich beliebiges) Objekt für den Zugriff auf die Datei:

```
with open("Textdatei.txt","a") as datei:
```

Die Schleife, natürlich echt Python-Style!

```
while True:
```

Die Texteingabe und ein **break**, mit dem die Schleife verlassen wird, wenn der Text leer ist:

```
text = input("Ein Text: ")
if text == "":
    break
```

Die **Bedingung** könntest du übrigens auch als **if not text:** schreiben.

Dann würde die aktuelle Unixzeit auf ganze Sekunden mit **int** gerundet und als String in die Datei geschrieben. Dazu käme noch ein Trennzeichen für die Optik und der eingegebene Text, zum Schluss noch mit **\n** ein Zeilenumbruch am Ende.

```
datei.write(str(int(time.time())))
datei.write(f" – {text}\n")
```

Das Schließen mit close ist ja dank with nicht mehr nötig!

So kann dann deine **Eingabe** aussehen, wenn das Programm gestartet wird:

So könnte die Datei **Textdatei.txt** dann aussehen.
Die Zeitangaben werden natürlich in aktueller Unixzeit ausgegeben:

Listen und Zeilenumbrüche schreiben

Python kennt neben der Methode **`write`** eine weitere praktische Methode, um listenartige Daten in eine Datei zu schreiben: **`writelines`**.

Diese Methode schreibt nicht zeilenweise, wie du dem Namen nach vielleicht erwarten würdest, sondern verarbeitet eine **Listenart** (eine Liste, ein Tupel oder eine Sequenz) und schreibt alle Elemente der Liste in einem Rutsch in die jeweilige Textdatei:

```
gruss = ("Hallo", "Schrödinger")
with open("text.txt", "w") as datei:
    datei.writelines(gruss)
    datei.close()
```

Der Inhalt der Textdatei würde dann so aussehen:

Mit der Methode **`writelines`** werden alle Listenelemente **hintereinander** in die Datei geschrieben, also ohne einen Zeilenumbruch zwischen den Elementen.

Willst du aber Listenelemente mit einem (oder mehreren) Trennzeichen in eine Datei einfügen (zum Beispiel mit einem **Zeilenumbruch** nach jedem Element), dann könntest du das tatsächlich besser mit **`write`** machen. Du musst nur alle Elemente mit einem passenden Trennzeichen zusammenfügen.

Ja, äh, klar ... Und wie?

Ein Tipp: join!

Das würde bei dem obigen Programm **anstelle** der Zeile mit dem **`writeline`** so aussehen:

```
datei.write("\n".join(gruss))
```

Mit dem gewünschten Trennzeichen (oder String) verwendest du die Methode **`join`** und übergibst als Parameter die Liste, die dann passend zusammengebaut und gleich in die Datei geschrieben wird.

Sag mal, den Inhalt der Dateien ... den kann ich doch auch mit Python auslesen?

Klar doch. Dazu erst mal etwas über den **zweiten Parameter**, der ähnlich wie bei **`shelve`** festlegt, **wie** die Datei geöffnet wird:

- **`'r'`** öffnet die Datei ausschließlich zum **Lesen**. Das Lesen beginnt **ganz oben**, am Anfang der Datei.
- **`'w'`** öffnet die Datei zum **Schreiben** und **löscht alle** eventuell vorhandenen **Inhalte**, falls die Datei bereits existiert.
- **`'a'`** öffnet die Datei zum **Schreiben**. Gibt es bereits Inhalte, dann bleiben diese erhalten. Neue Inhalte werden an das Ende **gehängt**.

Hängst du ein **+** an den Buchstaben, dann bezieht sich die Angabe **immer** auf das **Lesen und Schreiben**. Und hängst du ein **`'b'`** an, dann kannst du sogar Binärdateien lesen und schreiben. Dazu gehören zum Beispiel Dateien, die mit **`shelve`** angelegt wurden.

Das Lesen einer Datei ist einfach:

```
with open('Textdatei.txt','r') as datei:*1
    print(datei.read()*2)
```

*1 Mit unserem **`with`** und **`open`** und dem Parameter **`'r'`** wird die angegebene Datei zum Lesen geöffnet. **`datei`** ist dabei das Objekt, über das der Zugriff realisiert wird.

*2 Die Methode **`read`** liest die gesamte Datei in einem Rutsch aus und gibt sie zurück – hier wird alles mit **`print`** ausgegeben.

Zeilenweises Lesen

Natürlich kannst du Dateien auch **zeilenweise** auslesen. Gerade wenn du sehr große Dateien hast, ist das sinnvoller, als zu versuchen, eine mehrere Megabyte große Datei in eine Variable zu quälen. Da ist es besser und ressourcenschonender, die Inhalte Zeile für Zeile abzuarbeiten:

```
with open('Textdatei.txt','r') as datei:
    for zeile in datei:*1
        print("Inhalt aus Datei:", zeile, end=""*2)
```

*1 Bei jedem Durchlauf wird eine Zeile aus der Datei geholt und in die Variable `zeile` geschrieben.

*2 Bei der Ausgabe kann es sinnvoll sein, den Zeilenumbruch von `print` zu verhindern. Schließlich bringt jede Zeile aus der Datei bereits einen **eigenen Zeilenumbruch** mit.

[Hintergrundinfo]

Einen Zeilenumbruch und alle Whitespaces kannst du auch mit `rstrip` von der rechten Seite her entfernen lassen. Entfernt würden damit aber auch Leerzeichen am rechten Rand – es sei denn, du lässt explizit nur den Zeilenumbruch mit `rstrip("\n")` entfernen. Wobei unter Windows der Zeilenumbruch auch manchmal als `"\r\n"` geschrieben wird.

[Zettel]

Mit dem **Attribut** `os.linesep` aus dem Modul `os` hast du übrigens den Zeilenumbruch zur Verfügung, der auf deinem Rechner verwendet wird.

Also, du kannst jetzt Dateien **öffnen** und **auslesen** und natürlich auch Inhalte in Dateien **schreiben**. Was du jetzt noch wissen musst, ist, wie du **Dateioperationen** wie **Kopieren** oder **Verschieben** durchführen kannst. Und dazu musst du natürlich auch wissen, wie du mit Ordnern arbeiten und sie auslesen kannst.

Im Dschungel der Ordner und Dateien

Ich gehe mal davon aus, dass du deinen Computer so gut kennst, dass du mit Ordnern umgehen kannst und weißt, wo sich deine wichtigsten Ordner befinden.

Klar doch!

Eine klassische Aufgabe: Ein Ordner soll geöffnet werden und alle darin vorhandenen Dateien sollen nach ihrer Dateiendung sortiert und passend umbenannt werden.

War da nicht was?
Mein Bruder und der alte Museumscomputer DeepThought, Modell 42?

Dann gehen wir mal ein paar Dateioperationen durch: Als Erstes brauchst du das Modul **os**, das dir Befehle und Methoden für die wichtigsten Dateioperationen zur Verfügung stellt:

```
import os
```

Erst einmal die Grundlagen: Es ist immer ganz wichtig zu wissen, in **welchem Ordner** du dich gerade befindest; das kannst du mit **os.getcwd()** abfragen. Das **cwd** im Namen steht übrigens für »**c**urrent **w**orking **d**irectory« – das aktuelle Arbeitsverzeichnis. Dabei kann es sich um den Ordner handeln, in dem dein gestartetes Python-Programm gespeichert ist. Aber mit »kann« lässt sich eben nicht sicher programmieren, deshalb ist diese Art der Positionsbestimmung ganz hilfreich.

Genauso wichtig ist es, sich den **Inhalt** eines Ordners ausgeben zu lassen: Das machst du mit **os.listdir()**. Damit bekommst eine **Liste** des **aktuellen Ordners** mit allen Elementen (Dateien und Ordner) zurückgeliefert. Du kannst aber auch als **Parameter** eine **Pfadangabe** in der Form **r'c:\Users'**, **'c:\\Users'** oder **'/Users'** machen – dann liefert dir die Methode den Inhalt dieses Ordners, ohne dass du dorthin wechseln musst. Der Ordner sollte natürlich auch existieren.

```
aktuellerPfad = os.getcwd()*1
inhaltAktuellerOrdner = os.listdir()*2
print(aktuellerPfad, inhaltAktuellerOrdner)
```

*1 Hier fragst du den aktuellen Ordner ab.

*2 Und hier fragst du (ohne Angabe eines Parameters) den Inhalt des aktuellen Ordners ab.

```
/Users/Schrödinger/Desktop
['text.txt', 'Textdatei.txt', 'Dinkelrezepte', 'Katzenbilder']
```

Natürlich kannst du auch **direkt** mit den Methoden arbeiten und musst nicht den Umweg über die Variablen gehen. Hier ist es aber mit den Variablen etwas »sprechender«.

Der Ordner mit den Katzenbildern ist aber nicht von mir!

Keine Sorge, du hast wahrscheinlich ganz andere Ordner und Inhalte. Und unter Windows könnte der aktuelle Ordner so aussehen:

```
C:\Users\Schrödinger\Desktop
```

[Hintergrundinfo]

Arbeitest du mit **Linux** oder **macOS**, sind die Pfadangaben ähnlich: Das Trennzeichen in den Pfadangaben ist immer `/`, und es gibt keine (direkten) Laufwerksangaben. Anders bei **Windows**: Hier hast du am Anfang immer eine Laufwerksangabe wie `C:`, und das Trennzeichen in den Pfadangaben ist `\`. Tatsächlich aber funktioniert auch unter Windows `/`.

[Achtung]

Schreibst du Pfadangaben von Windows in einen String, solltest du den `\` entweder als `\\` mit einem zweiten Backslash **maskieren** oder den String mit `r` als **Rawstring** kennzeichnen, der tatsächlich von Python so gelesen wird, wie er geschrieben ist.

Du kannst die **Angabe** des Ordners übrigens auch von Python **erzeugen lassen** – passend für das jeweilige Betriebssystem:

```
import os
angabe = os.path.join("Ordner", "Unterordner", "data.txt")
print(angabe)
```

```
Ordner/Unterordner/Dateien/data.txt
```

Hier werden alle angegebenen Elemente (Ordner und der Dateiname) passend »zusammengebaut« – so wie es dein Betriebssystem erwartet.

Damit wird allerdings weder ein Ordner noch eine Datei angelegt – nur die Pfadangabe selbst wird zur weiteren Verwendung mit den passenden Zeichen generiert!

Mit `os.chdir()` und der absoluten oder relativen Angabe eines Pfades kannst du den aktuellen Ordner wechseln, zum Beispiel von dem Ordner `/Users/Schrödinger/Desktop` zu dem höher gelegenen Ordner `/Users/Schrödinger`:

Einen Ordner nach oben gehst du mit `".."` als Parameter. Das steht für »einen Ordner nach oben« in Richtung des Stammverzeichnisses und ist eine **relative Angabe**.

```
print(os.getcwd())
os.chdir('..')
print(os.getcwd())
```

```
/Users/Schrödinger/Desktop
/Users/Schrödinger
```

Schon befindest du dich in einem anderen Ordner, in der Hierarchie eins weiter oben.

Was ist das eigentlich mit der absoluten und der relativen Angabe eines Pfades?

Du kannst bei Datei- und Ordneroperationen meist mit **absoluten** oder **relativen** Pfadangaben arbeiten. Relative Pfadangaben beziehen sich immer auf die **aktuelle Ordnerposition**, und du bewegst dich eben relativ zu deinem **jeweils** aktuellen Ordner durch die Ordnerstruktur, zum Beispiel einen Ordner höher mit `".."` oder tiefer in einen genau bezeichneten Unterordner wie `"Desktop"`. Bei absoluten Pfadangaben hingegen spielt es **keine Rolle**, wo du gerade stehst: Du machst eine Angabe, die die exakte, absolute Position beschreibt.

Schauen wir uns das mal an:

Hier gehst du wieder einen Ordner tiefer, zurück in den Ordner **Desktop**.

```
print(os.getcwd())
os.chdir('Desktop')*1
print(os.getcwd())
```

*1 Diese **relative Angabe** mit **`Desktop`** als Parameter funktioniert nur hier in **diesem Ordner** – denn nur hier gibt es einen passenden Unterordner.

```
/Users/Schrödinger
/Users/Schrödinger/Desktop
```

Das ist wie im Dschungel: Du befindest dich im Lager auf einer Lichtung und willst zur Ausgrabungsstätte. Die **relative Angabe** wäre: vorbei an der weißen Steinformation, dann 3 Kilometer Richtung Süden. Diese Angabe bezieht sich auf deine aktuelle Position, ist also **relativ** zu deiner Position.

Jemand, der sich ein paar Kilometer weiter am Flussufer befindet, könnte mit dieser Angabe natürlich nichts anfangen. Dort gibt es keine weiße Steinformation. Folgt er trotzdem der Beschreibung, würde er womöglich irgendwo im Fluss ertrinken oder von Krokodilen gefressen.

Er bräuchte **entweder** eine relative Beschreibung zu **seiner** aktuellen Position oder noch besser eine **absolute Angabe**, zum Beispiel die Koordinaten auf der Karte, die ja unabhängig von der aktuellen Position sind.

Die **absolute Angabe** eines Pfades, bei der es egal ist, wo dein Programm aktuell steht, beginnt mit einem führenden `/`. Das steht für den Stamm, also den obersten Ordner. Bei Windows wäre das eine Laufwerksangabe wie `C:\`. Von diesem Stamm aus muss der gesamte Pfad angegeben werden, was dann so aussehen könnte:

```
"/Users/Schrödinger/Desktop/Dinkelrezepte/Scharfes/OhneDinkel"
```

Oder bei Windows:

```
"C:\Users\Schrödinger\Desktop\Dinkelrezepte\Scharfes\OhneDinkel"
```

So weiß Python (in der Hierarchie der Ordnerstruktur), dass es vom jeweiligen Stamm (ganz oben) immer tiefer in einen jeweiligen Ordner bzw. Unterordner gehen muss, bis es im Unterordner **`OhneDinkel`** angekommen ist.

Denk bei Windows daran, den Text als Rawtext oder das `\` als `\\` zu kennzeichnen.

Klaro!

Halt mal die Machete – Überleben im Ordnerdschungel

Eine konkrete Aufgabe: Die Dateien aus einem Ordner sollen ausgelesen und in einen Unterordner kopiert werden.

... aber kann ich das denn schon alles?

Kein Problem. Die Methoden, die du noch nicht kennst, werden wir uns bei dem jeweiligen Teil der Aufgabe ansehen. Und damit du das leichter auf deinem Rechner nachvollziehen kannst, werden wir mit relativen Pfaden arbeiten.

[Einfache Aufgabe]
Gib den aktuellen Ordner aus und prüfe, ob ein bestimmter Unterordner vorhanden ist, nennen wir ihn `Textdateien`. Ist er das nicht, soll der Ordner angelegt werden.

Erst muss `os` importiert werden. Dann erfolgt die Ausgabe des aktuellen Ordners und danach die Überprüfung, ob der Ordner `Textdateien` vorhanden ist. Dazu gibt es drei hilfreiche Methoden:

- `isfile` prüft, ob eine entsprechende **Datei** vorhanden ist.
- `isdir` prüft, ob ein bestimmter **Ordner** da ist.
- `exists` prüft, ob **überhaupt** ein bestimmtes Element vorhanden ist – egal, ob es eine Datei oder ein Ordner ist.

```
import os
print(os.path.abspath(".")*1)
if os.path.isdir("Textdateien")*2:
    print("Ordner ist bereits vorhanden")
else:
    os.mkdir("Textdateien")*3
    print("Ordner wurde neu angelegt")
```

*1 Die Methode `abspath` »konstruiert« zu einem beliebigen angegebenen Ordnernamen einen absoluten Pfad. Da `"."` für den **aktuellen Ordner** steht, erhältst du so den gewünschten Pfad. Das ist eigentlich fast wie `os.getcwd()`, aber so hast du auch diese Methode kennengelernt.

*3 Ist kein Ordner da, wird er mit dem Befehl `mkdir` und dem gewünschten Namen als Parameter angelegt.

*2 Hier ist `isdir` die erste Wahl. Denn es könnte ja eine Datei namens `Textdatei` (ohne Endung) geben, was später zu einem Fehler führt.

Übrigens, mit der Methode **os.path.abspath("name.txt")** kannst du dir auch einen absoluten Dateipfad zu einer noch nicht vorhandenen Datei geben lassen. Das kann beim Arbeiten mit Dateien sehr hilfreich sein, wenn du eine absolute Pfadangabe zu einer Datei benötigst – unabhängig davon, ob es die Datei bereits gibt. Hier könnte das Ergebnis zum Beispiel so aussehen:

```
"/Users/Schrödinger/Desktop/name.txt"
```

Gerade wenn du eine Datei umbenennen oder kopieren willst, kann dir so eine fix und fertige Pfadangabe einige Arbeit sparen.

Weiter geht's:

[Schwierige Aufgabe]
Durchlaufe den aktuellen Ordner. Jede Textdatei soll in den Ordner **Textdateien** gesichert, also dorthin kopiert werden.

*1 Du benötigst das Modul **shutil**. Damit hast du alles zur Verfügung, um Dateien zu **kopieren** oder zu **verschieben**.

*2 Mit **listdir** erhältst du eine Liste mit allen Elementen des angegebenen (oder wie hier) aktuellen Ordners. Diese Liste wird hier Element für Element durchlaufen.

```
import os
import shutil*1
for datei in os.listdir():*2
    dateiendung = os.path.splitext(datei)[1]*3
    if dateiendung.lower() == ".txt":*4
        print(datei)
        neue_datei = os.path.join('Textdateien', datei)*5
        shutil.copyfile(datei, neue_datei)*6
```

*3 Mit **os.path.splitext** erhältst du ein Tupel mit dem **Namen** und der **Dateiendung**.

*4 Ist die Dateiendung (die hier klein gesetzt wird) gleich **".txt"**, wird im Folgenden die Datei (nur zur Kontrolle) ausgegeben **und** …

*6 Die Methode **copyfile** kopiert die Datei schließlich in den Ordner **Textdateien**.

*5 … der neue Dateiname wird erzeugt – inklusive der notwendigen Pfadangabe. Die Kopie soll ja in dem Unterordner **Textdateien** liegen.

Die Funktion **os.path.splitext** zerteilt einen angegebenen Dateinamen (egal, ob er mit oder ohne Pfad angegeben ist) in einen Namensteil und in die **Dateiendung inklusive** Punkt. **splitext** steht dabei für Split Extension, was so viel bedeutet wie »trenne die Dateiendung ab«. Das erste Element des Tupels mit Index **0** ist der Namensteil (gegebenenfalls mit einem angegebenen Pfad), das Element mit Index **1** die Dateiendung.

Die Funktion **copyfile** kopiert eine angegebene Datei. Der erste Parameter gibt die zu kopierende Datei an, der zweite Parameter den Zielort mit dem gewünschten Namen. Wird hier ein anderer Dateiname angegeben, dann wird die kopierte Datei entsprechend umbenannt.

Du könntest auch anstelle von **datei** einen ganz anderen Namen für **neue_datei** angeben. Oder du könntest mit der Funktion **kurzer_dateiname** alle Dateinamen für den Museumscomputer deines Bruders umbenennen (aus **Kapitel 5 über Strings**).

[Notiz]

Es gibt eine ähnliche Methode **copy**, bei der du beim zweiten Parameter keinen Namen, sondern nur einen Pfad angeben musst. In diesem Fall hat die Kopie im angegebenen Ordner automatisch den gleichen Namen.

Übrigens: Python erkennt ja problemlos, auf welchem System du dich befindest und welches das Trennzeichen für Ordnerangaben ist. Mit **os.sep** kannst du dir das Zeichen ausgeben lassen.

Aber weiter! Das Programm arbeitet in dieser Form schon ganz gut. Aber bei jedem Programmdurchlauf werden die Dateien **erneut** kopiert, selbst dann, wenn die Dateien schon im Zielordner enthalten und absolut identisch sind – sie werden überschrieben. Besser wäre es, wenn die Dateien nur dann kopiert würden, wenn sie verändert wurden.

Klar, gute Idee.
Aber wie geht das?

Du kannst dir zu jeder Datei Informationen ausgeben lassen. Wir nehmen mal die **Größe der Datei**. Diese Angabe soll für den Anfang genügen.

Kopieren oder nicht kopieren, das ist hier die Frage

Die Größe einer Datei kannst du mit **`os.path.getsize`** auslesen. Dazu musst du lediglich den Dateinamen angeben. Liegt die Datei nicht im gleichen Ordner, musst du natürlich den richtigen Pfad angeben. Entweder als absolute Pfadangabe (hier für Windows):

```
os.path.getsize(r"C:\Users\Schrödinger\Textdateien\meineDatei.txt")
```

Oder als relative Pfadangabe, wenn du dich im Ordner **`Schrödinger`** befindest:

```
os.path.getsize(r"Textdateien\meineDatei.txt")
```

[Einfache Aufgabe]

Überprüfe, ob es bereits eine Kopie gibt, und prüfe dann, ob beide Dateien gleich groß sind. Bei gleicher Größe soll die Datei **nicht** erneut kopiert werden.

Also, das sollte nicht allzu schwer sein!

Der Anfang des Programms ist eigentlich unverändert.

```
for datei in os.listdir():
    dateiendung = os.path.splitext(datei)[1]
    if dateiendung.lower() == ".txt":
        neue_datei = os.path.join('Textdateien', datei)
```

Ist die Dateiendung **.txt**, dann gibt es **zwei Möglichkeiten**: Entweder es gibt schon eine Kopie, dann müssen die Größen verglichen werden, oder aber es gibt **keine Kopie**, dann muss das gemacht werden:

*1 Es gibt schon eine Kopie. Hier müssen noch die Dateien miteinander verglichen werden.

```
if os.path.isfile(neue_datei):
    # Todo: es gibt schon eine Datei!
    pass*1
else:
    shutil.copyfile(datei, neue_datei)*2
```

*2 Es gibt noch keine Kopie. Es kann sofort kopiert werden.

Und das hier muss an die Stelle von »pass«:

Die Größe der beiden Dateien muss dort erst verglichen werden:

```
gleich = os.path.getsize(datei) == os.path.getsize(neue_datei)
```

Der Vergleich ergibt `True`, wenn beide Dateien gleich groß sind. Haben sie unterschiedliche Größen, ist das Ergebnis `False` – und in diesem Fall soll eine Kopie gemacht werden. Das kannst du mit einem `if` umsetzen:

```
if not gleich:
    shutil.copyfile(datei, neue_datei)
```

Eindeutige Hash-Werte für Vergleiche

Aber die Sache mit der Dateigröße ist schon etwas unsicher?

Das stimmt. Es wird ja nur die reine Größe verglichen – die Inhalte können dennoch unterschiedlich sein. Aber selbst das Änderungsdatum der Datei ist bei kopierten Dateien nicht mehr aussagekräftig. Aber du könntest mit dem Inhalt der Dateien jeweils einen **MD5-Hash** erzeugen und die Ergebnisse **vergleichen**.

MD5-Hash?

Ja, der gesamte Inhalt wird genommen und daraus wird ein sogenannter **Hash** generiert bzw. berechnet. Dieser Hash hat immer die gleiche Länge, genau 32 Stellen. Ist der **Inhalt** einer anderen Datei **gleich**, dann wird bei diesem Verfahren auch der exakt **gleiche Hash** erzeugt, und du weißt: Diese Dateien **sind gleich**. Ändert sich auch nur ein **einziges Zeichen** in einer Datei, dann sieht auch der **Hash** wieder **ganz anders** aus.

[Hintergrundinfo]
Ein solcher Hash-Wert lässt übrigens keinerlei Rückschlüsse mehr auf den tatsächlichen Inhalt zu. Er ist also ein **sicheres** (und diskretes) Mittel, um Inhalte zu vergleichen.

[Zettel]
Geht es um **sicherheitsrelevante Anwendungen**, dann solltest du ein komplexeres Verfahren als `md5` verwenden. Gut dafür geeignet ist beispielsweise die Funktion `sha256` aus dem gleichen Modul `hashlib`. Sie ist rechenintensiver und erzeugt einen längeren Hash-Wert.

Um so einen Hash-Wert zu erzeugen, musst du natürlich den **Inhalt** der Datei auslesen und dann **daraus** einen Hash erzeugen lassen. So könnte eine Funktion aussehen, die einen solchen Hash-Wert erzeugt. Dazu wird der Dateiname als Parameter in die Funktion übergeben, und in der Funktion wird der Dateiinhalt gelesen:

```
import hashlib*1
def mein_md5(dateiname):

    datei = open(dateiname, "rb")
    inhalt = datei.read()*2

    hash = hashlib.md5()*3
    hash.update(inhalt)*4
    return(hash.hexdigest())*5
```

*1 Das benötigte Modul heißt **hashlib**.

*2 Hier wird die Datei geöffnet und der Inhalt im **Binärformat** ausgelesen. Das ist wichtig, damit die (Unicode-) Zeichen korrekt zu einem Hash-Wert verarbeitet werden können.

*3 Hier wird ein Objekt für den MD5-Hash erzeugt, mit dem du weiterarbeitest.

*4 Diesem Objekt wird der Dateiinhalt in die Methode **update** übergeben.

*5 Und mit **hexdigest** wird daraus ein lesbarer Hash zurückgegeben, der den Inhalt der jeweiligen Datei präsentiert.

Und so kann ein Aufruf aussehen:

```
print(mein_md5("text.txt"))
```

```
27775fd2ca731b5dc264b7cb647e957a
```

So kann ein Hash-Wert aussehen.

[Zettel]

Tatsächlich arbeitet MD5 so, dass **gleiche Inhalte** immer und unter allen Umständen einen **gleichen Hash-Wert** erzeugen!

Das Einzige, was du jetzt noch machen musst, ist, dir von beiden Dateien den Hash-Wert erzeugen zu lassen und diese Werte dann zu vergleichen. Dazu musst du in unserem Programm nur **eine einzige Zeile ändern**.

Aus der Zeile

```
gleich = os.path.getsize(datei) == os.path.getsize(neue_datei)
```

wird

```
gleich = mein_md5(datei) == mein_md5(neue_datei)
```

Und schon hast du einen wasserdichten Vergleich! Natürlich musst du noch die Funktion vor dem Aufruf einbinden, aber daran hast du bestimmt schon gedacht.

Und nicht vergessen: Verschieben und Löschen

Das Leben einer Datei kann manchmal ganz schön hart sein. Und es kann sogar sein, dass Dateien verschoben und sogar gelöscht werden. Auch dafür bietet dir Python (natürlich) das Richtige an:

- Löschen von Dateien geht ganz einfach mit **`os.remove("Testdatei.txt")`** von der Hand.
- Mit **`os.rename("alterName", "neuerName")`** kannst du ein Element umbenennen. Dabei spielt es keine Rolle, ob es sich um eine Datei oder einen Ordner handelt. Es ist gibt auch noch ein explizites **`os.replace("alterName", "neuerName")`**, mit dem eine bereits bestehende Datei ersetzt wird. Das ist unter Windows sehr hilfreich.
- Einen Ordner kannst du mit **`os.rmdir("Leerer Ordner")`** löschen. Dieser Ordner muss aber leer sein.
- Mit **`shutil.rmtree('IrgendeinOrdner')`** aus dem Modul **`shutil`** geht aber auch das: Ein Ordner wird damit samt Inhalt gelöscht.

[Achtung]
Du solltest beim Löschen immer **besonders vorsichtig** sein: Über Programme gelöschte Dateien und Ordner tauchen normalerweise nicht mehr im Papierkorb deines Rechners auf – sie sind sofort gelöscht!

Was hast du gelernt? Was haben wir gemacht?

Lass uns kurz rekapitulieren …

Du hast gelernt, wie du Daten mit dem Modul **`shelve`** serialisieren kannst. Du kannst Daten als Schlüssel-Wert Paare in Dateien ablegen und problemlos wieder auslesen.

Aber auch das Lesen und Schreiben in ganz normale Textdateien will gelernt sein – und das hast du, vor allem, weil nicht einmal ein Modul dafür importiert werden muss, sondern du einfach so darauf zugreifen kannst. Und noch einfacher und komfortabler geht das Lesen und Schreiben mit **`with`**.

Wichtig bei allen **Dateioperationen** ist das sichere Arbeiten mit **`try`** und **`except`** – das ist dein sicheres Netz und dein doppelter Boden.

Und auch andere Dateioperationen stellen kein Hindernis mehr dar – kopieren, verschieben und sogar löschen, das alles kannst du mit Python machen. Denk immer daran, die Pfade richtig zu setzen – egal, ob relativ oder absolut!

—ELF—

Ein klein bisschen Mathematik, die du wirklich gebrauchen kannst

Zufallszahlen, Matrizen und Arrays

Unglaublich, aber wahr: Sogar Mathe kann interessant sein und Spaß machen – besonders für den, der Python hat. Denn Python nimmt dir vieles von dem ab, was kompliziert ist. Dabei hat Python schon eine ganze Menge für Mathe »an Bord« – und für das, was noch spezieller ist, gibt es mächtige Bibliotheken, die sich in Sekundenschnelle installieren lassen. Ein fast absoluter Standard ist NumPy, das dir alles bietet, um mit Zufallszahlen und -verteilungen, mit Matrizen und mehrdimensionalen Arrays komfortabel arbeiten zu können.

Unterschiedliche Verteilungen von Zufallszahlen, Matrizen oder auch mehrdimensionalen Arrays sind natürlich kein Selbstzweck und sie sind auch keine gefährlichen Monster oder Unholde aus dunklen Verliesen.

All diese Elemente, die vielleicht nicht ganz so freudige Erinnerungen an den Mathematikunterricht wecken, sind tatsächlich wichtige Bestandteile vieler Programmlösungen. Allein beim Thema künstliche Intelligenz kommst du daran (und an **NumPy**) nicht vorbei.

Dabei ist NumPy dein Helfer und dienstbarer Zauberkünstler für Zahlen, Matrizen und Arrays.

Python selbst bietet dir aus dem Bereich Berechnungen und Mathematik eigentlich fast alles, was du für den normalen Programmieralltag benötigst. Manchmal ist es aber so speziell, dass **fast** und **normaler Programmieralltag** dann doch nicht ganz ausreichen. Und das ist der Moment, wo dir die zahlreichen, spezialisierten Module und Bibliotheken weiterhelfen, die es für Python gibt. Schon fast beispielhaft dafür steht **NumPy**!

Aber brauch ich das wirklich?

Also so das Ganze mit Verteilungen, Mathe und Matrizen?

Keine Sorge, Schrödinger! Mit Python und auch mit NumPy ist das alles leichter, als du denkst. Nehmen wir **Zufallszahlen** zum Einstieg. Zufallszahlen brauchst du an vielen Stellen: in Simulationen, in Spielen oder um Testdaten generieren zu können. Und hier wird dir einiges geboten!

[Hintergrundinfo]

Erst mal solltest du **NumPy** installieren. Damit wirst du nämlich in diesem Kapitel einiges machen. Die Installation gelingt dir entweder mithilfe deiner Entwicklungsumgebung oder genauso einfach mit **pip**:

```
pip install numpy
```

Du, die Zufallszahlen und NumPy

Zufallszahlen hast du ja schon kennengelernt, und am einfachsten kannst du sie natürlich mit den Bordmitteln von Python selbst erzeugen – zuständig ist das Modul **`random`**.

Der klassische Würfel – einfacher geht es kaum

```
import random
print(random.randint(1,6))
```

Bei jedem Aufruf wird ein neues Würfelergebnis erzeugt. Die Methode **`randint`** erzeugt praktischerweise ganzzahlige Ergebnisse. Diese Ergebnisse liegen zwischen dem ersten Parameter und dem zweiten Parameter, und zwar jeweils **einschließlich**. Brauchst du also Zufallszahlen **von** 10 **bis** 99, würde der Aufruf so aussehen:

```
random.randint(10, 99)
```

Benötigst du Zufallszahlen, bei denen es sich nicht um Ganzzahlen handelt, dann sind die Methoden **`random`** und **`uniform`** genau das Richtige für dich. **`random`** erzeugt eine Zufallszahl zwischen 0 und 1 als Fließkommazahl. Bei der Methode **`uniform`** gibst du **zwei Zahlen** als Parameter an – und aus diesem Bereich wird eine Zufallszahl zurückgegeben. Das sieht jeweils so aus:

```
print(random.random())
print(random.uniform(1,2))
```

Die richtige Saat mit »seed«

Oft ist es hilfreich, immer die **gleichen Zufallszahlen** zu erhalten. Also nicht immer eine gleiche, sondern unterschiedliche Zufallszahlen – nur die eben immer gleich und in der gleichen Reihenfolge. Das kann sinnvoll sein, wenn du damit Tests wiederholen willst und die gleichen Bedingungen benötigst.

Mit einer beliebigen Zahl als Parameter legst du das fest.

```
random.seed(42)
```

Bei jedem Programmaufruf werden dadurch die nachfolgenden Zufallszahlen gleich sein. Das kannst du mit den obigen Aufrufen nachvollziehen: Wenn du den Aufruf von **`seed`** davor schreibst, solltest du die exakt gleichen Zufallszahlen erhalten.

Die richtige Wahl treffen – mit »choices«

Auch eine ganz praktische Sache: Mit der Methode **`choices`** kannst du dir aus einer Liste einzelne Elemente zurückgeben lassen – natürlich zufällig.

```
liste = ("ja", "nein")
print(random.choices(liste*1, weights=[2, 1]*2, k=9*3))
```

*1 Hier übergibst du eine Liste, aus der zufällige Werte ausgewählt werden sollen.

*2 Jedes Element kann eine Gewichtung erhalten. Je höher der Wert, desto häufiger wird es ausgewählt.

*3 Und hier kannst du angeben, wie oft gezogen werden soll.

```
['ja', 'nein', 'nein', 'nein', 'ja', 'ja', 'ja', 'ja', 'ja']*4
```

*4 Als Ergebnis wird immer eine **Liste zurückgeliefert**.

Am Ergebnis kannst du sehr gut erkennen, dass die Gewichtung von **`"ja"`** doppelt so hoch ist und **`"ja"`** entsprechend häufiger als Ergebnis erscheint.

Die Methode **`choices`** ist wie der große Bruder der Methode **`choice`**, die wir beim Orakel von Delphi in Kapitel 8 verwendet haben und die nur einen Parameter braucht.

Listen geschüttelt – nicht gerührt

Auch wenn wir jetzt nicht alle Möglichkeiten von **`random`** durchgehen wollen, eine Sache ist noch besonders interessant: die Möglichkeit, eine Liste mit der Methode **`shuffle`** neu, genauer gesagt **zufällig** sortieren (eigentlich anordnen) zu lassen.

```
spieler = ["Hans", "Lilly", "Igor", "Bert", "Anja"]
random.shuffle(spieler)*1
print(spieler)
['Hans', 'Bert', 'Igor', 'Lilly', 'Anja']*2
```

*1 Mit der Methode **`shuffle`** wird eine Liste dauerhaft (also zumindest zur Laufzeit des Programms) verändert.

*2 Die übergebene Liste wurde verändert, und die Elemente haben eine neue Reihenfolge.

Gewinner aus Listen ziehen

Mit der Methode **`sample`** kannst du aus einer bestehenden Liste (die unverändert bleibt) eine angegebene Zahl an Elementen holen, die (natürlich) zufällig, aber auch einzigartig sind: Jedes Element kann nur einmal gezogen werden. Die eigentliche Liste selbst bleibt unverändert.

```
spieler = ["Hans", "Lilly", "Igor", "Bert", "Anja"]
print(random.sample(spieler, 2*1))
```

*1 Aus der angegebenen Liste sollen hier zwei Elemente gezogen werden.

```
['Anja', 'Lilly']*2
```

*2 Es wird eine neue Liste zurückgegeben, bei der kein Element doppelt gezogen wurde.

Damit könntest du übrigens auch prima die **Lottozahlen** ziehen.
Jedes Element (jede Kugel) kann dort ja auch nur einmal gezogen werden.

Mach das doch mal!

Auf dem Weg zum Millionär – ein Lottoprogramm

[Einfache Aufgabe]

Schreib ein Lottoprogramm, das sechs Zahlen aus den Zahlen von 1 bis 49 zieht und ausgibt. Die Ausgabe der Zahlen soll aufsteigend erfolgen, kleine Zahlen also zuerst.

Na klar, zuerst der Import von **random**:

*2 Aus den von **range** gelieferten Zahlen wird eine Liste erzeugt und in **lottozahlen** gespeichert.

*1 Hier werden mit **range** die Zahlen von 1 bis **ausschließlich** 50 erzeugt – also bis 49.

```
import random
lottozahlen = list*2(range(1,50)*1)
ziehung = random.sample(lottozahlen, 6)*3
ziehung.sort()*4
print(ziehung)
```

*3 Mit sample werden 6 Zahlen aus der Liste **lottozahlen** zurückgeliefert, …

*4 … die hier sortiert und dann ausgegeben werden.

```
[2, 8, 15, 16, 18, 41]*4
```

Aber hätte ich nicht auch einfach eine Schleife nutzen und sechs einzelne Zufallszahlen ausgeben können?

Dann hättest du aber möglicherweise Zahlen **doppelt** gehabt. Bei der Lösung mit **`sample`** können keine Zahlen doppelt gezogen werden! Mit **`random.seed(42)`** solltest du übrigens die gleichen Zahlen wie oben bekommen.

Noch eine Verbesserung: Jetzt mit Zusatzzahl!

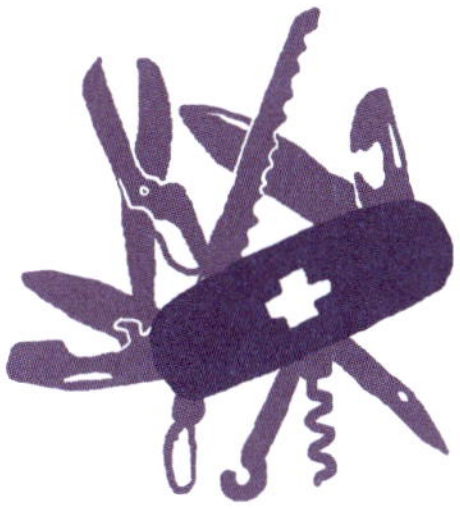

[Schwierige Aufgabe]

Eine Zusatzzahl soll mit gezogen und ausgegeben werden! Die Zusatzzahl darf natürlich nicht noch einmal vorkommen.

```
import random
lottozahlen = list(range(1,50))
```

Bis hierhin ist alles unverändert.

```
    ziehung = random.sample(lottozahlen, 7)*1
    zusatzzahl = ziehung.pop(0)*2
    ziehung.sort()*3
    print("Die Ziehung:", ziehung)
    print("Zusatzzahl:", zusatzzahl)
```

*1 Hier wird eine Zufallszahl mehr als bisher gezogen – gleich mit für die **Zusatzzahl**. So werden in einem Rutsch alle benötigten Zahlen geholt, und mit **`sample`** wird verhindert, dass irgendeine Zahl doppelt auftauchen kann.

*2 Eine beliebige Zahl, hier einfach die erste, wird aus der Liste mit **`pop`** herausgeschnitten und als **`zusatzzahl`** gespeichert. Da die Liste hier noch **nicht sortiert** ist, ist diese Zusatzzahl rein zufällig.

*3 Erst jetzt kann die Liste mit den Zufallszahlen sortiert werden, sonst wäre die Zusatzzahl immer die kleinste Zahl!

Zum Schluss wird noch alles ausgegeben.

```
Die Ziehung: [2, 8, 9, 15, 16, 18]
Zusatzzahl: 41
```

Viel Glück beim Lottospiel!

Andere Verteilungen bei den Zufallszahlen

Zufallszahlen sind nicht einfach nur Zufallszahlen. Zufallszahlen können unterschiedliche **Verteilungen** haben.

Zufallszahlen klar,
aber was sind jetzt Verteilungen?

Im einfachsten Fall sind Zufallszahlen **gleichverteilt** – zum Beispiel, wenn du mit einem Würfel würfelst. Wenn du oft genug würfelst, dann wird jede Zahl nahezu gleich oft gewürfelt. Das heißt, bei 600 Würfen wird jede Zahl von 1 bis 6 (ungefähr) 100-mal gewürfelt, natürlich vorausgesetzt, der Würfel ist in Ordnung.

Das schauen wir uns mal genauer an.

Das könnten wir mit den bekannten Zufallsfunktionen von Python machen, aber wir wollen das etwas komfortabler mit **NumPy** tun. Dazu lassen wir NumPy 600-mal einen (imaginären) sechsseitigen Würfel würfeln.

*1 Der Import ist schnell gemacht. Wichtig ist nur, dass NumPy bereits installiert ist.

```
import numpy as np*1
gewürfelte_liste = np.random.randint(1, 7, 600)*2
print(gewürfelte_liste)
```

*2 Hier kommt die NumPy-Methode **`randint`** von **`random`** zum Zuge. Damit werden **ganzzahlige Zufallszahlen** erzeugt.

Schauen wir uns das einmal genauer an:

```
np.random.randint*1(1*2, 7*3, 600*4)
```

*1 Die Methode **`randint`** erzeugt praktischerweise ganzzahlige Zufallszahlen – wie gemacht für unseren virtuellen Würfel.

*2 Der erste übergebene Wert ist die untere Grenze – **einschließlich**.

*3 Der zweite Wert ist die obere Grenze – **ausschließlich**. Dieser Wert wird also selbst **nicht erreicht**.

*4 Hier werden also Zufallszahlen von **1 bis 6** erzeugt. Und das hier ist auch ganz praktisch: Mit dem letzten Parameter kannst du angeben, **wie viele** Zufallszahlen von 1 bis 6 erzeugt und als **Liste** zurückgegeben werden.

Und so sieht das Ergebnis aus (bzw. ein Teil davon):

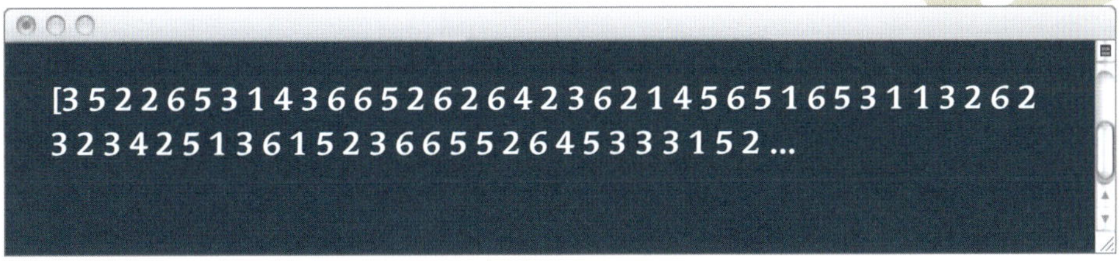

Und woran sehe ich das mit der Verteilung?

Zugegeben, mit so einer eher nüchternen Zahlenreihe kann man nicht viel erkennen. Aber damit du besser sehen kannst, wie die Verteilung ist, wollen wir uns das in einer Grafik ansehen. Das machen wir mit einer Grafikbibliothek, die für so etwas unheimlich praktisch ist – **Matplotlib**. Wir werden uns damit ausführlich(er) in **Kapitel 14 über Charts** beschäftigen. Dennoch soll auch hier der Code dazu aufgeführt werden, damit du es auch selbst programmieren kannst:

```
import matplotlib.pyplot as plt*1
plt.hist*2(gewürfelte_liste*3, bins=6*4,
         color='mistyrose', edgecolor='black'*5)
plt.show()*6
```

*1 Du importierst **`pyplot`** aus **`matplotlib`**. Natürlich muss **`matplotlib`** dazu installiert werden. Im Zweifelsfall wirf einen Blick in das Kapitel über die Charts mit **`matplotlib`**.

*2 Von all den unterschiedlichen Charts, die **`matplotlib`** bietet, nehmen wir das **Histogramm**.

*3 Wir übergeben unsere Liste mit allen erwürfelten Werten.

*4 Mit **`bins`** (Behälter oder Eimer) sind unsere Säulen gemeint. Da wir sechs unterschiedliche Werte bekommen können, nehmen wir entsprechend sechs **`bins`**.

*5 Hier betreiben wir noch etwas Kosmetik für die Farbe der Säulen und den Rahmen darum.

*6 Mit **`show`** wird alles gezeichnet und in einem eigenen Fenster dargestellt.

[Begriffsdefinition]

Mit einem **Histogramm** wird die **Häufigkeit** bestimmter Werte dargestellt, und zwar **in Säulen**. Bei unserem virtuellen Würfel würde es also Sinn machen, die Werte in sechs Säulen aufzuteilen. Die Höhe einer Säule zeigt dann an, wie oft ein Wert aufgetreten ist.

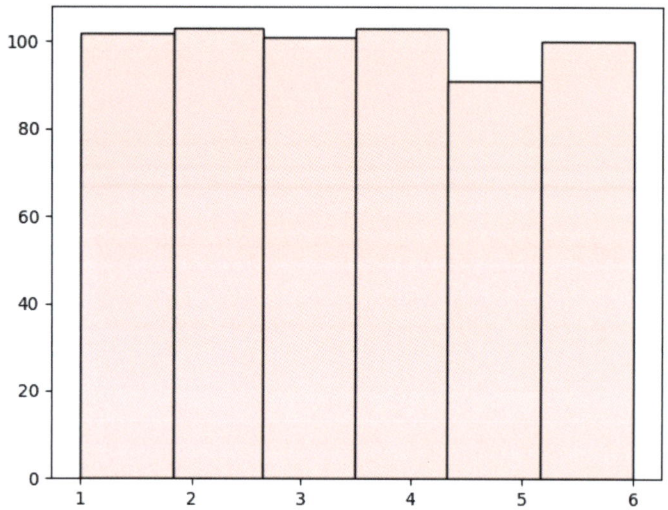

Ganz schön cool, so eine Zahlenwüste als Grafik sehen zu können.

Du siehst: Jede Zahl wird unterschiedlich oft gewürfelt, aber trotzdem **ungefähr** gleich oft. Um etwa 100-mal tritt jeder Wert auf. Die Werte sind eben **gleichverteilt**! Erkennbar an den sechs jeweils fast gleich hohen Säulen (oder `bins`).

Die Werte werden übrigens ganz automatisch auf die vorhandenen Säulen verteilt. Arbeitest du mit Zufallszahlen, die nicht zwischen 1 und 6, sondern zwischen 0 und 1 liegen, dann hat die Skala der x-Achse natürlich ganz andere Werte, die Säulen des Histogramms wären aber fast gleich:

```
import matplotlib.pyplot as plt
import numpy as np
kleine_werte = np.random.rand*1(600*2)
plt.hist(kleine_werte*3, bins=6,
        color='mistyrose', edgecolor='black')
plt.show()
```

*1 Mit der Methode **`rand`** werden Zufallszahlen zwischen **0** und **1** als **Fließkommazahlen** erzeugt.

*2 Auch hier lassen wir wieder 600 Werte erzeugen, die auch wieder als Liste zurückgegeben werden.

*3 Die neue Liste wird an **`hist`** übergeben und dann gezeichnet. Alle Werte, auch wenn sie zwischen 0 und 1 liegen, lassen wir wieder in sechs **`bins`** aufteilen.

So könnten die Werte aussehen:

```
[8.32355173e-01 1.85689462e-01 4.62944853e-01 4.14259655e-01
 9.10681802e-01 3.60546689e-01 1.94266352e-01 7.21305902e-01
 6.34212935e-01 5.46987581e-01 8.44768778e-01 2.03023434e-01
 6.42900693e-01 7.02541664e-01 1.08531178e-01 9.88956674e-02
 9.52337942e-01 2.57425211e-01 7.69965999e-01 7.67905242e-01 ...
```

Und so (oder ähnlich) kann das dann als Grafik aussehen:

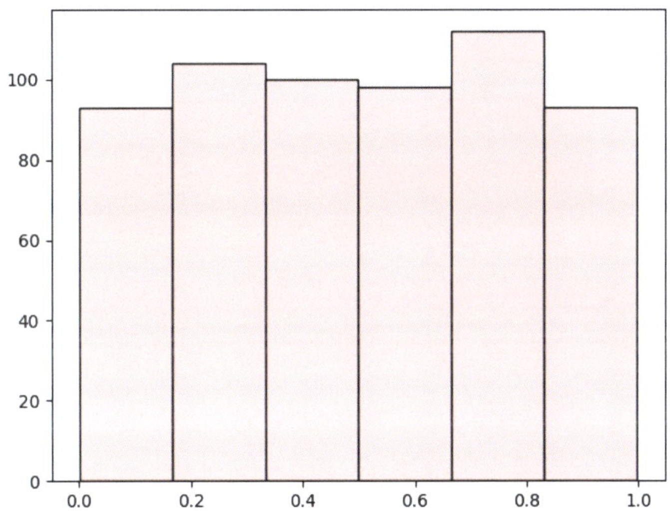

Natürlich gibt es Abweichungen – aber die Werte sind auch hier ganz schön gleich gleichverteilt.

Ganz normalverteilte Werte ...

Im Gegensatz dazu sehen **normalverteilte Werte** etwas anders aus. Bei so einer **Normalverteilung** wird davon ausgegangen, dass sich die meisten Werte – mit einer gewissen Abweichung – um einen bestimmten Wert verteilen.

Ein praktisches Beispiel?

Würdest du die **Geschwindigkeit aller Autos** auf einer Straße messen, dann würden die meisten Autos **etwa 50 Stundenkilometer** fahren. Einige etwas schneller, andere etwas langsamer. Aber alle würden »so um die 50 fahren«.

Wenn du so etwas mit normalen Zufallszahlen simulieren wolltest, könnte das etwas schwierig werden, schließlich sollten die meisten ja dann auch um die 50 fahren und nicht gleichverteilt von 1 bis 50 (oder mehr) Kilometern in der Stunde.

Mit normalverteilten Zufallswerten kannst du so etwas dagegen sehr gut simulieren:

*1 Das hier ist der Erwartungswert μ, also der Wert, um den sich alle anderen Werte tummeln sollen, hier um unsere 50 Stundenkilometer.

*2 Dann brauchen wir noch eine Varianz. Damit wird angegeben, wie stark und wie weit einzelne Ergebnisse von dem Erwartungswert abweichen.

Anders ausgedrückt: Je größer **`sigma`**, also die Varianz, ist, desto weniger halten sich die Autofahrer an die 50 Stundenkilometer und sind entsprechend schneller (oder auch langsamer).

```
mu = 50*1
sigma = 5*2
anzahl = 999*3
normalverteilt = np.random.normal*4(mu, sigma, anzahl)
```

*3 Wir lassen uns hier 999 vorbeifahrende Autos berechnen.

*4 Dafür verwenden wir die Methode **`normal`**, der wir unsere drei Werte übergeben.

Das lassen wir uns wieder als Grafik bzw. in einem Histogramm ausgeben:

```
plt.hist(normalverteilt, bins=20,
         color='mistyrose', edgecolor='black');
plt.show()
```

So weit bleibt alles gleich, wir wählen aber mit 20 **`bins`** eine feinere Unterteilung und Darstellung.

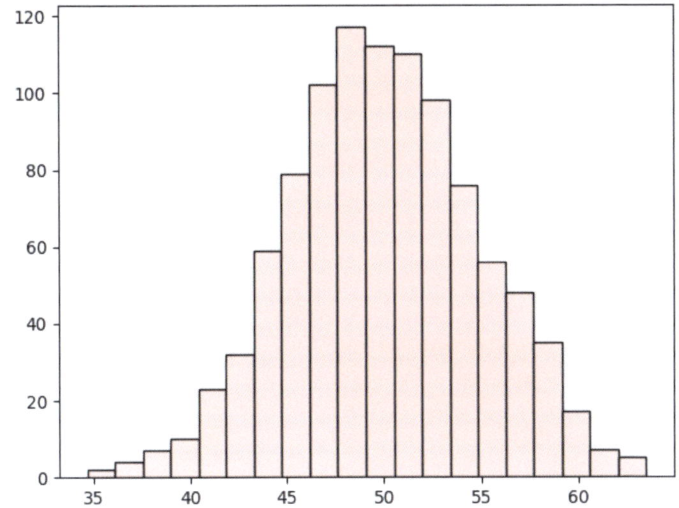

Nicht alle virtuellen Autos halten sich an Tempo 50 – fast wie im richtigen Leben.

Neben der Normalverteilung gibt es noch weitere Verteilungen, wie die logistische Verteilung **`logistic`**, die Poissonverteilung **`poisson`** oder die Binomialverteilung **`binomial`**, die an dieser Stelle dann aber doch etwas zu weit führen würden.

Die Sache mit den Arrays

NumPy kann nicht nur gut mit Zufallszahlen umgehen, sondern ist auch sehr stark bei Arrays. Dabei erfindet NumPy das Rad auch gar nicht (komplett) neu, sondern arbeitet Hand in Hand mit Python zusammen. Dabei ist NumPy hier sogar noch etwas strenger als Python: Alle Daten in einem NumPy-Array müssen den **gleichen Datentyp** haben. Ein beliebiges Vermischen unterschiedlicher Datentypen ist nicht möglich.

[Hintergrundinfo]
Ein (NumPy-)Array ist in etwa vergleichbar mit einer Liste oder einem Tupel in Python. In so einem Array können nahezu beliebig viele Werte gespeichert werden. Arrays gibt es in praktisch allen Programmiersprachen.

Wenn du ein einfaches, eindimensionales Array mit NumPy anlegen willst, kannst du für die Daten erst mal eine normale Python-Liste oder ein Tupel verwenden.

```
import numpy as np
dukaten = (10, 12, 17, 42, 0.7)*1
numpy_dukaten = np.array(dukaten)*2
```

*1 Hier spielt es keine Rolle, wie die Daten vorliegen. Liste, Tupel? Egal!

*2 Mit der Methode **array** wird ein echtes NumPy-Array erzeugt!

So werden schließlich aus schnöden Dukaten echte NumPy-Dukaten:

```
print(numpy_dukaten)
```

```
[10.  12.  17.  42.  0.7]
```

Warum haben alle Zahlen jetzt einen Punkt?

Für NumPy müssen alle Elemente eines Arrays vom **gleichen Datentyp** sein. In unserem Tupel **dukaten** sind fast alle Zahlen vom Typ **Integer**, also ganzzahlig. Nur eine Zahl, die **0.7**, ist eine **Fließkommazahl**.

Was tun?

NumPy wandelt in so einem Fall automatisch alle Elemente in den gleichen Datentyp um, und zwar so, dass alle Daten (nach Möglichkeit) ohne Datenverlust in den neuen Datentyp passen. Da sich bei der Umwandlung einer Fließkommazahl wie **0.7** zu einer Ganzzahl, also Integer, der Wert verändern würde (zu 0 oder zu 1), geht das schon mal nicht. Also werden alle anderen Werte angepasst, und zwar zu Fließkommazahlen, was ja ohne eine (für uns relevante) Veränderung der Werte möglich ist.

Würde sich also ein **Text** in das ursprüngliche Tupel schleichen, dann würden alle Elemente im neuen **NumPy Array** zum Typ **String** umgewandelt:

```
import numpy as np
dukaten = (10, "Schrödinger"*1, 12, 17, 42, 0.7)
numpy_dukaten = np.array(dukaten)
```

*1 Da hat sich doch glatt ein »Schrödinger« als String unter die Zahlen gemischt.

```
['10' 'Schrödinger' '12' '17' '42' '0.7']*2
```

*2 Und schon sind alle Werte im neuen Array auch Strings.

Denn nur so gehen keine Daten verloren.

Aber zurück zu unserem ersten Array ...

Ein paar schnelle Berechnungen

[Einfache Aufgabe]

Berechne für das erste Array das Maximum, das Minimum, die Summe, den Mittelwert und die Standardabweichung.

Äh, da hast du doch bestimmt ein paar nützliche Funktionen für mich!?

Klar, NumPy hat da ganz zufällig ein paar hilfreiche Funktionen für dich: **`max`**, **`min`**, **`sum`**, **`mean`** und **`std`**. Klar, dass solche Funktionen natürlich **nur mit Zahlen** funktionieren, in unserem Fall also nur mit unseren ersten Werten ohne String, also ohne **`"Schrödinger"`**: **`10, 12, 17, 42, 0.7`**

Gut, das reicht mir schon!

```
print("Maximum:", np.max(numpy_dukaten))
print("Minimum:", np.min(numpy_dukaten))
print("Summe:", np.sum(numpy_dukaten))
print("Mittelwert", np.mean(numpy_dukaten))
print("Standardabweichung", np.std(numpy_dukaten))
```

```
Maximum: 42.0
Minimum: 0.7
Summe: 81.7
Mittelwert 16.34
Standardabweichung 13.8745234
```

Du kannst auch auf einzelne Elemente eines solchen Arrays über den Index zugreifen. Die Zählung des Index beginnt mit **`0`** bei dem **`ersten Element`**.

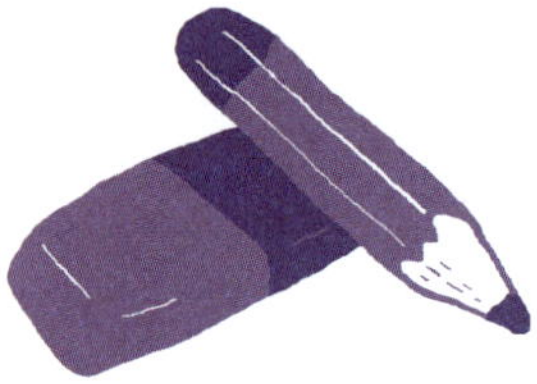

[Notiz]
Die Länge eines Arrays kannst du übrigens ganz einfach über das Attribut **`size`** feststellen. **`numpy_dukaten.size`** würde beispielsweise **5** zurückgeben, da sich eben fünf Elemente in dem Array befinden. Ach ja, **`len(numpy_dukaten)`** funktioniert übrigens auch.

`numpy_dukaten[3]` wäre demnach **`42.0`** und
`numpy_dukaten[1]` würde **`12.0`** zurückgeben.

Genauso leicht kannst du Werte in dem Array über den Index **ändern**:

```
numpy_dukaten[4] = 13
print(numpy_dukaten)
```

Gibst du zwei Werte an, getrennt durch einen Doppelpunkt, dann werden dir die Werte von dem ersten angegebenen Index bis zum zweiten angegebenen Index zurückgegeben. Lässt du einen der beiden Werte leer, dann steht dies links für den Anfang des Arrays und rechts für das Ende des Arrays:

`numpy_dukaten[1:3]` wäre demnach **`[12. 17.]`**,

`numpy_dukaten[:3]` wäre **`[10. 12. 17.]`** und

`numpy_dukaten[1:]` schließlich **`[12. 17. 42. 13.]`**.

[Notiz]
Das originale Array bleibt dabei übrigens **unverändert**. Willst du weiter mit dem Ergebnis arbeiten, musst du es natürlich irgendwo speichern.

Aber auch solche **Zaubereien** sind möglich:

Eine einzelne negative Zahl (ohne Doppelpunkt) holt den jeweiligen Wert, von hinten gezählt. **`numpy_dukaten[-2]`** ergibt also **`42.0`**.

Mit einem Doppelpunkt und einer negativen Zahl an der ersten Stelle werden die jeweils letzten Zahlen geholt, bei –3 also die letzten drei Zahlen:

`numpy_dukaten[-3:]` ergibt so **`[17. 42. 13.]`**.

Während ein Doppelpunkt und eine negative Zahl an der zweiten Stelle alles bis auf die angegebenen Zahlen holt, bei **–3** also alles bis auf die letzten drei Zahlen:

`numpy_dukaten[:-3]` ergibt also `[10. 12.]`.

Und dann geht auch noch so etwas:

Du kannst einen **Anfang**, ein **Ende** und die **Schrittweite** angeben.

```
numpy_dukaten[1:4:2]
```

```
[12. 42.]
```

```
numpy_dukaten[::-1]
```

Durch das Weglassen der ersten beiden Werte für den Anfang und das Ende kannst du dir so alle Werte **rückwärts** ausgeben lassen.

```
[13. 42.  17.  12.  10.]
```

Und so wird jeder **zweite Wert rückwärts** gelesen und zurückgegeben.

```
numpy_dukaten[::-2]
```

```
[13. 17.  10.]
```

Du kannst mit der Methode **append** auch neue Werte und sogar andere Arrays einem NumPy-Array anhängen.

```
neues_array = np.append(numpy_dukaten, 123*1)
weiteres_array = np.append(numpy_dukaten, (1,2,3)*2)
```

*1 Genau genommen wird der Wert `123` gar nicht angefügt. Das erste Array wird zusammen mit dem neuen Wert zu einem neuen Array **zusammengefügt**.

*2 Genauso kann anstelle eines einzelnen Wertes ein zweites Array angegeben werden, das zu **einem neuen Array** zusammengefügt wird.

```
[10.  12.  17.  42.  13. 123.]
[10. 12. 17. 42. 13.  1.  2.  3.]
```

Du siehst: Eigentlich werden mit **append** zwei Arrays (oder ein Wert und ein Array) in der angegebenen Reihenfolge zusammengefügt. Ein neues Array wird **zurückgegeben** und muss dann natürlich irgendwo gespeichert werden. Das bzw. die ursprünglichen Arrays bleiben unverändert!

Bau mal ein Array

Gegeben ist dieses Tupel:

```
taler = (1,2,3,7,9,0)
```

[Einfache Aufgabe]

Mach aus dem gegebenen Tupel ein NumPy-Array, das so aussieht: [10 9 7 3 2 1].

Dazu solltest du die Werte in dem Array umdrehen und den vorhandenen Wert 0 durch den Wert 10 ersetzen.

Das kriege ich hin!

Erst mal der Anfang.

```
import numpy as np
taler = (1,2,3,7,9,0)
```

Jetzt kommt die Kür:

```
numpy_taler = np.array(taler)*1
numpy_taler = numpy_taler[::-1]*2
numpy_taler[0] = 10*3
print(numpy_taler)
```

*1 Erst mal wird aus dem normalen Tupel ein NumPy-Array gemacht.

*2 Dann wird das Array einfach umgedreht und der bisherigen Variablen wieder zugewiesen. Natürlich könnte man auch eine andere Variable dafür nehmen.

*3 Noch schnell die 0 durch eine 10 ersetzen, …

… und schon ist das gewünschte Array fertig!

Weniger selbst arbeiten – Arrays mit »arange«

Mit NumPy kannst du dir übrigens auch ganz komfortabel beliebige Arrays anlegen lassen. Das Zauberwort dafür lautet **`arange`**!

Bis zu vier Parameter kannst du angeben, und NumPy zaubert damit ein neues Array. Wenn du zum Beispiel ohne langes Tippen ein Array mit den Fließkommazahlen von 5 bis 25 benötigst, aber nur jede zweite Zahl brauchst, geht das ganz einfach:

```
magisch = np.arange(start=5*1,stop=26*2,step=2*3,dtype=float*4)
```

*1 Das ist der Startwert, einschließlich. Hier beginnt unser Array also mit **5**.

*2 Hier wird gestoppt, dieser Wert selbst wird dabei **nicht** mehr im Array verwendet.

*3 Das ist die Schrittweite, klar.

*4 Hier kannst du den Datentyp angeben.

```
[5.  7.  9. 11. 13. 15. 17. 19. 21. 23. 25.]
```

Gibst du diese Parameter in dieser Reihenfolge an, brauchst du nur die Werte selbst anzugeben:

```
magisch = np.arange(5,26,2,float)
```

Und was du nicht benötigst, kannst du natürlich auch als Parameter weglassen. Gibst du nur eine Zahl an, dann wird das als Endwert angesehen; der Start wird damit als **0** interpretiert, die Schrittweite ist **1**, und der Datentyp wird aus dem angegebenen Wert ermittelt:

```
magisch = np.arange(10.1)
```

```
[0.  1.  2.  3.  4.  5.  6.  7.  8.  9. 10.]
```

Die Sache mit den mehrdimensionalen Arrays

NumPy kann nicht nur mit eindimensionalen Arrays, sondern auch mit **mehrdimensionalen Arrays** sehr gut arbeiten.

[Hintergrundinfo]

NumPy kann natürlich auch mit **Matrizen** sehr gut umgehen. Früher gab es sogar eine eigene Klasse **`matrix`** dafür. Allerdings sind Arrays in NumPy derart flexibel und leistungsfähig, dass die Klasse **`matrix`** aufgegeben wurde und nur noch Arrays verwendet werden, genau genommen die Klasse **`ndarray`**, die im Hintergrund verwendet wird, wenn du in NumPy etwas komfortabler mit **`array`** arbeitest.

Wir wollen uns hier mal mit zweidimensionalen Arrays begnügen. Das sehen wir uns mit einem einfachen Array einmal genauer an:

*1 Hier haben wir drei kleinere Listen, mit denen ein NumPy-Array generiert wird. Mit Tupeln funktioniert das übrigens genauso gut.

```
import numpy as np
einfaches_array = np.array([[1,2,3], [4,42,6], [7,8,9]*1]*2)
print(einfaches_array)
```

```
[[1  2  3]
 [4 42  6]
 [7  8  9]]
```

*2 Diese drei Listen sind Teil einer großen Liste. Denn wichtig ist immer, dass alle Daten als **ein Element** an NumPy übergeben werden. Und irgendwie müssen wir unsere Daten ja auch als zweidimensional kennzeichnen.

Das ist natürlich noch nicht alles. Jedes NumPy-Array hat verschiedene Attribute, die du ganz einfach abfragen kannst:

```
print(einfaches_array.ndim)
```

Denk daran, dass **Attribute** wie Variablen, also **ohne Klammern**, aufgerufen werden.

Mit **`ndim`** kannst du die Anzahl der Dimensionen des Arrays abfragen. In unserem Fall sind das **2** Dimensionen.

Die Form des Arrays fragst du ganz einfach mit **`shape`** ab.
Hier haben wir eine Form von **`(3, 3)`**.

Die Größe, also wie viele Elemente das Array hat, erfährst du mit **`size`**, hier also **9**.

Den Datentyp fragst du mit **`dtype`** ab. Bei Integer-Zahlen wie in unserem Fall hier ist das Ergebnis **`int64`**.

Und natürlich kannst du auch die **Methoden** verwenden, die du bereits kennengelernt hast, wie zum Beispiel **`max`**, um das größte Element abzufragen:

```
print(einfaches_array.max())
```

```
42
```

Welch ein Zufall! Schon wieder die Zahl 42!

Auf einzelne Elemente eines solchen Arrays kannst du über den Index zugreifen und damit einzelne Werte auslesen und auch neu schreiben. Dabei ist **`[0,0]`** links oben, die Zählung des Index beginnt bei **0**. Der **erste Wert** steht für die **Zeile**, der **zweite Wert** für die **Spalte**. Rechts unten wäre bei unserem kleinen Array **`[2,2]`**, dort steht der Wert **9**.

Und so **liest** du einen Wert aus:

```
print(einfaches_array[1,1])
print(einfaches_array[0,2])
```

```
42
3
```

Und so **änderst** du einen Wert:

```
einfaches_array[2,2] = 99
print(einfaches_array)
```

```
[[1  2  3]
 [4 42  6]
 [7  8 99]]
```

Bastelarbeiten mit Arrays

Wer sagt denn, dass das Arbeiten mit Arrays eine langweilige Sache ist? Vor allem, wenn man ganz einfach die tollsten Operationen durchführen kann?

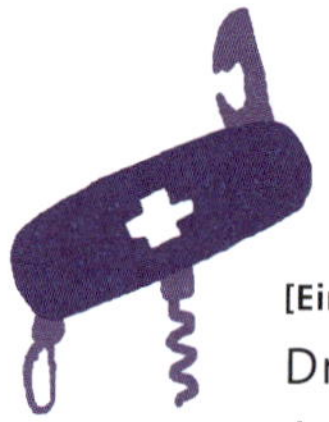

[Einfache Aufgabe]

Dreh bitte unser zweidimensionales Array um 90 Grad nach links.

Das soll dann so aussehen:

```
[[1  2  3]      [[3  6  9]
 [4 42  6]       [2 42  8]
 [7  8  9]]      [1  4  7]]
```

Links das ursprüngliche und rechts das um 90 Grad gedrehte Array.

Soll ich das berechnen???

Da gibt's doch bestimmt einen Trick?

Mit der Funktion **`rot90`** kannst du ein als Parameter übergebenes Array um 90 Grad nach links drehen. Als zweiten optionalen Parameter kannst du sogar angeben, **wie oft** gedreht werden soll. Der Rückgabewert ist ein neues, gedrehtes Array.

```
anderes_array = np.rot90(einfaches_array)
print(anderes_array)
```

```
[[3  6  9]
 [2 42  8]
 [1  4  7]]
```

Mit den Funktionen **`zeros`** und **`ones`** kannst du Arrays erzeugen, die mit Nullen bzw. Einsen gefüllt sind. Gibst du als ersten Parameter **eine einzelne** Integer-Zahl an, erzeugst du ein eindimensionales Array. Gibst du eine **Liste** mit zwei Integer-Zahlen an, erzeugst du ein zweidimensionales Array mit den entsprechenden Maßen. Dabei steht die **erste Zahl** für die Anzahl der **Zeilen**, die **zweite Zahl** für die Anzahl **Spalten** bzw. dafür, wie viele Elemente in einer Zeile stehen. Mit dem optionale Parameter **`dtype`** kannst du den Datentyp angeben.

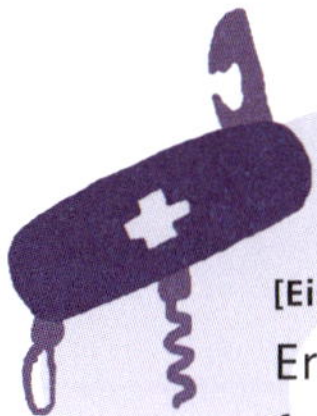

[Einfache Aufgabe]
Erzeuge bitte die beiden folgenden Arrays!

```
[[1 0 0 0 0]     [[1. 1. 1. 1.]
 [0 0 0 0 0]      [1. 1. 1. 1.]
 [0 0 0 0 0]]     [1. 1. 1. 9.]]
```

Also zuerst müssen zwei Arrays mit Nullen und Einsen erzeugt werden:

```
erstes_array = np.zeros((3,5)*1, dtype=int)
zweites_array = np.ones((3,4)*1, dtype=float)
```

*1 Der erste Wert steht für die Anzahl der Zeilen, der zweite Wert für die Anzahl der Elemente in jeder Zeile.

Dann müssen die jeweiligen Werte innerhalb der Arrays geändert werden:

```
erstes_array[0,0] = 1
zweites_array[2,3]*1 = 9
```

*1 Auch hier steht der erste Wert für die Zeile, beginnend bei 0 und der zweite Wert für die Spalte, auch beginnend bei 0.

Rechnen mit Arrays

Zu guter Letzt wollen wir uns noch ansehen, wie du mit NumPy-Arrays rechnen kannst – oder besser gesagt, **wie leicht du damit rechnen kannst!**

Du willst alle Elemente eines Arrays mit einer Zahl multiplizieren? Alle Zahlen hoch 2 nehmen oder eine Zahl zu jedem Wert addieren? Nichts leichter als das. Du musst nur das NumPy-Array mit dem entsprechenden Operator und Wert versehen. Wir nehmen dazu die ursprüngliche Variante des Arrays **einfaches_array**.

```
print(einfaches_array*3) *1
print(einfaches_array**2) *2
print(einfaches_array+10) *3
```

*1 Einmal eine Multiplikation, das Ergebnis ist das linke Array.

*2 Einmal alles hoch 2, das Ergebnis steht in der Mitte.

*3 Und einmal mit einer einfachen Addition, das ist das Ergebnis ganz rechts.

```
[[ 3    6    9]   [[ 1     4    9]   [[11  12  13]
 [12  126   18]    [16  1764   36]    [14  52  16]
 [21   24   27]]   [49    64   81]]   [17  18  19]]
```

Und was geht sonst noch so?

NumPy bietet dir auch die Möglichkeit, den Sinus, Kosinus oder den Tangens zu berechnen – jeweils mit den Funktionen **sin**, **cos** und **tan** –, genauso, wie du alle Elemente auf **bestimmte Bedingungen** überprüfen kannst.

```
print(np.sin(einfaches_array))
```

So berechnest du beispielhaft den Sinus für jedes Element.

```
[[0.84147098  0.90929743  0.14112001]
 [-0.7568025  -0.91652155  -0.2794155]
 [0.6569866   0.98935825  0.41211849]]
```

```
print(einfaches_array > 5)
```

Für jedes Element wird die Bedingung ausgewertet. Hier wird **True** ausgegeben, wenn das jeweilige Element größer als **5** ist – ansonsten **False**.

```
[[False  False  False]
 [False  True   True]
 [True   True   True]]
```

Vielleicht eine Sache noch!

Haben Arrays die **gleiche Größe**, dann kannst du sie sogar addieren, subtrahieren, multiplizieren oder dividieren:

```
eins = np.array([[1,2,3], [4,5,6]])
zwei = np.array([[4,5,6], [7,8,9]])
print(eins + zwei)*1
print(eins * zwei)*2
```

*1 Hier eine einfache **Addition**. Die Elemente beider Arrays werden an den jeweils gleichen Stellen miteinander addiert, und das Ergebnis wird als **neues Array** zurückgegeben.

*2 Hier das gleiche als **Multiplikation** – auch hier wird jede Stelle des einen Arrays mit der gleichen Stelle des anderen Arrays multipliziert.

```
[[5  7  9]
 [11 13 15]]*1
[[4 10 18]
 [28 40 54]]*2
```

Das funktioniert natürlich nur mit Zahlenwerten, nicht mit Strings.

Was hast du gelernt? Was haben wir gemacht?

Lass uns kurz rekapitulieren …

Zufallszahlen sind nicht einfach nur schnöde Zufallszahlen. Sie können auf unterschiedliche Arten erzeugt werden und verschiedene **Verteilungen** haben. Sie können gleichverteilt oder normalverteilt sein. Das kann je nach Anwendung, beispielsweise bei einer Simulation, einen sehr großen Unterschied machen.

NumPy ist eine spezielle Bibliothek, die dir bei Zufallszahlen, Arrays und Matrizen (als Sonderfall eines Arrays) wertvolle Dienste leisten und dir viel Rechnerei abnehmen kann.

Mithilfe von NumPy kannst du dir beliebige Teile aus Arrays herausschneiden, du kannst dir Arrays fast wie von Zauberhand mit `arange` erstellen lassen.

So richtig los geht es aber mit mehrdimensionalen Arrays. Zwar müssen alle Werte in einem solchen Array vom gleichen Typ sein (oder werden automatisch dazu gemacht), aber das ist nur eine kleine Einschränkung. Du kannst die verschiedensten Informationen abfragen, Arrays drehen, damit rechnen oder mathematische Funktionen darauf anwenden.

Buttons, GUI und Layout-Manager

—ZWÖLF—

Grafische Oberflächen

So praktisch und einfach die Ausgabe mit »print« auch sein mag – eine grafische Oberfläche ist ungeschlagen, wenn es darum geht, ein Programm etwas ansprechender zu gestalten. Mit dem Modul »tkinter« kannst du so eine grafische Oberfläche für deine Programme bauen. Und mit den unterschiedlichen Layout-Managern ist zwar nicht unbedingt gut Kirschen essen – aber um alles in Form zu bringen, sind sie super hilfreich!

Klar, die Ausgabe auf der Kommandozeile ist schnell und einfach.
Und irgendwie hat es ja auch etwas Kultiges, so über die Kommandozeile zu arbeiten.

Aber auch ein bisschen Schick und Eleganz sind nicht zu verachten, vor allem, weil sich über ein **GUI** Eingaben, Daten und Informationen sehr übersichtlich präsentieren lassen – besser als mit einer zeilenweisen Ausgabe im Kommandofenster.

[Begriffsdefinition]

Ein GUI ist ein **Graphical User Interface**, also eine grafische Benutzeroberfläche.

Python bietet dafür das Modul **`tkinter`**. Damit kannst du mit wenigen Zeilen Code eine grafische Oberfläche bauen. Der etwas seltsam anmutende Name steht dabei für **Tk Interface**. Denn Python nutzt mit dem Modul **`tkinter`** ein sogenanntes Toolkit namens **Tk**, um eine grafische Oberfläche nach deinen Anweisungen zu generieren.

Tk ist so etwas wie eine grafische Bibliothek, die unabhängig von Python verfügbar ist und für zahlreiche Plattformen von Windows über Linux bis hin zu macOS zur Verfügung steht.

Bei jedem unterstützten System stellt **Tk** die Fenster, Buttons, Eingabefelder, Textfelder und eben sonst alles zur Verfügung, was du für eine grafische Oberfläche brauchst. Da **Tk** plattformübergreifend arbeitet, musst du dir keine Gedanken machen, wie du deine Buttons (oder was auch sonst immer) auf einem Mac, einem Windows-Rechner oder unter Linux aufbauen musst (was tatsächlich sehr unterschiedlich ist!) – das Toolkit **Tk** kümmert sich darum. Und du benötigst dafür nur das Modul **`tkinter`**!

Und das geht recht einfach:

```
import tkinter as tk*1

fenster = tk.Tk()*2
fenster.geometry("300x100")*3
fenster.title("Schrödingers Fenster")*4

element = tk.Label*5(fenster*9, text="Hallo Welt!")*6
element.grid(row=1, column=1)*7

fenster.mainloop()*8
```

*1 Klar, du brauchst das Modul **tkinter**, wir importieren es als **tk**. Das ist nicht zwingend, wird aber recht häufig so gemacht.

*2 Hier kommt alles, was du brauchst, um das Fenster als solches zu definieren.

*3 Mit **geometry** bestimmst du (optional) die **Größe** des Fensters, ...

*4 ... und mit **title** kannst du den **Titel** des Fensters festlegen. Auch diese Angabe ist optional.

Damit hast du schon mal alles, um ein (leeres) Fenster erscheinen zu lassen. Du willst aber auch etwas **in** dem Fenster darstellen:

*5 Mit **Label** erstellst du ein Objekt, das in dem Fenster dargestellt werden kann. Hier handelt es sich um einen einfachen Text.

*6 Das Objekt muss wissen, in **welchem Fenster** es dargestellt werden soll, denn es kann ja mehrere Fenster geben. Diese Informationen übergibst du als Parameter.

*7 Hier wird der Layout-Manager angesprochen. Er muss wissen, wo das Objekt dargestellt werden soll. Hier werden **eine Reihe** und **eine Spalte** angegeben.

*8 Ein Programm mit einer Oberfläche läuft eben nicht einfach einmalig durch und ist dann beendet – es läuft, solange das Fenster geöffnet ist. Das übernimmt die **mainloop**.

*9 Eigentlich müsstest du das Fenster gar nicht als Parameter angeben. Ohne Angabe wird jedes Element dem **ersten** angegebenen Fenster im Programm zugeordnet. Es ist aber guter Stil (und lesbarer), es trotzdem zu tun.

[Hintergrundinfo]

In Python 2 hieß das Modul tatsächlich **Tkinter**, war also großgeschrieben. Um bei einem Wechsel auf Python 3 nicht zu viel ändern zu müssen, wurde der Import von **Tkinter** oder **tkinter** oft einheitlich mit **as** zu **tk** umbenannt.

Das erste Fenster zu Schrödingers Welt

Cool, aber was ist eigentlich dieser Layout-Manager!?

[Begriffsdefinition]

Wenn ein Programmfenster angelegt wird und ihm Elemente **zugeordnet** werden, dann ist das nur ein Teil von dem, was eine grafische Oberfläche ausmacht. Fast wichtiger ist es, die Texte und grafischen Elemente zu **positionieren** oder sie zueinander **anzuordnen**. Darum kümmert sich der **Layout-Manager**! Und vergisst du, ein Element mit dem Layout-Manager zuzuordnen, bleibt es **unsichtbar**.

Wo ein Button oder ein Text sitzen und wie sich alles verändert, wenn sich Inhalte oder die Fenstergröße ändern? Genau dafür sind die **Layout-Manager** in solchen Toolkits zuständig.

Der Layout-Manager **`grid`** ordnet die Elemente in einem **flexiblen Raster** zueinander an. Theoretisch werden die Elemente durch die Angabe von Zeile oder Reihe, also **`row`**, und Spalte, also **`column`**, wie in einem Koordinatensystem angeordnet. **Theoretisch** deshalb, weil diese Angaben sehr flexibel sind. Es muss nicht jede Koordinate definiert sein – ist eine Koordinate leer, dann ist es so, als gäbe es sie nicht. Gibt es beispielsweise nur zwei Elemente mit den Koordinaten 1, 1 und 1, 7 (jeweils als Reihe und Spalte), dann werden die leeren Koordinaten nicht beachtet und die beiden Elemente liegen trotzdem nebeneinander. Aber gäbe es ein Element 1, 3 – dann würde es genau zwischen den beiden anderen Elementen liegen!

Dabei gibt es neben **`grid`** noch zwei andere Layout-Manager, mit denen Elemente ganz unterschiedlich positioniert werden können. Werfen wir einen ganz kurzen Blick darauf!

Der Layout-Manager »pack« und die Sache mit den Frames

Der Layout-Manager **pack** ist rasch erklärt: Du kannst mit seiner Hilfe Dinge in Richtungen und zueinander positionieren.

```
import tkinter as tk
fenster = tk.Tk()
hallo = tk.Label(fenster, text="Hallo")
hallo.pack*1(side=tk.LEFT*2)
welt = tk.Label(fenster, text="Welt")
welt.pack(side=tk.RIGHT*2)
schrödinger = tk.Label(fenster, text="Schrödinger")
schrödinger.pack(side=tk.TOP*2)
katze = tk.Label(fenster, text="Katze")
katze.pack(side=tk.BOTTOM*2)
fenster.mainloop()
```

*1 Anstelle von **grid** verwendest du den Layout-Manager **pack**.

*2 Über die Angaben **LEFT**, **RIGHT**, **TOP** oder **BOTTOM** richtest du die Elemente aus.

In alle Himmelsrichtungen verstreut, aber ganz einfach

Ohne Angabe der Richtung werden die Elemente zentriert und einfach untereinander angeordnet.

Wichtig dabei: Die Elemente werden mit den Angaben über ihre Positionierung immer relativ zu dem vorherigen Element gesetzt!

Setzt du bei Schrödinger und der Katze die Positionierung jeweils auf **side=tk.LEFT**, dann passiert Folgendes:

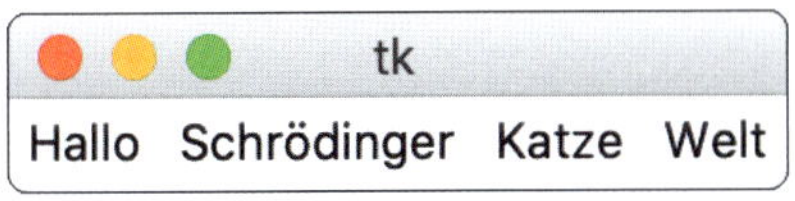

Schon sieht alles ganz anders aus!

Die Erklärung ist einfach. Das erste Element **`Hallo`** ist nach links ausgerichtet und sitzt (jo, klar) links. Das zweite Element **`Welt`** ist rechts ausgerichtet und sitzt auch rechts. Dann kommt **`Schrödinger`**, der links ausgerichtet ist, und zwar links zu dem vorherigen Element **`Welt`**. **`Schrödinger`** sitzt also links von **`Welt`**. Das letzte Element **`Katze`** ist auch wieder links ausgerichtet, folgt aber einem Element, das selbst links ausgerichtet ist. Deshalb muss sich **`Katze`** folgend einordnen.

Es gibt aber noch ein weiteres Element, das dir bei jedem Layout-Manager sehr **hilfreich** sein wird. Dabei handelt es sich um einen Rahmen, **`Frame`**, den du wie ein beliebiges Element anlegst, der aber selbst keinen Inhalt hat.

So, wie du ein Fenster einem Element zuordnest, kannst du jedem Element auch einen Frame zuordnen:

```
import tkinter as tk
fenster = tk.Tk()
kasten = tk.Frame(fenster, bg="red", borderwidth=5)*1
kasten.pack()*2
hallo = tk.Label(fenster, text="Hallo")
hallo.pack(side=tk.LEFT)
welt = tk.Label(fenster, text="Welt")
welt.pack(side=tk.RIGHT)
schrödinger = tk.Label(kasten*3, text="Schrödinger")
schrödinger.pack(side=tk.LEFT)
katze = tk.Label(kasten*3, text="Katze")
katze.pack(side=tk.LEFT)
fenster.mainloop()
```

*1 Hier wird ein **`Frame`** definiert und selbst **`fenster`** zugeordnet. Über Parameter bekommt er eine Farbe und einen Rand, damit man ihn im Beispiel besser erkennen kann.

*2 Das neue Objekt **`kasten`** muss natürlich selbst auch dem Layout-Manager zugeordnet werden. Ohne Parameter sitzt ein Element im Layout-Manager **`pack`** immer in der Mitte oben.

*3 Unser **Schrödinger** und die **Katze** werden hier nicht dem Fenster direkt, sondern dem neuen **`Frame kasten`** zugewiesen.

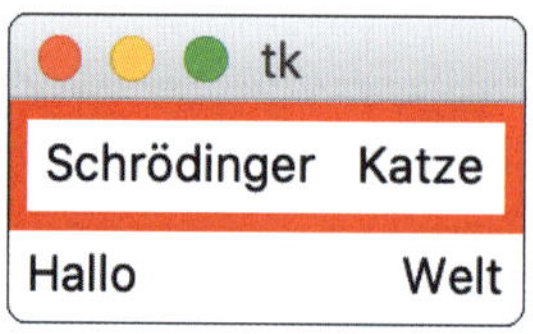

Schrödinger und Katze vereint im Frame »kasten«, der das erste Element im Fenster ist und damit ganz oben sitzt.

Übrigens, du kannst auch problemlos **mehrere Fenster** erstellen und jedem Fenster unterschiedliche Elemente zuordnen:

*1 Hier steht alles, was benötigt wird, um **zwei** Fenster anzulegen – allerdings ohne irgendwelche Extras.

*2 Ein erstes Element wird als **Label** angelegt und dem Fenster **zweites_fenster** zugeordnet.

```
import tkinter as tk
fenster = tk.Tk()
zweites_fenster = tk.Tk()*1
element = tk.Label(zweites_fenster, text="Hallo Welt!")*2
element.grid(row=1, column=1)*4
zweites_element = tk.Label(fenster, text="Hallo Schrödinger!")*3
zweites_element.grid(row=1, column=1)*4
```

*3 Und ein zweites Element wird dem Fenster **fenster** zugeordnet.

*4 Beide Elemente brauchen eine Positionierung über die Methode **grid** – den Layout-Manager. Ohne eine solche Positionierung, ohne Layout-Manager, würde das Element **unsichtbar** bleiben.

Probiere es aus und kommentiere den Aufruf der Methode **grid** aus – das jeweilige Element bleibt **unsichtbar**.

Zwei Fenster – ganz einfach gemacht!

Würdest du bei einem oder beiden **Label**-Elementen **keine Angabe** über das Fenster machen, dann würde das Element im **zuerst definierten** Fenster erscheinen. Da sich das recht schnell ändern könnte (nichts ist so schnell geändert wie Programmcode!), solltest du **grundsätzlich** mit der Fensterangabe arbeiten!

Mit deinem Fenster auf du und du

Die Inhalte der Fenster und auch die Art der Darstellung kannst du komfortabel über Parameter steuern. Und da gibt es (natürlich) wesentlich mehr, als du im ersten Programm gesehen hast. Deine Aufgabe ist es, verschiedene Elemente als Label anzulegen, sie zu positionieren und ihnen unterschiedliche Farben zu geben.

Kriege ich hin, aber wie mache ich das mit den Farben?

Wenn du **`Label`** aufrufst, musst du dafür die Parameter **`bg`** (background) für den Hintergrund und **`fg`** (foreground) für den Vordergrund angeben. Du kannst die Farbe als ausgeschriebenes englisches Wort angeben. Neben den eher bekannten Farben wie **`red`**, **`green`**, **`blue`**, **`yellow`**, **`grey`**, **`black`** oder **`white`** gibt es über 400 andere Farben und Farbabstufungen wie **`lavender`**, **`snow`**, **`ghost white`**, **`peach puff`**, **`alice blue`**, **`grey1`**, **`grey2`**, **`grey3`**, **`grey4`** und, und, und …

Da ist es einfacher, du legst die Farben als RGB mit einem Hexwert fest.

Hexenwert?

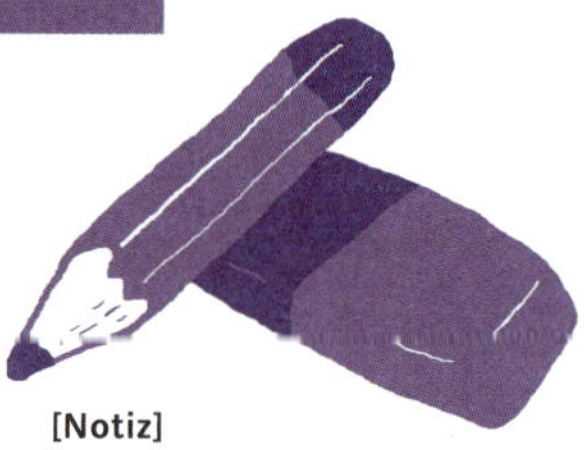

[Notiz]

Jede Farbe kann als **RGB-Wert** angegeben werden: Wenn **Rot**, **Grün** und **Blau** (jeweils als farbiges Licht) in unterschiedlicher Helligkeit gemischt werden, dann kann praktisch jede Farbe und Helligkeit erzeugt werden. Stell dir drei Lampen in Rot, Grün und Blau vor, die ganz eng zusammenstehen. Wenn alle drei in voller Intensität leuchten, dann entsteht (sichtbar) Weiß. Sind alle ausgeschaltet, ist es schwarz. Leuchtet nur die rote Lampe, dann ist die Farbe eben Rot. Leuchten Rot und Grün, entsteht Gelb. Und so können praktisch alle Farben dargestellt bzw. »gemischt« werden.

Dargestellt werden diese **RGB-Werte** klassisch im **hexadezimalen Zahlensystem**. Dabei wird nicht von 0 bis 9 gezählt und bei 10 geht man zu einer zweiten Stelle über, nein, man zählt von 0 bis F, also 0–1–2–3–4–5–6–7–8–9–A–B–C–D–E–F. Erst danach geht es zur nächsten Stelle.

Stell dir einfach vor, du hättest nicht zehn, sondern **16 Finger**, mit denen du zählst.

Die Zahl 15, dezimal, wäre demnach **F** oder auch **f** in hexadezimaler Schreibweise. Es spielt keine Rolle, ob die Buchstaben groß- oder kleingeschrieben werden. Die 16 wäre hexadezimal **10**, und dezimal 255 wäre dann **FF**. Durch die hexadezimale Schreibweise benötigst du weniger Stellen, um Zahlen darzustellen.

Gerade für **Farben**, die ja als **Kombination** aus Rot, Grün und Blau mit Werten von jeweils 0 bis 255 angegeben werden, spart man sich immerhin drei Stellen gegenüber der dezimalen Schreibweise: Rot 255 – Grün 255 – Blau 255, also 255255255. Hexadezimal ist das dann doch etwas kürzer **#FFFFFF** für die Farbe Weiß. Die Raute gibt übrigens an, dass es sich um eine hexadezimale Farbangabe handelt.

Willst du also einem Element einen roten Hintergrund geben und es im Vordergrund blau machen, dann sieht das so aus:

```
spam = tk.Label(fenster, text="Eggs", bg='#ff0000', fg='#0000ff')
```

[Schwierige Aufgabe]

In einem Fenster mit der Größe 250 mal 100 sollen drei Elemente dargestellt werden: der Text **"Hallo Welt"** im **grid** auf Position 1, 1, **"Hier"** im **grid** auf 2, 2 und **"Schrödinger!"** im **grid** auf 3, 3. Jedes Element soll eine eigene Hintergrund- und Vordergrundfarbe haben.

So könnte es aussehen:

```
import tkinter as tk*1
fenster = tk.Tk()
fenster.geometry("250x100")
fenster.title("Schrödingers Fenster")*2
```

*1 Das ist der notwendige Import von **tkinter**.

*2 Hier wird das Fenster erschaffen.

Jetzt kommen die drei Texte in unterschiedlichen Farben:

```
element1*3 = tk.Label(fenster, text="Hallo Welt!",
                      bg='#ff0000', fg='#0000ff')
element1.grid(row=1, column=1)*4
element2*3 = tk.Label(fenster, text="Hier",
                      bg='lavender', fg='#000000')
element2.grid(row=2, column=2)*4
element3*3 = tk.Label(fenster, text="Schrödinger!",
                      bg='yellow', fg='#009595')
element3.grid(row=3, column=3)*4
tk.mainloop()
```

*3 Es werden drei Elemente mit unterschiedlichen Texten und Farben angelegt und dem Programmfenster **fenster** zugeordnet.

*4 Nicht zu vergessen, hier folgt die Positionierung in **grid**, dem Layout-Manager.

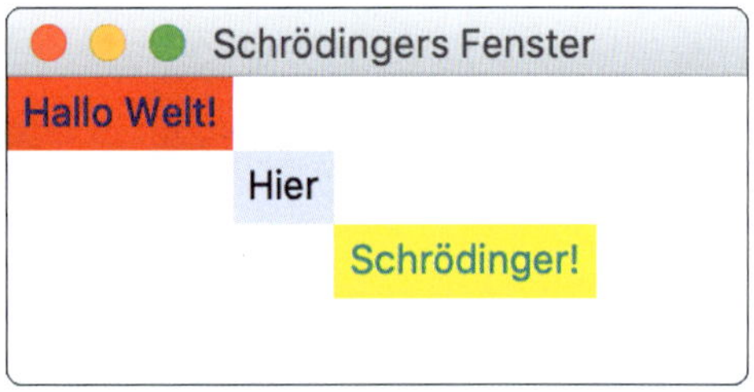

Drei Elemente in »schicken« Farben. Gut erkennbar ist die Positionierung.

Wenn du das Programm so ablaufen lässt, kannst du sehen, wie der Layout-Manager die vorhandenen Elemente mit deinen Angaben zueinander **anordnet**. Die Elemente nehmen nur so viel Platz ein, wie sie brauchen. Und sie werden mit den Angaben in der Methode **grid** zueinander angeordnet.

Es ist zwar eine Menge leer (bzw. weiß), aber die vorhandenen Elemente stehen direkt beieinander. Würdest du das zweite Element mit der Angabe **row=2** und **column=2** entfernen, dann würden die verbleibenden Elemente weiter **zueinanderrücken**. Probiere es mal aus, indem du eine Möglichkeit in deiner Benutzeroberfläche schaffst, das zweite Element zu **löschen**.

[Einfache Aufgabe]

Setz einen Button dazu, mit dem das zweite Element gelöscht werden kann.

So kannst du einen Button anlegen:

```
spam = tk.Button*1(eggs*2, text="OK"*3, command=dummy*4)
```

*1 Das benötigte Element bzw. die Methode heißt **Button** und erzeugt … na eben einen Button, der gedrückt werden kann.

*2 Auch hier solltest du das Programmfenster angeben, …

*3 … genauso wie einen Text, der auf dem Button angezeigt werden soll.

*4 Und hier wird angegeben, was passieren soll, wenn der Button gedrückt wird.

Vom Drücken des Buttons allein wird noch nichts gelöscht, und es wird auch sonst keine Aktion ausgeführt – die musst du erst explizit mit **command** angeben. Hier kannst du eine Funktion bzw. eine Methode nennen – jeweils **ohne Klammern**. Ein Element deiner Benutzeroberfläche kannst du mit der Methode **destroy** entfernen:

```
ein_element.destroy()*1
fenster.destroy()*2
```

*1 Hier würde ein (beliebiges) Element mit dem Namen **ein_element** entfernt.

*2 Und hier würde gleich das gesamte Programmfenster geschlossen.

Bei **command** würde das so aussehen, geschrieben immer **ohne Klammern**:

```
spam = tk.Button(eggs, text="OK", command=ein_element.destroy)
```

Die Angaben des Fensters und der Textelemente sind unverändert – deshalb hier nur diese neuen Zeilen für den Button:

```
button = tk.Button*1(fenster, text="Löschen"*2,
                         command=element2.destroy*3)
button.grid(row=4, column=2)*4
fenster.mainloop()
```

*1 Hier wird der Button passend mit der Methode **Button** angelegt.

*2 Der Text des Buttons sollte natürlich passend sein – **"Löschen"** zum Beispiel.

*3 Hier wird das zu löschende Element mit der Methode **destroy** aufgerufen – ohne Klammern.

*4 Auch der »Killer«-Button muss über den Layout-Manager in dem Fenster positioniert werden.

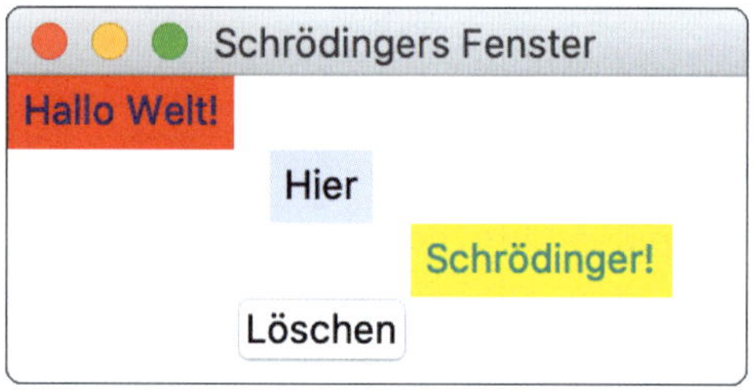

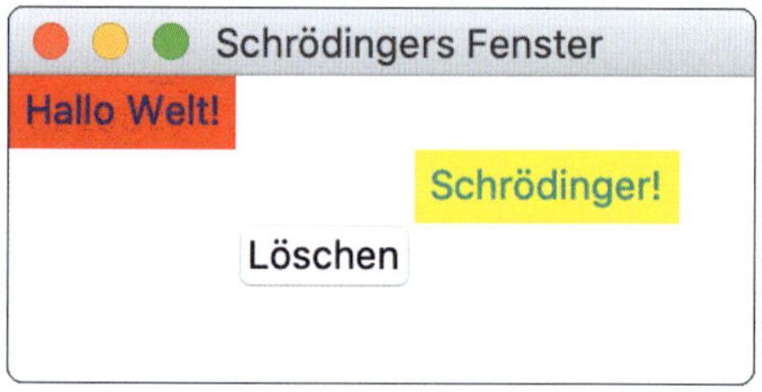

Einmal das Fenster im Originalzustand, einmal nach dem Drücken des Löschen-Buttons.

Du siehst, du kannst problemlos einen **Button anlegen** und mit einer **Aktion verknüpfen**. Dabei ist das Löschen eines Elements nur eine Möglichkeit von vielen. In den meisten Fällen wirst du eine **eigene Funktion** aufrufen, die dann die Veränderungen umsetzt – beispielsweise eine Berechnung durchführt und dann eines der Elemente in der Benutzeroberfläche verändert. Das wirst du gleich noch ausprobieren.

Und sicher ist dir aufgefallen, dass das Verschwinden des einen Elements dazu geführt hat, dass sich die **Positionierung insgesamt verändert** hat. Das von dir angegebene Raster und damit die Positionen der Elemente, ist **nicht statisch**. Leere Zeilen oder Spalten fallen praktisch in sich zusammen. In unserem Fall ist die **Zeile verschwunden**, in der sich das Label-Element mit dem Text **"Hier"** befunden hat. Die **Spalte** ist aber **unverändert** geblieben, da sich in dieser Spalte ja noch der Button **Löschen** befindet.

Du siehst:

[Notiz]

Bei dem Layoutmanager **grid** ist das angegebene Raster eine (ziemlich) relative Positionierung der vorhandenen Elemente zueinander.

Ein bisschen Kosmetik mit schöneren Elementen

Du kannst nicht nur die **Farben** und den **Text** ändern. Im Gegenteil gibt es noch **zahlreiche Möglichkeiten**, wie du das Aussehen deiner Elemente beeinflussen kannst.

Und: Du kannst das Aussehen übrigens nicht nur anpassen, wenn du das Element neu erstellst, also deklarierst, sondern auch **später** (bzw. getrennt davon). Dazu musst du nur den jeweiligen Parameter als **Schlüssel** bzw. als Key zu dem Objekt aufrufen und dann den **Wert übergeben**. Dein Label **element1** könntest du auch so schreiben, wobei wir uns noch einen **neuen Parameter** für mehr Abstand gönnen:

```
element1 = tk.Label(fenster)*1
element1['text'*2] = "Hallo Welt!"*3
element1['bg'] = '#FF0000'
element1['fg'] = '#0000ff'
element1['padx']*4 = 30
element1['pady']*5 = 10
element1.grid(row=1, column=1, padx=50, pady=20)*6
```

*1 Das Label legst du ganz normal an und übergibst als guten Stil das Fenster als Parameter.

*2 Der Parameter, der vorher in der Deklaration stand, wird hier als **Schlüssel** angegeben und muss deshalb als String in **Anführungszeichen** geschrieben werden.

*3 Fehlt nur noch die Zuweisung des gewünschten Wertes.

*4 Einen **neuen Parameter** gönnen wir uns: Mit **padx** wird ein **Rand** auf der x-Achse, also nach **links und rechts**, hinzugefügt.

*5 Das Gleiche kannst du mit **pady** auf der y-Achse machen, also nach **oben** und **unten**.

*6 So einen Rand mit **padx** und **pady** kannst du natürlich bei **grid** angeben – so bekommt das Element **element1** auch noch Abstand zu allen anderen Elementen (auch zum Rand).

Das einzelne Aufführen und Zuweisen kannst du **optional** für alle Parameter machen, so wie hier im Beispiel. Du könntest aber auch nach wie vor Werte bereits bei der Deklaration angeben.

Das **Ergebnis** kann sich sehen lassen. Das Label mit **"Hallo Welt"** ist größer und hat einen breiteren roten Rand. Aber auch der Abstand zum Rand und dem angrenzenden Label **"Hier"** ist größer.

Gut erkennbar mehr Abstand für »Hallo Welt!«. Der Button ist aus Platzgründen mal auskommentiert.

Die Parameter eines Labels oder Buttons direkt anzusprechen und so Werte zuzuweisen, ist natürlich nicht nur Kosmetik. So kannst du nämlich das Aussehen (und die Inhalte) der Benutzeroberfläche beliebig verändern – beispielsweise als Reaktion auf einen gedrückten Button.

Stell dir vor, du willst die Hintergrundfarbe eines Labels bei jedem Klick auf einen Button verändern. Dann bräuchtest du nur eine Funktion, die eine zufällige Farbe generiert und dem gewünschten Element zuweist. Der Button muss dann bei einem Klick nur diese Funktion aufrufen:

```
import random
import tkinter as tk
def zufalls_farbe():*1
    farbe = '#'*2
    for i in range(6):
        farbe = farbe + random.choice('0123456789ABCDEF')*3
    element['bg'] = farbe*4

fenster = tk.Tk()
element = tk.Label(fenster, text="Hallo Schrödinger!", padx=30)
element.grid(row=1, column=1, padx=9, pady=9)
button = tk.Button(fenster, text="Ändere Farbe",
                   command=zufalls_farbe*5)
button.grid(row=2, column=1)
tk.mainloop()
```

*1 Hier ist die Funktion, die den Farbwechsel ermöglicht.

*2 Die neue Farbe in Form eines Strings beginnt als hexadezimaler Farbwert mit einem #.

*3 Es werden nacheinander sechs Zeichen aus dem angegebenen String geholt und an den String **farbe** gehängt.

*4 Dieser String wird als neuer Farbwert dem Element als Hintergrund zugewiesen.

*5 Fehlt nur noch der Aufruf der Funktion beim Klicken des Buttons.

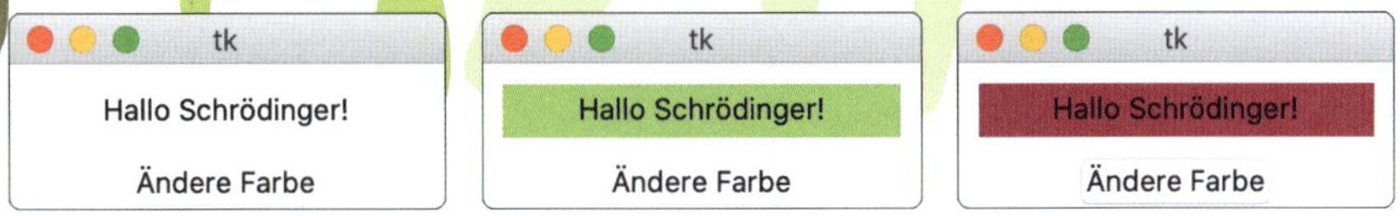

Mit jedem Klick wird eine Eigenschaft, hier die Hintergrundfarbe, geändert.

Du könntest in unserem Beispiel auch die **Abstände** bei jedem Klick ändern oder den **Text** des Buttons oder des Labels. Möglich ist das alles – problemlos.

Aber was mache ich, wenn ich bei

command

doch einen Parameter übergeben will?

Auch das geht. Sogar ganz einfach, und zwar mithilfe von **Lambda**!

Lambada?!?

Die Sache mit dem Lambda – nicht nur für GUIs

Bei **Lambda** handelt es sich um eine Funktionalität, die aus der funktionalen Programmierung stammt. Sie ist übrigens auch nicht auf grafische Oberflächen beschränkt, kann aber hier ganz gut bei **command** eingesetzt werden. Bei **command** darf ja kein Parameter angegeben werden – wohl aber ein **Konstrukt** wie **Lambda**, das nach außen in sich abgeschlossen ist. Dieses Lambda-Konstrukt erzeugt eine sogenannte **anonyme Funktion**. Wie der Name vermuten lässt, ist das eine Funktion ohne Namen, die (eigentlich) sofort ausgeführt wird. Das Konstrukt selbst kann eine beliebige Anzahl von Parametern haben, führt einen Ausdruck aus und liefert den Wert dieses Ausdrucks als Rückgabewert zurück.

Eigentlich funktioniert das mit **Lambda** so:

*1 Das ist nur irgendein beliebiger Wert.

*2 Hier findet **Lambda** statt: Unsere namenlose Funktion wird ausgeführt, ein Rückgabewert wird berechnet, und danach ist die namenlose Funktion vom Winde verweht.

*3 In den **äußeren runden Klammern** können Werte **in** die anonyme Funktion übergeben werden, …

```
wert = 10*1
print((lambda x*4:*5 x * 4 + 2*6)(wert)*3)*2
```

*4 … die sich **hier** als **Parameter** wiederfinden müssen.

*5 Der **Doppelpunkt** macht zusammen mit dem Schlüsselwort **`lambda`** deutlich, dass es sich bei dem Inhalt der ersten runden Klammern um ein (besonderes) Funktionskonstrukt handelt.

*6 Hinter dem **Doppelpunkt** findest du die eigentliche **Berechnung**. Hier können auch die vor dem Doppelpunkt angegebenen Werte verwendet werden.

*7 So wie hier verwendet, liefert Lambda einen **Rückgabewert**. Und wieder taucht wie von Zauberhand der Wert 42 auf …

```
42*7
```

Ja, ja, 42.

Aber dieses Lambda ist ja schon cool!

Du kannst so eine Lambda-Funktion aber tatsächlich auch einer **Variablen zuweisen**. Damit ist sie natürlich nicht mehr ganz so namenlos:

*3 Unser Lambda-Konstrukt wird hier einer Variablen zugewiesen und damit etwas »dauerhafter« gemacht.

*1 Hier sind wieder Parameter angegeben, die in der folgenden Operation verwendet werden können. **Mehrere Parameter** werden durch **Kommas getrennt**.

*2 Hinter dem Doppelpunkt steht wieder eine Operation bzw. eine Berechnung.

```
spam*3 = lambda x,y*1: x * y +2*2
print(spam(4,10)*4)
```

*4 Hier erfolgt der Aufruf mit Übergabe der benötigten Parameter.

```
42*5
```

*5 Das Lambda-Konstrukt liefert immer einen Rückgabewert, hier zufälligerweise 42.

Wie du siehst, ist das Lambda-Konstrukt einer Funktion in diesem Fall gar nicht so unähnlich.

So eine anonyme Funktion bzw. ein Lambda-Konstrukt erscheint auf den ersten Blick verwirrend, vor allem, da normale Funktionen doch ähnlich sind. Der Vorteil liegt aber (unter anderem) darin, dass sie eben **am Ort ihrer Verwendung** definiert werden. Das kann gerade bei kurzen Operationen übersichtlicher sein als eine normale Funktion, die an einer ganz anderen Stelle definiert ist.

Button mit Parametern – ganz einfach dank Lambda

Schauen wir uns das an einem **praktischen Beispiel** an: Ein Label soll jeweils einen anderen Text anzeigen, je nachdem, welcher Button gedrückt wird. Bei **Button 1** soll `Hallo Welt` angezeigt werden, wird **Button 2** gedrückt, soll der Text `Hallo Schrödinger` erscheinen.

Du wirst sehen, das geht mit Lambda ganz einfach – und du brauchst nur eine Funktion für alle Aufrufe.

Erst mal der Import von `tkinter` und das Fenster als Basis:

```
import tkinter as tk
fenster = tk.Tk()
fenster.title("Wechselnder Text")
```

Dann brauchen wir noch eine kurze **Funktion**, die einen Text als Parameter entgegennimmt, in eine Textvorlage einbaut und dann dem **Label** zuweist. Das ist die Funktion, die wir gleich mit einem Parameter über **Lambda** aufrufen werden:

```
def beschriftung(neuer_text):
    element['text'] = f'Hallo {neuer_text}!'
```

Und unter der Funktion haben wir unser **Label**. Je nachdem, welcher Button gedrückt wird, wird ein bestimmter Text zugewiesen und natürlich dargestellt.

```
element = tk.Label(fenster, text="Hallo?"*1,
                   bg='#ccc'*3, borderwidth=10*2)
element.grid(row=1, column=1)
```

*1 Dieser Text wird angezeigt, solange noch kein Button gedrückt wurde.

*3 Wenn alle drei Werte doppelt sind, also hier beispielsweise `#cccccc`, dann kannst du es verkürzen auf `#ccc`.

*2 `borderwidth` funktioniert im Label wie `padx` und `pady` zusammen – für alle Seiten. Das ist sinnvoll, wenn alle Seiten sowieso gleiche Werte haben.

Und hier kommen unsere beiden Buttons mit der Lambda-Funktion, die den Text **ändert**:

*1 Anstelle eines Aufrufes ohne Klammern und Parameter schreibst du einfach eine Lambda-Funktion, die für **command** eine in sich geschlossene Anweisung ohne Parameter darstellt – so eine Art funktionale Schummelei.

```
plus = tk.Button(fenster, text="1",
                 command=lambda: beschriftung('Welt')*1)
plus.grid(row=2, column=1)*2
minus = tk.Button(fenster, text="2",
                  command=lambda: beschriftung('Schrödinger')*1)
minus.grid(row=2, column=2)*2
tk.mainloop()
```

*2 Die beiden Buttons sind in der zweiten Zeile jeweils in einer eigenen Spalte nebeneinander positioniert.

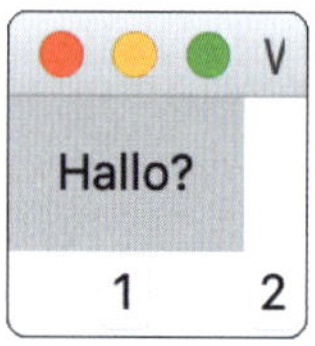

So sieht das Fenster mit den beiden Buttons aus.

Das ist aber etwas unschön!

Können nicht beide Buttons unter dem Text-Label stehen?

Klar! Das Label und der erste Button stehen **untereinander in der gleichen Spalte**. Nur der zweite Button steht eben in einer anderen Spalte **daneben**, und damit nicht mehr unterhalb des Labels mit dem Text. Du müsstest dem Grid mitteilen, dass es auch den Platz der **nächsten Spalte einnehmen** sollte, dann stünde auch der zweite Button unterhalb des Textes.

Und tatsächlich gibt es dafür einen Parameter: **`columnspan`**!

Der benötigte Platz wird um die Anzahl der angegebenen Felder erweitert. In unserem Fall also **`columnspan = 2`**:

```
element.grid(row=1, column=1, columnspan=2)
```

Und gleich sieht es viel besser aus:

Kleines »columnspan«, große Wirkung! So sieht es doch viel besser aus.

Übrigens gibt es diesen Befehl auch für Reihen als **`rowspan`**. Der von einem Element benötigte Platz wird so um eine entsprechende Anzahl von Zeilen erweitert.

Kannst du mir das mal an einem Beispiel zeigen?

Klar, schau dir mal folgendes Bild an:

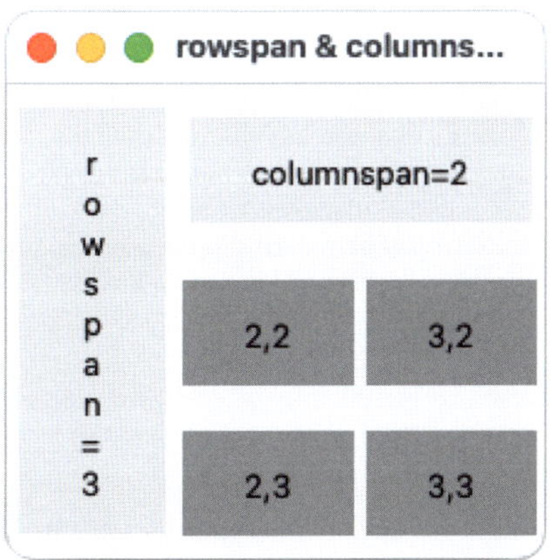

Mehr Platz mit »rowspan« und »columnspan«

Alle Elemente, alle vom Typ **`Label`**, befinden sich in einem Raster von **3 mal 3**.

Links ist ein **schmales** Textelement und oben ein **breites**. Normalerweise würden diese übergroßen Elemente das gesamte Fenster auseinanderdrücken. Mit den Angaben von **`rowspan`** und **`columnspan`** wird aber deren Platz erweitert. Vielleicht kennst du das ja von den alten HTML-Tabellen. Dort gibt es mit **`rowspan`** und **`colspan`** eine vergleichbare Technik.

Der Code dazu ist recht einfach. Aus Platzgründen ist er etwas gekürzt:

*1 Das ist unser erstes, ziemlich **hohes** Element, das ganz **links** steht.

*2 Mit **`borderwidth`** machen wir das Element nach allen Seiten etwas dicker – reine Optik.

*3 Damit der Text auch wirklich umbrochen wird, wird nach jedem Zeichen mit **`\n`** ein Zeilenumbruch eingefügt.

```
import tkinter as tk
fenster = tk.Tk()
fenster.title("rowspan & columnspan")
e1 = tk.Label(fenster, bg='#ddd', borderwidth=10*2,
              text="r\no\nw\ns\np\na\nn\n=\n2"*3)*1
e1.grid(row=1, column=1, padx=5, pady=10, rowspan=3*4)
e2 = tk.Label(fenster, bg='#ddd', borderwidth=10,
              text="columnspan=2")
e2.grid(row=1, column=2, padx=5, pady=5, columnspan=2*5)
f1 = tk.Label(text="2,2",bg='#999',fg='#000',borderwidth=10)
f1.grid(column=2, row=2)*6
fenster.mainloop()
```

*4 Das **`rowspan`** ist die eigentliche Magie, mit der sich das Label in seiner Spalte über insgesamt drei Reihen bzw. Zeilen ausdehnen kann.

*6 Von den eigentlich vier kleinen eckigen Labels ist hier nur eines dargestellt, zum Ausprobieren kannst du die drei anderen gerne ergänzen.

*5 Genauso bei unserem breiten Element, das sich in der ersten Zeile und ab der zweiten Spalte dank **`columnspan`** über insgesamt zwei Spalten ausdehnen kann.

Rechnen mit dem Schrödinator und die Sache mit den »tkinter«-Variablen

Formulare sind eigentlich eine eher langweilige Sache – aber nicht bei Python und vor allem nicht bei **tkinter**.

Dazu wollen wir den **Schrödinator** programmieren: In ein Eingabefeld kann eine Zahl eingegeben werden. Dieses Eingabefeld ist vom Typ **entry**. Sobald ein Button gedrückt wird, wird berechnet, was zur Zahl addiert werden muss, um auf die Zahl **42** zu kommen.

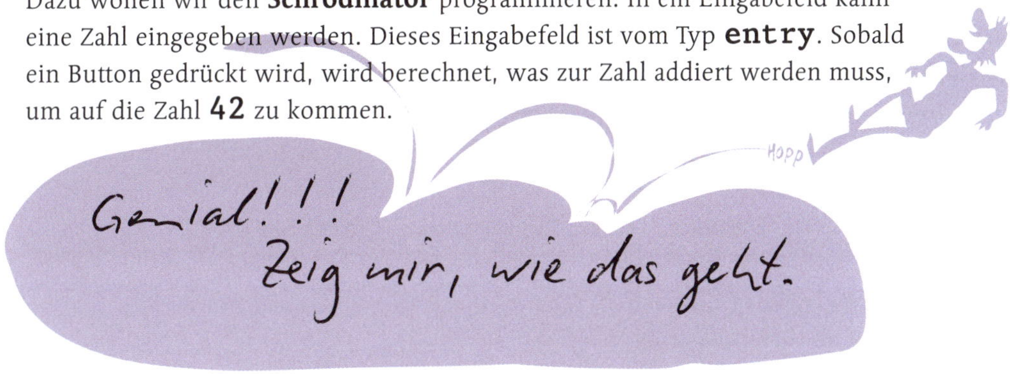

Das ist noch nicht alles. In einem **Label-Feld** soll in **Echtzeit** die jeweilige Eingabe dargestellt werden. Normalerweise wäre das eine ziemlich aufwendige Sache. Aber natürlich hat Python hier wieder eine interessante Besonderheit: **tkinter** hat eigene Variablen vom Typ **IntVar**, **StringVar** sowie **BooleanVar** und **DoubleVar**. Diese Variablen müssen extra als solche deklariert werden:

```
spam = tk.IntVar()
eggs = tk.StringVar()
```

Gelesen werden können diese Variablen ausschließlich über die Methode **get**. Werte können nur über die Methode **set** zugewiesen werden.

```
der_wert = spam.get()
eggs.set(42)
```

Aber das ist doch ziemlich umständlich?

Nun, nicht unbedingt umständlich, aber doch etwas anders als sonst üblich. Diese Variablen haben aber einen ganz **besonderen Vorteil**: Jede Änderung wirkt sich **sofort** und direkt auf jedes verbundene Element aus. Wird einem Label-Element so eine Variable mit dem Parameter **textvariable** zugewiesen, dann aktualisiert sich das Label ganz automatisch, sobald der Wert der Variablen mit **set** geändert wird!

```python
import tkinter as tk
app = tk.Tk()

def rechne():*1
    wert = eingabe.get()*2
    berechnet = 42 - int(wert)
    eingabe.set(0)*3
    ergebnis.set(f"{wert} schrödiniert mit {berechnet}"*4)

eingabe = tk.IntVar()*5
ergebnis = tk.StringVar()*5

eingabe_feld = tk.Entry(app, textvariable=eingabe*6, width=5)
eingabe_feld.focus()
eingabe_feld.pack()
ergebnis_feld = tk.Label(app, textvariable=ergebnis*6)
ergebnis_feld.pack()
los = tk.Button(app, width=25,height=2*7,
                text="Schrödiniere",command=rechne)
los.pack()
app.mainloop()
```

*1 Das ist unsere Funktion, die den Schrödinger-Wert berechnet. Sie wird über den Button aufgerufen.

*2 Mithilfe von **get** wird der aktuelle Wert aus dem Eingabefeld geholt – genauer gesagt aus der Variablen **eingabe**, die an das Eingabefeld **eingabe_feld** gebunden ist.

*3 Das ist etwas Komfort: Das Eingabefeld wird auf **0** gesetzt, nachdem der Wert gelesen wurde. Du siehst: Bereits durch das Leeren der Variablen wird auch das daran gebundene Eingabefeld geleert bzw. verändert!

*4 Der berechnete Schrödinger-Wert wird der **tkinter**-Variablen **ergebnis** mit der Methode **set** zugewiesen. Dadurch wird auch – ganz automatisch – das daran gebundene Label **ergebnis_feld** aktualisiert.

*5 Hier werden unsere ganzen **tkinter**-Variablen definiert.

*6 Wird eine unserer **tkinter**-Variablen wie hier einem GUI-Element zugeordnet, dann ist das eine ganz besondere Verbindung – alle Aktualisierungen funktionieren automatisch, sobald sich der Wert ändert!

*7 Hier wird dem Element mit **width** und **height** eine Größe mitgegeben.

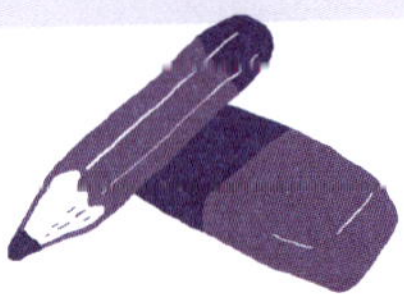

[Notiz]

Während Größen wie die Abstände sonst in Pixeln angegeben werden, werden **width** und **height** in unserem Programm als Zeichengröße gemessen. **width=25** ist also so breit wie 25 Buchstaben und **height=2** ist so hoch wie zwei Buchstaben.

Und schon läuft es:

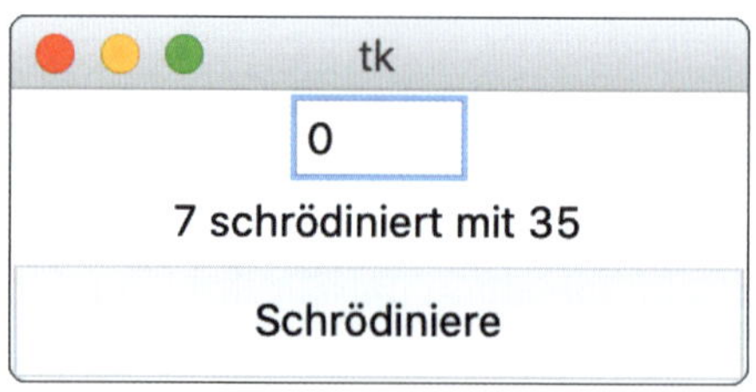

Der Schrödinator mit den unglaublichen »tkinter«-Variablen!

Ganz kurz noch schönere Schriften

Du kannst übrigens auch die **Schriftart** problemlos verändern. Am sichersten geht das, wenn du eben nicht eine bestimmte Schriftart angibst – die könnte nämlich auf einem anderen Rechner gar nicht vorhanden sein. Besser ist es, mit der Angabe der **Font-Familie** zu arbeiten. Das ist so etwas wie die Klassifizierung ähnlicher Schriftarten. Das System sucht sich dann selbst aus den vorhandenen eine passende Schriftart aus:

- **Courier** steht für Schriftarten, die aussehen wie bei einer Schreibmaschine. Jedes Zeichen hat die gleiche Breite.
- Bei **Helvetica** handelt es sich um serifenlose Schriftarten wie beispielsweise Arial.
- Und bei **Times** handelt es sich um Schriften mit Serifen, also mit kleinen Schnörkeln, ganz klassisch wie in einer Zeitung.

Das Arbeiten mit Schriftarten geht so:

```
import tkinter.font as font*1

computer_style = font.Font(family="Courier"*2, size=22,*3
                           weight=font.BOLD*4,
                           underline=1*5)
```

*1 Du importierst **font** aus **tkinter**.

*2 Über die Funktion **Font** legst du die Schriftart über die Font-Familie fest. Hier ist es **Courier**.

*3 Du kannst dann noch weitere Angaben machen, etwa zur Größe, …

*4 … ob der Text fett ist oder mit **NORMAL** eben normal.

*5 Hier unterstreichst du den Text mit der Angabe des Wertes **1**.

Das musst du dann (in einem bestehenden Programm) nur noch einem Text bzw. einem Element wie einem Label mit Text zuweisen:

```
element = tk.Label(fenster, text="Hallo Welt!")
element['font'] = computer_style
```

Natürlich könntest du die Zuweisung auch in der Deklaration in den runden Klammern machen.

Ereignisse im objektorientieren Fenster

Bisher hast du deine Fenster ganz **klassisch** prozedural aufgebaut und aufgerufen. Aber natürlich kannst du deine Benutzeroberfläche auch genauso gut **objektorientiert** innerhalb einer Klasse definieren und dann als Objekt aufrufen.

Und da wir wie immer kleckern und nicht klotzen wollen …

Gehört das nicht andersrum?

… nun, jedenfalls werden wir uns das jetzt Stück für Stück erarbeiten. Du wirst dabei nicht nur objektorientiert programmieren, sondern auch **Ereignisse** kennenlernen: Das Fenster soll auf das **Klicken** mit der **Maus** genauso reagieren, wie auf eine **Eingabe** mit der **Tastatur**.

Erst mal brauchen wir ganz normal den **Import**, klar. Als Nächstes benötigen wir noch eine Klasse, die wir **`EingabeFenster`** nennen wollen. Und wir können auch gleich die verwendeten Methoden festlegen. Wenn die Klasse instanziiert wird, wollen wir das Fenster anlegen. Danach werden wir uns darum kümmern, dass unser Fenster auf ein Klicken und die Eingabe über die Tastatur reagieren kann.

Das könnte dann so aussehen:

```
import tkinter as tk
class EingabeFenster():*1

    def __init__(self):*2
        self.fenster = tk.Tk()
        self.fenster.geometry("200x100")
        self.text = tk.Label(self.fenster, text="Fenster bereit")
        self.text.grid()*3
        *4

mein_fenster = EingabeFenster()*5
print("Ende")*6
```

*1 Das ist unsere Klasse, das kennst du ja.

*2 Wird ein Objekt instanziiert, dann wird die Methode **`__init__`** automatisch aufgerufen. Als Parameter darfst du wie bei jeder Methode einer Klasse natürlich **`self`** nicht vergessen.

*3 Bis hierhin wird alles gemacht, um unser Fenster anzulegen. Mit dabei ist das Label für Text.

*4 Sicher ist dir aufgefallen, dass die Methode **`mainloop`** fehlt, die sonst als letzte Anweisung das Fenster quasi am Laufen gehalten hat. Da wir noch weitere Elemente in das Fenster einbauen wollen, können wir sie **erst dann aufrufen**, wenn wirklich alles da ist!

*5 Hier instanziieren wir die Klasse, wir erschaffen ein Objekt.

*6 Diese Ausgabe wird erst gemacht, wenn das Fenster wieder inaktiv bzw. geschlossen wird.

Wichtig ist auch, dass du alle Objekte des Fensters, die du definierst, deiner Klasse hinzufügst – ganz einfach, indem du sie mit **`self`** deklarierst.

Auch wenn sich noch nicht viel tut – das Programm kannst du so schon ablaufen lassen und sehen, ob alles läuft! Das Fenster mit dem Text wird aufgebaut. Da **`mainloop`** aber fehlt, ist das Programm sofort beendet, gut erkennbar an der Ausgabe **`Ende`** in der Kommandozeile.

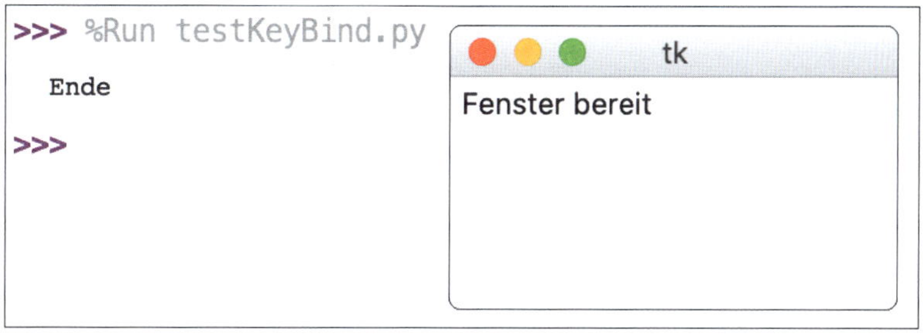

Das Fenster ist da, das Programm ist aber schon beendet!

Also ergänzen wir doch einfach unsere Klasse um eine aufrufbare Methode, in der **mainloop** jederzeit aufgerufen werden kann:

```
def starte_fenster(self):*1
    self.fenster.mainloop()

mein_fenster = EingabeFenster()
mein_fenster.starte_fenster()*2
print("Ende")
```

*1 Hier steht unsere neue Methode, …

*2 … die wir gleich nach der Instanziierung aufrufen.

Es macht übrigens **keinen Unterschied**, dass **mainloop** in einer eigenen Methode aufgerufen wird. Wichtig ist nur der Aufruf, und zwar **nachdem** alle anderen Funktionalitäten des Fensters aufgerufen wurden.

Rufst du das Programm jetzt **erneut** auf, öffnet sich das Fenster. Aber **erst**, wenn du das Fenster schließt, erfolgt die Ausgabe **Ende** in der Kommandozeile: Das Fenster »läuft« jetzt ganz regulär als Programm und bleibt aktiv in der Schleife des Fensters – eben der **mainloop**. Was jetzt noch fehlt, sind die **Ereignisse**, auf die das Fenster reagieren soll: das Klicken und das Tippen.

Dazu kannst du bestimmte, in dem **Toolkit Tk** vorhandene **Ereignisse** an Aufrufe **binden** (zum Beispiel an den Aufruf einer Funktion oder Methode).

Das geht überraschend einfach!

*1 Hier definierst du eine ganz normale Methode.

```
def erlaube_tastatur_eingabe(self):*1
    self.fenster.bind*2('<Key>'*3, self.callback)
```

*2 Die Methode, um ein Ereignis an eine Aktion (sprichwörtlich) zu binden, heißt **bind**. Sie braucht das Ereignis als Parameter und die Aktion, hier den Aufruf einer Methode namens **callback** – auch wieder ohne Parameter und runde Klammern.

*3 Hier ist das Ereignis festgelegt. Bei **<Key>** handelt es sich um das Drücken einer beliebigen Taste. Eine bestimmte Taste (vielleicht **A** oder **7**) könntest du mit **<A>** oder **<7>** binden. Die **Return**- bzw. die **Enter**-Taste wäre **<Return>**.

[Zettel]
Oft wird so eine Methode, die an eine Aktion gebunden wird, **`callback`** genannt. Tatsächlich ist der Name aber beliebig. Das siehst du gleich bei der zweiten Methode, die den Mausklick bindet.

Jetzt brauchen wir natürlich eine passende Methode, die dann aufgerufen wird. Wir geben über unser vorhandenes Label aus, welche Taste gedrückt wurde. Und wir wollen das Programm beenden, genauer gesagt das Fenster schließen, wenn die Taste **`x`** gedrückt wird.

```
def callback(self, event*1):
    self.text["text"] = f"Gedrückt wurde {event.keysym}"*2
    if event.keysym == 'x':
        self.fenster.destroy()*3
```

*1 Das Ereignis wird automatisch in unsere von **`bind`** aufgerufene Funktion übergeben. Den Namen kannst du natürlich beliebig wählen, **`event`** ist aber ganz passend.

*2 Hier erzeugst du eine Ausgabe, indem du einen Text mit der gedrückten Taste an das Label **`text`** übergibst.

*3 Und wenn die Taste **`x`** gedrückt wurde, dann wird das Fenster geschlossen.

[Zettel]
Wird das Fenster geschlossen, heißt das, die **`mainloop`** wird verlassen, und erst dann wird das restliche Python-Programm abgearbeitet.

Das in die Funktion übergebene Event namens **`event`** kannst du dir auch ausgeben lassen. Es handelt sich um ein Objekt mit mehreren Attributen. So sieht es aus: einmal für die Taste **`S`** und einmal für die Taste **`Return`**.

```
<KeyPress event keysym=s keycode=115 char='s' x=-49 y=-50>
<KeyPress event keysym=Return keycode=2359309 char='\r' x=-49 y=-50>
```

Interessant sind hier besonders **keysym** und **char**.
Die angegebenen Koordinaten sind in diesem Fall ohne Bedeutung.

Jetzt wollen wir auch noch auf den **Mausklick** reagieren.
Auch das ist wieder recht kurz:

*1 Die linke Maustaste, also **<Button-1>**, wird mit **bind** an eine Methode **clickereignis** gebunden, …

*2 … was genau hier festgelegt ist.

```
def erlaube_klick(self):
    self.fenster.bind("<Button-1>"*1, self.click_ereignis*2)
```

*3 Natürlich können die an ein Ereignis gebundenen Methoden (oder Funktionen) beliebige Namen haben.

*4 Hier wird ein Text mit den Koordinaten unserem Label zugewiesen.

```
def click_ereignis(self, event):*3
    self.text["text"] = f"Position {event.x} - {event.y}"*4
```

Unsere Klasse mit allen benötigten Methoden ist fertig!
Nur noch die vollständigen Aufrufe für unsere Klassen bzw. unser Objekt:

*1 Klar, hatten wir ja auch schon: Hier wird unser Objekt aus der Klasse instanziiert.

```
mein_fenster = EingabeFenster()*1
mein_fenster.erlaube_tastatur_eingabe()*2
mein_fenster.erlaube_klick()*2
mein_fenster.starte_fenster()*3
print("Ende")*4
```

*2 Hier sind unsere beiden Methoden, die die Tastatureingabe und den Mausklick an Ereignisse binden.

*4 Und das **print** wird erst ausgeführt, wenn das Fenster geschlossen wird.

*3 In der letzten Methode wird mit **mainloop** das Fenster aktiviert bzw. aktiv gehalten.

Natürlich ist das als Klasse, objektorientiert geschrieben, etwas länger. Der Vorteil? Du kannst diese Klasse beliebig erweitern, aber auch genauso **nur bestimmte Teile** verwenden: Du brauchst die Abfrage der Tastatur nicht? Dann ruf die Methode **`erlaube_tastatur_eingabe`** einfach nicht auf. Genauso rufst du andersherum, wenn du **nur** die Tastatureingabe benötigst, einfach die Methode **`erlaube_klick`** nicht auf!

Natürlich gibt es gerade für die Maus noch weitere Ereignisse:

- **`<B1-Motion>`** wird ausgelöst, wenn du die linke Maustaste drückst und die Maus dabei bewegst. Das ist hilfreich, wenn du beispielsweise ein Programm schreiben möchtest, mit dem du zeichnen kannst.
- **`<ButtonRelease-1>`** wird ausgelöst, wenn die linke Maustaste losgelassen wird.
- **`<Double-Button-1>`** reagiert auf einen Doppelklick.
- **`<Enter>`** ist nicht die Enter-Taste, sondern das Ereignis, wenn der Mauszeiger in das Fenster bewegt wird.
- **`<Leave>`** reagiert auf das Verlassen des Fensters mit dem Mauszeiger.

Maus, grafische Oberfläche, Ereignisse?!

Sag mal, kann ich da nicht auch zeichnen?

Ja, klar. So wie es **`Label`** oder **`Button`** gibt, gibt es auch ein Element, das als **Leinwand** fürs Zeichnen dient: **`Canvas`** – eben die Leinwand.

So legst du eine **Leinwand** in einem Fenster an:

*1 Eine Leinwand muss natürlich nicht das einzige Element in einem Fenster sein. Hier ist noch ein Label mit einem Text dabei.

```
import tkinter as tk
fenster = tk.Tk()
text = tk.Label(fenster, text="Leonardo da Schrödinger")*1
text.grid()*1
leinwand = tk.Canvas(fenster, bg="snow3", width=350, height=220)*2
leinwand.grid()
```

*2 Unsere Leinwand sieht als Element recht vertraut aus: Das Fenster als Parameter, eine Hintergrundfarbe und die Größe werden übergeben.

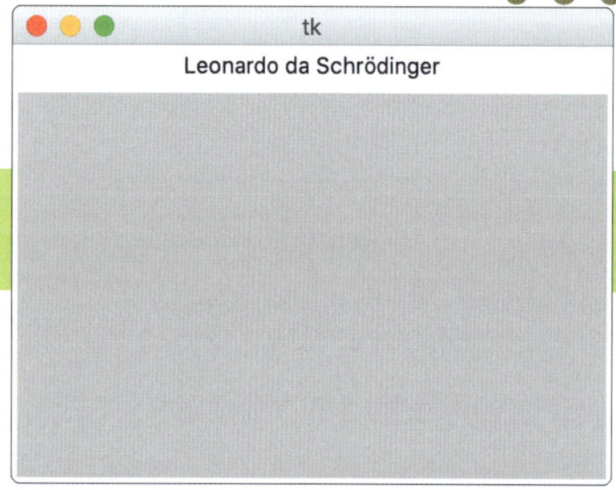

Die Leinwand ist da – Platz und Gelegenheit für ein Kunstwerk!

Bis hierhin ist das natürlich nur der erste Teil. Zeit, um ein paar Elemente zu zeichnen.

```
leinwand.create_arc(20, 20, 200, 200 , start=25, extent=300, fill="yellow")
```

Das ist ein Bogen, eine Art Kuchen. Die ersten beiden Zahlen stellen die **linke obere Ecke** des Elements dar, die nächsten beiden geben die Koordinaten der rechten unteren Ecke vor. `start` legt zusammen mit dem `extent` fest, ob es sich um einen ganzen Kreis handelt bzw. wo das Kuchenstück beginnt und wie groß es ist.

[Zettel]
Für die erste Position links oben auf der Leinwand, dem Canvas, lauten die Koordinaten 0, 0. Dabei steht der erste Wert für die x-Achse, der zweite für y-Achse. Die Koordinaten für die letzte Position rechts unten sind in unserem Beispiel 350, 220.

Mit **`create_oval`** kannst du einen Kreis oder ein Oval erstellen. Auch hier benennen die ersten beiden Werte das linke obere Koordinatenpaar, gefolgt von dem rechten unteren Koordinatenpaar. **`outline`** ist die Farbe des Randes, **`fill`** die Farbe der Fläche.

```
leinwand.create_oval(90,65,120,95, outline="green", fill="black")
```

```
leinwand.create_rectangle(200,90,250,140, fill="red")
leinwand.create_rectangle(280,90,330,140, fill="red")
```

Hier haben wir zwei Rechtecke bzw. in diesem Fall zwei Quadrate …

```
leinwand.create_line(10, 210, 340, 210, fill="blue")
```

… und zu guter Letzt noch eine einfache Linie in blauer Farbe.

Da sich all diese Elemente auf der **Leinwand** befinden, müssen sie nicht mehr über den Layout-Manager eingebunden werden. Das ist ja bereits bei der Leinwand, dem Canvas, geschehen. Auch **`mainloop`** brauchst du hier nicht zwingend, da das Zeichnen sofort erfolgt und hier keine weiteren Aktionen folgen.

Und so sieht unser Kunstwerk aus:

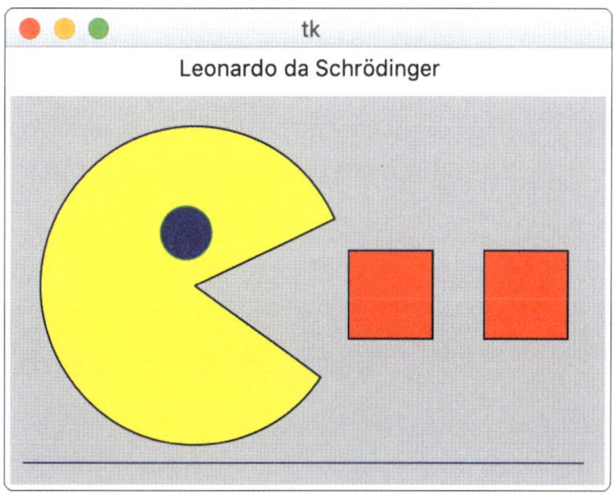

Ein echter Schrödinger: Pacman!

Das Schrödinger-Zeichenprogramm

Zeit für eine letzte Aufgabe.

Und zwar sollst du ein einfaches Malprogramm schreiben.

[Schwierige Aufgabe]

Schreib eine Klasse, die ein **Canvas** anlegt. Auf dem **Canvas** soll **gezeichnet** werden, wenn die Maus bei **gedrückter, linker Taste** bewegt wird. Wird die **rechte Taste gedrückt**, sollen Linien vom Nullpunkt zur aktuellen Position gezeichnet werden.

Um es etwas zu vereinfachen, nimm diese Klasse mit ein paar Platzhaltern:

```
import tkinter as tk
class Zeichner():
    def __init__(self):
        self.fenster = tk.Tk()
        self.leinwand = tk.Canvas(self.fenster, bg="snow3",
                            width=350, height=200)
        self.leinwand.grid()
        #Hier die Mausaktionen mit bind*1
        self.fenster.mainloop()

    def zeichne(self, event):
        #ein Punkt soll gezeichnet werden*2
        pass
    def zeichne_linien(self, event):
        #eine Linie vom Nullpunkt soll gezeichnet werden*3
        pass
mein_fenster = Zeichner()
```

Jetzt füll bitte die Platzhalter!

Dann wollen wir mal ...

```
#Hier die Mausaktionen mit bind*1
self.fenster.bind("<B1-Motion>", self.zeichne)
self.fenster.bind("<Button-2 >", self.zeichne_linien)
```

*1 Hier werden die Ereignisse »Drücken der Maustaste mit Bewegung« an die jeweiligen Methoden gebunden, die Maustaste 1 für die linke und die Maustaste 2 für die rechte Taste (je nach Maus oder Touchpad).

```
def zeichne(self, event):
    #ein Punkt soll gezeichnet werden*2
    self.leinwand.create_oval(event.x, event.y,
        event.x+2, event.y+2, fill="black")
```

*2 Tatsächlich gibt es **keinen** echten Punkt bei `tkinter`. Allerdings sind eine ganz kurze Linie oder ein sehr **kleines Oval** (bzw. ein Kreis) eine gute Alternative.

Jetzt noch die Linien auf "Click"!

```
def zeichne_linien(self, event):
    #eine Linie vom Nullpunkt soll gezeichnet werden*3
    koordinaten = 0, 0, event.x, event.y*4
    self.leinwand.create_line(koordinaten, fill="blue")
```

*3 Wird mit der rechten Maustaste in das Canvas-Feld geklickt, dann wird eine Linie vom Nullpunkt (links oben) zu diesem Punkt gezeichnet.

*4 Die Koordinaten können auch etwas übersichtlicher als Tupel gespeichert und in die Methode übergeben werden.

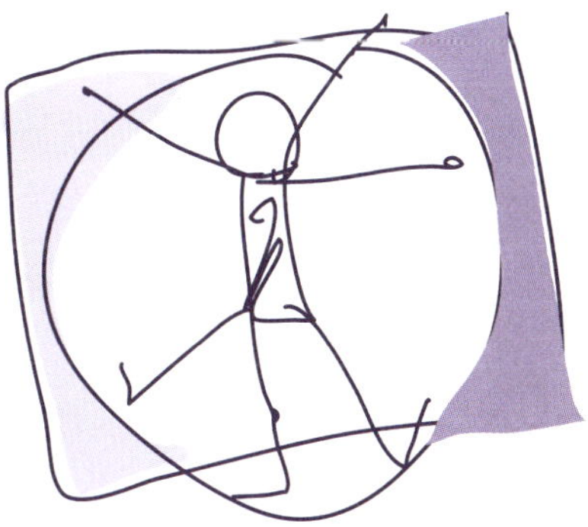

Sicher kein da Vinci, aber zum ersten Zeichnen sollte es reichen.

Was hast du gelernt? Was haben wir gemacht?

Lass uns kurz rekapitulieren …

Mit einem **GUI**, einer grafischen Oberfläche, kannst du komfortabler arbeiten als auf der eher spartanischen Kommandozeile.

Mit dem Modul `tkinter` baust du recht einfach Fenster und ordnest diesen Fenstern fast beliebige Inhalte zu. Du brauchst dir dank Python keine Gedanken zu machen, auf welchem Rechner (oder Betriebssystem) dein Programm läuft.

Jedem **Element** kannst du über **Parameter** Größenangaben, Farben oder Abstände mitgeben.

Mit dem **Layout-Manager** bringst du diese Elemente dann in das oder eines von mehreren Fenstern und kannst alle Elemente anordnen.

Du kannst festgelegte **Events** an **Buttons** binden, um Aktionen oder genauer gesagt Funktionen oder Methoden auszuführen. Mithilfe von **Lambda** kannst du sogar Parameter zu den Aktionen übergeben.

Du hast den Schrödinator programmiert und dabei auch die besonderen tkinter-Variablen kennengelernt.

Ach, und **objektorientiert** kannst du natürlich auch mit deinen Fenstern arbeiten.

Das relationale Datenbankmodell

—DREIZEHN—

Von Daten, Datenbanken und SQL

Daten sind wie Kaninchen – sie vermehren sich rasant. Und Datenbanken sind das Mittel, um Daten im Zaum zu halten. Daten speichern, sortieren, sie wieder auslesen und nach bestimmten Kriterien auswählen – das geht mit Python ganz einfach.

Hallo Schrödinger, heute beschäftigen wir uns mit Datenbanken und mit der Abfrage und der Verwaltung von Daten. Bisher hast du notwendige Informationen entweder direkt im Programm vorgehalten oder in Textdateien gespeichert. Jede Bearbeitung oder Veränderung der Daten wurde ja bisher direkt im Programm vorgenommen.

Je mehr Daten du hast und je komplexer die Datenstrukturen werden, desto sinnvoller ist es, mit einer Datenbank zu arbeiten. Das werden wir heute tun. Wir werden uns ansehen, wie du eine SQL-Datenbank anlegen und Daten in Tabellen speichern kannst.

SQL steht für Structured Query Language und ist eine Sprache, um **CRUD**-Operationen in **relationalen** Datenbanken auszuführen. CRUD steht dabei für Create, Read, Update und Delete – also für das Anlegen, Lesen, Verändern und Löschen von Daten.

SQL ist eine standardisierte und nach ANSI und ISO genormte Sprache, die seit den 1970er Jahren eingesetzt wird. Der erste offizielle Standard wurde 1989 festgelegt und wird seitdem weiterentwickelt.

Alle Daten werden in Datenbanken und dort in unterschiedlichen Tabellen gespeichert. Eine Datenbank ist einfach ausgedrückt eine Art Datei, in der sich mehrere Tabellen befinden können. Jede Tabelle hat einen eigenen Namen und kann ganz unterschiedlich aufgebaut sein. So eine Tabelle hat die unterschiedlichsten Spalten, und die Daten werden zeilenweise darin gespeichert. Das ist die Grundlage des **relationalen Datenbankmodells**. Denn es werden nicht nur einfach Daten in Tabellen gespeichert, sondern sie können Beziehungen zueinander haben. Anders ausgedrückt: Daten können über unterschiedliche Merkmale miteinander verknüpft werden.

Wichtig beim Arbeiten mit SQL-Datenbanken ist die Normalisierung des relationalen Datenbankmodells. Dazu gibt es unterschiedliche Normalformen, die wir behandeln werden.

Ah ja, das relationale Datenbankmodell ...

Normalisierung ...

mhm ...

Und neben der Arbeit mit SQL, mit dem du über Abfragen und Befehle neue Datenbanken und Tabellen anlegen und Daten speichern, verändern und abfragen kannst, werden wir uns auch einen Datenbankbrowser für SQLite ansehen, mit dem du bestimmte Arbeiten etwas komfortabler erledigen kannst.

Hallo Schrödinger, wach auf.

Ich brauche deine Hilfe!

Ich bin's, dein Computer.

Retter und Held gesucht: Datenbankprofi

Ich werde angegriffen von feindlichen Computerviren und brauche deine Hilfe, um mich zu verteidigen. Meine Positronik ist bereits in Mitleidenschaft gezogen und ich kann die notwendigen Analysen nicht mehr selbst durchführen, um mich effizient zu verteidigen.

Äh?

Klaro!

Was kann ich tun, um dir zu helfen?

Ich habe alle Informationen über die Viren und ihre Attacken. Du musst mir helfen, diese Informationen zu speichern und abzurufen, um sie dann auswerten zu können.

Folgende Informationen über die einzelnen Virenprogramme, die meine Systeme attackieren, habe ich. Diese Daten müssen analysiert und in einer Datenbank gespeichert werden, damit wir gemeinsam eine Verteidigungsstrategie entwickeln können!

Name,	Größe,	Signatur,	Status
T800,	128,	ABAA,	aktiv
T803,	256,	BCCB,	aktiv
Bit13,	256,	ABAA,	aktiv
Gorf3,	128,	ABAA,	aktiv
Gorf7,	256,	BCCB,	aktiv

[Einfache Aufgabe]
Schau dir die Daten daraufhin an, ob dir irgendwelche Gemeinsamkeiten auffallen.

Es gibt Viren, die die **gleiche Größe und Signatur** haben. Die sind offenbar vom gleichen Typ:

- 128 und ABAA ist ein Typ.
- 256 und BCCB
- 256 und ABAA

Auch wenn es von der letzten Kombination nur ein Virus gibt, scheint das auch ein **eigener Typ** zu sein. Der **Status** bezieht sich offenbar direkt auf das jeweilige Virus, nicht auf den Typ.

Wir könnten die Informationen **aufteilen** in Informationen über den **Typ** und die **Viren** selbst! Das hier ist dann die **Tabelle** über die vorhandenen **Typen** von Viren. Wir geben jedem Typ einfach eine eindeutige Nummer – hier von 1 bis 3.

Typ	Größe	Signatur
1	128	ABAA
2	256	BCCB
3	256	ABAA

Und das ist die **Tabelle** über die **Viren** selbst. Alle Informationen, die den Typ betreffen, befinden sich jetzt in der obigen Tabelle. Dafür steht bei jedem Virus ein eindeutiger Verweis auf den Typ – die jeweilige Nummer.

Name	Typ	Status
T800	1	aktiv
T803	2	aktiv
Bit13	3	aktiv
Gorf3	1	aktiv
Gorf7	2	aktiv

Über den angegebenen Typ kann ich in der anderen Tabelle nachschauen, welche Daten dazugehören!

[Erledigt!]
Das ist eines der Geheimnisse einer **relationalen Datenbank**. Zusammengehörige Informationen können in eigene Tabellen ausgelagert werden. Und über ein **eindeutiges Merkmal** – hier die Nummer des Typs – werden dann die notwendigen Verbindungen hergestellt. Das geht rasend schnell und **spart sogar Daten**.

Stell dir vor, es gibt **neue**, zusätzliche **Informationen** über den Typ: ein bestimmtes Verhaltensmuster oder weitere Eigenschaften. Dann genügt es, diese Information als neue Spalte in der **Tabelle der Typen** einzufügen und bei dem jeweiligen Typ zu ergänzen. In der ursprünglichen Tabelle hingegen müsstest du diese Informationen bei **jedem Virus** ergänzen – und das etliche Male mit den gleichen Informationen!

Genauso ist es mit **Änderungen**: In der Tabelle **Typ** machst du eine notwendige Änderung nur einmal an **einer Stelle** – sofort sind alle Informationen aktuell! In der Tabelle der Viren, müsstest du diese gleiche Änderung bei jedem betroffenen Virus machen! Das ist **Redundanz** und unnötige Arbeit!

Cool!

Was du oben in den Tabellen siehst, sind wichtige Informationen, die in einer Datenbank gespeichert werden müssen. So können die Daten der Viren analysiert werden, um zu bestimmen, was zu tun ist!

Das musst du für mich machen – meine Systeme sind schon zu stark in Mitleidenschaft gezogen. Erzeuge bitte eine Datenbank und lege darin die passenden Tabellen an und speichere alle Informationen ab. Ich zeige dir, wie die Befehle und Anweisungen aussehen, und du machst das dann für unsere Daten.

Du brauchst dafür das Modul `sqlite3`. Hinter dem Modul steckt ein Datenbanksystem namens **SQLite**. Aber keine Sorge, das »Lite« im Namen bezieht sich nicht auf die Leistungsfähigkeit, sondern auf die geringen Anforderungen, die dieses Datenbanksystem stellt! In vielen Systemen wird deshalb SQLite verwendet – also **millionenfach**. Zum Beispiel arbeitet fast jede App, die Daten in einer Datenbank speichert, mit **SQLite** als Teil von Android!

Jetzt zeige ich dir alles, was du brauchst, um eine Datenbank mit (erst mal) einer Tabelle anzulegen und die ersten Daten in diese Tabelle zu schreiben.

```
import sqlite3*1
verbindung = sqlite3.connect("spam.db")*2
cursor = verbindung.cursor()*3
sql = '''CREATE TABLE eggs(*4
    cooler_typ TEXT,*5
    glückszahl INTEGER*6
);'''
cursor.execute(sql)*7
verbindung.commit()*8
verbindung.close()*9
```

*1 Natürlich brauchst du das Modul **sqlite3**.

*2 Mit der Methode **connect** stellst du eine Verbindung zu der benannten Datenbank **spam** her. Du erzeugst mit der Zuweisung ein Objekt, mit dem du dann weiterarbeitest.

*3 Aus dem neuen Datenbankobjekt erzeugst du mit der Methode **cursor** einen sogenannten **Cursor** (ja, das wird tatsächlich so genannt). Über so einen Cursor schickst du Anweisungen und Abfragen an die Datenbank und erhältst Ergebnisse zurück.

*4 Hier ist die Anweisung in SQL, um eine neue Tabelle anzulegen. Die Tabelle bekommt den Namen **eggs**.

*5 Hier wird eine Spalte namens **cooler_typ** angelegt …

*6 … und eine weitere Spalte namens **glückszahl**.

*7 Über den Cursor wird die Methode **execute** aufgerufen und die SQL-Anweisung übergeben. Jetzt heißt es: **Warten** auf die Ausführung.

*8 Mit der Methode **commit** werden alle Anweisungen ausgeführt!

*9 Aufräumen ist Ehrensache: Wenn du sie nicht mehr brauchst, beende die Datenbankverbindung.

Die Variable **cursor** kann natürlich auch einen beliebigen anderen Namen haben, sie muss nicht so heißen wie die dort verwendete Methode **cursor**.

Mit einem Datenbankbrowser kannst du die Datenbank **spam** und die darin enthaltene Tabelle **eggs** jetzt schon anschauen:

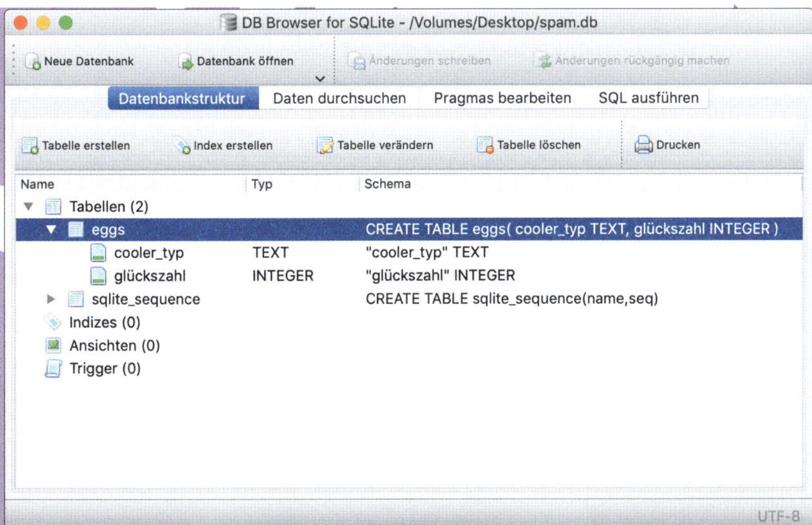

So sieht deine Datenbank »spam« mit der Tabelle »eggs« im DB Browser for SQLite aus.

Existiert noch **keine Datenbank** mit dem angegebenen Namen, dann wird automatisch eine entsprechende Datenbank **angelegt**. Ansonsten wird einfach eine Verbindung zu der bestehenden Datenbank aufgebaut.

Gibst du zum Dateinamen **keinen Pfad** an, dann wird die Datenbank üblicherweise an dem Ort angelegt (oder gesucht), an dem du dich gerade befindest. Meist ist das der Ordner, in dem dein Python-Programm läuft.

Der **Cursor** in deinem Programm ist so etwas wie ein Konstrukt, über das die Kommunikation mit der Datenbank abläuft: Du schickst darüber Anweisungen bzw. Abfragen und erhältst im Gegenzug die Suchergebnisse zurück. Wenn du eine Tabelle **anlegst** (wie hier), dann gibt es natürlich kein Suchergebnis.

Anweisungen, die sich im Cursor »befinden«, werden **nicht direkt ausgeführt**, wie du es vielleicht erwarten würdest. Die Anweisungen warten darauf, an die Datenbank geschickt zu werden. Das passiert vereinfacht ausgedrückt über die Methode `commit`, die zu der Datenbankverbindung gehört. Du kannst problemlos mehrere Anweisungen an den Cursor übergeben und sie mit einem einzigen `commit` ausführen lassen.

[Notiz]
Die Methode `commit` wird genau genommen nicht bei allen Operationen zwingend benötigt. Du machst aber nichts falsch, wenn du sie vor dem `close` aufrufst.

Werfen wir einen kurzen Blick auf die SQL-Anweisung, mit der die Tabelle angelegt wird:

```
sql = '''CREATE TABLE eggs(
    cooler_typ TEXT,
    glückszahl INTEGER
);'''
```

Natürlich könntest du die Anweisung auch direkt in die Methode `execute` schreiben, aber so ist es doch etwas übersichtlicher.

Mit **CREATE TABLE** und einem Namen schreibst du in SQL, dass eine neue **Tabelle angelegt** werden soll. Es ist üblich, SQL-Anweisungen in Großbuchstaben zu schreiben.

[Achtung]

Existiert **bereits eine Tabelle** mit diesem Namen, dann gibt es aus Sicherheitsgründen einen **Fehler**. Führst du das Programm also **erneut** aus, musst du vorher die bereits bestehende Tabelle löschen.

In den runden Klammern werden, ähnlich wie bei einer Funktion, die **neuen Spalten** (oder Felder) übergeben, und zwar immer der Name der Spalte und dazu der Datentyp, der in der Datenbank dafür verwendet wird. Das ist bei Datenbanken sehr wichtig, da die Größe dieser Felder von dem jeweiligen Typ abhängt. Die einzelnen Spalten (oder auch Felder genannt), werden jeweils durch ein Komma getrennt.

[Notiz]

Leerzeichen und auch **Leerzeilen** spielen bei SQL praktisch **keine Rolle**. Und dank der Möglichkeit, **mehrzeilige Texte** zu schreiben, kannst du deine SQL-Anweisungen auch sehr gut formatieren und lesbar schreiben. Die dreifachen `'''` (oder `"""`) von Python sind tatsächlich ein Segen, da du einfache Anführungszeichen innerhalb von SQL benötigst und diese dank Python so schreiben kannst, wie du sie brauchst – du musst nichts maskieren oder umschreiben!

SQL-Anweisungen können mit einem **Semikolon abgeschlossen** werden. SQL verzeiht es dir aber, wenn du darauf verzichtest. Zwingend ist das Semikolon nur, wenn mehrere SQL-Anweisungen hintereinanderstehen.

Tabellenbezeichnungen werden oft klein und mit Unterstrich zwischen den verschiedenen Wörtern geschrieben, das ist aber kein Muss.

SQL ist da ja so ein bisschen wie Python!

SQLite kennt übrigens **folgende Datentypen**:

- **INTEGER** – die klassische Zahl ohne Nachkommastellen, kann auch als **INT** geschrieben werden.
- **REAL** – das ist eine Fließkommazahl, die auch als **FLOAT** geschrieben werden kann.
- **TEXT** – das ist, wie der Name unschwer vermuten lässt, eben ein Text.
- **BLOB** – hier können Daten in ihrer originalen Form gespeichert werden: Bilder, Sounddateien oder sogar PDFs. Üblicherweise werden solche Daten meist extern im Dateisystem abgelegt und über eine Pfadangabe angesprochen.

[Erledigt!]

Für diese Datentypen gibt es neben den originären Bezeichnungen wie **INTEGER** oder **REAL** tatsächlich noch mehr Möglichkeiten, sie zu benennen. SQLite versucht nämlich, kompatibel zu möglichst vielen anderen SQL-Datenbanken zu sein, und unterstützt deshalb zahlreiche Datentypen, die es selbst so nicht hat, und bildet sie auf die eigenen Datentypen ab. Beispielsweise wird ein **tinyint** (das bei anderen Datenbanken **streng** ganze Zahlen von 0–255 abbildet) in der endgültigen Tabelle einfach zu einem **INTEGER** mit voller möglicher Größe.

Es gibt (hier) übrigens keinen (echten) Typ **Bool**.
Hier nimmt man üblicherweise den Typ **INTEGER** und speichert 0 oder 1.

[Achtung]

Beim Speichern ist SQLite übrigens etwas lax. Eine Zahl kann als **42** oder genauso als **"42"** übergeben werden und wird korrekt gespeichert. Und selbst in einer Spalte, die als **INTEGER** angelegt ist, könnte ein String gespeichert werden.

Daten braucht das Land!

Du hast jetzt eine Datenbank und eine Tabelle, aber noch keine Daten. Es wird Zeit, das zu ändern, und zwar mit einem neuen Programm:

```
import sqlite3
verbindung = sqlite3.connect("spam.db")
cursor = verbindung.cursor()
sql = '''INSERT INTO eggs (cooler_typ, glückszahl)
      VALUES('Schrödinger', 42);'''
cursor.execute(sql)
verbindung.commit()
verbindung.close()
```

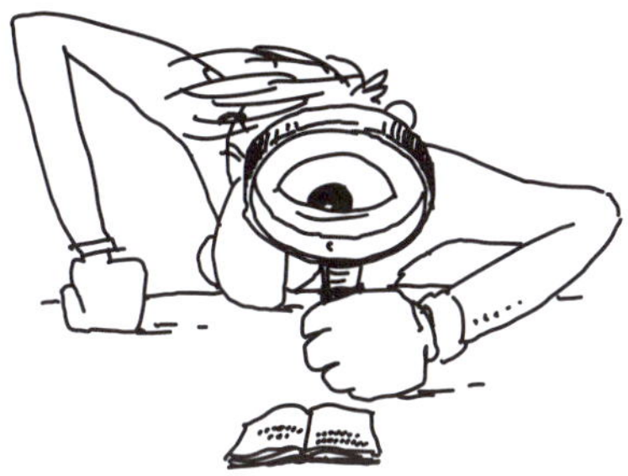

Cool!
Das ist ja bis auf die SQL-Anweisung gleich!

Stimmt, du bist ein aufmerksamer Schüler, Schrödinger!

Es sind wieder die gleichen Arbeitsschritte:

1. Du importierst das Modul,
2. stellst eine Datenbankverbindung zu der Datenbank **spam.db** her ...
3. ... und erzeugst einen Cursor, dem du eine (ganz andere) SQL-Anweisung übergibst.
4. Danach lässt du mit **`commit`** alles ausführen und ...
5. ... beendest schließlich die Datenbankverbindung.

Und das macht die SQL-Anweisung:

*1 Das **INSERT INTO** gibt an, dass Daten in die angegebene Tabelle **eggs** gespeichert werden sollen.

*2 In der Klammer sind die Felder angegeben, in denen die Daten gespeichert werden sollen. Dabei müssen gar nicht alle in der Tabelle vorhandenen Felder verwendet werden.

```
INSERT INTO eggs*1 (cooler_typ, glückszahl)*2
    VALUES*3('Schrödinger'*4, 42);
```

*3 Hinter **VALUES** stehen in den runden Klammern (durch Kommas getrennt), die Daten, die in die Tabelle geschrieben werden sollen.

*4 Strings werden auch in SQL in einfache Anführungszeichen geschrieben. Da du in Python wunderbar dreifache Anführungszeichen verwenden kannst, kannst du in SQL problemlos die normalen Anführungszeichen verwenden.

Schon sind die Daten in der Datenbank gespeichert! Du hast deinen ersten **Datensatz** in eine Datenbank, genauer gesagt in eine **Tabelle** geschrieben.

Es ist **üblich**, die SQL-Anweisungen in **Großbuchstaben** zu schreiben – genau genommen interessieren sich die meisten Datenbanken aber gar nicht dafür, wie du die Anweisungen schreibst, auch SQLite ist da wenig wählerisch.

Die **Parameterangaben** in der **ersten Klammer** können in beliebiger Reihenfolge geschrieben werden. Wichtig ist nur, dass sich auch die **Werte** in der **zweiten Klammer** an diese Reihenfolge halten – sonst hast du geschüttelten Datensalat. Auch darfst du natürlich nur Namen verwenden, die in der jeweiligen Tabellenstruktur (der Relation) auch vorhanden sind – sonst kommt es zu einem Fehler. Nicht vorhandene Namen werden **nicht** automatisch angelegt mit dem Befehl **INSERT**!

[Zettel]
Die Begriffe **Felder** und **Spalten** werden übrigens oft synonym verwendet. Eine Spalte steht genau genommen für alle Daten einer Spalte, während ein Feld tatsächlich ein Datum (also die Einzahl von Daten, eine einzelne Information) darstellt.

Du kannst auch mehrere Datensätze mit einer **INSERT**-Anweisung schreiben. Dazu schreibst du hinter **VALUES** nicht nur eine runde Klammer mit Daten, sondern beliebig viele – getrennt **jeweils durch ein Komma**.

```
sql = '''INSERT INTO eggs (cooler_typ, glückszahl)
         VALUES ('Schrödinger', 43)*1,
                ('Hannes', 13)*1,
                ('Lilly', 1024);*1
'''*2
```

*1 So kannst du mehrere Datensätze in eine **INSERT**-Anweisung schreiben. Vergiss bitte nicht das **Komma** zwischen den Datensätzen!

*2 Dank der mehrzeiligen Python-Strings ist es kein Problem, die SQL-Anweisung über mehrere Zeilen und gut lesbar eingerückt zu schreiben.

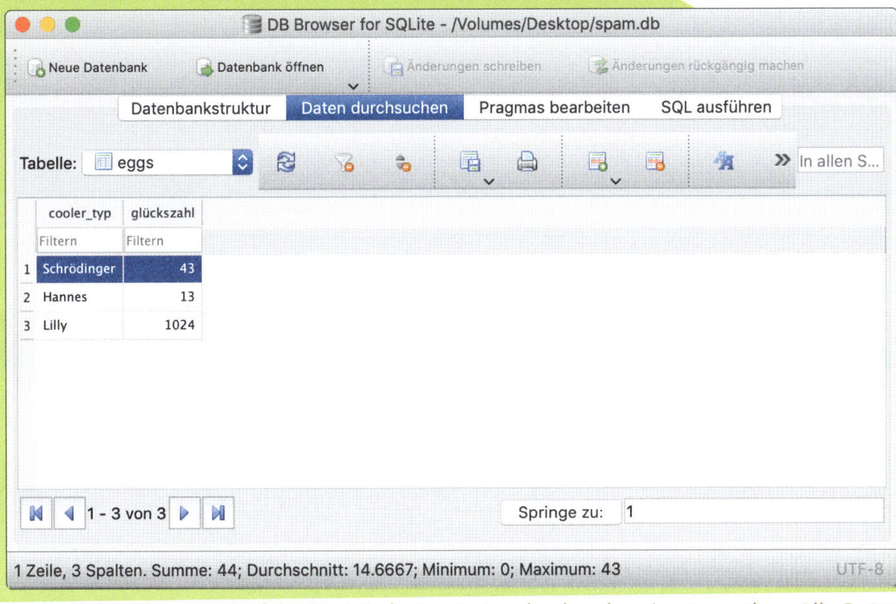

Im Datenbankbrowser (auf der Registerkarte »Daten durchsuchen«) gut zu sehen: Alle Daten sind schon da!

Nachdem du den Code ausgeführt hast, kannst du dir jetzt den Inhalt deiner Tabelle wieder in einem geeigneten Datenbankbrowser ansehen und solltest die entsprechenden Zeilen sehen.

Woher bekomme ich eigentlich so ein Programm, so einen Datenbankbrowser?

Für SQLite gibt es ein Programm mit dem wohlklingenden Namen **DB Browser for SQLite**. Es ist kostenfrei für Windows, macOS und Linux verfügbar. Wenn du mehr darüber erfahren möchtest, dann wäre das jetzt der richtige Zeitpunkt, in den **verlorenen Kapiteln** mehr darüber zu lesen.

Wir sehen uns gleich hier an dieser Stelle wieder!

[Achtung]
Lässt du das Programm mehrmals laufen, werden die Daten jedes Mal neu und damit **mehrfach** eingetragen!

Und wie kann ich verhindern, dass Daten fälschlicherweise mehrfach eingetragen werden?

Keine doppelten Sachen – die Sache mit dem Primärschlüssel

Keiner mag **doppelte Daten**! Und gerade bei Datenbanken ist es wichtig, dass Daten **korrekt** abgespeichert werden. Es nützt niemandem, 20-mal den gleichen Schrödinger in einer Tabelle zu haben!

Klar, dein Schrödinger ist einmalig!

In jeder Tabelle kann ein sogenannter **Primärschlüssel** festgelegt werden. Im einfachsten Fall wird eine Spalte bzw. ein Feld zu einem Primärschlüssel, einem **`PRIMARY KEY`**, erklärt. Meist geschieht das beim Anlegen der Tabelle:

```
CREATE TABLE eggs(
    cooler_typ TEXT PRIMARY KEY, glückszahl INTEGER)
```

Hier wird das Feld **cooler_typ** als Primärschlüssel festgelegt. Das andere Feld **glückszahl** oder andere eventuelle Felder (wenn es denn mehr gäbe), wären davon nicht betroffen.

Das bedeutet, dass der Inhalt dieses Feldes **einzigartig** sein muss. Es kann also nur **einen einzigen Schrödinger** geben. Alle anderen Felder sind davon nicht betroffen. Es könnten also durchaus mehrere unterschiedliche Personen die gleiche Glückszahl haben – nur der Name ist einzigartig in dieser Tabelle.

Bei dem Versuch, einen neuen Datensatz mit einem Primärschlüssel zu schreiben, der **bereits vorhanden** ist, kommt es zu einem **sqlite3.IntegrityError**. Natürlich kannst (und solltest) du dafür eine Fehlerbehandlung schreiben.

Rein technisch ist es auch so, dass über einen solchen **eindeutigen Primärschlüssel** die Tabelle wesentlich effizienter organisiert werden kann.

[Hintergrundinfo]

Auch die Verbindung zu anderen Tabellen kann nur über so einen eindeutigen Primärschlüssel **wirklich sicher** funktionieren. Denn welcher Datensatz sollte verwendet werden, wenn es mehrere davon gäbe, die alle den gleichen Namen haben?

Der Primärschlüssel kann ein ganz normales Feld oder auch genauso ein speziell dafür angelegtes Feld sein. Es gibt auch sogenannte **zusammengesetzte Primärschlüssel**, die aus mehreren Feldern bestehen können: Wenn der Nachname (Müller oder Schmidt) öfter vorkommt, nimmt man eben den Vornamen mit dazu und vielleicht auch noch das Geburtsdatum, um diese Felder gemeinsam als eindeutiges Merkmal, als zusammengesetzten Primärschlüssel, zu verwenden.

Stopp die Viren und Trojaner!

Ich habe dir bis hier erst mal das Wichtigste gezeigt. Jetzt ist es deine Aufgabe, zur Bekämpfung der Viren und Trojaner die Tabellen anzulegen und die vorhandenen Daten zu erfassen.

[Schwierige Aufgabe]

Schreib eine **Funktion**, die eine Datenbank **strategie.db** erstellt und die beiden notwendigen Tabellen `viren_typ` und `viren` erzeugt, und eine **weitere Funktion**, die die vorhandenen Daten in die Tabelle schreibt.

```
import sqlite3
def erzeuge_tabellen():*1
    verbindung = sqlite3.connect("strategie.db")
    cursor = verbindung.cursor()*2

    sql = '''CREATE TABLE viren(
              name TEXT PRIMARY KEY, typ INTEGER, status TEXT
            );'''
    cursor.execute(sql)*3
    sql = '''CREATE TABLE viren_typ(
              typ INTEGER PRIMARY KEY,groesse INT,signatur TEXT
            );'''
    cursor.execute(sql)*3

    verbindung.commit()*4
    verbindung.close()
erzeuge_tabellen()*5
```

*1 Für die Erzeugung der Tabellen nehmen wir eine eigene Funktion.

*2 Hier wird die Verbindung zur Datenbank aufgenommen und ein Cursor-Objekt erzeugt.

*3 Die SQL-Anweisung wird in eine Variable geschrieben und dann direkt mit **`execute`** an den Cursor zur weiteren Verarbeitung übergeben.

*4 Hier wird alles zur Ausführung gebracht und danach die Datenbankverbindung beendet.

*5 Zum Schluss rufen wir gleich schon mal unsere Funktion auf.

[Notiz]

Es ist in solch eindeutigen Fällen übrigens in Ordnung (und durchaus üblich) eine immer gleiche Variable **`sql`** zu nehmen. Sie wird ja vor jedem (neuen) Aufruf des Cursors mit einem neuen String überschrieben.

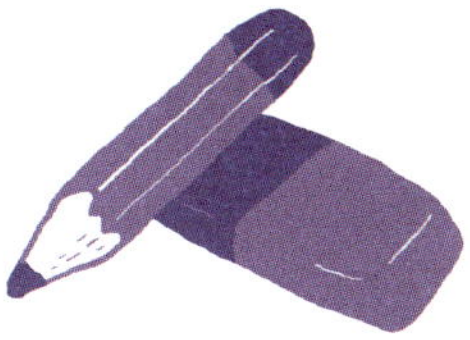

Werfen wir auch gleich mal einen Blick auf die beiden SQL-Abfragen:

*1 Mit dieser SQL-Anweisung wird die Tabelle **`viren`** angelegt.

*2 In der Klammer sind alle Spalten bzw. Felder mit ihrem Datentyp angegeben.

```
CREATE TABLE viren*1(
     name TEXT PRIMARY KEY*3, typ INTEGER*4, status TEXT*5);*2
```

*3 Das Feld **`name`** hat den Typ **`TEXT`** und wird zum **Primärschlüssel** erklärt. Es kann also keinen Inhalt in diesem Feld zweimal in dieser Tabelle geben.

*4 Hier werden der (Viren-)Typ als Zahl …

*5 … und der Status als Textfeld angelegt.

```
CREATE TABLE viren_typ*1(
     typ INTEGER PRIMARY KEY*2,groesse INT*3,signatur TEXT);
```

*1 Hier wird die Tabelle **`viren_typ`** angelegt.

*2 Das Feld **`typ`** hat den Typ **`INTEGER`** und wird für diese Tabelle zum **Primärschlüssel** erklärt.

*3 Die Größe der Viren ist als **`INTEGER`** angelegt, hier als **`INT`** geschrieben (um zu zeigen, dass es auch so geht).

Nach dem Aufruf der Funktion sind damit erst mal die notwendigen Tabellen angelegt. Im Datenbankbrowser sieht das auf der Registerkarte **Datenbankstruktur** dann so aus:

Name	Typ	Schema
▼ viren		CREATE TABLE viren(name TEXT PRIMARY KEY, typ INTEGER, status TEXT)
name	TEXT	"name" TEXT
typ	INTEGER	"typ" INTEGER
status	TEXT	"status" TEXT
▼ viren_typ		CREATE TABLE viren_typ(typ INTEGER PRIMARY KEY, groesse INT, signatur TEXT)
typ	INTEGER	"typ" INTEGER
groesse	INT	"groesse" INT
signatur	TEXT	"signatur" TEXT
Indizes (0)		
Ansichten (0)		

Zwei neue Tabellen in einer neuen Datenbank

Ein Datenbankbrowser kann dir die Struktur der Tabellen und sogar den SQL-Code zur Erzeugung der Tabellen **komfortabel anzeigen**. Und auch wenn **INT** für **SQLite** das Gleiche ist wie **INTEGER**, wird dir der tatsächlich gewählte Typ **INT** angezeigt – es gehen also keine Informationen verloren, falls du deine Tabellen einmal auf ein anderes Datenbanksystem migrieren willst.

Jede Tabelle darf ja nur **einmal angelegt** werden – existiert eine Tabelle bereits, dann gibt es einen Fehler. Dabei spielt es keine Rolle, ob die Struktur der neuen Tabelle gleich oder verändert ist. Gerade beim Ausprobieren kann das hinderlich sein. Du kannst aber die Tabellen vor der **CREATE**-Anweisung vorsorglich in deiner Funktion **löschen lassen**:

```
cursor.execute("DROP TABLE IF EXISTS viren;")
cursor.execute("DROP TABLE IF EXISTS viren_typ;")
```

Die Anweisung ist klar: Wenn die Tabellen schon existieren, werden sie gelöscht.

[Achtung]

So machst du den Weg frei, um neue oder veränderte Tabellen mit **CREATE** anzulegen. Natürlich solltest du wissen, was du da machst, denn bestehende Daten in diesen Tabellen sind dann natürlich **unwiederbringlich verloren**.

Aber weiter, die Struktur der Tabellen ist nur der erste Teil. Jetzt müssen die **Daten** über den Virentyp und die Daten der Viren selbst eingepflegt werden. Auch das soll wieder als Funktion gemacht werden.

```
def schreibe_daten():
    verbindung = sqlite3.connect("strategie.db")
    cursor = verbindung.cursor()

    sql = '''INSERT INTO viren_typ(typ, groesse, signatur)
    VALUES(1,128,'ABAABA'),(2,256,'ABAABA'),(3,256,'BCCBCB')
    '''
    cursor.execute(sql)*1
    sql = '''INSERT INTO viren(name, typ, status)
        VALUES ('T800', 1, 'aktiv'),
               ('T803', 2, 'aktiv'),
               ('Bit13', 3, 'aktiv'),
               ('Gorf3', 1, 'aktiv'),
               ('Gorf7', 2, 'aktiv')'''
    cursor.execute(sql)*2
    verbindung.commit()
    verbindung.close()
schreibe_daten()*3
```

*1 Hier schreiben wir die Daten für die Virentypen. Damit wir nicht mehrere SQL-Anweisungen und jeweils eine **execute** Anweisung dafür benötigen, werden alle Daten durch Kommas getrennt in das **INSERT** geschrieben.

*2 Das Gleiche wird mit den Daten der Viren gemacht.

*3 Und auch hier steht zum Schluss der Aufruf unserer Funktion.

Wir haben jetzt leider keine Zeit, uns auszuruhen!

Gut, also:

Wie lese ich die Daten aus einer Tabelle aus?

Klar, ein Datenbankbrowser ist hilfreich, um sich alles anzusehen und vielleicht zu kontrollieren. Aber du kannst die Daten damit nicht weiter verwenden. Deshalb zeige ich dir, wie eine SQL-Anweisung aussieht, mit der du Daten abfragen kannst. Und du schreibst dann gleich eine weitere Funktion, in der alle Daten ausgegeben werden.

So sieht erst mal eine Abfrage über alle Daten einer Tabelle in SQL aus:

*1 Die Anweisung lautet **SELECT**, damit weiß die Datenbank, sie soll Daten auswählen und zurückliefern.

```
SELECT*1 **2 FROM*3 viren_typ;
```

*2 Das * steht für **alles**, also alle Spalten sollen zurückgeliefert werden. Du könntest hier auch angeben, dass nur bestimmte Spalten, zum Beispiel nur die Größe, zurückgeliefert werden soll.

*3 Mit **FROM** gibst du an, aus welcher Tabelle die Daten geholt werden sollen.

Das Ergebnis würde (erst mal nur als reines Datenergebnis ohne Python) so aussehen:

```
1, 128, 'ABAABA'
2, 256, 'ABAABA'
3, 256, 'BCCBCB'
```

Und so würde es aussehen, wenn du **nur** den **Typ** und die **Größe** im Ergebnis haben möchtest:

```
SELECT typ, groesse FROM viren_typ;
```

```
1, 128
2, 256
3, 256
```

Alle Spalten, die in der Abfrage **nicht aufgeführt** werden, werden auch **nicht** als Ergebnis zurückgeliefert. Die **Reihenfolge** der von dir verwendeten Spalten ist übrigens dir überlassen. Du könntest es auch so wie hier schreiben und bekommst das Ergebnis entsprechend angeordnet zurückgeliefert:

```
SELECT groesse, typ FROM viren_typ;
```

```
128, 1
256, 2
256, 3
```

Ist ja ganz leicht!

Und wie mache ich das in Python als Abfrage?

»fetchall«, »fetchmany«, »fetchone« – alle, viele, einer

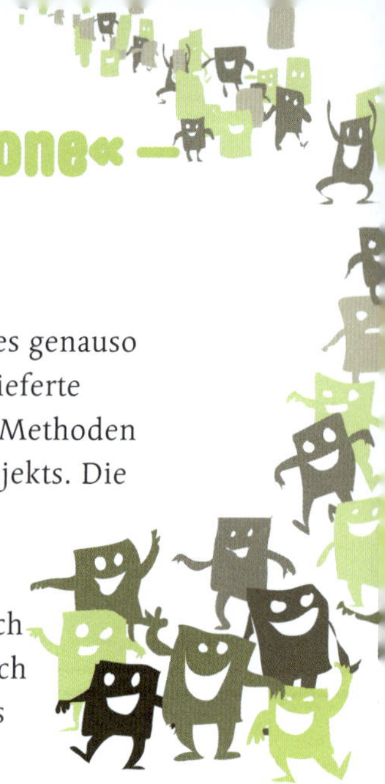

Bis zur Abfrage und dem Aufruf der Methode **`execute`** ist alles genauso wie bei den anderen Abfragen! Du musst jetzt nur das zurückgelieferte Ergebnis aus dem Cursor(-Objekt) holen. Das geht mit einer der Methoden **`fetchall`**, **`fetchmany`** oder **`fetchone`** des Cursor-Objekts. Die Bedeutung ist fast selbsterklärend:

- **`fetchall`** holt **alle** Datensätze auf einmal. Handelt es sich um wenige Datensätze, ist das eine gute Wahl. Handelt es sich aber um viele tausend (oder viel mehr) Datensätze, kann das durchaus das Computersystem merkbar belasten.
- **`fetchmany`** ist in solchen Fällen eine gute Wahl: Als Parameter kannst du angeben, wie viele Datensätze auf einmal zurückgeliefert werden sollen. Der Standardwert ist **`1`**, ansonsten musst du einen gewünschten Integer-Wert als Parameter angeben.
- **`fetchone`** holt dir genau einen Datensatz aus dem Suchergebnis – nicht mehr und nicht weniger.

Bei **`fetchmany`** und **`fetchone`** bist du aber nicht auf diese Teilmenge beschränkt – mit jedem weiteren Aufruf wird das nächste »Paket« mit Datensätzen bzw. eben der nächste Datensatz geholt. Du kannst also auch mit diesen beiden Befehlen die gesamte Ergebnismenge durchlaufen – nur eben häppchenweise und etwas ressourcenschonender.

So sieht das aus für alle Datensätze mit **`fetchall`**:

```
sql = '''SELECT * FROM viren_typ;'''
cursor.execute(sql)
ergebnis = cursor.fetchall()
```

Alles dabei: Zurückgeliefert wird eine **Liste**, die alle Datensätze als **Tupel** enthält.

```
[(1, 128, 'ABAABA'), (2, 256, 'ABAABA'), (3, 256, 'BCCBCB')]
```

Und falls das zu viel sein sollte, hier zwei Datensätze mit **`fetchmany`**:

```
ergebnis = cursor.fetchmany(2)
```

Auch hier wird bei jedem Aufruf eine Liste mit der angegebenen Anzahl an Datensätzen in Form von Tupeln zurückgegeben.

```
[(1, 128, 'ABAABA'), (2, 256, 'ABAABA')]
```

Sind alle Datensätze ausgegeben, erhältst du bei weiteren Aufrufen eine leere Liste. Das könnte bei unseren Daten dann im Ergebnis so aussehen:

```
[(1, 128, 'ABAABA'), (2, 256, 'ABAABA')]
[(3, 256, 'BCCBCB')]
[]
```

Wenn du nur einen Datensatz benötigst (oder sie eben einzeln), dann ist **`fetchone`** dir richtige Wahl:

```
ergebnis = cursor.fetchone()
```

Bei **`fetchone`** wird jeweils ein Tupel, also **ein** Datensatz zurückgegeben.

```
(1, 128, 'ABAABA')
```

Sind nach mehreren Aufrufen alle Datensätze zurückgegeben, erhältst du bei jedem weiteren Aufruf **NONE** als Ergebnis.

Ein Tipp noch: Du kannst auch alternativ zu **fetchall** direkt auf den Cursor zugreifen und das Objekt direkt mit **for in** durchlaufen. In jedem Durchlauf erhältst du ein Tupel mit einem Datensatz.

```
cursor.execute(sql)
for ergebnis in cursor:
    print(ergebnis)
```

In jedem Durchlauf erhältst du ein Tupel mit einem Datensatz.

Meine Positronik beginnt zu versagen, Schrödinger!
Wir haben nicht mehr viel Zeit!

Finde die richtige Abwehrstrategie!

Hier sind neue Daten. Sie zeigen, in welchem meiner Systeme die Virenprogramme gesichtet wurden.

Virus	Ort	Vorfall
T800	HD	NONE
Gorf7	BIOS	Störung
T800	RAM	NONE
Gorf3	CPU	NONE

Du musst eine passende Tabelle anlegen und die Daten erfassen. Schreib dazu eine Funktion, in der die Daten über einen Input eingegeben werden können. Dann musst du versuchen, die Daten auszuwerten und eine Abwehrstrategie entwickeln. Beeil dich!

[Einfache Aufgabe]

Ergänze unsere Funktion **`erzeuge_tabellen`** und lege dort eine weitere Tabelle **`vorfall`** an. Stell sicher, dass bereits bestehende Tabellen vor dem Anlegen korrekt gelöscht werden.

```
def erzeuge_tabellen():
    verbindung = sqlite3.connect("strategie.db")
    cursor = verbindung.cursor()*1

    cursor.execute("DROP TABLE IF EXISTS viren;")
    cursor.execute("DROP TABLE IF EXISTS viren_typ;")
    cursor.execute("DROP TABLE IF EXISTS vorfall;")*2

    sql = '''CREATE TABLE viren(
      name TEXT PRIMARY KEY,typ INTEGER,status TEXT)'''
    cursor.execute(sql)*3
    sql = '''CREATE TABLE viren_typ(
      typ INTEGER PRIMARY KEY,groesse INT,signatur TEXT)'''
    cursor.execute(sql)*3
    sql = '''CREATE TABLE vorfall(
          name TEXT, ort TEXT, vorfall TEXT*5)'''
    cursor.execute(sql)*4
    verbindung.commit()
    verbindung.close()
erzeuge_tabellen()
```

*1 Bis hierhin bleibt die Funktion unverändert.

*2 Hier werden **alle Tabellen entfernt**. Die neue Tabelle ist zur Sicherheit auch schon mit aufgenommen.

*3 Die beiden ersten **CREATE**-Anweisungen sind gleich geblieben, etwas anders formatiert, um für die Darstellung hier ein paar Zeilen zu sparen.

*4 Das ist neu. Hier wird die Tabelle **vorfall** angelegt.

*5 Die Tabelle hat drei Spalten, die alle als **TEXT** angelegt werden.

Jetzt können die beiden Funktionen **erzeuge_tabellen** und **schreibe_daten** ausgeführt werden, und du hast wieder den ursprünglichen Zustand: zwei grundlegende Tabellen mit Daten. **Neu hinzugekommen** ist die noch leere Tabelle **vorfall**, die du jetzt noch mit Daten füllen musst.

Dazu muss eine **Eingabe** geschrieben werden. Aber **nur**, wenn das eingegebene Virus in der Datenbank **vorhanden ist**, soll deine Eingabe auch in die neue Tabelle geschrieben werden!

Lese ich dazu alle Datensätze aus der Tabelle **viren** *aus und vergleiche sie dann mit der Eingabe?*

Ah, meine Positronik arbeitet nicht mehr zuverlässig. Das geht viel leichter! Ich habe dir offenbar die Auswahl mit **WHERE** noch nicht gezeigt!

Die Sache mit dem WHERE

Du kannst eine **SELECT**-Abfrage mit **Bedingungen** beliebig **einschränken**. Das ist ähnlich wie bei den Bedingungen in Python – hier werden dann eben nur die Datensätze zurückgeliefert, auf die deine Bedingungen zutreffen.

Wenn du beispielsweise nach dem Namen **"Bit13"** suchst, kann eine SQL-Abfrage so aussehen:

```
SELECT * FROM viren*1 WHERE*2 name = 'Bit13'*3;
```

*1 Bis hierhin ist es eine ganz normale Abfrage, die sonst alle Spalten der Tabelle **viren** zurückliefern würde. Das kennst du ja schon.

*2 Es werden aber nicht alle Datensätze zurückgeliefert, sondern **nur die**, auf die die folgende Bedingung (oder Bedingungen) zutrifft.

*3 Wenn der **Inhalt** der **Spalte name** gleich **Bit13** ist, dann (und nur dann) wird dieser Datensatz in dem Ergebnis zurückgeliefert.

Strings musst du innerhalb von SQL-Anweisungen in einfache oder doppelte **Anführungszeichen** schreiben (üblich sind die einfachen) – sonst würde die Datenbank denken, du meinst eine **Spalte** mit diesem Namen.

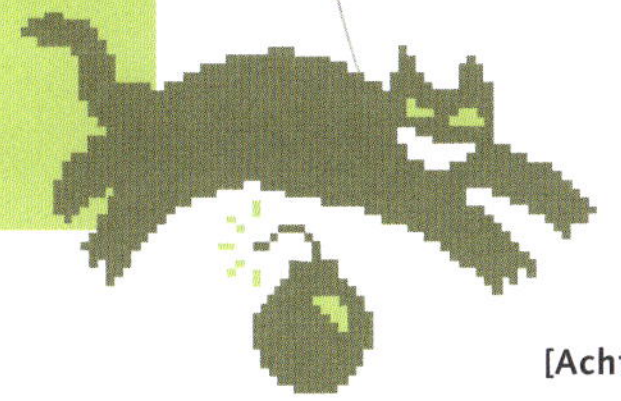

[Achtung]

In SQL wird bei Vergleichen ein einfaches **=** verwendet!

[Hintergrundinfo]

Natürlich gibt es auch andere **Vergleichsoperatoren,** die du im **WHERE** verwenden kannst. Klassisch **>** oder **<**, genauso wie **>=** oder **<=**. Auch **ungleich** gibt es mit **!=**. Mit **LIKE** und dem Platzhalter **%** (für beliebige Zeichen) kannst du auch Teilstrings suchen: **LIKE '%Bit%'** würde also auch **'Bit42'** oder **'EinBitMehr'** finden. Ein **LIKE 'Bit%'** würde **'Bit14'**, aber nicht **'EinBitMehr'** finden.

Genau! Dazu kannst du abfragen, **wie viele Treffer** es in der gesamten Ergebnismenge gibt, indem du das Ergebnis der Methode **`fetchall`** mit der Funktion **`len`** überprüfst:

```
cursor.execute("SELECT name FROM viren WHERE name = 'Bitl3';")
ergebnis = cursor.fetchall()
print(len(ergebnis))
```

Mit **`fetchall`** mag das nicht besonders ressourcenschonend erscheinen, aber oft wirst du eben nicht nur wissen wollen, **wie viele** Treffer es gibt, sondern du wirst auch mit den zurückgelieferten Datensätzen **arbeiten** wollen – zum Beispiel, um alles auszugeben oder weiterzubearbeiten.

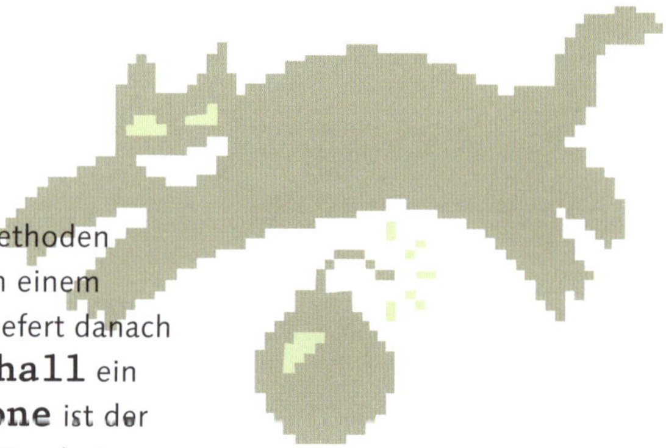

[Achtung]
Jeder Zugriff mit einer der **`fetch`**-Methoden verändert den Inhalt des Cursors. Nach einem **`fetchall`** ist der Cursor **leer** und liefert danach bei einem erneuten Zugriff mit **`fetchall`** ein leeres Ergebnis. Nach einem **`fetchone`** ist der Cursor auf das nächste Element in der Ergebnismenge weitergerückt!

Deshalb kann es sinnvoll sein, das Ergebnis einer Variablen zuzuordnen, um das (oder die Ergebnisse) noch für weitere Aufgaben zu erhalten.

Aber weiter …

Etwas eleganter kann es sein, wenn du mit **fetchone** arbeitest. Wird bei der gleichen SQL-Anweisung **kein Datensatz** gefunden, dann ist das Ergebnis **None** – darauf kannst du dann im Programm entsprechend reagieren.

Und, da gibt es noch **COUNT** in SQL …

Mit **COUNT** wird die **Anzahl der Treffer direkt** zurückgeliefert, und zwar als erstes (und einziges) Element in einem **Tupel**:

*1 **COUNT** zählt die Treffer und liefert als Ergebnis ein Tupel mit einem Element – mehr wird dann nicht zurückgegeben.

```
cursor.execute('''SELECT COUNT(name)*1 FROM viren
                  WHERE name = 'Bit13';''')
ergebnis*4 = cursor.fetchone()
print(ergebnis*2, ergebnis[0]*3)
```

*3 Und so greifst du direkt auf die gesuchte Zahl zu.

*4 Auf die Variable kannst du problemlos mehrfach zugreifen.

*2 Das ist das Ergebnis, ein Tupel mit einem Element – der Menge der Treffer.

Ohne Variable, so wie hier, gäbe es einen **Fehler**, weil der Cursor bereits durch den ersten Aufruf geleert ist:

```
cursor.execute('''SELECT COUNT(name) FROM viren
                  WHERE name = 'Bit13';''')
print(cursor.fetchone(), cursor.fetchone()[0])
```

Der **direkte Zugriff auf den Cursor** würde dir beim ersten Mal das Tupel mit dem einen Element liefern. Beim zweiten Zugriff ist der Cursor aber schon weitergerückt – auf das nächste Element, das es nicht gibt: Der Cursor gibt also **None** zurück. Und von **None** gibt es kein Element 0, also kein **[0]**!

Das wird aber ganz schön kompliziert und immer länger!

Du kannst doch einiges verkürzen und vereinfachen mit **with**!

Schönere Datenbankverbindung mit »with«

with hast du ja schon beim Arbeiten mit Dateien und Ordnern kennengelernt.

[Hintergrundinfo]
Mit **with** kannst du mit Ressourcen, also Verbindungen zu Dateien oder auch genauso **Datenbanken**, arbeiten. Du kannst eine Verbindung zu einer Datei (oder zu einer Datenbank) aufbauen, und **with** kümmert sich um alles. Wird der **with**-Block verlassen, dann wird alles aufgeräumt. Die Verbindung wird für dich beendet.

Damit wird aus …

```
verbindung = sqlite3.connect("strategie.db")
```

… und dem zugehörigen …

```
verbindung.commit()
verbindung.close()
```

… ein elegantes …

```
with sqlite3.connect("strategie.db") as verbindung:
```

… mit dem du wie mit einer **Kontrollstruktur** arbeitest. Der zugehörige Code ist darunter **eingerückt**.

Weiter im Programm mit der kontrollierten Eingabe

[Schwierige Aufgabe]
Schreib eine Funktion **`eingabe`**, in der der **Name** des gesichteten Virus, der **Ort** und die **Art** des Vorfalls eingegeben werden können. Dann überprüfe, ob der angegebene Name in der Tabelle **`viren`** vorhanden ist. Ist der Name nicht vorhanden, soll die Eingabe verworfen werden. Ist die Eingabe korrekt, soll eine andere Funktion **`speichere_aktion`** aufgerufen werden, in der später die Daten gespeichert werden können.

*Na,
also sooo schwer ist das doch gar nicht!*

Das kannst du auch in ein **eigenes Programm** schreiben, denn das Anlegen der Tabellen in **`erzeuge_tabellen`** würde dir ja sonst bei jedem Programmstart neue und leere Tabellen erstellen.

So könnte die Funktion aussehen:

```
import sqlite3
def eingabe():
    with sqlite3.connect("strategie.db") as verbindung:*1
        cursor = verbindung.cursor()
        while True:*2
            name = input("Name des Virus: ")
            if not name:
                break
            ort = input("Ort: ")
            vorfall = input("Vorfall: ")*3
            sql = f"SELECT * FROM viren WHERE name = '{name}';"*4
            cursor.execute(sql)
            if cursor.fetchone():*5
                speichere_aktion(name, ort, vorfall)*6
            else:
                print("Virus ist unbekannt!")
    print("Eingabevorgang wurde beendet.")
def speichere_aktion(virus, ort, vorfall):*7
    pass
eingabe()*8
```

*1 Die Datenbankverbindung ist mit `with` schnell aufgebaut. Das lästige Aufräumen und Schließen der Verbindung am Ende entfällt.

*2 Die Schleife im Python-Style – sie wird erst verlassen bei einer leeren Eingabe des Namens, was dort gleich beim `if` geprüft wird.

*3 Hier erfolgt die Eingabe der Werte.

*4 Wir nehmen hier die klassische Abfrage und lassen uns den Datensatz geben, der gleich dem eingegebenen Namen ist.

*5 Nur wenn es **eine Entsprechung** in der Datenbank gibt, liefert `fetchone` einen Wert. Und nur dann ist das Virus bekannt und wird gespeichert. Das könntest du auch als `cursor.fetchone() != None` schreiben.

*6 Ist das Ergebnis **nicht** `None`, bedeutet das, der Name des Virus wurde in der Tabelle gefunden. Und dann wird die Eingabe an die andere Funktion `speichere_aktion` übergeben.

*7 Hier steht erst mal die reine Definition der Funktion `speichere_aktion`. Hier sollen die zuvor überprüften Parameter in der richtigen Tabelle gespeichert werden.

*8 Und hier steht schon mal der Aufruf der Funktion, auch wenn momentan noch einiges zu tun ist. Wichtig ist, dass der Aufruf erst nach den Funktionen kommt!

Den Import mit `import sqlite3` brauchst du natürlich nur, wenn du das in ein **eigenes Programm** schreibst.

Wurde der eingegebene Name nicht in der Datenbank gefunden, wird ein **Hinweis** ausgegeben. In jedem Fall können weitere Daten eingegeben werden – so lange, bis die Eingabe des Namens leer ist.

Eine Funktion, alles zu speichern ...

Das sieht gut aus. Du musst jetzt nur noch die Funktion schreiben, in der die Vorfälle in der Datenbank gespeichert werden, die als korrekt festgestellt wurden. Beeil dich!

[Einfache Aufgabe]

Ergänze die Funktion **`speichere_aktion`** so, dass die übergebenen Daten in der Tabelle **`vorfall`** gespeichert werden.

*2 Die Parameter müssen ja **weder** so heißen wie beim Aufruf der Funktion **noch** wie die Felder der Tabelle. Also können durchaus unterschiedliche Namen verwendet werden.

*1 Die Funktion übernimmt als Parameter die eingegebenen Daten.

*3 Mit **`with`** ist die Verbindung schnell aufgebaut, und das Schließen der Datenbankverbindung entfällt auch.

```
def speichere_aktion(bezeichnung*2, ort, vorfall)*1:
    with sqlite3.connect("strategie.db") as verbindung:*3
        cursor = verbindung.cursor()
        sql = f'''INSERT INTO vorfall(name, ort, vorfall)*4
                VALUES (
                '{bezeichnung}', '{ort}', '{vorfall}'*5
                );'''
        cursor.execute(sql)*6
```

*4 In den Klammern werden die richtigen Namen der Tabellenfelder angegeben – ohne Anführungszeichen in SQL.

*6 Das **`execute`** darf natürlich nicht fehlen – das wird trotz **`with`** nach wie vor gebraucht.

*5 Als Werte in **`VALUES`** werden die der Funktion übergebenen Werte in der passenden Reihenfolge angegeben. Diese Werte müssen in SQL ja in einfache oder doppelte Anführungszeichen geschrieben werden, in der Reihenfolge wie die Werte in *4.

[Notiz]

Momentan wird in jeder Funktion eine **eigene Verbindung** zur Datenbank aufgebaut, das könntest du natürlich später auch noch optimieren und mit einer Verbindung arbeiten, die dann als Parameter übergeben wird.

Jetzt musst du schnell diese Daten erfassen und dann auswerten!
Die Liste ist inzwischen viel länger geworden!
Die Angriffe durch die Viren werden immer mehr!

Virus	Ort	Vorfall
T800	HD	NONE
Gorf7	BIOS	Störung
T803	BIOS	Störung
Gorf7	HD	NONE
Bit13	CPU	NONE
Bit13	BIOS	Störung
Gorf3	BIOS	NONE
T800	Treiber	Störung
Bit13	HD	Störung
Gorf3	Treiber	Störung
T803	CPU	NONE

Wenn du nicht so viel tippen willst, lass einfach ein paar Viren wie Gorf3 und Gorf7 weg.

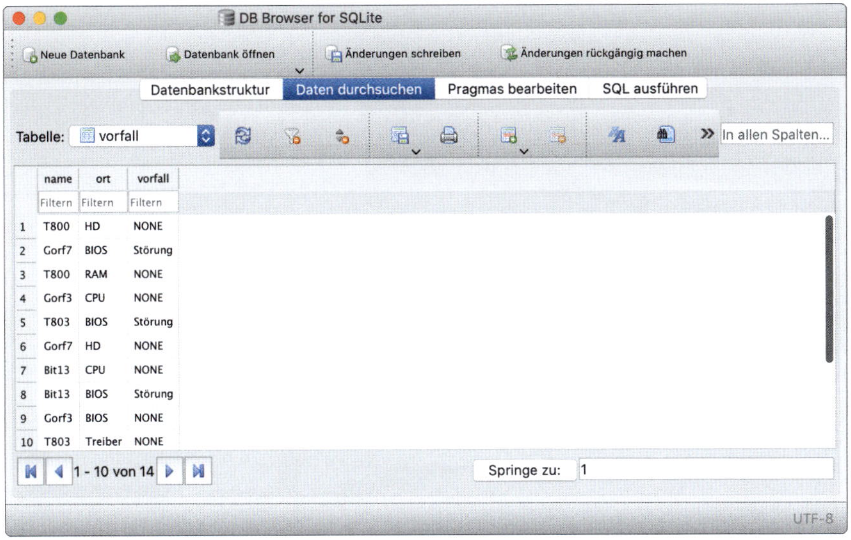

Auf der Registerkarte »Daten durchsuchen« unter »Tabelle: vorfall« kannst du sehen, dass alle Tabellen angelegt und alle Daten erfasst sind.

Zeit, die Viren zu stoppen – die Auswertung der Daten

Schrödinger! Jetzt müssen die vorhandenen Daten miteinander verknüpft und ausgewertet werden.

Wir sollten uns ansehen, bei welchen Vorfällen es zu einer **Störung** kam! Die SQL-Anweisung dafür sieht so aus:

```
SELECT **1 FROM vorfall*2
WHERE*3 vorfall = 'Störung'*4;
```

*1 Wir lassen uns erst mal alle Spalten der Tabelle mit dem Ergebnis ausgeben.

*2 Dazu holen wir die Daten der neuen Tabelle **vorfall**.

*3 Und wir schränken hiermit das Ergebnis ein, und zwar auf die Fälle, in denen …

*4 … die Spalte des Datensatzes gleich **'Störung'** ist.

Abgeschlossen wird jede SQL-Anweisung idealerweise mit einem Semikolon – was aber nicht zwingend ist, wenn du nur eine einzelne Anweisung hast.

Das Programm dazu könnte so aussehen und ist ganz einfach:

*1 Eine gewisse Einheitlichkeit ist ganz gut – aber du kannst problemlos auch andere Bezeichnungen für deine Variablen und Objekte verwenden.

```
import sqlite3
with sqlite3.connect("strategie.db") as daten*1:
    zeiger*1 = daten.cursor()
    sql = '''SELECT * FROM vorfall
             WHERE vorfall = 'Störung';'''
    zeiger.execute(sql)*2
    print(zeiger.fetchall())*3
```

*2 Vergiss nicht das **execute**!

*3 Und erst mal reicht eine einfache Ausgabe.

Als eigenes Programm muss natürlich der Import von **sqlite3** erneut erfolgen.

```
[('Gorf7', 'BIOS', 'Störung'), ('T803', 'BIOS', 'Störung'),
('Bit13', 'BIOS', 'Störung'), ('T800', 'Treiber', 'Störung'),
('Bit13', 'HD', 'Störung'), ('Gorf3', 'Treiber', 'Störung')]
```

So ist die Ausgabe wenig **übersichtlich**. Das sollte doch etwas besser zu machen sein? Vielleicht als allgemeine Funktion, der die SQL-Anweisung übergeben wird?

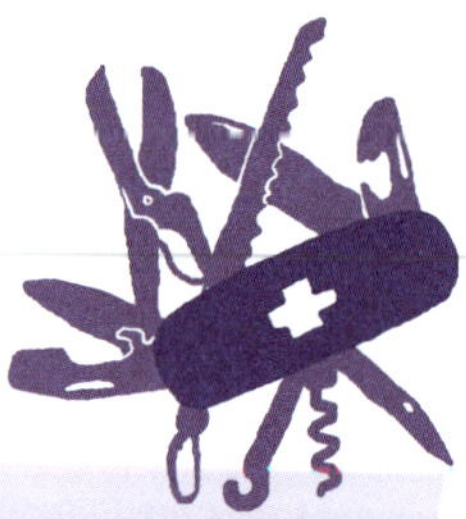

[Schwierige Aufgabe]

Schreib eine Funktion **ausgabe_abfrage**, an die eine **SELECT**-Anweisung übergeben werden kann und die daraus eine formatierte Ausgabe erstellt. Es soll eine **Fehlerbehandlung** eingebaut werden, falls die SQL-Anweisung nicht gelesen werden kann oder es beim Lesen der Daten Probleme gibt.

Wie kann ich die Daten denn übersichtlicher schreiben?

Wichtig ist, dass die Daten passend untereinanderstehen. Du könntest mit Tabulatoren arbeiten, aber das ist wegen der unterschiedlichen Breite der Werte oft nicht überall passend.

[Notiz]

Eine einfache Lösung: Du gehst von einer festen Breite für alle Spalten aus. In unserem Fall ist wohl kein Wert breiter als 6 oder 7 Zeichen, also würde eine Spaltenbreite von 9 Zeichen immer ausreichen. Jetzt musst nur wissen, wie lang der jeweilige Wert ist, und füllst den Rest bis zu den 9 Zeichen mit Leerzeichen auf – fertig ist die formatierte Ausgabe, bei der alle Werte exakt untereinanderstehen.

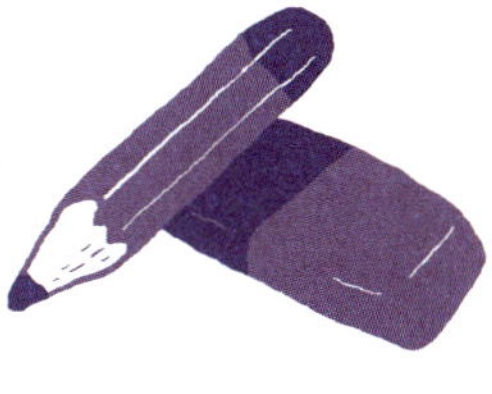

So oder ähnlich kann eine Lösung aussehen:

*2 Hier kommt alles hinein, was mit dem Datenbankzugriff zu tun hat und deshalb zumindest möglicherweise für einen Fehler sorgen könnte.

*1 Die Verbindung zur Datenbank wird mit **with** aufgebaut.

```
def ausgabe_abfrage(sql_abfrage):
  with sqlite3.connect("strategie.db") as daten:*1
    try:*2
      zeiger = daten.cursor()
      zeiger.execute(sql_abfrage)*5
      for datensatz in zeiger:
          for wert in datensatz:
              wert = str(wert)
              print('| ', wert, " " * (9 - len(wert)), end="")
          print("|")
    except sqlite3.OperationalError:*3
      print("Tabelle nicht gefunden!")
    except:*4
      print("Daten konnten nicht bearbeitet werden!")
```

*5 Auch ohne die Methode **fetchall** kannst du alle Ergebnisse holen und in der folgenden **for**-Schleife alle zurückgelieferten Datensätze durchlaufen.

*4 Dieser allgemeine Teil ist optional, denn es ist immer besser, Fehler spezifisch abzufangen.

*3 Kann auf die Tabelle nicht zugegriffen werden oder kann ganz banal die SQL-Anweisung gar nicht gelesen werden, kommt es zu einem **sqlite3.OperationalError**, der hier behandelt wird.

Jeder einzelne Datensatz **wird innerhalb der Schleife** als Tupel zurückgeliefert. Und damit alles etwas lesbarer formatiert ist, wird mit einem einfachen **`print`** die listenartige Darstellung in wenigen Zeilen aufgebaut:

*6 In **`datensatz`** befindet sich das Tupel mit allen Werten des jeweiligen Datensatzes.

*7 Jeder Wert wird nacheinander aus dem Tupel geholt und in einen String umgewandelt – sonst könnte es bei Zahlen Probleme mit **`len`** geben, das für die formatierte Ausgabe benötigt wird.

```
for wert in datensatz*6:
    wert = str(wert)*7
    print('| '*8,wert, " "*(9 - len(wert))*9), end="")
print("|")
```

*8 Vor jeden Wert wird eine **vertikale Linie** geschrieben (das sieht noch etwas cooler aus), dann der Wert selbst.

*9 Schließlich wird von einer festen Breite (hier 9 Zeichen) die Länge des Wortes abgezogen, und entsprechend viele Leerzeichen werden geschrieben. So werden feste und gleiche Spaltenbreiten generiert.

Ist der Datensatz durchlaufen, wird noch eine vertikale Linie ans Ende der Zeile geschrieben.

Das ist eine ganz einfache Lösung in drei Zeilen, die durchaus noch ausbaufähig wäre, beispielsweise mit passenden Linien zwischen den Zeilen.

Fehlen nur noch die Abfrage und der Aufruf unserer Funktion!

Höchste Zeit für schnelle Auswertungen

Alles fertig, dann lass uns schnell
mit der Auswertung beginnen, Schrödinger!

Wir schauen uns erst mal alle Datensätze in der Tabelle **`vorfall`** an, bei denen es tatsächlich zu einem Angriff auf das Computersystem und damit zu einer **Störung** gekommen ist:

```
sql = "SELECT * FROM vorfall WHERE vorfall = 'Störung';*1"
ausgabe_abfrage(sql)*2
```

*2 Hier wird der SQL-Ausdruck an die neue Funktion übergeben.

*1 Das ist der einfache SQL-Ausdruck, der nicht die gesamte Tabelle abfragt, sondern nur die Datensätze, bei denen in der Spalte **`vorfall`** der Wert **`'Störung'`** steht.

```
| Gorf7  | BIOS    | Störung |
| T803   | BIOS    | Störung |
| Bit13  | BIOS    | Störung |
| T800   | Treiber | Störung |
| Bit13  | HD      | Störung |
| Gorf3  | Treiber | Störung |
```

Und hier sehen wir das Ergebnis.

Das ist schon besser, aber wir brauchen noch **genauere Informationen** aus der Datenbank. Wir müssten wissen, von welchem Typ die Viren jeweils sind.

Das haben wir doch in der Tabelle **`viren`** *als Information.*

Kriegen wir das wieder zusammen?

Du kannst zwei Tabellen miteinander **verknüpfen**, wenn die Datensätze jeweils ein **gleiches Merkmal** haben. Es gibt in der Tabelle **`vorfall`** den Namen der Viren, und auch in der Tabelle **`viren`** gibt es ein Feld, in dem die Namen der Viren stehen. Dabei spielt es keine Rolle, ob die Feldbezeichnungen der beiden Spalten gleich sind – es geht nur um die darin enthaltenen Werte.

Und über diese gleichen Werte kannst du die beiden Tabellen verbinden.

Die Anweisung dazu lautet **JOIN** und wird um die Angabe der **zweiten Tabelle** ergänzt. Dazu musst du mit **ON** noch angeben, über welche Felder bzw. welches Merkmal eine Verbindung gesucht werden soll.

*1 Die Tabelle **`vorfall`** wird mit der Tabelle **`viren`** verknüpft, …

*2 … und zwar, wenn die Werte in den Spalten **`name`** jeweils übereinstimmen.

```
SELECT * FROM vorfall
JOIN viren*1
ON viren*3.name = vorfall*3.name*2
WHERE vorfall = 'Störung';
```

*3 Damit klar ist, welche Felder gemeint sind, müssen Bezeichnungen, die in **beiden Tabellen** auftreten (und somit gleich sind), zusammen mit dem Tabellennamen angegeben werden.

Schon ist die Tabelle **wesentlich umfangreicher**, und wir haben viel mehr Informationen. Wir sehen jetzt den **Typ** des Virus und die Angabe, ob er **aktiv** ist. Leider sehen wir jetzt auch den Namen doppelt.

Gorf7	BIOS	Störung	Gorf7	2	aktiv
T803	BIOS	Störung	T803	2	aktiv
Bit13	BIOS	Störung	Bit13	3	aktiv
T800	Treiber	Störung	T800	1	aktiv
Bit13	HD	Störung	Bit13	3	aktiv
Gorf3	Treiber	Störung	Gorf3	1	aktiv

Bei der Abfrage überprüft die Datenbank für **jeden Datensatz** aus `vorfall`, ob es eine Entsprechung in der anderen Tabelle `viren` gibt. **Falls ja**, dann wird dieser Datensatz **angefügt**. Das Ergebnis siehst du in der Ausgabe oben. Dabei ist so eine Verbindung (wie du sehen kannst) **nicht exklusiv** oder 1:1. Ein Eintrag in der Tabelle `virus` kann **beliebig oft** einem Eintrag in der Tabelle `vorfall` zugeordnet werden. Und das ist gut so, denn wir wollen ja Informationen in der Datenbank möglichst schlank und einfach halten – während wir es bei der Darstellung und Auswertung möglichst genau haben möchten.

Dennoch wollen wir vielleicht nicht alle Spalten als Ergebnis, sondern gezielt angeben, **welche** Spalten und in **welcher Reihenfolge** wir sie benötigen. Dazu musst du anstelle des * nach dem **SELECT** nur die Spaltenbezeichnungen in der Reihenfolge angeben, in der du das Ergebnis haben möchtest:

```
SELECT vorfall.name, viren.typ, vorfall.ort, vorfall.vorfall
FROM vorfall JOIN viren ON viren.name = vorfall.name
WHERE vorfall = 'Störung';
```

Super, aber das kann ja eine ganz schöne Tipperei werden!?

Du schreibst den Namen der Tabelle zusammen mit dem Namen der Spalte, getrennt durch einen Punkt, und sortierst diese Angaben so, wie du sie am besten gebrauchen kannst.

Keine Sorge. Ist eine Spalte nur in einer Tabelle vorhanden, dann kannst du die Angabe der Tabelle weglassen. Außerdem kannst du in der Abfrage den Tabellen auch andere (sinnvollerweise kürzere) Bezeichnungen geben. Das geht mit **AS** und einem neuen Namen:

*1 Die Tabelle `vorfall` wird für diese Abfrage in `fall` umbenannt.

*2 Und aus der Tabelle `viren` wird ein noch kürzeres `v`.

*3 Mit der Umbenennung müssen **alle Tabellenbezeichnungen** in dieser Abfrage entsprechend angepasst werden, …

```
SELECT fall.name, v.typ, ort*4, fall.vorfall*3
FROM vorfall AS fall*1
JOIN viren AS v*2 ON v.name*3 = fall.name*3
WHERE vorfall*4 = 'Störung';
```

*4 … aber sie müssen nach wie vor **nicht zwingend** verwendet werden, wenn die Bezeichnung einmalig und nur in **einer Tabelle** vorhanden ist.

Natürlich kannst du mit dem Ergebnis noch viel mehr machen! Du kannst dir zum Beispiel die Zeilen automatisch **sortieren** lassen. Das geht mit **ORDER BY** und dem Namen der Spalte, nach der sortiert werden soll. Du kannst sogar **mehrere Spaltennamen** angeben, die du mit **Komma** trennst. Machst du keine weiteren Angaben, ist die Sortierung **aufsteigend**. Kleine Werte kommen zuerst und die großen zuletzt. Mit **ASC** (ascendig, also aufsteigend) und **DESC** (descending, absteigend) kannst du das Sortierverhalten festlegen:

```
SELECT fall.name, v.typ, fall.ort, fall.vorfall
FROM vorfall AS fall
JOIN viren AS v ON v.name = fall.name
WHERE vorfall = 'Störung'
ORDER BY typ ASC;
```

Hier werden **alle Zeilen** nach dem Inhalt der Spalte **typ** sortiert, und zwar mit **ASC** aufsteigend. Wobei du dir das **ASC** genau genommen sparen kannst, da es die Standardeinstellung bei einer Sortierung ist.

Schon sieht unser Ergebnis ganz anders aus:

```
| T800  | 1 | Treiber | Störung |
| Gorf3 | 1 | Treiber | Störung |
| Gorf7 | 2 | BIOS    | Störung |
| T803  | 2 | BIOS    | Störung |
| Bit13 | 3 | BIOS    | Störung |
| Bit13 | 3 | HD      | Störung |
```

Wow!
Das ist ja interessant!

Die Viren sorgen immer an den **gleichen Orten** im System für Störungen! Und das ist immer gleich, wenn es sich um den gleichen Typ von Virus handelt! Viren vom **Typ 1** verursachen immer Störungen bei den **Treibern**, und Viren vom **Typ 2** verursachen Störungen im **BIOS**! Viren vom **Typ 3** können Störungen im **BIOS** und auf der Festplatte **HD** verursachen.

Schrödinger! Das ist es! Damit kann ich endlich gegen die Viren vorgehen. Ich muss nur feststellen, um welches Virus es sich handelt, und ich weiß, wo es versuchen wird, Schaden zu verursachen. Mein System ist gerettet!

Hier ist noch einmal der gesamte Code für dich, Schrödinger. Etwas platzsparender formatiert, mit **with** und ohne die allgemeine Ausgabe der Tabellen **viren** und **viren_typ**.

Hier für die Erstellung der **Tabellen** und der **ersten Daten**:

```
import sqlite3
def erzeuge_tabellen():
    with sqlite3.connect("strategie.db") as verbindung:
        cursor = verbindung.cursor()
        cursor.execute("DROP TABLE IF EXISTS viren;")
        cursor.execute("DROP TABLE IF EXISTS viren_typ;")
        cursor.execute("DROP TABLE IF EXISTS vorfall;")
        sql = '''CREATE TABLE viren(
          name TEXT PRIMARY KEY,typ INTEGER,status TEXT)'''
        cursor.execute(sql)
        sql = '''CREATE TABLE viren_typ(
          typ INTEGER PRIMARY KEY,groesse INT,signatur TEXT)'''
        cursor.execute(sql)
        sql = '''CREATE TABLE vorfall(
          name TEXT, ort TEXT, vorfall TEXT)'''
        cursor.execute(sql)
def schreibe_daten():
    with sqlite3.connect("strategie.db") as verbindung:
        cursor = verbindung.cursor()
        sql = '''INSERT INTO viren_typ(typ, groesse, signatur)
          VALUES (1, 128, 'ABAABA'),(2, 256, 'ABAABA'),
          (3, 256, 'BCCBCB');'''
        cursor.execute(sql)
        sql = '''INSERT INTO viren(name, typ, status)
          VALUES ('T800', 1, 'aktiv'),('T803', 2, 'aktiv'),
          ('Bit13', 3, 'aktiv'),('Gorf3', 1, 'aktiv'),
          ('Gorf7', 2, 'aktiv');'''
        cursor.execute(sql)
erzeuge_tabellen()
schreibe_daten()
```

Hier alles für die **Eingabe** und das zugehörige Speichern:

```
import sqlite3
def eingabe():
    with sqlite3.connect("strategie.db") as verbindung:
        cursor = verbindung.cursor()
        while True:
            name = input("Name des Virus: ")
            if not name:
                break
            ort = input("Ort: ")
            vorfall = input("Vorfall: ")
            sql = f"SELECT * FROM viren WHERE name = '{name}';"
            cursor.execute(sql)
            if cursor.fetchone():
                speichere_aktion(name, ort, vorfall)
            else:
                print("Virus ist unbekannt!")
    print("Eingabevorgang wurde beendet.")
def speichere_aktion(bezeichnung, ort, vorfall):
    with sqlite3.connect("strategie.db") as verbindung:
        cursor = verbindung.cursor()
        sql = f'''INSERT INTO vorfall(name, ort, vorfall)
                  VALUES ('{bezeichnung}','{ort}','{vorfall}');'''
        cursor.execute(sql)
eingabe()
```

Und hier das Programm, um die Daten **abzufragen** und auszuwerten:

```
import sqlite3
def ausgabe_abfrage(sql_abfrage):
    with sqlite3.connect("strategie.db") as daten:
      try:
        zeiger = daten.cursor()
        zeiger.execute(sql_abfrage)
        for datensatz in zeiger:
            for wert in datensatz:
                wert = str(wert)
                print('|', wert, " " * (7 - len(wert)), end="")
            print("|")
      except sqlite3.OperationalError:
        print("Tabelle nicht gefunden!")
      except:
        print("Daten konnten nicht bearbeitet werden!")
sql = '''
  SELECT fall.name, v.typ, fall.ort, fall.vorfall
  FROM vorfall AS fall
  JOIN viren AS v ON v.name = fall.name
  WHERE vorfall = 'Störung' ORDER BY typ ASC;'''
ausgabe_abfrage(sql)
```

Finale – Ändern mit UPDATE

Schrödinger! Ich konnte dank der Datenbank-auswertungen die Angriffe abwehren und einige Viren deaktivieren. Aber diese Information musst du noch in den Tabellen speichern.

Als Erstes werden die Informationen benötigt, welche Viren aktiv sind.

[Schwierige Aufgabe]

Schreib eine Abfrage für die bestehende Funktion **`ausgabe_abfrage`**. Es sollen alle Viren ausgegeben werden, die den Status **`aktiv`** haben. In der Tabelle muss neben dem Typ des Virus auch die Signatur ausgegeben werden, die in der Tabelle **`viren_typ`** gespeichert ist.

Oho! Aber das kriege ich hin!

Die SQL-Abfrage kann ja als String einer Variablen zugewiesen werden und dann der Funktion als Parameter übergeben werden:

*1 Die Daten werden aus der Tabelle **`viren`** geholt, die mit **AS** zu **`v`** abgekürzt wird.

*2 Dazu werden noch die Informationen aus der Tabelle **`viren_typ`** benötigt, die mit **JOIN** verbunden werden, wenn der angegebene Typ übereinstimmt. Auch diese Tabelle wird mit **AS** abgekürzt zu **`vt`**.

```
sqlViren = '''
SELECT v.name, v.typ, vt.signatur, v.status*4
FROM viren AS v*1
JOIN viren_typ*2 AS vt ON v.typ = vt.typ
WHERE status = 'aktiv'*3;'''
```

*3 Berücksichtigt werden sollen nur Viren, deren Status (bzw. Wert) **`aktiv`** ist.

*4 Nicht alle Spalten der beiden gejointen Tabellen werden benötigt. Nur die gewünschten Spalten werden in der gewünschten Reihenfolge angegeben – zur Sicherheit mit Angabe der Tabelle (auch wenn das nur bei Spalten notwendig ist, die in beiden Tabellen sitzen).

```
ausgabe_abfrage(sqlViren)
```

Die Funktion `ausgabe_abfrage` übernimmt dann die Abfrage und die Ausgabe:

```
| T800   | 1    | 128   | ABAABA | aktiv  |
| T803   | 2    | 256   | ABAABA | aktiv  |
| Bit13  | 3    | 256   | BCCBCB | aktiv  |
| Gorf3  | 1    | 128   | ABAABA | aktiv  |
| Gorf7  | 2    | 256   | ABAABA | aktiv  |
```

So können wir den aktuellen Stand der Viren abfragen, die meiner Positronik noch gefährlich werden können. Aber hier hat es schon ein paar Änderungen gegeben, die du in der Tabelle eintragen musst. Aber ich sehe, ich muss dir noch zeigen, wie du Daten ändern und löschen kannst.

So kannst du einen oder gleich mehrere Datensätze ändern:

*1 Das Schlüsselwort ist **UPDATE**. Und dazu gibst du den Namen der Tabelle an.

*2 Neue Werte »setzt« du mit **SET**. Dazu gibst du den Namen der Spalte und einen neuen Wert an. Du kannst problemlos mehrere Werte in einer Anweisung ändern, indem du sie durch Kommas getrennt angibst.

```
UPDATE spam*1
SET farbe = 'blau', gewicht = '100 Kg'*2
WHERE eggs = 'Ein Wert'*3;
```

*3 Hier kommt **WHERE** zum Einsatz, womit du die betroffenen Datensätze einschränkst.

Je nachdem, wie deine Bedingung bei **WHERE** aussieht, wird ein ganz bestimmter Datensatz mit einem eindeutigen Merkmal (zum Beispiel einer einzigartigen ID) oder aber werden mehrere Datensätze mit einem gleichen Merkmal geändert.

[Achtung]
Bei **UPDATE** solltest du aufpassen: Ohne **WHERE** würden **alle** Datensätze der Tabelle ungefiltert mit neuen Werten überschrieben!

Ganz ähnlich und fast erschreckend einfach geht das Löschen von Datensätzen:

```
DELETE FROM spam*1
WHERE eggs = 'Ein Wert'*2;
```

*1 Mit **DELETE FROM** und dem Namen der Tabelle gibst du an, aus welcher Tabelle Datensätze gelöscht werden sollen.

*2 Noch wichtiger als bei allen anderen Abfragen ist hier das **WHERE**, mit dem du die zu löschenden Datensätze festlegst. Je nach Bedingung können das ein, mehrere oder sogar alle Datensätze einer Tabelle sein.

[Achtung]
Gibst du keine Bedingung mit **WHERE** an, werden ohne Rückfrage alle Datensätze der angegebenen Tabelle gelöscht.

Es ist also bei **UPDATE** und ganz besonders beim Löschen von Datensätzen wichtig, eine korrekte Bedingung mit **WHERE** anzugeben.

Ein Tipp, Schrödinger: Vor dem Update oder Löschen solltest du die dabei verwendete Bedingung mit einem einfachen **SELECT** ausprobieren. Das geht schnell, ist gefahrlos, und du siehst sofort, welche Datensätze von der geplanten Änderung (oder dem Löschen) betroffen sind!

Coole Idee!

[Schwierige Aufgabe]

Schreib bitte eine Funktion, bei der für ein angegebenes Virus der Status auf einen beliebigen Wert geändert werden kann.

Der Aufruf soll dann so aussehen:

```
setze_status_virus("Bit13", "inaktiv")
```

Zwei Parameter sollen übergeben werden: der Name des Virus und der neue Status.

Das kriege ich doch hin!

```
def setze_status_virus(virus, status):*1
    with sqlite3.connect("strategie.db") as daten:*2
        zeiger = daten.cursor()
        abfrageVirus = f'''UPDATE viren
                           SET status = '{status}'
                           WHERE name = '{virus}';'''*3
        zeiger.execute(abfrageVirus)
```

*1 Hier wird die Funktion definiert, und die Parameter werden entgegengenommen.

*2 Die Verbindung zur Datenbank ist mit **with** schnell aufgebaut!

*3 Hier erstelle ich den SQL-String und baue die übergebenen Werte direkt ein.

Dann noch den obigen Aufruf, mit dem das Virus Bit13 einen neuen Status erhält, und mit **ausgabe_abfrage** lassen wir uns die aktuelle Liste ausgeben:

```
| Gorf7  | BIOS    | Störung | Gorf7  | 2   | aktiv  |
| T803   | BIOS    | Störung | T803   | 2   | aktiv  |
| Bit13  | BIOS    | Störung | Bit13  | 3   | aktiv  |
| T800   | Treiber | Störung | T800   | 1   | aktiv  |
| Bit13  | HD      | Störung | Bit13  | 3   | aktiv  |
| Gorf3  | Treiber | Störung | Gorf3  | 1   | aktiv  |
```

Da waren's nur noch vier!

[Notiz]

Gibt es keinen Datensatz, auf den die angegebene **Bedingung** zutrifft, kann natürlich keine Änderung erfolgen. Das ist aber **problemlos**. Es gibt keinen Fehler!

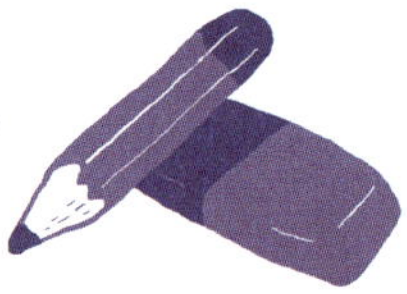

Super, Schrödinger! Du hast mich gerettet.
Jetzt kann meine Positronik alles Weitere übernehmen!

Schrödinger, du hast eine ganze Menge über Datenbanken und SQL gelernt. Und es gäbe noch einiges mehr darüber zu berichten, denn es gibt nicht umsonst Dutzende Bücher, die sich mit diesem Thema auseinandersetzen.

Deshalb, wenn du noch ein klein wenig tiefer einsteigen willst, hier noch kurz die **gar nicht so schwierige** Sache mit den Normalformen.

Die Sache mit den Normalformen

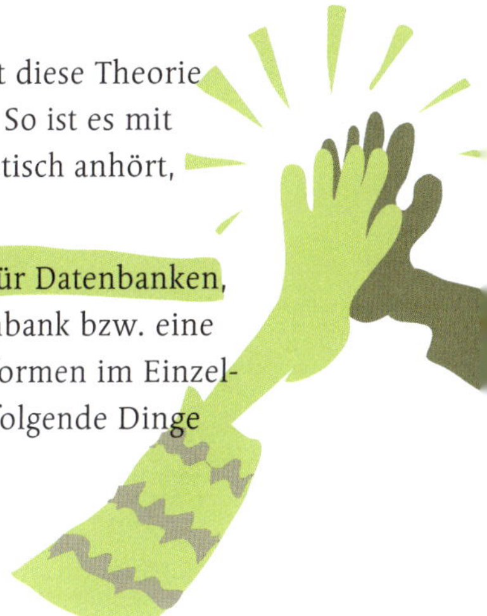

Manche Theorie mag grau erscheinen, bei Datenbanken ist diese Theorie aber zum Glück ganz nah an der praktischen Anwendung. So ist es mit dem Thema **Normalformen**. Was sich fürchterlich theoretisch anhört, ist direkte Praxis.

Es gibt mehrere (fünf) sogenannter Normalformen für Datenbanken, die eine Orientierungshilfe darstellen, ob eine Datenbank bzw. eine Tabelle sinnvoll aufgebaut ist. Ohne auf die Normalformen im Einzelnen eingehen zu wollen, liegst du richtig, wenn du folgende Dinge beachtest (oder noch besser umgesetzt hast):

- Halte deine **Daten einfach** oder für Datenbanken ausgedrückt: **atomar**. Du musst die Daten so fein wie möglich unterteilen. Nachname und Vorname oder die Adresse gehören nicht in ein Feld, sondern sollten so fein aufgeteilt werden wie möglich. Nachname und Vorname gehören also in jeweils eigene Felder. Genauso wie die Straße, Hausnummer, Postleitzahl und der Ort einer Adresse in jeweils eigene Felder gespeichert werden sollten.

- Jede Tabelle sollte einen **Primärschlüssel** haben, der einzigartig ist. Das könnte eine ID, ein Name oder eine andere **eindeutige** Bezeichnung sein, eben etwas, das **für die Daten der Tabelle** steht. Bei einer Tabelle, in der Bücher gespeichert sind, wäre das der **Titel oder noch besser die ISBN** (Buchtitel sind ja nicht unbedingt einzigartig). Falls es kein wirklich eindeutiges Element gibt, kann es auch zusammengesetzte Schlüssel aus (beispielsweise) dem Vornamen, Nachnamen und Geburtsdatum geben, schließlich haben nicht alle so einen einmaligen Namen wie Schrödinger.

- Nur Daten, die wirklich zusammengehören, solltest du in einer Tabelle speichern. Passen Daten nicht wirklich zu den restlichen Daten oder hängen sie vielleicht **nicht einmal mit Primärschlüssel zusammen**, dann solltest du versuchen, diese Daten sinnvoller in einer eigenen Tabelle unterzubringen. Der aktuelle Arbeitgeber kann sicherlich noch zu den persönlichen Daten gehören, aber wohl kaum die Firmenadresse des Arbeitgebers oder dessen Steuernummer.

Diese Normalformen sind **kein Selbstzweck**. Nur wenn Daten in möglichst kleinen Strukturen vorliegen und sinnvoll organisiert sind, kannst du mit Abfragen die notwendigen Informationen »herauskitzeln«.

Name	Persönliches	Arbeit
Schrödinger	32 Jahre, männlich	Dinkel GmbH, Hamburg
Berta Hans	37 Jahre, weiblich	Korn AG, Köln

So eine Tabelle wäre die denkbar **schlimmste Möglichkeit**, Daten vorzuhalten. So kannst du nur sehr schlecht (eigentlich gar nicht) nach bestimmten Merkmalen **suchen**. Und frei nach beliebigen Merkmalen **sortieren** kannst du die Daten überhaupt nicht.

Ist doch klar,
lass mich das mal umstellen!

Vorname	Name	Jahre	Geschlecht	Firma	Firmensitz
S.	Schrödinger	32	m	Dinkel GmbH	Hamburg
Berta	Hans	37	w	Korn AG	Köln

Super, Schrödinger! Du hast die Daten in die **erste Normalform** gebracht. Die Daten liegen in der kleinsten möglichen Form vor – sie sind **atomar**. Du könntest jetzt mit SQL nach jeder Spalte und jedem Wert **suchen und sortieren** lassen!

Das kriege ich sogar noch besser hin!
Ich mache daraus zwei Tabellen!
Auf zur nächsten Normalform!

Erst mal eine Tabelle mit den **persönlichen Daten**:

Vorname	Name	Jahre	Geschlecht	Arbeitgeber
S.	Schrödinger	32	m	Dinkel GmbH
Berta	Hans	37	w	Korn AG

Und eine **weitere Tabelle** für die **Firmendaten**:

Firma	Firmensitz
Dinkel GmbH	Hamburg
Korn AG	Köln

Genau! Alle Daten liegen jetzt in eigenen Tabellen vor. Du könntest auch für jede Tabelle einen **Primärschlüssel** festlegen, also ein **einzigartiges Merkmal**, das nicht mehrfach auftreten kann. Ein Wert in einem solchen Feld ist also immer einzigartig. Versucht dann jemand, einen zweiten Schrödinger einzutragen, kommt es zu einem Fehler. Der **Name** bzw. die **Firmenbezeichnung** wären also ganz heiße Kandidaten für einen Primärschlüssel.

Und alle Spalten in den jeweiligen Tabellen hätten auch einen **direkten Bezug** zu diesem Primärschlüssel – gehören also ohne Zweifel zu der jeweiligen Tabelle. Willkommen bei der zweiten und dritten Normalform!

Für eine Datenbank ist es eine der leichtesten Übungen, derart aufgeteilte Daten in SQL-Abfragen auszuwerten und passend **zusammenzuführen**. So eine **Verbindung** von Tabellen funktioniert über ein eindeutiges Merkmal – in unserem Fall über die Spalte **Arbeitgeber** bzw. **Firma**. Denn die **Bezeichnungen** in verschiedenen Tabellen müssen nicht gleich sein – nur die Inhalte.

Oft wird aber sogar ein **künstlicher Primärschlüssel** verwendet. Denn auch der schönste Name oder die Firmenbezeichnung ist oft **nicht eindeutig**, selbst eine Kombination aus Vor- und Nachnamen ist nicht sicher, wenn viele Personen gespeichert werden müssen. Deshalb kann es sinnvoll sein, eine eigene **ID** für jeden Datensatz festzulegen oder genauer gesagt festlegen zu lassen.

Das könnte so aussehen:

ID	Vorname	Name	Jahre	Geschlecht	Firma
1	S.	Schrödinger	32	m	Dinkel GmbH
2	Berta	Hans	37	w	Korn AG

Und eine weitere Tabelle für die **Firmendaten**:

Firmen-ID	Firma	Firmensitz
1	Dinkel GmbH	Hamburg
2	Korn AG	Köln

Dabei musst du dich gar nicht selbst um diese ID kümmern. Du kannst die Tabelle so einstellen, dass jedes Mal automatisch eine **einzigartige, ansteigende ID** vergeben wird, wenn ein neuer Datensatz eingetragen wird.

Und es macht sogar noch mehr Sinn, diese (durchaus etwas abstrakte) ID zu verwenden, um Tabellen zu **verknüpfen**. Denn stell dir vor, die **Dinkel GmbH** firmiert um zur **Dinkel AG**! Dann müsstest du die Firmenbezeichnung **überall ändern**, auch in der Tabelle der Personen. Besser ist es, für solche Verknüpfungen die ID zu nehmen, die wohl kaum jemals geändert wird!

ID	Vorname	Name	Jahre	Geschlecht	Firma
1	S.	Schrödinger	32	m	1
2	Berta	Hans	37	w	2

Dass die ID der Personen mit der Firmen-ID übereinstimmt, ist übrigens **rein zufällig** und ohne Bedeutung.

Eine Tabelle für die Personen legst du so an:

```
CREATE TABLE person(
  id INTEGER PRIMARY KEY AUTOINCREMENT*1,
  vorname TEXT, name TEXT, jahre INT,
  geschlecht TEXT, firma*2 INT);
```

*1 Das Feld **id** ist der Primärschlüssel und wird bei neuen Datensätzen **automatisch** dank **AUTOINCREMENT** mit einem einzigartigen ansteigenden Wert gefüllt. Dieser Wert ist also nicht zufällig, sondern immer um 1 größer als die größte, bereits vorhandene ID.

*2 Die Bezeichnungen der Felder (bzw. Spalten) müsstest du nur in Anführungszeichen schreiben, wenn es eine SQL-Bezeichnung gleichen Namens gäbe.

[Hintergrundinfo]

Würdest du die Spalte mit dem Alter nicht **jahre**, sondern **alter** nennen, müsstest du diesen Namen tatsächlich in Anführungszeichen schreiben – denn es gibt in SQL bereits das Schlüsselwort **alter**, genau gesagt **ALTER TABLE**, eine Anweisung, mit der eine bestehende Tabelle geändert werden kann (worauf wir hier aber nicht eingehen wollen).

Zum Ausprobieren kannst du eine Tabelle ja vor dem (erneuten) Anlegen einfach löschen:

```
DROP TABLE IF EXISTS person;
```

Damit solltest du natürlich **vorsichtig** umgehen, denn bereits enthaltene Daten sind damit **unwiederbringlich verloren**.

SQLite braucht übrigens gar nicht zwingend **AUTOINCREMENT**., sondern bietet hier eine Besonderheit.

[Hintergrundinfo]

Wird ein Feld in SQLite mit **INTEGER PRIMARY KEY** angelegt, funktioniert dieses Feld wie bei **AUTOINCREMENT**. Du brauchst bei neuen Datensätzen keinen Wert einzugeben. **INTEGER PRIMARY KEY** ist für SQLite nämlich ein Alias für **ROWID**, das einen etwas schnelleren Algorithmus verwendet, um eine eindeutige ID zu vergeben.

Mehr Leistung mit dem Index

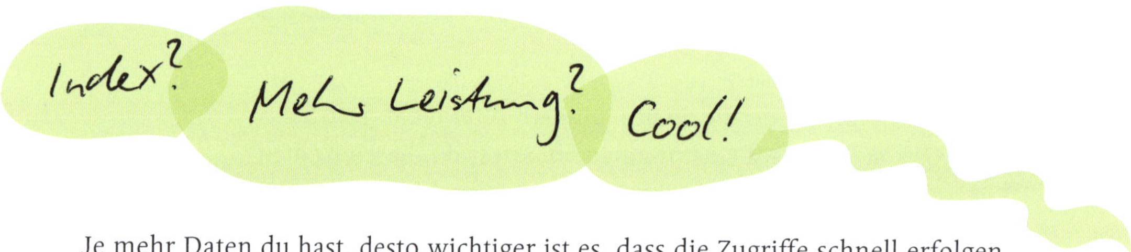

Je mehr Daten du hast, desto wichtiger ist es, dass die Zugriffe schnell erfolgen. Bei kleinen Tabellen wirst du nicht viel merken, da die meisten SQL-Anweisungen in Millisekunden abgearbeitet werden. Bei Tabellen mit vielen (Hundert-) Tausenden Datensätzen und vielen gleichzeitigen Zugriffen werden aber auch Millisekunden zu einer wichtigen Größe. Deshalb bieten SQL-Datenbanken die Möglichkeit, einen **Index** zu erstellen. Damit wird intern in der Datenbank eine zusätzliche Datenstruktur angelegt, die dafür sorgt, dass eine Suche (genauso wie ein Sortiervorgang) über dieses Feld **wesentlich schneller** erfolgt.

Ein Index wird als SQL-Anweisung so angelegt:

*1 Der Name deines Index ist beliebig.

```
CREATE INDEX idx_firma_ort*1
ON firma*2(firmensitz*3);
```

*2 Hier wird die Tabelle angegeben …

*3 … und hier die Spalte oder die betroffenen Spalten, getrennt durch Kommas.

Es macht durchaus Sinn, den Namen des Index »sprechend«, mit dem Tabellennamen und dem Zweck oder nur dem Tabellennamen anzulegen, um auch nach längerer Zeit schnell sehen zu können, wofür ein Index eingerichtet wurde.

Mit dem Schlüsselwort **UNIQUE** kannst du festlegen, dass die Werte einer Spalte, die für einen Index verwendet werden, einzigartig sein müssen. So kannst du nicht nur für einen Primärschlüssel, sondern auch für einen beliebigen Index festlegen, dass kein Wert doppelt vorkommen darf!

```
CREATE UNIQUE*1 INDEX idx_firma_ort
ON firma(firmensitz);
```

*1 Mit diesem Schlüsselwort sorgt der Index auf dieser Spalte dafür, dass nur einmalige Werte eingetragen werden können.

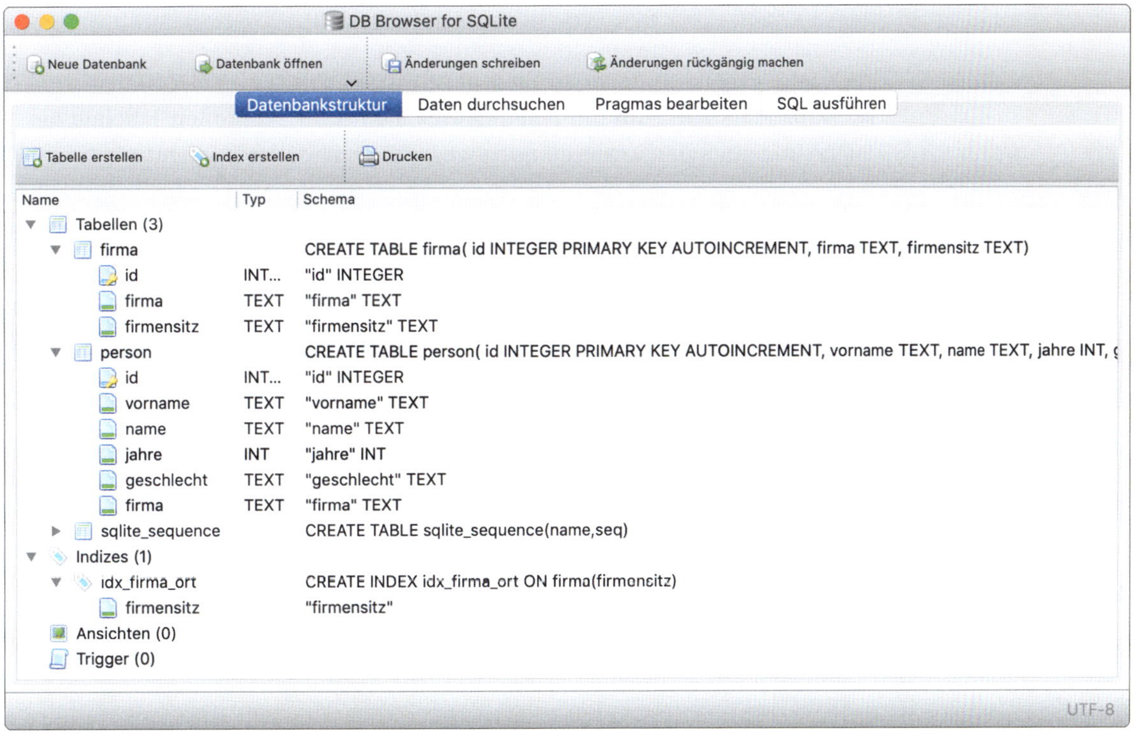

Alle Tabellen und auch der angelegte Index sind in der Datenbankstruktur gut sichtbar.

Mit **PRAGMA index_list(firma);** kannst du dir schließlich ausgeben lassen, welche Indizes für eine Tabelle bereits eingerichtet wurden.

Was hast du gelernt? Was haben wir gemacht?

Bei dem Thema Datenbanken handelt es sich um ein weites Feld. Du hast die Sprache **SQL** kennengelernt, mit der du Tabellen erstellen, Daten schreiben und natürlich auch die unterschiedlichsten Abfragen machen kannst.

Wichtig ist, dass du die Daten möglichst **sinnvoll** in unterschiedliche Tabellen schreibst und diese Tabellen möglichst sauber aufbaust. Die sogenannten **Normalformen** helfen dir dabei.

Für eine Datenbank ist es ein Leichtes, die Daten, die auf unterschiedliche Tabellen verteilt sind, mit den richtigen Abfragen wieder zusammenzuführen. Mit **JOIN** kannst du deine Tabellen über ausgewählte Merkmale miteinander verknüpfen. Tatsächlich ist so ein **JOIN** eine komplexe Sache – aber fürs Erste bist du gut aufgestellt.

Jede gute Tabelle sollte einen **Primärschlüssel** haben, der ein eindeutiges Merkmal darstellt. Und mit einem **Index** kannst du bei großen Tabellen die Suche und auch das Sortieren noch wesentlich schneller machen!

Zahlen und Daten im Überfluss

—VIERZEHN—

Hast du mal einen Chart für mich?

Zahlen und Daten gibt es im Überfluss – aber was nützen die schönsten Daten- und Zahlenberge, wenn man darin den Wald vor lauter Bäumen nicht mehr sieht? Da ist es gut, sich mit Python souverän durch jeden Datenberg wühlen zu können. Eine Auswertung? Darf es vielleicht auch noch ein passender Chart sein?

Du brauchst eine Auswertung von Geschäftszahlen?
Grafische Darstellung und Diagramme?

Kein Problem mit Python und der richtigen Bibliothek!

Und was soll ich da nehmen?
Ich meine, welche Bibliothek?

Wir werden uns mit **Matplotlib** beschäftigen. Das ist eine der etabliertesten Bibliotheken für solche Aufgaben. Viele andere, weiter spezialisierte Programmbibliotheken für Auswertungen und Darstellung von Daten basieren sogar auf **Matplotlib** (das übrigens tatsächlich ohne »h« geschrieben wird).

Matplotlib musst du erst **installieren**. Am einfachsten über die Entwicklungsumgebung deiner Wahl. Natürlich kannst du das auch über die Kommandozeile machen:

```
pip install matplotlib
```

Kommt es bei der Installation unter Linux oder auf dem Mac zu einem Fehler mit einer Meldung »Permission denied«, dann solltest du versuchen, die Installation als **Superuser** durchzuführen. Dazu schreibst du `sudo` vor jede Zeile. Es könnte auch sein, dass du `pip` als `pip3` aufrufen musst, im Normalfall sollte das aber nicht notwendig sein.

Fangen wir mit einem einfachen Beispiel an, um dich mit **Matplotlib** vertraut zu machen. Es sollen folgende Koordinaten in einem Koordinatensystem dargestellt werden:

A(1|1); B(2|2); C(3|4); D(4|8); E(5|16); F(6|32); G(7|64); H(8|128)

Das sind ganz normale Koordinaten. Die jeweils **erste Zahl** steht für die Position auf der **x-Achse** (also nach links bzw. rechts), die zugehörige **zweite Zahl** für die Position der **y-Achse** (also für die Höhe des Punktes).

Die eher mathematische Bezeichnung der Koordinaten mit den Buchstaben A bis H interessiert uns hier nicht weiter. Mit Matplotlib ist ein erstes **Programm** für die grafische Darstellung überraschend schnell geschrieben:

```
import matplotlib.pyplot as chart*1
chart.title("Schrödingers Daten")*2
chart.ylabel('y-Achse')*3
chart.xlabel('x-Achse')*3
chart.plot([1,2,3,4,5,6,7,8], [1,2,4,8,16,32,64,128])*4
chart.show()*5
```

*1 Von **matplotlib** brauchen wir erst mal nur das Modul **pyplot**, das für die zweidimensionale Darstellung zuständig ist. Mit **as** geben wir ihm für unser Programm den etwas sprechenderen Namen **chart**.

*2 Eine Überschrift wollen wir unserem Chart auch gleich geben.

*3 Genauso wie wir die beiden Achsen passend beschriften.

*4 Hier werden alle Koordinaten an die Methode **plot** übergeben und damit in das Koordinatensystem eingetragen.

*5 Und mit der Methode **show** wird alles zur Anzeige gebracht.

Sicher ist es dir aufgefallen:

Die Koordinaten werden in **Listen oder in Tupeln** an die Methode **plot** übergeben, und zwar **getrennt** nach x- und y-Position.

[Zettel]

Die erste Liste beinhaltet also alle Werte für **x** und die zweite Liste alle Werte für **y**! Die **Anzahl** der Werte muss in beiden Listen deshalb natürlich **gleich** sein.

Was mit den beiden getrennte Listen auf den ersten Blick durchaus etwas seltsam erscheint, ist tatsächlich ziemlich **praktisch**. Oft sind gerade die Werte der x-Achse **fortlaufend**, beginnend meist bei 0 oder 1 bis zu einem maximalen Wert. Das musst du dann nicht mehr händisch als Liste tippen, sondern du kannst bequem mit **`range`** arbeiten. So wird aus unserem Aufruf der Methode **`plot`** dieser Aufruf:

*1 Anstelle der ausgeschriebenen Zahlen von 1 bis 8 schreiben wir das als **`range`** von 1 bis (ausschließlich) 9. Je länger die Zahlenreihe, desto mehr kann man sich an der Lösung mit **`range`** erfreuen.

```
chart.plot( list(range(1,9))*1, (1,2,4,8,16,32,64,128)*2 )
```

*2 Es spielt hier auch keine Rolle, ob du mit Listen (wie oben) oder mit Tupeln (wie hier) arbeitest – die Darstellung ist gleich.

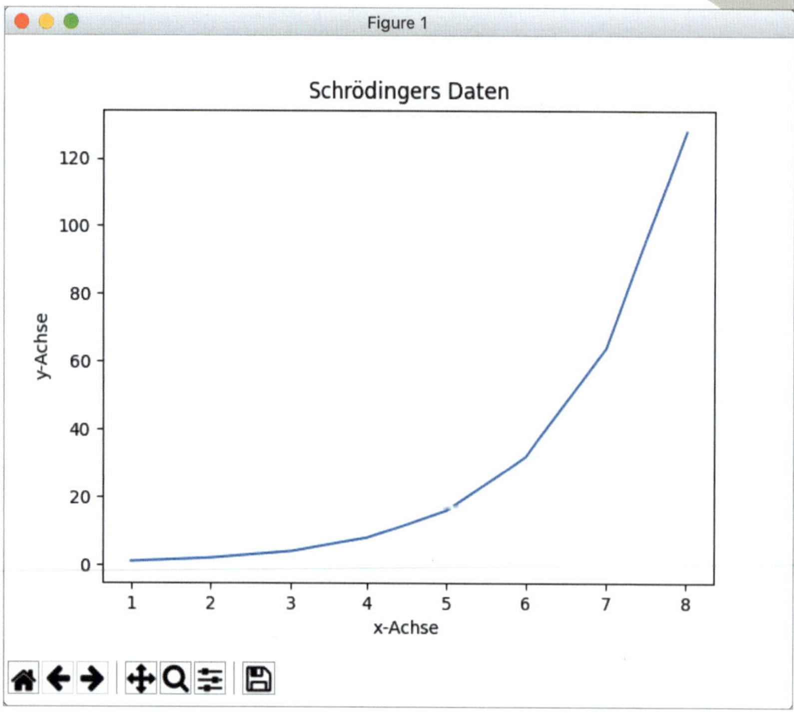

Nur ein paar Zeilen und fertig ist das Koordinatensystem – samt dargestellter Daten.

Gut zu erkennen sind die **Bezeichnungen** der Achsen und auch der **Titel** des Charts. Die Zahlenangaben bei den Achsen werden automatisch geschrieben und richten sich nach den jeweiligen Werten der Koordinaten, zumindest solange du nichts anderes angibst.

Die **Symbole** unten links werden automatisch zur Verfügung gestellt. Mit dem **Diskettensymbol** rechts kannst du den Chart in der aktuellen Darstellung als Grafik speichern. Über das Symbol mit den drei **Schiebereglern** kannst du das Diagramm selbst in der Größe und den Abständen beeinflussen. Mit der **Lupe** vergrößerst du beliebige Ausschnitte und mit dem **Kreuz** kannst du die dargestellte Kurve (oder den Ausschnitt) verschieben. Mit den beiden **Pfeilen** und dem **Haus** kannst zwischen den verschiedenen Darstellungen wechseln – das geht auch mit den **Cursor-Tasten** links und rechts. Manchmal passiert es, dass diese Buttons »haken«, also wundere dich nicht. Mit den Cursor-Tasten kannst du aber immer arbeiten.

Aber zurück zu unserem Chart.

Denn es gibt noch zahlreiche Möglichkeiten, das Aussehen der Kurve mit Parametern zu beeinflussen. Hinter den beiden Listen kannst du angeben, wie die Kurve **dargestellt** und welche **Farbe** sie haben soll. Dabei helfen dir die folgenden Tabellen.

Zeichen	(Daten-)Punkt in der Kurve
'.'	ein Punkt
','	ein Pixel
'o'	runder Punkt
'v'	Dreieck nach unten
'^'	Dreieck nach oben
'<'	Dreieck nach links
'>'	Dreieck nach rechts
'1'	ein Dreier-Marker nach unten
'2'	ein Dreier-Marker nach oben
'3'	ein Dreier-Marker nach links
'4'	ein Dreier-Marker nach rechts
's'	ein Viereck
'p'	ein Fünfeck
'*'	ein Stern
'h'	ein Sechseck
'H'	ein etwas breiteres Sechseck
'+'	ein Plus
'x'	ein X
'D'	eine quadratische Raute
'd'	eine Raute
'|'	ein vertikaler Strich
'_'	ein horizontaler Strich

Zeichen	Linienart der Kurve
'-'	durchgehende Linie
'--'	gestrichelte Linie
'-.'	Linie mit Punkten
':'	gepunktete Linie

Zeichen	Farbe der Kurve
'b'	Blau
'g'	Grün
'r'	Rot
'c'	Cyan
'm'	Magenta
'y'	Gelb
'k'	Schwarz
'w'	Weiß

Sicher ist dir aufgefallen, dass jedes Zeichen bzw. jede Kombination nur **einmal** in allen drei Tabellen auftaucht, also **eindeutig** ist. Du kannst mit diesen Zeichen jeweils festlegen, wie die **Datenpunkte** oder die **Verbindungen** zwischen diesen Punkten aussehen und in welcher **Farbe** sie dargestellt werden. Dazu musst du nur eine bis drei Angaben in einen String schreiben, und zwar einfach hinter die beiden Listen, getrennt durch ein Komma:

```
chart.plot(list(range(1,9)), (1,2,4,8,16,32,64,128), ':Db'*1)
```

*1 Der **Doppelpunkt** steht für eine gepunktete Linie, das große **D** für eine quadratische Raute und das kleine **b** für die Farbe Blau.

Das ist natürlich noch nicht alles, was dir Matplotlib zu bieten hat, denn es gibt noch **weitere Parameter**, die du in der Methode `plot` verwenden kannst, um die jeweilige Kurve anders darzustellen:

- `linewidth` oder schön kurz `lw` legt die **Breite** (oder Stärke) der Linie fest, die du als Integer oder Fließkommazahl angeben kannst.
- Mit `linestyle` oder `ls` kannst du die **Art** der Linie festlegen – mit den gleichen Werten, die du schon kennengelernt hast.
- `color` ist eine alternative Möglichkeit, die Farbe der Kurve zu verändern. Bei `color` kannst du mit den sprechenden Farbangaben wie `grey` oder `blue` und genauso mit **Hexwerten** wie `#f0000f` arbeiten.

Die **Marker**, also die auf der Kurve dargestellten (Mess-)Punkte, kannst du gleich mit mehreren Parametern beeinflussen:

- Mit `markeredgewidth`, auch `mew`, legst du fest, wie breit die **Umrandung** des Punktes ist.
- Und mit `markeredgecolor`, auch `mec`, bestimmst du die **Farbe** dieser Umrandung.
- Mit `markersize` bzw. `ms` legst du die **innere Größe** des Markers fest.
- `markerfacecolor` oder `mfc` legt die **innere Farbe** fest.
- Bleibt noch `markevery`. Damit kannst du angeben, welche (abgezählten) Messpunkte angezeigt werden. Mit `None` als Wert wird jeder und mit 1 wird genauso jeder erste und (beispielsweise) mit 2 jeder zweite Marker angezeigt.

Die spezielleren Attribute wie `markerfacecolor` überschreiben dabei die jeweils allgemeineren Angaben wie `color`. Die Reihenfolge spielt dabei keine Rolle.

Und natürlich kannst du mehr als eine Kurve in ein Diagramm zeichnen lassen!

Drei Kurven sollt ihr sein

Dazu schreibst du alle Angaben deiner jeweiligen Kurven entweder **hintereinander und durch Kommas getrennt** in eine gemeinsame `plot`-Methode oder du schreibst mehrere `plot`-Methoden mit jeweils eigenen Angaben.

Für drei verschiedene Kurven kann das dann so aussehen:

*1 Das ist die erste **plot**-Methode, die jetzt gleich zwei Kurven zur Darstellung bringt.

*2 Die erste Kurve ist unverändert.

```
import matplotlib.pyplot as chart
chart.title("Schrödinger seine drei Kurven")
chart.ylabel('y-Achse')
chart.xlabel('x-Achse')
chart.plot*1(list(range(1,9)), (1,2,4,8,16,32,64,128),*2
        list(range(1,9)), [100,95,90,80,60,20,0,-20], 'r--o'*3)
chart.plot*4(list(range(1,9))*5, [x**1.5 for x in range(8)]*6,
          'D:', color='grey'*7, markersize=12, mfc="white"*8,
          markeredgecolor = "#990000", markeredgewidth = 3*9)
chart.show()
```

*4 Hier kommt unsere zweite **plot**-Methode!

*5 Die x-Werte sind genauso wie bei den anderen Kurven – was aber nur zufällig in unserem Beispiel so ist.

*3 Die zweite Kurve besteht aus einem **Tupel** für die x-Werte und einer **Liste** für die y-Werte – das geht **problemlos**! Außerdem wird angegeben, dass die Kurve rot ist, **r**, eine gestrichelte Linie hat, **--**, und der Datenpunkt selbst als runder Punkt dargestellt wird, **o**.

*7 Unsere dritte Kurve hat eine gepunktete Kurve, **:**, und die Punkte werden als quadratische Raute dargestellt. Alles wird in der Farbe Grau dargestellt.

*6 Hier geben wir die Werte als **Formel** in einer **List Comprehension** an.

*8 Make it big: Mit **markersize=12** werden die Datenpunkte größer dargestellt, und mit **mfc**, der Abkürzung für **markerfacecolor**, wird die Fläche (bzw. das Innere) der Datenpunkte auf Weiß gesetzt.

*9 Und der **Rand** der Datenpunkte soll dunkelrot sein, hier angegeben als hexadezimale Farbe. Etwas **breiter** soll unser roter Rand auch gleich sein.

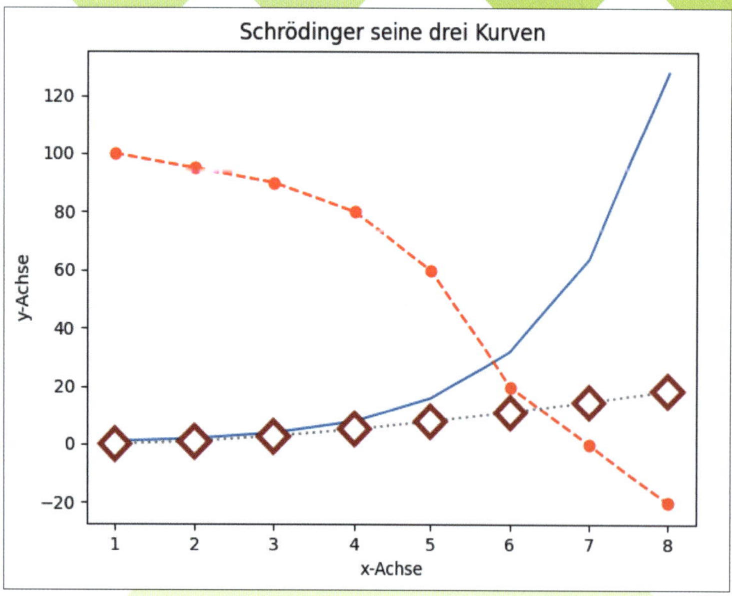

Und natürlich darfst du **chart.show()** nicht vergessen. Das bringt alles zur Darstellung.

Drei Kurven in unterschiedlicher Darstellung

Zeit für die erste Auswertung

Der tägliche Verkauf in dem kleinen Laden deiner Freundin soll dargestellt werden. Damit soll klarer werden, was an welchen Tagen gut läuft. Damit soll später der Verkauf gezielter angekurbelt werden können.

Die Werte sind **vorgegeben**.

Und hier ist schon einmal der Anfang des Programms:

*1 Es muss nicht immer **`chart`** sein. **`plt`** ist eine häufig verwendete Bezeichnung für den Import von **`matplotlib.pyplot`**, die du auch in vielen Beispielen im Internet finden wirst.

```
import matplotlib.pyplot as plt*1
plt.title("Verkauf Zeitungen, Kuchen, Dinkelbrote")
plt.ylabel('Menge')
plt.xlabel('Tag')*2
zeitungen = (52,24,20,13,2)
kuchen = (4,15,33,35,37)
brote = (50,44,35,40,49)*3
```

*2 Hier sind schon einmal der Import und die Beschriftungen.

*3 Und hier stehen die Werte der unterschiedlichen Verkaufsartikel.

[Einfache Aufgabe]

Stelle Daten für die Tage Montag bis Freitag in den Farben Zeitungen – Blau, Kuchen – Rot, Brote – Schwarz dar. Die Kurven sollen mit Linien und Punkten dargestellt werden.

*1 Die fünf Tage von Montag bis Freitag werden mit **range** dargestellt.

*2 Hier werden die Listen als Variablen in **plot** übergeben.

```
plt.plot(list(range(1,6)*1), zeitungen*2, 'b.-',
         list(range(1,6)), kuchen*2, 'r.-',
         list(range(1,6)), brote*2, 'k.-'*3)
plt.show()
```

*3 Jede Kurve hat die entsprechende Farbe und Darstellung mit Linien und Punkten.

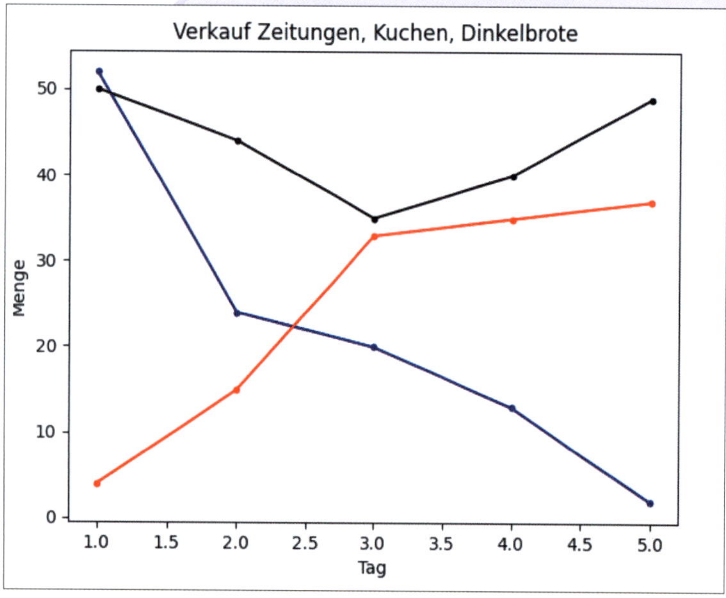

Brote gehen immer! Zeitungen und Kuchen sind von den Tagen abhängig

... aber sag mal:

Was war das denn vorhin mit dieser komischen List Comprehension?

Nicht nur für Charts: Schlaue Listen mit List Comprehension

Listen sind ja eine praktische Sache. Du kannst darin die unterschiedlichsten Daten sammeln und damit weiterarbeiten. Und gerade für Charts werden Listen noch mal doppelt so interessant.

Eines der schönsten Dinge bei der Arbeit mit Computern besteht ja darin, dem Computer möglichst viel dieser Arbeit aufzuhalsen. Hast du fortlaufende Werte, dann kannst du ja wunderbar mit **`range`** arbeiten. Damit wird im Handumdrehen aus einer mühsam von Hand getippten Liste wie **`[2, 4, 6, 8, 10, 12, 14, 16, 18, 20]`** ganz schnell eine für den Computer einfache Aufgabe: **`list(range(2,11,2))`**.

So praktisch das auch ist: Du kannst nur einen Anfang, ein Ende und ein Intervall setzen. Es gibt keine Möglichkeit, komplexere Berechnungen direkt als Liste zu schreiben.

Nehmen wir mal eine Formel, bei der **2 hoch x** berechnet werden soll, in Python geschrieben also **`2**x`**. Diese Formel soll für die Werte von 1 bis 10 berechnet werden. Unser **`x`** muss also dementsprechend die Werte von 1 bis 10 annehmen.

Das kriege ich hin!

*1 Als Erstes braucht man eine leere Liste, …

*2 … dann eine **`for`**-Schleife, …

*3 … in der die Liste mit den berechneten Werten generiert wird.

```
meine_liste = []*1
for x in range(10):*2
    meine_liste.append( 2**x )*3
```

```
[1, 2, 4, 8, 16, 32, 64, 128, 256, 512]
```

Und jetzt schauen wir uns mal an, wie du das mit einer List Comprehension lösen kannst:

```
[ 2**x for x in range(10) ]
```

```
[1, 2, 4, 8, 16, 32, 64, 128, 256, 512]
```

Wie ist so eine List Comprehension aufgebaut?

*1 Als sprichwörtliche **Liste** schreibst du alles in **eckige Klammern** – eben wie es so üblich ist bei einer Liste.

*2 Hier gibt es eine **Operation**, mit deren Hilfe die Listenelemente (also das Ergebnis der List Comprehension) berechnet werden.

```
[*1 2**x*2 for*3 x in range(10)]*1
```

*3 Dieser Operation folgt eine **Schleife**, die festlegt, welche Werte nacheinander in unsere Variable (oder Variablen) geschrieben werden, die in der Operation verwendet werden.

Und so wird **Stück für Stück** eine Liste aufgebaut, die du **direkt verwenden kannst** – genauso wie eine händisch geschriebene Liste! Natürlich ist so eine List Comprehension nicht auf Charts beschränkt, sondern überhaupt für **alle Arten** von Anwendungen eine ganz praktische Sache. Du kannst die so erzeugte Liste natürlich auch jederzeit einer Variablen zuweisen und dann damit arbeiten:

```
meine_liste = [2**x for x in range(10)]
```

Abgesehen von solch schon fast schnöden Formeln bieten dir List Comprehensions aber noch mehr: Du kannst nicht nur die eine oder andere Schleife damit **ersetzen**, sondern bist eigentlich kaum noch auf die doch etwas komplexeren Lambda-Funktionen angewiesen.

Du kannst nämlich bei der Schleife auch mit `if` arbeiten und damit die Zahlen weiter beeinflussen:

*1 Hier findet normalerweise eine Berechnung statt. In unserem einfachen Fall wird aber tatsächlich nur der **aktuelle Wert** in die Liste geschrieben. Das geht problemlos!

*2 Hier ist unsere Schleife. Sie wird zehnmal durchlaufen und erzeugt die Werte von **0** bis **9**, die normalerweise alle an **spam** übergeben würden. Bis hierhin ist alles wie gewohnt.

```
[spam*1 for spam in range(10)*2 if spam > eggs*3]
```

*3 Jetzt aber kommt noch ein `if`, mit dem die Ergebnismenge **beeinflusst** wird: Dieses `if` wird auf jeden Wert der Schleife angewandt! Nur wenn die Bedingung **wahr** ist, also zutrifft, wird der Wert in der Berechnung (also bei *1) verwendet.

Hier werden also nur die Werte der Schleife verwendet, die größer als die Variable **eggs** sind. Hat **eggs** den Wert **7**, dann würden nur die Werte **8** und **9** aus der Schleife verwendet werden. Die erzeugte Liste hätte jetzt also nur zwei und nicht mehr zehn Werte und würde so aussehen:

```
[8, 9]
```

Kleine, schlaue Listen selbst gemacht

Dazu gleich zwei Aufgaben, die du danach auch grafisch darstellen wirst:

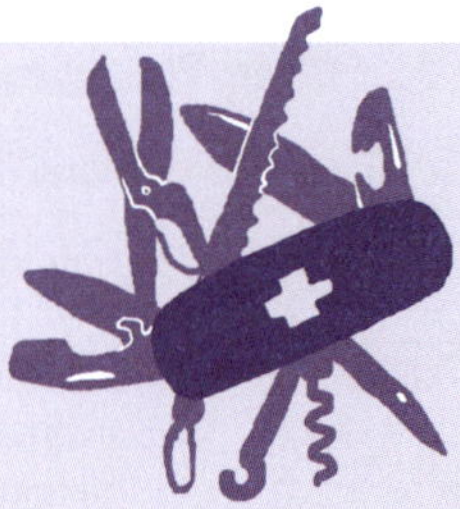

[Schwierige Aufgabe]

Du hast eine vorgegebene Liste mit dem Zahlenbereich von 0 bis 99. Aus dieser Liste sollen die Zahlen von **1** bis **9** erzeugt werden – und zwar rückwärts, also absteigend von **9** bis **1**.

Hier ist die vorgegebene Liste:

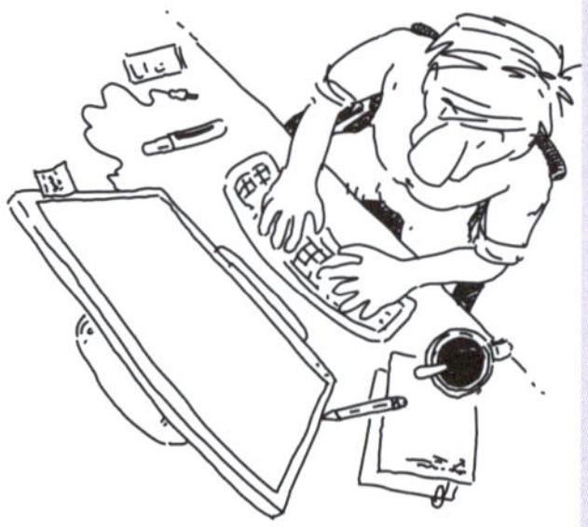

```
vorgegeben = list(range(100))
```

*1 Hier wird in der Schleife die vorgegebene Liste **vorgegeben** durchlaufen.

```
[100 - spam*3 for spam in vorgegeben*1 if spam > 90*2]
```

*3 Und mit der Berechnung **100 minus unsere ausgesuchten Werte** machen wir die Zahlen von 1 bis 9 daraus, und zwar umgekehrt!

*2 Von allen Zahlen nehmen wir mit einer entsprechenden Bedingung nur die Zahlen **größer als 90**.

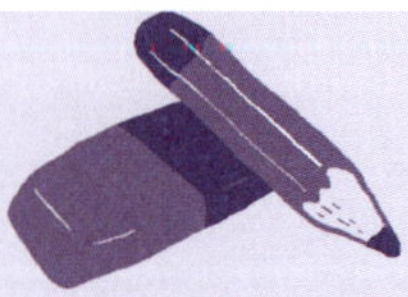

[Notiz]

Hier kannst du auch sehen: Es ist problemlos möglich, **fertige Listen** anstelle von **range** in der Schleife einer List Comprehension zu verwenden!

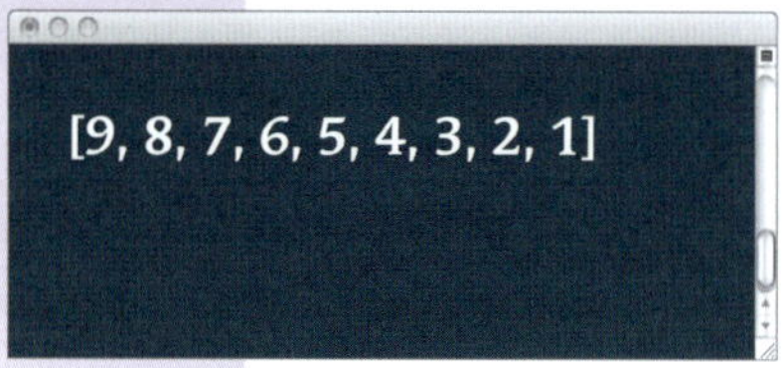

Übrigens, nach Rom führt ja bekanntlich mehr als nur ein Weg, und auch hier gibt es mehr als nur eine Möglichkeit, dasselbe Ergebnis zu erhalten:

```
[9 - spam for spam in vorgegeben if spam < 9]
```

Eine weitere Aufgabe:

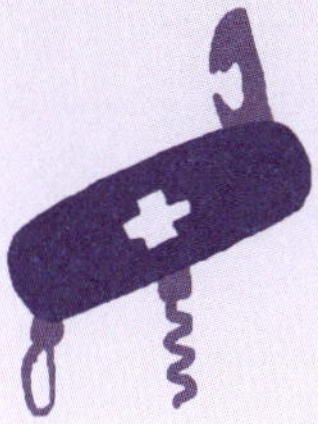

[Einfache Aufgabe]

Such alle Zahlen von 1 bis 200 heraus, die sich durch **42** teilen lassen.

Ha!

Dank List Comprehension ist das ein schlankes Einzeiler!

*1 **s** steht für Schrödinger oder ist einfach nur eine beliebige Variable!

```
[s*1 for s in range(1,201)*2 if s%42==0*3]
```

*2 Hier ist unsere Schleife von 1 bis 200.

*3 Ist eine Zahl durch 42 teilbar, dann ist der Rest 0. Genau das stellt der Modulo-Operator % fest.

Schon ist unsere Liste fertig:

Weiter zur nächsten Aufgabe:

[Einfache Aufgabe]

Stell die beiden List Comprehensions gemeinsam in einem Diagramm dar! Die List Comprehensions sollen dabei jeweils auf der **y-Achse** abgebildet werden. Für die **x-Achse** sollen die Werte mit **range** von **1** bis **n** genommen werden.

Ach ja, damit man die beiden Kurven besser auseinanderhalten kann, füge bitte noch eine **Legende** ein.

Eine Legende? Klingt cool. Und wie mache ich das?

Du kannst jeder Kurve ein Attribut namens **Label** zusammen mit einem **String als Wert** geben. Der Text sollte natürlich kurz und prägnant sein.

Über die Methode **legend** musst du dann nur noch festlegen, **wo** die Legende in dem Chart stehen soll. Du kannst dabei alle Ecken als Parameter angeben: Links oben als **'upper left'**, rechts oben als **'upper right'**, **'lower left'** ist links unten und **'lower right'** ist (na klar) rechts unten. Mit **'best'** wird automatisch versucht, die beste freie Stelle zu finden.

Und mit diesen Parametern kannst du die Legende in jeweils einer Richtung zentrieren lassen: **'center left'**, **'center right'**, **'lower center'**, **'upper center'**. Und mit **'center'** wird die Legende genau in die Mitte deines Charts platziert.

Daneben gibt es noch etliche weitere (optionale) Parameter, mit denen du das Aussehen deiner Legende beeinflussen kannst. Hier sind die interessantesten beispielhaft aufgeführt.

*1 Hier lässt du Python die beste **Position** für die Legende suchen.

*2 Auch die Legende kann eine eigene **Überschrift** bekommen. Und mit **title_fontsize** kannst du die Schriftgröße festlegen.

```
chart.legend(loc='best'*1,
             title='Schrödingers Legende', title_fontsize=16,*2
             borderpad=2, labelspacing=1.2,*3
             fontsize=12,*4
             shadow=True, facecolor="grey", edgecolor="red"*5)
```

*4 Hier folgt noch die **Schriftgröße** der **Label**.

*3 Hier kannst du die **Innenabstände** des Boxinneren und mit **labelspacing** den **Zeilenabstand** der einzelnen Label festlegen.

*5 Und hier gibst du der Box einen leichten **Schlagschatten**, eine **Hintergrundfarbe** und einen **Rand** für die Farbe.

Wahnsinn!

Das sind noch nicht einmal alle Parameter – aber sicher mehr, als du im Normalfall benötigst. Ansonsten lohnt sich hier für besondere Fälle ein (leider nur englischer) Blick in die Dokumentation von Matplotlib auf **www.matplotlib.org**.

Für die Aufgabe genügt aber eine Positionierung mit `loc='best'`.

*1 Das war die vorgegebene Liste, sie könnte auch **direkt** in die List Comprehension geschrieben werden. So ist es aber besser lesbar.

*2 Hier kommt die erste Kurve mit den festgelegten x-Werten, …

*3 … und hier steht die **List Comprehension** für die y-Werte.

```
import matplotlib.pyplot as chart
chart.title("Schrödinger seine zwei Kurven")
vorgegeben = list(range(100))*1
chart.plot*2(list(range(1,10)),
           [9 - spam for spam in vorgegeben if spam < 9]*3,
           'D:', label = 'Von 9 bis 1'*4)
chart.plot(list(range(1,5)), [s for s in range(1,200) if s%42==0],
           'r--o', label = 'Schrödingers 42er')*5
chart.legend(loc='best', shadow=True,
             title='Die Legende von Schrödinger')*6
chart.show()
```

*4 Jetzt folgen noch etwas Kosmetik und der Text für die Legende.

*5 Hier steht die zweite Kurve, die ganz ähnlich aufgebaut ist – natürlich mit anderem Inhalt und der anderen List Comprehension.

*6 Die **Legende**. Einen Schlagschatten und eine markige Überschrift gönnen wir uns auch mal.

Fertig! Jetzt muss das Programm nur noch gespeichert und gestartet werden.

Aber sollte das nicht »Die Legende vom Schrödinger« heißen?

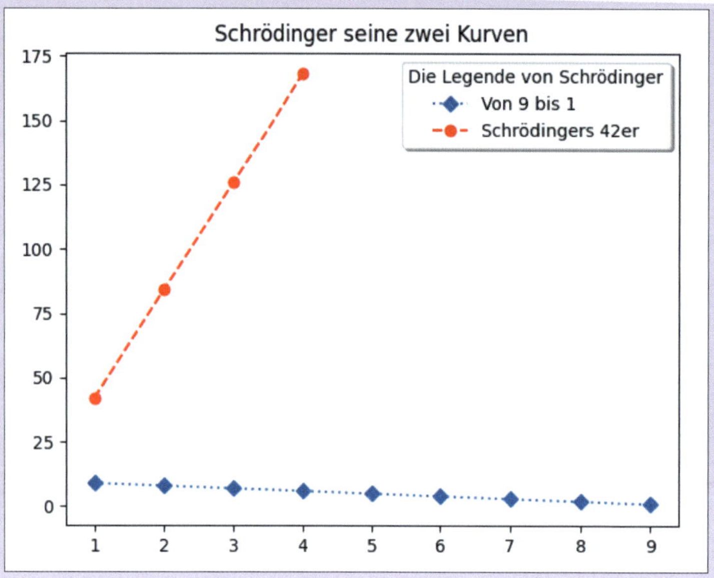

Schon cool, was mit ein paar Zeilen Code so alles möglich ist.

Du kannst hier sehr gut sehen, dass du unterschiedliche Kurven problemlos **zusammen darstellen** kannst. Problematisch kann aber immer sein, wenn die Wertebereiche der einzelnen Kurven weit auseinanderliegen: Unsere Kurve **Von 9 bis 1** kann hier eher schlecht als recht auf der **y-Achse** abgelesen werden. Da kann es hilfreich sein, dass du die Darstellung mit den Methoden **xlim** und **ylim** auf bestimmte Bereiche festlegen kannst:

```
chart.xlim( 0,5*2 )*1
chart.ylim( [0,45]*2 )
```

*1 Mit **xlim** legst du – unabhängig von den dargestellten Kurven – fest, welcher Bereich (von … bis) auf der x-Achse dargestellt wird.

*2 Die Werte übergibst du eigentlich in Form einer beliebigen Liste. Du kannst bei **xlim** und **ylim** auf die Klammern der Liste verzichten.

Beide Methoden sind jeweils **optional**, du kannst auch nur für eine Achse allein einen Bereich vorgeben.

Du könntest anstelle von **xlim** mit **left=0** oder **right=5** auch nur jeweils **eine Grenze** angeben. Für **ylim** würde das alternativ mit **bottom=0** bzw. mit **top=45** gehen.

Alternativ kannst du **alle Angaben** (für beide Achsen) auch mit **axis** in einem Rutsch machen. Wobei du hier die Werte mit einer Liste oder einem Tupel in Klammern angeben musst:

```
chart.axis((0, 5, 0, 45))
```

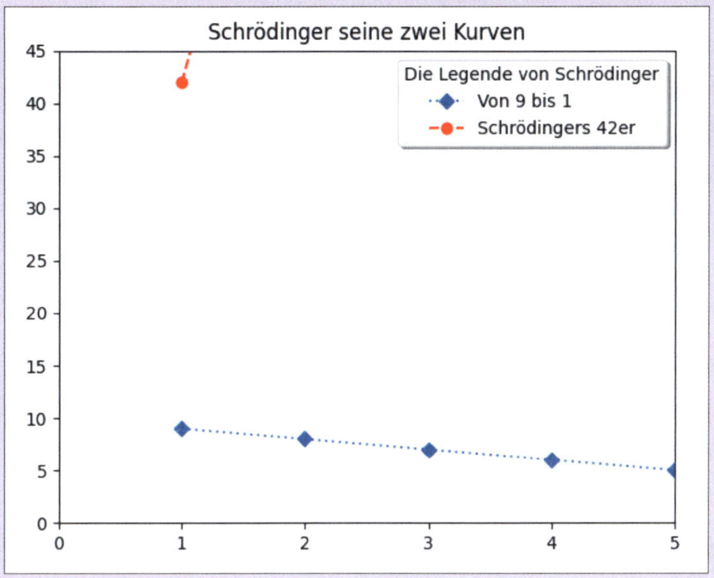

Mit so einem Ausschnitt sieht die Welt schon ganz anders aus.

Übrigens, du könntest dir die Werte für die x-Achsen auch **dynamisch generieren** lassen. Das ist hilfreich, wenn du noch nicht genau weißt, wie viele Elemente die List Comprehension liefert (oder du es eben nicht selbst abzählen willst):

```
y = [s for s in range(1,200) if s%42==0]*1
wieviele = len(y)*2
x = list( range( 1,wieviele+1 )*3 )
chart.plot(x, y, 'r--o', label = 'Schrödingers 42er')
```

*1 Hier weist du die List Comprehension (bzw. das Ergebnis) einer Variablen **y** zu.

*2 Und hier bestimmst du die Länge bzw. die Anzahl der Elemente in der Liste **y**, …

*3 … die du hier verwendest, um **range** zu befüllen!

Natürlich könntest du auf die Variable **wieviele** verzichten und den Ausdruck **len(y)** direkt in **range** verwenden – ob das aber wirklich eine Verbesserung ist, sei einmal dahingestellt. Zumal so eine Variable ja nichts kostet …

Da geht noch was – noch ein »if« und auch ein »else«

List Comprehensions sind so schon eine ziemlich coole Sache. Aber du bist nicht darauf beschränkt, nur ein `if` zu verwenden! Im Gegenteil kannst du fast beliebig viele `if` hintereinander schreiben. Sie nehmen **nacheinander** auf die Ergebnismenge Einfluss und verfeinern das Ergebnis weiter.

Ein Beispiel: Du willst aus unserer vorgegebenen Liste alle Zahlen, die durch 42 teilbar sind. Aber du brauchst für weitere Berechnungen **nur** die Zahlen, die größer als 50 **und** kleiner als 150 sind? Mit zwei weiteren `if`s ist das kein Problem:

```
vorgegeben = range(1,200)
print(
  [s*4 for s in vorgegeben if s%42==0*1 if s>50*2 if s<150*3]
)
```

*1 Hier steht das erste `if`. Nur wenn die aktuelle Zahl **durch 42 teilbar** ist, kommt sie in die Ergebnismenge – erst mal, …

*2 … denn hier kommt das zweite `if`. Nur wenn die Zahl auch **größer** als 50 ist, bleibt sie in der Ergebnismenge – erst mal, …

*3 … denn es kommt ja noch eine weitere Bedingung. Nur wenn die Zahl auch **kleiner** als 150 ist, bleibt sie in der Ergebnismenge.

*4 Da hier keine weitere Berechnung stattfindet, erhältst du die so gefundenen Zahlen in unserem Beispiel unverändert.

```
[84, 126]
```

Aber könnte ich nicht einfach das `range(1,200)` *anpassen?*

In unserem einfachen Beispiel – **klar!** Aber du wirst oft Daten haben, auf die du so direkt keinen Einfluss nehmen kannst. Da ist so eine List Comprehension mit mehr als nur einem `if` schon echt Gold wert.

Ein Tipp: In so einem einfachen Fall könntest du natürlich die Bedingungen auch mit **and** innerhalb eines **if**s verknüpfen:

```
print(
  [s for s in range(1,200) if s%42==0 and s>50 and s<150]
)
```

```
[84, 126]
```

Das Arbeiten mit mehreren echten **if**s kann da schon fast übersichtlicher sein. Aber natürlich kannst du nahezu beliebig komplexe Bedingungen mit **or** (und weiteren **and**) schreiben.

Aber das ist noch nicht alles. Du kannst auch mit **else** arbeiten In diesem Fall ist der Aufbau **etwas anders**. Schauen wir uns das an einem anderen Beispiel mit Zahlen von **-5** bis **5** an. Wenn die jeweilige Zahl kleiner als **0** ist, soll sie mit der Funktion **abs** positiv gemacht werden, ansonsten soll die positive Zahl **verdoppelt** werden.

```
egg = range(-5,5)
print(
 [abs(spam) if spam<0*1 else spam*2 for*3 spam in egg]
)
```

*1 Zuerst wird der jeweilige Wert mit **abs** positiv gemacht, wenn (**if**) er kleiner als **0** ist.

*2 Ansonsten (**else**) soll der Wert verdoppelt werden.

*3 Und hier wird unser **range** von **-5** bis **4** mit **for** durchlaufen.

```
[5, 4, 3, 2, 1, 0, 2, 4, 6, 8]
```

Geht hier denn auch noch ein zweites **if**?

Nein, das geht nicht. Wenn die Aufgabenstellung aber so komplex wird, dann solltest du ruhig in **mehreren Schritten** jeweils eigene Listen generieren und diese Listen dann weiterbearbeiten. Das kann wesentlich übersichtlicher sein, als alles in eine lange Anweisung packen zu wollen. Denn was sagt das **Zen of Python?**

»Simple is better than complex. – Einfach ist besser als komplex.«

Sahne, Frucht und Dinkel – was ist am beliebtesten?

Es werden verschiedene Kuchenarten verkauft, und deine Aufgabe ist es, einen passenden Chart zu erstellen. Es muss erkennbar werden, welche Kuchen am häufigsten von den Kunden gekauft werden.

Kein Problem,
das mach ich doch mit Links!

Die folgenden Werte sind gegeben:

Erst mal handelt es sich um acht verschiedene **Arten** von Torten oder Kuchen. Der Einfachheit halber sind sie durchnummeriert:

```
kuchen = [1,2,3,4,5,6,7,8]
```

Hier folgt die Angabe, wie viele Torten bzw. Kuchen von einer Art **verkauft** wurden:

```
verkauf = [7,9,10,3,1,7,1,4]
```

Jede Torte (oder Kuchen) kann einer bestimmten Art zugeordnet werden. Mit **1** werden die **Sahnetorten** bezeichnet, **2** sind **Fruchttorten** und bei **3** handelt es sich um die allseits beliebten **Dinkelkuchen**:

```
art = [1,2,1,3,2,1,3,1]
```

Schließlich sollen auch die Kalorienangaben nicht unter den Tisch fallen, sondern mit dargestellt werden:

```
kalorien = [3900,1200,4080,400,950,4800,350,4999]
```

Moment, das sind vier verschiedene Angaben.
Die kann ich doch nicht in einer Kurve darstellen?

Je nach Angaben könntest du die Liste **Kalorien** noch in einer **eigenen Kurve** darstellen. Aber mit der Liste **Art** wird es dann tatsächlich schwierig.

Aber du bist ja nicht auf einfache Kurven angewiesen!

Für so etwas könntest du ein **Streudiagramm** verwenden. In einem Streudiagramm wird jeder Wert als ein eigenes Element mit einer bestimmten Größe und in einer eigenen Farbe dargestellt. Das kann **beispielhaft** so aussehen:

```
spam.scatter*1(x, y,*2
          c=farben, s=groesse,*3
          cmap=chart.cm.cool*4
)
```

*1 Mit **scatter** wird ein **Streudiagramm** erzeugt.

*2 Das sind die Angaben der Werte für die x- und die y-Achse, so wie du es kennst.

*3 Hier werden die Angaben für die Farben und die Größe gemacht.

*4 Und hier kannst du einen **Farbverlauf** festlegen, mit dem – je nach Wert – die Farbe der Elemente bestimmt wird. **cm** steht dabei für **colormap**.

Die **Farbe** kannst du am einfachsten über festgelegte **Colormaps** definieren, von denen es mehrere Dutzend gibt. Dabei gibt es Farbverläufe von **ocean**, **terrain**, **rainbow**, **jet**, **Pastel1** und **Pastel2**, **Accent**, **hsv**, **twilight** oder **twilight_shifted**, um nur einige zu nennen. Am besten schaust du mal auf der (ziemlich langen) Seite **https://matplotlib.org/3.1.0/tutorials/colors/colormaps.html** vorbei, dort werden alle Möglichkeiten dargestellt.

Die zusammengehörigen Werte **x**, **y** sowie die Werte für die Farbe **c** (für **color**) und die Größe **s** (für **size**) sind natürlich wieder listenartige Elemente, die jeweils die **gleiche Anzahl** von Elementen haben müssen. Bei der Liste **farben** für die Farben handelt es sich tatsächlich um **Werte**, die eben nicht im Koordinatensystem, sondern in Form einer **Färbung der Elemente** im Koordinatensystem dargestellt werden!
Die Farbskala in **cmap** legt dann fest, wie diese Färbung erfolgt.

*1 Der ganz normale Import findet hier statt.

*2 Und hier stehen alle Werte in Form gleich großer Listen, eben so, wie sie oben schon aufgeführt sind.

```
import matplotlib.pyplot as chart*1
kuchen = [1,2,3,4,5,6,7,8]
verkauf = [7,9,10,3,1,7,1,4]
art = [1,2,1,3,2,1,3,1]
kalorien = [3900,1200,4080,400,950,4800,350,4999]*2
chart.scatter(kuchen, verkauf,*3
              c=art*4,s=kalorien,*5
              cmap=chart.cm.cool*6
)
chart.show()
```

*3 Hier werden die Werte für die x- und y-Achse angegeben: der **Kuchen** für x und auf der y-Achse die **Anzahl** der verkauften Torten.

*4 Die **Farbe** soll durch die **Art** des Kuchens (oder der Torte) bestimmt werden.

*5 Die **Kalorien** schließlich bilden die **Größe** der jeweiligen Elemente.

*6 Die **Farben** bzw. der Verlauf der Farben, wird hier festgelegt.

Und so sehen unsere Kuchen und Torten als Diagramm aus:

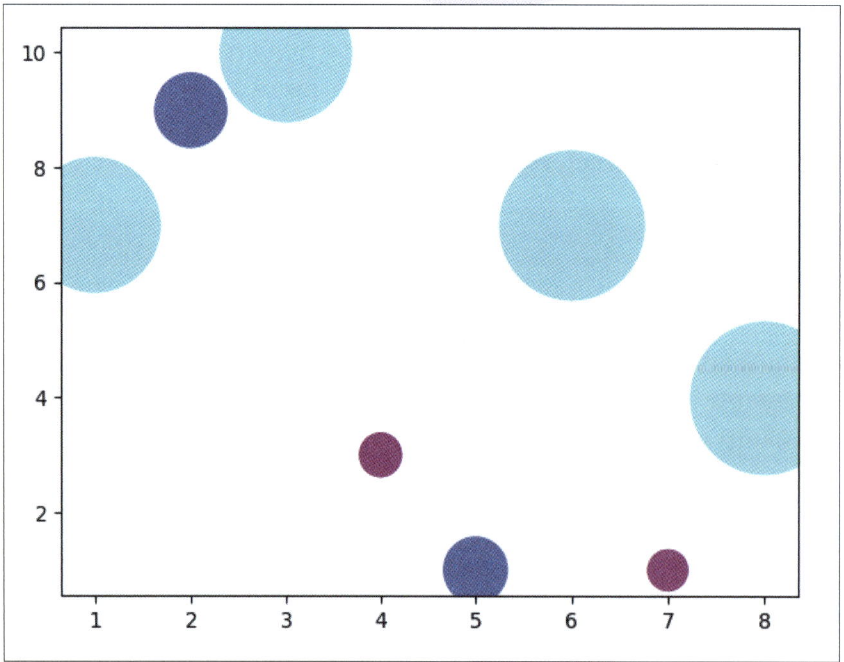

Wer hätte gedacht, dass gerade die kalorienreichen Torten so beliebt sind?

Mehr als nur ein Fenster – die Sache mit den »subplots«

Du hast bereits mehr als eine Kurve in einem Diagramm dargestellt – das war ja kein Problem. Aber genauso kannst ein zweites, vollständiges Diagramm zur Darstellung einbinden – also quasi ein **zweites Fenster**. Mit **subplots** kannst du ganz einfach **ein** oder sogar **mehrere** neue Fenster einbinden.

Das wollen wir mit unserer aktuellen Darstellung machen. Wir nehmen dazu die gleichen Werte, aber jeweils mit einer anderen **Colormap**. Denn eine exakt gleiche Darstellung in verschiedenen Fenstern macht nicht besonders viel Sinn. Für unser Beispiel soll es aber genügen, unterschiedliche Farben zu nehmen.

```
import matplotlib.pyplot as chart
kuchen = [1,2,3,4,5,6,7,8]
verkauf = [7,9,10,3,1,7,1,4]
art = [1,2,1,3,2,1,3,1]
kalorien = [3900,1200,4080,400,950,4800,350,4999]*1
skala*3, (chart_a, chart_b) = chart.subplots(1,2)*2
chart_a.set_xlabel('Kuchen/ Torte cool')
chart_b.set_xlabel('Kuchen/ Torte jet')
chart_a.set_ylabel('Verkaufte Kuchen und Torten')*4
chart_a.scatter(kuchen, verkauf, c=art, s=kalorien
                ,cmap=chart.cm.cool)*5
chart_b.scatter(kuchen, verkauf, c=art, s=kalorien
                ,cmap=chart.cm.jet)*6
chart.show()
```

*1 Bis hierhin ist alles unverändert.

*2 Mit der Methode **subplots** teilen wir unsere Darstellung auf. Mit dem zweiten Parameter **2** erstellen wir **zwei Fenster**, die wir einem Tupel mit zwei entsprechenden Elementen zuweisen. Diese Elemente sind unsere neuen Fenster, mit denen wir arbeiten können.

*3 Den ersten Parameter kannst du später für eine sogenannte **Colorbar** verwenden, die alle möglichen Farben darstellt und den jeweiligen Zahlenwerten zuordnet.

*4 Wir geben unseren neuen Fenstern gleich passende Achsenbeschriftungen mit. In diesem Fall benötigen wir dafür die Methode **set_xlabel** bzw. **set_ylabel**. Für die y-Achse soll uns eine gemeinsame Beschriftung genügen, bei x bekommt jedes Fenster seinen eigenen Text.

*5 Mit der Variablen **chart_a** aus dem Tupel erstellst du das erste Diagramm – als Streudiagramm mit allen Werten und der Colormap **cool**.

*6 Das zweite Diagramm ist bis auf die **Colormap jet** identisch – du könntest aber auch **andere Werte** oder eine **andere Darstellung** wählen.

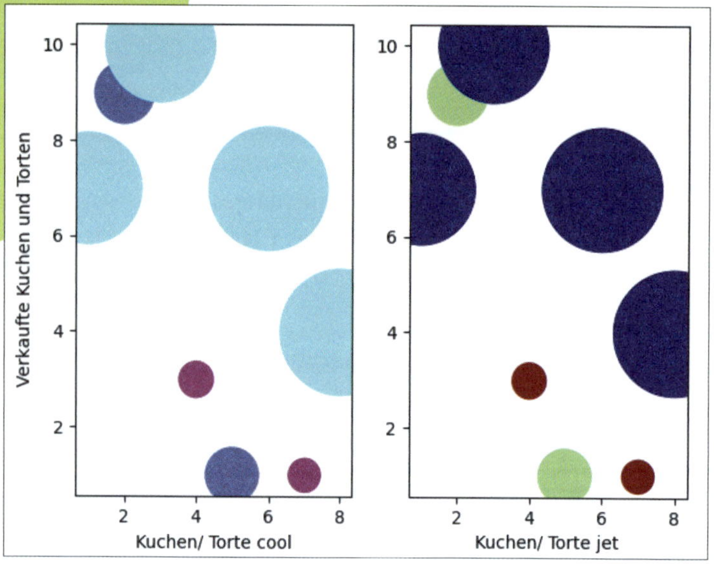

Da ist nicht nur die Colormap cool!

Was nach einer Spielerei aussehen mag, kann extrem hilfreich sein, wenn du verschiedene Darstellungen (oder Daten) zusammen präsentierst, um **Unterschiede** besser darstellen zu können.

Und was ist das mit der Colorbar?

Damit kannst du die verwendeten Farben mit ihren zugehörigen Werten darstellen.
Ein bisschen wie eine Legende, aber als eigenständiges Element. Machen wir das für **ein** Fenster.
Die dargestellten Daten sollen gleich bleiben:

```
skala, chart_a = chart.subplots(1,1)*1
fenster*3 = chart_a.scatter(kuchen, verkauf, c=art, s=kalorien
              ,cmap=chart.cm.jet)*2
skala.colorbar(fenster, ax=chart_a)*4
chart.show()
```

*1 Da wir nur ein Fenster darstellen wollen, ist der zweite Parameter hier **1**. Deshalb brauchen wir auch kein Tupel, sondern nur einen Wert, hier **chart_a**.

*2 Eigentlich ist die Anweisung für unser Streudiagramm unverändert. Da das Streudiagramm aber noch für die Colorbar selbst benötigt wird, …

*3 … weisen wir das Diagramm einer Variablen **fenster** zu, um es weiterverwenden zu können.

*4 Was hier passiert: Der Methode **colorbar** wird unser Diagrammobjekt **fenster** zugewiesen, zusammen mit unserem **chart_a**.

Aus diesen übergebenen Elementen »bastelt« sich **colorbar** dann alles zurecht!

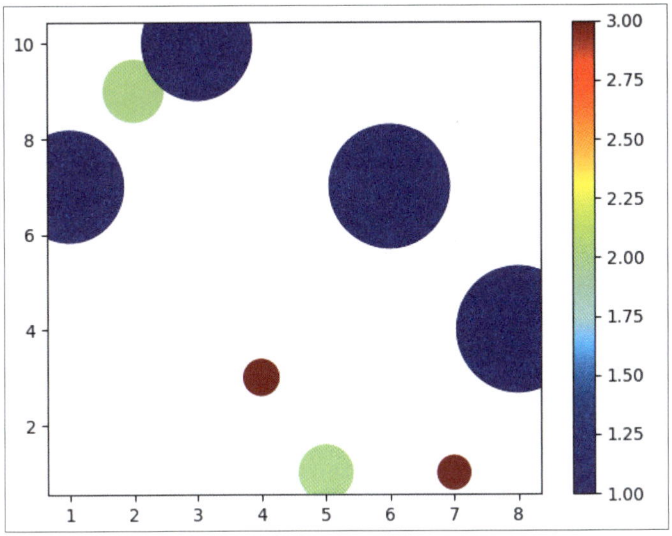

Und schon hast du einen schicke Colorbar.

Aber wäre es nicht noch cooler, wenn ich angeben könnte, welche Torte oder welcher Kuchen das jeweils ist?

Klar, die reinen Zahlenangaben von 1 bis 9 sind schon etwas nüchtern. Natürlich kannst du auch die Beschriftung ändern. Machen wir das einmal für die x-Achse.

Erst mal brauchst du eine Liste oder ein Tupel mit den Bezeichnungen:

```
label = ('Sahne', 'Apfel', 'Kirsche', 'Hafer',
        'Hirse', 'Nuss', 'Dinkel', 'Schmand-\n*1Sahne')
```

*1 Zu lange Bezeichnungen kannst du problemlos mit einem Zeilenumbruch, dem **\n**, umbrechen.

Danach rufst du für die x-Achse die Methode **xticks** auf und übergibst als ersten Parameter eine Liste mit Werten, die **ersetzt werden** sollen. Das sind (logischerweise) die Werte auf der **x-Achse**, also hier die numerischen Angaben der Liste **kuchen**. Der zweite Parameter erhält die Werte, die die ursprünglichen Werte **ersetzen**, und zwar in der angegebenen Reihenfolge. Optional kannst du die Schrift auch gleich schick **drehen**, entweder mit der Angabe **horizontal** bzw. **vertical** oder mit einer Prozentangabe, zum Beispiel **45** oder genauso **'45'**, was beides als **45 Grad** gelesen wird:

```
chart.xticks(kuchen, label, rotation='45')
chart.tight_layout()*1
```

*1 Mit der Methode **tight_layout** werden das Diagramm und die Texte so skaliert, dass **alles sichtbar** bleibt. Zu lange Bezeichnungen würden sonst nur unvollständig dargestellt.

Das Gleiche kannst du auch mit **yticks** für die y-Achse machen.

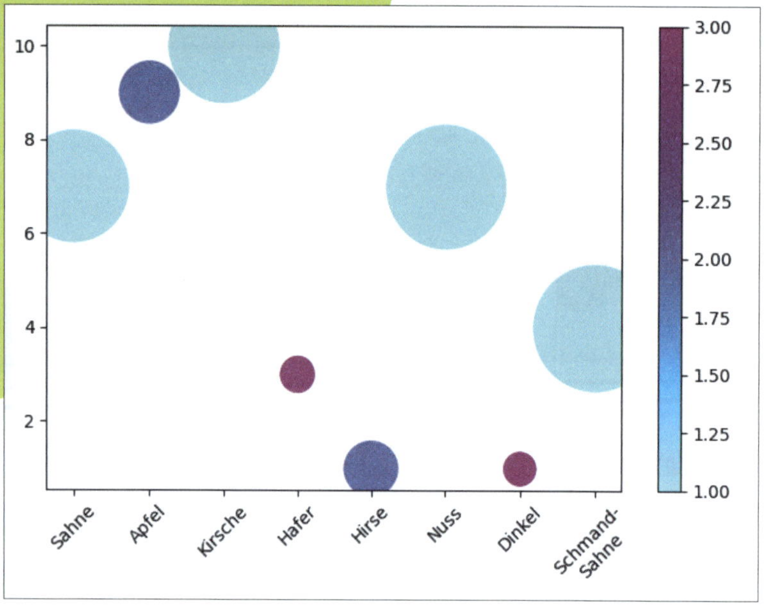

So werden aus Zahlen leckere Kuchen und Torten.

Noch mehr Torten – das Kuchendiagramm

Es ist ein Leichtes, zusammenzurechnen, wie viele Torten (oder Kuchen) von **einer Art** verkauft wurden – dank Matplotlib ist auch die passende Darstellung mit nur wenigen Zeilen gemacht. Und was wäre hier besser geeignet als ein **Kuchen-** bzw. **Tortendiagramm**:

```
import matplotlib.pyplot as plt*1
plt.title("Verkäufe nach Kuchentyp")*2
kuchen = (20, 10, 4)*3
farben = ('#ffc0cb', '#2b8c68', '#b27d47')*4
plt.pie*5(kuchen, colors=farben,
        explode=(0.1, 0.1, 0.2), shadow=True,
        labels=['Sahnetorten', 'Frucht', 'Dinkel'])
plt.show()
```

*1 Unser ganz normaler Import, für den wir hier die Bezeichnung **plt** verwenden. Natürlich bist du vollkommen frei in der Benennung.

*2 Es folgen ein schicker Titel …

*3 … und ein Tupel mit den Verkäufen nach Kuchenart.

*4 Damit die Stücke des Tortendiagramms auseinandergehalten werden können, brauchen wir Farben – für jede Kuchenart bzw. jedes Stück eine, hier als Hexwert geschrieben.

*5 Mit der Methode **pie** wird das Tortendiagramm erzeugt.

Werfen wir noch einen Blick auf die übergebenen **Parameter**:

*1 Das ist praktisch die x-Achse bzw. die **Anzahl** und damit über den Wert auch die **Größe** unserer **Tortenstücke**.

*2 Hier wird (muss) für jedes Tortenstück eine eigene **Farbe** festgelegt (werden).

*4 Fehlen noch ein leichter **Schatten** …

```
(kuchen*1, colors=farben*2,
        explode=(0.1, 0.1, 0.2)*3, shadow=True*4,
        labels=['Sahnetorten', 'Frucht', 'Dinkel']*5)
```

*5 … und eine erklärende **Bezeichnung**.

*3 Mit `explode` kann jedes Tortenstück etwas vom Zentrum »**weggeschoben**« werden.

Fertig!

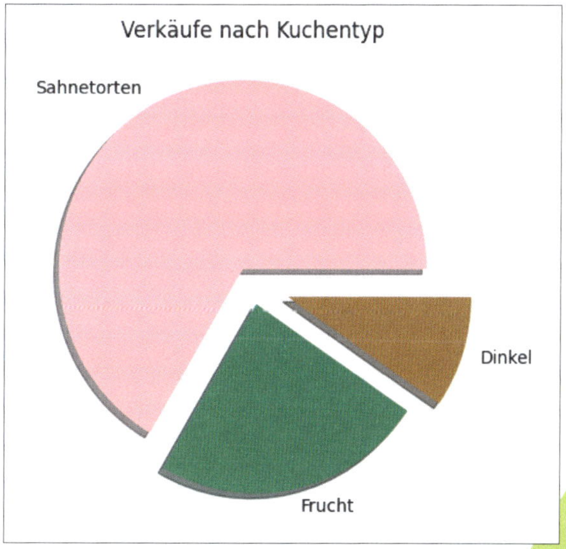

Nicht nur für Torten geeignet – das Kuchendiagramm

Du hast jetzt die allerwichtigsten Elemente von Matlibplot kennengelernt und bist in der Lage, Daten mit unterschiedlichen Kurven in Diagrammen **darzustellen**. Um Daten lesbar und **verständlich** zu machen, ist es wichtig, eine für die **jeweiligen Daten** passende Darstellung zu wählen.

Oft gibt es Daten, die **mehrfach** auftreten können – so ist gar nicht (allein) die Position im Koordinatensystem wichtig, sondern wichtiger ist es zu sehen, **welche Punkte wie oft** oder am häufigsten Treffer haben.

Was könnten das für Daten sein?
So ganz in der Praxis?

Ein **konkretes Beispiel** für solche Daten? Die exakten Treffer auf einer Dartscheibe oder auf einer Stadtkarte die Anzahl der Kfz-Unfälle.

Oder alle UFO-Landungen auf einer Weltkarte?

Da das Abtippen langer Zahlenreihen nicht gerade spannend ist, wollen uns das beispielhaft mithilfe einer zufällig erzeugten **Normalverteilung** ansehen, und zwar mit unterschiedlichen Darstellungen – von der **eindimensionalen** bis hin zur **dreidimensionalen Darstellung**, die du in alle Richtungen drehen kannst.

Normalverteilung?

Das war noch mal ...?

Das ist ganz einfach. Hast du einfache Zufallszahlen (beispielsweise, wenn du 100-mal mit **einem Würfel** würfelst), dann sind die Zahlen gleich verteilt von 1 bis 6. Die 1 wird also (durchschnittlich) genauso oft gewürfelt wie jede andere Zahl. Beim Würfeln mit **mehreren Würfeln** gleichzeitig sieht das anders aus: Hier sind die Ergebnisse nicht gleich verteilt – kleine und sehr große Werte treten seltener auf und die Ergebnisse liegen (vereinfacht ausgedrückt) eher in einem mittleren Bereich: Die gute alte **gaußsche Normalverteilung** – bekannt und heiß geliebt aus Statistik und Mathematik!

Du und deine Normalverteilung – von ziemlich eindimensional bis schick in 3D

Die gaußsche Normalverteilung ist eine tolle Sache – noch toller ist so eine Normalverteilung, wenn du sie dir mit Matplotlib auch noch in unterschiedlichen Diagrammen bis hin zu 3D ansehen kannst. Schnöde Zahlen werden übersichtlich und aussagekräftiger. Schauen wir uns das zuerst in **einer Dimension** an: Wir haben Zufallswerte, (die so gesehen alle auf einer Achse liegen und) die nach **Bereichen** unterteilt werden.

```
import matplotlib.pyplot as plt
from random import gauss*1
mu = 0*2
sigma = 15*3
werte = [gauss(mu, sigma) for x in range(999)]*4
wertebereiche = 25*5
plt.hist(werte, bins = wertebereiche, facecolor='lavender',
         edgecolor='black', linewidth=1.3)*6
plt.show()
```

*1 Natürlich bietet Python nicht nur schnöde, gleichverteilte Zufallszahlen, sondern auch gleich **normalverteilte Zufallszahlen** mit `gauss`.

*2 Mit `mu` wird ein (Mittel-)Wert angegeben, um den sich die Zahlen verteilen. Der Name ist natürlich beliebig.

*3 Der Wert `sigma` (auch hier ist der offiziell klingende Name beliebig) stellt die Standardabweichung dar, die festlegt, wie groß die Abweichungen von dem Mittelwert sein können.

*4 Hier lassen wir uns stattliche 999 normalverteilte Zufallszahlen berechnen und in einer Liste speichern.

*5 Für die Darstellung werden die berechneten (Zufalls-)Werte automatisch in gleich große Bereiche **eingeteilt**. Die Anzahl der Bereiche kann frei gewählt werden und muss natürlich nicht gleich der Anzahl der Werte sein, sondern im Gegenteil wesentlich kleiner.

*6 Das alles übergeben wir mit einer Farbangabe und einem schmalen, schwarzen Rand an `hist`.

So können normalverteilte Zufallszahlen aussehen.

Also, eine Dimension geht noch!

Wir wollen eine zweite Zahlenreihe hinzufügen. Das kann natürlich mit dem einfachen Histogramm nicht dargestellt werden – zwei Dimensionen müssen es schon sein.

*1 Hier haben wir unsere **beiden Zahlenreihen** für die x- und y-Achse mit normalverteilten Zufallszahlen.

```
import matplotlib.pyplot as plt
from random import gauss
mu = 0
sigma = 15
x = [gauss(mu, sigma) for x in range(999)]
y = [gauss(mu, sigma) for x in range(999)]*1
fig, ax = plt.subplots()*2
im = ax.hexbin(x, y, gridsize=12, cmap= plt.cm.jet)*3
fig.colorbar(im, ax=ax)
plt.show()
```

*2 Eine Farbskala ist für eine sinnvolle Darstellung notwendig, deshalb nutzen wir **subplots**. Für die Farbskala und unseren Chart verwenden wir hier einmal die Abkürzungen bzw. Namen, die oft in den Dokumentationen verwendet werden (die aber nicht zwingend sind).

*3 Mit **hexbin** erhalten wir eine Darstellung unserer x- und y-Werte in einem Hexraster. Die **Größe** des Rasters und eine **Farbskala** geben wir noch als Parameter mit.

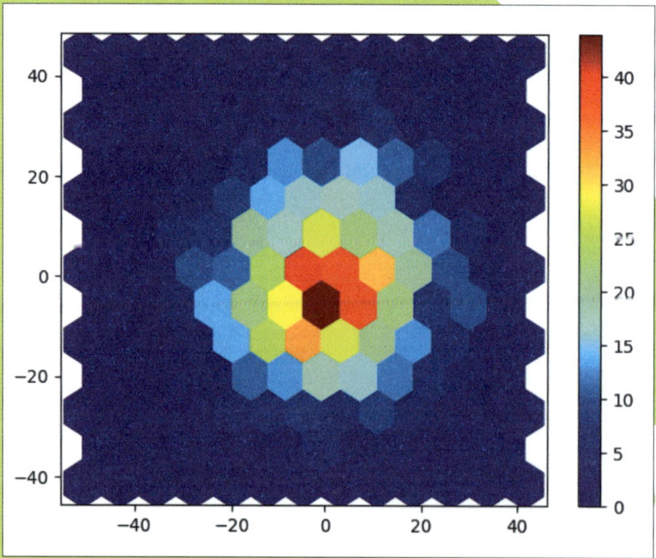

Im roten, dem mittleren Bereich sind die meisten Werte zu finden.

Jetzt die Königsdisziplin – 3D!

Und das geht leichter, als du denkst:

```
import matplotlib.pyplot as plt
from random import gauss
mu = 0
sigma = 15
x =  [gauss(mu, sigma) for x in range(999)]
y =  [gauss(mu, sigma) for x in range(999)]
z =  [gauss(mu, sigma) for x in range(999)]*1
ax = plt.axes(projection="3d")*2
ax.scatter3D*3(x, y, z, c=z, cmap=plt.cm.inferno)*4
plt.show()
```

*1 Natürlich brauchen wir neben x und y ein z für die dritte Dimension.

*2 Hier legst du fest, dass es sich um eine dreidimensionale Darstellung bzw. **Projektion** handelt.

*3 Die Art der Darstellung legst du mit **scatter3D** fest.

*4 Als Parameter übergibst du die Daten für die drei Dimensionen, legst fest, welche Werte für die **Farben** verwendet werden sollen, und bestimmst einen **Farbverlauf**.

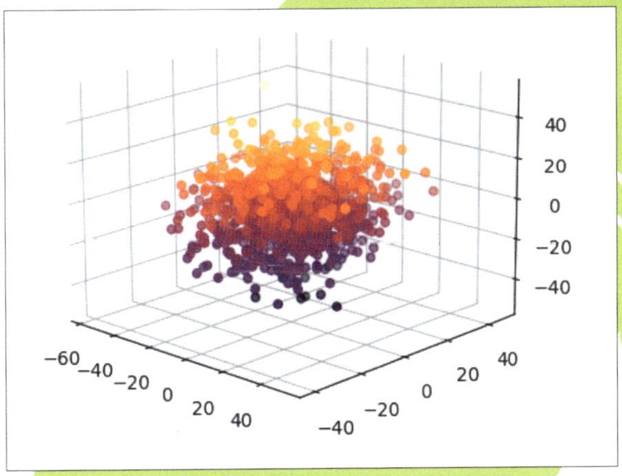

Mit der Maus kannst du die Darstellung über alle Achsen rotieren lassen – eben richtiges 3D!

Was hast du gelernt? Was haben wir gemacht?

Lass uns kurz rekapitulieren …

Zahlenreihen, Listen und ganze Datenberge kannst mithilfe von **Matplotlib** wunderbar in Form von Charts und Diagrammen darstellen.

In der einfachsten Form kannst du die Daten als Listen oder Tupel mit `plot` in einem zweidimensionalen Raster darstellen. Auch die Beschriftung der Achsen und ein Titel sind schnell gemacht. Über Parameter kannst du das **Aussehen** der Kurven oder der Punkte festlegen. Sogar **Legenden** kannst du einbinden.

Falls du deine Daten weiterbearbeiten musst, kannst du das mithilfe von **List Comprehensions** machen. List Comprehensions stellen eine einfache, aber gut lesbare Möglichkeit dar, Code auf eine Zeile zu reduzieren. Damit kannst du einfache Berechnungen durchführen oder die Ergebnismengen mit `if` weiter beeinflussen.

Die so gewonnenen Daten kannst du direkt in deinen Charts verwenden. Und da Matplotlib so viele **unterschiedliche Arten** von Diagrammen verwenden kann, ist die richtige Darstellung ganz einfach – ob als Kuchendiagramm, Histogramm oder in zwei oder drei Dimensionen.

—FÜNFZEHN—

Wenn der eigene Kopf schon raucht

Künstliche Intelligenz & Data Science

Künstliche Intelligenz ist ein ganz heißes Thema. Computer können Entscheidungen treffen und scheinbar wie von Geisterhand Ergebnisse vielleicht nicht wirklich vorhersagen, aber doch mit geradezu traumwandlerischer Sicherheit irgendwie bestimmen. Dabei gibt es die unterschiedlichsten Bereiche …

Es gibt maschinelles Lernen, Deep Learning, neuronale Netzwerke, genetische Algorithmen, Bilderkennung oder das Verständnis von Sprache. Im Kern geht es dabei um die Auswertung und Deutung von komplexen Daten und um die Simulation (oder Nachbildung) kognitiver Fähigkeiten, die für Menschen selbstverständlich, für Computer aber doch weitgehend Neuland sind.

Dabei handelt es sich im Kern um mathematische bzw. statistische Modelle und Verfahren, mit denen zumeist genau ein Gebiet bzw. eine konkrete Aufgabe bearbeitet werden kann. Es ist also **nicht so**, dass es **eine Art** von künstlicher Intelligenz gibt, mit der dann alle Anwendungsfälle abgedeckt werden. Für jeden Teilbereich der künstlichen Intelligenz gibt es unterschiedliche mathematische Verfahren.

Beispielsweise ist die **lineare Regression** als Sonderfall der Regressionsanalyse ein beliebtes Verfahren, um maschinelles Lernen zu ermöglichen.

Geht das ohne diese ganzen Fachbegriffe und Mathe?

Also die verständliche Version von KI?!

Klar! Ganz um Mathematik werden wir bei diesem Thema natürlich nicht herumkommen, aber keine Sorge, die schwierigen Teile wird Python übernehmen – oder eine passende Bibliothek für künstliche Intelligenz oder Mathematik! Versuchen wir es mal ohne allzu viele Fachbegriffe und Mathematik.

Schau dir mal folgende Zahlen an:

Wert	Ergebnis
1	3
4	12
7	21
9	27
12	36
15	45
25	?

Welches Ergebnis gehört zur Zahl 25?

Das ist einfach: 75.

Die Zahl wird immer verdreifacht!

Und jetzt überleg dir mal, wie du vorgegangen bist. Du hast dir eine Zahl nach der anderen angesehen und dir überlegt, mit welcher Rechenoperation du das Ergebnis berechnen könntest. Du hast vielleicht etwas hin und her gerechnet und bist dann darauf gekommen, die Zahl jeweils **mit 3 zu multiplizieren**.

Ähnlich kann ein Computer arbeiten. Er »schaut« sich an, wie sich die Zahlen anhand zahlreicher Beispiele verändern bzw. wie sie berechnet werden. Er **lernt** aus den vorhandenen Daten – ohne die zugrunde liegende Formel zu kennen!

Aber: Ist eine Zahlenreihe **zu kurz**, wird es natürlich schwierig oder vielleicht sogar unmöglich, den nächsten Wert vorherzusagen:

Wert	Ergebnis
7	14
8	???

In diesem, zugegeben, extremen Beispiel, ist es kaum (eigentlich gar nicht) möglich, verlässlich zu sagen, wie es weitergeht: Wird zu dem jeweiligen Wert 7 hinzuaddiert? Oder wird die Zahl mal 2 genommen? Bei der **ersten Zahlenreihe** (oben) warst du in der Lage, aus den Beispielen zu **lernen**. Bei der zweiten, zu kurzen Zahlenreihe ist das nicht möglich.

[Hintergrundinfo]

Genauso ist es bei vielen Verfahren, der künstlichen Intelligenz. Je **mehr Daten** verfügbar sind, desto besser kann das jeweilige Programm lernen und dann **Vorhersagen** oder Aussagen zu einem **möglichen Ergebnis** treffen.

So geht das also: Genauso, wie **du** mithilfe von (Test-)Daten lernen konntest, um dann für neue Daten eine Vorhersage über ein mögliches Ergebnis zu machen – genauso arbeiten viele Verfahren der künstlichen Intelligenz.

Dieser (Lern-)Vorgang kann in drei Teile gegliedert werden:

1. Erst einmal werden **Daten benötigt**. Mit diesen Daten wird ein Sachverhalt beschrieben, ganz praktisch und beispielhaft. In unserem Fall ist das eine vorgegebene Zahlenreihe. Das könnten aber auch genauso irgendwelche Messdaten sein.
2. Dann folgt ein Vorgang, den man mit der **Analyse** oder noch besser mit einem **Lernvorgang** beschreiben kann: Du hast dir die Zahlenreihe angesehen und **überlegt**, mit welchen Schritten die Ergebnisse erreicht wurden. Du hast **erlernt**, was notwendig war, um die Ergebnisse zu erreichen.
3. Die **Vorhersage** ist der dritte Teil. Mit dem erlernten Wissen hast du vorhergesagt bzw. berechnet, wie das noch unbekannte Ergebnis für einen Wert aussehen müsste.

[Hintergrundinfo]

Der Computer arbeitet beim Lernvorgang (je nach Methode) etwas anders – er setzt die Werte und Ergebnisse in Relation zueinander. Versuch dir das so vorzustellen, als würdest du die Werte und Ergebnisse in ein Koordinatensystem eintragen und das Ganze zeichnerisch lösen.

Du bist in unserem recht eindeutigen Beispiel schnell auf eine einfache Formel gestoßen: `wert * 3`. Oft ist das aber eben **nicht so eindeutig** oder lässt sich eben nicht so eindeutig berechnen und es lässt sich gar **keine passende Formel** finden!

Jetzt schau dir mal diese Zahlenreihe an:

Wert	Ergebnis
1	4
3	12
5	18
10	52
12	44
15	79
20	?

Wir haben offensichtlich eine ganz ähnliche Zahlenreihe wie oben. Ein Blick auf die ersten Zahlen könnte vermuten lassen, dass der jeweilige `Wert * 4` genommen werden muss. Schaust du dir aber die übrigen Werte an, dann passt unsere eindeutige Formel nicht so recht. Damit kommen wir also nicht weiter. Die Ergebnisse haben unerklärliche Abweichungen – zumindest gegenüber unserer zuerst vermuteten Formel.

Zum Glück kann man solche Probleme aber auch ganz anders lösen. Schauen wir uns dazu das Ganze mal als Grafik an. Denn so eine Grafik sagt hier wirklich mehr als tausend Worte.

Richtige Ergebnisse – mal ganz ohne Formel

Das Ganze ist wesentlich leichter zu verstehen, wenn wir uns das einmal in einem ganz einfachen Chart ansehen. Wir nehmen dazu die Bibliothek **Matplotlib** und lassen uns die obigen Punkte in einem Koordinatensystem anzeigen.

```
import matplotlib.pyplot as plt
wert = [1, 4, 7, 9, 12, 15]
ergebnis = [3, 12, 21, 27, 36, 45]
plt.plot(wert, ergebnis, 'Db-')
plt.show()
```

Hier in aller Kürze das Programm, mit dem unsere Werte grafisch dargestellt werden. Das sind die Werte aus der ersten Tabelle.

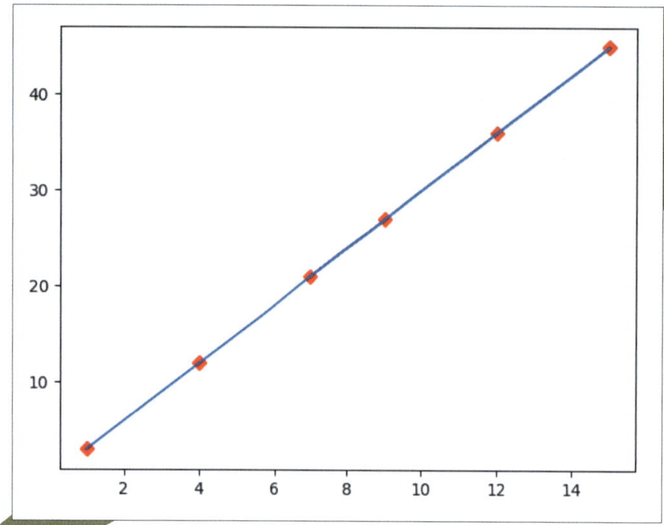

Unsere Werte und Ergebnisse als grafische Darstellung

Wir lassen die einzelnen Punkte gleich mit einer **Linie** verbinden. Jetzt kannst du sehen, dass es selbst ohne Formel recht einfach ist, andere Punkte zu finden, die noch gar nicht als Wert mit einem Ergebnis vorliegen – zumindest, solange diese Werte den gleichen Regeln (oder Formeln) folgen:

Zum Beispiel lässt sich das für den **Wert 10** auf der **x-Achse** über die Linie ziemlich eindeutig ablesen – das **Ergebnis** ist **30** auf der **y-Achse**. Wenn du mit der jetzt bekannten Formel **x * 3** nachrechnest, kommst du natürlich zu dem gleichen Ergebnis ...

Du siehst, auch **ohne eine Formel** zu kennen, könntest du dir zu beliebigen Werten das Ergebnis herleiten!

Wir haben in unserem Chart eine ganz **einfache Linie**, die unsere bekannten Punkte **direkt** verbindet.

Ganz anders ist das bei unserer zweiten Zahlenreihe!

Werfen wir mal einen Blick auf unsere zweite Zahlenreihe, indem wir sie ebenfalls mit **Matplotlib** darstellen lassen und alle Punkte genauso mit einer Linie verbinden lassen.

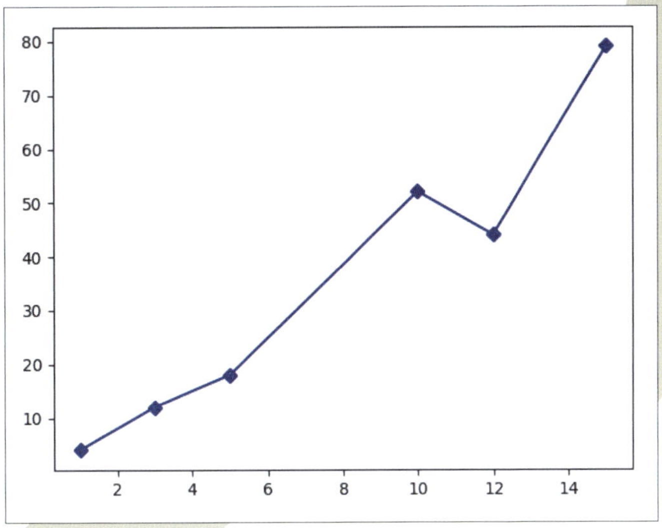

Das ist alles andere als eindeutig. So kommen wir wohl nicht weiter …

Du siehst sofort: So kommen wir nicht weiter.
Es ist keine gerade Linie, die wir für eine Vorhersage neuer Werte verwenden könnten.

Gehen wir mal einen Schritt weiter in die Richtung, wie Computer so etwas lösen:

KI mithilfe der linearen Regression!

Und damit wir uns gar nicht so mit der Rechnerei beschäftigen müssen, machen wir das mithilfe der Python-Bibliothek **NumPy**, die ja besonders für schnelle und umfangreiche mathematische Berechnungen geeignet ist. Damit wird so eine Regression zum Kinderspiel.

Wir haben uns ja schon mit **NumPy** beschäftigt, das sollte also nichts wirklich Neues sein.

Mit der Anweisung **`pip install numpy`** oder deiner Entwicklungsumgebung ist **NumPy** schnell installiert (falls du das noch nicht gemacht haben solltest). Und schon kannst du den Chart neu zeichnen lassen – samt linearer Regression:

```
import numpy as np
import matplotlib.pyplot as plt
wert = np.array([1, 3, 5, 10, 12, 15]*1)*2
ergebnis = np.array([4, 12, 18, 52, 44, 79]*1)*2
plt.plot(wert, ergebnis, 'Dr')*3
m, b = np.polyfit(wert, ergebnis, 1)*4
plt.plot(wert, m*wert + b)*5
plt.show()
```

*1 Hier sind unsere Arrays, …

*2 … mit denen wir eindimensionale **numpy**-Arrays erzeugen.

*3 Hier lassen wir die Punkte in unser Koordinatensystem zeichnen. Bis hierhin gibt es eigentlich nichts Neues.

*4 Interessant wird es mit der Methode **polyfit**, mit der eine Kurve modelliert werden kann, die aus den übergebenen Daten generiert wird. **m** ist die Steigung, **b** der Achsenabschnitt, die wir für die Kurve benötigen, …

*5 … um hier die Kurve zeichnen zu lassen.

Dann sieht es schon ganz anders aus:

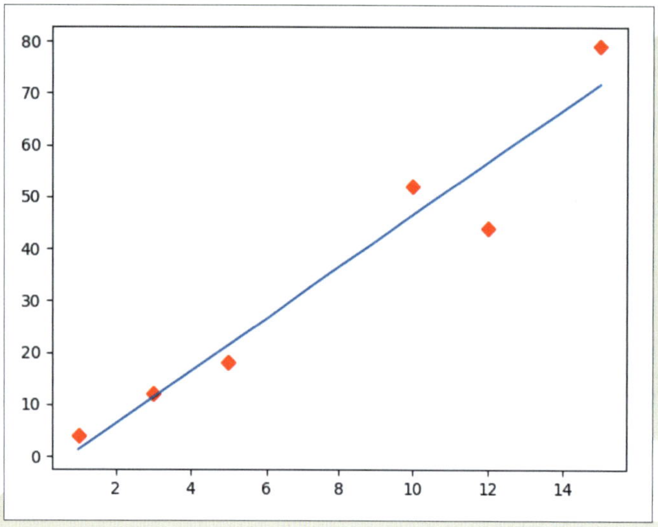

Es geht doch! Da haben wir wieder eine Linie.

Damit haben wir wieder **eine Linie**, auf der wir zu Werten die möglichen Ergebnisse ablesen könnten. Das ist natürlich etwas hemdsärmelig, aber so ungefähr kannst du dir die Vorgehensweise bei Vorhersagen (oder Lösungen) mit künstlicher Intelligenz vorstellen – wobei es auch hier natürlich die unterschiedlichsten Methoden gibt, von denen wir uns ein paar ansehen wollen.

Und jetzt alles mit echter KI

Nachdem wir uns nun unsere Werte auch wortwörtlich grafisch vor Augen geführt haben, ist es an der Zeit, die Auswertung in Python weiterzuführen.

Genau das, was du selbst gemacht hast, **diese drei Schritte** (Daten beschaffen, lernen und dann eine Vorhersage machen) werden wir jetzt in Python **programmieren**. Und wir nehmen dazu eine Bibliothek namens **Scikit-learn**. Das ist, wie der Name (zumindest ein bisschen) vermuten lässt, eine Bibliothek für **maschinelles Lernen**. Du findest sie unter der Adresse **https://scikit-learn.org**. Installieren kannst du diese Bibliothek entweder über die Entwicklungsumgebung deiner Wahl oder mit **pip** über die Kommandozeile:

```
pip install scikit-learn
```

Als Grundlage für unser nun folgendes Programm dient uns ein Programm von **Raman Sah**, das er uns freundlicherweise zur Verfügung gestellt hat und das in seinem Blogbeitrag **https://towardsdatascience.com/simple-machine-learning-model-in-python-in-5-lines-of-code-fe03d72e78c6** nachzulesen ist.

(Trainings-)Daten braucht das Land

Natürlich könnten wir Testdaten berechnen lassen, so arbeiten zahlreiche Beispiele, mit denen KI erklärt wird. Ist eine Formel bekannt, können damit beliebig viele – besser möglichst viele – Daten berechnet werden. Denn grundsätzlich gilt: je mehr Daten, **desto besser**. Je mehr Daten zugrunde liegen, desto verlässlicher ist der spätere **Lernvorgang**.

[Hintergrundinfo]
In der Realität handelt es sich bei den zu verwendenden Daten oft sowieso um (sehr umfangreiche) Werte aus Messungen oder Untersuchungen.

Wir jedenfalls nehmen erst mal unsere obigen Daten, mit denen du selbst gerechnet hast. In einer Liste `training_eingabe` speichern wir die **Werte** und in einer zweiten Liste `training_ergebnis` das jeweilige **Ergebnis** der Berechnung. Solche zusammengehörigen Listen hast du ja schon bei **Matplotlib** für die Koordinaten der x- und y-Achsen kennengelernt.

```
training_eingabe = [[1],[4],[7],[9],[12],[15]]*1
training_ergebnis = [3,12,21,27,36,45]
```

*1 Die zugrunde liegenden Werte werden jeweils als Liste eingefügt, da `sklearn` (also unsere Bibliothek **Scikit-learn**) in unserem Fall ein zweidimensionales Array bzw. eine entsprechende Liste erwartet.

Nicht für die Schule lernt die KI

Jetzt ist es an der Zeit, unser Modell bzw. unser Programm mit den Testdaten zu füttern und damit den Lernvorgang zu starten:

```
from sklearn.linear_model import LinearRegression*1
vorhersage*2 = LinearRegression()
vorhersage.fit(X=training_eingabe, y=training_ergebnis)*3
```

*1 Wir importieren das Modul für die lineare Regression.

*2 Daraus erschaffen wir uns ein Objekt, mit dem wir im Folgenden weiterarbeiten werden.

*3 Der Methode **fit** übergeben wir die Werte und die zugehörigen Ergebnisse.

Auch wenn es unglaublich erscheint, damit hat unser Modell schon **alles**, was es benötigt, um zu beliebigen Werten ein passendes Ergebnis zu finden! Dabei ist die zugrunde liegende **Formel** dem Programm gar **nicht bekannt**.

Zeit, das Orakel zu befragen

Natürlich ist hier kein Orakel am Werk, aber überraschend ist es schon, wie leicht unsere Bibliothek **Scikit-learn** mit wenigen Daten (und ohne die zugrunde liegende Formel) richtige Ergebnisse liefern kann:

```
zu_testen = [[25]]*1
ergebnis = vorhersage.predict(X=zu_testen)*2
parameter = vorhersage.coef_*3
print('Ergebnis:', ergebnis)
print('Koeffizient:', parameter)*4
```

*1 Hier geben wir einen Wert an, zu dem wir das Ergebnis haben möchten. Hier die **25**, die auch wieder als zweidimensionale Liste übergeben werden muss.

*2 Diesen Wert übergeben wir der Methode **predict** und weisen das Ergebnis einer Variablen zu.

*3 Und wir wollen noch den Koeffizienten haben, also die Zahl, die unseren Wert in einer Operation verändert.

*4 Ausgeben wollen wir beides natürlich auch noch.

Und hier das Ergebnis:

```
Ergebnis: [75.]
Koeffizient: [3.]
```

Unglaublich, aber wahr. Mit nur wenigen Daten (und immer noch ohne Formel) wird nach dem Lernvorgang das richtige Ergebnis gefunden. Das kannst du gerne noch mit anderen Werten ausprobieren. Auch der Koeffizient passt!

Die zweite Zahlenreihe

[Einfache Aufgabe]
Berechne doch jetzt mal das offene Ergebnis unserer zweiten Zahlenreihe!

Klar, das geht doch ganz einfach!

```
from sklearn.linear_model import LinearRegression*1
training_eingabe = [[1],[3],[5],[10],[12],[15]]
training_ergebnis = [4, 12, 18, 52, 44, 79]*2
vorhersage = LinearRegression()
vorhersage.fit(X=training_eingabe, y=training_ergebnis)*3
zu_testen = [[20]]
ergebnis = vorhersage.predict(X=zu_testen)
parameter = vorhersage.coef_*4
print('Ergebnis:', ergebnis)
print('Koeffizient:', parameter)
```

*1 Erst kümmere ich mich um den Import.

*2 Dann folgen die Werte und Ergebnisse unserer zweiten Zahlenreihe, …

*3 … der Lernvorgang, …

*4 … hier die Vorhersage …

… und voilà – das Ergebnis ist da!

```
Ergebnis: [96.82599119]
Koeffizient: [5.02643172]
```

[Erledigt!]
Natürlich ist es auch hier so: Je mehr Daten zur Verfügung stehen, desto besser ist der Lernvorgang und desto genauer kann eine Vorhersage bzw. ein Ergebnis sein!

Zeit für noch mehr Lernen lassen

Was macht mehr Spaß, als selbst etwas zu lernen? Klar, lernen zu lassen! Jetzt kannst du nämlich ausprobieren, wie du der Bibliothek **Scikit-learn** eine wesentlich komplexere Formel beibringen kannst.

Wir nehmen dafür mal eine (eigentlich beliebige) Formel mit **drei Werten `a`, `b`** und **`c`**:

```
a*10 + b*2 - c
```

Die Formel könnte natürlich auch ganz anders aussehen und, klar, du kannst sie auch beliebig verändern.

Natürlich könntest du auch wieder fertige Listen generieren, die du als Grundlage zum Lernen verwendest. Das wäre aber eine ziemliche Tipparbeit. Und wenn etwas in Arbeit ausartet, dann solltest du das wie immer den Computer machen lassen. Am einfachsten lässt du also **mit Zufallszahlen** die Listen mit Werten und zugehörigen Ergebnissen berechnen. Diese beiden Listen kannst du dann für den Lernvorgang verwenden.

Dafür brauchen wir natürlich das Modul **`random`** bzw. in unserem Fall **`randint`**. Den Import von **`sklearn`** kannst du auch gleich organisieren, da wir für die Auswertung die **lineare Regression** dieses Moduls brauchen:

```
from random import randint
from sklearn.linear_model import LinearRegression
```

Jetzt kommen die Zufallszahlen bzw. erst mal zwei passende, noch leere Listen, in denen jeweils die Werte und die Ergebnisse gespeichert werden können:

```
training_eingabe = list()
training_ergebnis = list()
```

Dann folgt eine **Schleife**, in der **Zufallswerte** für **`a`**, **`b`** und **`c`** berechnet werden:

```
for i in range(100):
    a = randint(0, 99)*1
    b = randint(0, 99)*1
    c = randint(0, 99)*1
```

*1 Hier werden für **a**, **b** und **c** Zufallszahlen von 0 bis 99 erzeugt.

Ach ja, natürlich wird auch gleich das **Ergebnis** berechnet ...

```
berechnung = a * 10 + b * 2 - c
```

... und immer noch in der Schleife werden dann die Werte und das Ergebnis den **Listen** angehängt:

```
training_eingabe.append([a, b, c])
training_ergebnis.append(berechnung)
```

Denk daran, je mehr Daten zur Verfügung stehen, desto besser. Du könntest die Schleife problemlos wesentlich häufiger durchlaufen lassen. Je nach Anwendung kannst du auch den Bereich der Zufallszahlen größer machen.

So könntest du einen Blick auf die fertigen Listen werfen:

```
print(training_eingabe)
print(training_ergebnis)
```

```
[[11, 14, 17], [52, 85, 79], [52, 20, 33], [73, 23, 31], ...
[121, 611, 527, 745, 162, 155, 556, 995, 475, 951, 123, 943 ...
```

Hier wird nur ein kleiner Teil der Testdaten dargestellt, was aber reichen sollte. Natürlich sieht das Ergebnis immer anders aus.

[Notiz]

Brauchst du immer die **gleichen** Zufallszahlen, dann kannst du das mit **`random.seed(42)`** machen. Je nach übergebener Zahl, die 42 ist natürlich nur ein willkürlich gewähltes Beispiel, sind die erzeugten Zufallszahlen immer gleich. Natürlich musst du dazu wie oben auch **`random`** importieren.

Hier sollte es auch etwas klarer werden, warum mit einer **zweidimensionalen Liste** gearbeitet werden muss: Wenn eine Formel aus mehreren Werten (hier eben **a**, **b** und **c**) besteht, müssen diese als **gemeinsame Liste** innerhalb der Gesamtliste aufgeführt werden.

Jetzt müssen die Listen nur noch an die Methode **fit** übergeben werden:

```
vorhersage = LinearRegression()
vorhersage.fit(X=training_eingabe, y=training_ergebnis)
```

Jetzt musst du nur noch ausprobieren, ob alles funktioniert und der Lerneffekt eingetreten ist:

```
zu_testen = [[10, 10, 10]]
ergebnis = vorhersage.predict(X=zu_testen)
parameter = vorhersage.coef_
print('Ergebnis:', ergebnis)
print('Koeffizienten:', parameter)
```

Virenerkennung mit dem RandomForestClassifier

Natürlich hat `sklearn` mehr zu bieten als nur die lineare Regression, mit der nach einer Lernphase Werte zu Ergebnissen geformt werden können. Es gibt zahlreiche sogenannte **Classifier**, die ganz unterschiedlich arbeiten. Denn es geht nicht immer um eine Formel, in die Werte eingesetzt werden müssen. Manchmal müssen in Datensätzen **gemeinsame Merkmale** erkannt und die Daten danach eingeteilt bzw. klassifiziert werden.

Dafür ist der **RandomForestClassifier** wie geschaffen (was er ja auch tatsächlich ist).

Und wie sieht das aus?

Erinnerst du dich noch an die **Viren**, die deinen Computer angegriffen haben? Dort lagen folgende **Informationen** vor:

```
Name,   Größe,  Signatur,  Status
T800,   128,    ABAA,      aktiv
T803,   256,    BCCB,      aktiv
Bit13,  256,    ABAA,      aktiv
Gorf3,  128,    ABAA,      aktiv
Gorf7,  256,    BCCB,      aktiv
```

Und tatsächlich hattest du ja selbst festgestellt, dass es Viren gab, die die **gleiche Größe** und **Signatur** hatten und somit vom gleichen Typ waren. Das sah dann so aus:

Typ	Größe	Signatur
1	128	ABAA
2	256	BCCB
3	256	ABAA

Klar, das vergesse ich doch nicht!

Und für genau solche Informationen kannst du den **RandomForestClassifier** verwenden. Wenn du ihn mit den vorhandenen Daten trainierst, kannst du, sobald ein **neues Virus** auftaucht, feststellen lassen, zu welchem Typ es gehört!

Dazu müssen wir die Daten nur **etwas umbauen**. Denn für diesen Classifier müssen alle Daten **als Zahlen** vorliegen. Dazu ersetzen wir die Namen durch eine eindeutige **ID** (in Form einer Zahl).

Die **Signatur** können wir als hexadezimale Zahl schreiben: Hexadezimale Zahlen haben ja Zeichen von 0 bis 9 und A bis F, was ja wunderbar passend für unsere bereits bestehenden Signaturen ist. Gekennzeichnet werden hexadezimale Zahlen mit **0x** am Anfang. So werden aus unseren Signaturen in der Form **ABAA** ganz schnell **hexadezimale Zahlen** in der Form **0xABAA**. Den Status sparen wir uns mal, könnten ihn aber auch als 0 oder 1 schreiben.

Name,	Größe,	Signatur
1	128	0xABAA
2	256	0xBCCB
3	256	0xABAA
4	128	0xABAA
5	256	0xBCCB

Das schreiben wir dann als **zweidimensionale Liste**. Das sieht dann so aus:

```
viren = [[1, 128, 0xABAA],
         [2, 256, 0xBCCB],
         [3, 256, 0xABAA],
         [4, 128, 0xABAA],
         [5, 256, 0xBCCB]]
```

Das Gleiche machen wir mit den **Typangaben**, die wir in eine (natürlich wieder) eindimensionale Liste schreiben:

```
viren_typ = [1, 2, 3, 1, 2]
```

Jetzt brauchen wir noch den richtigen **Import** und ein **Objekt** vom Typ (bzw. der Klasse) **`RandomForestClassifier`**. Auch das ist schnell gemacht:

```
from sklearn.ensemble import RandomForestClassifier
bestimmer = RandomForestClassifier()
```

Ob der Name **`bestimmer`** gut ist, sei einmal dahingestellt. Du kannst gerne eine bessere Bezeichnung finden.

Jetzt musst du die beiden Listen mit den Daten und der Zugehörigkeit zu einem Typ zum Lernen an die Methode **`fit`** übergeben:

```
bestimmer.fit(viren, viren_typ)
```

Damit ist schon alles gemacht! So kann festgestellt werden, zu welchem Typ ein neues Virus gehört.

Jetzt kannst du neue Viren problemlos überprüfen lassen und dir angeben lassen, von welchem Typ sie sind.

Zum Beispiel ein neues Virus:

```
neues_virus = [[6, 256, 0xABAA]]
```

Die erste Zahl ist die Bezeichnung, dann folgen Größe und Signatur.

*1 Das neue Virus wird der Methode **predict** übergeben.

```
ergebnis=bestimmer.predict(neues_virus*1)*2
print(ergebnis)
```

*2 Und das Ergebnis wird einer Variablen **ergebnis** zugewiesen und dann ausgegeben.

Das kannst du auch noch für andere Typen ausprobieren:

Ein `[24,128,0xABAA]` wäre demnach ein Virus vom **Typ 1** und ein `[9,256,0xBCCB]` wäre ein Virus vom **Typ 2**.

Besonders interessant ist, dass **sklearn** selbst **erkennen kann**, welche **Merkmale** tatsächlich relevant sind und welche Merkmale (die ID bzw. der Name) überhaupt keine Rolle spielen!

Daten polieren – mit der richtigen Strategie!

Du hast gesehen, es gibt die **unterschiedlichsten Verfahren**, die du verwenden kannst, um intelligent mit Daten zu arbeiten .

Oft ist es aber leider so, dass die zur Verfügung stehenden Daten **nicht direkt** verwendet werden können, zum Teil, weil sie **fehlerhaft** sind oder (was noch schlimmer sein kann) weil sie **Lücken** aufweisen.

Dann kann es notwendig sein, diese Rohdaten auf Vordermann zu bringen, zum Beispiel, indem du mithilfe von Scikit-learn die Lücken in den Daten schließt. Dafür gibt es nicht nur unterschiedliche Verfahren, diese Verfahren haben sogar **unterschiedliche Strategien**, wie du Daten aufpolieren kannst. Dahinter liegen teilweise recht einfache Vorgehensweisen, bei denen es sich gar nicht um künstliche Intelligenz handeln muss.

Also, so pfiffig und intelligent der Computer auch erscheinen mag, er ist immer auf dich angewiesen. Du musst ihm mitteilen, **welches Verfahren** und **welche Strategie** jeweils angewandt werden sollen, und du musst auch sicherstellen, dass die Daten **brauchbar** sind!

Schauen wir uns das mal mit dem **Imputer** an – genauer gesagt mit dem **SimpleImputer** von Scikit-learn.

Ein Imputer?

[Begriffsdefinition]
Unter **Imputation** versteht man statistische Verfahren, mit denen fehlende Daten quasi **aufgefüllt** werden. Gerade bei Erhebungen (also zum Beispiel bei Fragebögen) kann es passieren, dass Daten nicht immer vollständig ausgefüllt sind. Entweder man streicht dann diese Daten oder wendet ein Imputationsverfahren an, um die Daten zu vervollständigen.

Natürlich musst du bei solchen Verfahren auch immer etwas vorsichtig sein, denn zu viele lückenhafte Daten können dazu führen, dass das Endergebnis verfälscht wird. Auch hier gilt: Je mehr Daten vorliegen, desto besser kann unser **Imputer** arbeiten.

Stell dir eine **Umfrage** vor, bei der Kunden über Zutaten, die Qualität und die gewünschten Saucen verschiedener Dinkelburger befragt werden. Es werden drei Fragen gestellt, für die es festgelegte Antworten gibt, die mit **gut**, **neutral** oder **schlecht** beantwortet werden können. Leider sind nicht alle Fragen beantwortet worden:

Die Daten liegen als zweidimensionales Array vor.

```
burger = [['gut','neutral','schlecht']*1,
          ['neutral','neutral',None*2],
          ['gut','gut','schlecht'],
          [None*2, 'schlecht', 'gut'],
          ['neutral','gut','schlecht']]
```

*1 Hier sind jeweils die drei Antworten eines Kunden.

*2 Fehlende oder nicht gegebene Antworten sind als **None** im Array angegeben.

Das eigentliche Programm ist denkbar kurz: Du musst nur den `SimpleImputer` importieren, ein Objekt mit ein paar Einstellungen erzeugen – und schon kannst du die fehlenden Daten vervollständigen lassen!

```
from sklearn.impute import SimpleImputer as Imputer*1
mein_imputer = Imputer(missing_values=None*2,
strategy='most_frequent'*3)
mein_imputer.fit(burger)*4
print(mein_imputer.transform(burger)*5)
```

*1 Klar, der Import ist das Erste, was passieren muss.

*2 Hier legst du fest, welcher Wert für die fehlenden Werte steht, hier ist es **None**.

*3 Hier wird die **Strategie** festgelegt.

*4 Hier wird dein Imputer auf die angegebenen Werte eingestellt. Wenn du so möchtest, findet hier der Lernprozess statt.

*5 Mit der Methode `transform` werden die als Parameter übergebenen Daten vervollständigt und als Rückgabewert zurückgegeben.

[Achtung]

Die Methode `transform` liefert ein **neues Daten-Array** zurück, in dem die fehlenden Werte je nach angegebener Strategie gefüllt werden. Das ursprüngliche Array bleibt unverändert!

Das ist das neue Array:

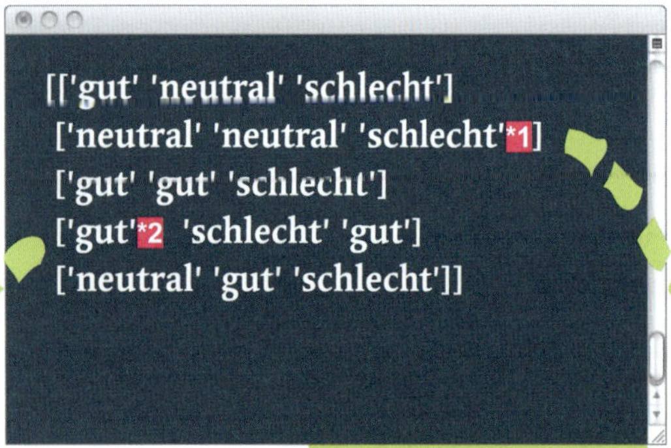

Bei dem Auffüllen der leeren Werte greift die angegebene Strategie `most_frequent`, mit der die Werte genommen werden, die am häufigsten **in dieser Spalte** (also als jeweils dritter Wert) auftauchen.

*1 In dieser Spalte wurde `schlecht` am häufigsten als Antwort gegeben, also wird hier ein `schlecht` eingetragen.

*2 Und in dieser Spalte ist `gut` der am häufigsten auftretende Wert.

Eine andere, noch einfachere Strategie ist **constant**, bei der alle leeren Stellen mit einem festen, angegebenen Wert ersetzt werden.

```
mein_imputer = Imputer(missing_values=None,
strategy='constant', fill_value='neutral')
```

Noch einfacher geht es nicht. Mit der angegebenen Strategie **constant** wird jeder leere Wert durch den angegebenen **fill_value** ersetzt.

Klar, so etwas kriegt jeder einfache Editor hin.

Etwas mathematischer dagegen sind die beiden möglichen Strategien **mean** und **median**, bei denen der **Mittelwert** bzw. der **Median** als Werte gesetzt werden.

[Hintergrundinfo]

Der **Mittelwert** stellt den Durchschnitt aller Spaltenwerte dar. Der **Median** ist ein besonderer Mittelwert, bei dem die eine Hälfte der Werte unter dem Median, die andere Hälfte über dem Median liegt.

Mittelwert und Median als Strategie

Natürlich kann bei diesen beiden Strategien **nicht** mit Texten bzw. Strings als Werten gearbeitet werden, sondern **nur mit Zahlen**. Das könnte in unserem Fall dann ein Punkte- oder ein Notensystem sein:

```
import numpy as np
burger = [[1,2,3],
          [2,2, np.nan],
          [1,1,3],
          [np.nan, 3, 1],
          [2,1,3]]
```

So könnten die Ergebnisse unserer Umfrage mit einem Notensystem von 1 bis 3 aussehen.

Warum brauche ich hier NumPy und **np.nan**?

Diese beiden Strategien »verstehen« keinen Text und leider auch kein **None**, dafür aber das numerische Äquivalent für Zahlen von NumPy, nämlich **np.nan**.

[Einfache Aufgabe]
Wende bitte die beiden Strategien auf die Umfragedaten an und gib das Ergebnis aus.

Das kriege ich doch ohne Probleme hin:

```
mein_imputer = Imputer(missing_values=np.nan, strategy='mean')
```

```
[[1.  2.  3. ]
 [2.  2.  2.5]
 [1.  1.  3. ]
 [1.5 3.  1. ]
 [2.  1.  3. ]]
```

Hier für die Strategie **mean**, also den Mittelwert, …

```
mein_imputer = Imputer(missing_values=np.nan, strategy='median')
```

... und hier für den Median.

```
[[1.  2.  3. ]
 [2.  2.  3. ]
 [1.  1.  3. ]
 [1.5 3.  1. ]
 [2.  1.  3. ]]
```

Super!

Übrigens, du kannst natürlich auch zwei **unterschiedliche Arrays** mit Daten verwenden. Das kann sehr sinnvoll sein, wenn du bereits (Umfrage-)Daten hast und damit als Grundlage andere, neue Daten auffüllen lassen willst. Das erste Array wird dann verwendet, um das zweite Array mit den fehlenden Daten zu füllen:

```
mein_imputer.fit(erstes_array)
print(mein_imputer.transform(neue_umfragedaten))
```

Und wenn du nur mit einem Array arbeitest, kannst du auch die beiden Methoden **`fit`** und **`transform`** durch die kombinierte Methode **`fit_transform`** ersetzen und das »Lernen« (oder eher Berechnen) der Grundlagen für die fehlenden Werte in einem Rutsch machen lassen:

```
print(mein_imputer.fit_transform*1(burger))
```

*1 Alles in einem Rutsch geht auch.

Was hast du gelernt? Was haben wir gemacht?

Lass uns kurz rekapitulieren …

Es gibt **nicht** die EINE, große künstliche Intelligenz für alle Aufgaben. Im Gegenteil – du musst je nach Aufgabe ganz andere Methoden anwenden, um Daten aufzubereiten, zu verarbeiten oder Vorhersagen treffen zu können.

Hinter künstlicher Intelligenz stehen mathematische bzw. statistische Modelle. Ein Beispiel dafür ist die lineare Regression. Mithilfe solcher Bibliotheken wie **Scikit-learn** kannst du arbeiten, ohne dich durch diesen mathematischen und statistischen Dschungel kämpfen zu müssen.

Als Erstes benötigst du Daten, damit lässt du dein System lernen, um dann in einem weiteren Schritt Daten aufzubereiten oder Vorhersagen treffen zu können.

Dabei geht es nicht nur um künstliche Intelligenz, sondern oft auch (schon fast ganz banal) um die Aufbereitung von Daten.

Du siehst, das ganze Thema ist sicherlich komplex und nicht ganz einfach, ein Mathematikgenie musst du aber dank Python und seiner Bibliotheken nicht mehr sein!

—SECHZEHN—

Daten schreiben – Daten lesen

Datenaustausch mit CSV und JSON

Große Datenmengen von einem Computersystem zu einem anderen schicken? Zum Glück gibt es da ganz besondere Dateiformate wie CSV oder JSON, mit denen du so einen Datenaustausch ganz einfach über die Bühne bringen kannst.

Lieber Bruder,

ich brauche noch einmal deine Hilfe. Es müssen Daten zwischen dem Computersystem unseres Museums, dem DeepThought 42, und dem cloudbasierten Analysesystem Skynet ausgetauscht werden.

Da unser System noch nicht an das Internet angeschlossen ist, muss der Datenaustausch über Dateien erfolgen. Unser Fachmann sagte etwas von CSV-Dateien. Kannst du uns da helfen?

Das geht doch bestimmt mit Python?!

Klar! Python kann mit praktisch jedem Dateiformat umgehen, mit dem Daten ausgetauscht werden können – egal, ob es **CSV**, **JSON** oder ein anderes Format wie **XML** ist. Mit Python kannst du mit allen Formaten arbeiten.

Fangen wir doch einfach mit **CSV** an. Das steht für **C**omma **S**eparated **V**alues, also Daten (bzw. Werte), die durch Kommas getrennt sind. Damit können (insbesondere) große Datenmengen in Textform, zum Beispiel als Textdateien, ausgetauscht werden.

Braucht man das denn heutzutage überhaupt noch?

Ja, natürlich! Auch wenn CSV ein altes Format ist, es ist immer noch hochaktuell. Du kannst damit Daten **schlank** und **leicht lesbar** bereitstellen. Tatsächlich wurde dieses Format bereits in den 1970er Jahren verwendet – aber selbst in cloudbasierten Zeiten wie diesen, mit SOAP und REST, werden **große Datenmengen** ganz gerne mal als CSV bereitgestellt.

Einfach ist das CSV-Format auch, weil alles **Text** ist. Es stellt sich nicht die Frage, ob eine Zahl vom Typ Integer oder Float ist – es ist eine Information und damit ein Text. Was dann später beim Verarbeiten daraus gemacht wird, spielt zumindest in der CSV-Datei keine Rolle.

Dabei haben CSV-Dateien sogar eine gewisse Ähnlichkeit mit Datenbanktabellen oder Tabellen aus Tabellenkalkulationen. Die **erste Zeile** einer Datei bestimmt die Spalten bzw. die **Bezeichnungen der Spalten**, jeweils durch ein Komma getrennt. Das legt fest, wie die Daten strukturiert sind. In den folgenden Zeilen findest du die eigentlichen Daten. Dabei steht in jeder Zeile genau (und nur) ein vollständiger Datensatz. Und jeder Datensatz hat exakt **den gleichen Aufbau**, der in der ersten Zeile der CSV-Datei festgelegt wurde.

[Zettel]
Hast du **zwei Informationen** bzw. Datensätze, dann hat so eine CSV-Datei also **drei Zeilen**: die erste Zeile mit dem Header und die beiden Daten(sätze) in den folgenden beiden Zeilen.

Damit innerhalb der Datensätze die **einzelnen Informationen** unterschieden werden können, wird alles durch ein **Komma getrennt**.

Da kommt also der Name her!

Eine CSV-Datei, in der Grabungsgegenstände katalogisiert sind, könnte beispielsweise so aussehen:

*1 Die erste Zeile definiert mit selbst gewählten (oder vorgegebenen) Begriffen die Spalten.

```
Datum,Grabungsort,Gegenstand,Bemerkung,Katalognummer*1
24.11.,*2Grab,Kette,Steine aus Amazonit*3,GR127*4
24.11.,Grab,Messer,Mit Scheide,GR132*4
```

*2 Die Informationen innerhalb einer Zeile werden jeweils durch ein Komma getrennt.

*3 Texte müssen **nicht** in Anführungszeichen geschrieben werden, denn dafür sind ja als Trennzeichen die Kommas da.

*4 Kommas werden nur **zwischen** die Informationen gesetzt, **nicht** ans Ende einer Zeile.

Die Werte (oder Spalten) sind dabei auch gar nicht untereinander gleich ausgerichtet – so wie es in einer Tabelle wäre –, dafür gibt es ja das Trennzeichen, hier unser Komma.

Und wie mache ich jetzt so eine CSV-Datei?

Informationen **wie oben** kannst du mit Python dank des Moduls **`csv`** lesen und schreiben. Hier erst mal das **Schreiben**.

Als Erstes der Import von **`csv`**:

```
import csv
```

Dann öffnen wir eine Datei zum Schreiben. Existiert die Datei noch nicht, wird sie mit **`'w'`** ohne Nachfrage angelegt. Eine bereits bestehende Datei wird **überschrieben**. Mit **`newline`** kann der Zeilenumbruch festgelegt werden. Hier belassen wir es bei dem einfachen Zeilenumbruch.

Mit **`with`** wird das Dateihandling etwas vereinfacht. Das kennst du ja sicher noch.

```
with open('spam.csv', 'w', newline='\n') as csv_datei:
```

Die Werte für die erste Zeile, die die Spalten definiert, schreibst du als Tupel in eine Variable. Das ist aber nicht zwingend, du könntest das auch gleich in die Datei schreiben lassen.

```
spalten = ("Datum", "Grabungsort", "Gegenstand",
           "Bemerkung", "Katalognummer")
```

Der Methode **`writer`** übergibst du die geöffnete Datei als Parameter:

```
schreiber = csv.writer(csv_datei)
```

Und jetzt kannst du Zeile für Zeile mit der Methode **`writerow`** den Inhalt in die Datei schreiben. Die Definition der Spalten macht natürlich den Anfang.

```
schreiber.writerow(spalten)
schreiber.writerow(["24.11.", "Grab", "Kette",
                    "Steine aus Amazonit","GR127"])
schreiber.writerow(["24.11.", "Grab", "Messer",
                    "Mit Scheide" ,"GR132"])
```

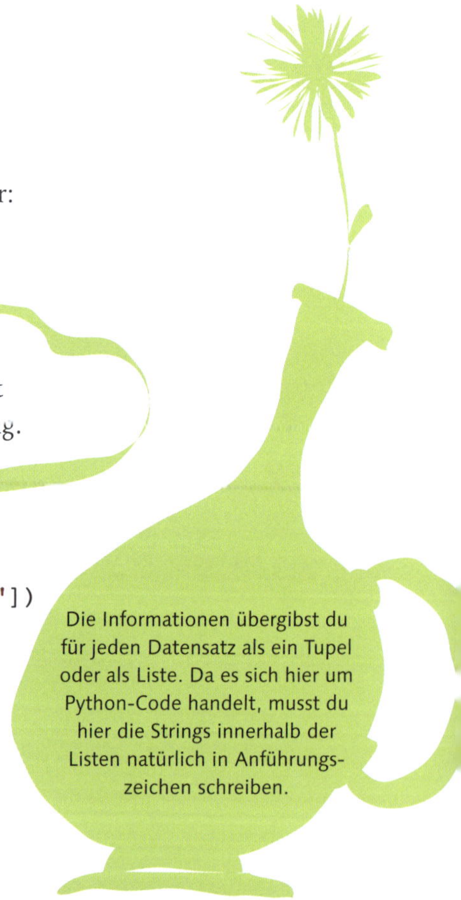

Die Informationen übergibst du für jeden Datensatz als ein Tupel oder als Liste. Da es sich hier um Python-Code handelt, musst du hier die Strings innerhalb der Listen natürlich in Anführungszeichen schreiben.

Das ist schon alles! Damit hast du deine erste CSV-Datei geschrieben. Du kannst sie mit jedem beliebigen Editor öffnen, in deine Tabellenkalkulation importieren und sie sogar verwenden, um sie als **komplette Tabelle in eine Datenbank** zu importieren. Da CSV ein sehr bekanntes Format ist, kann praktisch jedes Datenbankprogramm eine Tabelle aus so einer CSV-Datei generieren – samt allen zugehörigen Daten!

Und da so eine CSV-Datei eine **Textdatei** ist, kannst du sie sogar **direkt** mit Python öffnen und gleich ausgeben lassen:

```
datei = open("spam.csv", "r")
print(datei.read())
```

```
Datum,Grabungsort,Gegenstand,Bemerkung,Katalognummer
24.11.,Grab,Kette,Steine aus Amazonit,GR127
24.11.,Grab,Messer,Mit Scheide,GR132
```

[Hintergrundinfo]

Falls du mit **Excel** arbeitest und dir eine CSV-Datei ansehen willst, solltest du auch dort die Datei **importieren** und nicht einfach mit einem Doppelklick öffnen. Nur über den **Import** erkennt Excel durch Kommas getrennte CSV-Dateien korrekt – ansonsten interpretiert Excel nämlich jede Datenzeile gerne als eine lange, zusammengehörige Zeile.

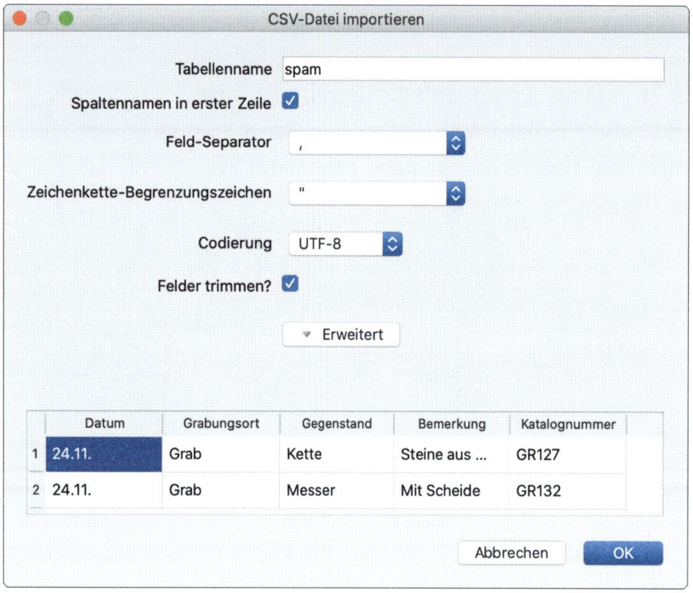

Der DB Browser for SQLite importiert so eine CSV-Datei mit den Spalten und allen zugehörigen Daten!

Damit kennst du schon fast alles Wichtige für das Schreiben von CSV-Dateien. Bleiben nur noch ein paar Kleinigkeiten:

- Hast du Texte, in denen tatsächlich ein **Komma** als **Teil eines Strings** auftaucht, dann muss dieser String innerhalb der CSV-Datei in **Anführungszeichen** geschrieben werden. Sonst wäre ja unklar, ob das ein Komma als Satzzeichen (im Wert) oder als Trennungszeichen in der CSV-Datei zu verstehen ist. Python erkennt das und kümmert sich darum automatisch.
- **Leere Spalten** sind möglich. Dann steht ganz einfach nichts zwischen den jeweiligen Kommas. In den Python-Listen (oder Tupeln) musst du das Python-korrekt als **leere Anführungszeichen** oder als **None** schreiben.

```
schreiber.writerow(("23.11.", "Am Fluss", "Krug",
        "Zerbrochen, heruntergefallen"*1, "AF12-23"))
schreiber.writerow(("23.11.", "Am Fluß", "Krug", None*2,
        "AF12-25"))
```

```
23.11.,Am Fluss,Krug,"Zerbrochen, heruntergefallen"*1,AF12-23
23.11.,Am Fluss,Krug,,*2AF12-25
```

*1 Hier steht ein **Komma im Text** – in der CSV-Datei wird dieser String von unserem Modul **csv** automatisch in Anführungszeichen geschrieben.

*2 Hier hat eine Spalte keinen Inhalt. In der CSV-Datei steht somit **gar nichts** zwischen den jeweiligen Kommas – nicht mal ein Leerzeichen.

Ein paar Einstellungen und der richtige Dialekt

Bei CSV-Dateien ist nicht alles in Stein gemeißelt. Genau genommen ist nicht einmal das Komma als Trennzeichen zwingend festgelegt – und das, obwohl es sogar der Namensgeber der CSV-Dateien ist.

[Hintergrundinfo]

Oft sind Anpassungen notwendig, damit ein anderes System CSV-Dateien problemlos einlesen kann – denn nicht jeder hat Python. Und genauso musst du auch selbst in der Lage sein, CSV-Dateien einzulesen, die ein Semikolon als Trennzeichen haben oder nach einem ganz anderen CSV-»Dialekt« erstellt wurden.

Und so können Einstellungen am Format einer CSV-Datei vorgenommen werden, zum Lesen **und** zum Schreiben. Die wichtigsten schauen wir uns mal an:

- Das **Trennzeichen**, normalerweise das Komma, kannst du mit dem Parameter **`delimiter`** ändern.
- Das **Zeilenende** legst du mit dem Parameter **`lineterminator`** fest.
- Hat ein Wert ein Leerzeichen oder beinhaltet ein (als solches festgelegtes) Trennzeichen, dann wird dieser Wert normalerweise automatisch **in Anführungszeichen** gesetzt. Mit **`quotechar`** kannst du dafür ein anderes Zeichen festlegen.
- Mit **`quoting`** steuerst du den Automatismus für **`quotechar`**. Mit **`csv.QUOTE_NONE`** wird der Automatismus abgeschaltet, mit **`csv.QUOTE_MINIMAL`** werden nur die Werte berücksichtigt, die anders verwendete Zeichen beinhalten (wie das Trennzeichen oder das Zeichen für das Zeilenende). **`csv.QUOTE_NONNUMERIC`** berücksichtigt alle Werte, die keine Zahlen sind, und **`csv.QUOTE_ALL`** umschließt dann wirklich alles mit Anführungszeichen (oder was eben mit **`quotechar`** festgelegt ist).

Das kann dann so aussehen:

```
schreiber = csv.writer(csv_datei, delimiter=';',
    lineterminator='!\n', quotechar='*', quoting=csv.QUOTE_ALL)
```

```
*Datum*;*Grabungsort*;*Gegenstand*;*Bemerkung*;*Katalognummer*!
*24.11.*;*Grab*;*Kette*;*Steine aus Amazonit*;*GR127*!
```

Damit das nicht zu kompliziert wird, kannst du dir sogar eigene, sogenannte **Dialekte** im Programm definieren:

*1 Mit **register_dialect** kannst du deinen eigenen CSV-Dialekt definieren.

*2 Der erste Parameter ist der **Name** deines Dialekts, mit dem du im Weiteren arbeiten kannst, dann folgen die anderen Parameter.

```
csv.register_dialect*1('Schrödinger'*2,
    delimiter=';', lineterminator='!\n',
    quotechar='*', quoting=csv.QUOTE_ALL)
schreiber = csv.writer(csv_datei, 'Schrödinger'*3)
```

*3 Und hier kommt der Dialekt **Schrödinger** zum Einsatz – auf jeden Fall ist das so doch etwas übersichtlicher.

Genauso kannst du den so definierten (bzw. registrierten) Dialakt zum Lesen in einem **reader** verwenden, mit dem du eine CSV Datei lesen kannst:

```
leser = csv.reader(csvdatei, 'Schrödinger')
```

Spätestens jetzt hat sich die Definition des eigenen Dialekts gelohnt!

Da geht auch was mit Dictionaries

Du kannst beim Schreiben von CSV-Dateien auch mit **Dictionaries** arbeiten. Das macht natürlich vor allem dann Sinn, wenn deine Daten sowieso schon als Dictionary vorliegen.

[Zettel]

Ganz kurz zur Erinnerung: Ein Dictionary ist eine Listenart, die Schlüssel-Wert-Paare enthält. Erkennbar ist ein Dictionary an den geschweiften Klammern und den zusammengehörigen **`'Schlüssel':'Wert'`**-Paaren, die durch Kommas getrennt sind.

In unserem Fall könnte ein Dictionary so aussehen:

```
{"Datum":"24.11.", "Grabungsort":"Grab", "Gegenstand":"Kette",
"Bemerkung":"Steine aus Amazonit","Katalognummer":"GR127"}
```

Du hast hier nicht nur die Werte, sondern zu jedem Wert auch den passenden Schlüssel.

```
import csv
with open('spam.csv', 'w', newline='\n') as csv_datei:
    spalten = ("Datum", "Grabungsort", "Gegenstand",
    "Bemerkung", "Katalognummer")
    schreiber = csv.writer(csv_datei)
    schreiber = csv.DictWriter*1(csv_datei, fieldnames=spalten*2)
    schreiber.writeheader()*3
    schreiber.writerow({"Datum":"24.11.", "Grabungsort":"Grab",
    "Gegenstand":"Kette", "Bemerkung":"Steine aus Amazonit",
    "Katalognummer":"GR127"})*4
```

*1 Hier verwendest du die Methode **`DictWriter`**, um mit **Dictionaries** zu arbeiten.

*2 Als wichtigsten Parameter übergibst du **`fieldnames`** die Liste **`spalten`** mit den Spaltenbezeichnungen, die natürlich auch mit den bei den Dictionaries verwendeten Schlüsseln **übereinstimmen** müssen.

*3 Mit der Methode **`writeheader`** werden die Spalten geschrieben.

*4 Fehlen nur noch die Daten als Dictionary.

[Achtung]

Die **Reihenfolge** der Daten innerhalb des Dictionarys spielt übrigens keine Rolle mehr, da jeder Wert durch seinen Schlüssel **eindeutig definiert** ist.

Fehlt ein Wert mit einem festgelegten Schlüssel, ist das **kein Problem**. Hat aber bei dieser Variante auch nur ein Wert einen **abweichenden Schlüssel**, dann kommt es zu einem **Fehler**. Fehlt also ein Eintrag mit dem Schlüssel **`"Datum"`** vollständig, ist das kein Problem – die entsprechende Spalte bleibt einfach leer. Würdest du aber einen falschen (oder unbekannten) Schlüssel, beispielsweise **`"Darum"`** verwenden, gäbe es einen Fehler.

Ein Fehler?

Das ist ja nicht gerade toll!?

Vielleicht nicht toll, aber ein Fehler kann besser sein als ein falsches Ergebnis, das du gar nicht bemerkst! So kann es dir gar nicht passieren, dass du einen Vertipper nicht bemerkst! Denn was sagt das Zen of Python?

»Errors should never pass silently. – Fehler sollten nie stillschweigend durchgehen.«

Zeit zu lesen

Eine CSV-Datei zu schreiben ist natürlich nur die halbe Miete. Genauso wichtig ist es, CSV-Dateien auch **auszulesen**, um die enthaltenen Daten weiterverarbeiten zu können. Und das geht mit Python (natürlich) ganz einfach:

```
import csv
with open('spam.csv') as csvdatei:*1
    leser = csv.reader(csvdatei, delimiter=',')*2
    for zeile in leser:*3
        print(zeile)
        for wert in zeile:*4
            print(wert)*5
```

*1 Nach dem Import von **csv** wird mit **with** und **open** die CSV-Datei geöffnet.

Gut, dass wir schon eine CSV-Datei haben!

*2 Mit der Methode **reader** wird unsere geöffnete Datei als CSV-Datei geladen. Dabei kannst du angeben, **welches Trennzeichen** in der Datei verwendet wird. Das Komma ist Standard, müsste also gar nicht angegeben werden.

*3 Jetzt musst du nur noch Zeile für Zeile durchlaufen und weiterbearbeiten – hier wird jede Zeile einfach mit **print** ausgegeben.

*4 Und natürlich könntest du auch die Werte jeder Zeile noch weiter auslesen, …

*5 … was wir hier zwar machen, aus **Platzgründen** aber nicht darstellen. Aber so siehst du in jedem Fall, wie du auch auf die einzelnen Werte zugreifen könntest.

```
['Datum', 'Grabungsort', 'Gegenstand', 'Bemerkung', 'Katalognummer']
['24.11.', 'Grab', 'Kette', 'Steine aus Amazonit', 'GR127']
['24.11.', 'Grab', 'Messer', 'Mit Scheide', 'GR132']
```

[Zettel]

So einfach das Auslesen einer CSV-Datei auch ist, du musst daran denken, dass die **erste Zeile** keine Werte, sondern die Spaltenbezeichnungen enthält.

Aber das ist noch nicht alles …

Du kannst eine CSV-Datei auch geordnet als **Schlüssel-Wert-Paar** einlesen. Das kann sehr praktisch sein, da jeder Wert seinen passenden Schlüssel gleich dabeihat:

```
import csv
with open("spam.csv") as csvdatei:
    leser = csv.DictReader(csvdatei)*1
    for zeile in leser:*2
        print("Neue Zeile:")
        for schlüssel, wert in zeile.items():*3
            print(schlüssel,'->', wert)*4
```

*1 Du nutzt dafür nicht die Methode **reader**, sondern den **DictReader**.

*2 Den Dateiinhalt liest du Zeile für Zeile aus der Datei.

*3 **Jede Zeile** kannst du dann wieder als Schlüssel-Wert-Kombination auslesen …

*4 … und zum Beispiel mit **print** formatiert ausgeben.

Der Vorteil liegt klar auf der Hand!

Zu jedem Wert hast du auch immer gleich den zugehörigen Schlüssel, hier einmal beispielhaft für **einen Datensatz** (also für eine Zeile der CSV-Datei):

```
Neue Zeile:
Datum -> 24.11.
Grabungsort -> Grab
Gegenstand -> Kette
Bemerkung -> Steine aus Amazonit
Katalognummer -> GR127
```

Was du in die Variable **zeile** zurückgeliefert bekommst, ist übrigens die **Unterform** eines klassischen **Dictionarys** – ein **OrderedDict**. Darin wird die Reihenfolge der eingefügten Schlüssel beibehalten – was allerdings seit Python 3.7 auch beim normalen Dictionary Standard ist. Lediglich die Darstellung ist etwas anders. Für die normale Bearbeitung spielt das kaum eine Rolle, trotzdem kannst du mit der Funktion **dict** aus dem Ergebnis ein ganz klassisches Dictionary erzeugen lassen. Hier siehst du einmal beide Arten **zum Vergleich** (aus Platzgründen ist die Ausgabe auf **eine Zeile** beschränkt):

```
import csv
with open("spam.csv") as csvdatei:
    leser = csv.DictReader(csvdatei)
    for zeile in leser:
        print(zeile*1)
        print(dict(zeile)*2)
```

*1 Hier steht das originale **OrderedDict** …

*2 … und hier der Klassiker, das altbekannte Dictionary.

```
OrderedDict([('Datum', '24.11.'), ('Grabungsort', 'Grab'), ('Gegenstand', 'Kette'), ('Bemerkung', 'Steine aus Amazonit'), ('Katalognummer', 'GR127')])*1
{'Datum': '24.11.', 'Grabungsort': 'Grab', 'Gegenstand': 'Kette', 'Bemerkung': 'Steine aus Amazonit', 'Katalognummer': 'GR127'}*2
```

Und nicht vergessen: Hat eine CSV-Datei Besonderheiten wie ein **alternatives Trennzeichen**, dann kannst (und musst) du das beim Einlesen genauso wie beim Schreiben mit Parametern oder über einen zuvor registrierten Dialekt berücksichtigen.

Damit hast du alles, um CSV-Dateien lesen und schreiben zu können. Dein Bruder und seine Anforderungen können kommen!

Die Sache mit JSON

Lieber Bruder,

ich habe gerade erfahren, dass wir auch Daten in einem Format namens JASON oder so ähnlich verarbeiten müssen. Ich hoffe, es ist kein Problem, auch damit Daten bereitzustellen?

Dein Bruder

Jason? Noch nie gehört!

Er meint sicher JSON, das ist die **J**ava**S**cript **O**bject **N**otation. Ähnlich wie CSV ist es ein lesbares Format, mit dem Daten gespeichert werden können. Im Gegensatz zum CSV-Format können damit aber auch wesentlich komplexere Daten gespeichert werden. JSON kommt eigentlich aus der JavaScript-Welt, hat sich aber schnell als ein ganz praktisches Format durchgesetzt. Es lassen sich damit relativ komplexe Datenstrukturen abbilden, und es ist dabei noch (relativ) gut lesbar.

Das JSON-Format ist einem **Dictionary** in Python recht **ähnlich**. Zentrales Element bei beiden Formaten ist, dass du immer **Schlüssel-Wert-Paare** hast. Wobei jeweils »der« Wert nicht nur ein einzelner, atomarer Wert, sondern auch wieder eine Liste oder ein anderes komplexeres Datenelement sein kann.

Keine Sorge, Schrödinger! Es ist gar nicht notwendig, sich in der Tiefe mit dem JSON-Format auseinanderzusetzen. Es ist viel wichtiger, dass du vorhandene Daten in das JSON-Format umwandeln und umgekehrt Daten, die im JSON-Format vorliegen, einlesen und dann weiterbearbeiten kannst.

Einmal JSON und zurück

Dazu wollen wir eine praktische Übung machen, in der du Daten einmal als ein normales Dictionary und einmal als JSON darstellen wirst.

Wir nehmen dazu einen der vorhandenen Datensätze und stellen ihn einmal als Dictionary und dann als JSON-Element dar:

```
element = {'Datum': '23.11.', 'Grabungsort': 'Am Fluß',
           'Gegenstand': 'Krug', 'Bemerkung': None,
           'Katalognummer': 'AF12-25'}
```

Das soll unser Datensatz sein. Ein Element davon, **`Bemerkung`**, hat keinen Wert – so etwas ist durchaus normal.

Dieses Dictionary lassen wir uns einmal ausgeben – und zwar schön formatiert mit dem **`PrettyPrinter`** des Moduls **`pprint`**:

```
import pprint
pp = pprint.PrettyPrinter(indent=4)*1
pp.pprint(element)*2
```

*1 Das ist unsere Instanz des **`PrettyPrinter`**. Der Parameter **`indent`** legt fest, wie weit die Einrückung gehen soll.

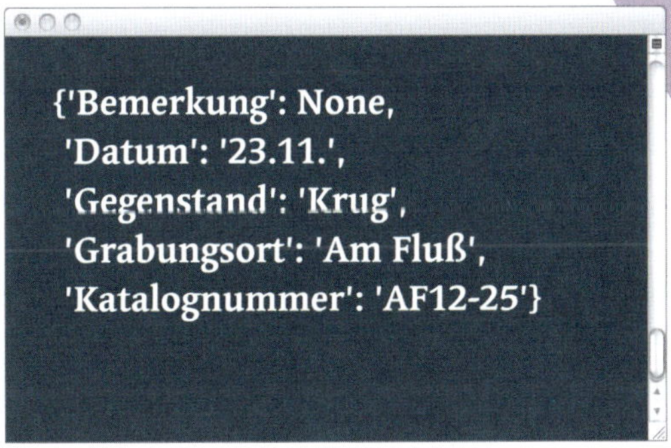

*2 Und hier erfolgt die Ausgabe mit **`pprint`** ganz schick!

Jetzt lassen wir uns das Dictionary in JSON umwandeln. Dazu importieren wir erst mal das Modul **`json`** und erzeugen von unserem Datensatz **`element`** eine Version im JSON-Format:

*1 Die Methode **dump** gibt das erzeugte JSON-Element zurück.

```
import json
print(json.dumps*1(element, indent=4)*2)
```

*2 Als Parameter werden die Daten und die Tiefe der Einrückung übergeben.

```
{
  "Datum": "23.11.",
  "Grabungsort": "Am Flu\u00df",*3
  "Gegenstand": "Krug",
  "Bemerkung": null,*4
  "Katalognummer": "AF12-25"
}
```

*3 Sonderzeichen werden als **Unicode** mit dem jeweiligen Hexadezimal-Wert des Zeichens dargestellt.

*4 Was bei Python **None** ist, ist bei JSON wie bei JavaScript, von dem es stammt, **null**.

Das ist ja fast gleich!

Genau, es gibt nur ein paar kleine Unterschiede!

Was sonst noch auffällt? Die Reihenfolge der Werte ist anders, spielt aber weder beim Dictionary noch beim JSON-Format eine Rolle, da alle Werte ja eindeutig über ihren Schlüssel identifiziert werden. Auch die unterschiedliche Anordnung der geschweiften Klammern ist nur reine Kosmetik.

Die **Ausgabe** in eine **Datei** ist jetzt nur noch eine Kleinigkeit:

*1 Mit **with** wird eine Datei zum Schreiben geöffnet.

```
with open('spam.txt', 'w') as datei:*1
    json.dump(element, datei, indent=4)*2
```

*2 Mit der Methode **dump** und der Ressource **datei** als zweitem Parameter wird alles in die Datei geschrieben.

Die Datei kannst du dir wieder mit Python ausgeben lassen oder mit jedem beliebigen Editor öffnen – **fertig!**

Auch JSON will gelesen sein

Natürlich kannst du eine Datei mit Informationen im JSON-Format genauso leicht einlesen, wie du sie geschrieben hast. Wir wollen dazu unsere bestehende Datei **spam.txt** einlesen und als Dictionary ausgeben lassen.

```
import pprint
import json*1
with open('spam.txt', 'r') as datei:*2
    eingelesen = json.load(datei)*3
    pp = pprint.PrettyPrinter(indent=4)
    pp.pprint(eingelesen)*4
```

*1 Neben dem Modul `json` brauchen wir auch wieder `pprint`. Schließlich soll das Dictionary auch wieder schick formatiert ausgegeben werden.

*2 Mit `with` wird die Datei **spam.txt** zum Lesen als `datei` geöffnet.

*3 Die Methode `load` liest das JSON aus der angegebenen Datei und gibt ein Dictionary zurück, …

*4 … das wir uns hier wieder ausgeben lassen – so richtig schick.

```
{   'Bemerkung': None,
    'Datum': '23.11.',
    'Gegenstand': 'Krug',
    'Grabungsort': 'Am Fluß',
    'Katalognummer': 'AF12-25'}
```

Gut zu erkennen am `None` – aus dem JSON wurde ein Dictionary erstellt.

Natürlich kannst du auch wieder direkt mit Daten im JSON-Format arbeiten. Egal, ob ein JSON als **String** definiert wurde, aus einer **Datenbankabfrage** oder einer **REST-Übertragung** kommt – das Zauberwort (oder die -methode) heißt `loads`:

```
import json
datensatz = '''{
    "Datum": "23.11.", "Grabungsort": "Am Flu\u00df",
    "Gegenstand": "Krug", "Bemerkung": null,
    "Katalognummer": "AF12-25" }'''*1
eingelesen = json.loads(datensatz)*2
print(eingelesen)
```

*1 Das ist echtes JSON, hier eben als String definiert.

*2 Mit der Methode `loads` wird das JSON geladen und als Dictionary zurückgeliefert.

```
{'Datum': '23.11.', 'Grabungsort': 'Am Fluß', 'Gegenstand': 'Krug',
'Bemerkung': None, 'Katalognummer': 'AF12-25'}*2
```

Was hast du gelernt? Was haben wir gemacht?

Lass uns kurz rekapitulieren …

Der Austausch von Daten zwischen unterschiedlichen Systemen kann eine verdammt nervenaufreibende Sache sein. Egal, wie alt oder modern unterschiedliche Systeme sind – mit CSV-Dateien oder Daten im JSON-Format solltest du so ziemlich alles hinbekommen, um Daten fehlerfrei schreiben oder lesen zu können.

CSV ist ein **Textformat**, in dem Informationen zeilenweise gespeichert werden. In der ersten Zeile sind alle Spalten festgelegt, in den folgenden Zeilen befindet sich jeweils ein Datensatz. Alle Informationen innerhalb der Datensätze sind durch Kommas getrennt (oder durch ein anderes festgelegtes Zeichen).

Das **JSON-Format** stammt ursprünglich aus der Sprache JavaScript und stellt tatsächlich gültigen JavaScript-Code dar. Mit Python kannst du dieses Format problemlos schreiben und lesen. Es ähnelt bis auf einige Besonderheiten dem Dictionary in Python. Wichtigstes Merkmal ist, dass alle Informationen als **Schlüssel-Wert Paare** vorliegen.

Während Daten im CSV-Format eher einfach und eindimensional sind, können Daten im JSON-Format sehr tief geschachtelt sein – genauso wie du das von Dictionaries her kennst: Ein Wert eines Schlüssel-Wert-Paares kann ein einzelner Wert oder wiederum eine Listenart sein.

—SIEBZEHN—

Das Schweizer Messer der Textverarbeitung

Reguläre Ausdrücke

Texte durchsuchen ist eigentlich gar nicht so schwer. Aber oft reicht ein einfaches Suchen und Ersetzen nicht aus – Zeit für reguläre Ausdrücke: Die Königsdisziplin für Texte und Textmanipulationen aller Art.

»Ausstellung über unsere Ausgrabungen!
Hunderte von Texten …

… müssen auf Stichwörter untersucht werden …

… sortiert und thematisch eingeordnet werden …

… bestimmte Teile von Texten müssen gefunden werden …«

Klar doch, mach ich alles! Ich hab doch schließlich Python!

Stimmt! Und mithilfe von **regulären Ausdrücken** kannst du fast **unglaubliche Dinge** mit Texten machen.

Reguläre Ausdrücke?

Das sind **Suchmuster**, mit denen du **auf den Punkt** genau auch die verzwicktesten Textstellen ausfindig machen kannst.

Suchmuster? Das klingt kompliziert. Geht das nicht mit normalen Funktionen für Text?

Reguläre Ausdrücke sind gar nicht schwer. Und es gibt viele Dinge, die du mit den normalen Textfunktionen nur mit unverhältnismäßig großem Aufwand lösen kannst (oder gar nicht). Mit **klassischen Methoden** wären im Gegensatz zu regulären Ausdrücken **komplizierte** Programmgebilde nötig. Reguläre Ausdrücke erscheinen anfangs durchaus etwas **komplex**, aber denk daran, was das **Zen of Python** sagt:

»Complex is better than complicated. – Komplex ist besser als kompliziert.«

Ich zeige dir, warum reguläre Ausdrücke in manchen Fällen schon fast alternativlos sind.

Eine Suche – ganz klassisch

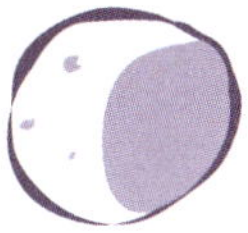

Wir haben eine Liste mit Texten. Diese Texte sollen auf **bestimmte Begriffe** hin durchsucht werden, und zwar auf die Begriffe »Licht« und »Lager«.

[Einfache Aufgabe]
Du hast ein Tupel mit mehreren Texten. Stelle fest, in welchen Texten der Begriff »Licht« und in welchen der Begriff »Lager« auftaucht.

```
texte = (
'''Nicht einmal das Mondlicht erhellte die Nacht, als wir
unser Basislager am schwarzen Fluss erreichten.''',
'''Nur die Fackeln spendeten ein unheimliches
Licht und erleuchteten unser Lager.''',
'''Nach all der Plagerei waren selbst die Wachen
pflichtvergessen eingeschlafen.'''
)
```

So sieht das **Tupel** aus, in dem du suchen sollst. Es enthält **mehrzeilige Texte**, die durchsucht werden sollen.

[Achtung]
Schreibst du eine oder mehrere **Leerzeichen** ans Zeilenende der Texte, kann dadurch das spätere Ergebnis leicht variieren, wenn ein gesuchtes Wort dadurch eine Stelle weiter ist!

Gut zu wissen.

Die Aufgabe ist leicht!

Dafür ist die Methode **find** geeignet! Dazu kommt dann noch eine Schleife, mit der das Tupel durchlaufen werden kann:

*1 Hier wird das Tupel durchlaufen. Bei jedem Durchlauf wird der jeweils aktuelle Satz der Variablen **text** zugewiesen.

*2 Hier wird ausgegeben, was gesucht wird, …

*3 … und mit der Methode **find** wird der Text im String gesucht.

```
for text in texte:*1
    print("Licht:"*2, text.find('Licht')*3, end='  '*4)
    print("Lager:", text.find('Lager'))*5
    print("-" * 40)*6
```

*4 Hier wird der Zeilenumbruch durch ein Leerzeichen ersetzt, damit alles in einer Zeile ausgegeben wird.

*5 Hier wird das nächste Wort **Lager** geprüft.

*6 Das ist etwas Optik, eine lange Linie. Der Text, der gerade durchsucht wurde, wird nicht noch einmal ausgegeben.

Das Ergebnis ist entweder die Position, genauer gesagt der Index, an der das Wort gefunden wurde, oder **-1** als Wert, wenn der Text eben nicht gefunden wurde.

Hier das Ergebnis:

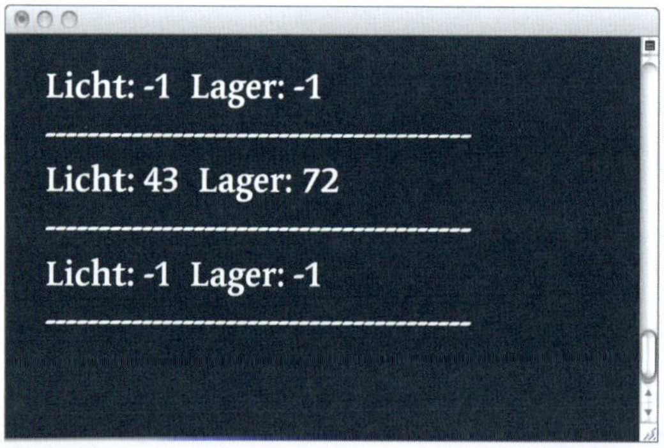

Moment mal …

… im ersten Satz ist doch »Licht« in »Mondlicht« enthalten und »Lager« in »Basislager«!?

Die **Groß- und Kleinschreibung** ist natürlich anders in Teilwörtern! Aber auch das geht ganz einfach. Mit der Methode **lower** wird für den Vergleich einfach **alles klein** gesetzt. Wenn das Suchwort und der gesamte zu durchsuchende Text kleingeschrieben sind, dann wird »**licht**« sowohl als »**licht**« als auch innerhalb von »mond**licht**« gefunden:

***1** Mit der Methode **`lower`** werden jeweils der zu durchsuchende Text und auch der gesuchte Text vollständig kleingeschrieben gesetzt.

***2** Daran wird einfach per **Method Chaining** unsere andere Methode **`find`** gehängt, die mit den kleingeschriebenen Texten arbeitet.

```
for text in texte:
    print("Licht:", text.lower()*1.find*2('Licht'.lower()*1),
      end=' ')
    print("Lager:", text.lower()*1.find*2('Lager'.lower()*1))
    print("-" * 25)
```

Natürlich könnte man **`Licht`** und **`Lager`** auch **klein**schreiben, aber wenn das Programm später erweitert werden soll und Variablen für die Suchwörter verwendet werden, ist so schon alles vorbereitet!

Und dann bekomme ich dieses Ergebnis:

```
Licht: 21  Lager: 66
-------------------------
Licht: 43  Lager: 72
-------------------------
Licht: 48  Lager: 14
-------------------------
```

Warum werden in dem letzten Text jetzt die Wörter »Licht« und »Lager« gefunden?!

Ganz einfach, Schrödinger:

In dem Wort P**lager**ei befindet sich das Wort **Lager**! Und in dem Wort pf**licht**vergessen steckt das Wort **Licht**!

Du solltest den Text danach untersuchen, ob sich die Suchwörter jeweils am **Wortanfang** oder **-ende** befinden.

Mit regulären Ausdrücken ist das kein Problem!

Du siehst, mit einer normalen Suche kannst du eine ganze Menge machen. Aber wenn es verzwickt wird, dann kommst du oft nur noch mit regulären Ausdrücken weiter.

Schauen wir uns das mal mit regulären Ausdrücken an!

Die ganze Sache mit den regulären Ausdrücken befindet sich in dem Modul `re`. Das musst du natürlich erst mal importieren:

```
import re
```

Die einfachste Suche mit einem regulären Ausdruck machst du mit der Methode `search`. Diese Methode kannst du ganz einfach direkt mit dem Modul `re` verwenden.

Du übergibst zwei Parameter in die Methode: deinen **Such-String** (nennen wir ihn noch mal so, auch wenn er viel mehr ist, nämlich ein Pattern bzw. ein **Suchmuster**) und den **Text**, der durchsucht werden soll.

*1 Du arbeitest direkt mit dem Objekt `re`, also nicht mit dem Text oder dem Suchelement.

*2 Dazu rufst du die Methode `search` auf und übergibst zwei Parameter, …

```
for text in texte:
    print(re*1.search*2('Licht'*3, text*4))
    print(re.search('Lager', text))
    print("-" * 50)
```

*3 … den Such-String, der eigentlich ein **Suchmuster** ist, …

*4 … und den zu durchsuchenden Text, den wir wie gehabt aus dem Tupel bekommen.

Wir brauchen im `print` das gesuchte Element nicht auszugeben. Das wird dir nämlich im Suchergebnis sowieso **mitgeliefert**:

```
None
None
--------------------------------------------
<re.Match object; span=(43, 48), match='Licht'>
<re.Match object; span=(72, 77), match='Lager'>
--------------------------------------------
None
None
--------------------------------------------
```

Hast du **keinen Treffer**, dann ist das Ergebnis **None**. Gibt es einen Treffer, dann bekommst du als Ergebnis ein **Suchobjekt** zurück. Dir wird nicht nur die Anfangs-, sondern auch die **Endposition** angegeben, und der **Treffer** selbst wird angezeigt.

[Hintergrundinfo]
Ein so gefundenes Suchobjekt wird in einer Bedingung (also beispielsweise bei einem `if`) als **True** gewertet! **None** würde entsprechend als **False** gewertet.

Momentan wird aber immer noch zwischen Groß- und Kleinschreibung unterschieden. Und das wollen wir jetzt ausschalten.

Ausschalten? Wie mit einem Schalter?

Genau! Reguläre Ausdrücke kennen tatsächlich so etwas wie **Schalter**, mit denen für die jeweilige Suche das Suchverhalten »umgeschaltet« werden kann. Nur werden diese Schalter eben nicht Schalter genannt, sondern etwas nerdiger: **Modifikatoren**.

Ein solcher Modifikator ist **i**, der steht für **Case Insensitive**. Das bedeutet, dass die Groß- und Kleinschreibung **nicht berücksichtigt** wird. Du musst dir also nicht einmal mehr die Mühe machen, das Suchwort und den Text gemeinsam auf kleingeschrieben (oder großgeschrieben) zu setzen.

Dazu schreibst du den Modifikator in runde Klammern mit einem Fragezeichen an den **Anfang** deines Suchmusters: **(?i)**.

Das sieht dann so aus:

```
re.search('(?i)*1Licht', text)
re.search('(?i)*1Lager', text)
```

*1 Der Modifikator wird **direkt** zu dem Suchtext in die Anführungszeichen geschrieben, so als würde er zu dem Text selbst gehören!

Damit wird die Groß- oder Kleinschreibung bei dieser Suche **nicht mehr beachtet**.

Das Ergebnis spricht für sich:

```
<re.Match object; span=(21, 26), match='licht'*1>
<re.Match object; span=(66, 71), match='lager'>
----------------------------------------
<re.Match object; span=(43, 48), match='Licht'*1>
<re.Match object; span=(72, 77), match='Lager'>
----------------------------------------
<re.Match object; span=(48, 53), match='licht'>
<re.Match object; span=(14, 19), match='lager'>
```

*1 Der **match** zeigt dir praktischerweise an, auf was der reguläre Ausdruck tatsächlich reagiert hat: Einmal hat er **licht** kleingeschrieben und einmal **Licht** großgeschrieben gefunden.

Wenn du dir jetzt einmal unsere Suchbegriffe (falls du sie noch so nennen willst) anschaust,

```
'(?i)Licht'
'(?i)Lager'
```

dann wird klarer, warum bei regulären Ausdrücken nicht von **Suchbegriffen**, sondern von **Suchmustern** gesprochen wird. Es geht nicht nur um einfache Texte, die gesucht werden, sondern um Muster für eine Suche.

Aber ein Problem gibt es noch! Du hast es bestimmt schon bemerkt: In der dritten Zeile sind die Wörter 'P**lager**ei' und 'pf**licht**vergessen' Teil des Ergebnisses, in ihnen stecken unsere Suchwörter.

Aber eigentlich stehen unsere gesuchten Wörter entweder allein für sich oder sie stehen am Ende (oder auch am Anfang, das machen wir auch noch) einer Wortzusammensetzung, also »**Licht**« und »Mond**licht**« oder »**Lager**« und »Basis**lager**«. In beiden Fällen ist danach das Wort zu Ende. Du musst deinem Suchmuster also nur noch beibringen, dass am Ende des Wortes keine weiteren Buchstaben kommen dürfen: **Das Wort ist zu Ende.**

Es folgt also **kein weiterer Buchstabe**, sondern ein Leerzeichen, ein Punkt oder Komma, ein Semikolon oder ein Ausrufungszeichen. Und natürlich kann auch das Ende des Strings erreicht sein, das gesuchte Wort also ganz am Ende stehen.

Reguläre Ausdrücke kennen so etwas: Es handelt sich um eine **Wortgrenze**. Das klingt nicht toll, beschreibt aber ganz gut, um was es geht: Hier ist ein Wort zu Ende (oder es fängt an).

Dafür gibt es natürlich kein normales Zeichen. Vielmehr ist für reguläre Ausdrücke festgelegt, dass eine Wortgrenze die Bezeichnung **\b** hat, ein **Backslash** gefolgt von einem kleinen **b**. Das **b** steht für **boundary**, also Grenze. Das bezeichnet man als **Metazeichen**.

Und genau das musst du deinem Suchbegriff bzw. Suchmuster hinzufügen:

```
'(?i)Licht\b'
'(?i)Lager\b'
```

Eine Sache musst du aber beachten: Der Backslash hat in normalen Strings bereits eine Bedeutung. Er wird in Texten schon verwendet, um bestimmte Sonderzeichen darzustellen. **\t** ist ein Tabulator, **\n** ist **newline**, also ein Zeilenumbruch, usw. Und auch das **\b** wird bereits verwendet – nämlich als **Backspace**: Es geht eine Stelle wieder zurück, nach links.

Deshalb würde das **\b** nicht als unser Metazeichen für den regulären Ausdruck erkannt werden, sondern eben als Backspace. Du musst also verhindern, dass der **Backslash** mit **b** als Backspace gelesen wird.

Dafür gibt es zwei Möglichkeiten:

1. Der Backslash muss **maskiert** werden.

   Du musst entweder den **Backslash** als solchen maskieren, und zwar indem du einen **weiteren Backslash** vor den Backslash schreibst:

```
'(?i)Licht\\b'
'(?i)Lager\\b'
```

   So weiß Python, dass es den Backslash mit dem **b** nicht also Steuerzeichen verstehen soll, sondern reicht es so, wie es ist, an das Modul **re** weiter.

2. Du kennzeichnest den Text als sogenannten **Rawtext**.

   Du kannst Python aber auch mitteilen, dass es sich um Text handelt, der **genauso** behandelt werden soll, wie er geschrieben wurde: als sogenannter **Rawtext**, der einfach mit einem kleinen **r** vor dem String gekennzeichnet wird. Damit wird der Text exakt so, wie er ist, an das Modul **re** weitergereicht.

```
r*1'(?i)Licht\b'
r'(?i)Lager\b'
```

*1 Dank des **r** vor dem Text wird dieser Text nicht weiter ausgeparst, und Python versucht auch nicht, das **\b** als Backspace für den Text zu verstehen.

Das kann dann so aussehen:

```
for text in texte:
    print(re.search('(?i)Licht\\b*1', text))
    print(re.search(r*2'(?i)Lager\b', text))
    print("-" * 50)
```

*1 Hier wird der Backslash mit einem zusätzlichen Backslash maskiert.

*2 Und hier kennzeichnen wir den Text, der das Suchmuster darstellt, mit dem vorangestellten **r** als Rawtext, der so, wie er ist, in dem Modul **re** verarbeitet werden kann.

Das Ergebnis passt!

```
<re.Match object; span=(21, 26), match='licht'>
<re.Match object; span=(66, 71), match='lager'>
--------------------------------------------
<re.Match object; span=(43, 48), match='Licht'>
<re.Match object; span=(72, 77), match='Lager'>
--------------------------------------------
None
None
--------------------------------------------
```

Es werden nur noch Wörter als Treffer angesehen, bei denen das gesuchte Wort allein oder am Ende steht.

Nur mal kurz: Ein paar Flaggen

Jedem Suchbefehl für eine Suche mit regulären Ausdrücken (es gibt ja mehr als nur **`re.search`**) kannst du auch sogenannte **Flags** als **dritten Parameter** mitgeben.

```
re.search(suchwort, text, re.IGNORECASE)
```

Den eigentlichen Befehl und die ersten beiden Parameter für das Suchwort und den zu durchsuchenden Text kennst du ja.

Interessant ist hier der dritte Parameter **`re.IGNORECASE`**. Der ist wie ein Schalter und in diesem Fall genau das Gleiche wie **`(?i)`**. Die Groß- und Kleinschreibung wird so **nicht mehr berücksichtigt**. Sollte dir das zu viel zu tippen sein? Es gibt sogar eine Kurzform: **`re.I`**.

Das ist aber nicht das einzige Flag:

- Mit **re.DEBUG** erhältst du durchaus interessante Debug-Informationen über den gerade verwendeten regulären Ausdruck.
- Das Flag **re.VERBOSE** oder als Kurzform **re.X** lässt **Leerzeichen und Leerzeilen** in deinem Suchmuster »verschwinden«. So kannst du lange und komplexe Ausdrücke etwas übersichtlicher mit Leerzeichen und sogar über mehrere Zeilen schreiben.
- Normalerweise ist ein **Punkt** (ohne maskierenden Backslash) kein Punkt in deinem Suchmuster, sondern ein **beliebiges Zeichen** – bis auf den Zeilenumbruch. Mit dem Flag **re.DOTALL** bzw. **re.S** als Kurzform wird auch der Zeilenumbruch als ein gültiges Zeichen erkannt. Das wird sonst auch als **(?s)** direkt im regulären Ausdruck geschrieben.
- Bleibt noch **re.MULTILINE** bzw. **re.M**. Damit werden der Anfang (im Suchausdruck als ^ geschrieben) und das Ende (geschrieben als **$**) für den gesamten String genommen, und es spielt keine Rolle mehr, ob der Text mehrzeilig ist. Das könntest du auch als **(?m)** in den regulären Ausdruck schreiben.
- Eigentlich beinhalten die sogenannten Zeichenklassen alle Zeichen des Unicodes (also auch Umlaute). Mit dem Flag **re.ASCII** bzw. **re.A** werden nur noch die klassischen ASCII-Zeichen berücksichtigt.

Mithilfe des Zeichens Pipe **|** kannst du sogar **mehrere Flags gleichzeitig** setzen:

```
re.search(suchwort, text, re.I | re.VERBOSE)
```

Warum gibt es denn unterschiedliche Arten, das zu schreiben?

Du meinst zum Beispiel **re.IGNORECASE** und **(?i)**? Wer nicht von Python kommt, der erkennt vermutlich **(?i)**, während **re.IGNORECASE** eine Sache von Python ist. So haben es Umsteiger nicht ganz so schwer.

Aber machen wir weiter. **Zeit für eine kleine Aufgabe!**

Eine Funktion zur passgenauen Wortsuche

Was du hier gesehen hast, kannst du doch viel praktischer in eine Funktion schreiben! Aber die Funktion soll natürlich mehr können und sogar eine **Beurteilung** abgeben.

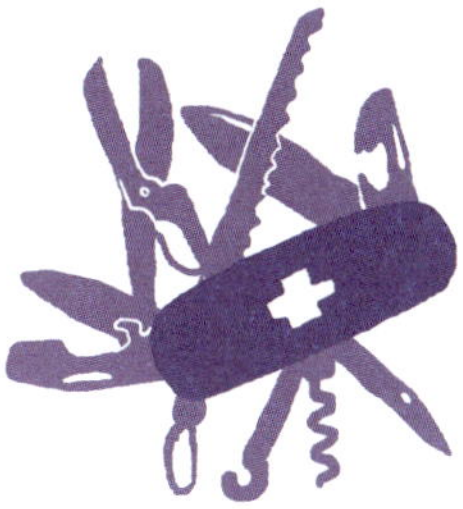

[Schwierige Aufgabe]
Schreib eine Funktion, die einen Suchbegriff und einen zu durchsuchenden Text entgegennimmt und eine Beurteilung für das Suchergebnis abgibt.

Wird das Wort **allein** gefunden, ist das ein **Volltreffer**. Ist das gesuchte Wort entweder am **Anfang** oder am **Ende** einer Wortzusammensetzung, ist das ein **Treffer**. Ist das Wort ein **Teilwort** innerhalb eines Wortes, ist das ein **Teiltreffer**. Ansonsten soll **`False`** zurückgegeben werden. Die Groß- oder Kleinschreibung soll keine Rolle spielen.

Die Funktion soll den klingenden Namen **`text_beurteiler`** haben.

Zum Testen kannst du den folgenden Text und diese Funktionsaufrufe verwenden:

```
text = '''Unser Schiff fuhr auf einem Nebenfluss des Amazonas
in Richtung der verschollenen Stadt Athacamal.'''
```

Und hier die Funktionsaufrufe:

```
print(text_beurteiler('Schiff', text)) #Volltreffer
print(text_beurteiler('Fluss', text))   #Treffer
print(text_beurteiler('Scholle', text)) #Teiltreffer
print(text_beurteiler('Morgenrot', text)) #False
```

Noch ein Tipp für die Aufgabe:

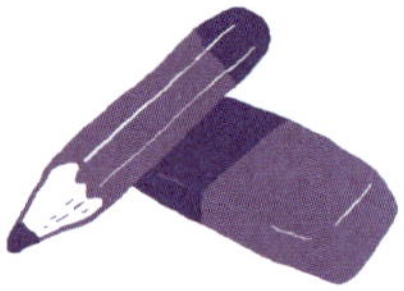

[Notiz]
Während `\b` eine Wortgrenze darstellt, ist `\B` genau das Gegenteil – hier geht das Wort weiter!

Dann wollen wir mal ...

Erst mal der Import und die Funktionsdefinition mit den beiden Parametern:

```
import re*1
def text_beurteiler(wort, text):
```

*1 Klar, den Import nicht vergessen!

So, zuerst den **Volltreffer**. Das Wort in der Variablen **`wort`** muss ja am Anfang **und** am Ende eine Wortgrenze haben. Es wird also ein Suchmuster mit der Variablen **`wort`** benötigt und muss der Variablen **`muster`** zugewiesen werden:

```
muster = "(?i)\\b" + wort + "\\b"
```

Der Text könnte auch als Rawtext geschrieben werden und die Variable **`wort`** mit geschweiften Klammern eingefügt werden, Stichwort formatierter Text mit **`f`**. Das könnte so aussehen:

```
muster = rf"\b{wort}\b"
```

Der Text wird mit den Parametern **`r`** als Rawtext und **`f`** als formatierter **`re.I`**-Text festgelegt. So kannst du **`\b`** unmaskiert schreiben **und** fügst (dank **`f`**) die Variable einfach in die geschweiften Klammern ein!

Das **`(?i)`** lassen wir hier auch mal weg und setzen es gleich in die Suche **`re.search`** als Flag **`re.I`**.

Cool!

Nun weiter im Programm ...

```
if(re.search(muster, text, re.I)):
    return "Volltreffer"
```

Ich prüfe, ob das Suchmuster gefunden wird. Wenn es gefunden wird, dann verlasse ich die Funktion mit **`return`** und gebe **`"Volltreffer"`** zurück!

Jetzt kommt der **Treffer**, der am Wortanfang **oder** am Wortende steht. Da werden **zwei Muster** benötigt, einmal mit einer Wortgrenze am Anfang, aber ohne Wortgrenze am Ende und einmal umgekehrt.

```
muster_anfang = rf"\b{wort}\B"
muster_ende = rf"\B{wort}\b"
if(re.search(muster_anfang, text, re.I)
    or re.search(muster_ende, text, re.I)):
    return "Treffer"
```

Wenn eine der beiden Bedingungen zutrifft, wird die Funktion mit **`return`** verlassen und **`"Treffer"`** zurückgegeben!

Jetzt noch den Fall, wenn sich das Suchwort vollständig in einem anderen Wort befindet:

```
muster = rf"\B{wort}\B"
if(re.search(muster, text, re.I)):
    return "Teiltreffer"
```

Hier ist weder am Anfang noch am Ende eine Wortgrenze, sondern genau das Gegenteil auf beiden Seiten: **`\B`**.

Wenn keine der obigen Bedingungen zutrifft, dann kann ich davon ausgehen, dass das Wort gar nicht vorhanden ist. Das muss eigentlich gar nicht mehr überprüft werden, es kann einfach **`None`** zurückgegeben werden:

```
return None
```

Fertig!

```
Volltreffer
Treffer
Teiltreffer
None
```

SUPER! Hier noch die Funktion am Stück:

```
import re
def text_beurteiler(wort, text):
    muster = rf"\b{wort}\b"
    if(re.search(muster, text, re.I)):
        return "Volltreffer"
    muster_anfang = rf"\b{wort}\B"
    muster_ende = rf"\B{wort}\b"
    if(re.search(muster_anfang, text, re.I)
        or re.search(muster_ende, text, re.I)):
        return "Treffer"
    muster = rf"\B{wort}\B"
    if(re.search(muster, text, re.I)):
        return "Teiltreffer"
    return None
```

Eine Suche nach festen Begriffen wie »Licht« oder »Schiff« ist eine relativ einfache Sache. Reguläre Ausdrücke können aber viel mehr. Es gibt zum Beispiel sogenannte **vordefinierte Zeichenklassen** …

Vordefinierte Zeichenklassen, ein Punkt und viele Beispiele

Was?

Zeichenklassen?

Und dann noch vordefiniert???

Dabei handelt es sich um bestimmte **Zeichen**, die eine **gemeinsame Bedeutung** haben.

\b als Wortgrenze und das Gegenteil **\B** hast du ja gerade schon kennengelernt. Dahinter stehen tatsächlich **genau definierte Zeichen**: ein Punkt, ein Komma, ein Semikolon, ein Leerzeichen und, und, und. Das umfasst eben alle möglichen Zeichen, bei denen man davon ausgeht, dass sie nicht Teil eines **normalen Wortes** sind, eben eine ganze **Klasse** an Zeichen, die etwas gemeinsam haben.

Es gibt aber noch mehr:

- **\d** steht für **digit**, also Ziffer. Dazu gehören alle Zahlen von 0 bis 9. **\D** ist wieder das Gegenteil, also eben **keine Ziffer**.
- **\s** steht für **Whitespaces** (also das **s** steht eher für **Spaces**) – das sind Zeichen, die nicht direkt sichtbar sind: Leerzeichen, Tabulatoren oder Zeilenumbrüche. Und natürlich gibt es auch hier wieder ein großgeschriebenes Gegenstück **\S**, das eben alle Zeichen umfasst, die kein Whitespace sind.
- **\w** steht für alle **alphanumerischen Zeichen**. Das wären alle Ziffern, Buchstaben und auch der Unterstrich gehört dazu. Und auch hier gibt es wieder ein Gegenstück: **\W**.

Damit hast du die **vordefinierten Zeichenklassen** kennengelernt.
Aber es gibt noch weitere Zeichen mit besonderer Bedeutung.

Ein ganz beliebtes und vor allem wichtiges Zeichen bei regulären Ausdrücken ist der Punkt: **.**

Der Punkt steht in einem Suchmuster für **ein beliebiges Zeichen**. Das ist auch sehr hilfreich, wenn du nach mehreren Wörtern suchst, die sich nur geringfügig voneinander unterscheiden.

Ein Beispiel: Wenn du die beiden Wörter `Hallo` und `Hello` suchst, die sich ja nur im zweiten Buchstaben unterscheiden, dann könntest du mit dem **Punkt** arbeiten:

```
import re
suche = 'H.llo'
print(re.search(suche, "Hallo Schrödinger"))
print(re.search(suche, "Hello World"))
```

Bei dem Ergebnis siehst du, dass sowohl **Hallo** als auch **Hello** gefunden werden:

```
<re.Match object; span=(0, 5), match='Hallo'>
<re.Match object; span=(0, 5), match='Hello'>
```

Und was mache ich, wenn ich tatsächlich nach einem Punkt suchen will?

Auch das geht: Einen Punkt (eben als **echten Punkt**) schreibst du mit einem vorangehenden Backslash (`\.`). So weiß Python, dass du nicht irgendein beliebiges Zeichen, sondern einen **echten Punkt** suchst:

```
suche = '24\.12'
print(re.search(suche, "Die Berechnung lautet 24-12*1."))
print(re.search(suche, "Der 24.12.*2 ist ein besonderer Tag."))
```

Das Ergebnis ist eindeutig:

```
None*1
<re.Match object; span=(4, 9), match='24.12'>
```

*1 Weil explizit nach einem **Punkt** zwischen den beiden Zahlen gesucht wird, gibt es hier keinen Treffer.

*2 Das sieht hier schon ganz anders aus, da hier ein Punkt zwischen den Zahlen steht.

Auch sehr hilfreich: Der **Anfang** und das **Ende** eines Textes. Reguläre Ausdrücke bieten dir die Möglichkeit, festzulegen, dass ein gesuchter Text am Anfang oder am Ende stehen muss. Den **Anfang** schreibst du mit einem **^** und das **Ende** mit einem **$**.

Das kann dann so aussehen:

Hier suchen wir ein **a**, das sich am **Anfang** des Textes befinden muss:

```
suche = '^a'
print(re.search(suche, "abc"))
print(re.search(suche, "cba"))
```

So wie **\b** für eine Wortgrenze steht, steht das ^ für den Anfang des Strings: Nur wenn der Buchstabe **a** am Anfang steht, gibt es einen Treffer.

```
<re.Match object; span=(0, 1), match='a'>
None
```

Du kannst auch sagen:

Der reguläre Ausdruck sucht nach einem Anfang, und nach dem Anfang muss ein **a** folgen!

Und hier handelt es sich um ein **a**, das sich am **Ende** befinden muss:

```
suche = 'a$'
print(re.search(suche, "abc"))
print(re.search(suche, "cba"))
```

```
None
<re.Match object; span=(2, 3), match='a'>
```

Die erste Suche wird nicht fündig, denn es wird zwar ein **a** gefunden, dem müsste aber ein Ende folgen. Dafür haben wir Glück bei der zweiten Suche. Dem **a** folgt ein Ende.

Ein Beispiel – die Suche nach Datum und Zeit

Texte sollen nach **Datumsangaben** durchsucht werden. Einige Texte enthalten das Datum, genauer gesagt **irgendein Datum**. Dieses Datum soll gefunden und ausgegeben werden. Das hier ist ein beispielhafter Text:

```
text = "Wir brachen früh am Morgen des 17.10.2020 auf."
```

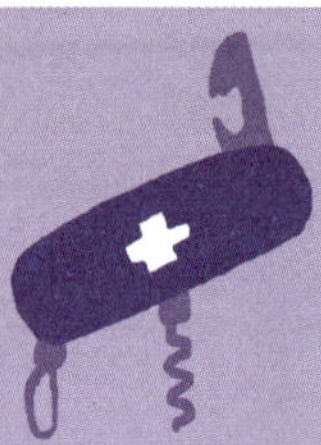

[Einfache Aufgabe]

Schreib einen regulären Ausdruck, der nach so einem Datum sucht. Also nach **acht Zahlen**, die durch **zwei Punkte** getrennt sind.

Ha, den regulären Ausdruck schreibe ich ganz schnell!

Das **\d** ist im Gegensatz zum **\b** (das im Text ein Backspace, im regulären Ausdruck eine Wortgrenze darstellt) eindeutig. Deshalb bräuchtest du den Text nicht mit **r** als Rawtext zu kennzeichnen.

```
muster = r"\d\d\.\d\d\.\d\d\d\d"
```

Ja, so kann das aussehen!

[Notiz]

Bei regulären Ausdrücken (die doch öfter mal überarbeitet und verbessert werden) ist es nicht unüblich, das **r** (für Rawtext) grundsätzlich, also quasi prophylaktisch, zu verwenden.

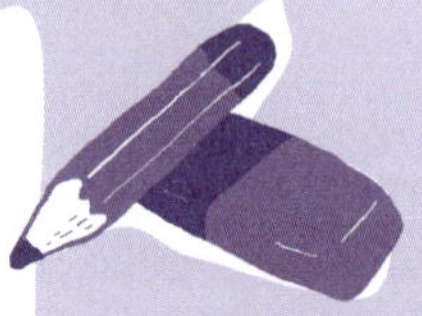

Zwei Ziffern für den Tag, dann ein Punkt. Wieder zwei Ziffern für den Monat, ein Punkt und dann vier Ziffern für das Jahr. Da wir nach einem **echten Punkt** suchen, muss der Punkt so geschrieben werden: **\.** Der »normale« Punkt würde ja für irgendein **beliebiges Zeichen** im Suchmuster stehen.

[Code bearbeiten]
Du kannst dem Datum in deinem Suchmuster auch noch eine **Wortgrenze \b** am Anfang und am Ende mitgeben. Damit wird es noch genauer und der reguläre Ausdruck sicherer!

[Einfache Aufgabe]
Schreib jetzt bitte alles komplett als kurzes Programm mit Ausgabe auf.

```
import re
text = "Wir brachen früh am Morgen des 17.10.2020 auf."
muster = r"\d\d\.\d\d\.\d\d\d\d"
print(re.search(muster, text))
```

```
<re.Match object; span=(31, 41), match='17.10.2020'>
```

Und wie kann ich jetzt mit den gefundenen Informationen weiterarbeiten?

Besser als jedes Orakel – das Matchobjekt auslesen

Du meinst, wie du das Datum oder die Positionen getrennt aus dem **Matchobjekt** auslesen kannst? Dafür hat das Matchobjekt **eigene Methoden und Attribute**, die du **gezielt** abfragen kannst. Da macht es natürlich Sinn, das Suchergebnis (bzw. das Matchobjekt) nicht gleich mit `print` auszugeben, sondern es erst mal einer **Variablen zuzuweisen**, um dann damit weiterzuarbeiten.

[Achtung]

Natürlich kannst du die Methoden und Attribute des Matchobjekts nur verwenden, wenn ein gültiges Ergebnis vorliegt. Gibt es **keinen Treffer**, dann gibt es **kein Matchobjekt**, und es kommt beim Zugriff auf die Methoden zu einem Fehler!

Du kannst diese Variable problemlos in einer **Bedingung** mit `if` verwenden, um damit festzustellen, ob ein **gültiges Matchobjekt** (und damit ein Suchergebnis) vorliegt.

Auf die Variable kannst du dann die gewünschten Methoden anwenden oder die Attribute auslesen:

```
ergebnis = re.search(muster, text)*1
if ergebnis:*2
    print(ergebnis.span()*3)
    print(ergebnis.start()*4)
    print(ergebnis.end()*5)
    print(ergebnis.group()*6)
    print(ergebnis.string*7)
```

*1 Hier weist du das Suchergebnis, also das Matchobjekt, einer beliebigen Variablen zu.

*2 Mit `if` prüfst du, ob ein gültiges Matchobjekt vorliegt und ob du im Folgenden überhaupt (ohne Fehlermeldung) auf die Methoden und Attribute zugreifen kannst. **Ohne Matchobjekt** würde es nämlich zu einem **Fehler** kommen, wenn du versuchst, eine der Methoden zu verwenden.

*3 Die Methode `span` liefert ein **Tupel** mit der Anfangs- und Endposition im String zurück.

*4 Aber du kannst dir die **Anfangsposition** natürlich auch direkt geben lassen, …

*5 … genauso wie die **Endposition** im String.

*6 Die Methode `group` liefert dir das echte **Suchergebnis** aus dem Text zurück.

*7 Mit dem Attribut `string` kannst du dir sogar noch einmal den gesamten String anzeigen lassen, in dem gesucht wurde.

```
(31, 41)*3
31*4
41*5
17.10.2020*6
Wir brachen früh am Morgen des 17.10.2020 auf.*7
```

Finde die Kennung – probieren geht über studieren

Alle Theorie ist grau. Viel besser und bunter wird es mit ein paar Beispielen und Versuchen. Folgende Situation:

> Texte mit Beschreibungen der gefundenen Schätze und Artefakte wurden aus Versehen im gleichen Ordner wie die Antragsformulare für die Ausgrabungen gespeichert. Deine Aufgabe ist es, die Beschreibungen der Artefakte herauszusuchen.

```
texte = (
'Fundstück a10-03, Stab, Fundort: Höhle am Fluss.',
'Info 9027, Formular Transport Flight22-17',
'Gegenstand c07-92, Tongefäß, Fundort: Flussufer',
'9012, Text, Erzählung über Höhle, 3650-32'
)
```

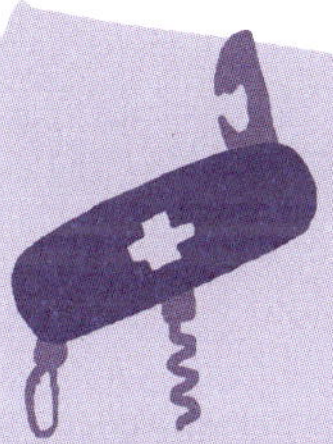

[Einfache Aufgabe]

Finde die Beschreibungen der Artefakte. Schreib dazu einen regulären Ausdruck.

Jedes Artefakt hat eine eindeutige, sechsstellige Kennzeichnung: ein Buchstabe, gefolgt von zwei Ziffern, einem Bindestrich und zwei weiteren Ziffern. In unseren Texten wären demnach der **erste** und **zweite Text** gesuchte Beschreibungen von Artefakten.

Also erst mal das Muster für den regulären Ausdruck!

```
suche = '\w\d\d-\d\d'
```

Das erste Zeichen ist ein Buchstabe. Dann kommen zwei Ziffern, ein Bindestrich und wieder zwei Ziffern.

Der Rest ist einfach:

```
for ein_text in texte:*1
    ergebnis = re.search(suche, ein_text)*2
    if ergebnis:*3
        print("Treffer:", ergebnis.group()*5)*4
```

*1 Hier werden alle Texte durchlaufen.

*2 Dann wird der reguläre Ausdruck angewendet und das Ergebnis einer Variablen zugewiesen.

*3 Mit **if** wird überprüft, ob es ein Suchergebnis aka Treffer gibt!

*4 Wenn es einen Treffer gibt, wird er ausgegeben.

*5 Mit der Methode **group()** wird der eigentliche Treffer gewählt.

Jetzt in einer Datei speichern und ausführen.

```
Treffer: a10-03
Treffer: t22-17
Treffer: c07-92
Treffer: 650-32
```

Der reguläre Ausdruck passt noch auf alle Zeilen, auch auf die beiden Zeilen, die offenbar keine Beschreibungen von Artefakten sind:

```
'Info 9027, Formular Transport Flight22-17',*1
'9012, Text, Erzählung über Höhle, 3650-32'*2
```

*1 Hier passt unser Muster auf den Teil des Wortes und die folgende Zahl.

*2 Auch hier passt unser Muster in eine längere Zahl mit Bindestrich.

Außerdem passt **\w** ja auch auf **Zahlen** und ist nicht nur auf Buchstaben beschränkt.

Mit einer Wortgrenze kann ich das doch lösen!!!

```
suche = r'\b\w\d\d-\d\d\b'
```

Das **r** vor dem String wird für die Wortgrenze **\b** benötigt, denn sonst würde **\b** als Backspace gedeutet.

Vor und hinter den bisherigen Ausdruck wird eine Wortgrenze **\b** geschrieben – so werden längere Zeichenketten ausgeschlossen, in denen unser Muster genauso passen würde.

Und hier das jetzt **richtige Ergebnis**:

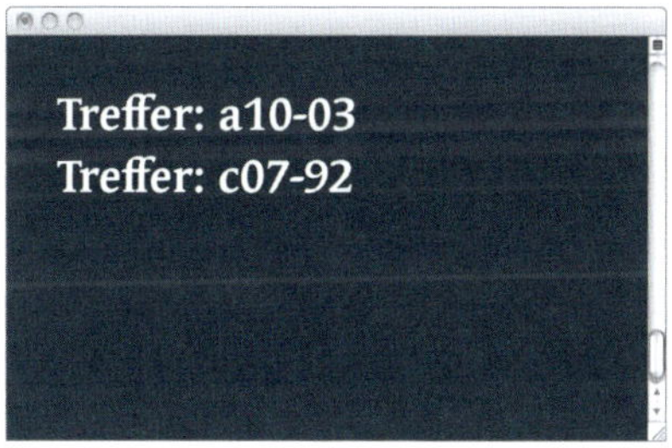

Aber sag mal,

wie könnte ich denn nur nach Buchstaben suchen?

Du hast ja gesehen, dass die vordefinierten Zeichenklassen (trotz des komischen Namens) ganz praktisch sind. Sie decken aber nicht alles ab. **Kein Problem**, wenn vordefinierte Zeichenklassen nicht ausreichen: Du kannst eigene **Zeichenklassen definieren**!

Selber basteln – eigene Zeichenklassen

Sind die vordefinierten Zeichenklassen nicht ausreichend, ist es eine der leichtesten Übungen bei regulären Ausdrücken, eigene Zeichenklassen zu definieren. Das geht mit eckigen Klammern **[ ]**, in die du **alle** jeweils **gültigen Zeichen** für **eine Stelle** schreibst:

Die Buchstaben a, b oder c sind erlaubt: **[abc]**

Die Zahlen 2, 4, 6, 8 sind erlaubt: **[2468]**

Die Zahlen 1, 3, 5, 7, 9 sind erlaubt: **[13579]**

Die **Reihenfolge** innerhalb der Klammern spielt keine Rolle, auch werden die Zeichen **direkt nebeneinander** geschrieben: ohne Komma, ohne Leerzeichen, auch nicht am Anfang oder Ende der gewünschten Zeichen – das würde so interpretiert werden, als wäre auch das Leerzeichen erlaubt.

Jede eckige Klammer steht dabei für **eine Stelle**. Für eine weitere Stelle müsstest du also zweimal die eckigen Klammern schreiben.

Das wird aber ziemlich lang, wenn ich alle Buchstaben suche?

Das kann (könnte) tatsächlich etwas länger werden:

```
[0123456789]
[abcdefghijklmnopqrstuvwxyzäöüß]
[ABCDEFGHIJKLMNOPQRSTUVWXYZÄÖÜß]
[abcdefghijklmnopqrstuvwxyzäöüABCDEFGHIJKLMNOPQRSTUVWXYZÄÖÜß]
```

Deshalb darfst du **fortlaufende Bereiche** mit einem Bindestrich **verkürzen**:

```
[0-9]
[2-8]
[a-z]
[b-f]
[A-Z]
```

Umlaute musst du aber extra mit angeben, da sie nicht im Bereich von a–z oder A–Z liegen – im Gegensatz zu `\w`, das auch die Umlaute erkennt.

Pst, du kannst es auch so versuchen, um alle Buchstaben von a–z **inklusive** der Umlaute und des ß zu suchen: `[a-ü]`

Auch **fortlaufende Teilbereiche** und ganz unterschiedliche Bereiche können gemeinsam angegeben werden.

Hier würde nach den Buchstaben **b**, **c**, **d**, **e**, **f** gesucht: `[b-f]`

Hier würde nach den Zahlen von **2** bis **8** gesucht: `[2-8]`

Auch **mehrere Teilbereiche** kannst du innerhalb einer Klammer angeben. So würden die Buchstaben **b**, **c**, **d** und **h**, **i**, **j**, **k** gesucht: `[b-dh-k]`

Und hier würden die Zahlen von **1** bis **7** und die Buchstaben **b**, **c**, **d** gesucht: `[1-7b-d]`

Alle kleinen **und** alle großen Buchstaben sind erlaubt: `[a-zA-Z]`

Und hier noch inklusive aller Umlaute: `[a-zäöüA-ZÄÖÜß]`

[Zettel]
Die Zeichenklasse `\d` ist nichts anderes als `[1234567890]` oder verkürzt geschrieben `[0-9]`.

[Zettel]
Die Zeichenklasse `\w` mit allen Buchstaben in Groß und Klein, samt aller Zahlen und dem Unterstrich steht für `[a-zA-Z0-9_]`, aber **inklusive** aller Umlaute.

Damit kannst du deinen regulären Ausdruck für die **sechsstellige Kennzeichnung** aus der vorigen Aufgabe **verbessern**. Gesucht waren als erstes Zeichen ein Buchstabe, gefolgt von zwei Ziffern, einem Bindestrich und wieder zwei Ziffern.

```
suche = r'\b\w\d\d-\d\d\b'
```

Dieser Ausdruck findet korrekt **a10-03** oder **c07-92**. Er würde aber auch solche Textstellen finden:

123-01 oder **932-87**.

Die erste Stelle ist hier aber eine **Ziffer**. Laut der Beschreibung der sechsstelligen Kennzeichnung muss die erste Stelle aber **ein Buchstabe** sein – keine Zahl, kein Unterstrich. Aber genau das erlaubt ja die Zeichenklasse **\w**!

Besser ist eine eigene Zeichenklasse wie **[a-zA-z]** oder (falls benötigt, inklusive der Umlaute) **[a-zäöüA-zÄÖÜß]** bzw. **[a-üA-Ü]**, die ausschließlich Buchstaben zulässt, in diesem Fall große **oder** kleine Buchstaben.

Damit bist du flexibler als mit **(?i)** oder **re.I**. Denn damit »schaltest« du die Unterscheidung für den **gesamten** regulären Ausdruck aus. Und es kann ja sein, dass du an anderen Stellen des gleichen Ausdrucks sehr wohl zwischen Groß- und Kleinschreibung **unterscheiden willst** (oder musst).

[Achtung]
Jede angegebene Zeichenklasse steht, genauso wie die vordefinierten Zeichenklassen, für genau **eine Stelle**.

[Hintergrundinfo]
Mit **[.]** kannst du übrigens einen echten Punkt schreiben, ohne ihn als **\.** maskieren zu müssen. Du hast hier eben **eine Zeichenklasse** mit nur **einem Zeichen**.

Schöneres Datum dank eigener Zeichenklassen

Mithilfe selbst definierter Zeichenklassen kannst du jetzt **noch besser** nach einer Datumsangabe suchen. So eine Art »Suche nach Datum – reloaded«. Schau dir folgende Sätze an:

```
texte = (
"Wir brachen am Morgen des 17.10.2020 auf.",
'Transport Nummer 92.22.2017'
)
```

Im ersten Satz haben wir tatsächlich ein korrektes Datum, das unser regulärer Ausdruck von vorhin, **`r"\b\d\d[.]\d\d[.]\d\d\d\d\b"`**, erkennt. Im zweiten Satz handelt es sich hingegen **nicht** um ein Datum, aber auch hier wird unser regulärer Ausdruck **fündig**:

```
import re
muster = r"\b\d\d[.]*2\d\d[.]*2\d\d\d\d\b"
print(re.search(muster, texte[1]*1))
```

*1 Hier greifen wir der Einfachheit halber (zum Zeigen) **direkt** auf das **zweite Element** unseres Tupels zu.

*2 Hier ist der Punkt mal nicht maskiert, sondern als Zeichenklasse dargestellt.

```
<re.Match object; span=(17, 27), match='92.22.2017'>
```

[Einfache Aufgabe]

Schau dir den regulären Ausdruck an. Was ist daran zu ungenau? Warum wird hier ein **falsches Datum** gefunden?

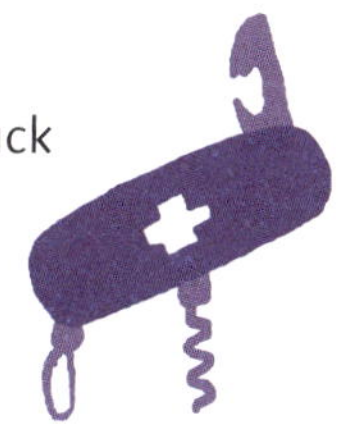

Das **\d** steht für die Zahlen von 0 bis 9, und zwar immer für **alle Zahlen**. Bei einigen Stellen im Datum sind aber eben **nicht alle Zahlen** möglich. Die erste (Zehner-)Stelle des Tages darf nur bis **maximal** 3 gehen, und der Monat darf nur bis 1 gehen. Es gibt ja keinen 42.21.2020?!

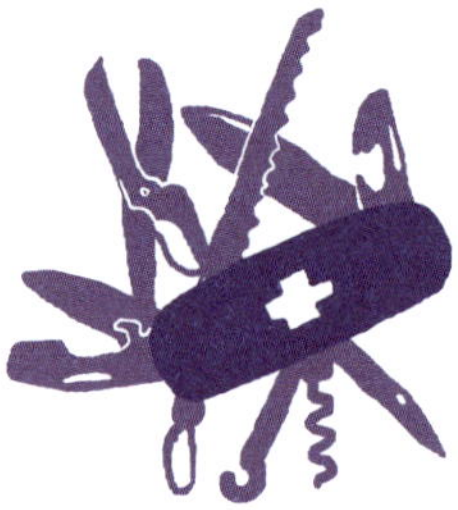

[Schwierige Aufgabe]

Pass den regulären Ausdruck so an, dass der reguläre Ausdruck hier verlässlicher arbeitet.

Ich hab's!

Ich mach das so:

```
muster = r"\b[0123]\d[.][01]\d[.]20\d\d\b"
```

1. Das **r** wird benötigt, damit das **\b** nicht als Backspace interpretiert wird.
2. Die Wortgrenze am Anfang und am Ende passt so.
3. Das **\d** ist **an der ersten Stelle** zu ungenau.
   Hier dürfen nur die Zahlen von **0** bis **3** stehen. Das ist **[0123]**.
4. An der zweiten Stelle des Tages darf das **\b** bleiben.
5. Die Punkte passen auch so.
6. Auch bei den Monaten ist **\d** zu ungenau **für die erste Stelle**.
   Hier dürfen nur die Zahlen **0** oder **1** stehen.
   Das ist **[01]**. Bei der zweiten Stelle kann das **\d** bleiben.
7. Beim Jahr sollte das aktuelle Jahrhundert genügen!
   So ist alles von **2000** bis **2099** möglich.

[Schwierige Aufgabe]

Schau dir die (richtige) Lösung an und überlege dir, wann der reguläre Ausdruck trotzdem problematische Ergebnisse liefern kann.

1. Der Tag darf ja bis maximal 31 gehen.
Auf der zweiten Stelle ist aber immer 0 bis 9 erlaubt.
Es könnte also einen 37.12.2020 geben.

2. Genauso beim Monat, der maximal bis 12 gehen darf.
Auch da ist auf der zweiten Stelle immer 0 bis 9 erlaubt.
Hier könnte es die Monate 13 bis 19 geben.

3. Manche Monate haben 30 Tage, manche 31.
Und der Februar ist noch einmal anders.

4. Dann gibt es noch Schaltjahre, an denen der Februar
noch einen Tag mehr haben darf.

[Achtung]
Reguläre Ausdrücke können eine ganze Menge. Es gibt aber immer Situationen, in denen du (mit einem vernünftigen Aufwand) eben nicht alle Eventualitäten abbilden kannst!

Aber das ist kein Problem! In solchen Fällen kann es dann sinnvoll sein, eine entsprechende Logik im Programm zu schreiben. Entweder **alternativ** zu einem regulären Ausdruck oder **in Verbindung** mit einem oder sogar mehreren regulären Ausdrücken.

*Ach,
und da ist mir noch eine Sache aufgefallen,
die problematisch sein kann!*

Der Tag und der Monat müssen immer **zweistellig** angegeben werden.
Und auch das Jahr muss immer mit **vier Stellen** geschrieben werden.

Also kann der reguläre Ausdruck ein Datum wie 2.11.2020 oder 17.4.20 gar nicht erkennen.

Das kriegen wir hin! Ist nämlich die Anzahl einzelner Elemente in einem regulären Ausdruck **variabel**, dann kannst du das wunderbar in deinem Suchmuster angeben.

Das Zauberwort dafür lautet …

Quantifier – wie oft oder vielleicht auch gar nicht?

Für reguläre Ausdrücke gibt es **Quantifier**, etwas stelziger auch als Quantifizierer bezeichnet. Damit kannst du festlegen, **wie oft** ein Element in deinem Suchmuster auftreten kann oder auftreten muss.

Hätte man doch wohl auch Multiplizierer nennen können?!

Wenn du so möchtest, ja.

Tatsächlich werden damit **mögliche Wiederholungen** abgebildet. Und ohne Quantifier könnte das eine ziemliche Schreiborgie werden.

Hier ein paar Beispiele – ein Leben ohne Quantifier!

Eine fünfstellige Zahl, bei der nur die geraden Zahlen ohne Null erlaubt sind:

```
[2468][2468][2468][2468][2468]
```

Ein Wort, das 10 Zeichen hat:

```
\w\w\w\w\w\w\w\w\w\w
```

Zehn Buchstaben **[a-zA-ZäöüÄÖÜß]** wollen wir erst lieber gar nicht schreiben.

Ein Wort, das 5 **bis** 10 Zeichen hat?

Ohne Quantifier geht das gar nicht!

Eine Zahl, die eine **bis** vier Stellen hat?

Auch das geht nicht ohne Quantifier ...

Sehen wir uns Quantifier einmal an!

Die einfachste Möglichkeit, die ein Quantifier bietet, ist eine Angabe **von bis**. Solche Quantifier werden mit **geschweiften Klammern** geschrieben. In den Klammern gibst du die Anzahl der Wiederholungen **von** ... **bis** an, getrennt durch ein **Komma**:

```
{1,4}
```

Damit kann ein Element ein- **bis** viermal auftreten und wird vom regulären Ausdruck gefunden. Der Quantifier muss dabei direkt **zu** (bzw. hinter) dem Element geschrieben werden, das so oft auftreten kann:

```
\d{1,4}
```

Das könnten solche Zeichenfolgen sein: `1`, `42`, `0`, `9762`, `133`.

Ein Wort mit Buchstaben und Zahlen, das **5 bis 12 Zeichen** hat, wird hiermit gefunden:

```
\w{5,12}
```

Darunter würden beispielsweise solche Wörter (oder auch Zahlen) in einem Text fallen: **`Hallo`**, **`Schrödinger`**, **`10Vorne`**, **`19631`** oder **`Area51`**.

Du kannst auch die **exakte Anzahl** des Auftretens angeben. Ein Jahr muss immer mit vier Stellen geschrieben sein, um gefunden zu werden? Ein gesuchtes Wort, das nur aus Großbuchstaben besteht, muss genau 8 Zeichen haben? Dann kannst du entweder die beiden Werte **von bis** genau gleich schreiben oder einfacher nur **einen Wert** ohne Komma angeben. Damit wird dann die fixe Anzahl definiert:

`\d{4,4}` oder einfacher **`\d{4}`** für eine exakt vierstellige Zahl: **`1234`**, **`4200`** oder **`0009`**

`[A-Z]{8,8}` oder genauso **`[A-Z]{8}`** für ein großgeschriebenes Wort mit exakt acht Buchstaben: **HAUSBOOT** oder **COMPUTER**.

Übrigens, du kannst sogar die untere oder die obere Grenze **leer lassen**:

```
{ ,4}
```

Was durchaus etwas gewöhnungsbedürftig aussieht, ist sehr praktisch. In diesem Fall, wenn die erste Grenze »**von**« fehlt, wird das gesuchte Element bis **höchstens** viermal genommen, es muss aber gar nicht vorhanden sein!

So etwas könnte eine Zahl (beispielsweise nach einem Buchstaben oder Wort) sein, die **optional** ist:

```
[a-zA-Z]{4,6}\d{,4}
```

Das hier wäre ein Wort mit vier bis sechs Buchstaben, gefolgt von keiner Zahl oder einer Zahl bis maximal vier Stellen. So würde möglicherweise ein **Kennwort** oder ein **Benutzername** aussehen. Und mit dem regulären Ausdruck könntest du das auf seine Gültigkeit hin überprüfen: **`Hallo12`**, **`Peter`**, **`Peter9999`** oder **`Haus24`**.

Wenn der **zweite Wert** in den geschweiften Klammern **leer** ist, beispielsweise **`{5,}`**, bedeutet das eine **Mindestanzahl**, es gibt aber keine Beschränkung nach oben.

Innerhalb des Programms kannst du dann weiter reagieren – zum Beispiel ausgeben, dass ein neues Kennwort nicht den Regeln entspricht und dass eine neue Eingabe gemacht werden muss.

Mehr als ein Treffer – »findall« und »finditer«

Bevor wir dazu ein paar Übungen machen, wollen wir noch einen Blick auf zwei weitere Suchbefehle aus dem Modul `re` werfen, und zwar auf zwei Befehle, mit denen nicht nur ein Treffer angezeigt wird, sondern **alle** Treffer, die in einem Text gefunden werden: `findall` und `finditer`.

Während `search` im Erfolgsfall ein Suchobjekt zurückliefert und dann seine Arbeit einstellt, arbeiten `findall` und `finditer` viel gründlicher. Gibt es ein Suchergebnis, arbeiten sich beide Methoden einfach **weiter** durch den Text und prüfen, ob es weitere Übereinstimmungen gibt:

- `findall` liefert eine einfache **Liste** mit allen gefundenen Elementen. Ist die Suche **erfolglos**, erhältst du einfach eine **leere Liste** zurück.
- `finditer` liefert für jedes gefundene Element ein **eigenes Suchobjekt** zurück, über das du mit einer Schleife iterieren kannst.

Schauen wir uns das einmal für alle Fälle an, indem wir einen einfachen Text nach dem Wort `Licht` durchsuchen, ohne auf die Groß- oder Kleinschreibung zu achten:

```
import re
text = '''Das Licht der Fackeln war schlicht zu dunkel.
Unsere Lampen brachten zum Glück mehr Licht.'''
suche = "(?i)Licht"
print(re.search(suche, text))*1
print(re.findall(suche, text))*2
for treffer in re.finditer(suche, text):*3
    print(treffer)
```

```
<re.Match object; span=(4, 9), match='Licht'>*1
['Licht', 'licht', 'Licht']*2
<re.Match object; span=(4, 9), match='Licht'>*3
<re.Match object; span=(29, 34), match='licht'>
<re.Match object; span=(84, 89), match='Licht'>
```

*1 Das ist unser bewährter Klassiker, der nach dem ersten Treffer die Arbeit einstellt.

*2 Wesentlich fleißiger ist `findall`, das uns alle Treffer in einer Liste zurückliefert.

*3 `finditer` liefert für jeden Treffer ein eigenes Suchobjekt. Mithilfe einer Schleife kannst du darüber iterieren und mit den einzelnen Suchobjekte **wie gewohnt** arbeiten.

Mach mal was mit Quantifiern

Stell dir vor, in einem Text stünden mehrere Handynummern, aber alle quer durcheinander. Mit dabei wären einige Nummern, die sicherlich keine gültigen Handynummern darstellen:

```
text = '''Notizen: 12345678901 017712345678
0172-12345679, 017512345678901 0177/1234567089'''
```

Und das ist das Programm dazu – hier noch mit einem **leeren Suchmuster**. Das `r` vor dem Suchmuster ist nicht zwingend, aber guter Ton:

```
import re
suchmuster = r""
ergebnis = re.findall(suchmuster, text)
print(ergebnis)
```

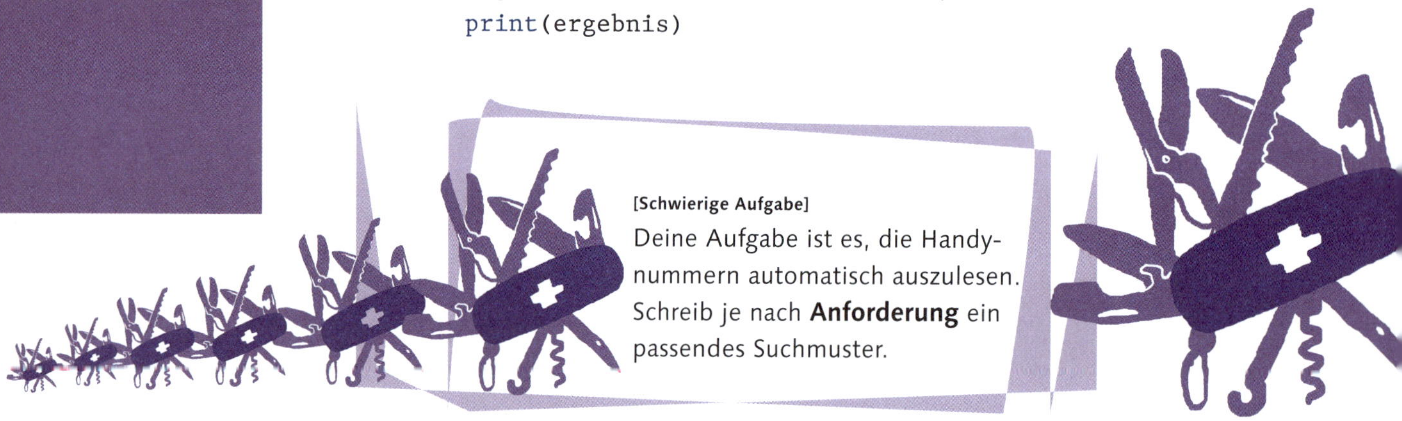

[Schwierige Aufgabe]

Deine Aufgabe ist es, die Handynummern automatisch auszulesen. Schreib je nach **Anforderung** ein passendes Suchmuster.

Wir, genauer gesagt du, beginnen mit einem ganz einfachen Ausdruck, der immer weiter verfeinert werden muss.

Es geht einfach los:

Suche mit **findall** alle Zahlen, die elf bis zwölf Stellen haben!

Eine meiner leichtesten Übungen ...

```
suchmuster = r'\d{11,12}'
```

```
['12345678901', '017712345678', '017512345678']
```

Damit wurden diese Stellen gefunden:

```
'''Notizen: 12345678901 017712345678
0172-12345679, 017512345678901 0177/1234567089'''
```

[Achtung]
Reguläre Ausdrücke sind »gierig«. Sie nehmen immer so viel, wie sie können (wenn es irgendwie passt).

Der reguläre Ausdruck hört also nicht nach der elften Zahl auf, wenn es noch eine zwölfte Stelle gibt, die in das Suchmuster passt. Und wenn **du** es nicht explizit angibst, ist es dem regulären Ausdruck auch **vollkommen egal**, ob noch weitere Stellen mit Zahlen kommen oder nicht. Er hört auf.

Natürlich kann das bedeuten, dass es sich gar nicht um eine Handynummer handelt, da vielleicht noch Dutzende weitere Stellen zur Zahl gehören:

017512345678901

Diese Nummer hat **zu viele** Stellen (zwar nur drei, aber auch das ist zu viel) – ohne Wortgrenze spielt das keine Rolle für den regulären Ausdruck. Er nimmt sich so viel, wie er braucht – der Rest kümmert ihn nicht!

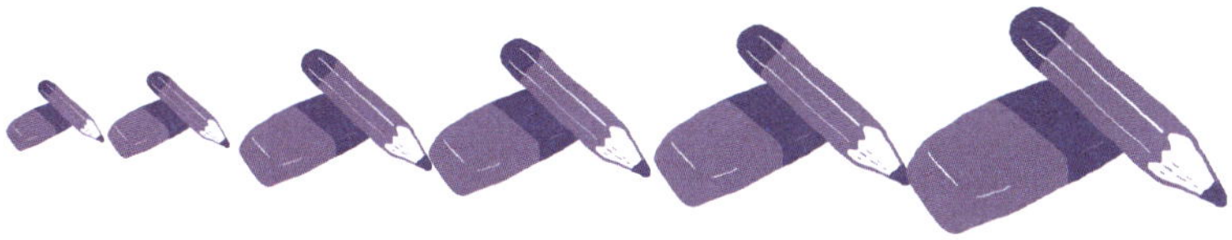

[Notiz]
Das heißt, du musst auch immer daran denken, wie du explizit sicherstellen kannst, dass wirklich nur gültige Werte oder Eingaben genommen werden!

Machen wir weiter:

Eine richtige Handynummer hat **01** am Anfang.
Ändere den regulären Ausdruck so, dass er mit **01** beginnt.

```
suchmuster = r'01\d{9,10}*1'
```

*1 Natürlich musst du die beiden Stellen für die **01** von den bisherigen Stellen in der geschweiften Klammer abziehen, sodass nur noch neun bis zehn Stellen übrig bleiben.

```
['017712345678', '017512345678']
```

Es bleiben jetzt **zwei potenzielle Handynummern** übrig. Aber du musst ja noch weitere Änderungen vornehmen, denn perfekt ist das so noch nicht.

Zumindest in unserem (einfachen) Fall können Handynummern einen **Bindestrich** oder einen **Schrägstrich** nach der vierten Stelle haben. Das kannst du auch so ausdrücken:

Erst kommt **`01`**, dann zwei weitere Ziffern mit **`\d{2}`**,

ein oder **kein** Bindestrich bzw. Schrägstrich, **`[-_/]{0,1}`**,

und dann müssen noch mal **sieben bis acht Ziffern**, **`\d{7,8}`**, folgen.

Ach ja, die Wortgrenzen könntest du jetzt auch schon mal anfügen:

```
suchmuster = r'\b01\d{2}[-_/]{0,1}\d{7,8}\b'
```

Für die Wortgrenzen am Anfang und am Ende solltest du spätestens jetzt den Text als Rawtext kennzeichnen.

Das Ergebnis spricht für sich. Die gültigen Handynummern sind:

Alle anderen Nummern entsprechen nicht dem regulären Ausdruck. Und **dank der Wortgrenzen** fallen auch zu lange Nummern heraus! Ohne die Wortgrenzen würden nämlich auch **Teile** von zu langen Nummern als Lösung ausgegeben:

Ganz kurz: Quantifier mit »?«, »*« und »+«

Es gibt noch drei Quantifier, die ich dir nicht vorenthalten will: `?`, `*` und `+`. Diese Quantifier kannst du genauso verwenden wie die bisherigen Quantifier in den geschweiften Klammern. Du schreibst sie also direkt zu dem Zeichen oder Element, das entsprechend oft auftreten kann (oder soll):

? Das Zeichen oder Element darf genau **einmal** oder **überhaupt nicht** auftreten (vergleichbar mit **`{0,1}`**).

***** Das Zeichen oder Element darf **kein mal** oder **beliebig oft** auftreten (vergleichbar mit **`{0,}`**).

+ Das Zeichen oder Element darf **einmal** oder **beliebig oft** auftreten (vergleichbar mit **`{1,}`**).

Cool!

Ein (fast) gültiges Kennwort

Es gibt viele Fälle, in denen die Grenzen bei einer Suche wichtig sind. Wortgrenzen mit **\b** hast du ja schon kennengelernt. Aber auch so eine Wortgrenze kann manchmal nicht ausreichend sein.

Stell dir vor: Ein neuer User soll ein Kennwort eingeben. Es soll 5–8 Zeichen haben, keine Sonderzeichen und auch keine Umlaute verwenden. Am Ende des Kennwortes soll mindestens eine zweistellige Zahl stehen.

Gültige Kennwörter wären demnach **Computer42** oder **Schatz96343**.

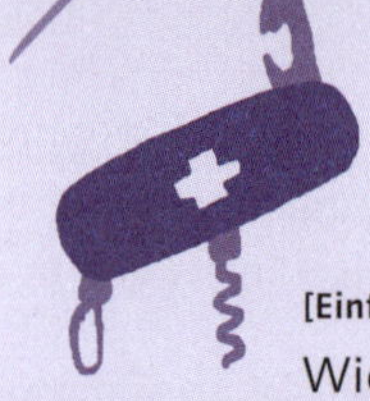

[Einfache Aufgabe]
Wie könnte der reguläre Ausdruck aussehen, der das überprüft?

Das könnte so aussehen:

```
gueltiges_kennwort = r"\b[a-zA-Z]{5,8}\d{2,}\b"
```

Das **r** wird wieder für die Wortgrenzen benötigt. Dann folgen fünf bis acht Buchstaben ohne Umlaute oder Sonderzeichen und zum Schluss mindestens zwei Ziffern.

[Einfache Aufgabe]

Schreib zum Testen die Kennwörter in ein Tupel und wende den regulären Ausdruck darauf an.

```
import re
eingaben = ('Computer42','Schatz96343')
gueltiges_kennwort = r"\b[a-zA-Z]{5,8}\d{2,}\b"
for kennwort in eingaben:
    print(re.search(gueltiges_kennwort, kennwort))
```

```
<re.Match object; span=(0, 10), match='Computer42'>
<re.Match object; span=(0, 11), match='Schatz96343'>
```

Das stimmt so erst mal.

Ein Anfang, ein Ende und ein paar Empfehlungen

Der reguläre Ausdruck arbeitet schon ganz gut. Aber auch mit den Wortgrenzen können immer noch **ungültige Eingaben** durchrutschen.

Schau dir mal die folgenden Wörter an:

```
'Mein Computer123456', '1 Schatz963 ***'
```

Probiere sie am besten einfach mal aus:

```
eingaben = ('Computer42','Schatz96343',
         'Mein Computer123456', '1 Schatz963 ***')
```

```
<re.Match object; span=(0, 10), match='Computer42'>
<re.Match object; span=(0, 11), match='Schatz96343'>
<re.Match object; span=(5, 19),
match='Computer123456'>
<re.Match object; span=(2, 11), match='Schatz963'>
```

Die Ausgaben für die beiden – eigentlich ungültigen – Kennwörter zeigen, dass der reguläre Ausdruck (zumindest in einigen Fällen) ungültige Wörter nicht aussortiert.

Du musst vorsichtig sein: Selbst mit einer Wortgrenze **\b** gibt es Wörter, die nicht gültig sind, aber einen Match liefern würden. Es gibt **zwei Hauptaufgaben** für reguläre Ausdrücke: Das reine **Finden** von Inhalten – unabhängig von dem, was sonst im Text steht. Und die **Kontrolle**, ob bestimmte Texte oder Eingaben festgelegten Regeln entsprechen. Und da genügt es nicht, nach einem (Teil-)Inhalt zu suchen. Du musst den gesamten Text berücksichtigen, vom **Anfang** bis zum **Ende** des Strings!

Leerzeichen würden bei einer Wortgrenze nämlich genügen, damit in einer Eingabe, die nicht den Anforderungen entspricht, der reguläre Ausdruck trotzdem etwas Gültiges finden würde:

`'Mein Computer123456'` – gefunden würde hier aber der Teil-String `'Computer123456'`.

Speicherst du diesen Teil-String ab, dann wird der User Probleme haben, sich zukünftig einzuloggen, da er ja ein längeres Kennwort eingegeben hat.

Was noch gefährlicher ist: Es könnte jemand versuchen, auf diesem Weg **Schadcode** in dein Programm einzuschleusen, beispielsweise in der Hoffnung, eine Datenbankabfrage damit zu manipulieren:

```
'Computer123456 <übler Schadcode>'
```

Rettung naht, Schrödinger! Denn zum Glück hast du ja nicht nur Wortgrenzen, sondern auch einen echten Anfang `^` und ein richtiges Ende `$`!

Ändere einfach die Wortgrenze zu dem Anfang und dem Ende:

```
gueltiges_kennwort = r"^*1[a-zA-Z]{5,8}\d{2,}$*2"
```

*1 Hier wird jetzt keine Wortgrenze mehr erwartet, der String muss hier tatsächlich beginnen.

*2 Und hier muss sich ein Ende befinden. Schluss!

So werden nur noch die gültigen Eingaben gefunden:

```
<re.Match object; span=(0, 10), match='Computer42'>
<re.Match object; span=(0, 11), match='Schatz96343'>
None
None
```

Warum hast du das denn nicht gleich gesagt?

Reguläre Ausdrücke sind sehr hilfreich, du musst aber immer daran denken, wie du deinen Ausdruck **sicher** und sagen wir mal **wasserdicht** machen kannst!

[Hintergrundinfo]

Es ist wichtig, dass du deine regulären Ausdrücke immer **testest**, und zwar nicht nur mit gültigen Eingaben, sondern auch mit **bewusst falschen** Eingaben (bzw. Texten). Sonst wird es dir immer wieder passieren, dass irgendwelche Texte plötzlich zu unerwarteten Treffern führen.

Du musst beim Testen von regulären Ausdrücken immer überlegen, was deinen Ausdruck aus der Bahn werfen könnte, um ihn dann auch gleich verbessern zu können. Ein regulärer Ausdruck arbeitet streng nach deinen Regeln, er versucht immer etwas zu liefern, das diesen Regeln entspricht.

Das bedeutet, dass du unerwünschte Zeichen in deinen Ausdrücken gezielt **ausschließen** solltest! Genauso wie bei der Programmierung musst du dem Computer **möglichst exakt** mitteilen, wie er zu arbeiten hat. Du musst ihm sagen, was erlaubt und erwünscht ist, du musst ihm aber auch mitteilen, was **nicht erlaubt** ist und **ausgeschlossen** werden kann.

Teste deine regulären Ausdrücke, Schrödinger!

Ach, bevor wir zum Ende kommen, da gibt es noch die Gruppen …

Suchgruppen – mehr als nur ein Zeichen

Bisher wurde jedes Zeichen oder jede Stelle für sich **allein** betrachtet. Ein **\d** ist eben eine Ziffer, **\w** ist ein Wortzeichen und ein **a** ist eben ein **a**. **Klar,** modifiziert durch die unterschiedlichen **Quantifier**. Das bezieht sich aber immer auf **eine Stelle bzw. ein Zeichen** gleicher Art.

Was ist aber, wenn du eine **Abfolge** bestimmter Zeichen suchst, zum Beispiel eine längere DNA-Sequenz, die in einem Text steht? Für eine DNA-Sequenz wären immer die Buchstaben ATCG erlaubt, wobei imm er drei Buchstaben eine Einheit bilden: **ATG**, **CGC**, **AAT**, **TAC**, **AAT**, ...

Eine einzelne Einheit findest du mit so einem Ausdruck ganz einfach:

```
suche = "[ATCG]{3}"
```

Oder verlässlicher mit einer **Wortgrenze** zu beiden Seiten:

```
suche = r"\b[ATCG]{3}\b"
```

Und mit **findall** würdest auch alle Sequenzen aus dem Text herauslesen können – zumindest jede einzeln für sich. **Aber,** könntest du eine **zusammengehörige Sequenz** finden? Also **nicht** einzelne Elemente, sondern nur Abfolgen, bei denen mehrere Sequenzen (also mindestens zwei) hintereinanderstehen?

```
dna = '''GEHEIM!!! Dies ist eine DNA-Sequenz nach dem
Muster ATG von einer Probe aus der Höhle am
Fluss: ATG CGC AAT GCG ATA TAC AAT GCG. WICHTIG!!!'''
```

Dazu machst du aus dem Suchelement **"[ATCG]{3}"** einfach mit runden Klammern eine **Suchgruppe**: **"([ATCG]{3})"**.

So eine Suchgruppe ist wie eine **Einheit**, die du wie (beispielsweise) eine Zeichenklasse verwenden kannst – nur eben nicht für eine einzelne Stelle oder ein Zeichen, sondern für beliebig lange und komplexe Elemente. Und du kannst auf so eine Suchgruppe wiederum Quantifier anwenden!

Um also eine Sequenz zu finden, die mindestens aus zwei Abfolgen besteht, nimmst du diese Gruppe und fügst einen passenden Quantifier hinzu:

Da **zwischen den Abfolgen** immer ein **Leerzeichen** steht, muss du das natürlich noch in die Suchgruppe mit aufnehmen. In unserem Fall folgt jeder Abfolge von drei Zeichen ein Leerzeichen oder ein Punkt. Das könntest du als `[ .]` schreiben oder etwas allgemeiner mit einem Whitespace `\s` und einem Punkt `\.` als `[\s.]`.

[Hintergrundinfo]
Der Punkt (als echter Punkt) muss in den eckigen Klammern **nicht maskiert** werden. Das `\s` bleibt aber auch in den eckigen Klammern ein `\s` – denn schließlich ist ja nicht der **Buchstabe** `s`, sondern die **Zeichenklasse** gemeint!

Fertig sieht das dann so aus:

```
import re
text = '''GEHEIM!!! Dies ist eine DNA-Sequenz nach dem
Muster ATG von einer Probe aus der Höhle am
Fluss: ATG CGC AAT GCG ATA TAC AAT GCG. WICHTIG!!!'''
suche = r"([ATCG]{3}[\s.]){2,}"
print(re.search(suche, text))
```

Und das Ergebnis kann sich endlich sehen lassen:

```
<re.Match object; span=(96, 128), match='ATG CGC AAT GCG ATA TAC AAT GCG.'>
```

Die gesamte Sequenz wurde gefunden, während die einzelne Sequenz **ATG** in der zweiten Zeile korrekt außen vor gelassen wurde.

[Achtung]
Und auch hier: Schreibst du Leerzeichen ans Ende einer Zeile in den Text, kann das Ergebnis natürlich um diese Leerzeichen verschoben sein!

Die Sache mit »compile«

Eine Sache noch: Wenn du im Internet nach Beispielen oder Lösungen für reguläre Ausdrücke suchst, wirst du häufiger auf **compile** stoßen. Damit kannst du reguläre Ausdrücke auch **kompilieren**. Das kann so aussehen:

```
import re
suchmuster = re.compile('in')*1
print(suchmuster*2.search('Schrödinger'))
```

*1 Hier wird der reguläre Ausdruck kompiliert und einer Variablen zugewiesen, …

*2 … mit der du dann weiterarbeiten kannst.

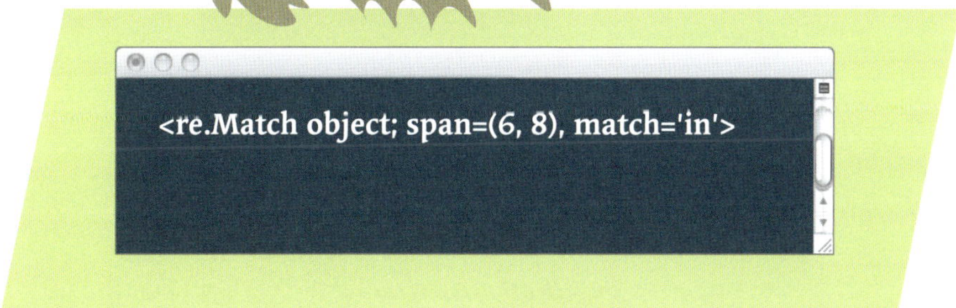

Das Ergebnis der Suche ist natürlich das gleiche, egal, ob du mit oder ohne **compile** arbeitest. Hauptargument war früher die Geschwindigkeit, die aber inzwischen dadurch wohl kaum noch beeinflusst wird. Manche bevorzugen aber dennoch **compile**, da die Syntax manchmal als etwas »griffiger« angesehen wird.

Was hast du gelernt? Was haben wir gemacht?

Lass uns kurz rekapitulieren …

Du hast reguläre Ausdrücke kennengelernt und die Möglichkeit, komplexe Suchmuster zu entwickeln, mit denen du auch noch das allerletzte Geheimnis aus einem Text quetschen kannst.

Dazu baust oder entwickelst du eigene Suchmuster, die du den Suchbefehlen des Moduls `re` zusammen mit einem zu durchsuchenden Text übergibst.

Gibt es einen Treffer, dann erhältst du mit `re.search` ein oder mit `re.finditer` mehrere Matchobjekte zurückgeliefert, die du dann weiter auslesen kannst. `re.findall` stellt dir alle gefundenen Ergebnisse als Liste zur Verfügung.

Das Suchmuster ist eigentlich ein ganz normaler Text. Bei bestimmten Zeichenklassen (also bei `\b`) solltest du das aber als Rawtext schreiben, damit das nicht als Backspace interpretiert wird.

Du hast vordefinierte **Zeichenklassen** kennengelernt und auch eigene Zeichenklassen angelegt, die für unterschiedliche Zeichen stehen können.

Mithilfe von **Quantifiern** kannst du vorgeben, wie oft etwas auftreten kann (oder muss), damit es einen Treffer gibt.

Und dank der **Suchgruppen** bist du noch flexibler bei der Suche.

Du hast dir jetzt aber wirklich eine Pause verdient!

ANHANG

Die verlorenen Kapitel

Für alles, was (noch) nicht passend ist

Es gibt sie in nahezu jedem Fachbuch: **Kapitel**, die man **nicht** oder genauer gesagt **noch nicht** braucht. Möglich, dass du die notwendige Software schon selbst installiert hast, und vielleicht brauchst du ein ausführliches Kapitel über Editoren **noch nicht**, weil du einen Editor hast, der zum Loslegegen erst mal reicht. Ober bist du bereits eingefleischter User einer großen Entwicklungsumgebung wie Eclipse oder Netbeans und brauchst die im Buch vorgestellten Programme gar nicht?

Das geradezu **Teuflische** ist aber, dass man oft gerade in **den** Kapiteln, die man **überschlagen** hat, **Informationen** findet, die an ganz anderer Stelle hilfreich wären. Denn auch solche Kapitel können eine Menge an spezifischem Wissen bergen, das dann an anderer Stelle **fehlt**.

Schrödinger war schon immer etwas **anders** als andere Fachbücher. Also haben wir alle Kapitel, die nicht in einer bestimmten Reihenfolge benötigt werden und die (je nach Erfahrung) vielleicht nur am Rande (oder eben noch nicht) interessant sind, hierhin verlegt:

zu den verlorenen Kapiteln!

Wenn etwas in den normalen Kapiteln nicht behandelt wird, also quasi **optional** zu lesen ist, wird auf diese Kapitel verwiesen. Dafür behandeln diese »verlorenen Kapitel« auch wirklich **nur das**, was ihr eigentliches Thema ist.

Ob du also bei einem Hinweis auf ein »verlorenes Kapitel« das jeweilige Thema **hier** nachliest oder doch im normalen Kapitel **bleibst**, hängt also **nur** davon ab, ob das Thema etwas **Neues** für dich bietet.

Ein neues
Zuhause
für Python

—ANHANG A—

Installation von Python unter Windows

Bevor du mit Python arbeiten kannst, musst du es unter Umständen erst noch installieren. Das ist natürlich keine große Sache und geht ganz schnell von der Hand – eben »gewusst wo und woher«!

Während unter Linux und macOS Python wahrscheinlich bereits installiert ist, kannst du davon ausgehen, dass du das unter Windows noch erledigen musst.

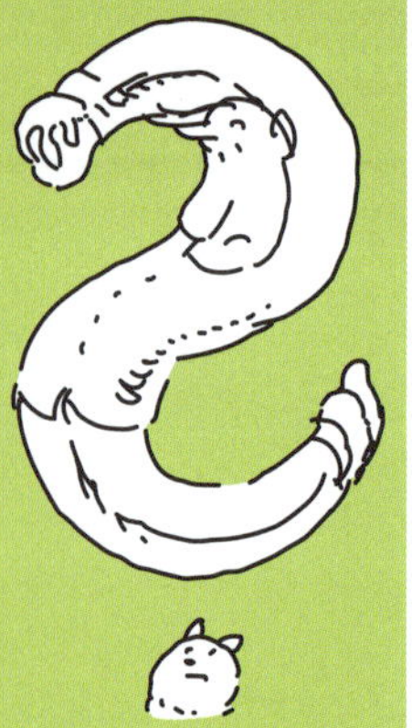

Wo finde ich Python?

Das ist ganz einfach.

Die erste Adresse ist **https://www.python.org** – so etwas wie die Heimat von Python. Dort findest du neben den Installationspaketen für alle Betriebssysteme auch alle möglichen Informationen, Dokumentationen und natürlich alle PEPs (wie PEP 20 mit den gesammelten Weisheiten zu Python).

[Hintergrundinfo]

Nutzt du den Python-Editor **Thonny**, zu finden unter **https://thonny.org/**, brauchst du erst mal nichts weiter zu installieren. Denn Thonny bringt sein »eigenes« Python mit.

Die Seite ist aktuell nur in **englischer Sprache** verfügbar, das sollte für dich aber keine Hürde darstellen. Unter dem Navigationspunkt **Downloads** findest du gleich ganz oben das aktuellste Installationspaket.

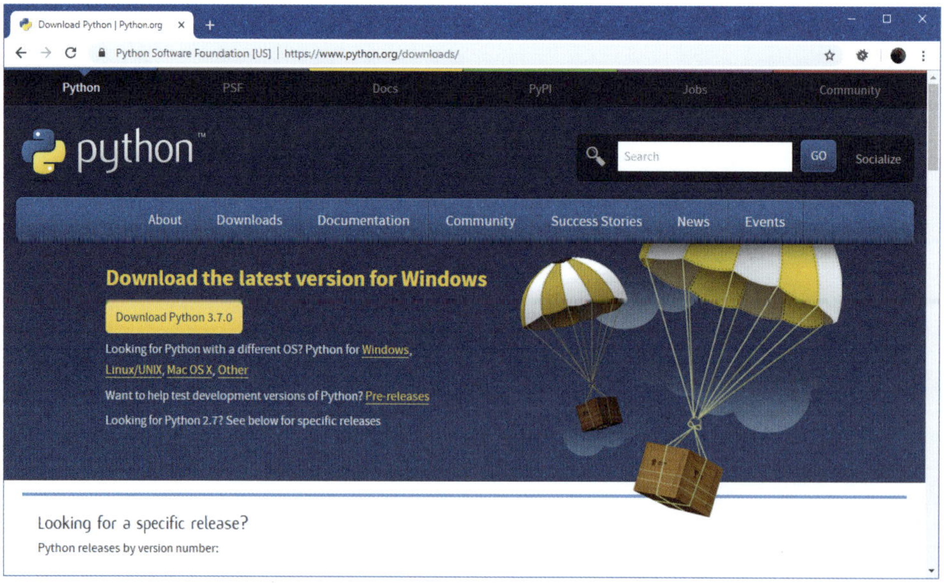

Das Aussehen der Seite kann sich ändern, den Button »Downloads« solltest du aber finden können – und darüber auch die aktuellste Version.

Mit einem Klick kannst du Python herunterladen und danach die Installation auf deinem Rechner mit einem Doppelklick starten. **Denk dran,** auch wenn Python nicht riesengroß ist, kann der Download auch mal etwas dauern, je nachdem, wie schnell oder unerträglich langsam deine Internetverbindung ist.

Problematisch kann die Installation eigentlich nur werden, falls die **Installation** von Software auf deinem Rechner vom Administrator **eingeschränkt** wurde, beispielsweise in Schulen oder Firmen. Dann bleibt dir nur die Möglichkeit, bei eben diesem Administrator vorstellig zu werden und ihn darum zu bitten, dir die Installation zu ermöglichen (ansonsten muss er es eben selbst machen).

[Zettel]

Falls eine Installation auf deinem Rechner nicht erlaubt ist, gibt es die Möglichkeit, eine **portable Version** von Python zu verwenden, zum Beispiel **WinPython**, das ohne Installation auskommt. Schnell zu finden ist es unter **http://winpython.github.io**.

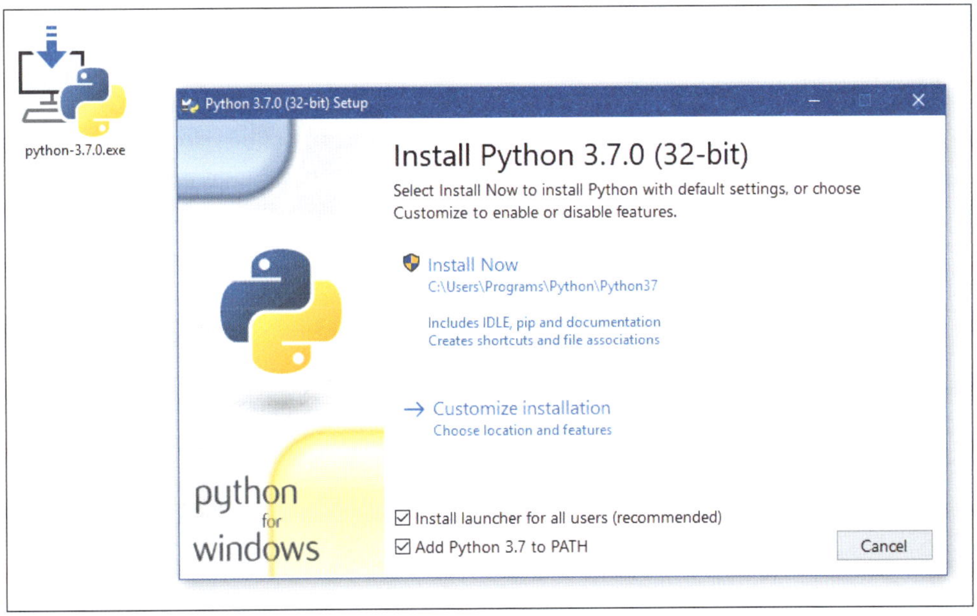

»Install Now« mit Standardwerten oder eine angepasste Installation?

Du kannst Python mit der Option **Install Now** mit den üblichen **Standardeinstellungen** installieren. Damit hast du schon mal (fast) alles, was wir in diesem Buch benötigen. Du kannst extra **dazu** auswählen, ob du Python dem Pfad von Windows hinzufügen willst. Damit kannst du dann Python ohne Pfadangabe auf der **Kommandozeile** (oft auch Eingabeaufforderung genannt) starten. Anstelle von (beispielsweise)

C:\Programs\Python\python.exe HalloWelt.py

reicht es dann, ein knackiges **`python HalloWelt.py`** zu tippen, um ein Programm zu starten. Arbeitest du gar nicht auf der Kommandozeile (und hast es auch nicht vor), wirst du das aber nicht vermissen.

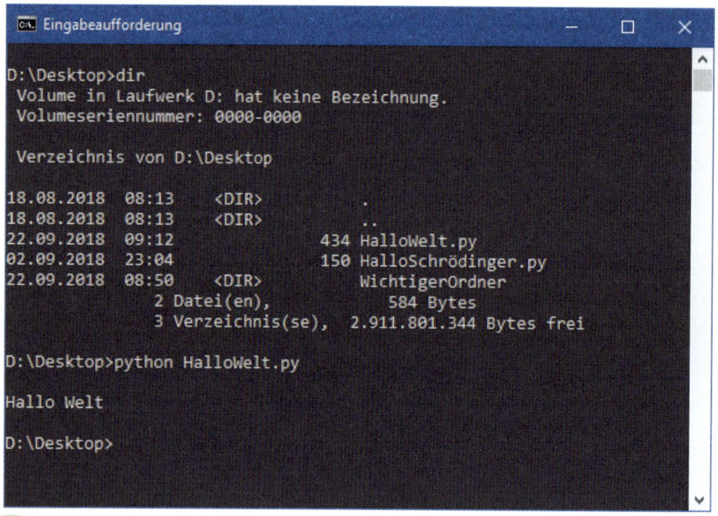

Die gute, alte Kommandozeile – gibt es natürlich auch in knalligeren Farben.

Wählst du die Möglichkeit **Customize installation**, kannst du in zwei Schritten die Parameter für Python manuell setzen. Sollte der Platz auf deinem Rechner knapp sein, kannst du auswählen, dass die Dokumentationen und bestimmte Module nicht installiert werden.

Im Zweifelsfall solltest du aber erst mal alles installieren, was vorgegeben ist. Zum einen kannst du nachträglich die Installation immer noch anpassen, zum anderen solltest du nur etwas **abwählen**, wenn du weißt, **warum** du es nicht brauchst. **pip** mag vielleicht unwichtig klingen, ist aber ein sogenannter Paketmanager, mit dem du beliebige Python-Module und Bibliotheken jederzeit nachinstallieren und auch aktualisieren kannst.

Wichtiger kann es sein, anzugeben, **wohin** Python auf deinem Rechner installiert werden soll. Möglicherweise gibt es **Vorgaben** des Administrators für Software – bei Schulrechnern oder in Firmen. Hier kannst du das einstellen.

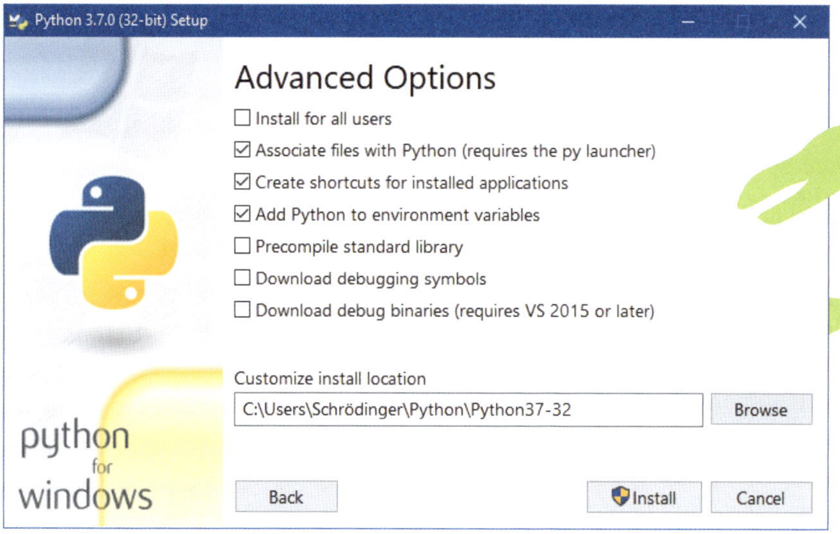

Wohin mit Python? Am besten an einen kuscheligen Ort im Dateisystem …

Nach der Installation findest du (je nachdem, was du ausgewählt hast) einige neue Programmsymbole, die du in deinem Startmenü einrichten kannst.

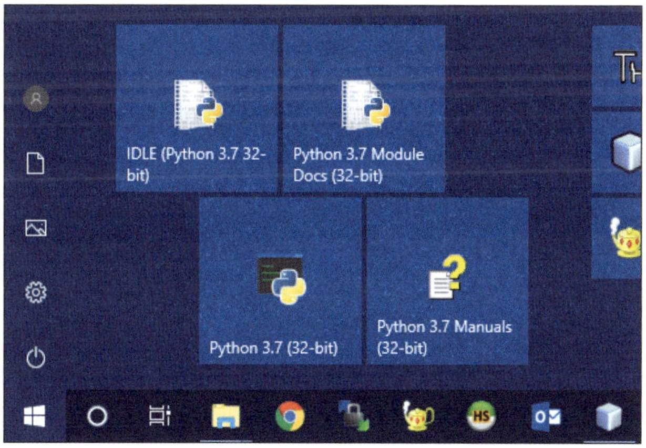

So kann es dann aussehen.

Neu bei den Programmsymbolen sind (natürlich) **Python** selbst, eine Dokumentation (Docs) über Python sowie über die zugehörigen Module. **IDLE** ist ein einfacher Editor, der aber für den Anfang schon einiges zu bieten hat.

Startest du Python, öffnet sich die **interaktive Shell**, auf der du Python-Befehle direkt schreiben kannst.

Mehr über die interaktive Shell kannst du gleich

hier in den verlorenen Kapiteln lesen.

Die **Dokumentationen** sind alle in englischer Sprache, und gerade die Dokumentation über die Module (das sind fertige Funktionen, Programme und Bibliotheken) sind für den Anfang oft eher abschreckend als hilfreich. Später, wenn du mehr von Python kennengelernt hast, kannst du eher mal einen Blick wagen, um bestimmte Funktionen oder Module besser zu verstehen.

IDLE ist übrigens selbst in Python geschrieben. Startest du IDLE, siehst du erst einmal nicht allzu viel, es wird eine interaktive Python-Shell geöffnet, nicht in dem zumeist dunklen Kommandozeilenfenster, sondern in einem eigenen Fenster mit Menü. Erst wenn du darüber eine Datei öffnest oder neu erstellst, öffnet sich der eigentliche Editor. Zugegeben, das ist anfangs etwas ungewohnt, aber zum Arbeiten gut geeignet.

Zeit, weiterzumachen!

Schnell mal machen, und das voll interaktiv

—ANHANG B—

Die Python-Shell

Python kann nicht nur geschriebene Programme ausführen, sondern bietet dir mit der Python-Shell eine ganz besonders praktische Möglichkeit an um Code auch mal auf die Schnelle ausführen zu können.

In den meisten Fällen wirst du deine Programme **in Dateien speichern** und dann diese Dateien **ausführen lassen**, am einfachsten, indem du darauf doppelt klickst. Damit wird auf deinem Computer der **Python-Interpreter** gestartet, der ziemlich unauffällig (und ganz automatisch) deinen Code so übersetzt, dass der Computer alles versteht und dein Programm ausführt.

Das macht (natürlich) Sinn, da du die meisten Programme ja nicht nur einmal, sondern beliebig oft (und auch später wieder mal) ausführen willst. Und in so einer Datei sind Programme eben ganz gut aufgehoben. Und du kannst sie jederzeit überarbeiten und wieder speichern.

Manchmal willst du aber nur irgendeine **Kleinigkeit** machen oder etwas **ausprobieren**. Dann ist es schon fast der digitale Overkill, alles in einer Datei zu speichern, die dann ausgeführt werden kann.

Das ist der Moment für ...

... die interaktive Python-Shell

Die Python-Shell bietet dir die Möglichkeit, Befehle einzugeben, die dann sofort ausgeführt werden. Im einfachsten Fall kannst du so Rechenoperationen ausführen, die wie bei einem Taschenrechner direkt ausgeführt werden. Aber du kannst auch kurze Programme eintippen und sie so direkt ausführen lassen. Du kannst die Python-Shell entweder über die **Kommandozeile** deines Computers oder über die **Entwicklungsumgebung** deines Vertrauens aufrufen.

Die Kommandozeile???

In der **Anfangszeit der Computer** gab es keine grafischen Oberflächen, keine Maus und erst recht keine Touchscreens, die geduldig auf Benutzereingaben gewartet haben.

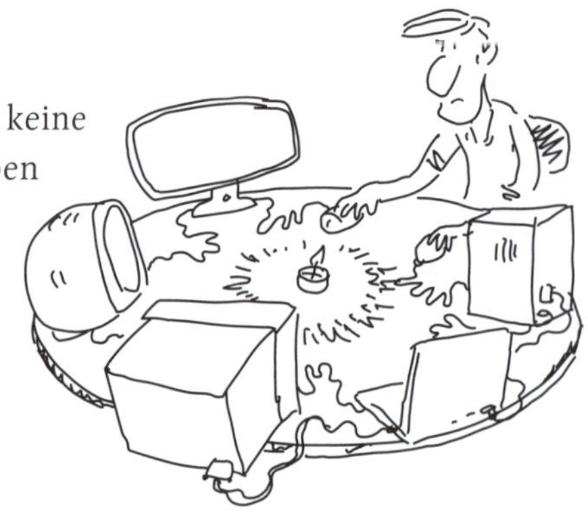

Damals wurden Eingaben ausschließlich mit der **Tastatur** gemacht, und das Einzige, was dargestellt wurde, waren **Zeichen**, also Buchstaben, Zahlen und ein paar Sonderzeichen. Der Cursor stand blinkend am Anfang der obersten Zeile und wartete auf **Eingaben**. Die Ausgabe(n) erfolgten dann zeilenweise nach unten.

Dieses Erbe der frühen Computer hat sich tatsächlich bis in unsere Zeit gerettet – als Kommandozeile, die als Programm innerhalb eines Fensters ausgeführt wird.

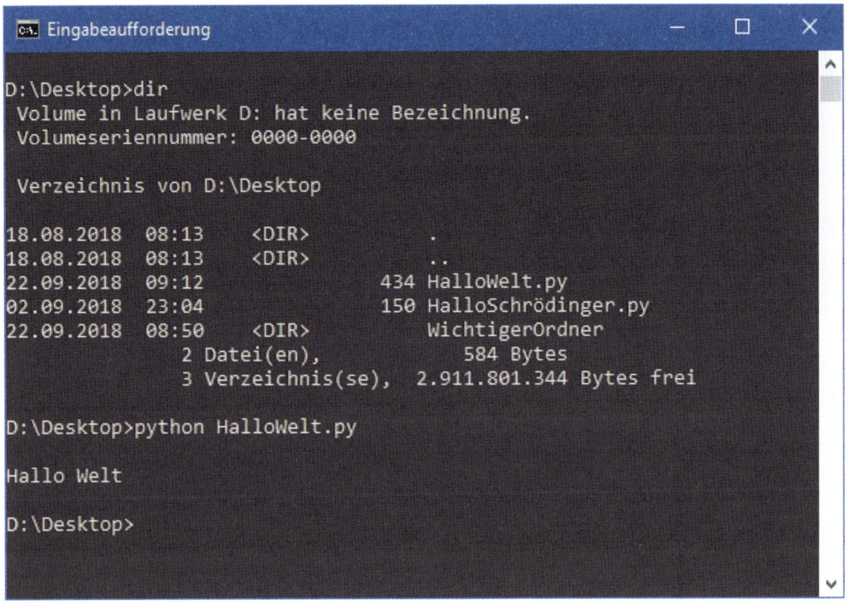

```
Eingabeaufforderung

D:\Desktop>dir
 Volume in Laufwerk D: hat keine Bezeichnung.
 Volumeseriennummer: 0000-0000

 Verzeichnis von D:\Desktop

18.08.2018  08:13    <DIR>          .
18.08.2018  08:13    <DIR>          ..
22.09.2018  09:12               434 HalloWelt.py
02.09.2018  23:04               150 HalloSchrödinger.py
22.09.2018  08:50    <DIR>          WichtigerOrdner
               2 Datei(en),            584 Bytes
               3 Verzeichnis(se),  2.911.801.344 Bytes frei

D:\Desktop>python HalloWelt.py

Hallo Welt

D:\Desktop>
```

Die Kommandozeile – etwas kryptisch, aber immer noch auf der Höhe der Zeit

Diese Kommandozeile findest du – je nach Betriebssystem deines Computers als Programm unter dem Namen Kommandozeile, Konsole oder Eingabeaufforderung – vielleicht etwas versteckt in einem Unterordner deiner Startleiste oder deines Programmstarters.

Dort gibst du einfach den Befehl `python` ein, und schon befindest du dich in der Python-Shell! Natürlich muss dazu Python auf deinem Rechner installiert sein. Unter Linux und macOS sollte das schon der Fall sein. Für Windows gibt es dazu einen eigenen Anhang im vorigen »verlorenen Kapitel«.

[Hintergrundinfo]

Das Kommandozeilenfenster findest du als eigenes Programm in deinem Computer. Das ist natürlich ganz unterschiedlich, je nachdem, mit welchem Betriebssystem du arbeitest.

[Zettel]

Wurde Python bei der Installation nicht im Pfad (Path) des Betriebssystems eingetragen, musst du möglicherweise den **vollständigen Pfad** zu Python mit angeben. Das kann dann (zum Beispiel bei Windows) so aussehen: `c:\Python\python`

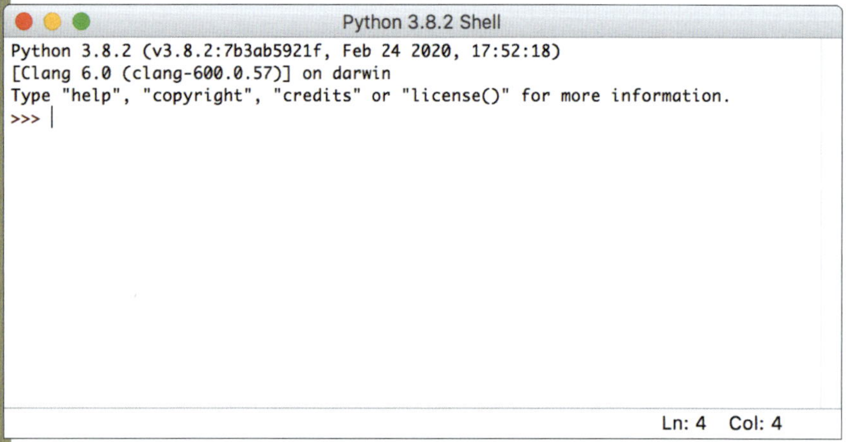

So oder ähnlich kann es aussehen, wenn du Python im interaktiven Modus gestartet hast.

Sobald Python sich im **interaktiven Modus** befindet, kannst du direkt Python-Befehle eingeben, die sofort verarbeitet werden, wenn du die Taste **Enter** (bzw. **Return**) drückst. Das Ergebnis wird dir sofort nach der Ausführung angezeigt. Den interaktiven Modus erkennst du auch daran, dass drei **>>>** am Anfang der Zeilen stehen.

Arbeitest du mit einer Entwicklungsumgebung wie **Thonny**, dann hast du die **Python-Shell** sogar in einem eigenen Fenster ständig zur Verfügung – das Fenster heißt dort ganz passend **Shell**. Dort erfolgen alle **Ausgaben** deiner Programme, und du brauchst nur in das Fenster zu klicken, um dort selbst Befehle und Anweisungen einzutippen.

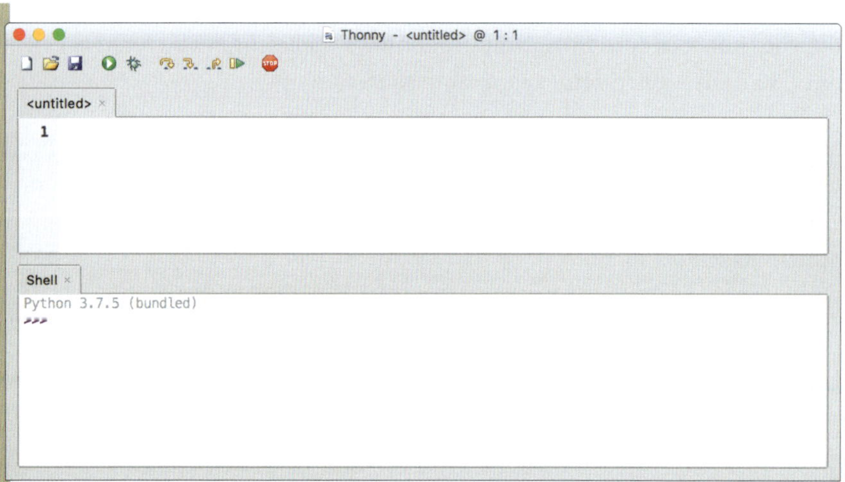

Im unteren Fenster »Shell« läuft Python im interaktiven Modus, erkennbar an den drei **>>>**.

Im einfachsten Fall kannst du Python wie einen **Taschenrechner** verwenden. Du tippst Berechnungen ein, und mit **Return** bzw. **Enter** schickst du sie ab. Python rechnet alles aus und gibt dir in der Zeile darunter das **Ergebnis** aus.

Einfache Berechnungen

Starte bitte auf deinem Computer Python im interaktiven Modus (oder nutze die vorhandene Shell deiner Entwicklungsumgebung, beispielsweise in Thonny) und gib einfach mal folgende Berechnungen ein:

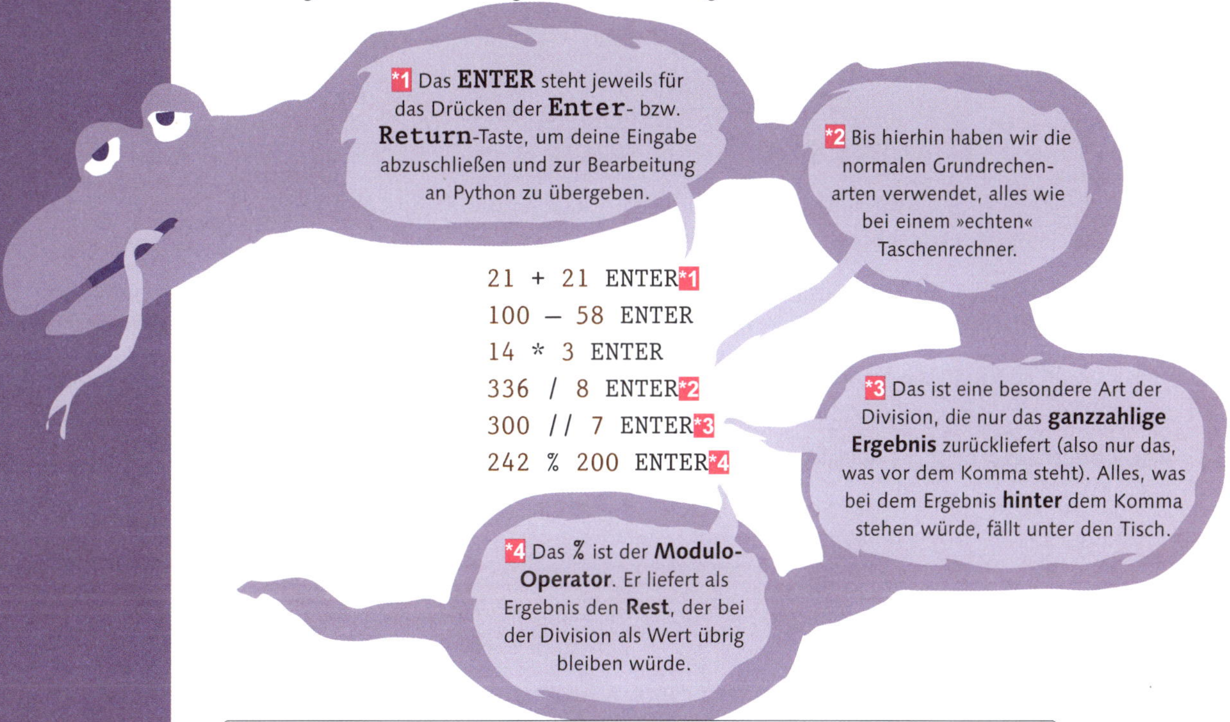


```
Python 3.8.2 Shell
Python 3.8.2 (v3.8.2:7b3ab5921f, Feb 24 2020, 17:52:18)
[Clang 6.0 (clang-600.0.57)] on darwin
Type "help", "copyright", "credits" or "license()" for more information.
>>> 21 + 21
42
>>> 100 - 58
42
>>> 14 * 3
42
>>> 336 / 8
42.0
>>> 300 // 7
42
>>> 242 % 200
42
>>> |
                                                      Ln: 16   Col: 4
```

Mit Python kannst du immer rechnen …

Das Ergebnis ist in allen Fällen die magische Zahl 42!

Wieso 42?

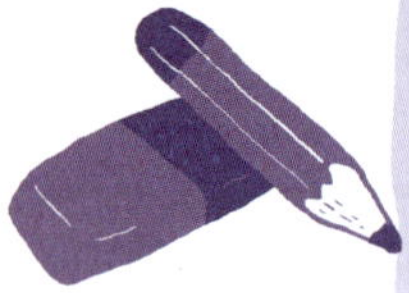

[Notiz]

42 ist so eine Art **Running Gag**. In dem Roman »Per Anhalter durch die Galaxis« berechnet ein Supercomputer die Frage nach so ziemlich allem (inklusive des Lebens und des Universums). Nach mehr als 7 Millionen Jahren liefert er als Ergebnis die Zahl **42**. Der Supercomputer weist aber darauf hin, dass das Ergebnis wohl nichts nutzen werde, da die gestellte Frage zu ungenau sei.

Du kannst aber nicht nur rechnen, sondern auch mit Variablen, Kontrollstrukturen und normalen **Python-Befehlen** arbeiten.

Ohne im Einzelnen auf die Befehle einzugehen, die du in den ersten Kapiteln kennenlernen wirst (oder schon kennengelernt hast), wollen wir uns ein paar einfache **Beispiele** ansehen.

Dabei muss nicht einmal alles in einer einzigen Zeile abgehandelt werden. Python **merkt** sich zum Beispiel die Werte von Variablen innerhalb der jeweiligen Sitzung. Schließt du die Kommandozeile und öffnest sie erneut, ist aber alles, was du eingegeben hattest, verschwunden.

So kannst du Zeile für Zeile folgendes Programm eingeben:

*1 Hier wird einer neuen Variablen namens `meine_variable` ein Wert zugewiesen. Dann drückst du wieder die Taste **Enter**. Noch passiert dadurch nichts Sichtbares. Python merkt sich das alles nur.

```
meine_variable = 10 ENTER*1
ergebnis =  4 * meine_variable + 2 ENTER*2
print(ergebnis) ENTER*3
```

*2 Hier führt Python eine Berechnung durch und weist das Ergebnis der Variablen `ergebnis` zu. Auch hier bekommst du noch nichts zu sehen.

*3 Erst mit dem Befehl `print` gibt Python den Wert sichtbar aus, der sich in der angegebenen Variablen `ergebnis` befindet.

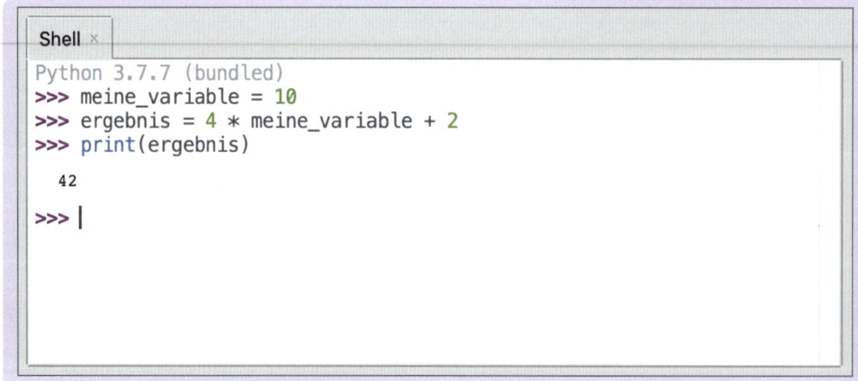

```
Shell
Python 3.7.7 (bundled)
>>> meine_variable = 10
>>> ergebnis = 4 * meine_variable + 2
>>> print(ergebnis)
 42
>>> |
```

Auch Eingaben über mehrere Zeilen sind problemlos möglich, hier in Thonny.

Normalerweise wirst du in jede Zeile nur **eine Anweisung** schreiben. So bleiben Programme übersichtlicher und sind besser lesbar. Du kannst aber durchaus mehrere Anweisungen in eine Zeile schreiben und sie mit einem Semikolon **;** trennen.

Das Semikolon!?
Hattest du nicht gesagt,
in Python käme man um das Ding herum?

Natürlich, aber hier ist es eine ganz praktische Möglichkeit um schnell mal mehrere Anweisungen in eine Zeile der Python-Shell schreiben zu können.

[Achtung]
Beendest du das Programm, sind alle Eingaben verschwunden, und du müsstest diese Eingaben erneut machen.

Wenn du in der Shell komplexere Kontrollstrukturen hast (damit werden Entscheidungen im Programm möglich), dann erkennt Python das und **rückt** alles für dich passend ein, und zwar so lange, bis du eine leere Zeile schreibst. Auch das erkennt Python und beendet die Einrückung.

Das kann dann so aussehen:

Shell

```
>>> obere_grenze = 9; laufweite = 2
>>> for i in range(0, obere_grenze, laufweite):
        print(i)


  0
  2
  4
  6
  8

>>> |
```

Sogar Kontrollstrukturen, wie hier eine Schleife, sind möglich.

*1 Tatsächlich haben wir hier zwei Anweisungen, die sonst in eigenen Zeilen stehen würden, sauber getrennt durch ein Semikolon.

```
obere_grenze = 9; laufweite = 2*1
for i in range(0, obere_grenze, laufweite):*2
    print(i)*3
    *4
```

*2 Sobald du diese Zeile bis zum Ende getippt und **Enter** gedrückt hast, springt der Cursor automatisch in die nächste Zeile, …

*3 … und diese Zeile wird sogar passend eingerückt.

*4 Schreibst du eine Leerzeile (also ganz ohne Anweisung) und drückst wieder **Enter**, erkennt Python, dass die Schleife wohl zu Ende ist und führt die Schleife aus.

[Notiz]
Der interaktive Modus ist sehr gut geeignet, um »**mal eben**« etwas auszuprobieren. Vielleicht einen neuen Befehl oder eine Schleife, die getestet werden will? Auch wenn du meistens Programme schreibst, die in Dateien gespeichert werden, die Kommandozeile ist praktisch und schnell!

Ein Tipp: Kurze Programmbeispiele, besonders solche, bei denen im Buch beispielhaft mit den (Muster-)Variablen **spam** und **eggs** gearbeitet wird, kannst du auch über die Python-Shell ausprobieren.

Weiter geht es …

The Zen
of Python

—ANHANG C—

PEP 20

Python ist es etwas ganz Besonderes – und es hat 20 ganz besondere Regeln und Empfehlungen, die von Tim Peters im PEP 20 festgelegt wurden.

Bei den PEP, den **Python Enhancement Proposals**, handelt es sich um Vorschläge für Ergänzungen oder Verbesserungen von Python.

Das bekannteste und vielleicht sogar wichtigste PEP ist die Nummer 20.

[Hintergrundinfo]
Neben PEP 20 ist PEP 8 – der Style Guide für Python – noch recht wichtig. Wir gehen hier nicht im Detail darauf ein, aber der Code in diesem Buch hält sich weitestgehend an die Empfehlungen dieses Style Guides.

Hier sind 19 der 20 Regeln des **Zen of Python** festgehalten.

Und was ist mit der Regel 20?

Diese Regel ist nicht aufgeführt.
Das gehört einfach zum Humor von Python.

PEP 20

1. Beautiful is better than ugly. – Schön ist besser als hässlich.

2. Explicit is better than implicit. – Explizit ist besser als implizit.

3. Simple is better than complex. – Einfach ist besser als komplex.

4. Complex is better than complicated. – Komplex ist besser als kompliziert.

5. Flat is better than nested. – Flach (oder einfach) ist besser als (tief) verschachtelt.

6. Sparse is better than dense. – Spärlich (oder schlank) ist besser als dicht (oder überladen).

7. Readability counts. – Die Lesbarkeit zählt.

8. Special cases aren't special enough to break the rules. – Sonderfälle sind nicht speziell genug, um die Regeln zu brechen.

9. Although practicality beats purity. – Obwohl Praktikabilität die Reinheit (der Lehre) übertrifft.

10. Errors should never pass silently. – Fehler sollten niemals stillschweigend (oder unbemerkt) durchgehen.

11. Unless explicitly silenced. – Es sei denn, sie werden ausdrücklich zum Schweigen gebracht.

12. In the face of ambiguity, refuse the temptation to guess. – Vermeide es, bei Unklarheiten zu raten.

13. There should be one – and preferably only one – obvious way to do it. – Es sollte einen – und vorzugsweise nur einen – offensichtlichen Weg geben, etwas zu tun.

14. Although that way may not be obvious at first unless you're Dutch. – Obwohl dieser Weg vielleicht nicht auf den ersten Blick offensichtlich sein mag, es sei denn, du bist Holländer.

15. Now is better than never. – Jetzt ist besser als nie.

16. Although never is often better than *right* now. – Obwohl nie oft besser als *jetzt* sofort ist.

17. If the implementation is hard to explain, it's a bad idea. – Wenn die Implementierung schwer zu erklären ist, ist es eine schlechte Idee.

18. If the implementation is easy to explain, it may be a good idea. – Wenn die Implementierung einfach zu erklären ist, kann es eine gute Idee sein.

19. Namespaces are one honking great idea – let's do more of those! – Namespaces sind eine großartige Idee – lasst uns mehr davon machen!

—ANHANG D—

Die All-in-one-Entwicklungs-umgebung

Es gibt zahlreiche Editoren und Entwicklungsumgebungen, die für Python geeignet sind. Thonny ist für den ambitionierten Anfang eine gute Wahl. Thonny ist nämlich nicht nur ein »einfacher« Editor für Python, sondern schon eine richtige Entwicklungsumgebung und bringt eine ganze Reihe von Goodies mit.

Thonny ist ein Editor bzw. eine (leicht zu bedienende) Entwicklungsumgebung für deine Arbeit mit Python.

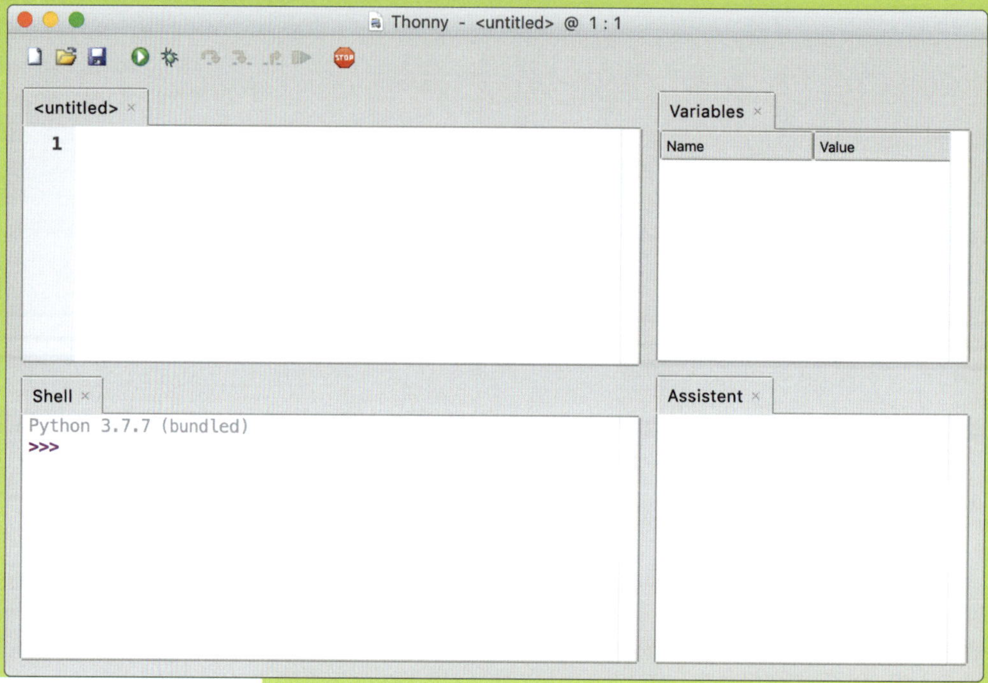

Vorhang auf für Thonny

- Thonny gibt es für Windows, Linux und macOS.
- Thonny bringt eine **eigene Version** von Python mit. Du musst Thonny nur herunterladen und installieren und hast **alles** zur Verfügung, was du zum Arbeiten brauchst – inklusive einer aktuellen Version von Python. Selbst wenn auf deinem Rechner bereits eine ältere Version von Python vorhanden sein sollte, arbeitet Thonny ungestört mit der integrierten, **aktuellen Version**.

- Thonny hat einen **Editor**, der eine Menge kann: Syntaxhighlighting, automatische Einrückung, das Markieren gleichnamiger Elemente (zum Beispiel von Variablennamen) oder die Anzeige der Zeilennummern – alles inklusive.
- Die Ausgaben der Programme erfolgen in einem integrierten Fenster in einer eigenen **Shell** (das ist so etwas wie die Kommandozeile). Dort kannst du jederzeit Befehle auch **direkt eingeben**.
- Du kannst **mehrere Dateien** geöffnet haben, die du über Registerkarten auswählen kannst.

- Das Aussehen kann über die **Einstellungen** nach deinen Wünschen angepasst werden – hell, dunkel oder mit ganz anderen Schriftarten.
- Neue Module kannst du mit Thonny in Sekundenschnelle installieren und dann sofort verwenden.

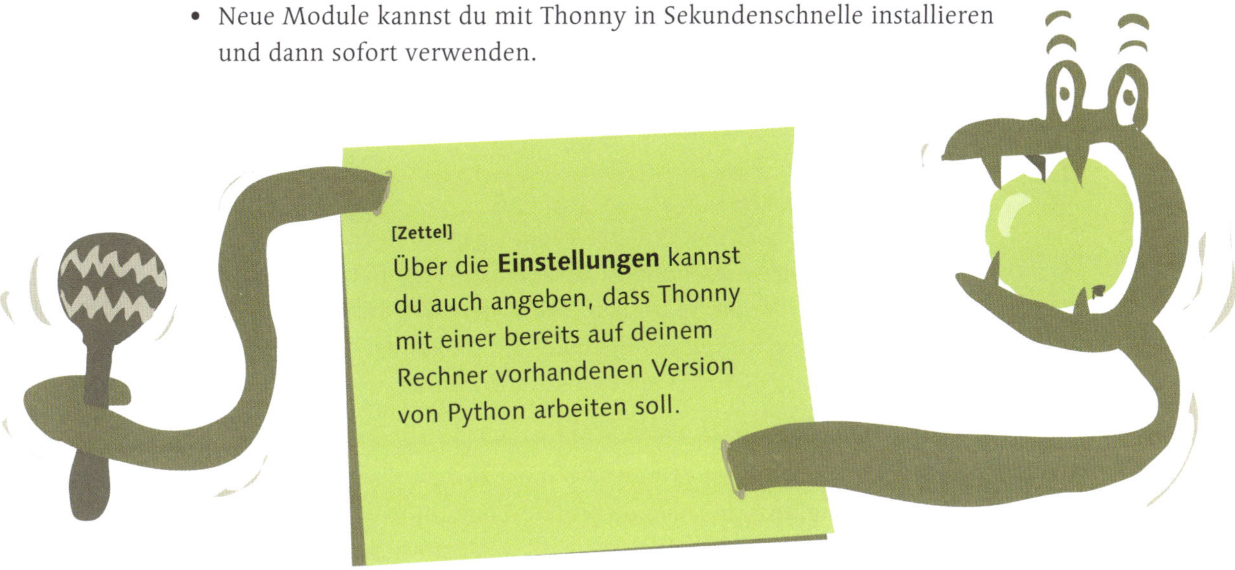

Thonny bietet aber noch mehr: Zum Beispiel einen eigenen **Dateimanager** oder ein Hilfefenster mit einem **Assistenten,** der dir tatsächlich ganz gute Tipps geben kann.

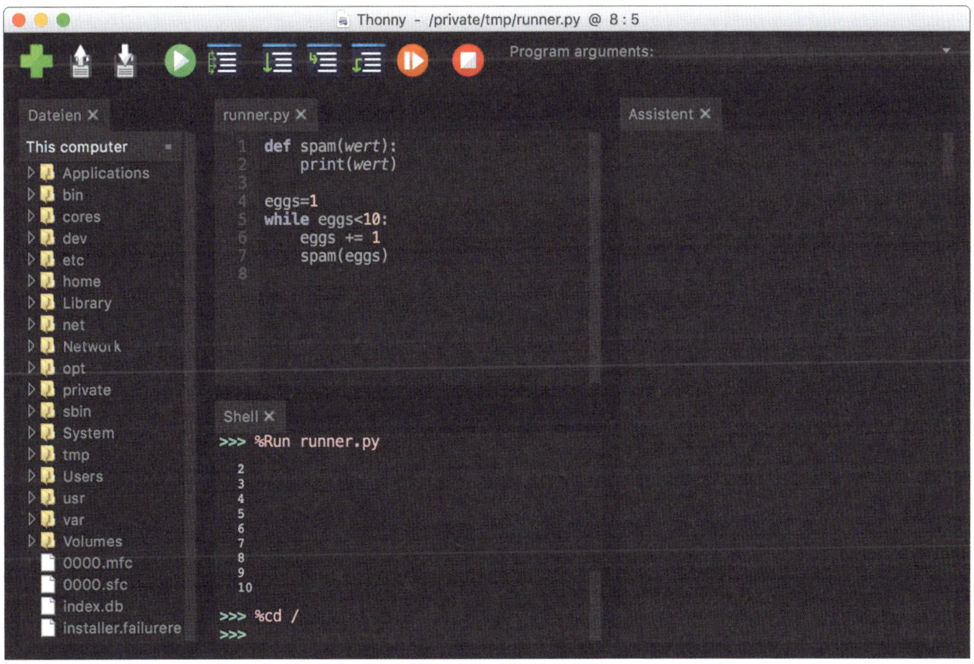

Nicht die dunkle Seite der Macht, sondern eines der zahlreichen Themes, links sichtbar der aktivierte Dateimanager

Es gibt einen **Debugger** zur Fehlersuche, der hier in diesem Buch sogar in einem eigenen Kapitel behandelt wird **(Kapitel 6)** – beispielhaft für zahlreiche ähnlich arbeitende Entwicklungsumgebungen. Du musst dich also gar nicht zwingend auf Thonny festlegen.

[Hintergrundinfo]

Überhaupt arbeitet Thonny ganz ähnlich wie »die Großen«. Und selbst wenn du früher oder später auf eine andere **IDE** (also Entwicklungsumgebung) umsteigst, musst du dich gar nicht groß umgewöhnen.

Du kannst weitere Fenster **hinzuschalten**, in denen du **Notizen** oder nützliche Programmschnipsel wie in einer sichtbaren Zwischenablage dauerhaft ablegen kannst oder dir auch alle **verwendeten Variablen** deines Programms anzeigen lassen kannst.

Thonny ist aber dennoch **einfach zu bedienen** und setzt nur allgemeine Computerkenntnisse voraus. Deshalb werden dir beim ersten Start auch nur die wichtigsten Fenster angezeigt. Über die Menüleiste **Ansicht** kannst du jederzeit weitere Ansichten ein- oder ausblenden.

Einen **Wermutstropfen** gibt es aber. Die deutschsprachige Version (auswählbar über die **Einstellungen**) ist (zumindest, als dieses Buch geschrieben wurde) noch nicht ganz fertig, und auch die Hilfetexte des zuschaltbaren Assistenten sind aktuell nur in englischer Sprache verfügbar.

Wie beginne ich mit Thonny?

Du findest Thonny unter der Adresse **https://thonny.org/** und kannst es von dort kostenfrei herunterladen und installieren.

Danach startest du Thonny und gibst in das geöffnete Editorfenster deinen Python-Code ein.

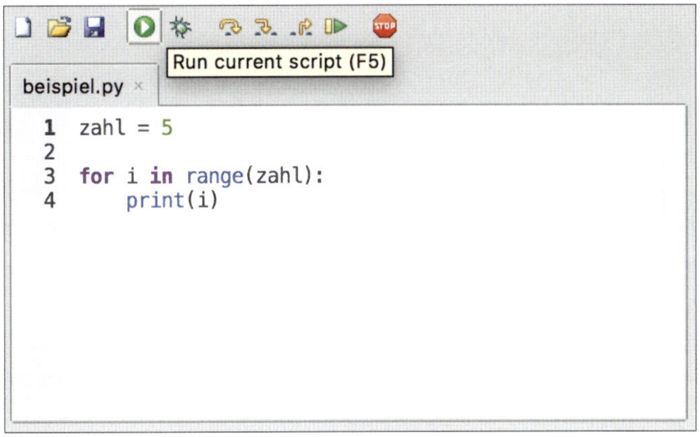

So könnte dein erstes Programm aussehen.

Wenn du fertig bist, lässt du das Programm **ausführen**. Dazu drückst du einfach die Taste **F5** oder klickst auf den grünen Button mit dem weißen Pfeil über dem Editorfenster. Thonny fragt dich dann **beim ersten Programmstart**, wo und unter welchem Namen dein Programm gespeichert werden soll. Sobald dein Programm als Datei gespeichert ist, wird es auch gleich ausgeführt. Bei Dateinamen gibt es bei Python keine Vorgaben, nur die Endung **.py** ist wichtig, damit dein Code als Python-Programm gestartet werden kann. Thonny ergänzt diese Endung beim Speichern automatisch für dich.

Und schon läuft dein Programm.

In dem zweiten Fenster **Shell** (unter dem Editorfenster) wird dir angezeigt, was dein Programm ausgibt. Dazu musst du natürlich auch irgendeine Ausgabe in deinem Programm vorgesehen haben – im einfachsten Fall mit einem Befehl wie `print()`.

Thonny ist gerade beim ersten Start angenehm übersichtlich: nur wenige Fenster und gerade mal ein paar Buttons mit den wichtigsten Funktionen.

In der **Menüleiste** unter **Ansicht** kannst du die verschiedensten Fenster zuschalten oder auch wieder deaktivieren. Hinter der Ansicht **Dateien** beispielsweise verbirgt sich der Dateimanager, und mit dem Fenster **Variables** kannst du dir alle verwendeten Variablen mit ihren Werten anzeigen lassen.

Probiere es doch einfach mal aus!

Starte Thonny, und wähle oben in der **Menüleiste** unter **Ansicht** die Fenster **Assistent**, **Shell** und **Variables** an. Der Editor ist übrigens immer geöffnet und wird deshalb in diesem Menü gar nicht zur Auswahl angezeigt. Ein bereits angezeigtes Fenster hat einen Haken vor dem Namen. **Shell** sollte zum Beispiel schon aktiviert sein – es sei denn, du selbst hast es geschlossen. Aber selbst dann erscheint das Fenster **Shell** wieder, sobald du ein Programm gestartet hast, das irgendeine Ausgabe macht.

Gib jetzt in das Editorfenster, links oben mit dem schicken Namen `<untitled>`, dieses kurze Programm ein:

```
name = "Schrödinger"
gruss = "Hallo"
print(gruss, name)
```

Leerzeilen spielen dabei keine Rolle, es dürfen aber keine Leerzeichen **am Anfang der Zeilen** stehen.

Wenn du damit fertig bist, drückst du entweder **F5** oder den **grünen Button** mit dem weißen Dreieck, um dein Programm zu starten.

Python öffnet dann beim ersten Mal ein neues Fenster und fragt dich nach einem Dateinamen, unter dem dein Programm gespeichert werden soll, zum Beispiel **erstesProgramm.py**. Gibst du keine Dateiendung **.py** (für Python) an, wird sie automatisch von Thonny angehängt. Grundsätzlich hast du bei den Dateinamen vollkommen freie Hand. Eine Einschränkung gibt es allerdings: Deine Dateinamen dürfen **nicht** so heißen wie Module, die **den gleichen Namen** haben und die du in deinem Programm verwenden möchtest. Module sind so etwas wie extra Programmpakete, die dir einiges an Funktionalitäten zur Verfügung stellen.

Ist es nicht unwahrscheinlich, dass ich genauso einen Namen verwende?

Nun ja, da gibt es zum Beispiel das Modul **test**. Hast du ein Programm unter dem Namen **test.py** gespeichert (was ja nicht ganz unwahrscheinlich ist), weist dich der Assistent von Thonny warnend darauf hin.

Nicht, dass du dich wunderst.

Wenn du keinen Fehler gemacht hast, wird das Programm gestartet und **Hallo Schrödinger** unten in dem Fenster der **Shell** ausgegeben.

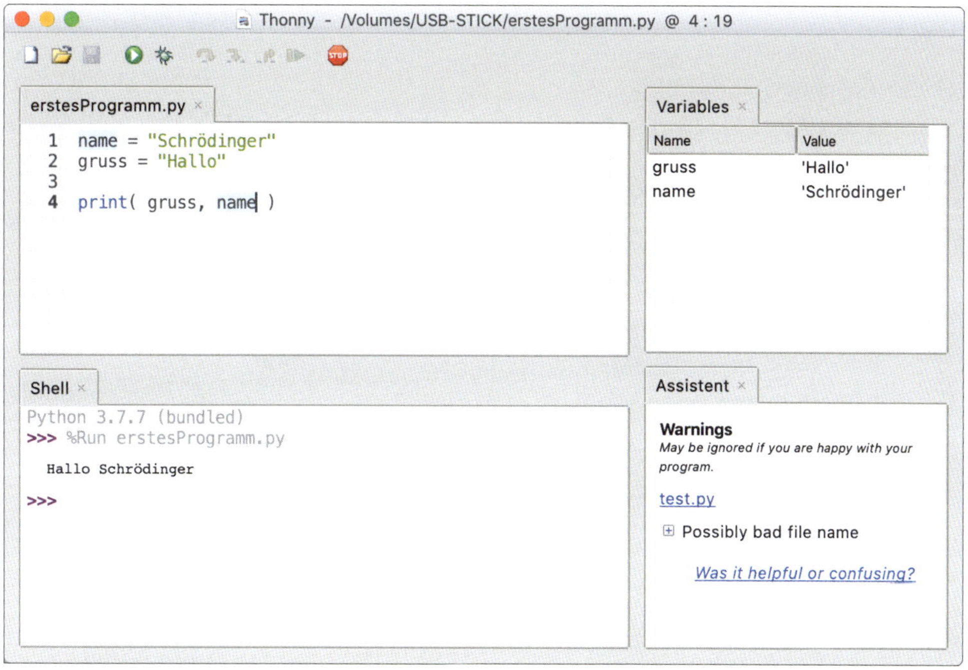

Schon einiges los hier.

- Auf der **Registerkarte des Editors** wird dir jetzt der Dateiname deines Programms angegeben. Im Fenster siehst du dein Programm. Steht der Cursor auf einem Variablennamen oder einem Befehl, werden alle **gleichen Namen** farbig hinterlegt. Das ist hilfreich, um beispielsweise alle gleichen Variablennamen zu sehen – falsch geschriebene Namen wären nicht markiert. Das kannst du (genauso wie die Anzeige der Zeilennummern) in den **Einstellungen** auf der Registerkarte **Editor** aktivieren oder deaktivieren.

- In dem Fenster **Variables** werden alle Variablen mit ihren letzten Werten angezeigt. Das kann bei der Fehlersuche schon den einen oder anderen Hinweis liefern.
- In der **Shell** wird die Ausgabe gemacht. Auch Fehlermeldungen werden dir hier angezeigt.
- Der **Assistent** gibt je nach Situation und Programm ganz unterschiedliche Hinweise, leider nur in englischer Sprache. Hier weist er darauf hin, dass im aktuellen Ordner tatsächlich eine Datei **test.py** existiert und es zu Konflikten kommen kann – für weitere Informationen musst du nur auf das kleine Pluszeichen vor dem Hinweis tippen.

Thonny **rückt Zeilen** übrigens automatisch für dich **ein** – natürlich nur an den passenden Stellen in Programm. Das ist praktisch, da Python sehr intensiv mit Einrückungen arbeitet, um die Inhalte von Schleifen und andere Kontrollstrukturen zu kennzeichnen – **das siehst du in den normalen Kapiteln.**

[Notiz]

Ein **wachsames Auge** auf deinen Code hat der Editor übrigens auch. Vergisst du, etwas zu schließen, vergisst du also ein Anführungszeichen am Ende eines Textes oder eine Klammer bei einer Anweisung, dann markiert Thonny diesen fehlerhaften Bereich.

Entferne (zum Beispiel) einmal das Anführungszeichen bei einem der Texte und die schließende Klammer in der letzten Zeile! Du wirst sehen, dass hier farbige Markierungen erscheinen.

Solche Farbmarkierungen können auch über mehrere Zeilen gehen und sind dann immer ein guter Hinweis, dass etwas **nicht stimmt!**

Externe Module einbinden leicht gemacht

Python hat viele sogenannte **Module**. Das sind vereinfacht ausgedrückt fertige Programme und Funktionen, die dir viel Programmierarbeit abnehmen können. Eine ganze Menge ist schon bei Python dabei, aber es gibt auch zahlreiche **externe Module**, die du herunterladen und dann in deinen Programmen verwenden kannst.

Normalerweise ist das nicht ganz banal, Thonny bietet dir aber auch hier die Möglichkeit, externe Module ganz einfach einzubinden. Unter dem Menüpunkt **Extras** rufst du dazu **Manage Packages…** auf:

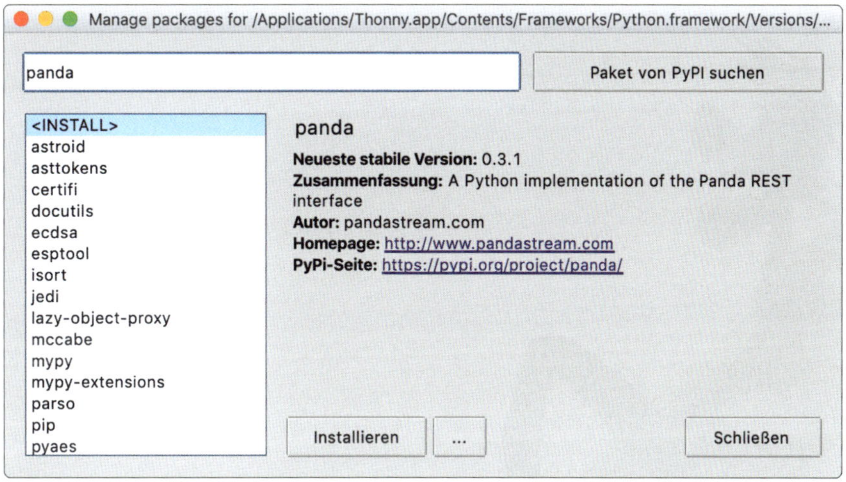

Module – tolle Erweiterungen für deine Programme

Hier werden dir alle vorhandenen Module angezeigt, und du kannst neue Module über ihren Namen suchen und installieren.

Ja, Thonny greift dabei auf ein **zentrales Repository** namens PyPI, den **Python Package Index**, zurück. Das ist nicht irgendeine Seite, sondern das **offizielle Repository** für Software, die von Firmen, Privatleuten und Organisationen für Python zur Verfügung gestellt werden. Diese Software wird dort zentral verwaltet, getestet und überwacht.

Was gibt es sonst noch?

Auch in den **Einstellungen** ist noch das eine oder andere zu finden. Dort kannst du auf verschiedenen Registerkarten die **Sprache** und das **Verhalten** von Thonny **konfigurieren**. Auf der Registerkarte **Editor** kannst du die Anzeige der Zeilennummern aktivieren, unter **Theme & Font** stellst du die Schriftarten und Farben ein, die dir am besten gefallen.

Das ist auch schon das Wichtigste, um mit Thonny durchstarten zu können.

Zeit, weiterzumachen!

Datenbanken leicht gemacht

— ANHANG E —

DB Browser for SQLite

Nein, der DB Browser for SQLite wird sicher keinen Preis für den schönsten Namen gewinnen. Dabei beschreibt der Name durchaus passend, wofür dieses Programm gedacht ist: für die bequeme Bearbeitung von Datenbanken bzw. Tabellen, die auf SQLite basieren.

Erst mal das Wichtigste vorweg:

- Den **DB Browser for SQLite** gibt es für Windows, Linux und natürlich auch für macOS.
- Dieses Programm ist **kostenlos** verfügbar. Es gibt natürlich auch Lizenzmodelle, mit denen sich professionelle Entwickler Supportleistungen kaufen können.
- Herunterladen kannst du dir den DB Browser for SQLite unter der Adresse **https://sqlitebrowser.org/**. Dort bekommst du auch weitere Informationen, wie du das Programm auf deinem Rechner installieren kannst.

Was ist eigentlich der DB Browser for SQLite?

Nun, wir sollten tatsächlich erst mal sagen, was das Programm **nicht ist**: Er ist selbst keine Datenbank. Diese Rolle hat nämlich schon das **Programm SQLite** inne: Denn SQLite ist das **DBMS**, also das **Datenbankmanagementsystem**, das die Funktionalität zur Verfügung stellt, damit die Daten (bzw. die Dateien, in denen die Daten liegen) auch als **Datenbanken** genutzt werden können. Der **DB Browser** hingegen ist als Programm eine grafische Oberfläche, um die Daten darzustellen und verändern zu können.

Brauche ich dann nicht auch noch SQLite als Programm?!

SQLite ist (als fast unsichtbarer Helfer) im DB Browser bereits **integriert** – genauso wie es auch **in Python** integriert ist. SQLite ist als Programm nämlich so klein und schlank, dass das problemlos möglich ist. Das ist auch der Grund, warum SQLite so weit verbreitet ist!

Dank **SQLite** können die **CRUD**-Operationen (**C**reate – Daten erstellen, **R**ead – lesen, **U**pdate – verändern und **D**elete – löschen) ausgeführt werden, die eine Datenbank ausmachen.

[Zettel]
Natürlich gehört auch das **Suchen** und **Sortieren** zu den Operationen, die so ein DBMS ermöglicht, aber vermutlich war bei CRUD kein Platz für zwei weitere Buchstaben, sodass sie eben als Teil des Lesens verstanden werden.

Auf diese Daten wird in einer eigenen Sprache, nämlich **SQL** zugegriffen. Diese SQL-Anweisungen, die unsere CRUD-Operationen ermöglichen, können sehr komplex sein. Und auch die Ergebnisse solcher Abfragen werden in Python-Programmen in Form von Listen und Tupeln zurückgeliefert. Das ist für ein Python-Programm eine super Sache. Aber um »**mal eben**« etwas auszuprobieren oder einen schnellen Blick auf die Daten zu werfen, ist das zumindest nicht der einfachste Weg. Und gerade komplizierte Operationen können mit SQL etwas, sagen wir mal, **ermüdend** sein.

Und an dieser Stelle kommt der DB Browser for SQLite ins Spiel:

Der **DB Browser for SQLite** ist ein Programm, das viele Datenbankoperationen über eine gewohnte, grafische Programmoberfläche zur Verfügung stellt.

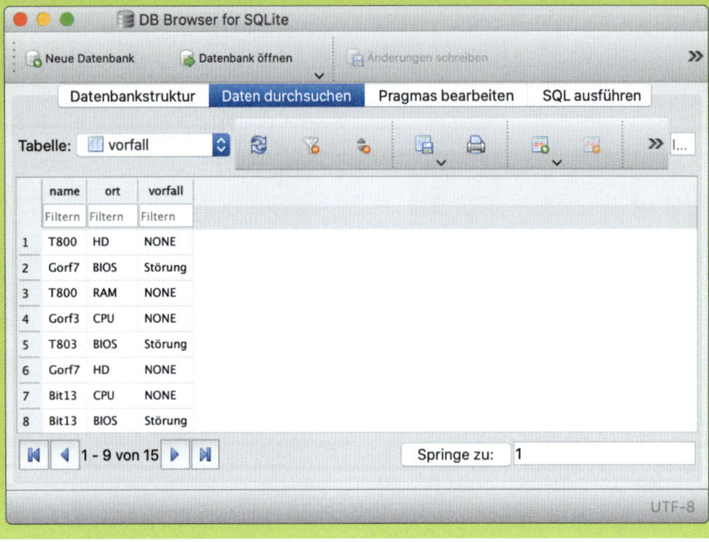

Darf ich vorstellen, der DB Browser for SQLite

Auch ohne SQL als eigene Sprache zu kennen, ist es möglich, über den **DB Browser** neue Datenbanken und darin beliebig viele Tabellen anzulegen: Das geht ganz einfach über den Button **Neue Datenbank**. Das Programm fragt dich dann nach einem **Dateinamen** und dem **Speicherort** – und schon hast du deine **erste Datenbank**. Zwar noch ziemlich leer, also ohne Tabellen, in denen später die Daten innerhalb dieser Datenbank abgelegt werden können, aber das wird dir gleich im nächsten Schritt angeboten:

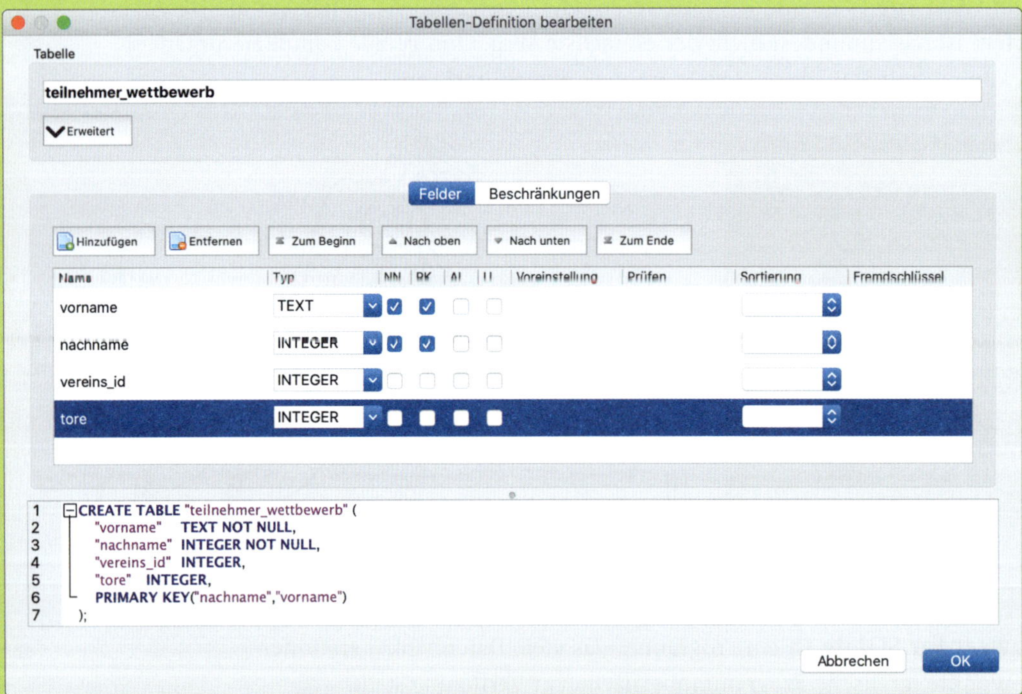

Ein Tabellenname, ein paar Felder – das geht fast von allein. Und unten wird sogar die SQL-Anweisung dafür angezeigt.

Du musst nur einen **Tabellennamen** vergeben und kannst dann Spalte für Spalte mit dem Button **Hinzufügen** erstellen.

Für jede Spalte (bzw. jedes Feld) gibst du einen Namen, den Typ und optional ein paar Parameter an:

- **NN** steht für **NOT NULL** (**NULL** ist das Gegenstück zu **None** in Python). In einer Spalte mit diesem Merkmal muss später **immer** ein Wert hinterlegt werden. Ohne diesen Parameter darf ein Feld auch leer bleiben.
- **PK** steht für **PRIMARY KEY**, also den **Primärschlüssel** einer Tabelle. Hakst du das bei mehreren Feldern an, dann wird automatisch aus diesen Feldern ein sogenannter **zusammengesetzter Primärschlüssel** erzeugt, zum Beispiel die Kombination aus Vor- und Nachnamen.
- **AI** steht für **AUTOINCREMENT** (wird also automatisch vergeben und ist immer um 1 größer, als der letzte vergebene Wert). So ein Feld wird dann **automatisch** zum Primärschlüssel mit dem Typ **INTEGER**, egal, was du zuvor eingegeben hast.
- **U** steht für **Unique**, einzigartig. Der Wert in so einem Feld muss dann in der Tabelle einzigartig sein und kann **nicht doppelt** vorkommen.

[Achtung]
Um **alle Optionen** sehen zu können, solltest du das Fenster etwas **breiter** ziehen.

[Begriffsdefinition]
Die Begriffe **Spalte** und **Feld** werden bei Datenbanken übrigens oft synonym verwendet.

In dem Fenster unten wird dir immer die gesamte SQL-Anweisung angezeigt, die dann diese Tabelle erzeugen wird! Denn auch der DB Browser arbeitet tatsächlich intern **mit SQL-Anweisungen**, die er an SQLite sendet!

[Zettel]
Du kannst Tabellen also nicht nur bequem über die Oberfläche anlegen, sondern auch die SQL-Anweisungen **kopieren**, um sie noch bequemer in deinen Programmen zu verwenden!

Nachdem du so eine Tabelle angelegt hast, solltest du zur Sicherheit den Button **Änderungen schreiben** drücken, damit auch alles tatsächlich so ausgeführt und damit gespeichert wird. Natürlich kannst du Tabellen auch **nachträglich** noch bearbeiten und weiter verändern. So kannst du natürlich auch bereits vorhandene Datenbanken öffnen und bearbeiten.

Um deine Tabellen und Daten bearbeiten zu können, stellt dir der DB Browser **unterschiedlichen Ansichten** zur Verfügung.

Die Ansicht »Datenbankstruktur«

Die Ansicht **Datenbankstruktur** zeigt dir alle Tabellen an, die in dieser Datenbank vorhanden sind. Wundere dich nicht: Darunter können auch interne, also datenbankeigene, Tabellen sein, wie zum Beispiel `sqlite_sequence`. Solche Tabellen werden von SQLite angelegt und für interne Zwecke benötigt.

Bei allen Tabellen werden die SQL-Anweisungen angezeigt, mit denen diese Tabellen erzeugt werden können. Mit der rechten Maustaste kannst du die Anweisungen kopieren oder die Tabelle erneut bearbeiten, löschen und in das CSV-Format exportieren.

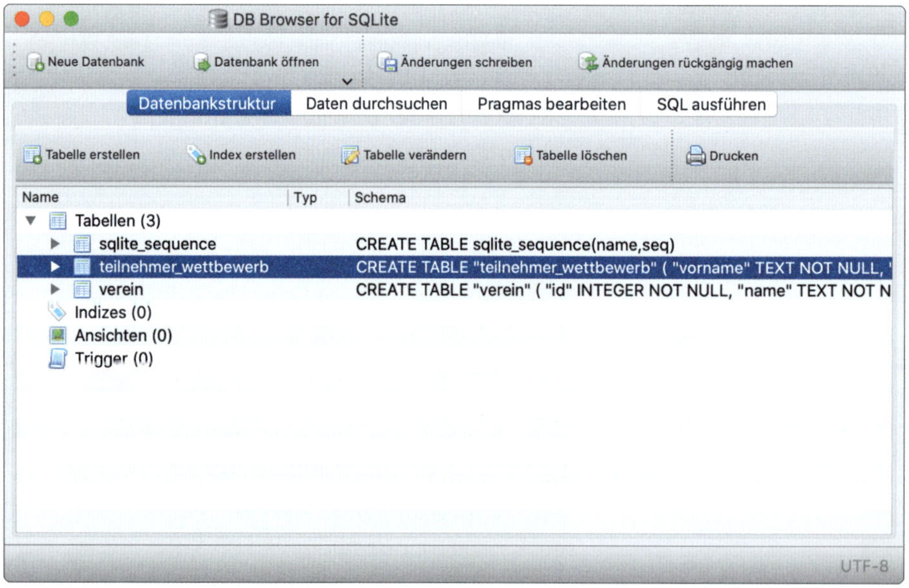

Die Ansicht »Datenbankstruktur« zeigt alle Tabellen.

[Hintergrundinfo]

CSV ist ein altes, aber immer noch sehr gebräuchliches Format, um Daten zu speichern und auszutauschen. Jeder Datensatz hat eine eigene Zeile, und die Werte werden darin durch ein Komma getrennt. Und in der ersten Zeile stehen die Namen der Spalten.

Überhaupt ist der DB Browser offen für **Importe** und **Exporte**. Über das Menü **Datei – Import** und **Datei – Export** kannst du Tabellen und Daten bequem in deine Datenbank importieren und genauso exportieren.

In der Ansicht **Daten durchsuchen**, kannst du dir von allen Tabellen die Daten anzeigen lassen. Dazu wählst du links bei dem Dropdown-Menü **Tabelle:** die gewünschte Tabelle aus. Alle Daten werden dir dann (selbstredend) tabellarisch angezeigt.

Hast du eine Tabelle gerade erst angelegt, dann ist sie natürlich leer. Um **neue Werte** einzugeben, musst du auf das kleine **Symbol mit Blatt und dem grünen Plus** drücken (du findest es rechts neben dem Druckersymbol). Eine neue Zeile erscheint, in die du direkt Werte eintippen kannst. Und tippst du auf den kleinen schwarzen Pfeil (der eher pfeilähnlich ist), dann öffnet sich ein neues Fenster, in dem du einen neuen Datensatz erstellen kannst. Hier wird dir sogar eine automatisch erzeugte SQL-Anweisung angezeigt, die du dir auch kopieren kannst.

Daten durchsuchen

In der Ansicht **Daten durchsuchen** kannst du auch einzelne, bereits vorhandene Werte innerhalb der Felder **verändern**, indem du einen Doppelklick auf das jeweilige Feld machst (was allerdings manchmal nicht sofort reagiert). Zusätzlich öffnet sich rechts ein neuer Bereich, in dem du den Wert genauso verändern kannst – was bei bereits bei längeren Wörtern, Texten oder langen Zahlen **übersichtlicher** ist; du musst dann aber in diesem Fenster auf **Übernehmen** klicken, damit der veränderte Wert auch tatsächlich gespeichert wird.

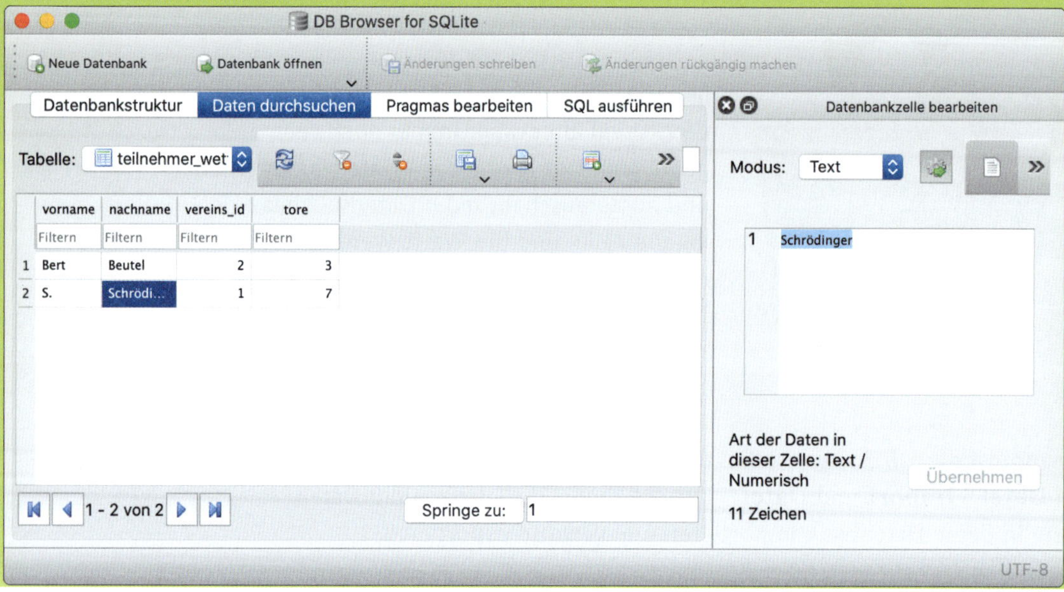

Hier sind schon Daten eingegeben worden, die angezeigt und bearbeitet werden können.

Tippst du in ein leeres Feld, direkt im Kopf der Tabelle (erkennbar an dem hellgrauen Wort **Filtern**, kannst du Werte eingeben nach denen dann gesucht (besser gefiltert) wird. In Echtzeit präsentiert dir der DB Browser die Ergebnisse.

Klickst du direkt auf eine **Spaltenbezeichnung**, dann wird die Tabelle danach **sortiert**.

Das ist cool!
Aber was bringt mir das für meine Arbeit mit Python?

Es gibt einen alten Pfadfindertrick: Jede Operation, also jede Suche, jedes Filtern, Löschen oder Sortieren, wird von dem DB Browser in eine SQL-Anweisung umgesetzt, und diese Anweisung wird dann an SQLite weitergegeben. Diese SQL-Anweisungen (zum Beispiel für eine Suche) kannst du kopieren und dann **direkt** in deinen Python-Programmen **verwenden**!

Denn: Jede SQL-Anweisung wird in der laufenden Sitzung des Programms protokolliert und kann problemlos von dir kopiert werden.

In der Menüleiste unter **Ansicht**, findest du nämlich den Menüpunkt **SQL-Protokoll**. Bei dem Dropdown-Menü **Anzeige des übergebenen SQL von** wählst du **Anwendung**. Damit werden dir die SQL-Anweisungen angezeigt, die der DB Browser aufgrund deiner Aktivitäten generiert hat.

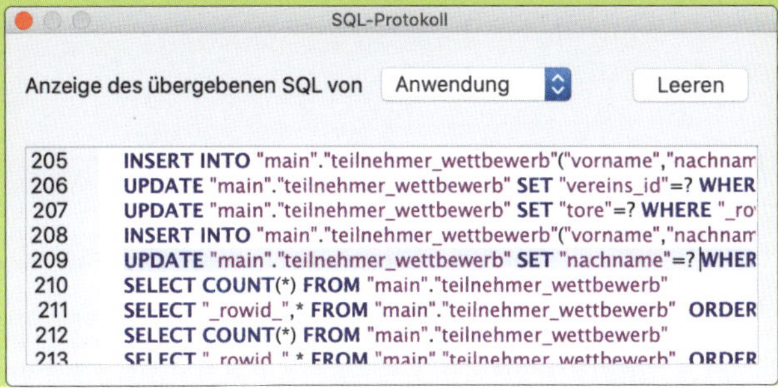

Jede Abfrage wird sichtbar und kann kopiert werden.

Du hast in der Tabelle **`teilnehmer_wettbewerb`** nach den Nachnamen gesucht, in denen das Teilwort »ding« vorkommt?

Das kann dann (etwas lesbarer formatiert) als SQL-Anweisung so aussehen:

```
SELECT*1 "_rowid_",* *2
FROM "main"."teilnehmer_wettbewerb"*3
WHERE "nachname" LIKE '%ding%'*4 ESCAPE '\'*5
ORDER BY "vereins_id" DESC*6
LIMIT 0, 49999;*7
```

*1 **SELECT** ist das Schlüsselwort für eine Suche.

*2 Der * gibt an, dass **alle Spalten** bei dem Suchergebnis angezeigt werden sollen. **"_rowid_"** könnte auch einfacher als **rowid** geschrieben werden und legt fest, dass der interne Index (eine fortlaufende Nummer in SQLite, die jeder Datensatz haben kann) mit angezeigt wird.

*3 Hier wird angegeben, welche Tabelle für die Suche verwendet werden soll. Auf die Angabe **"main".** könntest du übrigens in Python verzichten, da sich diese Angabe vereinfacht ausgedrückt auf die geöffnete Datenbank bezieht.

*4 Mit **WHERE** wird die Bedingung der Suche angegeben.

*5 Das hier ist auch die **einzige Einschränkung** für die Verwendung in Python: Das **ESCAPE** solltest du bei der Verwendung in Python entfernen, da diese Angabe eines Escape-Zeichens in dieser Form in Python zu einem Fehler führt.

*6 Hier wird nach der Spalte **vereins_id** sortiert, und zwar absteigend.

*7 Mit **LIMIT** wird angegeben, dass alles vom ersten Ergebnisdatensatz (also 0) bis höchstens zum 49999. Datensatz ausgegeben werden soll.

Keine Sorge, SQL wirst du noch kennenlernen.

Wichtig ist: Mithilfe des DB Browsers kannst du dir die Arbeit mit SQL **vereinfachen**!

Was sonst noch bleibt ...

Unter **Pragmas bearbeiten** kannst du Einstellungen für deine Datenbank vornehmen, die jedoch schon etwas spezieller sind und mit denen das Verhalten der Datenbank je nach Anwendungsszenario optimiert werden kann. Das würde für unsere Zwecke etwas zu weit führen, deshalb gehen wir hier nicht genauer darauf ein.

Interessanter ist die Möglichkeit **SQL ausführen**. Hier kannst du SQL-Anweisungen direkt ausprobieren und bekommst sofort das Ergebnis präsentiert. Da dir Fehler in den Anweisungen direkt angezeigt werden, kannst du hier schnell und einfach deine SQL-Anweisungen **testen und verbessern**.

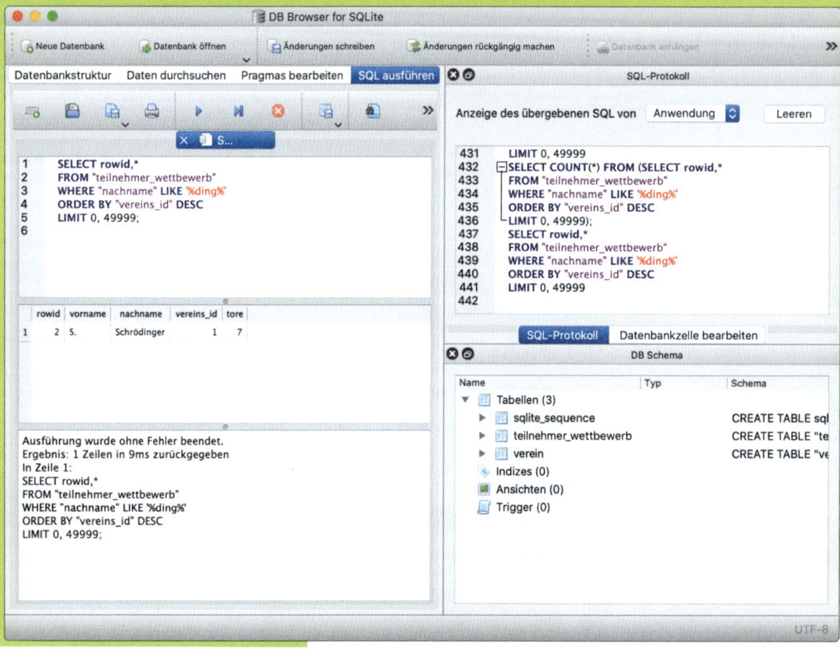

Eigene SQL-Anweisungen schnell ausgeführt

Es gäbe noch viel über den DB Browser for SQLite zu schreiben: Die einzelnen Fenster können über das Menü **Ansicht** ein- und ausgeblendet und beliebig angeordnet werden. Datenbanken können komprimiert und verschlüsselt werden. Erweiterungen können heruntergeladen und auch ganze Datenbankprojekte angelegt und verwaltet werden.

Aber es ist Zeit, weiterzulesen. Zurück an's Werk!

INDEX

M

N

O

P

Q

R

S

T

U

V

W

X

Y

Z